"十二五"普通高等教育本科国家级规划教材

王步高　巩本栋　主编

大學語文

全编本　　　（第六版）

南京大学出版社

图书在版编目（CIP）数据

大学语文：全编本 / 王步高，巩本栋主编. —6 版.
—南京：南京大学出版社，2021.1(2025.8 重印)
ISBN 978 - 7 - 305 - 23561 - 0

Ⅰ.①大…　Ⅱ.①王…②巩…　Ⅲ.①大学语文课—
高等学校—教材　Ⅳ.①H193.9

中国版本图书馆 CIP 数据核字(2020)第 115037 号

出版发行　南京大学出版社
社　　　址　南京市汉口路 22 号　　　　　邮　编 210093
书　　　名　**大学语文（全编本）**
　　　　　　DAXUE YUWEN(QUANBIANBEN)
主　　　编　王步高　巩本栋
责任编辑　蔡文彬　　　　　　　编辑热线　025 - 83686531
照　　　排　南京紫藤制版印务中心
印　　　刷　江苏扬中印刷有限公司
开　　　本　787 mm×1092 mm　1/16　印张 32.75　字数 750 千
版　　　次　2021 年 1 月第 6 版　　2025 年 8 月第 11 次印刷
ISBN 978 - 7 - 305 - 23561 - 0
定　　　价　59.00 元

网址:http://www.njupco.com
官方微博:http://weibo.com/njupco
微信服务号:njuyuexue
销售咨询热线:(025)83594756

"优学院"平台　　　操作说明

前　言

教材导引

大学生朋友：

　　祝贺您开始了人生黄金岁月的航程！感谢您和您的老师同学成为我和参与编纂本书的五十多位专家教授的朋友！

　　作为本书的主编，我想先说说为什么要编纂这本书，我们是怎样编纂这本书的，并想对您使用本书提几点建议。

　　半个世纪前，我和您今天一样刚跨进大学校门。长期在多所高校求学、任教的经历，使我比您更多地知道我国高等教育的成就和弊端。"五四"开始的"新文化运动"虽然加快了中国民主、科学的进程，但也给中国传统文化以巨大的打击；以"个人主义"为特征的西方文化冲击了中国的伦理文化；白话取代了文言，新诗取代了传统诗词。受苏联教育的影响，1952年的院系调整整顿了中央大学、清华大学、浙江大学等多学科性综合大学，推动了国家的工业化建设，但也导致学科间的联系、渗透在一定程度上被削弱；过分强调"学以致用"，又削弱了理论基础、失落了人文精神；"文革"十年，中国高等教育受到了强烈的负面影响。新时期以来，中国高等教育的发展取得了辉煌的成就，中央倡导的素质教育如今也已推行。素质教育是旨在提高人自身素质的教育，是科学教育与人文教育的高度融合，它不仅赋予受教育者丰富的现代科学知识与技能，也赋予他们高尚的道德情操与人文精神。换句话说，它希望培养出具有全面素质的人才，而非"科学动物"或"经济动物"。党中央、国务院又号召"高等学校要创造条件面向所有大学生开设中国语文课"，完善中华优秀传统文化教育，许多有识之士及教育部门的领导，也开始重视母语教育。

　　我曾在中学当语文教师和校长十多年。中学诸学科中，我感到语文是最无系统性的。十几年前的"大学语文"也大致如此。我和我的同行们不满于此才决心重编《大学语文》教材。谁知该教材出版后十多年里竟连续重印数十次，并被确定为普通高校"十五""十一五""十二五"国家级规划教材，并获国家优秀教材奖，成了全国最有影响的《大学语文》教材之一。但我们深知要使这一教材经典化，有待改进处尚多，因此便组织了更多著名高校的教授进行了多次较大幅度的修订，这便是现在呈现于您面前的这套教材。

　　我们试图使这本教材具备以下功能：一是帮助读者梳理、激活中小学所学的文学知识，了解中国文学史的简单架构，将新老知识系统化；二是弘扬民族传统文化，传布中华人文精神，使读者在古今文化精品的熏陶下，促成思想境界的升华和健全人格的塑造；三是方便自学，叶圣陶先生曾指出，语文教学最终要做到"学生自能读书不待老师讲，学生自能作文不待老师改","教"是为了"不教","大学语文"课是学生语文课堂学习的终结,这本教材应介于课堂用书与自学用书之间;四是配合"大学国文"慕课教学,本教材的几乎全部课程都有王步高教授(48 节)和其团队成员(16 节)网上高清教学录像,欢迎同学们通过超星网络平台走进我们东南大学、清华大学"大学国文课堂";五是改善学生的思维品格,使逻辑思维、形象思维与批判性思维相结合;六是注重教材的学术性,从一定的学术高度解读作品,增加学术争鸣等资料,方便重点大学和有较高文学修养的学生开展研究性学习;七是有利于提高学生的学习兴趣,全书精讲课文不选空洞说教的文章,所选全是优秀的文学精品,是三千多年文学精华的荟萃。

本书编纂除以实现上述七大功能为目标外,还有几点自己的主张:

一是反对一味强调"少而精"。语文学习"秘诀"很多,真正有用的只有"多读""多写"两条。大学生语文水平千差万别,以一杯水打发所有人的做法显然是不合理也是行不通的。本书以系列教材出版,尝试给学生"一条河",一条可以追根寻源的河,可以中流泛舟,也可浅涉辄止,让所有学生都有很大的上升空间。

二是不赞成一味强调"学以致用"。我以为这是危害中国教育最甚的一种教育思想,貌似正确,其实不然。学当然是为了用,但有直接有用和间接有用之别,也有马上见效与长期见效之别。"文革"中把"学以致用"发展为"急用先学,立竿见影","立竿见影"的知识实际上是一种浅显的小技能,大家去追求"立竿见影",便浮躁,便浅薄,便没有人文精神,只能是"快餐文化"。文学是人学,它追求的是一种美,一种艺术境界,一种精神,这是造就和谐的人必要的素养,更是造就科学大师、艺术大师的基本素养。

三是不要不加分析地反对"不求甚解"。本书内容的一个重要特点是故意超出大多数同学的接受能力,对课文的解读也朝"浅化"(注释、赏析)、"深化"(集评、汇评、作品综述、研究性专题等)两方面发展,绝不是"一杯水一眼看到底"。让同学们可以反复学习、反复吟味,从"不求甚解"而每有所会,然后渐入佳境。其实,任何学习都是从"不求甚解"开始的,幼儿园的孩子看图识字认识了"太阳""月亮""星星"等字,在现实中也会用,但与天文学家比起来,对这些天体的了解不仅仅是"不求甚解",甚至连皮毛也算不上。孩子们初背古诗也是如此。"求甚解"是相对的,"不求甚解"是更普遍的。

四要反对"厚今薄古"。"厚今薄古"观是受"新文化运动"中"全盘西化"论影响而产生的,与"打倒孔家店"等极左口号是一致的。中国文学的发展是由古到今的,学习文学则常常是由今及古。越是久远的语言障碍越大,小学、初中几乎很少涉及《诗经》《楚辞》,高中涉猎也不多,进入大学之后才有可能由古及今地梳理一遍。古代文学的历史远比现代文学长得多,优秀作品也多得多。中小学对现当代较重要的作家短篇代表作品可以基本涉猎,而南北朝的文学、宋以后的诗词却基本不涉及,许多一流大家也只字不提,这不利于学生建构起对中国文学的总体认识,也不利于其文学素养的提高。本书有意加以弥补。

五是增长知识与增强学生独立思考能力相结合。中小学阶段学生年幼，教材大致只对学生进行"正面教育"，以一种声音说话，但这一种声音未必是唯一正确的，也未必经得起时间的考验。《大学语文》教材中选录一些争鸣的意见，可以启发学生思考，有利于克服思维的片面性与绝对化，使读者多层次、多侧面地思考问题，变"一家之言"为"百家之言"，但主次分明，又不会造成思想混乱。即便是文学精品，也辑录一些批评意见，让读者不迷信古人、不迷信名家、不迷信书本、不迷信老师。这对少数喜爱追星、跟风的朋友也许有所警示。

　　以上这些想法是我们编纂本教材时与别人的不同之处，而要将这些思想具体化为教材的每个章节的安排，则表现为开放性、研究性与多元化的思维与系统性、网络式、立体化、大信息相结合的结构特色。具体表现为：知识层面的多元与开放，一纲多点，以点带面；学术观点的多元与开放，将"百花齐放""百家争鸣"的学术方针引入教材编写中；学术视野的多元与开放，意在将学生提上一个较高的学术平台，以"独立之精神，自由之思想"开展语文教学；教学手段的多元与开放，是指除供不同高校学生课堂学习用的四种教材外，尚有供教师教学参考用的教学参考书、电子音像教材、网络课件等。

　　我们将本书分为三十六个单元，涵盖了从《诗经》、先秦散文直到现当代的主要作家、主要文学流派，一些中小作家的吉光片羽也以附录形式收入，包括了诗、词、曲、赋、散文、小说、戏剧各大文体。古代部分每单元还突出某一二题材（如山水、田园、爱情、忧国等），让学生点、线、面相结合，多侧面、多角度地去认识中国文学的概貌。每单元除同类教材常有的作家小传、注释、赏析外，还附有单元和文体的综论、作家的集评、代表作的汇评，汇集千百年来文学家言简意赅的评语，方便学生深入领悟，使课本不仅可读，而且耐读；对于文学爱好者而言，则"白首也莫能废"，可以常读常新。每单元还附有备选课文及该作家（流派）的其他代表作，作为泛读的作品；也附有该作家（流派）的作品综述，从而可资克服管中窥豹的片面性。有的单元还附有有关的研究综述，全编本还设置"研究性学习专题"，设置"网络链接"，就若干学术争鸣问题做概略介绍，使学生对文学研究略知一二，对做学问有一些初步的感受，有利于日后在自身学科领域中逐渐深入，有所创新。每单元后均附有参考书目，方便学生深入自学。这样做更符合信息时代对传统学科改革的要求。

　　朋友，我如何编这本书的一些思路和具体做法介绍过了，下面就如何学习这本书我也想对您提几点建议：

　　本书共安排三十六个小单元，容量是很大的。就一般学校的课时安排而言，这本书是教不完的，我们编的就是一般课堂教学与课外自学相结合的教材，合在一起，系统性更强，才能反映中国文学的大致面貌。老师可以根据学时的多少挑选一些单元详讲，其余略讲或指导学生课外阅读。有些同学反映课文后附的作品没有注释，读不太懂，我们已另出一本《大学语文阅读文选》，对这些诗文均加注释，可供参阅。

这本教材是把大中小学的语文(特别是文学)作为一个完整的知识架构来构建的,中学里已学得较多的内容,本书就少选或不选,这决非说它们不重要。此外,有些较浅显的作品,已不适合收入大学教材,虽为佳作也只好割爱或作为附录。每单元一般安排两至三学时,过长的小说、散文、戏剧便无法选入。希望您参照书中的综述及参考书目,自己找有关作品阅读。

本书没有选外国文学作品,是基于三点考虑:一是本课程定位于母语教育课程,它是过去"大一国文"的继续,着重提高学生的汉语言文学水平;二是同学们已具备差不多四级乃至六级英语水平,可以读一些浅显的外文原著了,用"不求甚解"的办法去读,文学修养、英语水平都能有所提高,况且英语课时是大学语文的几倍,似乎也不应该再从课时上去"劫贫济富";三是本书采用系统性、网络式、立体化、大信息的结构,单选几篇外国文学作品,与全书体例迥然不同。如要体例相同,这本书又得厚上几倍,所以不选外国文学作品也是可以理解的。

书中入选的均为古今文学精品,同学们可以经常写写读后感或读书笔记之类的文字。学完本书后,还可以选读一些文学鉴赏教材。如我主编的《唐宋诗词鉴赏》(北京大学出版社)、《唐诗鉴赏》《唐宋词鉴赏》(南京大学出版社)、《诗词鉴赏与写作》(高等教育出版社)等,可与本书选篇互补。中国文学(主要是古代文学)比起任何一国的文学都毫不逊色,在文学的天宇里最亮的星星常常是中国制造的。

文学是人学,每读一篇优秀的作品,便是在与一个高尚的人谈心,同学们不顺心的时候,不妨去读读陶渊明、苏轼等人的旷达之作;遇到困难时,也可以去读读陆游、辛弃疾可以立顽起懦的作品。

中国古代文史哲常常不分,传统的儒家思想、中国的传统伦理对今天的年轻人仍有借鉴作用,本书专设"情感道德"专题,多以语录、故事给人处世做人以启迪,也可同时提高学生的古文水平。

本教材也与网络教学相配合,我牵头的东南大学中文系课题组创建了首门全国大学语文国家精品课程,并有网站配合(http://www.dxyw.cn),我本人在清华大学上此课程的全程录像(42节),作为大学语文国家资源共享课,已上传网络。我主讲的东南大学"唐宋诗词鉴赏"课亦为国家精品课程,已升级为国家资源共享课,所含"唐诗鉴赏""唐宋词鉴赏""诗词格律与写作"三门课程我在东南大学上课的全程录像(66节),也已经上传网络;"唐诗鉴赏""诗词格律与写作"被评为国家精品视频公开课,大家可以通过"爱课程""网易公开课"等网站观看,也可用"百度"以我的名字及课程名称展开搜索。

朋友,希望文学成为您人生航船上的又一台发动机,使您的事业更上一层楼。有朝一日,当您作为一名大科学家在做学术报告时出口成章,能言善辩,您就会觉得文学对您的帮助并不在专业知识之下;当您成为大政治家、大外交家、大律师,或接受记者采访,或在法庭上面对挑战,侃侃而谈,语惊四座,也会觉得是文学赋予您底气;当您成为大企业家与日本、韩国及中国港澳台地区的企业家谈判结束时即席赋诗,妙语连珠,又会觉得文学在为您增光添彩;当您事业有成,需写报告、搞总结时,同样会感到文学的存在……愿《大学语文》化成巨大的文学芯片,植入您的头脑、电脑中,以其大容量及广泛的兼容性,成为您永久的朋友。

本书先后经多次审稿,审稿专家均为南京大学、南京师范大学、江苏第二师范学院教授。如果本书能得到您的欢迎,请勿忘记他们为之付出的艰辛劳动!我在东南大学、清华大学教授本课程时,每学期要学生每人挑课本上三个错误,这些同学对本书的完善也做出了巨大的贡献。

致以诚挚的敬意!

您的朋友:

2008 年 5 月 18 日于南京东南大学
2015 年 1 月 12 日于北京清华大学

目录

一、《诗经》《楚辞》

慕课资源

《诗经》

　　《诗经》本名《诗》,是我国最早的古代乐歌总集,所辑多是周初至春秋中叶的作品,共收诗311篇,其中6篇为有题目而无文辞的"笙诗",实际收录诗歌305篇,举其成数,故又称《诗三百》。到汉代时,被列为儒家经典之一,才称作《诗经》,并沿袭至今。《诗经》分"风""雅""颂"三类:"风"是民谣、土乐,含周南、召南、邶、鄘、卫、王、郑、齐、魏、唐、秦、陈、桧、曹、豳等十五国"风",共160篇;"雅"用的是周朝王畿的乐调,根据音节律吕分为大雅、小雅,共105篇;"颂"多采庙堂祭祀舞曲,含商颂、周颂、鲁颂,共40篇。这些乐歌题材十分广泛,从各个方面反映了当时的社会生活、社会各阶层的精神风貌及各地的风俗习尚,洋溢着浓厚的乡土风韵、人伦情感、人本意识,具有"美刺"的社会功能,奠定了我国诗歌现实主义的传统。其句式以四言为主,多用重章叠句和赋、比、兴的表现手法,语言质朴优美,音节和谐明快,形象鲜明,寓意深刻,富于艺术感染力,堪称中国诗歌史的辉煌开端。

【集评】

　　《诗》三百篇,大抵贤圣发愤之所为作也。([汉]司马迁《史记·太史公自序》)

　　夫诗者,论功颂德之歌,止僻防邪之训,虽无为而自发,乃有益于生灵。六情静于中,百物荡于外,情缘物动,物感情迁。若政遇醇和,则欢娱被于朝野;时当惨黩,亦怨刺形于咏歌。作之者所以畅怀舒愤,闻之者足以塞违从正。发诸情性,谐于律吕。故曰"感天地,动鬼神,莫近于诗"。([唐]孔颖达《毛诗正义序》)

　　汉兴,鲁申公为《诗》训故,而齐辕固、燕韩生皆为之传。或取《春秋》,采杂说,咸非其本义。与不得已,《鲁》最为近之。三家皆列于学官。又有毛公之学,自谓子夏所传,而河间献王好之,未得立。([汉]班固《汉书·艺文志》)

　　元始五年,公车征说《诗》。后汉郑众、贾逵传《毛诗》,马融作《毛诗注》,郑玄作《毛诗笺》,申明毛义难"三家",于是"三家"遂废矣。……《齐诗》久亡,《鲁诗》不过江东,《韩诗》虽在,人无传者。唯《毛诗》郑《笺》独立国学,今所遵用。([唐]陆德明《经典释文序录》)

凡诗之所谓风者,多出于里巷歌谣之作,所谓男女相与咏歌,各言其情者也。惟《周南》《召南》亲被文王之化以成德,而人皆有以得其性情之正,故其发于言者,乐而不过于淫,哀而不及于伤,是以二篇独为风诗之正经。自《邶》而下,则其国之治乱不同,人之贤否亦异,其所感而发者,有邪正是非之不齐,而所谓先王之风者,于此焉变矣。若夫《雅》《颂》之篇,则皆成周之世,朝廷郊庙乐歌之词,其语和而庄,其义宽而密,其作者往往圣人之徒,固所以为万世法程而不可易者也。至于雅之变者,亦皆一时贤人君子,闵时病俗之所为,而圣人取之。其忠厚恻怛之心,陈善闭邪之意,尤非后世能言之士所能及之。此《诗》之为经,所以人事浃于下,天道备于上,而无一理之不具也。([宋]朱熹《诗集传序》)

汉儒言《诗》,不过美、刺二端。《国风》《小雅》为刺者多,《大雅》则美多而刺少,岂其本原固有不同者欤?夫先王之世,君臣上下有如一体。故君上有令德令誉,则臣下相与作为诗歌以美之。非贡谀也,实爱其君有是令德令誉而欣豫之情发于不容已也。或于颂美之中,时寓规谏,忠爱之至也。其流风遗韵,结于士君子之心,而形为风俗。故遇昏王乱政,而欲救之,则一托之于诗。《序》曰:"主文而谲谏,言之者无罪,闻之者足以戒。"然则刺诗之作,亦何往而非忠爱之所流播乎?是故非有爱君之心,则《天保》《既醉》,只为奉上之谀词。诚有爱君之心,则虽《国风》之刺奔刺乱,无所不刺,亦犹人子执谏父母而涕泣随之也。([清]程廷祚《诗论》十三)

卫风·伯兮

伯兮朅兮①,邦之桀兮②。伯也执殳③,为王前驱④。
自伯之东⑤,首如飞蓬⑥。岂无膏沐⑦,谁适为容⑧?
其雨其雨⑨,杲杲出日⑩。愿言思伯⑪,甘心首疾⑫。
焉得谖草⑬,言树之背⑭。愿言思伯,使我心痗⑮。

【汇评】

《伯兮》,刺时也。言君子行役,为王前驱,过时而不反焉。(《毛诗序》)

《伯兮》,鄘人有从武庚而伐卫者,室家忧而作。一章二章赋也,三章比而后赋也。四章赋也。([汉]申培《诗说》)

范氏曰:"居而相离则思,期而不至则忧,此人之情也。文王之遣戍役,周公之劳归士,皆叙其室家之情、男女之思以闵(悯)之,故其民悦而忘死。圣人能通天下之志,是以能成天下之务。兵者,毒民于死者也。孤人之子,寡人之妻,伤天地之和,召水旱之灾,故圣王重之。如不得已而行,则告以归期,念其勤

---

① 伯:兄弟排行中的老大,这里是妻子对丈夫的爱称。朅(jiē):雄健英武的样子。兮:语气词,与"啊"相似。 ② 邦:国家。桀:同"杰",杰出的人才。 ③ 殳(shū):古代一种梃杖类长兵器,竹制或木制,长一丈二尺。 ④ 前驱:先锋。 ⑤ 之:往。 ⑥ 首:头,这里指头发。蓬:多年生草本植物,叶边呈锯齿状,籽实有毛,枝叶蓬松,秋季常被风吹起,随风飞卷。 ⑦ 膏:润发油。沐:洗头,这里指洗头水。 ⑧ 适(dì):喜悦,喜爱。容:容颜。全句指打扮化妆为了取悦谁呢? ⑨ 其:这里用作语气词,表示祈求的语气。 ⑩ 杲(gǎo)杲:明亮的样子。 ⑪ 愿:思念。郑玄《毛诗传笺》:"愿,念也。"言:语助词,无实意,下同。 ⑫ 疾:疼痛。 ⑬ 谖(xuān)草:即萱草,又名忘忧草,俗名黄花菜、金针菜,古人以为此草可以使人忘忧。 ⑭ 树:种植,栽培。背:通"北",指住房的北面。 ⑮ 痗(mèi):病,忧伤。

劳,哀伤惨怛,不啻在己。是以治世之诗,则言其君上闵(悯)恤之情;乱世之诗,则录其室家怨思之苦,以为人情不出乎此也。"([宋]朱熹《诗集传》卷三)

【赏析】

《伯兮》一诗以一位在家独居的妻子内心独白的方式,表达了对从军的丈夫的思念之情,其内容、意境及表现手法对后世闺怨诗的创作有深远影响。

诗一开篇就以"伯兮"唤起,可见妻子对丈夫爱之深与思之切。接下来就以自豪的口吻,从英武与善战两个角度夸耀丈夫,既显示妻子对丈夫爱得深挚,又说明妻子以国事为重的心态,诗以此为基调,自然高昂而不低沉了。

因为由衷地敬佩丈夫,所以妻子的这种爱就愈加深厚,思念之情也就愈加强烈。从第二章开始,便以思夫之苦来表现其爱之深。诗首先从最富女性特征处着笔,来展示其心灵世界。梳妆,这几乎是女性展示自己女性美的一种天性,然而自从丈夫出征后,妻子苦苦思念,无心再去梳洗打扮,整天蓬头垢面。诗中对爱的痴迷专注情状进行了绝妙的描述。

如果说前二章用了"赋"的直叙方法,第三章开头二句便改用了比兴的手法:以大旱盼下雨来比喻盼夫归来的渴望,以偏偏烈日炎炎比喻希望的落空。第四章开头二句用了假设反证的方法:听说忘忧草可以使人忘忧,可是到哪里才能找到呢?是的,世上从来就不存在真能使人忘忧的草,一个"焉"字已流露了这层意思。三、四两章写的都是事与愿违,加深了思夫的痛苦,乃至头痛欲裂,病态恹恹。但妻子甘愿如此,以示爱情的坚贞。

《伯兮》一诗具有刚柔并济的风格,夸夫有豪放的气度,思夫有婉约的缠绵,且以柔为主,以刚为辅,刚柔相辅相成,尺度把握得恰到好处。诗虽短小,却体现了《诗经》的基本艺术特征,有重章叠句,也有赋比兴手法的穿插运用,曲尽其妙,富有感染力,是《诗经》中一首优美的爱情诗篇。

王风·黍离

彼黍离离①,彼稷之苗②。行迈靡靡③,中心摇摇④。知我者谓我心忧,不知我者谓我何求⑤。悠悠苍天,此何人哉⑥?

彼黍离离,彼稷之穗。行迈靡靡,中心如醉⑦。知我者谓我心忧,不知我者谓

---

① 彼:那个地方。黍:也称黍子,北方称黄米,性黏,供食用或酿酒。离离:分披繁茂貌。 ② 稷:一年生谷物,别称粢、穄、糜。古今著录所述形态不同,汉以后误以粟为稷,唐以后又以黍为稷。实际就是俗称的糜子。由于它是最早的谷物,所以古代以稷为百谷之长,并奉为五谷之神。"黍""稷"为互文,"离离"兼对二者形容,下同。 ③ 行迈:复合词,即行走。行、迈都含步行意。靡靡:缓慢的样子。 ④ 中心:心中。摇摇:心神不定的样子。 ⑤ 求:寻求。 ⑥ 此:指造成这种伤心的局面。 ⑦ 醉:指心中忧愁如醉酒一样难受而不能自持。

我何求。悠悠苍天,此何人哉?

彼黍离离,彼稷之实。行迈靡靡,中心如噎①。知我者谓我心忧,不知我者谓我何求。悠悠苍天,此何人哉?

【汇评】

《黍离》,闵宗周也。周大夫行役至于宗周,过故宗庙宫室,尽为禾黍,闵周室之颠覆,彷徨不忍去,而作是诗也。(《毛诗序》)

幽王伐申,申侯逆战于戏,射王弑之。立平王于申,自申迁洛,命秦伯帅师逐犬戎于镐京,寻遣尹伯封犒秦伯之师,过故宗庙宫室,秦人皆垦为田,咸生禾黍,旁皇不忍去,故作此诗,赋也。([汉]申培《诗说》)

【赏析】

本篇选自《诗经》"王风","王"指东周王都,周平王迁都洛邑后,王室衰微,天子位同列国诸侯,其地产生的诗歌便被称为"王风"。"王风"多乱离之作。此诗中的具体物象只有黍和稷,它们在北方是随处可见的农作物,这就使诗中的环境变得具有普遍性与抽象性了,因而由此环境引起的感慨也具有了不确定性。基于此,对此诗的写作背景与主旨,有多种解释。《毛诗序》解释为东周初年王朝大夫返回镐京时,见西周宗庙宫室都已坍塌毁弃,上面长满了庄稼,十分感伤,于是作了此诗。这是传统的说法,因此《黍离》一诗历来被视为是悲悼故国的代表作。但仅从诗中难以看出此说的依据,若宫室毁弃、家园荒芜,一般以杂草丛生、野兽出没来形容,似不应以"彼黍离离"来描述。更为合理的解释是,虽然庄稼茂盛,但主人公由于某种原因而不能安居乐业,从诗中我们可以看到一个常年四处漂泊的流浪者形象,听到他因流离失所而发出的愤怒呼喊。

全诗共分三章,每章八句。每章前二句都是借景起兴,引出第三、四句主人公彷徨不忍离去的描述。后四句以旁人对"我"的态度来烘托浪迹天涯的悲情,并以呼天抢地的形式,愤怒谴责给自己带来灾难的罪魁祸首。

本诗采用了重章叠句的形式,各章间仅个别词语有变化。第二句句尾的不同字:"苗""穗""实",不仅起了分章换韵的作用,而且造成景致的转换,反映了时序的迁移,说明自己长期流浪而不能安居。第四句句末分别是"摇摇""如醉""如噎",生动地显示出长期"行迈"离乡而内心逐渐加重的悲痛。全诗反复咏叹,回环复沓,倾诉了强烈的悲愤之情。

---

① 噎(yē):咽喉堵塞而难于喘息。这里指忧愤得心中堵塞。

屈　原

屈原(前 340? —前 278),名平,字原,战国后期楚国丹阳县(今湖北秭归县)人。生于贵族家庭,受过良好的文化教育,有很高的文学和政治才能。楚怀王时,曾任左徒、三闾大夫等职。他具有远大的政治抱负,对外联齐抗秦,对内改革政治,变法图强,后遭到保守势力的反对和排挤,被怀王疏远,顷襄王继位后,又被流放。公元前 278 年,秦兵攻破郢都,屈原愤怒绝望,自投汨罗江而死,据传时为五月五日。屈原留存下来的主要作品有《离骚》《天问》《招魂》《九歌》《九章》等二十三篇,表现出强烈的忧患意识和爱国情怀。屈原创造了"楚辞"这一新的诗体,成为中国文学史上第一位具有浓郁地方色彩的伟大浪漫主义诗人。

【集评】

屈平正道直行,竭忠尽智以事其君,谗人间之,可谓穷矣。信而见疑,忠而被谤,能无怨乎?屈平之作《离骚》,盖自怨生也。《国风》好色而不淫,《小雅》怨诽而不乱,若《离骚》者,可谓兼之矣……其文约,其辞微,其志洁,其行廉。其称文小而其指极大,举类迩而见义远。其志洁,故其称物芳;其行廉,故死而不容自疏。濯淖污泥之中,蝉蜕于浊秽,以浮游尘埃之外,不获世之滋垢,皭然泥而不滓者也。推此志也,虽与日月争光可也。([西汉]司马迁《史记·屈原列传》)

屈原氏兴,以瑰奇浩瀚之才,属纵横艰大之运,因牢骚愁怨之感,发沉雄伟博之辞。上陈天道,下悉人情,中稽物理,旁引广譬,具网兼罗,文词巨丽,体制闳深,兴寄超远,百代而下,才人学士,追之莫逮,取之不穷,史谓争光日月,讵不信夫!([明]胡应麟《诗薮》内编卷一)

和平婉丽,整暇雍容,读之使人一唱三叹者,《九歌》等作是也。……《九歌》托于事神,其词不露,故精简而有条。(同上)

按楚辞者,诗之变也。《诗》无《楚风》,然江汉之间,皆为楚地,自文王化行南国,《汉广》《江有汜》诸诗列于《二南》,乃居十五国风之先,是《诗》虽无《楚风》,而实为《风》首也。《风》《雅》既亡,乃有楚狂《凤兮》、孺子《沧浪》之歌,发乎情,止乎礼义,与诗人六义不甚相远。但其辞稍变诗之本体,而以"兮"字为读,则夫楚声固已蘖于此矣。屈平后出,本诗义以为骚,盖兼六义而"赋"之义居多。厥后宋玉继作,并号楚辞。([明]徐师曾《文体明辨序说》)

屈、宋楚词,忧深思远,上承风雅之遗,下启词章之体,亦中国文章之祖也。惟文学臻于极盛,故周末诸子,卒以文词之美,得后世文士之保持,而流传勿失。(刘师培《论文杂记》)

湘　夫　人

帝子降兮北渚①，目眇眇兮愁予②。嫋嫋兮秋风③，洞庭波兮木叶下④。

登白薠兮骋望⑤，与佳期兮夕张⑥；鸟何萃兮蘋中，罾何为兮木上⑦？

沅有茝兮醴有兰⑧，思公子兮未敢言⑨。荒忽兮远望⑩，观流水兮潺湲⑪。

麋何食兮庭中？蛟何为兮水裔⑫？朝驰余马兮江皋，夕济兮西澨⑬。闻佳人兮召予，将腾驾兮偕逝⑭。

筑室兮水中，葺之兮荷盖⑮。荪壁兮紫坛⑯，匊芳椒兮成堂⑰。桂栋兮兰橑⑱，辛夷楣兮药房⑲。罔薜荔兮为帷⑳，擗蕙櫋兮既张㉑。白玉兮为镇㉒，疏石兰兮为芳㉓。芷葺兮荷屋㉔，缭之兮杜衡㉕。合百草兮实庭㉖，建芳馨兮庑门㉗。九嶷缤兮并迎㉘，灵之来兮如云㉙。

捐余袂兮江中㉚，遗余褋兮醴浦㉛。搴汀洲兮杜若㉜，将以遗兮远者㉝。时不可兮骤得㉞，聊逍遥兮容与㉟！

【本事典实】

名勒金石，质之乾坤，岁数历祀，立庙起坟，光于后土，显昭天人。生贱死贵，列之义门。何怅华落，飘零早分。葩艳窈窕，永世配神（言当配享江神）。若尧二女，为湘夫人。时效仿佛，以昭后昆。[楚词有湘君、湘夫人，尧之二女娥皇、女英，其庙在湘山]（邯郸淳《度尚曹娥碑》）

---

① 帝子：指湘水之神湘夫人。相传本是舜妃，为帝尧之女，故称帝子。渚(zhǔ)：水中的沙洲。　② 眇眇(miǎo)：极目远视的样子。愁予：使我忧愁。　③ 嫋嫋(niǎo)：同袅袅，轻柔的样子。　④ 波：作动词用，水波涌起。⑤ 登白薠(fán)：登上长着白薠的高地。白薠，一种生于湖滨陆地的秋草。骋望：放眼远望。　⑥ 佳：即佳人，指湘夫人。期：约会。夕：黄昏。张：布置。⑦ "鸟何"二句：鸟儿为什么不聚集在树上，而聚集在水草上？渔网为什么不放在水里，却挂在树上？二句所言所处不当，预兆不吉，故象征所求不得。萃，聚集。蘋，水草名。罾(zēng)，渔网。　⑧ 沅：指沅江，在今湖南西部。茝(zhǐ)：香草名。醴(lǐ)：醴江，在今湖南澧县南。　⑨ 公子：指湘夫人。　⑩ 荒忽：看不清楚的样子。⑪ 潺湲(chán yuán)：水缓慢流动的样子。　⑫ "麋何食"二句：麋本应在山林，为什么却跑到人家的庭院来寻食？蛟龙本应在深渊，为什么跑到水边来？水裔：水边。　⑬ 皋(gāo)：水边陆地。济：渡。澨(shì)：水边。　⑭ 腾驾：驾着车马奔腾飞驰。偕逝：同往。　⑮ 葺(qì)：覆盖。盖：屋顶。　⑯ 荪壁：用香草装饰墙壁。紫：紫贝，一种贝壳。坛：楚方言称"中庭"（即天井）为"坛"，此处指天井中的地面。　⑰ "匊芳"句：用芳香的花椒均匀地涂饰整个厅堂的墙壁。匊，古"播"字，播撒，此指均匀地四散涂抹。芳椒，有芳香气的花椒。成，整，满。　⑱ 橑(liáo)：屋椽。　⑲ 辛夷：一名木兰，又名木笔。楣(méi)：门框上边的横木。药：白芷。房：卧房。　⑳ 罔：通"网"，编结。薜荔(bì lì)：一种香草。帷：帷帐。　㉑ 擗(pǐ)蕙櫋(mián)：指剖析蕙兰悬于屋檐边。擗，剖开。櫋，屋檐板。既张：已经张挂好了。　㉒ 镇：镇压座席之物。古人席地而坐，用玉石等物压住坐席四角。㉓ 疏：分布。石兰：香草名称。　㉔ 芷葺：用白芷覆盖。　㉕ 缭：束缚，缠绕。杜衡：香草名。　㉖ 合：会聚。百草：各种花草。实：充实。㉗ 建：设置。芳馨：指各种花草。庑：厅堂四周的廊屋。　㉘ 九嶷：山名，传说中的舜所葬地，在湘南。本文中指九嶷山群神。缤：盛多的样子。㉙ 灵：指九嶷山神。如云：形容众多。　㉚ 捐：丢弃。袂(mèi)：衣袖。　㉛ 遗：丢掉。褋(dié)：单衣。浦：水边。　㉜ 搴(qiān)：拔取。汀洲：水中平地。杜若：香草名。　㉝ 遗(wèi)：赠送。远者：指湘夫人。　㉞ 时：天时。骤得：多次得到。　㉟ 聊：姑且。容与：从容自在的样子，谓聊且游戏以尽年寿也。

【赏析】

　　《湘夫人》是《九歌》中的第四篇,它写的是一个爱情的悲剧。全诗抒写了湘君约会湘夫人而不遇的怅惘心理,表现了湘君对湘夫人的真挚感情,以及对幸福生活的执着追求。诗中虽然写的是神与神的爱恋,但处处洋溢着人的情味,因而也曲折地反映了现实生活中人民的爱情生活。

　　从全诗来看,感情基调是感伤的。诗人把悲剧事件安排在深秋,诗一开头便描绘出一派秋风萧瑟、草木摇落的景象,使得全诗笼罩在凄凉的气氛之中。嫋嫋秋风吹皱了洞庭湖水,吹落了无边的树叶,而守约等候的湘君仍不见湘夫人的踪影,十分忧伤。这里作者借景抒情,描绘的"秋风""洞庭波""木叶"和"流水"等景色和男神的心情十分契合。

　　更为特别的是诗中有关"鸟""罾""麋"和"蛟"的四句,描绘出一幅幅情理颠倒的画面。在失望、焦急的心境下,男神看见本应翔于高空的鸟儿却停息在水草之中,而本应撒向水中的渔网却高挂在树梢之上;再看山野的麋鹿在人家的庭院中觅食,而深水之中的蛟龙却来到了浅水边。事物怎会如此反常! 男神自然想到他所期待的正像这些失常的事物一样,是不可能实现的了。

　　然而就在湘君失望之时,忽听得对方在远处召唤,湘君灰冷的心又重新燃烧了起来,他在朦胧中仿佛看到了希望,似乎马上就可以和湘夫人见面了。男神幻想着他和湘夫人的爱巢将建在水中,屋顶用荷叶铺成,清香四溢。室内陈列着各种香草。九嶷众神也来迎接湘夫人。一切都是如此美好。至此,诗歌将男神的情感推上了高潮。然而美丽的想象终究幻灭,情感一下子从高峰跌入了低谷。最后,诗人通过男主人公捐弃袂、褋以及采杜若相赠的细节描写,将他对湘夫人怨愤而又难于割舍的情感表现得极其缠绵委婉。诗的结尾则描写了男神对未来仍存有希望,冀盼相会的佳期不远。

　　这首诗在结构上的最大特色,就是以湘君赴约不遇的感情起伏跌宕为中心线索并贯穿始终,将景、人、事、现实、追忆、幻想等熔铸在一系列的心理活动之中,构成了一个丰富多彩、完整和谐的艺术整体。这条感情线索就是,忧愁—懊恼—恍惚—幻想—留恋—宽解。整个感情流程就像一条抛物线,有开端、发展、高潮、平息,可谓线条清晰,结构完整,既起伏跌宕,又浑然一体。全诗带有强烈的浪漫主义色彩,无论写景还是抒情都极富有浪漫情趣。

(彭书雄)

附录一　备选课文

豳风·东山　　　　　　　　《诗经》

　　我徂东山,慆慆不归。我来自东,零雨其蒙。
我东曰归,我心西悲。制彼裳衣,勿士(事)行枚。

　　蜎蜎者蠋,烝在桑野。敦彼独宿,亦在车下。

　　我徂东山,慆慆不归。我来自东,零雨其蒙。
果臝之实,亦施于宇。伊(蜫)威(蛾)在室,蟏蛸在户。町畽鹿场,熠燿宵行。不可畏也? 伊可怀也。

　　我徂东山,慆慆不归。我来自东,零雨其蒙。

鹳鸣于垤,妇叹于室。洒扫穹窒,我征聿至。有敦瓜苦,烝在栗薪。自我不见,于今三年。

我徂东山,慆慆不归。我来自东,零雨其蒙。仓庚于飞,熠燿其羽。之子于归,皇驳其马。亲结其缡,九十其仪。其新孔嘉,其旧如之何?

山 鬼 　　　屈　原

若有人兮山之阿,被薜荔兮带女萝。既含睇兮又宜笑,子慕予兮善窈窕。乘赤豹兮从文狸,辛夷车兮结桂旗。被石兰兮带杜衡,折芳馨兮遗所思。

余处幽篁兮终不见天,路险难兮独后来。表独立兮山之上,云容容兮而在下。杳冥冥兮羌昼晦,东风飘兮神灵雨。留灵修兮憺忘归,岁既晏兮孰华予!

采三秀兮於山间,石磊磊兮葛蔓蔓。怨公子兮怅忘归,君思我兮不得闲。山中人兮芳杜若,饮石泉兮荫松柏。君思我兮然疑作。雷填填兮雨冥冥,猿啾啾兮狖夜鸣。风飒飒兮木萧萧,思公子兮

附录二　历代咏屈原诗选

过三闾庙 　　　[唐]戴叔伦

沅湘流不尽,屈子怨何深。日暮秋风起,萧萧枫树林。

汨 罗 　　　[唐]李德裕

远谪南荒一病身,停舟暂吊汨罗人。都缘靳尚图专国,岂是怀王厌直臣?万里碧潭秋景静,四时愁色野花新。不劳渔父重相问,自有招魂拭泪巾。

涉沅潇 　　　[唐]李绅

屈原死处潇湘阴,沧浪森森云沉沉。蛟龙长

徒离忧。

对楚王问 　　　宋　玉

楚襄王问于宋玉曰:"先生其有遗行与?何士民众庶不誉之甚也?"宋玉对曰:"唯,然,有之。愿大王宽其罪,使得毕其辞。"

"客有歌于郢中者。其始曰《下里》《巴人》,国中属而和者数千人。其为《阳阿》《薤露》,国中属而和者数百人。其为《阳春》《白雪》,国中属而和者,不过数十人。引商刻羽,杂以流徵,国中属而和者,不过数人而已。是其曲弥高,其和(hè)弥寡。故鸟有凤而鱼有鲲。凤凰上击九千里,绝云霓,负苍天,翱翔乎杳冥之上,夫蕃篱之鷃,岂能与之料天地之高哉?鲲鱼朝发昆仑之墟,暴鬐于碣石,暮宿于孟诸。夫尺泽之鲵,岂能与之量江海之大哉?故非独鸟有凤而鱼有鲲也,士亦有之。夫圣人瑰意琦行,超然独处。夫世俗之民,又安知臣之所为哉?"

怒虎长啸,山木修修波浪深。烟横日落惊鸿起,山映余霞杳千里。鸿叫离离入暮天,霞消漠漠深云水。水灵江暗扬波涛,鼋鼍动荡风骚骚。行人愁望待明月,星汉沉浮魁鬼号。屈原尔为怀王没,水府通天化灵物。何不驱雷击电除奸邪,可怜空作沉泉骨。举杯沥酒招尔魂,月影混漾开乾坤。波白水黑山隐见,汨罗之上遥昏昏。风帆候晓看五两,戌鼓咚咚远山响。潮满江津猿鸟啼,荆夫楚语飞蛮桨。潇湘岛浦无人居,风惊水暗惟鲛鱼。行来击棹独长叹,问尔精魄何所如?

楚 城 　　　[宋]陆游

江上荒城猿鸟悲,隔江便是屈原祠。一千五百年间事,只有滩声似旧时。

暮高唐梦,绕尽行云不到秦。

夜坐弹《离骚》　　　[元]耶律楚材

一曲《离骚》一碗茶,个中真味更何加! 香销烛尽穹庐冷,星斗阑干山月斜。

三　闾　祠　　　[清]查慎行

平远江山极目回,古祠漠漠背城开。莫嫌举世无知己,未有庸人不忌才。放逐肯消亡国恨,岁时犹动楚人哀。湘兰沅芷年年绿,想见吟魂自去来。

读 史 有 感　　　[明]刘 基

千古怀沙恨逐臣,章台遗事最酸辛。可怜日

附录三 《诗经》的内容及艺术概述

《诗经》分"风""雅""颂"三类,这些诗歌主要产生于西周初至春秋中叶,有一小部分是由先世流传下来,又经后人补记或编定的,其原作产生的年代则远在西周建立之前,如《商颂》里那些商代用于祭祀英雄祖先的祭歌、《大雅》中那些对周族先王创业立国的颂歌等。

"颂"诗共 40 篇,其中《周颂》31 篇,《商颂》5篇,《鲁颂》4 篇,主要记述商、周先祖功业,歌颂他们对民族发展的巨大贡献。商、周的先祖,不仅是部族的军事首领,带领本部族保卫家园、开疆拓土,奠定九州统一的基础,而且是本部族的劳动组织者与领导者,有的还是劳动生产的发明创造者,这些颂扬英雄先祖的诗歌,便成了"颂"诗中的精华。这些先祖是当时先进社会力量和先进生产力的代表,诗中塑造的也是生气勃勃的、对历史发展有伟大贡献的英雄形象,与后世御用文人抽象地颂扬帝王功德的谀辞是迥然不同的。

"雅"诗 105 篇,其中《大雅》31 篇,《小雅》74篇。《大雅》多数是西周公卿列士的献诗,主要用于朝会、宴会、朝聘。但也有周朝之前就流传的歌谣,如《生民》《公刘》《绵》等,这些叙述周人先祖后稷、公刘、古公亶父领导周民族奋斗发展的史诗,其产生的年代和诗中所描写的时代相距不会太远,从诗的节奏和韵律看,还保留着古老诗歌的特点。《大雅》中还有一小部分政治讽谏诗。在《小雅》中,政治讽谏诗已占绝大部分,这不仅因为这些诗是在周王室衰微的历史背景下产生

的,而且还因为一部分士大夫、贵族阶级下层人士甚至个别平民也参与创作,由于他们对当权者的昏庸腐败不满甚至憎恶,在他们讽谏的诗中多含怨刺与批判,指责了时弊,揭露了黑暗,表示了对时局的忧虑,反映了人民的某些疾苦。《小雅》中还有表现周室与周边部族之间矛盾的诗,诗中流露了反侵略的爱国思想;另有少量反映人民生活的诗歌,其格调已近于"风"诗。

"风"诗与"颂"诗、"雅"诗有所不同,它数量多,来源广,产生于十五"国",涵盖了当时中国的大部分地区;它的作者包括了当时社会所有的阶级与阶层,而又以劳动人民为主体,所以它所反映的内容异常丰富、广泛,全面、深刻地反映了春秋中叶以前的社会生活。如它反映了劳动人民在政治压迫、经济剥削、繁重劳役兵役下的痛苦生活,表达了劳动者不屈的反压迫、反剥削的反抗精神及对美好社会的向往;揭露了统治阶级荒淫腐朽的生活,控诉了他们害民误国的罪行;叙述了劳动人民的生活,歌颂了劳动人民勤劳的精神;反映了婚姻与恋爱生活,表现了劳动青年坦诚、真挚、纯洁的爱情,以及他们为自由恋爱而与旧势力的抗争;也有一些诗描写妇女社会地位低下,被礼教束缚、被人遗弃的悲苦遭遇,对不合理的社会习俗与礼法提出控诉与抗议。

"风"诗一百六十篇是《诗经》的主体与精华,后世人们甚至以"风"来代替对《诗经》的称呼。"风"诗多是民间歌谣,形式自由而多样,是反映

丰富社会生活内容的比较理想的艺术形式，"风"诗的艺术特色代表了《诗经》的艺术成就。《诗经》艺术最基本的特色就是它具有鲜明的现实主义创作精神。《诗经》中的民歌都直面社会现实，从现实生活中概括生活画面与艺术形象，真实而深刻地反映当时的社会现实及人们真实的思想感情，从而揭示了现实生活的本质，这种鲜明的现实主义创作精神成为我国几千年来文学创作中最优秀的传统。

《诗经》的"风""雅""颂"是原来就具有的乐曲名，而"赋""比""兴"则是后人总结出来的《诗经》的三种表现手法。"赋"就是陈述铺叙，即直接叙述其事或直接抒发其情，这不独是《诗经》的重要手法，也是其他文学作品常用的方法。《诗经》民歌的独特之处在于比、兴手法的大量运用。"比"就是比喻和比拟，利用两种事物之间某种相似点来打比方，使抽象的事物或感情转换成生动、鲜明的具体形象或浅显常见、容易理解的事物。"兴"就是先借助对某种事物的描绘，引出所要咏唱的对象。由于借助的事物与咏唱的对象有某种联系，往往起到联想、启发、象征、暗示、烘托的作用，有引人入胜之妙。比、兴手法丰富了创作的想象力，也丰富了诗歌的表现力，使诗歌中的形象与意境更为生动而感人。

《诗经》以四言为主，篇幅短小而内容丰富。其语言异常精练，是经过提炼加工过的规范化语言。为了更好地表达思想感情或使形式富于变化，一些诗又能突破四言而采用杂言的形式，错落有致，但节奏依然自然流畅，读起来朗朗上口。《诗经》运用了大量的双声叠韵词和叠字，使语言更加优美动听，使感情表达与景致描写曲尽其妙。有些诗使用了"兮""猗""只""也"等语助词，对后来骚体诗的产生有很大影响。章节的重叠反复，也是《诗经》艺术的一个特点。这一特点使《诗经》更便于反复吟唱，更便于记忆，更增强了它的节奏感与音乐性。其重章叠句在每章中往往略有变化，只更换少数字，便起到了叙事层层推进与抒情不断深化的效果。

《诗经》中的诗，都是合乐的歌辞，非常讲究节奏与韵律，尽管后来乐曲失传，但从《诗经》的用韵仍能看出这一特点。《诗经》用韵大部分是隔句韵，一章一韵到底。也有逐句韵和章与章之间不换韵的，也有抱韵（一、四句或二、三句用韵）、疏韵（隔两句用韵）、遥韵（上章与下章某相应部位句子用韵）等。韵法的多样化，能更好地表达对复杂事物的细致观察和抒发丰富的感情，使语言生动自然流畅，从而进一步增强了语言的艺术魅力。

附录四　楚辞作品综述

战国时期，在我国南方楚国产生了一种崭新的诗体——楚辞。它是在《诗经》之后，在绚丽多姿的楚文化基础上诞生的，是中国浪漫主义诗歌的源头。

早在春秋时期，楚国在江汉流域就拥有广大的地区，常北上中原，攻伐诸侯。楚贵族的先祖源于中原部落，夏商时南迁，在文化上虽与中原有密切联系，但楚地辽阔，物产丰饶，民间巫风盛行，服饰、官制自成体系，语言、音乐迥异于中原。"楚辞"是楚文化的产物，具有浓郁的地方色彩，其特点在于"书楚语，作楚声，纪楚地，名楚物"。

代表作家是屈原、宋玉。

西汉末年，刘向辑录屈、宋等人作品，汇编成《楚辞》一书。原书久佚，东汉王逸据此作《楚辞章句》，成为传至今日最早的注本。书中认为屈原的作品包括《离骚》《九歌》（十一篇）、《天问》《九章》（九篇）、《远游》《卜居》，共计二十四篇。另外的《渔父》《大招》作者存疑。王逸将《招魂》一篇列在宋玉名下，而司马迁在《屈原列传》中将此篇作为屈原的作品。《远游》篇中词语袭用过多，似可断为后人手笔；《卜居》、《渔父》，均为追述屈原事迹，亦可排除；《大招》是对《招魂》的仿效之作，也应不在屈原作品之列。因此确属屈原的作品应为《离骚》《九歌》（十一篇）、《天问》《九章》（九篇）、《招魂》，共计二十三篇。其中，《离骚》是屈原的代表作，"离骚"，即饱经忧患之意，司马迁《报任安书》中有"屈原放逐，乃赋《离骚》"之句，因此一般认为是作者离开郢都被放逐时所作。全诗共 373 句，近 2500 字，是一首带有自传性质的长篇政治抒情诗。除了几个人物的对话外，全篇由抒写主人公的个人活动和内心的剖白组成。在思想上，表现出强烈的"美政"理想和鲜明的参政意识，即使是在被放逐的日子里仍期望楚王能够以圣贤为榜样，任贤选能、修明法度（"皇天无私阿兮，览民德焉错辅"，"举贤而授能兮，苟得用此下土"），从而达到一统天下的目标。从对明君的向往中，流露出了作者真诚的爱国之情，这种感情至死不悔，坚贞不二，由此也激发了后人的爱国主义的思想情操，得到了广泛的认同。那种卓然特立的人格力量和奋发向上的追求精神，也鼓舞和激励着一代又一代的志士仁人。在艺术上，它首先塑造了完美的抒情主人公的艺术形象，充满了浪漫主义特色。天国漫游的历程，将文学的想象与现实结合，展现了一个无限的世界，成为我国浪漫主义诗歌创作的源头。又大量运用比兴与象征手法，委婉表述心迹，则形成了后来的"香草美人"的比兴传统。另外，在语言形式上突破了《诗经》的四言格式，创造出句法参差、韵散交错的新诗体，其双声、叠韵以及对偶和楚方言的运用，增强了全诗的抒情性和感染力。

《九歌》是在民间祭歌基础上创作的，其十一篇分别祭十神：《东皇太一》祭最尊贵的自然神，《云中君》祭云雷之神，《湘君》和《湘夫人》祭湘水配偶神，《大司命》祭寿夭神，《少司命》祭司子嗣神，《东君》祭日神，《河伯》祭黄河之神，《山鬼》祭山林之神，《国殇》祭为国捐躯的将士，《礼魂》为送神曲。《九歌》曲折反映人们对生活、爱情的向往，具有歌、乐、舞三位一体的观赏特征。《九章》是九首抒情诗的统称，包括《惜诵》《涉江》《哀郢》《抽思》《怀沙》《思美人》《惜往日》《橘颂》《悲回风》。其基本内容与《离骚》相近，主要是自述身世和在放逐中的经历，抒发忧国忧民的郁闷心情，表现出决不向群小屈服的斗争精神。在手法上更多地采用直言其事、朴素自然的表达方式，感情色彩十分浓厚。《天问》即对天发问，是一篇极具特色的文章。全文 370 余句，1500 多言。作者一口气发出了 170 余问并贯通全篇，包括天地山川、日月星辰，神话故事、历史传说，乃至于人事天命、社会生活等，显示出作者的博学和探索精神。全文构思新颖、气势磅礴，堪称一篇奇文，具有明显的论理辨析的倾向。《招魂》是楚怀王死后，屈原为其招魂所作。它与楚地巫风盛行有关，作者从民间文艺中的招魂辞中汲取素材，从"魂兮归来"的声声呼唤中，表达了爱国忠君的情感。全文由引言、正文、乱辞三部分构成，内容上"外陈四方之恶，内崇楚国之美"，以广宇、华服、艳妓、美食、歌舞来招引楚王的亡魂，其铺陈夸饰、奇妙优美的描述，对汉赋状物藻绘有一定的影响。

宋玉是继屈原之后楚辞创作中最有影响的一位作家，其代表作品是《九辩》。其他列入他名下的作品，前人都存有异议。《九辩》是一首效法屈原作品直抒胸臆的长篇政治抒怀诗。作者批判了楚国的政治黑暗，表达了生不逢时、报国无门的怨愤，以叹惜屈原和自诉悲境互为表里，因此可以说是自述心志之作。在艺术上《九辩》颇被后人称道，其独到之处，在于开创了文学史上"悲秋"诗意的先河，感人至深的身世之悲与自然景物的秋气摇落互相融合，以景抒情，景至情生，相互映衬，主观与客观统一和谐。另外，作者将散文句式揉进诗中，句法灵活，具有一定的开创性。

网络链接

①《诗经》分"三体"还是分"四体"？ ②何谓"六笙诗"？ ③孔子删诗之说的争论。 ④《楚辞》如何得名？ ⑤屈原生年多争论。 ⑥哪首诗是屈原的绝笔？

参考书目

［宋］朱熹《诗集传》，文学古籍刊行社 1955 年

余冠英选注《诗经选》，人民文学出版社 1956 年

金启华注译《诗经全译》，江苏古籍出版社 1985 年

金开诚《诗经》，中华书局 1963 年

周满江《诗经》，上海古籍出版社 1980 年

姜亮夫等《先秦诗鉴赏辞典》，上海辞书出版社 1998 年

［汉］王逸《楚辞章句》十七卷，《四库全书·集部楚辞类》

［宋］朱熹《楚辞集注》，上海古籍出版社 1979 年

姜亮夫《屈原赋校注》，人民文学出版社 1957 年

汤炳正等《楚辞今注》，上海古籍出版社 1996 年

情感道德·直言

思考与练习

1.熟读《诗经》各诗，体会重章复沓的章法对表情达意的艺术功效。

2.读《历代咏屈原诗选》，说说屈原对今天中华文化还有些什么影响。

3.联系本单元和中小学已学篇目，比较分析《诗经》与《楚辞》有哪些不同。

4.湘君的情感发展经历了哪几个阶段？结合课文加以分析。

5.《湘夫人》一诗的浪漫主义特色主要表现在哪些方面？

慕课资源

【总论】

中国文学至周末而臻极盛，庄、列之深远，苏、张之纵横，韩非之排亘，荀、吕之平易，皆为后世文章之祖。（刘师培《论文杂记》）

春秋以前之文，皆治化之文也。何也？其治化即学术，学术即治化也。凡传于今之文，皆左史右史之遗也，皆当时治化之迹也，故曰："六经皆史也。"自孔、老以后，学术始由官守而散于学者，于是战国诸子，始各以其学术鸣，其所为文莫非鼓吹学术之作。……故此时代之文学，可谓为学术而文学，非为文学而文学者也。（陈柱《中国散文史》第四章）

《老子》

老子，姓李，名耳，字聃，号伯阳，春秋后期楚国苦县厉乡曲仁里（今河南鹿邑东，楚国吞并该地前，此乡里属陈国相县）人，与孔子同时而年长于孔子，传说他活了一百六十多岁，所以后人习称之为"老子"或"老聃"。他是著名的思想家，为道家学派的创始人，曾做过周王朝史官，后见周室衰微而弃官归隐。

《老子》今分八十一章，五千多字，相传为老子去官后过函谷关时应关尹之邀而作，但现在有人认为是老子的追随者根据他的学说发挥补充而成的，约成书于战国初期。该书韵散结合，多排偶句式。其文简约而意丰，谈玄论道，意蕴深邃，宛若富有哲理的散文诗。其完整的哲学思想体系，在先秦诸子中独树一帜，一向为世所重。

【集评】

《老子》《孙武子》，一句一理，如串八宝珍瑰，间错而不断，文字极难学；惟苏老泉数篇近之。（[宋]李涂《文章精义》）

余谓老聃、庄周、杨朱之学，三者同源而实异流。老聃濡弱，以退为进；庄周诞慢，游方之外；杨朱贵生，毫末不捐。故老流于深刻，庄蔽于狂荡，杨局于卑陬。惟御寇斟酌三氏，政得其中，视老聃坦遂过之，视庄周驯厚过之，视杨朱高旷过之。（[明]胡应麟《少室山房笔丛》卷十一）

《老》《列》《庄》三子：《老》虽道其所道,而最精深;《庄子》亦超妙;《列子》较浅。([清]吴德旋《初月楼古文绪论》)

孔、老之学,同本于《易》。《易》言天地阴阳吉凶祸福,皆两端相对者。孔子则执其两端而用其中,老子则审其两端而用其反。(陈柱《中国散文史》)

曲 则 全

曲则全,枉则直[1]。洼则盈[2],敝则新[3]。少则得[4],多则惑[5]。是以圣人抱一以为天下式[6]。不自见,故明;不自是,故彰;不自伐[7],故有功;不自矜[8],故长[9]。夫惟不争,故天下莫能与之争。古之所谓"曲则全"者,岂虚言也哉？诚全而归之[10]。

【赏析】

此文为《老子·第二十二章》,河上公注本题《益谦第二十二》,唐玄宗注本题《曲则全章第二十二》,本文标题依唐玄宗注本。

本章的主旨是宣扬老子谦退不争反而有益的处世哲学,河上公注本题"益谦",可能即基于此。老子在此首先利用古代得道的圣人之言来阐明一种谦退而有益的处世策略：委曲自己就能全身,忍辱含垢就能正人,虚怀若谷就能充盈,否定自我就能新生。接着,老子批判了当时统治者热衷于以礼法来治国的倾向,希望他们能像古代圣人一样,以身作则,无为而治,既不自以为是,又不自高自大,而能与世无争,以便使自己功成名就,成为天下人所归附的君长。由此可见,老子的谦退不争,实是一种委曲求全、以退为进的政治策略。

值得指出的是,今人大都认为本章开头的六句在谈辩证法,在谈对立面的相互依存与相互转化。这其实是一种误解。因为"曲"与"全"、"洼"与"盈"、"少"与"得"、"多"与"惑"等等,很难说是互相对立的正反两端("曲"与"直"、"全"与"偏"、"洼"与"隆"、"盈"与"亏"、"少"与"多"、"得"与"失"等等,才是互相对立的正反两端)。老子此文其实只是在强调它们之间的因果关系,而根本不是在阐明其间的相对关系与相互转化。此文所论完全是一种现实的处世策略,与第二章的哲学性论述是完全不同的,不可一概而论。

在行文上,此章也体现了《老子》的一般风格,即文字简约而意蕴深厚,警句迭出而朗

---

[1] 枉：邪曲,此指枉己,就是将邪恶归于自己。《庄子·则阳》:"古之君人者,以得为在民,以失为在己;以正为在民,以枉为在己;故一形有失其形者,退而自责。"疏："推功于物,故以得在民;受国不祥,故以失在己。无为任物,正在民也;引过责躬,枉在己也。"　[2] 盈：满。地势低洼,水便流向它而使之满;比喻人谦下,美德便归于他而使之丰满。[3] 敝：破坏。[4] 少反而有收获。[5] 多反而使人迷惑。[6] 抱：怀抱,指固守。一：老子使用的一个哲学概念,指"道"最初生成的浑然一体的混沌之气。式：法式,榜样。[7] 伐：夸耀。[8] 矜：矜大,贵大。[9] 长：久长。[10] 诚：确实。全：保全。"全"后探下省"之"字。归：归附。"归"上承上省"天下"二字。之：指"曲"而"不争"的"圣人"。

朗上口。其深刻的含义往往兼容自然之理与为人之道,同时又出之以骈散交错的文句,使其文显得委婉有致。本章在语言形式上的显著特点是排比,同时与他章一样,韵脚或密或疏,随义而转,使音韵与义理获得了相辅相成的效果。所以,《老子》之文,既可视为有韵之散文,也不妨称之为散文诗。

(张 觉)

《论 语》

孔子(前551—前479),名丘,字仲尼,春秋晚期鲁国陬(zōu)邑(今山东曲阜市东南)人。孔子的祖先虽是殷商贵族,但到孔子出生时,早已下降为一般的平民了,所以孔子自己说:"吾少也贱。"孔子是儒家学派的创始人,是我国古代伟大的思想家和教育家。孔子思想的核心是"仁",提倡"仁者爱人"和"忠恕"之道,将"仁"纳入了"礼"的范畴,认为没有"仁",就谈不上"礼"。这在中国思想史上,有着不可抹杀的进步性。作为中国传统文化的代表,孔子的影响是巨大而深远的,全世界的有识之士都重视他、敬仰他。

《论语》一书,二十篇,记录孔子及其弟子的言行,编纂者为孔子弟子和再传弟子,"论"即"论纂""编辑"之意。全书以语录形式编成,语言简而易晓,含蓄有致,少数片段描述十分生动。《论语》是研究孔子生活、思想及儒家学说的重要资料。

【集评】

《论语通》曰:《论语》者,是孔子没后七十弟子之门徒共所撰录也。夫圣人应世,事迹多端,随感而起,故为教不一:或负扆御众,服龙衮于庙堂之上,或南面聚徒,衣缝掖于黉校之中……圣人虽异人者神明,而同人者五情。五情既同,则朽没之期亦等……门人痛大山长毁,哀梁木永摧,隐几非昔,离索行泪,微言一绝,景行莫书。于是弟子金陈往训,各记旧闻,撰为此书,成而实录。上以尊仰圣师,下则垂轨万代。既方为世典,不可无名,然名书之法,必须体以立称,犹如以孝为体者,则谓之《孝经》,以庄敬为体者,则谓之为《礼记》。然此书之体,适会多途,皆夫子平生应机作教,事无常准,或与时君抗厉,或共弟子抑扬,或自显示物,或混迹齐凡,问同答异,言近意深,诗书互错综,典诰相纷纭。义既不定于一方,名故难求乎诸类,因题《论语》两字以为此书之名也。 ([南朝梁]皇侃《论语集解义疏序》)

程子曰:"《论语》之书,成于有子、曾子之门人,故其书独二子以子称。"

程子曰:"读《论语》,有读了全然无事者,有读了后其中得一两句喜者,有读了后知好之者,有读了后直有不知手之舞之足之蹈之者。"

程子曰:"今人不会读书。如读《论语》,未读时是此等人,读了后又只是此等人,便是不曾读。"
([宋]朱熹《论语序说》)

一

曾子曰①:"吾日三省吾身②。为人谋而不忠乎③? 与朋友交而不信乎? 传不习乎④?"(《学而》)

二

有子曰⑤:"其为人也孝弟⑥,而好犯上者,鲜矣;不好犯上而好作乱者,未之有也。君子务本,本立而道生。孝弟也者,其为仁之本与!"(《学而》)

三

子贡曰⑦:"贫而无谄⑧,富而无骄。何如?"子曰:"可也。未若贫而乐⑨,富而好礼者也。"(《学而》)

四

子曰:不患人之不己知,患不知人也。(《学而》)

五

子曰:君子不器。⑩(《为政》)

六

子曰:君子周而不比⑪,小人比而不周。(《为政》)

---

① 曾子姓曾名参(音 shēn)字子舆,生于公元前 505 年,鲁国人,是被鲁国灭亡了的鄫国贵族的后代。曾参是孔子的得意门生,以孝著称。据说《孝经》就是他撰写的。 ② 三省:省(音 xǐng),多次检查、察看。 ③ 忠:尽己之谓忠。此处指对人应当尽心竭力。 ④ 传:受之于师谓之传。老师传授给自己的。习:与"学而时习之"的"习"字一样,指温习、实习、演习等。 ⑤ 有子:有若(前 518—前 458),字子有,汉族,鲁国人(今山东肥城市人)。孔子弟子中的"七十二贤人"之一。曾提出"礼之用,和为贵"等学说。因其气质形貌酷似孔子,孔子死后,深受孔门弟子敬重。有子比孔子小13 岁,一说小 33 岁。后一说较为可信。在《论语》书中,记载的孔子学生,一般都称字,只有曾参和有若称"子"。因此,许多人认为《论语》即由曾参和有若的门人所著述。 ⑥ 孝弟:善事父母曰孝,善事兄长曰弟。 ⑦ 子贡:孔子弟子,姓端木,名赐,字子贡。 ⑧ 谄:音 chǎn,意为巴结、奉承。 ⑨ 贫而乐:一本作"贫而乐道"。 ⑩ 器:器具。君子不像器具那样(只有某一方面的用途)。 ⑪ 周:合群。比:音 bì,勾结。

七

子曰:"人而无信,不知其可也。大车无辊①,小车无轨②,其何以行之哉?"(《为政》)

八

子曰:"富与贵,是人之所欲也,不以其道得之,不处也。贫与贱,是人之所恶也,不以其道得之③,不去也。君子去仁,恶乎成名④?君子无终食之间违仁⑤,造次必于是⑥,颠沛必于是⑦。"(《里仁》)

九

子曰:"士志于道,而耻恶衣恶食者,未足与议也。"(《里仁》)

十

子曰:"巧言令色,足恭⑧,左丘明耻之⑨,丘亦耻之。匿怨而友其人⑩,左丘明耻之,丘亦耻之。"(《公冶长》)

十一

子曰:"德之不修,学之不讲,闻义不能徙⑪,不善不能改,是吾忧也。"(《述而》)

十二

子曰:"君子和而不同⑫,小人同而不和。"(《子路》)

十三

子曰:"士而怀居⑬,不足以为士矣。"(《宪问》)

十四

子曰:"君子义以为质⑭,礼以行之,孙以出之⑮,信以成之。君子哉!"(《卫灵公》)

---

① 辊:音ní,古代大车车辕前面横木上之木销子,车子没有它就无法套住牲口。大车指的是牛车。 ② 轨:音 yuè,古代小车车辕前面横木上的木销子。没有辊和轨,车就不能走。 ③ 得之:实指"去之",摆脱。 ④ 恶:音 wū,恶乎:何处,怎样? ⑤ 违仁:背离仁德。 ⑥ 造次:指仓促匆忙。 ⑦ 颠沛:潦倒不堪,流离失所。 ⑧ 巧言令色:指用花言巧语和媚态伪情来迷惑、取悦他人。令,美好。足恭:过分恭敬。 ⑨ 左丘明:姓左名丘名明,鲁国人,相传是《左传》一书的作者。 ⑩ 匿怨而友其人:把怨恨装在心里,表面上却装出友好的样子。 ⑪ 徙:音 xǐ,迁移。此处为靠近义、做到义。 ⑫ 和:不同的东西和谐地配合叫作和,各方面之间彼此不同。同:相同的东西相加或与人相混同,叫作同。各方面之间完全相同。君子讲求和谐而不同流合污,小人只求完全一致,而不讲求协调。 ⑬ 怀居:怀,思念,留恋。居,家居。指留恋家居的安逸生活。 ⑭ 质:根本。 ⑮ 孙以出之:用谦逊的语言来表达。

十五

子曰:"躬自厚而薄责于人,则远怨矣。"(《卫灵公》)

十六

子曰:"君子不以言举人,不以人废言。"(《卫灵公》)

十七

子曰:"过而不改,是谓过矣。"(《卫灵公》)

十八

子曰:"乡愿①,德之贼也。"(《阳货》)

【赏析】

　　修身是儒家道德修养的重要组成部分,是《大学》中提出的儒者"修身、齐家、治国、平天下"理想的基础。修身,是指修养身心,其具体行为表现在日常生活中就是择善而从,博学于文,并约之以礼。修身的过程便是"约之以礼"。

　　修身的过程是一个按照儒家"君子"(或"士")的道德修养长期与自己的恶习和薄弱意志做斗争的过程,时时检束自己的身心言行,用诚心、仁爱、谦卑的情操来祛除思想中的杂质,应对那些令我们轻浮、骄傲、自大、邪僻的外因、内因。修身最切实的办法就是择善而交,通过善友相互勉励来增长德行。

　　"修身",也是做人的基本追求。儒家学说中的"仁、义、礼、智、信"无不与"修身"有关。修身,在《论语》中论述得尤其精辟,说一部《论语》半部论"修身",丝毫没有夸大之嫌。所以,《论语》堪称教人修身的百科大典。这里选录的十八章均为修身之经典论述。

　　修身,一是修德,二是修智,德才兼备,便是修身的理想结果。"仁、义、礼、智、信"被称作中华伦理的"五常",其宗旨均在于修德。

　　这十八章中较多运用对比的修辞手法,以"君子"(或"士")与"小人"做比较,客观上给大家树立道德标杆,应当如何,不能如何,一目了然;也多处运用比喻,别出巧思,脍炙人口。

(王步高)

---

　　① 乡愿:孔子所说的"乡愿",就是指那些表里不一、言行不一的伪君子,这些人欺世盗名,却可以堂而皇之地自我炫耀。

《庄子》

庄子(前369—前286),名周,字子休,战国时期宋国蒙城(今河南商丘市东北)人。他一生清贫,不慕权贵,曾拒绝楚威王聘任为相,"终身不仕,以快其志",是继老子之后道家学派的代表人物。

《庄子》一书是道家学派的重要代表作,《汉书·艺文志》记有五十二篇,今存三十三篇,包括内篇七、外篇十五、杂篇十一。由于诸篇风格存在差异,一般认为内篇为庄子自作,其余为庄门后学之作。其文汪洋恣肆,仪态万方。在先秦诸子散文中,以《庄子》的艺术成就为最高。

【集评】

《庄子》文章善用虚,以其虚而虚天下之实;太史公文字善用实,以其实而实天下之虚。　《庄子》者,《易》之变;《离骚》者,《诗》之变;《史记》者,《春秋》之变。([宋]李涂《文章精义》)

《庄子》就三纲五常外立议论,其与人辨,是得已而不已,义理有间矣;然文字皆不可及。(同上)

庄生之教,得其泛滥者,则荡而丧志,何晏、王衍之所以败也。……自晋以后,清谈之士,始附会之以老庄之微词,而陵灭忠孝,解散廉隅之说,始嚣然而与君子之道相抗。唐宋以还……于是而以无善无恶,销人伦,灭天理者,谓之良知;于是而以事事无碍之邪行,恣其奔欲无度者为率性。……于是而以廉耻为桎梏,君父为萍梗,无所不为为游戏,可夷狄,可盗贼……无一而不本于庄生之绪论。([明]王夫之《读通鉴论》卷十七)

《庄子》文章最灵脱,而最妙于宕,读之最有音节。姚惜抱评昌黎《答李翊书》,以为善学《庄子》,此意须会。能学《庄子》,则出笔甚自在。([清]吴德旋《初月楼古文绪论》)

凡称"子"书,多非自著。([清]孙星衍《晏子春秋序》)

中国人的特性很多吸引人的地方,都来自道家的传统。中国如果没有道家,就像大树没有根一样。([英]李约瑟《中国科学思想史》)

山　木

庄子行于山中,见大木枝叶盛茂,伐木者止其旁而不取也。问其故,曰:"无所可用。"庄子曰:"此木以不材得终其天年。"夫子出于山,舍于故人之家。故人喜,命竖子杀雁而烹之①。竖子请曰:"其一能鸣,其一不能鸣,请奚杀?"主人曰:"杀不

---

① 夫子:指庄子。竖子:童仆。雁:指鹅。烹:通"亨",即飨,指款待。

能鸣者。"明日,弟子问于庄子曰:"昨日山中之木,以不材得终其天年;今主人之雁,以不材死。先生将何处?①"庄子笑曰:"周将处乎材与不材之间。材与不材之间,似之而非也,故未免乎累②。若夫乘道德而浮游则不然③,无誉无訾④,一龙一蛇⑤,与时俱化,而无肯专为⑥。一上一下,以和为量⑦,浮游乎万物之祖⑧。物物而不物于物⑨,则胡可得而累邪⑩!此神农、黄帝之法则也⑪。若夫万物之情,人伦之传,则不然⑫。合则离,成则毁,廉则挫,尊则议,有为则亏,贤则谋,不肖则欺,胡可得而必乎哉⑬!悲夫!弟子志之,其唯道德之乡乎⑭!"

【汇评】

王念孙曰:愚案此亨读为享。享之,谓享庄子。故人喜庄子之来,故杀雁而享之。享与飨通。《吕氏春秋·必己篇》作"令竖子为杀雁飨之",是其证也。古书享字作亨,烹字亦作亨,故《释文》误读为烹,而今本遂改亨为烹矣。([清]郭庆藩《庄子集释》卷七)

言材者有为也,不材者无为也。之间,中道也。虽复离彼二偏,处兹中一,既未遣中,亦犹人不能理于人,雁不能同于雁,故似道而非真道,犹有斯患累也。(同上)

苏舆云:此亦庄徒所记,旨同于《人间世》,处浊世避患害之术也。([清]王先谦《庄子集解》卷五)

【赏析】

本文选自《庄子》外篇《山木》九章中的第一章。庄子散文善于选取人们所熟知的事物,置于特定的自然和社会环境之中进行考察,常常打破人与物、自然与社会的界限,物我同一、圆融无碍,把深邃玄妙的理趣与生动活泼的形象融于一体,把抽象的逻辑推理与对事物形象的分析联系起来,具有和谐、整体的特征,为哲理散文中寓意深刻、文采飞扬的旷世之作,发人深思,启迪智慧。

本节以庄子行于山中,见不被伐树者看中的树木枝繁叶茂为发端,木因不能成材而得以保全天年,接着又以山中友人款待他时,在鸣与不鸣的两雁之中选后者杀之的故事推出了道家的处世哲学。

木以"无用"得保全,而雁以"不鸣"遭烹杀,二者均"不材"而遭遇不同。面对弟子"将何处"的诘难,庄子的回答是应处于"材与不材"之间,这样也仍受到自然和社会的制约。值得注意的是,庄子的回答没有选择"非此即彼""非进则退"这种二元对立的思维方式,

---

① 处:立身自处。 ② 故未免乎累:不能免于受拖累。累,拖累、制约。 ③ "若夫"句:如果能顺应自然法则,自在地漫游则不同。 ④ 訾(zǐ):诋毁。 ⑤ 一龙一蛇:时而如龙一样升腾,时而像蛇一样蛰伏。 ⑥ "与时俱化"二句:随着时间的推移而变化,并不偏执一端。 ⑦ "一上一下"二句:一进一退,以自然和合为考量。 ⑧ 祖:初始状态,意为悠然自在地处在万物的初始状态。 ⑨ 物物:支配、役使外物。不物于物:不受外物支配。 ⑩ "则胡可得"句:那样的话,怎么会受到外物的制约呢? ⑪ 神农:神农氏,传说中农业和医药的发明者,相传他尝百草,治病救人,另一说神农氏即炎帝。黄帝:传说中中原各族的共同祖先,相传他开创了养蚕、舟车、文字、音律、算数、医学等,今人称炎黄子孙,即指炎黄二帝。 ⑫ "人伦"二句:人间伦理的传承,则不是这样。 ⑬ "合则离"八句:有聚合就有离别,有成功就有失败,太露锋芒就有挫折,有尊贵就有非议,有作为就有缺失,贤能就会受到算计,无能则会受到欺辱,怎能偏执于某一方面呢? ⑭ 志之:记住。乡:通"向"。意为弟子们记住,大概可以达到道德圆满的境界。

而是以顺应自然,顺时而变,如龙飞蛇伏的顺性为考量,认为处于事物的自然本原状态,不受外物拘束,这才是至圣炎黄二帝的处世原则。庄子的认识论具有鲜明的个性化的特征,因此理解庄子哲学思想的时候,要关注其时代背景和历史环境,避免以偏概全地进行简单化、概念化的分析和理解。

对庄子思想,历来有"全身自保""消极遁世"的批评,这是偏颇之论。通观全书,他的认识包含着对社会现实的高度关注,寄寓着对人生和社会理想的追寻和探索。认识自然、认识社会,是改造人类自身的前提。人类追求真理的征途是十分漫长的,在探究自然和社会规律时,应当尊重一切认真的思考,而不是随意地顺世评说。

(邵之茜)

附录一　备选课文

老　子(第十一章)

三十辐共一毂,当其无,有车之用。埏埴以为器,当其无,有器之用。凿户牖以为室,当其无,有室之用。故有之以为利,无之以为用。

论语·子罕(节选)

子曰:"三军可夺帅也,匹夫不可夺志也。"

子曰:"岁寒,然后知松柏之后凋也。"

荀子·大略(节选)

子贡问于孔子曰:"赐倦于学矣,愿息事君。"孔子曰:"《诗》云:'温恭朝夕,执事有恪。'事君难,事君焉可息哉!""然则赐愿息事亲。"孔子曰:"《诗》云:'孝子不匮,永锡尔类。'事亲难,事亲焉可息哉!""然则赐愿息于妻子。"孔子曰:"《诗》云:'刑于寡妻,至于兄弟,以御于家邦。'妻子难,妻子焉可息哉!""然则赐愿息于朋友。"孔子曰:"《诗》云:'朋友攸摄,摄以威仪。'朋友难,朋友焉可息哉!""然则赐愿息耕。"孔子曰:"《诗》云:'昼尔于茅,宵尔索绹,亟其乘屋,其始播百谷。'耕难,耕焉可息哉!""然则赐无息者乎?"孔子曰:"望其圹,皋如也,颠如也,鬲如也,此则知所息矣。"子贡曰:"大哉,死乎!君子息焉,小人休焉。"

韩非子·喻老(节选)

楚庄王莅政三年,无令发,无政为也。右司马御座而与王隐曰:"有鸟止南方之阜,三年不翅,不飞不鸣,嘿然无声,此为何名?"王曰:"三年不翅,将以长羽翼;不飞不鸣,将以观民则。虽无飞,飞必冲天;虽无鸣,鸣必惊人。子释之,不谷知之矣。"处半年,乃自听政。所废者十,所起者九,诛大臣五,举处士六,而邦大治。举兵诛齐,败之徐州;胜晋于河雍;合诸侯于宋,遂霸天下。庄王不为小害善,故有大名;不蚤(早)见示,故有大功。故曰:"大器晚成,大音希声。"

附录二　倡廉刺贪诗

与刘宗伯绝交诗　　　[汉]朱　穆

北山有鸱,不洁其翼。飞不正向,寝不定息。

饥则木揽,饱则泥伏。

饕餮贪污,臭腐是食。填肠满嗉,嗜欲无极。

长鸣呼凤,谓凤无德。

凤之所趋,与子异域。永从此诀,各自努力。

古诗二首（其二） ［汉］无名氏

甘瓜抱苦蒂，美枣生荆棘。利傍有倚刀，贪人还自贼。

贪 诫 ［唐］子 兰

多求待心足，未足旋倾覆。明知贪者心，求荣不求辱。

自 挽 ［明］张以宁

一世穷愁老翰林，南归旅榇越山岑。覆身粗有黔娄被，重橐都无陆贾金。稚子啼饥忧未艾，慈亲藁葬痛尤深。经过相识如相问，莫忘徐君挂剑心。

言 志 ［明］唐 寅

不炼金丹不坐禅，不为商贾不耕田。闲来写就青山卖，不使人间造孽钱。

咏 钱（六首选一） ［清］袁 枚

人生薪水寻常事，动辄烦君我亦愁。解用何尝非俊物？不谈未必定清流。空劳姹女千回数，屡见铜山一夕休。拟把婆心向天奏：九州添设富民侯。

附录三 人生哲理诗词

豫 章 行 ［魏］曹 植

穷达难预图，祸福信亦然。虞舜不逢尧，耕耘处中田。太公未遭文，渔钓终渭川。不见鲁孔丘，穷困陈蔡间。周公下白屋，天下称其贤。

代悲白头翁 ［唐］刘希夷

洛阳城东桃李花，飞来飞去落谁家？洛阳女儿惜颜色，行逢落花长叹息。今年花落颜色改，明年花开复谁在？已见松柏摧为薪，更闻桑田变成海。古人无复洛城东，今人还对落花风。年年岁岁花相似，岁岁年年人不同。寄言全盛红颜子，应怜半死白头翁。此翁白头真可怜，伊昔红颜美少年。公子王孙芳树下，清歌妙舞落花前。光禄池台文锦绣，将军楼阁画神仙。一朝卧病无相识，三春行乐在谁边？宛转蛾眉能几时，须臾鹤发乱如丝。但看古来歌舞地，唯有黄昏鸟雀悲。

登 山 ［唐］李 涉

终日昏昏醉梦间，忽闻春尽强登山。因过竹院逢僧话，又得浮生半日闲。

偶 成 ［宋］程 颢

闲来无事不从容，睡觉东方日已红。万物静观皆自得，四时佳兴与人同。道通天地有形外，思入风云变态中。富贵不淫贫贱乐，男儿到此是豪雄。

西 江 月 ［宋］戴复古

宿酒才醒又醉，春霄欲雨还晴。柳边花底听莺声，白发莫教临境。 过隙光阴易去，浮云富贵难凭。但教一笑对公卿，我是无名百姓。

虞美人·听雨 ［宋］蒋 捷

少年听雨歌楼上，红烛昏罗帐。壮年听雨客

舟中,江阔云低,断雁叫西风。 而今听雨僧庐下,鬓已星星也。悲欢离合总无情,一任阶前,点滴到天明。

画　竹　　　　[清]郑　燮

新竹高于旧竹枝,全凭老干为扶持。明年再有新生者,十丈龙孙绕凤池。

偶　然　作　　　[清]屈　复

百金买骏马,千金买美人。万金买高爵,何处买青春?

枯　叶　　　　[清]袁　枚

草木在人间,去来有时节。枯叶恋高枝,自觉无颜色。

野　步　　　　[清]赵　翼

峭寒催换木棉裘,倚杖郊原作近游。最是秋风管闲事,红他枫叶白人头。

附录四　先秦散文综述

先秦散文,可分为两大类:

(一)历史散文:一般是在各朝、各国史官所积累的大量档案资料的基础上,经过整理加工编纂而成,主要记载政治、军事、外交等方面的事件以及统治者和谋臣策士的言论。历史散文以叙事记言为主。主要著作有:

《尚书》,又称《书》《书经》,是我国第一部散文集。"尚书"即上古之书的意思,它是上古历史文献的汇编,主要记载或追述古代帝王或执政大臣的誓词、讲话、文诰等。其文字佶屈聱牙,古奥难懂。名篇有《盘庚》《牧誓》《秦誓》等。

《春秋》,是我国最早的编年史,为鲁国史官所编写,经孔子修订。它实际上是简略的大事记,简要地记载了周王朝、鲁国及其他各国的历史事件。其文字简洁严谨,善于在一字之中寓作者的褒贬之意,这就是所谓的"春秋笔法""微言大义"。

《春秋》三传,指配合《春秋》的《左传》《穀梁传》《公羊传》等三部历史著作。"传"是注解的意思,所以《春秋》三传也就是阐明、解释《春秋》的著作;但《左传》实际上是一部独立撰写的编年体史书,其性质与纯粹注解《春秋》的《公羊传》《穀梁传》并不完全相同。

《左传》,是《春秋左氏传》的简称,又名《左氏春秋》。它是继《春秋》之后我国另一部编年体史书。司马迁说它是春秋末年鲁国人左丘明所作,近人多认为它是战国初年鲁国史官根据各国史料编成的。《左传》内容丰富,叙事善于剪裁,语言简洁生动,具有较高的艺术性。

《国语》,是我国第一部国别体史书,它分别记载周王朝及诸侯各国之事。《左传》侧重于记事,而《国语》偏重于记言,故名《国语》。后人以为《左传》与《国语》同为左丘明所作,而《左传》是传《春秋》的,所以又称《国语》为《春秋外传》。现在一般认为它并非出于左氏之手,也不传《春秋》,称之为《春秋外传》并不恰当。《国语》所记事实大多通过君王的言论和卿士们的谏说之辞来表现,文字朴实简练,文学成就不如《左传》,但也不乏情文并茂之作。

《战国策》,也是一部国别体史书,主要记述战国时策士的言论和活动。其文铺张扬厉,喜欢夸张渲染,善用譬喻典故,语言生动流畅,常用排偶叠句,具有纵横家的雄辩特色。在先秦历史散文中,《战国策》的文学色彩很浓。

(二)诸子散文:是各学派阐述自己的观点和主张或进行论争的论说文。诸子散文以议论说理为主。主要著作有:

《老子》,是道家学说的奠基之作,因被后学分为"道篇""德篇"并尊为经,故又名《道德经》。其文玄妙深奥,语颇隽永,耐人寻味,其哲学思想对后代的影响极为深远;而且多用韵语,宛若富有哲理的散文诗。

《论语》,是儒家的经典著作。由孔子弟子和再传弟子记录编纂而成,主要记载孔子及其弟子的言行,唐宋后被官方列入经部。其文为短小的语录,语言质朴精练,富有哲理,发人深省,其中很多言论成了后代的格言或成语,对后代的文化思想和文学语言都有很大的影响。

《孙子兵法》,又名《孙子》,是兵家的经典著作,书中揭示的军事规律,有些至今仍值得借鉴,所以被海外誉为"世界第一兵家名书"。《汉书·艺文志》著录《吴孙子兵法》八十二篇,今本仅存十三篇。1976年银雀山汉墓出土《孙子》竹简,发现佚文四篇及《见吴王》一篇。其文已有篇题,而且篇幅也较《老子》《论语》为长,显示了诸子散文向专题论说文发展的趋势。其文论述透辟,多用排比对偶,颇有文采。

《墨子》,是墨家的经典著作,主要记载墨翟及其弟子的言行,由其弟子及后学编纂而成。其文以达意为主,语言质朴,较少文采,但结构严谨,条理井然,逻辑性强,而且善用比喻、排比,富有说服力。

《孟子》,主要记载孟子的言行,也是儒家的经典著作。南宋时被官方列为经书,并与《论语》及《礼记》中的《大学》《中庸》两篇合为《四书》,从此成了科举时代士人必读的教科书,影响极大。其文气势充沛,感情强烈;长于辩论,善设机巧;妙用比喻,生动贴切;欲擒先纵,令人折服;一向以犀利雄辩著称。

《庄子》,是道家的经典著作。唐玄宗天宝元年(742)诏封庄子为南华真人,所以《庄子》又名《南华真经》。其文汪洋恣肆,想象丰富,构思奇特,讽刺辛辣,机智幽默,妙趣横生,辞藻瑰丽,风格独特,是先秦时期最富有文学色彩的散文作品。

《荀子》,属儒家著作。在战国晚期,儒家分为八派,荀子虽然继承了孔子的礼乐学说,成为当时儒家学派中最有影响的代表人物,但他也吸取了其他各派的学说,宣扬性恶论,主张礼法兼治,与孟子之儒已多有不同。其文长于说理,分析透辟,多用排偶,整饬严密,以浑厚著称。其中《劝学》是古代论述学习的精彩篇章;《成相》和《赋》是采用民歌形式写的韵文,开创了后代说唱文学与辞赋的先河。

《吕氏春秋》,是秦国丞相吕不韦命门客编写的,包括十二纪、八览、六论,故又名《吕览》。它以儒、道为主,杂采墨、名、法、兵、农、阴阳各派学说,所以一向被认为是杂家的代表作。其文篇幅简短,结构严谨,援事说理,保存了不少珍贵的文献资料。

《韩非子》,是古代的政治学巨著,集先秦法家学说之大成,集中宣扬了法、术、势兼治的君主专制论,故为历代统治者所重视。代表作有《五蠹》《孤愤》《说难》等。韩文立论新颖,气势雄伟,严刻峻峭,锋芒犀利,论证周密,析理透辟,善于设喻用事,形象生动,是先秦时期最为出色的议论文。

先秦较重要的诸子著作还有《列子》《商君书》《管子》《晏子春秋》等。

值得指出的是,先秦历史散文和诸子散文中有不少寓言,诙谐风趣,寓意深刻,为我国寓言文学的鼻祖。

先秦散文在我国文学史上具有重要的地位,它构成了我国散文史上的黄金时代,是我国后代"古文"的楷模。

当然,对于先秦散文的文学性是有争议的。虽然很多学者都认为先秦散文是优秀的文学作品,但也有学者认为它们只是历史著作与理论文字,不能算作文学作品,其作者也不应视为文学家。从现代目录学的观点或人物评价标准来看,这种说法有一定的道理。先秦历史散文现大都归入历史类,诸子散文现大都归入哲学类。先秦历史散文都为史官所记或史学家所作,所记无非是些史料。先秦诸子都是思想家而并非现代意义上的文学家,他们的著作多为议论文,主要用来宣扬自己的思想学说。但我们也应该看到,先秦的史官或史学家,既奉行"秉笔直书"的准则,也奉行"言之无文,行而不远"的原则,所以他们的史学著作并非一般的记事流水账。至于诸子,其文章也绝不是单纯的思想传声筒,他们已把哲理的探索、现实的思考与文学的表现技巧紧密地结合了起来。所以,先秦散文不仅仅是我国古代珍贵丰富的史料宝库或博大精深的思想理论渊薮,同时也是值得发掘的文学宝藏。尤其是先秦诸子散文,更是绚丽灿烂的文学明珠。只是现在专门研究其文学价值的学术成果还不丰富,人们主要还是从历史的、思想的、训诂的角度去研究它们罢了。所以,其中的文学宝藏还值得进一步加以发掘。

（张　觉）

网络链接

《老子》的作者是谁?

参考书目

杨伯峻《春秋左传注》,中华书局 1981 年

许抗生《帛书老子注译与研究》,浙江人民出版社 1982 年

杨伯峻《论语译注》,中华书局 1980 年

杨伯峻《孟子译注》,中华书局 1960 年

张觉《荀子译注》,上海古籍出版社 1995 年

张觉《韩非子全译》,贵州人民出版社 1992 年

北京大学中国文学史教研室选注《先秦文学史参考资料》,中华书局 1962 年

徐北文《先秦文学史》,齐鲁书社 1981 年

成玄英《庄子疏》,中华书局《新编诸子集成》本 1961 年

郭庆藩《庄子集释》,中华书局《新编诸子集成》本 1961 年

王先谦《庄子集解》,中华书局《诸子集成》本 1954 年

情感道德·修身、言行

慕课资源

《大学》

> 《大学》是《四书》之一,原为《礼记》中的一篇。《礼记》是孔门弟子论礼的文集,有四十九篇,作者不详。相传《大学》是曾子所作。本文节选自《礼记》第四十二篇《大学》中的第一节。
>
> 《大学》继承和发展了孔子修身的思想,完整地提出了儒家学说的人格公式:格物、致知、诚意、正心,修身、齐家、治国、平天下。旧时被儒生视为"圭臬",为天下学人必诵经典,对后世思想文化影响深远。

【集评】

大学之书,古之大学所以教人之法也。盖自天降生民,则既莫不与之以仁义礼智之性矣。然其气质之禀或不能齐,是以不能皆有以知其性之所有而全之也。一有聪明睿智能尽其性者出于其间,则天必命之以为亿兆之君师,使之治而教之,以复其性。([宋]朱熹《大学章句序》)

子程子曰:"《大学》,孔氏之遗书,而初学入德之门也。"于今可见古人为学次第者,独赖此篇之存,而《论》《孟》次之。学者必由是而学焉,则庶乎其不差矣。([宋]朱熹《大学章句》)

《大学》是儒家的人生哲学。它的人生观是入世的、积极进取的,把儒家的道德理想和政治理想作为个人修养和积极奋斗的目标,争取建立一个开明的封建社会。这个人生观,首先要求努力修养达到个人道德的自我完善,以此为基础,修身、齐家,进而承担起治国、平天下的社会责任。这曾经是封建社会世代知识分子大多信奉的人生哲学。(夏传才《十三经概论》)

———— 大 学 之 道 ————

大学之道,在明明德,在亲民,在止于至善①。知止而后有定,定而后能静,静

---

① 大学:大人之学。大,旧音太。明明德:显明人的光明正大的品德。亲民:亲,同"新",用作"使动","新民",即促使人进步,面目一新。

而后能安,安而后能虑,虑而后能得①。物有本末,事有终始。知所先后,则近道矣。古之欲明明德于天下者,先治其国;欲治其国者,先齐其家;欲齐其家者,先修其身;欲修其身者,先正其心;欲正其心者,先诚其意;欲诚其意者,先致其知;致知在格物②。物格而后知至,知至而后意诚,意诚而后心正,心正而后身修,身修而后家齐,家齐而后国治,国治而后天下平。自天子以至于庶人,壹是皆以修身为本。其本乱而末治者,否矣③。其所厚者薄,而其所薄者厚,未之有也④。

【汇评】

大学者,大人之学也。明,明之也。明德者,人之所得乎天,而虚灵不昧,以具众理而应万事者也。但为气禀所拘,人欲所蔽,则有时而昏,然其本体之明,则有未尝息者。故学者当因其所发而遂明之,以复其初也。新者,革其旧之谓也,言既自明其明德,又当推以及人,使之亦有以去其旧染之污也。止者,必至于是而不迁之意。至善,则事理当然之极也。言明明德、新民,皆当至于至善之地而不迁。盖必其有以尽夫天理之极,而无一毫人欲之私也。此三者,大学之纲领也。([宋]朱熹《大学章句》)

明明德于天下者,使天下之人皆有以明其明德也。心者,身之所主也。诚,实也。意者,心之所发也。实其心之所发,欲其一于善而无自欺也。致,推极也。知,犹识也。推极吾之知识,欲其所知无不尽也。格,至也。物,犹事也。穷至事物之理,欲其极处无不到也。此八者,大学之条目也。(同上)

物格者,物理之极处无不到也。知至者,吾心之所知无不尽也。知既尽,则意可得而实矣,意既实,则心可得而正矣。修身以上,明明德之事也。齐家以下,新民之事也。物格知至,则知所止矣。意诚以下,则皆得所止之序也。(同上)

【赏析】

本文开宗明义指出大学的宗旨就是彰显人的光明正大的品德。明明德、亲民、止于至善,此三者被朱熹称为"大学之纲领"。儒家认为从君王到百姓都要以修身为根本,其目的就是培养有知识、有能力、有理想道德的人。其修身思想包括"内修"和"外治"两个方面。

"内修"指自我人格的完善,要正其心,约其行,要能够以理性和谐来调整心态,具体内容就是格物、致知、诚意、正心;"外治"包括齐家、治国、平天下。孔子对自己一生内修的总结是"吾十有五而志于学,三十而立,四十而不惑,五十而知天命,六十而耳顺,七十而从心所欲,不逾矩"(《论语·为政》)。孔子删《诗》、著《春秋》,延揽门生,宣扬其学说,孜孜不倦,不知老之将至,都是其外治的表现。

值得注意的是,儒家的修身是为了弘扬人性中的"至善",将其充分调动起来,就可以达到由改造自身到改造社会的目标。修身思想从根本上铸就了儒学的社会使命感,所谓"位卑未敢忘忧国",形成了中国知识分子忧国忧民的"忧患"意识,以及能够把个人命运

---

① 止:目标,句谓知目标才能确定方向,从而心静神定,思虑得到收获。 ② 致知在格物:获得知识在于研究事物。 ③ 本乱而末治:本根坏死而树梢完美。否矣:是不可能的。 ④ "其所厚者薄"三句:指对应重视的事物淡漠,对应轻视的事物厚爱是不会有的事。

和国家前途联系在一起的"家国"思想，即"天下兴亡，匹夫有责"。这样，儒家的修身理论往往与社会的进步、国家的富强密切相关，在长期的历史发展中，逐渐成为民族优秀文化的重要内容。

《大学》在语言表达上文约意丰，精警动人，以正面论述的方式，一气呵成，使人读之淋漓酣畅，有言已尽而意犹存之感。

（邵之茜）

《左传》

《左传》是我国早期一部编年体历史著作，同时也是具有文学价值的散文名著。通行的说法原作者是春秋时鲁国史官左丘明，后人进行过增益。书的性质，一般人认为它是独立的历史著作，称《左氏春秋》；也有人认为是借史事以解读《春秋》经文的著作，称《春秋左氏传》，所以晋代杜预就将其分年编在《春秋》经文之后。

《左传》记叙了春秋时期自鲁隐公元年（前722）至鲁哀公二十七年（前468）二百五十多年间各诸侯国的政治、军事、经济、外交等方面的历史事实，着重记叙当时列国之间的矛盾和斗争，生动地反映了那个时代的社会风貌，内容相当丰富。其文学成就也很突出，记叙线索分明，详略得当，尤其擅长描写战争。书中记载了许多重大战役，将战役的起因、过程、双方的谋划、战场内外的斗争和战役的结果都叙述得有条不紊，脉络清楚，笔法又多变化。在叙事过程中，作者善于用极少的笔墨刻画人物的内心活动和细微动作，语言凝练生动。许多外交辞令也非常精彩。这些对后来《史记》等书的写作，以及对我国叙事文学的发展都有很深远的影响。

【集评】

世乱谗胜，君子道忧。丘明达圣，致志《春秋》：微言逃难，旁行不流。庶几斯文，希志训猷。（［晋］夏侯湛《左丘明赞》）

《左氏》之叙事也，述行师则簿领盈视，呲哗沸腾；论备火则区分在目，修饰峻整；言胜捷则收获都尽；记奔败则披靡横前；申盟誓则慷慨有余；称谲诈则欺诬可见；谈恩惠则煦如春日；纪严切则凛若秋霜；叙兴邦则滋味无量；陈亡国则凄凉可悯。或腴润简牍，或美句入咏歌，跌宕而不群，纵横而自得。若斯才者，殆将工侔造化，思涉鬼神，著述罕闻，古今卓绝。如二传之叙事也，榛芜溢句，疣赘满行，华多而少实，言拙而寡味；若必方于《左氏》也，非唯不可为鲁、卫之政，差肩雁行，亦有云泥路阻，君臣礼隔者矣。（［唐］刘知几《史通·杂说上·左氏传》）

《史传篇》曰："观夫左氏缀事，附经间出，于文为约，而氏族难明。及史迁各传，人始区详而易览，述者宗焉。"此专言史传之传。实则，"传"之为言"转"也，转受经旨，以授于后。（林纾《春觉斋论文》）

郑伯克段于鄢①

初②,郑武公娶于申③,曰武姜④,生庄公及共叔段。庄公寤生⑤,惊姜氏⑥,故名曰寤生,遂恶之⑦。爱共叔段⑧,欲立之。亟请于武公⑨,公弗许。

及庄公即位,为之请制⑩。公曰:"制,岩邑也⑪,虢叔死焉⑫,佗邑唯命⑬。"请京⑭,使居之⑮,谓之京城大叔⑯。祭仲曰⑰:"都城过百雉⑱,国之害也。先王之制,大都不过参国之一⑲,中五之一,小九之一。今京不度⑳,非制也㉑,君将不堪㉒。"公曰:"姜氏欲之,焉辟害㉓?"对曰:"姜氏何厌之有㉔? 不如早为之所㉕,无使滋蔓㉖。蔓,难图也㉗。蔓草犹不可除㉘,况君之宠弟乎?"公曰:"多行不义必自毙㉙,子姑待之㉚。"

既而大叔命西鄙、北鄙贰于己㉛。公子吕曰㉜:"国不堪贰㉝,君将若之何㉞? 欲与大叔㉟,臣请事之㊱。若弗与,则请除之,无生民心㊲。"公曰:"无庸㊳,将自及㊴。"

---

① 本篇选自《左传·鲁隐公元年》。"郑伯克段于鄢",在《春秋》中只有这一句话,属于经文。意思是说郑伯在鄢地打败共叔段。郑伯:指郑庄公,名寤生。春秋时期周天子之下有五个等级的诸侯国,即公、侯、伯、子、男。郑国属于伯爵级诸侯国,所以称其国君为伯。郑国,姬姓诸侯国,区域的中心在今河南新郑一带,春秋初期属于强国。鄢(yān):地名,在今河南鄢陵。 ② 初:当初。《左传》在追述往事时常用此词。这里是追述本文所记之事发生的起因。 ③ 郑武公娶于申:郑武公从申国迎娶来妻子。郑武公,姓姬,名掘突,"武"是死后谥号。申国是姜姓诸侯国,侯爵级,在今河南南阳一带。 ④ 武姜:指郑武公妻子姜氏。当时国君夫人的称呼由国君的谥号和女子娘家的姓构成。因申国为姜姓,其丈夫为武公,故称"武姜"。 ⑤ 寤生:逆生,难产。 ⑥ 惊姜氏:使姜氏受了惊吓。惊,使动用法。 ⑦ 遂恶之:于是就厌恶庄公。之,代指庄公。 ⑧ 爱:偏爱。共叔段:"段"是其名,"叔",原本指兄弟排行中的第三,这里表示段是庄公的弟弟,又因后来出奔共国,故称共叔段。 ⑨ 亟(qì):屡次。 ⑩ 为之请制:(姜氏)替共叔段请求把制作为他的封地。春秋制度,国君死,世子即位,对其他兄弟要分封采邑。制,地名,又名虎牢,形势险要,在今河南荥阳汜水镇西。 ⑪ 岩邑:险要的城镇。 ⑫ 虢叔:东虢国国君,曾仗恃地势险要,不修德政,为郑武公所灭。死焉:死在那里。 ⑬ 佗邑唯命:其他地方唯命是从。佗,同"他"。唯命,"唯命是从"的略语。 ⑭ 请京:(姜氏为共叔段)请求京这个地方为封邑。京,地名,在今河南荥阳东南,距离郑国都城新郑较近。 ⑮ 使居之:(郑庄公让共叔段)居住到那里。 ⑯ 谓之京城大叔:那里的人称呼共叔段为京城大叔。大,同"太"。 ⑰ 祭(zhài)仲:字足,郑国大夫。 ⑱ 雉(zhì):古代度量单位,长三丈高一丈为一雉。当时制度规定:侯、伯一级诸侯国的国都规模只能方五里,径三百雉。下属城邑大的不能超过它的三分之一,就是不能超过一百雉。中等的不能超过五分之一,小的不能超过九分之一。 ⑲ 参国之一:就是国都的三分之一。参,同"三"。 ⑳ 今京不度:如今京邑不合礼法制度。指城墙超过规定的长度和高度,城的面积也必然超过规定。 ㉑ 非制:不是先王的制度。 ㉒ 君将不堪:您将受不了。意谓控制不住。 ㉓ 焉辟害:怎能避免这个灾祸呢? 焉,怎能,疑问词。辟,后写作"避"。 ㉔ 何厌之有:等于说"有何厌",有什么满足。厌,同"餍",满足。 ㉕ 不如早为之所:不如早点给他安排一个地方。之,代词,指共叔段。所,处所。 ㉖ 无使滋蔓:不要使他滋生蔓延,扩大势力。无,通"毋",不要。 ㉗ 图:图谋,这里指想办法对付控制。 ㉘ 蔓草:蔓延的野草。犹:尚且,还。 ㉙ 自毙:自己走向灭亡。毙,身体受伤或有病而自己倒下。 ㉚ 子姑待之:您姑且等待这种结果吧。子,古代对人的尊称。之,代指共叔段自毙事。 ㉛ 既而:不久。鄙:边境、边地。贰于己:本来只属于庄公管辖,共叔段又要求同时也归属自己管辖。贰,两属。 ㉜ 公子吕:字子封,郑国大夫。 ㉝ 国不堪贰:一个国家受不了两个人的统治。堪,承受。 ㉞ 若之何:奈何,怎么办。 ㉟ 欲与大叔:如果要把国君的位置交给太叔(共叔段)。 ㊱ 臣请事之:请允许我去侍奉他。事,侍奉,担当臣子。之,代指共叔段。 ㊲ 无生民心:不要让百姓产生二心,无所适从。 ㊳ 无庸:不用。指不用采取手段除掉共叔段。庸,同"用"。 ㊴ 将自及:将会自己走向灾祸。及,追上,赶上。

大叔又收贰为己邑①，至于廪延②。子封曰："可矣，厚将得众③。"公曰："不义不昵④，厚将崩⑤。"

大叔完聚⑥，缮甲兵⑦，具卒乘⑧，将袭郑。夫人将启之⑨。公闻其期⑩，曰："可矣！"命子封帅车二百乘以伐京⑪。京叛大叔段⑫。段入于鄢⑬。公伐诸鄢⑭。五月辛丑⑮，大叔出奔共⑯。

书曰："郑伯克段于鄢。"段不弟，故不言弟。如二君，故曰克。称郑伯，讥失教也，谓之郑志。不言出奔，难之也。

遂置姜氏于城颍⑰，而誓之曰⑱："不及黄泉，无相见也⑲。"既而悔之⑳。颍考叔为颍谷封人㉑，闻之，有献于公㉒。公赐之食，食舍肉㉓。公问之㉔，对曰："小人有母，皆尝小人之食矣㉕，未尝君之羹㉖，请以遗之㉗。"公曰："尔有母遗，繄我独无㉘！"颍考叔曰："敢问何谓也㉙?"公语之故，且告之悔㉚。对曰："君何患焉㉛，若阙地及泉㉜，隧而相见㉝，其谁曰不然㉞?"公从之。公入而赋㉟："大隧之中，其乐也融融㊱！"姜出而赋："大隧之外，其乐也泄泄㊲！"遂为母子如初㊳。

君子曰㊴："颍考叔，纯孝也㊵。爱其母，施及庄公㊶。诗曰：'孝子不匮，永锡尔类㊷。'其是之谓乎㊸?"

【汇评】

春秋之所深讥，圣人之所哀伤而不忍言者三。……郑伯克段于鄢，而兄弟之义亡。此三者，天下之

---

① 收贰为己邑：指共叔段收原来两属的西鄙、北鄙完全为自己所有。 ② 至于廪延：一直到达廪延这个地方。廪延，地名，在今河南延津北。 ③ 厚将得众：土地大将会得到更多百姓。厚，指地盘大，实力加强。众，百姓。 ④ 不义：按君臣关系而言，共叔段这样做是对国君不义的。不昵：按兄弟关系而言，共叔段这样做是对兄长不亲。 ⑤ 厚将崩：土地再多也要崩溃。 ⑥ 完聚：修治好城郭，聚集民众。完，完成修筑城池的工作。 ⑦ 缮甲兵：修整好盔甲和武器。缮（shàn），修缮，整治。 ⑧ 具卒乘：准备好步兵和战车。卒，步兵。乘（shèng），战车。春秋时作战主要是车战。 ⑨ 夫人将启之：姜氏将要为共叔段打开城门。启之，为之启。之，代指共叔段。 ⑩ 其期：指共叔段准备偷袭郑国都城的日期。 ⑪ 帅：通"率"。春秋时期车战，每辆战车上有甲士三人，后面跟随步兵七十二人。二百辆战车有甲士和步兵共一万五千人。 ⑫ 京叛大叔段：京城里的百姓背叛共叔段。 ⑬ 段入于鄢：共叔段逃跑进入鄢陵地方。 ⑭ 伐诸鄢：到鄢地去讨伐共叔段。诸，"之于"的合音。 ⑮ 五月辛丑：古人用干支纪日，隐公元年的五月辛丑是五月二十三日。 ⑯ 出奔共：逃出郑国到共国避难。出，指出国境。共，共国，在今河南辉县。 ⑰ 置：安置，放置。这里有驱逐软禁的意思。颍：郑国边境城邑，故城在今河南临颍西北。 ⑱ 誓：指庄公向姜氏发誓。 ⑲ "不及黄泉"二句：不到死后，不和你相见。黄泉，古人以为天玄地黄，泉在地下，人死后埋入地下坟墓，故称死亡为赴黄泉路。 ⑳ 悔之：后悔这么做了。指将姜氏安置城颍并对其发誓这件事。 ㉑ 颍考叔：郑国大夫。颍谷：地名，在今河南登封西南。封人：古代官名，管理边疆事务的官员。 ㉒ 有献于公：对庄公有所奉献。 ㉓ 食舍肉：吃饭的时候把肉留下来。舍，舍弃不吃，放置一边。 ㉔ 之：代指颍考叔食舍肉这件事。 ㉕ 皆尝小人之食：凡是我吃过的食物母亲都品尝过。 ㉖ 君之羹（gēng）：国君赐给的肉羹。羹，古代最讲究的汤菜，有菜羹，有肉羹，带汁。庄公赐给颍考叔的是肉羹。 ㉗ 遗之：留下来给她。遗（wèi），赠送。之，代指颍考叔母亲。 ㉘ 尔：你。繄（yī）：句首语气词，无义。 ㉙ 敢：表示谦敬的副词，有"斗胆""冒昧"之义。何谓：即"谓何"，说的是什么意思。 ㉚ 语之故：告诉颍考叔事情的缘故。告之悔：又告诉他自己后悔了。 ㉛ 君何患焉：您在这件事上忧虑什么呢？何患，患何，忧虑什么。 ㉜ 阙：通"掘"，挖。 ㉝ 隧而相见：挖隧道并在其中相见。隧，用作动词，挖隧道。 ㉞ 其谁曰不然：谁又能说不是这样呢？意谓是在黄泉相见。按：河南黄土地，挖隧道必出少量之水，故也可说是黄泉。 ㉟ 赋：赋诗。 ㊱ 融融：快乐自得的样子。 ㊲ 泄泄：音 yìyì，闲散自得的样子。 ㊳ 遂为母子如初：于是母子关系又恢复得像当初一样。 ㊴ 君子曰：作者的假托，《左传》常用的发表议论的方式。 ㊵ 纯孝：纯粹真心的孝。 ㊶ 施（yì）：延续，扩展，影响。 ㊷ "孝子"二句：出自《诗经·大雅·既醉》，意思是孝子的孝道永无穷尽，一直会将影响带给他同类的人。匮（kuì），竭尽。锡，通"赐"。 ㊸ "其是"句：大概就是说这种情况吧！

戚也。夫子伤之,而思其所以至此之由,故其言尤为深且远也。……求圣人之意,若左氏可以有取焉。([宋]苏轼《东坡续集·论郑伯克段于鄢》)

学者作文,最难叙事。古今称善叙事者,左氏、司马氏而已。如叙郑庄公、叔段本末,此左氏笔力之最高者。([明]归有光《文章指南》仁集)

此篇写姜氏好恶之昏僻;叔段之贪痴;祭仲之深稳;公子吕之迫切;庄公之奸狠;颍考叔之敏妙,情状一一如见。([明]魏禧《左传经世钞》卷一)

通篇,要分认其前半是一样音节,后半是一样音节。前半,狱在庄公,姜氏只是率性妇人,叔段只是娇养失教子弟。后半,功在颍考叔,庄公只是恶人到贯满后,却自有悔过之时。([清]金圣叹《天下才子必读书》卷一)

叙事文字,贵首尾连贯,详略得宜,左氏最善此法。是篇骨劲包腴,摹写入情,为传记之祖。([清]徐乾学《古文渊鉴》卷一引王熙评)

左氏体认《春秋》书法微旨,断以失教郑志,通篇尽情发明四字。以简古透快之笔,写惨刻伤残之事,不特使诸色人须眉毕现,直令郑庄狠毒性情,流露满纸。千百载后,可以洞见其心,真是鬼斧神工,非寻常笔墨所能到也。其实字法、句法、承接法、摹写法、铺叙断制法、起伏照应法,一一金针度与。因宜吕东莱谓为十分笔力,吴莘右称以文章之祖也。([清]余诚《重订古文释义新编》卷一)

庄公雄猜阴狠,视同气如寇仇,而欲必致之死。故匿其机而使之狎,纵其欲而使之放,养其恶而使之成。甲兵之缮,卒乘之具,庄公之钓饵也;百雉之城,两鄙之邑,庄公之陷阱也。封京之后,伐鄢之前,其处心积虑,何尝须臾忘叔段哉!庄公之心,天下之至险也。([清]李骏岩辑《新订批注左传快读》卷一引自《东莱博议》)

文章贵乎变化,变则生,不变则死;生则常新,死则就腐。此篇前半,句句精悄,及叙考叔,变为疏宕。而考叔一案,拖叙法也,一字不应叔段,高绝。([清]李骏岩辑《新订批注左传快读》卷二引王或庵评)

此事《春秋》书法,本是两面夹写,一责共叔之不弟,一诛郑伯之不兄,左氏作传,乃本此为文。然共叔之罪显,易于发明,郑伯之恶微,难于描写。故就其君臣谋议问答之辞,遂将郑伯平日杀机,一一从口角中摹出。千载之下,如见其人。……"君子曰"数句,极赞考叔,正是极诛郑伯,善用旁侧之法。(姚永概《左传讲议》(手稿本))

【赏析】

本文是《左传》中第一篇,记叙了春秋初期郑国统治集团内部的一次政治斗争,通过郑庄公与同胞兄弟共叔段为争夺君权而钩心斗角,最后发展成军事斗争的历史事件,揭露了当时权力争夺的尖锐复杂以及统治阶级伦理道德的虚伪卑劣。

本文在塑造人物性格方面颇为成功,作者紧紧围绕郑庄公与共叔段争夺最高权力这一中心,在复杂的矛盾冲突中刻画各种类型的人物形象,语言简洁洗练,善于选取典型的言行表现各自的性格特点。如庄公的老谋深算,工于心计;共叔段的狂妄自大,贪婪忤逆;姜氏的乖戾昏聩,偏心干政。其次,如祭仲老成持重、公子吕急躁直率的个性也都通过他们的语言表现得栩栩如生,而颍考叔的机智善谏则通过具体的行动来表现,手法巧妙。人物的主从关系处理得也很好,郑庄公为主要人物,共叔段和姜氏为次要人物,祭仲、公子吕和颍考叔为衬托人物,相互比照烘托使人物性格更加鲜明突出。如用祭仲的提示担心和公子吕的急不可耐烘托出庄公的胸有成竹,用颖考叔的纯孝烘托庄公"孝道"的复杂性。

本文在剪裁上颇具匠心,《左传》以善于描写战争著称,本文也涉及战争,如郑伯到鄢地讨伐共叔段等,但仅用极其简略的笔墨一笔带过,而详细交代事情的起因、矛盾的发展以及不断深化的过程,这样便于刻画人物,揭示其内心世界,从而突出主题,充分表现作者在剪裁史料方面的才能。细节描写增强了故事的生动性和人物性格的丰富性,如"庄公寤生"、颖考叔献礼和"食舍肉"、姜氏和庄公"隧而相见"等描写都活灵活现,对于丰富人物形象、深化主题都起了相当大的作用。

(毕宝魁)

附录一　备选课文

左传·子产论政宽猛

郑子产有疾,谓子大叔曰:"我死,子必为政,唯有德者能以宽服民,其次莫如猛。夫火烈,民望而畏之,故鲜死焉;水懦弱,民狎而玩之,则多死焉,故宽难。"疾数月而卒。

大叔为政,不忍猛而宽。郑国多盗,取人于萑苻之泽。大叔悔之,曰:"吾早从夫子,不及此。"兴徒兵以攻萑苻之盗,尽杀之,盗少止。

仲尼曰:"善哉!政宽则民慢,慢则纠之以猛;猛则民残,残则施之以宽。宽以济猛,猛以济宽,政是以和。《诗》曰:'民亦劳止,汔可小康;惠此中国,以绥四方。'施之以宽也。'毋从诡随,以谨无良,式遏寇虐,惨不畏明。'纠之以猛也。'柔远能迩,以定我王。'平之以和也。又曰:'不竞不絿,不刚不柔,布政优优,百禄是遒。'和之至也。"

及子产卒,仲尼闻之,出涕曰:"古之遗爱也。"

国语·叔向贺贫

叔向见韩宣子。宣子忧贫,叔向贺之。

宣子曰:"吾有卿之名而无其实,无以从二三子,吾是以忧,子贺我,何故?"对曰:"昔栾武子无一卒之田,其宫不备其宗器,宣其德行,顺其宪则,使越于诸侯,诸侯亲之,戎狄怀之,以正晋国。行刑不疚,以免于难。及桓子,骄泰奢侈,贪欲无艺,略则行志,假贷居贿,宜及于难,而赖武之德,以没其身。及怀子,改桓之行,而修武之德,可以免于难,而离桓之罪,以亡于楚。夫郤昭子,其富半公室,其家半三军,恃其富宠,以泰于国,其身尸于朝,其宗灭于绛。不然,夫八郤五大夫三卿,其宠大矣,一朝而灭,莫之哀也,唯无德也。今吾子有栾武子之贫,吾以为能其德矣,是以贺。若不忧德之不建,而患货之不足,将吊不暇,何贺之有?"

宣子拜,稽首焉,曰:"起也将亡,赖子存之。非起也敢专承之,其自桓叔以下,嘉吾子之赐。"

战国策·唐雎说信陵君

信陵君杀晋鄙,救邯郸,破秦人,存赵国,赵王自郊迎。唐雎谓信陵君曰:"臣闻之曰:'事有不可知者,有不可不知者;有不可忘者,有不可不忘者。'"信陵君曰:"何谓也?"对曰:"人之憎我也,不可不知也;吾憎人也,不可得而知也。人之有德于我也,不可忘也;吾有德于人也,不可不忘也。今君杀晋鄙,救邯郸,破秦人,存赵国,此大德也。今赵王自郊迎,卒然见赵王,臣愿君之忘之也。"信陵君曰:"无忌谨受教。"

君 子 知 几 《周易·系辞下传》

子曰:"知几其神乎!君子上交不谄,下交不渎,其知几乎?几者,动之微,吉凶之先见者也。君子见几而作,不俟终日。《易》曰:'介于石,不终日,贞吉。'介如石焉,宁用终日,断可识矣。君子知微知彰,知柔知刚,万夫之望。"

积善与积恶 《周易·系辞下传》

善不积不足以成名,恶不积不足以灭身。小人以小善为无益而弗为也,以小恶为无伤而弗去也,故恶积而不可掩,罪大而不可解。《易》曰:"何校灭耳,凶。"

穷神知化,德之盛也

《周易·系辞下传》

《易》曰:"憧憧往来,朋从尔思。"

子曰:"天下何思何虑?天下同归而殊途,一致而百虑。天下何思何虑?"

"日往则月来,月往则日来,日月相推而明生焉;寒往则暑来,暑往则寒来,寒暑相推而岁成焉;往者屈也,来者信也,屈信相感而利生焉。尺蠖之屈,以求信也;龙蛇之蛰,以存身也。精义入神,以致用也;利用安身,以崇德也。过此以往,未之或知也。穷神知化,德之盛也!"

安不忘危 《周易·系辞下传》

子曰:"危者,安其位者也;亡者,保其存者也;乱者,有其治者也。是故君子安而不忘危,存而不忘亡,治而不忘乱,是以身安而国家可保也。《易》曰:'其亡其亡,系于苞桑。'"

君子有三患五耻 《礼记·杂记下》

君子有三患:未之闻,患弗得闻也;既闻之,患弗得学也;既学之,患弗能行也。

君子有五耻:居其位,无其言,君子耻之;有其言,无其行,君子耻之;既得之而又失之,君子耻之;地有余而民不足,君子耻之;众寡均而倍焉,君子耻之。

大同与小康 《礼记·礼运》

大道之行也,天下为公。选贤与能,讲信修睦,故人不独亲其亲,不独子其子。使老有所终,壮有所用,幼有所长,矜寡孤独废疾者皆有所养。男有分,女有归。货恶其弃于地也,不必藏于己;力恶其不出于身也,不必为己。是故谋闭而不兴,盗窃乱贼而不作,故外户而不闭,是谓大同。

今大道既隐,天下为家,各亲其亲,各子其子,货力为己。大人世及以为礼,城郭沟池以为固,礼义以为纪,以正君臣,以笃父子,以睦兄弟,以和夫妇,以设制度,以立田里,以贤勇知,以功为己,故谋用是作,而兵由此起,禹、汤、文、武、成王、周公,由此其选也。此六君子者未有不谨于礼者也,以著其义,以考其信,著有过,刑仁讲让,示民有常。如有不由此者,在势者去,众以为殃。是谓小康。

为 政 《礼记·坊记》

子云:"善则称人,过则称己,则民不争;善则称人,过则称己,则怨益亡。《诗》云:'尔卜尔筮,履无咎言。'"

子曰:"下之事上也,不从其所令,从其所行。上好是物,下必有甚者矣。上之所好恶,不可不慎也!是民之表也。"

子曰:"君子道人以言,而禁人以行。故言必虑其所终,而行必稽其所敝,则民谨于言而慎于行。"

网络链接

①《左传》的作者是谁？　②《左传》成书于何时？

参考书目

杨伯峻《春秋左传注》，中华书局 1981 年

赵生群《春秋左传新注》，陕西人民出版社 2008 年

上海师范大学古籍所整理本《国语》，上海古籍出版社 1988 年

诸祖耿《战国策集注汇评》，江苏古籍出版社 1985 年

曹操注、郭化若今译《孙子兵法》，上海古籍出版社 2006 年

任俊华、赵清文《华夏国学经典正宗文库·孙子兵法》，华夏出版社 2007 年

情感道德·哲理、诚信

思考与练习

1. 结合课文比较分析《左传》《国语》《战国策》三本书在记事、记言方面风格的不同。

2. 将《大学之道》一文译成白话文。

3. 读《大学之道》一文后，以《修身论》为题写一篇 600 字左右的小杂文。

慕课资源

李　斯

　　李斯（前280？—前208），秦代著名的政治家、文学家，楚国上蔡（今河南省上蔡县）人，曾与韩非一同师从荀子学帝王之术。早年为楚小吏，后入秦，拜为上卿，推行一系列加强封建君主专制的措施，官至丞相，助秦始皇统一天下。始皇死，李斯听任赵高矫诏杀太子，另立二世。后被赵高陷害而腰斩。秦代文坛冷落，唯李斯《谏逐客书》对后世影响较为深远，他还另有一些石刻韵文传世，故鲁迅先生称"秦之文章，李斯一人而已"。

【集评】

　　秦始皇时，李斯所撰《峄山碑》，三句始下一韵，是《采芑》第二章法。《琅邪台铭》，一句一韵，三句一换，是老子"明道若昧"章法。（［明］王世贞《艺苑卮言》卷二）

谏逐客书①

　　臣闻吏议逐客，窃以为过矣②。
　　昔穆公求士③，西取由余于戎④，东得百里奚于宛⑤，迎蹇叔于宋⑥，来丕豹、公

---

　　① 谏：对尊长直言规劝。逐客：驱逐来自其他诸侯国的而为秦所用之人。书：上书，古代一种向君王陈述意见的文体。李斯在秦国做客卿时，韩国派名叫郑国的人帮助秦修渠，企图借此耗损秦的国力。事发，秦宗室趁机劝秦王"逐客"，李斯亦在被逐之列，于是他写了这篇上书。　② 窃：私下，谦辞。过：错误。　③ 穆公：秦穆公，名任好，春秋时秦国国君，公元前659年—前621年在位，春秋五霸之一。　④ 由余：春秋晋国人，先在西戎做官，后投奔秦，助穆公统一西戎各部。西戎：指当时在西部的少数民族。　⑤ 百里奚：楚国宛（今河南省南阳）人，曾为虞国大夫。晋灭虞后，以百里奚作为晋献公之女的陪嫁奴仆入秦，后逃回宛地。穆公听说他贤能，设计用五张公羊皮赎回，任为大夫。　⑥ 蹇（jiǎn）叔：原是西戎岐（今陕西省岐山县）人，游于宋，经百里奚推荐入秦，秦穆公厚礼聘为上大夫。

孙支于晋①。此五子者,不产于秦,而穆公用之,并国二十,遂霸西戎。孝公用商鞅之法②,移风易俗,民以殷盛,国以富强,百姓乐用③,诸侯亲服,获楚、魏之师④,举地千里⑤,至今治强。惠王用张仪之计⑥,拔三川之地⑦,西并巴蜀⑧,北收上郡⑨,南取汉中⑩,包九夷⑪,制鄢郢⑫,东据成皋之险⑬,割膏腴之壤,遂散六国之从,使之西面事秦,功施到今⑭。昭王得范雎⑮,废穰侯,逐华阳⑯,强公室,杜私门⑰,蚕食诸侯⑱,使秦成帝业。此四君者,皆以客之功。由此观之,客何负于秦哉!向使四君却客而不内⑲,疏士而不用,是使国无富利之实,而秦无强大之名也。

今陛下致昆山之玉⑳,有随和之宝㉑,垂明月之珠㉒,服太阿之剑㉓,乘纤离之马㉔,建翠凤之旗㉕,树灵鼍之鼓㉖。此数宝者,秦不生一焉,而陛下悦之,何也?必秦国之所生然后可,则是夜光之璧不饰朝廷,犀象之器不为玩好㉗,郑卫之女不充后宫,而骏良駃騠不实外厩㉘,江南金锡不为用,西蜀丹青不为采。所以饰后宫、充下陈、娱心意、悦耳目者㉙,必出于秦然后可,则是宛珠之簪㉚,傅玑之珥㉛,阿缟之衣㉜,锦绣之饰,不进于前,而随俗雅化、佳冶窈窕赵女不立于侧也。夫击瓮叩缶㉝,弹筝搏髀㉞,而歌呼呜呜快耳者,真秦之声也;《郑》《卫》《桑间》《韶虞》《武象》者㉟,异国之乐也。今弃击瓮叩缶而就郑卫,退弹筝而取《韶虞》,若是者何也?快意当前,适观而已矣㊱。今取人则不然,不问可否,不论曲直,非秦者去,为客者逐。然则是所重者在乎色、乐、珠、玉,而所轻者在乎人民也。此非所以跨海内、制诸侯

---

① 丕豹:晋国人,晋惠公杀其父丕郑后逃入秦。公孙支:又名公孙子桑,曾居晋,后穆公任为秦大夫。 ② 孝公:秦孝公,名渠梁,秦国国君,公元前361年—前338年在位。任用商鞅实行变法,使秦国强盛。 ③ 乐用:乐于为国效力。 ④ 获楚、魏之师:《史记·楚世家》:"(楚)宣王三十年,秦封卫鞅于商,南侵楚。"《秦本纪》:"孝公十年,卫鞅为大良造,将兵围魏安邑,降之。""二十二年,卫鞅击魏,虏魏公子卬。" ⑤ 举地:开拓疆土。 ⑥ 惠王:秦惠文王,名驷,孝公之子,公元前337年—前311年在位。张仪:魏国人,惠文王时为相,著名的纵横家,用"连横"策略破六国"合纵"。 ⑦ 拔:攻取。三川之地:指今河南省黄河以南、灵宝以东一带,原属韩国地区。三川,指黄河、洛河、伊水。 ⑧ 巴、蜀:当时的两个小国名。巴在今四川东部,蜀在今四川西北部。 ⑨ 上郡:郡名,战国时属魏,辖地约相当于今陕西北部及内蒙古的部分土地。 ⑩ 汉中:郡名,战国时属楚,辖境为今陕西省西南一带。 ⑪ 包:占有、吞并。九夷:指居于楚国境内的少数民族。 ⑫ 鄢(yān):楚古都,在今湖北省宜城市。郢(yǐng):楚都,在今湖北省江陵西北。 ⑬ 成皋:古邑名,在今河南省荥阳汜水镇,原名虎牢,后改成皋,形势险要,为古代军事要地。 ⑭ 施(yì):延续。 ⑮ 昭王:秦昭襄王,名则,一名稷,惠文王之子,武王之弟,公元前306年—前251年在位。范雎(jū):战国时魏人,后入秦为昭王相,主张远交近攻的策略,使得秦国逐步歼灭诸侯力量。封于应,又称应侯。 ⑯ 穰(ráng)侯:即魏冉,秦昭王母宣太后异父弟。秦武王去世,在内乱中拥立昭王。初任将军,后屡次任相,封于穰,故称穰侯。华阳:宣太后同父弟,封于华阳,故称华阳君。他与魏冉专权三十多年。后昭王听范雎的意见,废太后,放逐魏冉、华阳。 ⑰ 公室:犹"王室"、朝廷,指王权。私门:指贵族豪门。 ⑱ 蚕食诸侯:像蚕吃桑叶一样一点一点地削弱诸侯的力量,兼并他们的土地。 ⑲ 向使:假使。却:拒绝。内(nà):同"纳"。 ⑳ 致:得到,求得。昆山:即昆仑山,盛产美玉。 ㉑ 随和之宝:指随侯珠、和氏璧,是当时认为最珍贵的宝物。 ㉒ 明月之珠:即明月珠,一种宝珠。《后汉书·西域传》说,罗马帝国产明月珠。一说指夜光珠。 ㉓ 服:佩。太阿(ē)之剑:即太阿剑,宝剑名。 ㉔ 纤离:古骏马名。 ㉕ 建:竖。翠凤之旗:用翠鸟羽毛组合成凤凰形图案的旗子。 ㉖ 树:设置。灵鼍(tuó)之鼓:用一种鳄鱼皮做成的鼓。 ㉗ 犀象之器:犀牛角和象牙制成的器具。 ㉘ 駃騠(jué tí):骏马名。 ㉙ 下陈:后列,此指后宫中侍奉帝王的宫女行列。 ㉚ 宛珠:宛地产的宝珠。㉛ 傅:同附。玑:不圆的宝珠。珥:耳饰。傅玑之珥:泛指带着珠子的耳饰。 ㉜ 阿(ē):齐国东阿县产缯帛。缟:白色的丝织品。 ㉝ 瓮、缶(fǒu):均为秦产陶制乐器。 ㉞ 搏髀(bì):拍大腿,指打拍子的动作。 ㉟ 郑、卫:指郑、卫的地方音乐。桑间:卫国地名,此地民间音乐极优美动听。韶虞:韶是虞舜的乐曲,故称韶虞。武象:是周武王时的乐舞。㊱ 适观:适于欣赏。

之术也。

臣闻地广者粟多,国大者人众,兵强则士勇。是以太山不让土壤,故能成其大;河海不择细流,故能就其深;王者不却众庶,故能明其德。是以地无四方,民无异国,四时充美,鬼神降福。此五帝三王之所以无敌也①。今乃弃黔首以资敌国,却宾客以业诸侯,使天下之士退而不敢西向,裹足不入秦,此所谓"藉寇兵而赍盗粮"者也②。

夫物不产于秦,可宝者多;士不产于秦,而愿忠者众。今逐客以资敌国,损民以益仇,内自虚而外树怨于诸侯,求国无危,不可得也。

【汇评】

起句即见事实,最妙;中间论物不出于秦而秦用之,独人才不出于秦而秦不用,反覆议论痛快,深得作文之法,未易以人废言也。([宋]李涂《文章精义》)

李斯上秦皇帝书,文中之诗也;子美《北征篇》,诗中之文也。([明]谢榛《四溟诗话》卷二)

凡作诗文,或有两句一意,此文势相贯,宜乎双用。如李斯上秦始皇书:"不问可否,不论曲直,非秦者去,为客者逐。"……秦汉以来,文法类此者多矣,自不为病。(同上,卷三)

文章用意庸,易起人厌,须出人意表,方为高手。如李斯《谏逐客书》,借人扬己,以小喻大,另是一种巧思。能打破此等关窍,下笔自惊世骇俗矣。([明]归有光《文章指南》二集)

自首至尾,落落只写大意。初并无意为文,看他起便一直径起,往便一直径往,转便径转,接便径接。后来文人无数笔法,对此一毫俱用不着,然正是后来无数笔法之祖也。([清]金圣叹《天下才子必读书》卷五)

【赏析】

这是一篇反驳逐客谬论、规劝改变成命的奏章。进谏对象是胸怀统一大志却又刚愎自用的秦王,李斯深知其性,便抛开个人恩怨和功过,站在秦国最高利益之上,从能否富国强民、统一天下这一大是大非的角度立论,充分剖析纳客利秦而逐客可能亡国的问题,这就切中了秦王最为关注的根本大计,抓住了要害。这是本文成功的关键所在。

行文上,起笔开门见山提出论点,语词谦和而简明,切合日理万机的秦王的性格。紧接着展开论述,围绕题旨以事实为据,层层推论。先铺陈四代秦君重用客卿而富国强兵的史实,证明客卿有功于秦,这是统一天下的基础。再列举大量生活事实,用物与人类比,说明重物轻人与统一天下的根本目标背道而驰。然后从理论上概括论述,阐明纳客与逐客的利害。最后得出结论,指出逐客必将造成秦国的危亡,回应总论点,把逐客之"过"提高到亡国的高度。始终正反并论,利害对举,驳立互补,观点十分鲜明。在分寸把握上,由轻(重物轻人)渐重(损己资敌),在材料安排上由远(昔)至近(今),再到将来(亡国),逐层推进,渐趋深入。这样十分符合人的接受心理规律,即使结论尖锐,对方也能欣

---

① 五帝三王:古籍关于五帝三王说法很多,皆泛指古时的圣君贤主。 ② 藉:借给。赍(jī):赠送。

然接受。

为了加强说服力，作者还特意运用大量铺陈、排比和对偶等修辞手法，使文章具有骈俪的特色，增强了美感和可读性。同时还适当地运用了一些虚词和反问句式，提升了表达效果，从而使全文语气贯通，入情入理，有效地强化了论辩气势和感染力。

（周金声）

司马迁

司马迁（前145或前135—前87?），字子长，夏阳龙门（今陕西韩城）人。青年时期多次出游，足迹遍布大江南北。他的童年时期在家乡度过，与农夫牧童为伴，接触了故乡的山河名胜，听到过许多故事和历史传说，浓厚的乡土文化陶冶了司马迁的豪迈灵秀之气。他少年时期敏而好学，通晓古文，曾师从儒学大师孔安国学习《尚书》，向董仲舒学习《春秋》。这些经历大大拓展了他的视野，为后来撰写《史记》积累了丰富的资料。数年后，子承父业，继任太史令，于太初元年（前104年），开始了《太史公书》即后来称之为《史记》的写作。天汉二年（前99年），因"李陵事件"得罪汉武帝，被处宫刑。出狱后，他忍辱含垢，发愤著书，终于在征和元年（前92年）完成了《史记》的创作。不久去世。

《史记》是我国纪传体史书的奠基之作，也是我国传记文学的开端，在史学和文学两个方面对后世产生了深远的影响。它记叙了上自黄帝、下至汉武帝时期三千多年的历史，是我国第一部纪传体通史。共有一百三十篇，其中"本纪"十二篇，"世家"三十篇，"列传"七十篇，"表"十篇，"书"八篇。全书高扬人文精神的旗帜，真实反映了历史原貌，对统治阶级争权夺利和尔虞我诈的面目进行了揭露和批判，对被压迫者的遭际给予了关注与同情。书中人物栩栩如生，文章具有强烈的感染力。

【集评】

迁之所记，从汉元至武以绝，则其功也。至于采经摭传，分散百家之事，甚多疏略，不如其本，务欲以多闻广载为功，论议浅而不笃。其论术学，则崇黄老而薄五经，序货殖则轻仁义而羞贫穷；道游侠，则贱守节而贵俗功；此其大敝伤道，所以遇极刑之咎也。然善述序事理，辩而不华，质而不俚，文质相称，盖良史之才也。诚令迁依五经之法言，同圣人之是非，意亦庶几矣。……又进项羽、陈涉而黜淮南、衡山，细意委曲，条例不经。若迁之著作，采获古今，贯穿经传，至广博也。一人之精，文重思烦，故其书刊落不尽，尚有盈辞，多不齐一。（［汉］班彪《史记论》，引自《后汉书·班彪传》）

班固有言曰："司马迁据左氏《国语》，采《世本》《战国策》，述《楚汉春秋》，接其后事，迄于天汉，其言秦汉详矣。至于采经摭传，分散数家之事，甚多疏略，或有抵捂。亦其所涉猎者广博，贯穿经传，驰骋古今，上下数千载间，斯已勤矣。又其是非颇谬于圣人，论大道则先黄老而后六经，序游侠则退处士而进奸雄,述货殖则崇势利而羞贱贫,此其所蔽也。然自刘向扬雄博极群书,皆称迁有良史之才,服其善序事理,辩而不华,质而不俚,其文直,其事核,不虚美,不隐恶,故谓之实录。"骃以为固之所言,世称其当。虽时有纰缪,实勒成一家,总其大较,信命世之宏才也。([南朝宋]裴骃《史记集解序》)

爰及太史谈,世惟执简;子长继志,甄序帝勣。比尧称典,则位杂中贤;法孔题经,则文非元圣。故取式《吕览》,通号曰纪。纪纲之号,亦宏称也。故本纪以述皇王,列传以总侯伯,八书以铺政体,十表以谱年爵,虽殊古式,而得事序焉。尔其实录无隐之旨,博雅弘辩之才,爱奇反经之尤,条例踳落之失,叔皮论之详矣。([南朝梁]刘勰《文心雕龙·史传》)

昔谓子长文字峻,震川谓此言难晓,要当于极真极朴极淡处求之。([清]刘大櫆《论文偶记》)

文贵大:道理博大,气脉洪大,丘壑远大;丘壑中,必峰峦高大,波澜阔大,乃可谓之远大。古文之大者莫如史迁。震川论《史记》,谓为"大手笔",又曰:"起头处来得勇猛。"又曰:"连山断岭,峰头参差。"又曰:"如画《长江万里图》。"又曰:"如大塘上打纤,千船万船,不相妨碍。"此气脉洪大,丘壑远大之谓也。(同上)

昔人谓子长文字,微情妙旨,寄之笔墨蹊径之外;又谓如郭忠恕画天外数峰,略有笔墨,而无笔墨之迹。故太史公文,并非孟坚所知。意尽而言止者,天下之至言也,然言止而意不尽者尤佳。意到处言不到,言尽处意不尽,自太史公后,惟韩、欧得其一二。(同上)

史迁句法似赘拙,而实古厚可爱。(同上)

即事以寓情,《史记》之文也。(同上)

《史记》如海,无所不包,亦无所不有;古文大家,未有不得力于此书者;正须极意探讨。韩文拟之,如江河耳。([清]吴德旋《初月楼古文绪论》)

试观《史记》中列传,一入手便将全盘打算:有宜重言者,有宜简言者,有宜繁言者,经所位置,靡不井井。此惟知得传中人之利病,但前后提挈,出之以轻重,而其人生平,尽为所摄,无复遁隐之迹。此非有定识高识,乌能烛照而不遗?(林纾《春觉斋论文》)

乃不知古人用心,正能于人不留意处偏自留意。故大家之文,于文之去路,不惟能发异光,而且长留余味,其最擅长者无若《史记》。《史记》于收束之笔不名一格:如本文饱叙妄诞之事,及到结末必有悔悟之言,偏复掉转,还他到底妄诞,却用一冷隽之笔闲闲点醒,如《封禅书》之收笔是也。(同上)

史记·管晏列传

管仲夷吾者,颍上人也[①]。少时常与鲍叔牙游[②],鲍叔知其贤。管仲贫困,常欺鲍叔[③],鲍叔终善遇之,不以为言。已而鲍叔事齐公子小白,管仲事公子纠[④]。

---

① 管仲:名夷吾,字仲。颍上:今安徽颍上县南。 ② 鲍叔:字叔牙,齐国大夫。游:交往。 ③ 欺:欺骗蒙蔽,这里指的是占小便宜之类的欺蒙行为。 ④ "已而"二句:公元前 686 年,齐襄公昏庸无道,齐将乱。为了避难,管仲、召忽奉公子纠(襄公弟)出奔鲁国,鲍叔奉公子小白(亦襄公弟)出奔莒(jǔ)国。

及小白立为桓公，公子纠死，管仲囚焉①。鲍叔遂进管仲②。管仲既用，任政于齐，齐桓公以霸，九合诸侯③，一匡天下④，管仲之谋也。

管仲曰："吾始困时，常与鲍叔贾，分财利多自与，鲍叔不以我为贪，知我贫也。吾常与鲍叔谋事而更穷困，鲍叔不以我为愚，知时有利不利也。吾尝三仕三见逐于君，鲍叔不以我为不肖，知我不遭时也。吾尝三战三走，鲍叔不以我为怯，知我有老母也。公子纠败，召忽死之，我幽囚受辱，鲍叔不以我为无耻，知我不羞小节而耻功名不显于天下也。生我者父母，知我者鲍子也。"

鲍叔既进管仲，以身下之。子孙世禄于齐⑤，有封邑者十余世，常为名大夫。天下不多管仲之贤而多鲍叔能知人也⑥。

管仲既任政相齐，以区区之齐在海滨，通货积财，富国强兵，于俗同好恶。故其称曰："仓廪实而知礼节，衣食足而知荣辱。上服度则六亲固⑦。四维不张⑧，国乃灭亡。下令如流水之原，令顺民心⑨。"故论卑而易行⑩。俗之所欲，因而予之；俗之所否，因而去之。

其为政也，善因祸而为福，转败而为功。贵轻重，慎权衡⑪。桓公实怒少姬⑫，南袭蔡⑬。管仲因而伐楚，责包茅不入贡于周室⑭。桓公实北征山戎⑮，而管仲因而令燕修召公之政⑯。于柯之会⑰，桓公欲背曹沫之约⑱，管仲因而信之，诸侯由是归齐。故曰："知与之为取，政之宝也⑲。"

管仲富拟于公室，有三归⑳，反坫㉑，齐人不以为侈。管仲卒，齐国遵其政，常强于诸侯。后百余年而有晏子焉。

---

①"及小白"四句：公元前686年，襄公被杀。鲁国派兵护送公子纠回齐争夺王位，先由管仲带兵阻挡莒、齐要道。管仲射中小白带钩。小白佯死，使鲁国延误了公子纠的行程。桓公以齐军拒鲁，大败鲁军。鲁国被迫按桓公的要求杀了公子纠，召忽自杀，管仲被囚。　②"鲍叔"句：桓公即位后，鲍叔向齐桓公力荐管仲，桓公赦管仲，任为齐相。③ 九合诸侯：指齐桓公多次以盟主身份邀集各国诸侯开同盟大会。　④ 一匡天下：使天下都得到匡正。当时诸侯无视周天子，互相攻打，管仲辅助齐桓公制止了这种混乱局面。　⑤ 子孙世禄：指鲍叔牙的子孙世代享受齐之俸禄。⑥ 多：用作意动，"以……为多"，即赞美。　⑦ 上服度则六亲固：居上位者遵守法度则父母、妻子、兄弟关系稳固。⑧ 四维：指礼义廉耻（见《管子·牧民》）。　⑨"下令"二句：指下达政令要像流水从源头顺流而下，使其顺应民意。⑩ 论卑而易行：指政令符合下情，则容易被百姓执行。　⑪ 贵轻重，慎权衡：《史记索隐》谓，"轻重谓钱也，《管子》有《轻重篇》。《史记正义》谓，"轻重谓耻辱也，权衡谓得失也，有耻辱甚贵重之，有得失戒慎之"。　⑫ 桓公实怒少姬：指齐桓公之夫人少姬，曾与桓公一起荡舟，少姬故意让船左右摇摆，桓公受惊，大为生气，就把她送回了母家，但并未正式断绝关系，而蔡人却让少姬改了嫁（见《左传·僖公三年》）。　⑬ 蔡：国名，在河南汝南、上蔡等地。本句指桓公发兵攻打蔡国。　⑭"管仲"二句：《左传·僖公四年》记载：齐伐楚盟于召陵（今河南漯河市东），"四年春，齐侯以诸侯之师侵蔡，蔡溃，遂伐楚"。齐桓公使管仲责备楚君："尔贡包茅不入，王祭不共，无以缩酒。"包茅，成束的菁茅，为祭祀所用，一向为楚国所贡，管仲以包茅不入贡于周而责备楚国，表示齐国用兵不为少姬之事而为公义。茅，一种香草，楚地之特产。　⑮ 山戎：亦称北戎，在河北迁安一带。经常威胁齐、燕的安全。公元前663年，山戎攻燕，齐桓公因救燕而伐山戎。　⑯ 召公：姓姬，名奭（shì），周武王封于蓟（今北京市），国号为燕。　⑰ 柯之会：齐桓公攻鲁，约请鲁庄公在柯地（今山东阳谷县东）相会。曹沫当庄公的侍从，他用匕首劫持桓公，胁迫桓公订立盟约，收回了失地。　⑱ 曹沫：春秋时鲁人，以勇力事庄公。　⑲"知与之为取"二句：见《管子·牧民》篇，懂得给予就是获得的道理，是治理国家的法宝。⑳ 三归：管仲有建筑华丽的台，称为"三归"。后代学者对此有不同解释，这里不详。　㉑ 反坫（diàn）：周代诸侯相会宴饮，在正堂两旁设有放空酒杯的土台叫坫。诸侯互相敬酒后，将空爵反置在坫上。管仲不是国君，也在正堂两旁设有安放空酒杯的坫。

晏平仲婴者①，莱之夷维人也②。事齐灵公、庄公、景公，以节俭力行重于齐。既相齐，食不重肉③，妾不衣帛④。其在朝，君语及之⑤，即危言⑥；语不及之，即危行。国有道，即顺命⑦；无道，即衡命⑧。以此三世显名于诸侯。

越石父贤，在缧绁中⑨。晏子出，遭之途，解左骖赎之⑩，载归。弗谢，入闺。久之，越石父请绝。晏子戄然⑪，摄衣冠谢曰："婴虽不仁，免子于厄，何子求绝之速也？"石父曰："不然。吾闻君子诎于不知己而信于知己者⑫。方吾在缧绁中，彼不知我也。夫子既已感寤而赎我⑬，是知己；知己而无礼，故不如在缧绁之中。"晏子于是延入为上客。

晏子为齐相，出，其御之妻从门间而窥其夫。其夫为相御，拥大盖⑭，策驷马，意气扬扬，甚自得也。既而归，其妻请去。夫问其故。妻曰："晏子长不满六尺，身相齐国，名显诸侯。今者妾观其出，志念深矣，常有以自下者⑮。今子长八尺，乃为人仆御，然子之意，自以为足，妾是以求去也。"其后，夫自抑损⑯。晏子怪而问之，御以实对。晏子荐以为大夫。

太史公曰：吾读管氏《牧民》《山高》《乘马》《轻重》《九府》，及《晏子春秋》⑰，详哉，其言之也！既见其著书，欲观其行事，故次其传。至其书，世多有之，是以不论，论其轶事。

管仲世所谓贤臣，然孔子小之⑱。岂以为周道衰微，桓公既贤，而不勉之至王，乃称霸哉？语曰："将顺其美，匡救其恶，故上下能相亲也⑲。"岂管仲之谓乎⑳？

方晏子伏庄公尸哭之，成礼然后去㉑，岂所谓"见义不为无勇"者邪㉒？至其谏说，犯君之颜，此所谓"进思尽忠，退思补过㉓"者哉！假令晏子而在，余虽为之执鞭，所忻慕焉㉔。

【汇评】

管仲、晏子，是春秋时第一流人物，功业煊赫一时，操觚之家，不知当如何铺序。史公偏只用轻清淡宕之笔，而以秀折出之，月影花香，另是一种境界。

———————————

① 晏平仲：名婴，为齐国相，春秋时期著名的政治家。 ② 莱：春秋莱国（今山东黄县东南）。夷维：莱国邑名，今山东高密。 ③ 重：两个以上。 ④ 衣帛：穿丝织品。 ⑤ 君语及之：国君问到他。 ⑥ 危言：正直地陈述意见。危，高耸，引申为正直。 ⑦ 顺命：顺着命令去做。 ⑧ 衡命：根据命令斟酌情况去做。 ⑨ 缧绁（léi xiè）：拘系犯人的绳索，引申为囚禁。 ⑩ 骖：古代称驾在车子两旁的马叫骖。 ⑪ 戄（jué）然：惊异敬畏的样子。 ⑫ 诎：同"屈"。信：同"伸"。 ⑬ 感寤：同"感悟"，受到感动而醒悟。 ⑭ 拥大盖：坐在车上的大伞盖下。盖，古代称（车上遮蔽阳光和雨的）伞。 ⑮ 常有以自下者：经常有自居人下的样子。 ⑯ 抑损：谦卑退让。 ⑰《晏子春秋》：后人托名晏子作，实为战国时人根据晏子的事迹和传说而写成。 ⑱ 孔子小之：见《论语·八佾》，孔子有"管子之器小哉"等批评的话。 ⑲ "将顺其美"三句：见《孝经·事君》。将顺，顺势助成。匡救，救正。上下，指君臣。句意为：顺从百姓的意愿，匡正君主的过失，就能使君民相亲。 ⑳ 岂管仲之谓乎：大概说的是管仲吧！ ㉑ "方晏子"二句：事见《左传·襄公二十五年》，上载齐庄公因私通棠姜，遭其夫崔武子杀害。晏子当时未死君难，只是伏庄公尸哭了一番就离开了。 ㉒ "岂所谓"句：见《论语·为政》。句意为：难道是所谓"见义不为无勇"吗？ ㉓ "进思尽忠"二句：见《孝经·事君》。句意为：上了朝廷就想尽忠心，退了朝就想弥补君王的过失。 ㉔ 忻（xīn）：欢喜。

管、晏事功,只用数语序过,皆于闲处点染,是所同也。乃管子一传,前边点过,中嵌鲍叔一段闲文,而后边散提,前事重叙;如清嶂对溪,林花乱发。晏子一传,前边点过,竟不重序,后带越石、御妻两段闲文,即以终篇;如桃花流水,一去杳然。各出一奇妙。

此篇以风致胜,无一实笔,无一呆笔,纯以清空一气运旋。觉《伯夷传》犹有意为文,不如此篇水到渠成,无意于文而天然成妙。([清]吴见思《史记论文》卷五)

传中下语,俱有斟酌。将鲍叔之知、石父御妻之言(皆其轶事),叙得异样生动。赞语亦确切不易。([清]林云铭《古文析义》卷八)

《伯夷传》,忠孝兄弟之伦备矣。《管晏传》,于朋友三致意焉。管仲用齐,由叔牙以进,所重在叔牙,故传中深美叔牙。越石与其御,皆非晏子之友,而延为上客,荐为大夫,所难在晏子,故赞中忻慕晏子。通篇无一实笔,纯以清空一气运旋,觉《伯夷传》犹有意为文,不若此篇天然成妙。([清]吴楚材、吴调侯《古文观止》卷五)

先合后分,格自高老。其分处,皆先抑后扬,笔亦曲折;至末兴怀执鞭,措词巧矣,而感慨更觉低回无尽。([清]余诚《古文释义新编》卷六)

自我作古,触类而书,所谓论其轶事如此。([清]浦起龙《古文眉诠》卷二十三)

太史公在患难中,慨无人出力,故于《管晏传》叙交情气谊,特为深挚,千载之下,犹令人感泣也。([清]蔡世远《古文雅正》卷一)

此篇以知人荐士为主,故管晏事迹皆虚写,此为文宾主之法也。([清]吴汝纶点勘《史记》卷六十二)

【赏析】

《管晏列传》是齐国两位名相的合传。全文共分三部分。第一部分写管仲(一至六自然段)。第一自然段主要写管仲的特点;第二自然段写鲍叔对管仲的知遇之恩;第三自然段写鲍叔进贤让贤;第四、五自然段写管仲内政、外交两个方面的功业;第六自然段间接写管仲对齐国的贡献及影响。第二部分(七至九自然段)写晏婴。第七自然段总写晏婴的经历和特点;第八、九自然段写晏婴两则识拔人才的轶事。当中用"后百余年而有晏子焉"这句话作为过渡,连接一、二部分。第三部分写司马迁对管晏二人的评价。

《管晏列传》在传述管仲、晏婴相齐称霸的业绩时,显然有意在探索、论证如何对待贤才的问题。司马迁写管仲,选择知人、进贤、让贤的材料大写鲍叔,用意就是要证明,如果不是鲍叔进荐,囚禁中的管仲怕早已湮没无闻了;鲍叔荐他任政于齐以后,管仲方充分施展才智,为齐国创立了不可磨灭的业绩。为强调这一点,作者借管仲"生我者父母,知我者鲍子也"这句充满感激的话,对鲍叔的知人善荐进行了高度评价。

写晏子,仍然是围绕这一主题。选用晏子赎越石父和举荐车夫两个故事,就是为了证明晏子能够正确对待贤才。虽在缧绁之中,只要是贤才,便提拔使用。这在等级森严的封建时代,是非常难能可贵的。

《管晏列传》一开篇就显露了司马迁善于概述事理的高超技艺——只用了一百余字,便眉目清楚而又重点突出地叙述了管仲的生平。管仲的前半生艰难多故,尤其是他辅佐公子纠以至被囚禁的经历很坎坷。但作者巧妙地连用了虚词"已而""及""遂""既"等,将管仲的少时交游,以及辅助齐桓公建立霸业的曲折经历融为一体,反映了司马迁驾驭语言的高超艺术。

作者列举管仲的政绩之后,数次引《管子》书中的原文来总括所述事情的精义。如在简述管仲内政上大力推行发展贸易、集聚财富等一系列改革措施后,用"仓廪实而知礼节,衣食足而知荣辱"把经济富足和政治教化联系在一起;在列举外交上三件大事之后,又用"知与之为取,政之宝也"来总括取信诸侯的指导思想。这些引文加强了思想的深度,笔力超绝。

善于刻画人物性格是《史记》突出的艺术成就。本篇的人物描写主要体现在写晏子的部分。晏子出行归途中,遇见为人奴役的贤者越石父,当即解左骖赎之,并且用自己的车子把越石父带回自己家中。到家后,晏子却自入内室,久不出见。"弗谢,入闺,久之",一连串的表现,加上后来说的"婴虽不仁,免子于厄",把晏子那种视赎贤为壮举而自矜的心理,刻画得入木三分。而在"越石父请绝"之后,晏子又"愀然","摄衣冠谢","延入"为上宾,绘影绘声地描写了晏子态度的变化,表明晏子的思想,从赎贤提高到了礼贤的境界。

晏子举荐车夫的故事,写得极富情趣,人物神情毕肖,栩栩如生。车夫之妻从门间窥夫的细节,刻画了妻子的心计;将丈夫与晏子做对比的谈话,又说明她见地不凡,终于促成了车夫的转变。而车夫的知过自改,则得到了晏子的赏识,于是晏子唯贤是举,荐他为大夫。人物的这些形象活动,成功地烘托了晏子的高尚品行,体现了《史记》的文学价值。

篇末"太史公曰"是本文的第三大部分,作者采用了不虚美、不隐恶的辩证态度,对管、晏进行了客观的实事求是的评价。其中"假令晏子而在,余虽为之执鞭,所忻慕焉"的结句,表现了司马迁对优秀历史人物的真诚向慕之情,同时也寄托了现实中不遇知己的深切感慨。由此可见,作者既是为管晏作传,也是为自己抒怀。文章采用了先抑后扬的写法,无疑加重了褒扬的分量。褒扬管仲用"岂管仲之谓乎"的测度语气,而褒扬晏子则用"此所谓'进思尽忠,退思补过'者哉"的肯定判断。同是褒扬,语气不同,作者的感情倾向自有细微的差别。综观全篇,章法有总有分,人物情事渗透,言行交错,有实有虚,详略得当。读者不仅可以了解历史人物,而且能从中学到不少文学表现技巧。

(彭书雄)

附录一 备选课文

牧　　民　　《管子》

凡有地牧民者,务在四时,守在仓廪。国多财则远者来,地辟举则民留处,仓廪实则知礼节,衣食足则知荣辱,上服度则六亲固,四维张则君令行。

不务天时,则财不生;不务地利,则仓廪不盈。四维不张,国乃灭亡。

政之所行,在顺民心;政之所废,在逆民心。民恶忧劳,我佚乐之;民恶贫贱,我富贵之;民恶危坠,我存安之;民恶灭绝,我生育之。故从其四欲,则远者自亲;行其四恶,则近者叛之。故知予以为取者,政之宝也。

措国于不倾之地,积于不涸之仓,藏于不竭之府,不令如流水之原,使民于不争之官,明必死之路,开必得之门,不为不可成,不求不可得,不处不可久,不行不可复。措国于不倾之地者,授有德也;积于不涸之仓者,务五谷也;藏于不竭之府者,养桑麻、育六畜也;下令于流水之原者,令顺民心也;使民于不争之官者,使各为其所长也;明必死之路者,严刑罚也;开必得之门得,信庆赏也;不为不可成者,量民力也;不求不可得者,不强民以其所恶也;不处不可久者,不偷取一时也;不行不可复者,不欺其民也。故授有德,则国安;务五谷,则食足;养桑麻、育六畜,则民富;令顺民心,则威令行;使民各为其所长,则用备;严刑罚,则民远邪;信庆赏,则民轻难;量民力,则事无不成;不强民以其所恶,则诈伪不生;不偷取一时,则民无怨心;不欺其民,则下亲其上。

天下不患无臣,患无君以使之;天下不患无财,患无人以分之。故知时者可立以为长,无私者可置以为政,审于时而察于用,而能备官者,可奉以为君也。缓者后于事,吝于财者失所亲,信小人者失士。

周亚夫军细柳　　[汉]司马迁

文帝之后六年,匈奴大入边。乃以宗正刘礼为将军,军霸上;祝兹侯徐厉为将军,军棘门;以河内守周亚夫为将军,军细柳,以备胡。

上自劳军。至霸上及棘门军,直驰入,将以下骑送迎。已而之细柳军,军士吏被甲,锐兵刃,彀弓弩,持满。天子先驱至,不得入。先驱曰:"天子且至。"军门都尉曰:"将军令曰:'军中闻将军令,不闻天子之诏。'"居无何,上至,又不得入。于是上乃使使持节诏将军:"吾欲入劳军。"亚夫乃传言开壁门。壁门士吏谓从属车骑曰:"将军约,军中不得驱驰。"于是天子乃按辔徐行。至营,将军亚夫持兵揖曰:"介胄之士不拜,请以军礼见。"天子为动,改容式车。使人称谢:"皇帝敬劳将军。"成礼而去。

既出军门,群臣皆惊。文帝曰:"嗟乎!此真将军矣!曩者霸上、棘门军,若儿戏耳,其将固可袭而虏也。至于亚夫,可得而犯邪?"称善者久之。

遗黄琼书　　[汉]李　固

闻已度伊洛,近在万岁亭,岂即事有渐,将顺王命乎?

盖君子谓"伯夷隘,柳下惠不恭",故传曰:"不夷不惠,可否之间。"盖圣贤居身之所珍也。诚遂欲枕山栖谷,拟迹巢由,斯则可矣;若当辅政济民,今其时也。自生民以来,善政少而乱俗多,必待尧舜之君,此为志士终无时矣。

常闻语曰:"峣峣者易缺,皎皎者易污。《阳春》之曲,和者必寡。盛名之下,其实难副。"近鲁阳樊君被征初至,朝廷设坛席,犹待神明;虽无大异,而言行所守无缺;而毁谤布流,应时折减者,岂非观听望深,声名太盛乎? 自顷征聘之士胡元安、薛孟尝、朱仲昭、顾季鸿等,其功业皆无所采,是故俗论皆言处士纯盗虚声。愿先生弘此远谟,令众人叹服,一雪此言耳。

附录二　古代史传文学综述

古代史传文学是古代历史文学的一部分,它具有历史文学的一般特性,兼有历史科学与文学艺术两种成分。从文学的角度看,它是以历史事件为题材,重在描写历史人物形象的文学作品;从史学的角度看,它是通过运用文学艺术的手段,借历史事件与历史人物的描述,来表达一定史观的历史著作。

我国史传文学产生的年代久远,但还不是历史文学的最初形态。和世界上其他国家一样,我国在进入文明社会之前,也存在着一个"传说的时代"，那时还没有产生文字，许多历史事件、历史人物故事，如黄帝擒蚩尤、鲧禹治洪水、姜嫄生后稷等，都是由口头的方式流传的，具体的形式表现为神话、传说和史诗。这些口头传播的历史文学，是原始先民面对不能支配又不甚理解的外界，经过不自觉的幻想式的思维加工而形成的一种认识，充满了虚妄色彩，但透过虚妄的表层可以看到其反映客观的本质，虚妄的背后有历史的影子。

自从产生了文字，社会跨入了文明的门槛，代代口耳相传的神话、传说、史诗便被以书面的形式记录下来，一部分神话、传说、史诗还被改造为史籍的材料。我国是一个十分重视历史典籍编写的国家，不仅史籍丰富，而且起源很早。《左传》中所说的《三坟》《五典》《八索》《九丘》及失传的百国春秋且不论，仅我们传习的孔子修订的《春秋》，就比古希腊"历史之父"希罗多德的《历史》还要产生得早。春秋战国时期，我国史籍编写空前发展，产生了《左传》《国语》《战国策》等不朽之作。那些史官或史学家在编撰这些史籍时，自然受到口头历史文学的影响，也不乏丰富的艺术想象力。他们在叙述历史事件时，注意了情节与细节的生动，在描写人物时，突出了人物言行的个性特征，具有引人入胜的艺术魅力，我们又把这些史籍称为先秦史传文学。

能继承先秦史传文学传统，并有重大创新的历史文学作品，是西汉司马迁的《史记》。《史记》突破了先秦史传以事为中心的编年体形式，找到了一种新的表述方式，即将历史上各种事物的发展过程分门别类地加以归纳，其中主体部分是对历史人物分类排比的人物传记，全书以人物为中心来展示历史的演变，这种新体例开创了我国纪传体史学，也标志着我国传记文学的诞生。《史记》以更生动的笔法描写历史事件；自觉地将历史人物塑造为典型人物形象；字里行间洋溢着作家深厚、丰富的感情；语言简洁明快，富有表现力，其文学性更在先秦史传之上。《史记》以成熟的传

记文学开辟了我国历史文学的新纪元，为中国后世文学提供了一系列塑造典型人物形象的成功经验。

继《史记》之后，另一部传记文学名著是东汉班固的《汉书》。这是一部"包举一代"的纪传体断代史，以详赡的资料展现了西汉广阔的社会生活与各种人物的精神风貌。其文学性在总体上不及《史记》，但一些人物传记中的历史事件也描述得绘声绘色，历史人物也刻画得栩栩如生，如晁错、李陵、苏武等人的传记，人物形象鲜明而传神，其艺术性并不比《史记》人物传记逊色。

从《汉书》开始，就出现了文学性减弱而史学性加强的倾向，这不仅因为班固的艺术才思不及司马迁，而且还因为奉旨修史束缚了班固艺术才能的充分发挥。东汉后来又出现的《东观汉记》，其文学性就更难与《史记》相比了。中国以后的史籍，大多数沿袭《汉书》的体例，但注重的是史料的收集与史实的考辨，而不是辞采的精美与感情的充沛，文学性逐渐降低，这也是历史著作发展的必然结果。

能重视并继承史传文学传统的，首先是那些杂史杂传，其作者写作目的并不是修史，而是借史传的形式，向读者炫鬻奇闻逸事，比起史传来，它淡化了纪实性而增强了虚构夸饰。在《史记》之前，已有《穆天子传》《晏子春秋》等杂史杂传。《史记》问世后，为杂史杂传提供了更为成熟的艺术手段，于是出现了一大批富有文学色彩的杂史杂传，如袁康和吴平的《越绝书》、赵晔的《吴越春秋》、刘向的《列女传》、佚名的《汉武故事》《蜀王本纪》等，其艺术特征已近乎小说。

中国史传文学是中国小说产生的主要源头，这正是中国小说区别于西方小说的一个鲜明的民族特色。中国小说从它诞生的那天起，就带有史传的"胎记"，在其发展过程中，史传文学的重大影响是贯彻始终的。史传文学对后世散文、戏剧、诗歌的影响也是深远的。

网络链接

① 史记杂论(菜九段)。② 千古谁识陈胜王(菜九段)。③《史记》记事止于哪一年？ ④ 司马迁卒于何年？ ⑤《史记》中有哪几篇是伪文？ ⑥ 怎样理解《史记》中的"太史公"？

参考书目

[汉]司马迁《史记》,中华书局 1959 年

[明]凌稚隆辑校《史记评林》,明万历间李�堂刊本

王伯祥选注《史记选》,人民文学出版社 1957 年

中华书局上海编辑所编《史记故事选译》,中华书局 1959 年

杨燕起等编《历代名家评史记》,北京师范大学出版社 1986 年

[汉]班固《汉书》,[唐]颜师古注,中华书局 1962 年

[清]王先谦注《汉书补注》,商务印书馆 1959 年

瞿蜕园选编《汉书故事选》,上海文化出版社 1957 年

顾廷龙、王煦华选注《汉书选》,中华书局 1962 年

冉昭德、陈直编《汉书选》,中华书局 1979 年

情感道德·公正

思考与练习

1. 从网上下载有关资料,讨论司马迁为李陵辩解而下狱的是非曲直。

2. 管晏合传的内在联系是什么？请对比一下管仲和晏婴两个人物形象。

3. 学习《管晏列传》的当代意义是什么？

4. 作者对管、晏的评价,流露出了怎样的思想感情？

5.《管子·牧民》篇中所提到的为政观点,在今天有什么价值？

慕课资源

【六朝文总论】

祝氏曰：盖西汉之赋，其辞工于楚《骚》；东汉之赋，其辞又工于西汉；以至三国、六朝之赋，一代工于一代。辞愈工，则情愈短而味愈浅；味愈浅则体愈下。建安七子，独王仲宣辞赋有古风。至晋陆士衡辈《文赋》等作，已用俳体。流至潘岳，首尾绝俳。迨沈休文等出，四声八病起，而俳体又入于律矣。徐庾继出，又复隔句对联，以为骈四俪六；簇事对偶，以为博物洽闻；有辞无情，义亡体失：此六朝之赋所以益远于古。（［明］吴讷《文章辨体序说》）

自中原沸腾，五马南渡，缀文之士，无乏于时。降及梁朝，其流弥甚。盖由时主儒雅，笃好文章，故才秀之士，焕乎俱集。（［唐］李延寿《南史·文学传序》）

齐、梁多小赋，固有是病，然丽词雅义，亦不可尽没。（林纾《春觉斋论文》）

要而论之，西汉之时，治学之士，侈言灾异五行，故西汉之文，多阴阳家言。东汉之末，法学盛昌，故汉、魏之文，多法家言。六朝之士，崇尚老、庄，故六朝之文，多道家言。隋、唐以来，以诗赋为取士之具，故唐代之文，多小说家言。宋代之儒，以讲学相矜，故宋代之文，多儒家言。明末之时，学士大夫多抱雄才伟略，故明末之文，多纵横家言。近代之儒，溺于笺注训故之学，故近代之文，多名家言。虽集部之书，不克与子书齐列，然因集部之目录，以推论其派别源流，知集部出于子部，则后儒有作，必有反集为子者，是亦区别学术之一助也。（刘师培《论文杂记》）

中国文学，至两汉、魏晋而大盛，然斯时文学，未尝别为一科，故儒生学士，莫不工文，其以文学特立一科者，自刘宋始。（刘师培《中国中古文学史》）

王　粲

王粲（177—217），字仲宣，山阳高平（今山东邹城西南）人。少有才名。汉献帝初平元年（190），董卓劫持汉献帝迁长安，粲父时任大将军何进长史，粲随父西迁，在长安见当时著名学者蔡邕，深为邕所赏识。初平二年（192），因关中骚乱，粲往荆州依刘表，客居荆州十余年，有志难伸，心怀颇郁郁。建安十三年（208），曹操大军南下，刘表病卒，子刘琮投降，王粲遂归曹操，深得曹氏父子信赖，赐爵关内侯。建安十八年（213），曹操晋爵魏公，粲官任侍中。二十二年(217),从曹操南征孙权,北返途中病卒,终年四十一岁。王粲由于"遭乱流寓,自伤情多"(谢灵运语),所作诗赋语言清丽,情调悲凉,深刻地反映了当时社会的动乱和人民的苦难,在建安七子中成就最高,刘勰誉之为"七子之冠冕"。《魏志》本传记粲著诗、赋、论、议近六十篇,《隋书·经籍志》录有《王粲集》十一卷,已佚。明人辑录遗文为《王侍中集》(见《汉魏六朝百三家集》),今人俞绍初《建安七子集》又续有校补,录文近五十篇、诗二十五首,并佚句。

【集评】

仲宣独自善于辞赋,惜其体弱,不足以起其文,至于所善,古人无以远过。([魏]曹丕《与吴质书》)

昔仲宣独步于汉南……足下高视于上京。当此之时,人人自谓握灵蛇之珠,家家自谓抱荆山之玉也。([魏]曹植《与杨德祖书》)

君以淑德……既有令德,材技广宣。强记洽闻,幽赞微言。文若春华,思若涌泉。发言可咏,下笔成篇……皇家不造,京室陨颠,宰臣专制,帝用西迁。君乃羁旅,离此阻艰。翕然凤举,远窜荆蛮,身穷志达,居鄙行鲜。振冠南岳,濯缨清川,潜处蓬室,不干势权。([魏]曹植《王仲宣诔》)

家本秦川,贵公子孙,遭乱流寓,自伤情多。([南朝宋]谢灵运《拟魏太子邺中集诗》)

建安七子,独王仲宣辞赋有古风。([明]吴讷《文章辨体序说》)

登 楼 赋

　　登兹楼以四望兮①,聊暇日以销忧②。览斯宇之所处兮③,实显敞而寡仇④。挟清漳之通浦兮,倚曲沮之长洲⑤。背坟衍之广陆兮,临皋隰之沃流⑥。北弥陶牧⑦,西接昭丘⑧,华实蔽野,黍稷盈畴。虽信美而非吾土兮⑨,曾何足以少留⑩!

　　遭纷浊而迁逝兮,漫逾纪以迄今⑪。情眷眷而怀归兮,孰忧思之可任⑫?凭轩槛以遥望兮⑬,向北风而开襟。平原远而极目兮,蔽荆山之高岑⑭。路逶迤而修迥

---

① 兹楼:《文选》李善注引盛弘之《荆州记》曰:"当阳县城楼,王仲宣登之而作赋。"而据《水经注》中漳水、沮水二条,此楼当是麦城城楼。按之地理,当以《水经注》为是。　② 暇:同"假"。全句谓姑借此登临之时以消除忧愁。　③ 斯宇:此楼。　④ 显敞:明亮宽敞。寡仇(qiú):少有其匹。　⑤ "挟清漳"二句:言城楼正临于漳水别支之上,好像挟带着清澈的漳水;城楼又靠近曲折的沮(jū)水,恰似倚着长洲而立。挟,带。浦,大水有小口别通他水曰"浦"。长洲,水中长形的陆地。　⑥ "背坟衍"二句:言城楼背后是高平宽广的陆地,前面则下临低湿之地上河流。坟,高。衍,平。皋,水边高地。隰(xí),低湿之地。沃,水可灌溉。　⑦ 弥:极、终,意思为"接"。陶:指陶朱公,即越之范蠡。牧:郊外之地曰牧。相传湖北江陵附近有范蠡葬地,故称其地曰"陶牧"。　⑧ 昭丘:楚昭王墓,在麦城西沮水边上。　⑨ 土:此处指故土、故乡。一说指长安,见何焯《义门读书记》卷四十五。　⑩ 曾:犹"乃",加强语气。少留:少,稍。"少留"犹言"暂留"。　⑪ "遭纷浊"二句:纷浊,纷乱污浊之世,指汉末董卓之乱。纷,乱。浊,污。纪,十二年为一纪。　⑫ "情眷眷"二句:眷眷,形容思念、留恋之深。任,承受。　⑬ 轩槛(jiàn):指城楼上的栏杆。　⑭ 荆山:在湖北省南漳县。岑(cén):山小而高曰岑。

兮，川既漾而济深①。悲旧乡之壅隔兮，涕横坠而弗禁。昔尼父之在陈兮②，有归欤之叹音。钟仪幽而楚奏兮③，庄舄显而越吟④。人情同于怀土兮，岂穷达而异心！

惟日月之逾迈兮，俟河清其未极⑤。冀王道之一平兮，假高衢而骋力⑥。惧匏瓜之徒悬兮⑦，畏井渫之莫食⑧。步栖迟以徙倚兮⑨，白日忽其将匿。风萧瑟而并兴兮，天惨惨而无色。兽狂顾以求群兮，鸟相鸣而举翼。原野阒其无人兮⑩，征夫行而未息。心悽怆以感发兮，意忉怛而憯恻⑪。循阶除而下降兮⑫，气交愤于胸臆⑬。夜参半而不寐兮⑭，怅盘桓以反侧⑮。

【本事典实】

粲于初平三年(192)为避董卓之乱而离开长安，往荆州依刘表。表虽欣赏其才，然以其貌寝体弱，性情通脱，不予重用。本文所抒写者，主要即作者久居他乡，才能不得施展而产生的思归之情。

【汇评】

王粲长于辞赋……如粲之《初征》《登楼》《槐赋》《征思》……虽张(衡)、蔡(邕)不过也。([魏]曹丕《典论·论文》)

述其进退危惧之情。([唐]刘良《文选》注)

其篇首所云"四望形胜"及"华实蔽野"二句，所以明有战守之资，而深惜之也。([清]林云铭《古文析义》卷九)

因登楼而四望，因四望而触动其忧时感事、去国怀乡之思。凡三易韵，段落自明，文意悠然不尽。([清]李元度《赋学正鹄》)

王仲宣《登楼赋》出于《哀郢》。([清]刘熙载《艺概·赋概》)

《登楼赋》情真语至，使人读之泪下。文之动人如此。([清]浦铣《复小斋赋话》)

【赏析】

这是一首代表东汉时期最高水平的抒情小赋，据考是王粲因西京动乱南迁依刘表的

---

① 漾：长。济(jì)：渡口。 ② "昔尼父"二句：孔子在陈三岁，会晋、楚争强，更伐陈，陈常被寇。孔子曰："归欤！归欤！"尼父，对孔子的敬称。 ③ "钟仪"句：钟仪为楚国乐官，为晋人所俘。晋侯命他操琴，他弹奏的仍是楚国乐调。见《左传·成公九年》。幽，囚。 ④ "庄舄(xì)"句：越人庄舄在楚国做大官，病中思念故乡，说话、呻吟仍为越人语音。 ⑤ 惟：发语词，无实义。极：至。 ⑥ "冀王道"二句：王道，犹言王政，指中央朝廷的政权与政治措施。一，统一，谓王政行于全国；平，谓政治清平。高衢，犹言大道，此处即指既"一"且"平"的王道。二句谓期望国家一统于王政，政治清平，使自己得以施展才力。 ⑦ "惧匏瓜"句：《论语·阳货》："(子曰)吾岂匏(páo)瓜也哉？焉能系而不食？"意谓我不能像匏瓜(葫芦之一种)那样只是挂在那里，而不为人所食。喻不为世所用。 ⑧ "畏井渫"句：《周易·井》九三爻辞："井渫(xiè)不食，为我心恻。"意谓井已淘净而无人汲水饮用，使我为之悲痛。喻己虽品行修洁而无人重用。 ⑨ 栖迟：游息。徙倚：或徙或倚，犹"栖迟"。 ⑩ 阒(qù)：寂静。 ⑪ 忉(dāo)怛(dá)：悲痛。憯(cǎn)恻："憯"同"惨"。惨恻：悲伤、悽怆。 ⑫ 阶除："除"即"阶"，阶除，台阶、阶梯。此处指楼梯。 ⑬ 愤：郁闷、愤懑。 ⑭ 夜参半："夜参半"犹言"直到半夜"。参，及。 ⑮ 怅盘桓：盘桓，逗留不去。此处谓作者满腹惆怅，反复思虑，不能自已。反侧：谓在床上翻来覆去，不能入睡。

第十三年秋日所作。

此赋两次换韵,使全文自然形成三段,抒发登楼四望之内心感受。

一是思乡怀归之情。首段以较多笔墨写四望之景,"华实蔽野,黍稷盈畴"。然而一句"虽信美而非吾土兮,曾何足以少留",写出寄人篱下,并不留恋的真实感情。

二是叹息世乱长久,有家难归。"遭纷浊而迁逝兮,漫逾纪以迄今",漂泊异乡竟长达一纪(12年)之久。自己唯独可以登此高楼以北眺故乡,然而又有荆山遮住望眼。乡路壅隔,只能流寓于此,如同孔夫子之厄于陈、蔡。字里行间已流露出不得志的忧伤。

其三,刘表非能成大事之人,也无成大事之量,更无识人才之慧眼,只一味猜忌、苟安。王粲在其麾下郁郁不得志,自然有匏瓜徒悬、井渫莫食之叹。他"俟河清"、冀王道之"平"及"假高衢而骋力"的理想只能付之东流。诚如唐刘良所云,这首小赋是"述其进退危惧之情"。

该赋情真语真,措辞雅丽,用笔省净,韵逐情浮,催人泪下,具有"诗人之赋丽以则"的特点。

(鲁同群)

丘 迟

丘迟(464—508),字希范,吴兴乌程(今浙江湖州)人,南朝梁文学家。八岁能文,有才名。齐武帝永明(483—493)初举秀才,授太学博士。历官殿中郎等职。萧衍入建康,授骠骑主簿。当时府僚劝请萧衍代齐的劝进表文皆出丘迟之手。梁天监元年,萧衍称帝。丘迟一度居官显要,天监三年(504),出为永嘉太守。四年(505),中军将军临川王萧宏率军北伐,任丘迟为谘议参军,领记室。还拜中书侍郎,迁司徒从事中郎。天监七年(508)卒于官。丘迟盛负文名,诗文辞采丽逸。《梁书》卷四十九有传,明人辑有《丘中郎集》。

【集评】

梁卫将军范云、梁中书郎丘迟。范诗清便宛转,如流风回雪。丘诗点缀映媚,似落花依草。故当浅于江淹,而秀于任昉。([南朝梁]钟嵘《诗品》卷中)

丘迟之作,如琪树玲珑,金芝布濩,九霄春露,三岛秋云。([元]陶宗仪《说郛》卷八十引阙名《竹林诗评》)

与陈伯之书

迟顿首①，陈将军足下②：无恙③，幸甚，幸甚！将军勇冠三军④，才为世出⑤，弃燕雀之小志，慕鸿鹄以高翔⑥。昔因机变化，遭遇明主⑦，立功立事，开国称孤⑧。朱轮华毂⑨，拥旄万里⑩，何其壮也！如何一旦为奔亡之虏，闻鸣镝而股战⑪，对穹庐以屈膝⑫，又何劣邪！

寻君去就之际⑬，非有他故，直以不能内审诸己⑭，外受流言，沉迷猖獗⑮，以至于此。圣朝赦罪责功⑯，弃瑕录用⑰，推赤心于天下，安反侧于万物⑱。将军之所知，不假仆一二谈也⑲。朱鲔涉血于友于⑳，张绣剚刃于爱子㉑，汉主不以为疑，魏君待之若旧。况将军无昔人之罪，而勋重于当世。夫迷涂知返，往哲是与㉒，不远而复㉓，先典攸高㉔。主上屈法申恩，吞舟是漏㉕；将军松柏不剪㉖，亲戚安居，高台未倾㉗，爱妾尚在；悠悠尔心，亦何可言！

今功臣名将，雁行有序㉘，佩紫怀黄㉙，赞帷幄之谋㉚；乘轺建节，奉疆场之任㉛。

---

① 顿首：叩拜。这是古人书信开头和结尾常用的礼貌语。　② 足下：书信中对对方的尊称。　③ 无恙：古人常用的问候语。恙，病，忧。　④ "将军"句：李陵《答苏武书》："陵先将军功略盖天地，义勇冠三军。"此谓陈伯之英勇为三军之首。　⑤ 才为世出：此谓陈伯之才能杰出于当世。　⑥ "弃燕"二句：《史记·陈涉世家》："陈涉太息曰：嗟乎！燕雀安知鸿鹄之志哉！"此喻陈伯之有远大的志向。　⑦ "昔因"二句：指陈伯之弃齐归梁，受梁武帝赏爱器重。因机，顺应机缘。明主，英明的君主，指梁武帝。　⑧ "立功"二句：《梁书·陈伯之传》："力战有功"，"进号征南将军，封丰城县公，邑二千户。"开国，开邦建国。梁时封爵，皆冠以开国之号。孤，王侯自称。此指受封爵事。　⑨ 朱轮华毂(gǔ)：华丽的车子。毂，原指车轮中心的圆木，此处指代车舆。　⑩ 旄(máo)：用牦牛尾装饰的旗子。此指旄节，使臣所持信物。古代高级武将持节统领一方也称"拥旄"，陈伯之为江州刺史，故有此称。　⑪ 鸣镝(dí)：响箭。股战：大腿颤抖。　⑫ 穹庐：原指少数民族居住的毡帐。这里指代北魏政权。　⑬ 寻：寻思，探求。去就：指陈伯之弃梁投降北魏事。　⑭ 内审：内心反复考虑。诸："之于"的合音。　⑮ 沉迷猖獗：沉溺迷惑，猖狂放肆。　⑯ 赦罪责功：赦免罪过而求其建立功业。　⑰ 弃瑕：即不计较过失。瑕：玉的斑点，此指过失。　⑱ "推赤"二句：《后汉书·光武帝纪》："降者更相语曰：'萧王推赤心置人腹中，安得不投死乎？'"又：汉兵诛王郎，帝得吏人与郎交关谤毁者数千章烧之曰："令反侧子自安。"反侧子，指心怀鬼胎、疑惧不安的人。此谓梁朝以诚心待人，能使天下动摇不定的人都安定下来。　⑲ 不假：不借助，不需要。　⑳ "朱鲔"句：朱鲔(wěi)是王莽末年绿林军将领，曾劝说更始帝刘玄杀死了光武帝的哥哥刘伯升。光武攻洛阳，朱鲔拒守，光武遣岑彭前去劝降，转达光武之意说，建大功业的人不计小恩怨，今若降，不仅不会被杀，还能保住官爵。朱鲔乃降。涉血，同"喋血"，谓杀人多流血满地，脚履血而行。友于，即兄弟。《尚书·君陈》："惟孝友于兄弟。"此指光武帝哥哥刘伯升。　㉑ "张绣"句：《三国志·魏书·武帝纪》："建安二年，公(曹操)到宛。张绣降，既而悔之，复反。公与战，军败，为流矢所中。长子昂、弟子安民遇害。""建安四年"，"冬十一月，张绣率众降，封列侯。"剚(zì)刃，用刀刺入人体。　㉒ 往哲：以往的贤哲。与，赞同。　㉓ 不远而复：指迷途不远而返回。《易·复卦》："不远，复，无祗悔，元吉。"　㉔ 先典：古代典籍，指《易经》。攸高：所嘉许。　㉕ "主上"二句：桓宽《盐铁论·刑德》："明王茂其德教而缓其刑罚也。"网漏吞舟之鱼。屈法，指放宽法律。申恩，申明恩惠。吞舟，这里指能吞舟的大鱼。意为皇上不惜宽松法网，给予恩典，让陈伯之不受法律的惩罚。　㉖ 松柏：古人常在坟墓边植松柏，这里指陈伯之祖先的坟墓。不剪：谓未曾受到毁坏。　㉗ "高台"句：桓谭《新论》："雍门周说孟尝君曰：'千秋万岁后，高台既已倾，曲池又已平'"此指陈伯之在梁的房舍住宅未被焚毁。　㉘ 雁行：大雁飞行的行列，比喻尊卑排列有序。　㉙ 紫：紫绶，系官印的丝带。黄：黄金印。　㉚ 赞：佐助。帷幄：军中的帐幕。《史记·留侯世家》：上(汉高祖)曰："运筹策帷幄中，决胜千里外，吾不如子房。"　㉛ "乘轺(yáo)"二句：指武将乘轻车竖旄节，接受保卫边疆的重任。轺，用两匹马拉的轻车，指使节乘坐之车。建节，将皇帝赐予的符节插立车上。疆场(yì)，边疆。

并刑马作誓①，传之子孙②。将军独靦颜借命③，驱驰毡裘之长④，宁不哀哉！夫以慕容超之强⑤，身送东市⑥；姚泓之盛⑦，面缚西都⑧。故知霜露所均⑨，不育异类⑩；姬汉旧邦⑪，无取杂种⑫。北虏僭盗中原⑬，多历年所⑭，恶积祸盈，理至燋烂⑮。况伪孽昏狡⑯，自相夷戮⑰，部落携离⑱，酋豪猜贰⑲。方当系颈蛮邸⑳，悬首藁街㉑，而将军鱼游于沸鼎之中，燕巢于飞幕之上㉒，不亦惑乎？

暮春三月，江南草长，杂花生树，群莺乱飞。见故国之旗鼓，感平生于畴日，抚弦登陴，岂不怆悢㉓！所以廉公之思赵将㉔，吴子之泣西河㉕，人之情也，将军独无情哉？

想早励良规㉖，自求多福。当今皇帝盛明，天下安乐。白环西献㉗，楛矢东来㉘；夜郎滇池㉙，解辫请职㉚；朝鲜昌海㉛，蹶角受化㉜。唯北狄野心，掘强沙塞之间，欲延岁月之命耳㉝！中军临川殿下㉞，明德茂亲㉟，总兹戎重㊱，吊民洛汭㊲，伐罪秦中㊳，若遂不改㊴，方思仆言。聊布往怀㊵，君其详之。丘迟顿首。

【本事典实】

(天监)四年中军将军临川王宏北伐，迟为谘议参军领记室。时陈伯之在北，与魏军来距。迟以书喻

---

① 刑马：杀马。古代诸侯杀白马饮血以会盟。　② 传之子孙：梁代誓约，功臣名将的爵位可传给子孙。　③ 靦(tiǎn)颜：厚着脸。借命：指苟且偷生。一作"惜命"。　④ 毡裘：毛织的衣服，北方少数民族服装，这里代指北魏。长：头目。这里指拓跋族北魏君长。　⑤ 慕容超：南燕君主。晋末宋初曾骚扰淮北，刘裕北伐中把他擒获，解至建康(今南京)斩首。　⑥ 东市：汉代长安处决犯人的地方。后泛指刑场。　⑦ 姚泓：后秦君主。刘裕北伐攻破长安，姚泓出降。　⑧ 面缚：面朝前，双手反缚于后。西都：指长安。　⑨ 霜露所均：《礼记·中庸》："天之所覆，地之所载，日月所照，霜露所坠。"霜露所及之处，即天地之间。　⑩ 异类：古代汉族对少数民族带侮辱性的称呼。　⑪ 姬汉：即汉族。姬：周天子的姓。旧邦：指中原周汉的故土。　⑫ 杂种：古代汉族对少数民族带侮辱性的称呼。　⑬ 北虏：指北魏。虏是古代汉族对少数民族带侮辱性的称呼。　⑭ "多历"句：拓跋珪386年建立北魏，至505年已一百多年。年所，年数。　⑮ 燋烂：溃败灭亡。燋，通"焦"。　⑯ 伪孽(niè)：指北魏统治集团。昏狡：昏聩狡诈。　⑰ 自相夷戮：指北魏内部的自相残杀。501年，宣武帝的叔父咸阳王元禧谋反被杀。504年，北海王元祥也因起兵作乱被囚禁而死。　⑱ 携离：四分五裂。携，离。　⑲ 酋豪：部落酋长。猜贰：猜忌别人有二心。　⑳ 蛮邸：外族首领及使臣在汉族政权的京都所居的馆舍。　㉑ 藁(gǎo)街：汉代长安街名，是少数民族居住的地方。蛮邸即设于此。二句意指北魏统治者很快就要被虏至京城，悬头示众。　㉒ "而将军"二句：鼎，古代烹煮之器。《文选》李善注引袁崧《后汉书》朱穆上疏曰："养鱼沸鼎之中，栖鸟烈火之上，用之不时，必也燋烂。"飞幕，动荡的帐幕。《左传·襄公廿九年》："季札曰：夫子之在此也，犹燕巢于幕上。"此二句比喻陈伯之处境的危险。　㉓ "见故国"四句：《文选》李善注引袁宏《汉献帝春秋》臧洪《报袁绍书》："每登城勒兵，望主人之旗鼓，感故交之绸缪，抚弦搦矢，不觉涕流之覆面也。"陴(pí)，城上女墙。怆悢(chuàng liàng)，悲伤。　㉔ "所以"句：《史记·廉颇蔺相如列传》："廉颇居梁久之，魏不能信用。赵以数困于秦兵，赵王思复得廉颇，廉颇亦思复用于赵。"思赵将，想复为赵国之将。　㉕ "吴子"句：《吕氏春秋·观表》载，吴起为魏国守西河(今陕西韩城市一带)。魏武侯听信谗言，使人召回吴起。吴起预料西河必为秦所夺取，故车至于岸门，望西河而泣。后西河果为秦所得。　㉖ 想：瞩望，盼望。励：勉励，引申为做出。良规：妥善的安排。　㉗ 白环西献：《文选》李善注引《世本》："舜时，西王母献白环及佩。"　㉘ 楛(hù)矢：用楛木做的箭。《文选》李善注引《孔子家语》："孔子曰：昔武王克商，于是肃慎氏贡楛矢石砮。"肃慎氏，东北的少数民族。　㉙ 夜郎：今贵州桐梓县一带。滇池：今云南昆明市附近。均为汉代西南方国名。　㉚ 解辫请职：解开盘结的发辫，改从汉俗，请求封职。即表示愿意归顺。　㉛ 昌海：西域国名。即今新疆罗布泊。　㉜ 蹶(jué)角：以额角叩地。受化：接受教化。　㉝ "掘强"二句：《汉书·伍被传》载，伍被说淮南王曰："东保会稽，南通劲越，屈强江、淮之间，可以延岁月之寿耳。"掘强，即倔强。沙塞，沙漠边塞。　㉞ 中军临川殿下：指萧宏。时临川王萧宏任中军将军，天监四年(505)，奉命北伐。殿下，对王侯的尊称。　㉟ 茂亲：至亲。指萧宏为梁武帝萧衍之弟。　㊱ 总：总领，主持。戎重：军事重任。　㊲ 吊民：慰问老百姓。洛汭：洛水汇入黄河的洛阳、巩县一带。汭(ruì)，水流隈曲处。　㊳ 秦中：指北魏。今陕西中部地区。　㊴ 遂：终于。　㊵ 聊布：聊且陈述。往怀：往日的友情。

之,伯之遂降。还拜中书郎,迁司徒从事中郎。七年卒官,时年四十五。所著诗赋行于世。(《梁书》卷四十九《丘迟传》)

【汇评】

其最有声者,与陈将军伯之一书耳! 隗嚣反背,安丰责让,杨广附逆,伏波晓劝,咸出腹心之言,示涕泣之意,不能发其顺心,使之回首。独希范片纸,强将投戈,松柏坟墓,池台爱妾,彼虽有情,不可谓文章无与其英灵也。钟仲伟诗评云:"希范取赊文通,秀于敬子。"余未唯唯。或其时尚循沈诗任笔之称,遂轻高下耳。(〔明〕张溥《汉魏六朝百三名家集》卷九十《丘迟集题词》)

情生意消,然而靡矣。情致绵丽自足,而古来朴健之体,至此无余矣。(〔清〕李兆洛《骈体文钞》卷十九·书类)

【赏析】

本文是丘迟的代表作,是一篇脍炙人口的招降文字。本文旨在招陈伯之弃北魏而复归于梁朝,义正词严,娓娓动听,为六朝骈文名篇。明人张溥说:"其(丘迟)最有声者,与陈将军伯之一书耳!"(《汉魏六朝百三名家集题词》)

陈伯之本为南齐冠军将军、骠骑司马。后归降梁武帝。梁时为江州刺史,封丰城县公。天监元年(502)率部投降北魏,为散骑常侍、都督淮南诸军事、平南将军、光禄大夫、曲江县侯。天监四年(505),梁武帝命临川王萧宏率军北征,陈伯之领兵对抗。萧宏命记室丘迟作此书劝陈伯之归降。这封信从南北战场的形势、双方军事力量的对比、个人的前途和他目前危险处境等方面着笔,不仅有晓之以利害和申之以大义的正面劝告,更以江南的春景和浓郁的乡情引动对方的故国之思,文辞委曲婉转,声情并茂。史载陈伯之于第二年三月在寿阳(今安徽寿县)率八千士兵归梁(参见《梁书》卷二十《陈伯之传》)。

本文具有强烈的艺术感染力,主要得益于作者高超的艺术手法。首先,本文在表现形式上成功地运用了对比的艺术手法。先用纵向对比,文章开头将陈伯之当年归附梁朝及今日投降北魏的不同境况进行比较,形成强烈的反差,于叙事之中寄寓褒贬之情,在对照之中蕴含劝诫之意。作者先热情洋溢地称赞陈伯之具有雄才大略和鸿鹄之志,在齐梁改朝换代之际,能顺天应人,弃暗投明,建功立业,得到贤明君主梁武帝的信用。"开国称孤,朱轮华毂,拥旄千里,何其壮也!"寥寥数语,就将陈伯之昔日在梁权尊势重的显赫声威表现得淋漓尽致。作者这样写,其意在于逗引起陈伯之对已经逝去的荣华富贵的眷恋之情。接下来,作者转换谈锋,由褒扬而贬抑。说陈伯之反梁投魏后,"闻鸣镝而股战,对穹庐以屈膝"。写他这种屈辱的处境,是为了激发他的羞耻之心。昔日威风凛凛,沐浴皇恩,"何其壮也"! 今日战战兢兢,卑躬屈膝,"又何劣邪"! 两相对照,泾渭分明。在这种强烈的纵向比较中,表明了自己的劝降意图。再用横比。在第三段中将陈伯之与梁朝大臣的不同处境进行比较,劝其审时度势,把握时机,及早归梁。作者先摆出梁朝功臣名将各居要位、各尽其责的情况,文臣谋划军国大事,武将担当戍边重任。他们都安富尊荣,竭力尽思,其爵位也能够代代相传。接着作者斥责陈伯之厚颜偷生,为北魏集团奔走效命,境况之可悲犹如"鱼游于沸鼎之中,燕巢于飞幕之上"。陈伯之这样的人,是很看重功名利禄和个人安危的,作者揣摩透了陈伯之的心理,有的放矢,通过对比叙述,意在唤起他对目前处境的不满和不安,促使他产生弃魏投梁的念头。作者不仅从小处着墨,围绕着陈伯之自身的荣辱得失进行纵横对比,而且还从大处着眼,即在第三段与第五段中将北魏与梁朝作横向比较,向陈伯之讲明目前形势:北魏统治集团内部钩心斗角,自相残杀,日薄西山,气息奄奄;而梁朝"皇帝盛明,天下安乐","白环西献,楛矢东来",四海归心,八方臣服,唯有北魏负隅顽抗,苟延残喘。作者以高屋建瓴的气势总揽全局,从宏观上指明梁朝蒸蒸日上,繁荣昌盛;北魏日暮途穷,朝不保夕。在这去就关键之际,讲明形势,晓以利害,就让陈伯之清楚地认识到大势所趋,人心所向。

其次,作者在劝降时不仅晓之以理,而且动之以情,情理俱备,委婉含蓄。作者对陈伯之过去的所作所为了如指掌,对他现在的处境及内心矛盾也洞若观火,考虑到他是个握有重兵的头面人物,向他劝降,必须讲究策略和方法,因此,作者对他离梁投魏的不光彩行径只略作点染,话说得很有分寸,认为他一时糊涂,听信了流言,这是为他开脱了罪责。作者推心置腹,坦诚相谈,既热情地肯定了他的英勇和才干,又客观地指出了他不慎误入歧途。作者对他的批评是严肃的,但更多的是动人肺腑的娓娓劝说,或讲明梁朝"赦罪责功,弃瑕录用。推赤心于天下,安反侧于万物"的宽大政策;或援引"朱鲔涉血于友于,张绣剚刃于爱子,汉主不以为疑,魏君待之若旧"的历史事实,以此表明梁朝招降的诚心实意,解除陈伯之的后顾之忧;或用梁朝安抚措施对他进行感化:"将军松柏不剪,亲戚安居,高台未倾,爱妾尚在";或饱蘸感情,描绘南国的秀美景色:"暮春三月,江南草长,杂花生树,群莺乱飞",以激发他的思乡之情。这一系列叙事抒情文字,既是劝陈伯之幡然悔悟,又寄寓着作者的殷切期望。本文围绕着"情"字作文章,具有荡气回肠的感人力量,让陈伯之感到处处是在为他着想,是在真心实意地帮助他认清前途,摆脱困境。

本文虽是骈文,但用典不僻,语言晓畅。全文主要使用骈体双行的四六句式,又加以参差变化,节律谐和,具有一种音乐美,体现了齐梁骈文讲求声律美的特色。

(张天来)

附录一　备选课文

归　田　赋　　[汉]张　衡

游都邑以永久,无明略以佐时;徒临川以羡鱼,俟河清乎未期。感蔡子之慷慨,从唐生以决疑;谅天道之微昧,追渔父以同嬉。超埃尘以遐逝,与世事乎长辞。

于是仲春令月,时和气清,原隰郁茂,百草滋荣。王雎鼓翼,鸧鹒哀鸣,交颈颉颃,关关嘤嘤。于焉逍遥,聊以娱情。

尔乃龙吟方泽,虎啸山丘。仰飞纤缴,俯钓长流。触矢而毙,贪饵吞钩。落云间之逸禽,悬渊沉之鲹鳎。

于时曜灵俄景,继以望舒,极般游之至乐,虽日夕而忘劬。感老氏之遗诫,将回驾乎蓬庐。弹五弦之妙指,咏周、孔之图书。挥翰墨以奋藻,陈三皇之轨模。苟纵心于物外,安知荣辱之所如!

思旧赋　并序　　[晋]向　秀

余与嵇康、吕安居止接近,其人并有不羁之

才;然嵇志远而疏,吕心旷而放,其后各以事见法。嵇博综技艺,于丝竹特妙。临当就命,顾视日影,索琴而弹之。余逝将西迈,经其旧庐。于时日薄虞渊,寒冰凄然。邻人有吹笛者,发音寥亮。追思曩昔游宴之好,感音而叹,故作赋云:

将命适于远京兮,遂旋反而北徂。济黄河以泛舟兮,经山阳之旧居。瞻旷野之萧条兮,息予驾乎城隅。践二子之遗迹兮,历穷巷之空庐。叹《黍离》之愍周兮,悲《麦秀》于殷墟。惟古昔以怀人兮,心徘徊以踌躇。栋宇存而弗毁兮,形神逝其焉如!昔李斯之受罪兮,叹黄犬而长吟。悼嵇生之永辞兮,顾日影而弹琴。托运遇于领会兮,寄余命于寸阴。听鸣笛之慷慨兮,妙声绝而复寻。停驾言其将迈兮,遂援翰而写心!

附录二 忧愤诗

郁郁涧底松　　[晋]左 思

郁郁涧底松,离离山上苗。以彼径寸茎,荫此百尺条。世胄蹑高位,英俊沉下僚。地势使之然,由来非一朝。金张藉旧业,七叶珥汉貂。冯公岂不伟,白首不见招。

拟行路难(其一)　　[南朝宋]鲍 照

对案不能食,拔剑击柱长叹息。丈夫生世能几时,安能蹀躞垂羽翼!弃置罢官去,还家自休息。朝出与亲辞,暮还在亲侧。弄儿床前戏,看妇机中织。自古圣贤尽贫贱,何况我辈孤且直。

行 路 难(三首选一)　　[唐]李 白

大道如青天,我独不得出。羞逐长安社中儿,赤鸡白狗赌梨栗。弹剑作歌奏苦声,曳裾王门不称情。淮阴市井笑韩信,汉朝公卿忌贾生。君不见,昔时燕家重郭隗,拥篲折节无嫌猜。剧辛乐毅感恩分,输肝剖胆效英才。昭王白骨萦蔓草,谁人更扫黄金台?行路难,归去来!

满江红·书怀　　[宋]史达祖

好领青衫,全不向、诗书中得。还也费、区区造物,许多心力。未暇买田清颍尾,尚须索米长安陌。有当时、黄卷满前头,多惭德。　　思往事,嗟儿剧。怜牛后,怀鸡肋。奈棱棱虎豹,九重关隔。三径就荒秋自好,一钱不直贫相逼。对黄花、常待不吟诗,诗成癖。

中吕·朝天子·志感　　[元]无名氏

不读书有权,不识字有钱,不晓事倒有人夸荐。老天只恁忒心偏,贤和愚无分辨。折挫英雄,消磨良善,越聪明越运蹇。志高如鲁连,德过如闵骞,依本分只落的人轻贱。

附录三 汉魏六朝赋综述

赋是在《诗经》《楚辞》、战国纵横家散文等的综合影响下而形成的一种比较特殊的文体,兼具诗歌、散文两方面的某些特点。自荀子首先以赋名篇,至两汉遂由六义之附庸发展而为大国。

西汉前期的赋作,主要是追随屈、宋传统,以抒情为主的骚体赋。代表作家、作品有贾谊的《吊屈原赋》《鹏鸟赋》,董仲舒的《士不遇赋》,司马迁的《悲士不遇赋》等。贾谊二十二岁时被汉文帝任为博士。他积极为文帝规划方策,图谋长治久安之道,结果引起执政大臣不满,被黜为长沙王吴产太傅。在路过汨罗江时,他写了《吊屈原赋》,既是凭吊屈原,亦以自伤。赋中描写屈原时是非颠倒的社会是"鸾凤伏窜兮，鸱鸮翱翔。闒茸尊显兮，谗谀得志；贤圣逆曳兮，方正倒植。世谓随夷为溷兮，谓跖蹻为廉；莫邪为钝兮，铅刀为铦"。这里显然包含着他对自身遭遇的不满。《鹏鸟赋》也作于他为长沙王太傅时，赋主要是以等祸福、一死生、齐万物的老庄思想自我宽慰，自我排解。

最能代表汉赋特点的，是散体大赋。散体大赋以叙事状物为主要内容，以铺张扬厉为主要风格。枚乘的《七发》可看作西汉散体大赋正式形成的一个标志。该赋以吴客和楚太子的对话串联全文，历述音乐、饮食、车马、田猎、观涛等七件事以启发卧病在床的太子。最后楚太子在"要言妙道"的作用下"涩然汗出，霍然病已"。赋中描写江涛的一段极为生动形象："其始起也，洪淋淋焉，若白鹭之下翔。其少进也，浩浩澄澄，如素车白马帷盖之张。其波涌而云乱，扰扰焉如三军之腾装。其旁作而奔起也，飘飘焉如轻车之勒兵……"

汉代散体大赋成熟的标志是司马相如的《子虚赋》《上林赋》。以主客问答的形式展开全文，韵、散结合的语言，铺陈夸张的叙事风格等汉大赋的基本特点已全部具备，且描写事物常喜用图案式的排列。此后扬雄的《羽猎》《长杨》，班固的《两都》，张衡的《二京》等著名大赋作品，从篇章结构、描写手法到语言风格，均不同程度地受到司马相如的影响。扬、马、班、张为汉代散体大赋的四个代表作家。

东汉中叶以后，由于社会政治形势的变化以及文学发展内在因素的影响，汉赋在思想内容、体制风格上都开始转变。散体大赋逐渐衰微，抒情小赋逐渐兴盛。这一转变开始的标志便是张衡的《归田赋》。此赋题为"归田"，文中主要篇幅也用于描写田野景物之美及钓鱼弋鸟之乐，但赋之结尾却又对此种游览弋钓的逍遥生活不以为然，而立意于"咏周孔之图书"和"陈三皇之轨模"。此种"曲终奏雅"的手法显然带有它所脱胎的汉大赋的痕迹。

魏晋六朝辞赋继续沿着以抒情为主的路子发展。王粲的《登楼赋》是建安时期抒情小赋的代表作。"冀王道之一平兮，假高衢而骋力"二句，真

实地反映了动乱时期知识分子期盼天下太平，以便施展才能抱负的心理。曹植的《洛神赋》也是非常著名的一篇作品。该赋描写洛神姿容体貌，尽态极妍，细腻传神。而"人神道殊"所造成的分离痛苦，则可能婉曲地反映了作者和他的哥哥魏文帝曹丕之间难以消除的矛盾给他精神上造成的巨大苦闷。两晋作家如陆机、潘岳、左思等，均有辞赋名篇传世，而思想艺术成就最高的作品当数陶渊明的《归去来兮辞》。该赋作于作者辞彭泽令归隐之时，文中描写自己归家途中轻松愉悦的心情与归隐后自由恬适的田园生活部分，很能引起旧时许多知识分子的共鸣。

自魏晋以来，辞赋骈偶化的倾向日渐明显。至南北朝时期，骈赋已成为文人赋作的主要样式。所谓骈赋，其主要特点是对偶精密，用典繁多，讲究声韵。不过这也有一个发展过程，大抵是愈到后来这些特点就愈明显。

南北朝骈赋作家以鲍照、江淹、庾信等人为最重要的代表。

鲍照的《芜城赋》以广陵城（今江苏扬州）在西汉吴王刘濞时的繁盛与今日之衰败做对比，抒发了强烈的盛衰兴亡之感。学者一般认为此赋是鲍照于宋孝武帝大明三年竟陵王刘诞据城叛乱遭残酷镇压以后有感而作。赋中描写"芜城"景象："泽葵依井，荒葛冒涂，坛罗虺蜮，阶斗麏鼯。木魅山鬼，野鼠城狐。风嗥雨啸，昏见晨趋。饥鹰厉吻，寒鸱吓雏。伏暴藏虎，乳血餐肤。崩榛塞路，峥嵘古馗。白杨早落，塞草前衰。棱棱霜气，蔌蔌风威。孤蓬自振，惊沙坐飞。"真所谓"驱迈苍凉之气，惊心动魄之词"（姚鼐语）。

江淹的作品以《恨赋》《别赋》二赋最为著名。《恨赋》集合历史上多种恨事组织而成，《别赋》则是描写各种不同类型人物在各种不同环境下的离愁别绪。作者特别善于通过环境景物的描写来烘托人物内心的情绪，具有很强的感染力。像《别赋》中写情人之别："春草碧色，春水渌波，送君南浦，伤如之何！"此类情景相生的描写在上述二赋中是很多的。

庾信作为南北朝后期"集六朝之大成"（《四库

提要》语)的骈赋作家,传世名篇很多,而最著名的作品则是有"赋史"之称的《哀江南赋》。庾信在梁朝时已文名早著,梁元帝时他奉命出使西魏,适值西魏大军进攻江陵,杀梁元帝,庾信就一直被羁留在北方。亡国之痛、羁旅之悲、乡关之思,加之初到北方时郁郁不得志的苦闷交织在一起,促使他写成了这篇传诵极广的《哀江南赋》。该赋几乎全用典故组织成篇,对偶精工,声律和谐,正是骈赋高度成熟的代表作。他的作品对唐人律赋,尤其是初唐四杰的辞赋影响十分明显。

附录四　六朝散文综述

魏晋南北朝时期,文学创作逐渐摆脱儒家经学的桎梏,朝着独立、自觉的方向发展,散文在继承先秦两汉传统的基础上,更加重视情感的抒写、思理的辨析、语言的华丽和声韵的和谐,从而呈现出新的风貌。

汉魏之际,由于老庄、刑名学说的兴起,玄学思想的出现,文风开始发生新的变化。如近世学者刘师培所说:"建安文学革易前型,迁蜕之由,可得而说。两汉之世,户习《七经》,虽及子家,必缘经术。魏武治国,颇杂刑名,文体因之,渐趋清峻。一也。建武以还,士民秉礼。迨及建安,渐尚通脱;脱则侈陈哀乐,通则渐藻玄思。二也。献帝之初,诸方棋峙,乘时之士,颇慕纵横,骋词之风,肇端于此。三也。又汉之灵帝,颇好俳词,下习其风,益尚华靡,虽迄魏初,其风未革。四也。"(《中国中古文学史》)据此,建安以后的文风具有"清峻""华靡"等特征。

汉末、三国时期,散文创作以三曹、建安七子、诸葛亮、阮籍、嵇康等人为代表。

曹操是个政治家、军事家,但他"雅好诗书文籍,虽在军旅,手不释卷"(《典论·自叙》),鲁迅称他为"改造文章的祖师"(《魏晋风度及文章与药及酒之关系》)。《让县自明本志令》是他的一篇带有自传性的代表作。文中概述他统一北方的过程,表达了平定天下、恢复统一的政治抱负,气势磅礴,富有豪气。曹丕是邺下文人集团的领袖。他的两篇书信《与朝歌令吴质书》《与吴质书》抒发了对友人的怀念和哀悼之情,风格清丽流畅。他的《典论·论文》是一篇文学批评专论,内容涉及批评态度、文体论、文气说、文学作用等重要问题。曹植工诗善文,才思敏捷。他的书表类代表作有《求自试表》《求通亲亲表》《与杨德祖书》《与吴季重书》等。他的赋作婉丽多姿,对魏晋南北朝抒情小赋的兴盛起了重要作用,代表作品《洛神赋》写人神相恋的悲剧故事,情思缱绻,寄托遥深。

"建安七子"通常是指孔融、陈琳、王粲、徐幹、阮瑀、应玚、刘桢。在"七子"中,孔融的散文成就较高,他的《论盛孝章书》,从友道和好士两方面请求曹操救助沦落在吴国的友人,情词恳切。陈琳以章表书记见称,他的《为袁绍檄豫州》是檄文中的名篇。王粲长于辞赋,被刘勰称为"七子之冠冕"(《文心雕龙·才略》)。他的《登楼赋》抒写思乡之情和壮志未伸的苦闷。徐幹擅长辞赋创作,所著《中论》是一部辞义典雅的学术著作。阮瑀以章表书记之作与陈琳齐名,《为曹公作书与孙权》代曹操劝孙权共同扶持汉室,文辞英拔,圆转流畅。

蜀、吴二国的散文虽不足与曹魏相提并论,但蜀汉诸葛亮的前、后《出师表》却颇受人称道。《前出师表》谆谆告诫后主要继承并光大先帝"遗德",尊贤纳谏。《后出师表》中的"鞠躬尽瘁,死而后已"则是诸葛亮为国事殚精竭虑的千古名言。诸葛恪的《与丞相陆逊书》明敏条达,是吴国散文中的代表作。

曹魏后期的散文可以分为两派,一是以王弼、何晏等人为代表的哲理散文,在中国思想史上占有重要地位。一是以阮籍、嵇康等"竹林七贤"为代表,他们的散文虽阐发道家思想,但更具纵横家辩难气派,在文学史上有很大影响。阮籍的《大人先生传》塑造了"大人先生"这一德行高尚、志趣高远的理想人物,语言华丽,音调铿锵。嵇康的《与山巨源绝交书》反复陈述自己不堪礼法的约束,大胆表白"非汤武而薄周孔"的态度,是一篇惊世骇俗之文。向秀的《思旧赋》因悼念亡友嵇康而作,在当时高压政治下，文章欲言又止，含有不尽哀思。刘伶的《酒德颂》引申庄子哲学，表现了放逸的襟怀。

西晋时期的散文在总体上渐趋藻饰，讲究语言的绮丽。代表作家有傅玄、陈寿、张载、陆机、潘岳、左思、刘琨、木华等人。

傅玄所著《傅子》一书，在老庄玄学盛行之时，推重儒家政治教化，显得独树一帜。他的《马钧传》一文，记叙了科学家马钧一生的重大发明创造，同时对科学家不能充分施展才华表示了深切的同情。史学家陈寿的《三国志》，文风朴实简明，记述了诸多三国英雄人物，有"良史"之称，被后世列为"前四史"之一。张载的《剑阁铭》是表誓戒铭文中的代表作。陆机的散文成就较高，代表作有《文赋》《叹逝赋》《吊魏武帝文》等。《文赋》是我国文学批评史上较早的论述文学创作构思和灵感的文章。《吊魏武帝文》借魏武帝遗令为题，实抒发吊古伤今、盛衰存亡之感。潘岳文章辞藻艳丽，特别擅长哀诔文的创作，对后世悼亡之作有深远影响。他的代表作有《闲居赋》《秋兴赋》《皇女诔》《哀永逝文》等。他的文章与陆机齐名，世称"潘陆"。左思的代表作《三都赋》构思十年，文章写成后，豪贵之家竞相传写，洛阳为之纸贵。民族志士刘琨的文章多感乱之思，《答卢谌书》表现了深切的家国之恨。鲁褒的《钱神论》对金钱的神通进行了淋漓尽致的揭露，文章嬉笑怒骂，是六朝散文中的一篇奇文。木华的《海赋》以其奔放之笔，描绘了瑰奇壮阔的大海，可谓孤篇横绝之作。

东晋时期，玄学独振，"为学穷于柱下，博物止乎七篇"（沈约《宋书·谢灵运传论》）。散文创作不盛，代表作家只有王羲之、孙绰、陶渊明等人。王羲之的散文除《兰亭集序》外，还有《遗殷浩书》《誓墓文》等，论事简洁明快。孙绰的《游天台山赋》想象丰富，波澜起伏，是山水赋中的名作。陶渊明的散文与他的诗歌一样，感情真挚、语言质朴自然，代表作品有《五柳先生传》《归去来兮辞》《闲情赋》《桃花源记》《自祭文》等。《五柳先生传》是一篇自况之作。《归去来兮辞》表现了对官场的诀别、对田园生活的向往，是东晋散文中一篇杰作。

南朝包括宋、齐、梁、陈四代，当时文坛上有所谓"文""笔"之分，文人重"文"轻"笔"，文章更趋骈俪。

宋散文作家有傅亮、颜延之、谢灵运、谢惠连、范晔、鲍照、谢庄等人。傅亮的《为宋公至洛阳谒五陵表》在苍凉景象的描绘中融注着家国深情。颜延之的散文讲究雕饰，但有些篇章却写得感情真挚朴实。代表作有《三月三日曲水诗序》《陶征士诔》《祭屈原文》等。《陶征士诔》对陶渊明高蹈超旷的一生有传神的描绘，可以说是陶渊明的知音之作。谢灵运的《山居赋》是一篇融入了佛教思想的山水赋。谢惠连的《雪赋》融写景、抒情、说理为一体，对雪景的描绘极为细致传神。史家范晔的《后汉书》是一部体大思精的历史散文。他的《狱中与诸甥侄书》对自己的一生进行了总结，表现了一定程度的批判精神。鲍照的《登大雷岸与妹书》是一篇色彩瑰丽、写景如绘的骈文家书。他的《芜城赋》通过昔盛今衰的对比透出浓烈的悲剧色彩。谢庄的《月赋》在对秋色月光的传神描写中，流露出一种孤寂幽冷的伤感情调。

齐散文以王俭、王融、谢朓、孔稚圭、王简栖等人为代表。王俭的《褚渊碑文》历叙褚渊一生的主要政绩，是一篇平易之作。王融的《三月三日曲水诗序》文辞华丽，他的《书汉武北伐图上疏》则表现了建功立业的理想。谢朓的《拜中军记室辞随王笺》抒写壮志难酬的感慨，"情思宛妙"（许梿《六朝文絜》）。孔稚圭的《北山移文》是一篇谐谑文，文章假山灵口吻，对那些伪装隐居以求利禄的文人予以嘲讽。王简栖的《头陀寺碑文》"文词巧丽，为世所重"（李善《文选注》），文中许多习语，为后人援引，是碑文中的杰作。

梁散文家有江淹、任昉、刘峻、丘迟、陶弘景、吴均、刘勰、钟嵘、萧统等人。江淹的《恨赋》《别赋》遣词精工，是著名的抒情小赋。刘峻的《广绝交论》剖析"五交三衅"，慷慨激昂，通篇贯注着对世态炎凉的愤慨之情。丘迟的《与陈伯之书》以理服人，以情动人，情至意切，读来令人回肠荡气。陶弘景的《答谢中书书》和吴均的《与朱元思书》是南朝骈体书札的双璧,两篇文章篇幅短小精悍,语言清丽明净,具有超尘脱俗之气。刘勰的《文心雕龙》是一部体大虑周的文学批评专著,书中许多篇章如《神思》《情采》《物色》,语言形象生动,是优美的散文作品。钟嵘《诗品》是我国第一部诗论著作。萧统所编的《文选》则是我国现存最早的文学总集,是学习、研究先秦两汉魏晋南北朝文学的必读著作。

陈代散文创作以徐陵为代表。《玉台新咏序》极写丽人之美、丽人之才,语言对称圆转,达骈体文的极致。《在齐与仆射杨遵彦书》情理并茂,表现了对家国的深切思念,文气遒劲。

北朝散文兴起较晚,却独具特色。与南朝文风婉曲绮丽迥然不同的是,北朝散文以刚健质朴为特征。北朝散文主要以"北朝三书"和王褒、庾信等人的文章为代表。

"北朝三书"是指北魏郦道元的《水经注》、杨衒之的《洛阳伽蓝记》和北齐颜之推的《颜氏家训》。郦道元的《水经注》博采前代文献,并根据自己的实地调查,记述水道一千三百八十九条,逐条介绍各水道的源流支派,同时生动描绘了沿途的山川景物和故事传说,是我国古代重要的地理学著作,同时也是重要的山水散文作品。杨衒之的《洛阳伽蓝记》,名为佛教史乘著作,实际上并非宣扬佛教。此书在描绘佛教建筑宏伟壮丽的同时,也暴露了王公贵族对百姓的压榨。该书语言清丽流畅,有较多的骈俪成分。颜之推的《颜氏家训》内容涉及博物、志异、艺文、考据等,为研究当时语言、文学、历史、哲学提供了许多有用的资料。书中详论世态人情,以儒家思想教育子弟。

王褒、庾信都是由南朝梁入北周的文学家,到了北方后,他们的文风转向刚健。他们都是著名的骈文家。王褒的《与周弘让书》是一篇骈体书信,文中表现了对南国生活的向往。庾信的《哀江南赋》代表了他的骈文创作的最高成就,文中蕴含了深切的身世之感和故国之思。他的《小园赋》以乡关之思发哀怨之辞,表现身陷异国欲隐退而不得的苦闷,是一篇沉郁悲凉的抒情小赋。

网络链接

《登楼赋》的楼址在哪里?

参考书目

姜书阁《汉赋通义》,齐鲁书社 1989 年

马积高《赋史》,上海古籍出版社 1987 年

万光治《汉赋通论》,巴蜀书社 1989 年

叶幼铭《辞赋通论》,湖南教育出版社 1991 年

尹赛夫等《中国历代赋选》,山西人民出版社 1990 年

曹明纲《赋学概论》,上海古籍出版社 1998 年

陈中凡《汉魏六朝散文选》,古典文学出版社 1957 年

熊选光《汉魏六朝散文选注》,岳麓书社 1998 年

学诗论诗

思考与练习

1. 回忆中学已学的几篇赋,比较其形式(骈、散)、风格、内容之异同。

2.《与陈伯之书》是我国古代有名的书信体散文之一,回忆中学还学过哪些文言书信体散文,各有何特色?

3. 试以远离家乡的学子口气写一封给母亲(或父亲)的信,不得少于 600 字。(家在本市的可写给亲友)

六、汉魏六朝诗（上）

【汉魏诗总论】

汉魏五言，源于《国风》，而本乎情，故多托物兴寄，体制玲珑，为千古五言之宗。　汉魏五言，本乎情兴，故其体委婉而语悠圆，有天成之妙。五言古，惟是为正。详而论之，魏人渐见作用，而渐入于变矣。　汉魏五言，委婉悠圆，于《国风》为近，此变之善者，使汉魏复为四言，则不免于袭，不能擅美千古矣。　汉魏五言，虽本乎情之真，未必本乎情之正，故性情不复论耳。　汉魏五言，委婉悠圆，虽本乎情，然亦非才高者不能，但有才而不露耳。以《十九首》、苏、李、曹植、王、刘与赵壹、徐幹、陈琳、阮瑀相比，则知非才高者不能也。（［明］许学夷《诗源辩体》卷三）

仆少小好为文章，迄至于今二十有五年矣。然今世作者，可略而言也。昔仲宣独步于汉南，孔璋鹰扬于河朔，伟长擅名于青土，公幹振藻于海隅，德琏发迹于此魏，足下高视于上京。当此之时，人人自谓握灵蛇之珠，家家自谓抱荆山之玉。吾王于是设天网以该之，顿八纮以掩之，今悉集兹国矣。然此数子，犹复不能飞轩绝迹，一举千里也。（［魏］曹植《与杨德祖书》）

自献帝播迁，文学蓬转，建安之末，区宇方辑。魏武以相王之尊，雅爱诗章；文帝以副君之重，妙善辞赋；陈思以公子之豪，下笔琳琅；并体貌英逸，故俊才云蒸。仲宣委质于汉南，孔璋归命于河北，伟长从宦于青土，公幹徇质于海隅，德琏综其斐然之思，元瑜展其翩翩之乐，文蔚、休伯之俦，子叔、德祖之侣，傲雅觞豆之前，雍容衽席之上，洒笔以成酣歌，和墨以藉谈笑，观其时文，雅好慷慨，良由世积乱离，风衰俗怨，并志深而笔长，故梗概而多气也。（［南朝梁］刘勰《文心雕龙·时序》）

建安之作，全在气象，不可寻枝摘叶。灵运之诗，已是彻首尾成对句矣，是以不及建安也。（［宋］严羽《沧浪诗话·诗评》）

昔人谓三代无文人，六经无文法。窃谓二京无诗法，西汉无诗人。即李、枚、张、傅，一二传耳，自余乐府诸调，十九杂篇，求其姓名，可尽得乎！即李、枚数子，亦直写襟臆而已，未尝以诗人自命也。（［明］胡应麟《诗薮》外编卷一）

建安之诗，体虽敷叙，语虽构结，然终不失雅正。（［明］许学夷《诗源辩体》卷四）

（建安五言诗）文采缤纷，而不离闾里歌谣之质。故其称物则不尚雕镂，叙胸情则唯求诚恳，而又缘以雅词，振其美响，斯所以兼笼前美，作范后来者也。（黄侃《诗品讲疏》）

汉 乐 府

乐府,本是西汉初年的音乐机构,它的任务之一是采集民间歌词歌曲,后代因而称乐府机关所演奏歌曲的歌诗和所采集的民间歌诗为乐府,或乐府诗。汉乐府最基本的思想特色是"感于哀乐,缘事而发";最基本的艺术特色是叙事性。汉乐府保留较为完备的是宋朝郭茂倩编的《乐府诗集》。近人黄节编著的《汉魏乐府风笺》和今人曹道衡的《乐府诗选》都是较好的注本。

【集评】

按乐府者,乐官肄习之乐章也。盖自《钧天九奏》、葛天《八阕》,乐之来尚矣。《咸池》以降,代有作者,故六代之乐,周人兼用之;时世虽更,而玄音不废,乃知周公制礼之功,于是为大也。秦有《寿人》之乐、《五行》之舞,大率准周制而为之。汉兴,乐家有制氏,世世在太乐官,虽曰但能纪其铿锵鼓舞,而不能言其义,然古乐犹有存焉。高祖时,叔孙通因秦乐人制宗庙乐;其后过沛,自制《风起》之诗,令童儿歌之,是为《三侯》之章。而《房中乐》则命唐山夫人造辞,传至于今。孝惠时,以夏侯宽为乐府令。迄于文景,习常肄旧,无所增改。至武帝立乐府,乃以李延年为协律都尉,多举司马相如等数十人,造为诗赋,略论律吕,以合八音之调,可谓盛矣。然延年以曼声协律,司马以骚体制歌,《桂华》杂曲,丽而不经;《赤雁》群篇,靡而非典。时有河间献王(名德)奏雅乐而不用,惜哉!哀帝恶其声而罢之,良有以也。东汉明帝分乐为四品:一曰《大予乐》,郊庙上陵用之。二曰《雅颂乐》,辟雍飨射用之。三曰《黄门鼓吹乐》,天子宴群臣用之。四曰《短箫铙歌乐》,军中用之。其说虽具,而制亦不传。魏氏所作,音靡节平,虽三调之正声,实《韶夏》之郑曲。逮及晋世,则有傅玄张华之徒,晓畅音律,故其所作,多有可观。然荀勖改杜夔之调,声节哀急,见讥阮咸,不足多也。梁陈及隋,新声日繁;唐宋以来,制作甚富。然较诸古辞,则相去远矣。([明]徐师曾《文体明辨序说》)

饮马长城窟行①

青青河畔草,绵绵思远道②。远道不可思,宿昔梦见之③。梦见在我旁,忽觉在他乡。他乡各异县,展转不相见④。枯桑知天风,海水知天寒⑤。入门各自媚,

---

① 饮马长城窟行:乐府诗题,属《相和歌辞·瑟调曲》,常用于写征夫思妇之辞。 ②"青青"二句:这二句从河畔青草的绵绵不断,延伸到远方,联想到远在异县他乡的游子。绵绵,绵延不断的样子。 ③ 宿昔:昨晚。 ④ 展转:同"辗转"。 ⑤"枯桑"二句:干枯的桑树虽然没有树叶,仍然可以感到风吹;海水虽然不结冰,仍然可以感到天气寒冷。

谁肯相为言①。客从远方来,遗我双鲤鱼②。呼儿烹鲤鱼③,中有尺素书④。长跪读素书⑤,书中竟何如?上言加餐饭,下言长相忆。

＊此一作蔡邕诗。

【汇评】

纵横使韵,无曲不圆,即此一端,已足衿带千古。 或兴或比,一远一近,谓止而流,谓流而止。神龙之兴云雾驱,以人情准之,徒有浩叹而已。 神理略从《东山》来,而以《东山》为鹄,关弓向之,则其差千里。此以天遇,非以意中者。熟吟"入门各自媚"一荡,或侥幸得之。([清]王夫之《古诗评选》卷一)

此诗只作闺怨解。首八句,先叙我之思彼而不得见。首句比兴兼有。以草况思,比也;即草引思,兴也。旋即撇思入梦,由梦转觉,既觉复思,八句四转,就不可见顿住,惝恍迷离,极其曲折。"枯桑"四句,顶上"各异县"来,言独居之苦,惟独居者知之,收上我之思彼,即为下彼之思我引端。却不用正说,突插"枯桑""海水"二喻,凭空指点,更以有耦者之入门各媚,不肯相慰以言,显出莫可告诉神理,即反挑下文彼边寄书。后八句,顶上"相为言"来,将己欲寄书慰彼之意,在彼寄书慰我中显出。然从客来遗鱼,烹鱼有书,闲闲叙入,是急脉缓受法。"长跪"两语,写出郑重惊疑,竟括彼书怀己之意,阒然而止。而我思彼愈不能已之意,不缀一辞,已可想见,又是意到笔不到之妙境。一诗中能开无数法门,斯为杰构。([清]张玉穀《古诗赏析》卷六)

【赏析】

秦人修筑长城,动用大批人力。边地气候恶劣,劳动条件极差,所以魏陈琳《饮马长城窟行》说:"饮马长城窟,水寒伤马骨。"又说:"长城何连连,连连三千里。边城多健少,内舍多寡妇。"大量征用男夫修筑长城,内地便有很多的思妇。故《饮马长城窟行》这一乐府诗题,常用以写征夫思妇。

这首诗可以分成两节。第一节,叙述思妇昨夜梦见征夫的情景。起首四句,以河边青草起兴,引出思绪,带出梦境;又以青草的延绵不绝,比喻思绪的不断。是兴而兼比,比兴并用。这是古代民歌较常见的一种手法。接下来叙梦:梦见征夫回来了,突然他又走了,远在他乡异县。她不觉心疼了起来。节气变化,天寒地冻,他怎能受得起如此的苦寒?有人从远方归来了,但只知爱抚各自的妻儿,谁也不来安慰我一下。第二节,写梦后收到书信。诗人没有交代思妇梦醒之后的惆怅,而是直接跳跃到接到征夫的书信上来。上节写梦,下节写得到书信,诗作没有描写她得信后的喜出望外,但剖函取书,只用一"烹"字与鲤鱼状的书函相照应,便增强了诗歌语言的生动性。"长跪",形容读信时郑重其事。其实,书信的内容也极普通,无非也是加餐饭(例如《古诗十九首·行行重行行》:"努力加餐饭")、长相忆之类的话。从古到今,人间许许多多远离或者小别的恋人、夫妇,

①"入门"二句:是说有人从远方归来,进了门只知爱各自的家人,谁也不愿来安慰一下我。"媚",爱,悦。"言",有问讯,问候等意。 ②遗(wèi):赠送。鲤鱼:鲤鱼状的木制信函。 ③烹:这里指打开信函。因信函系鱼状,故用"烹",以求造语的形象生动。 ④尺素书:一尺左右的绢帛书信。汉时书信写在绢帛上。素,生绢。 ⑤跪:汉时席地而坐。坐时两膝着地,臀部压着脚后跟;跪时臀部离开脚后跟,伸直腰身。

不正是经常重复着这些极普通、极朴质的话语吗？"上言""下言"两句更见出征夫和思妇的真挚情感。

这首乐府民歌的特色，第一，写得非常朴实，没有任何华丽的辞藻，雅俗可以共赏，而且非常容易记诵；第二，故事情节也较为曲折，上节叙梦，下节读信，转折自然流畅，没有丝毫的人工斧凿之迹。这首诗在汉乐府民歌中是一篇优秀的作品。

（陈庆元）

《古诗十九首》

《古诗十九首》之名，最早见于南朝梁昭明太子萧统所编的《文选》。古诗，是流传在汉末魏初无作者名且无诗题的诗歌的总称。一般认为，《古诗十九首》的作者，是东汉末年中下层文人，所写无非是游子、思妇之辞，其间也反映出某些社会现实状况。它的出现，标志着中国古代文人五言抒情诗的成熟。

【集评】

其体源出于《国风》。陆机所拟十四首，文温以丽，意悲而远，惊心动魄，可谓几乎一字千金！其外"去者日以疏"四十五首，虽多哀怨，颇为总杂，旧疑是建安中曹、王所制。"客从远方来""橘柚垂华实"，亦为惊绝矣！人代冥灭，而清音独远，悲夫！（［南朝梁］钟嵘《诗品》卷上）

古诗佳丽，或称枚叔，其《孤竹》一篇，则傅毅之词，比类而推，两汉之作乎？观其结体散文，直而不野，婉转附物，怊怅切情，实五言之冠冕也。（［南朝梁］刘勰《文心雕龙·明诗》）

《古诗十九首》，平平道出，且无用工字面，若秀才对朋友说家常话，略不作意。（［明］谢榛《四溟诗话》卷三）

行行重行行

行行重行行，与君生别离①。相去万余里，各在天一涯②。道路阻且长，会面安可知？胡马依北风③，越鸟巢南枝④。相去日已远⑤，衣带日已缓⑥。浮云蔽白日⑦，游子不顾返⑧。思君令人老，岁月忽已晚。弃捐勿复道⑨，努力加餐饭。

---

① 行行重行行：走啊走，走个不停，两"行行"相重叠，是为了加重语气。"重"，相当于"又""复"。生别离：《楚辞》中有"悲莫悲兮生别离"句。　② 涯：边。　③ "胡马"句：北方的马依恋着北方的风。胡，古代称西北边陲为胡地。　④ "越鸟"句：南方的鸟将巢筑在朝南的枝头。越，古代称长江以南东南沿海直至现在越南一带为"百越"，或"越"。　⑤ 已：同"以"。　⑥ 缓：宽缓，宽松。　⑦ "浮云"句：意思是说怕游子在外别有相好，不想回家，就像太阳被浮云遮住一样，他糊涂了。　⑧ 顾：念。　⑨ 弃捐：丢开一边。捐，也是"弃"的意思。

　　此思妇之诗。首二,追叙初别,即为通章总提,语古而韵。"相去"六句,申言路远会难,忽用马、鸟两喻,醒出莫往莫来之形,最为奇宕。"日远"六句,承上转落念远相思、蹉跎岁月之苦。浮云蔽日,喻有所惑。游不顾返,点出负心,略露怨意。末二,掣笔兜转,已不恨己之弃捐,惟愿彼之强饭收住,何等忠厚。([清]张玉毂《古诗赏析》卷四)

【赏析】

　　这首诗写的是思妇思念离家远出的游子。

　　开头两句,追叙初别,引出下文的远离、忆念。"相去"六句,交代路远难会;尽管路远难会,但相信游子仍然依恋故乡。"胡马""越鸟"两个比喻最为生动,初看这两句像是出自民间俗语,其实这两个比喻又都出自古诗。《韩诗外传》:"诗云:'代马依北风,越鸟翔南巢',皆不忘本之谓也。"(《文选》李善注引)这六句,前面四句写双方因路远、山川阻隔无法会面;"胡马"两句,是说禽兽也不忘故乡,暗示物尚有情,何况是人呢!"相去"六句,承接"胡马"两句,落到抒情女主人公身上。自从游子离家,她衣带渐宽,日见消瘦,想到对方由于某种不得已的客观原因而不能回家,再加上一年又已到了尽头,怎不因思念远人而衰老呢!最后两句写妻子不敢指望丈夫会回来,只是希望他多吃点饭,保重自己的身体吧!这是思妇无可奈何,自我宽勉的话。

　　"行行重行行",用四个"行"字,非常特别。《古诗十九首》善于用叠字,但首句就叠字回环,反复咏叹,营造缠绵气氛的,只有这一首。它比起汉乐府民歌(如《饮马长城窟行》)来,可以说已经没有多少叙事成分了,整首诗充满了浓厚的抒情味道。

(陈庆元)

曹　操

　　曹操(155—220),即魏武帝。字孟德,小字阿瞒。东汉沛国谯县(今安徽亳州)人。年二十,举孝廉,历任洛阳北部尉、济南相、骑都尉,参与征讨黄巾军。初平元年(190),起兵讨董卓。建安元年(196),迎汉献帝都于许昌;十三年(208),进位丞相;二十一年(216)封魏王;二十五年(220)卒。其子曹丕称帝,追尊他为武帝。现存诗二十余首,都是乐府旧题。其诗深刻反映汉末社会动乱,慷慨悲凉;散文则多切政事,清峻通脱。他的诗对后代影响深远。原集已散佚,今人重辑为《曹操集》。

【集评】

　　曹公古直,甚有悲凉之句。([南朝梁]钟嵘《诗品》卷下)

嵘《诗品》以丕处中品,曹公及叡居下品。今或推曹公而劣子桓兄弟者,盖钟嵘兼文质,而后人专气格也。然曹公才力实胜子桓。([明]许学夷《诗源辩体》卷四)

王元美云:"曹公莽莽,古直悲凉。子桓小藻,自是乐府本色。子建天才流丽,虽誉冠千古,而实逊父兄。何以故? 才太高,词太华。"(同上)

汉代歌谣,承《离骚》之后,故多奇语。魏武文体,悲凉慷慨,与诗人不同。([清]冯班《钝吟杂录》)

曹公莽苍,古直悲凉。其诗上继变雅,无篇不奇。([清]陈沆《诗比兴笺》卷一)

曹公诗气雄力坚,足以笼罩一切。建安诸子,未有其匹也。([清]刘熙载《艺概·诗概》)

蒿　里　行①

关东有义士②,兴兵讨群凶③。初期会盟津④,乃心在咸阳⑤。军合力不齐,踌躇而雁行⑥。势利使人争,嗣还自相戕⑦。淮南弟称号⑧,刻玺于北方⑨。铠甲生虮虱⑩,万姓以死亡。白骨露于野,千里无鸡鸣。生民百遗一⑪,念之断人肠。

【汇评】

孟德《薤露》《蒿里》是过于质野。([明]许学夷《诗源辩体》卷四)

"军合"四句,足尽诸人心事。"白骨"四句悲哀。笔下整严,老气无敌。([清]陈祚明《采菽堂古诗选》卷五)

《薤露》《蒿里》本送葬哀挽之辞,用以伤乱后丧亡,固无不可。且上章执君杀主,意重在上之人,下章万姓死亡,意重在下之人,又恰与《薤露》送王公贵人,《蒿里》送士大夫庶人,两相配合,勿徒以创格目之也。([清]张玉毅《古诗赏析》卷八)

"铠甲"四句,极言乱伤之惨,而诗则真朴雄阔远大。([清]方东树《昭昧詹言》卷二)

【赏析】

建安二年(197),袁术称帝;九月,曹操东征袁术,术败。此诗当作于征袁术还许昌之后,也可能作于次年。选取在讨董过程中有关袁绍、袁术兄弟几个拙劣的且有代表性的

---

① 蒿里行:乐府诗题,属《相和歌辞·相和曲》。原为出殡时挽柩者所唱的挽歌,曹操用来写时事。 ② 关:指函谷关。古函谷关旧址在今河南灵宝市东北,公元前114年移置,新关旧址在今河南新安县东。这里指新关。义士:指以袁绍为首的关东诸州郡讨伐董卓的军事首领,其中包括曹操、袁绍、袁术、韩馥等十余人。 ③ "兴兵"句:初平元年(190)正月,关东诸军事首领起兵讨董卓,推袁绍为盟主,曹操为奋武将军。群凶,指以董卓为首把持着东汉军政大权的军阀。 ④ 期:约定。会:会盟,联盟。盟津:即孟津,其地在今河南孟州市南。相传周武王伐纣时与各路诸侯会盟于此。 ⑤ "乃心",其心。咸阳,故址在今陕西咸阳东,原为秦城,这里指代洛阳。 ⑥ 踌躇:徘徊不进的样子。雁行(háng):大雁飞行的行列。这里形容州郡军队列阵观望,无人先行进击。 ⑦ 嗣还(xuán):后来不久。相戕(qiāng):相互残杀。 ⑧ "淮南"句:袁绍从弟袁术于建安二年(197)在淮南的寿春(今安徽寿县)称帝号。 ⑨ "刻玺(xǐ)"句:初平二年(191),袁绍谋废汉献帝,立幽州牧刘虞,刻作金玺。玺,指皇帝的印章。时袁绍屯兵河内(今河南沁阳),故称北方。 ⑩ 铠甲:战甲。虮:虱卵。 ⑪ 百遗一:百人剩下一人。极言死人之多。

事件加以叙述,从而揭示战乱给社会和人民带来极大的苦难,堪称汉末的"诗史"。

袁绍等关东诸将起兵讨董卓,虽然造成自相残杀的军阀混战局面,但其始未必不心存忠义,是"心在王室"的正义之举,故诗的首四句仍予以肯定。"军合"以下六句一转,写关东诸将各怀异心,从而导致争权夺利的混战局面。"踌躇"句以"雁行"喻诸军的貌合神离,比喻生动。"势利"四句,扣紧"势利"二字,写尽诸将的自私心理。"铠甲"以下四句写战争给军民带来深重的苦难,概括而形象。"生民"二句直抒胸怀,怜世悯人的情感自见,使本诗更具思想深度。

前人在评价曹操诗时曾用"古直悲凉"四个字来形容,这首诗也具有这一特点。"古直",即浑厚质朴,诗歌的语言不加雕琢,作诗虽然也讲章法(如本诗的先扬后抑),但更讲究整首诗的浑然一体。"悲凉",一方面是"世积乱离"(刘勰语),即连年不断的战乱所造成的,另一方面则是诗人对百姓的同情心使然。"白骨露于野,千里无鸡鸣"两句,文字虽然浅白,但恐怕不是那些没有经历体验过长期战乱的诗人可以写出来的。

(陈庆元)

曹　丕

曹丕(187—226),即魏文帝。字子桓,沛国谯县(今安徽亳州)人。曹操第二子,曹植同母兄。八岁能属文,知骑射。稍长,博贯经史百家,又善击剑,弹棋。建安十五年(210),为五官中郎将,副丞相。其时文人多集邺城(今河北临漳西),曹丕以副丞相之尊,与王粲、刘桢、陈琳、徐幹、阮瑀等宴饮游乐,吟诗作文。建安二十二年(217),立为魏王世子。二十五年正月,继曹操为魏王,同年十月,登基为帝,建立魏朝。后人辑有《魏文帝集》。所撰《典论·论文》是一篇重要的文论作品。

【集评】

文帝天资文藻,下笔成章,博闻强识,才艺兼该。([晋]陈寿《三国志·魏文帝纪评》)

魏文之才,洋洋清绮,旧谈抑之,谓去植千里。然子建思捷而才俊,诗丽而表逸;子桓虑详而力缓,故不竞于先鸣,而乐府清越,《典论》辩要,迭用短长,亦无懵焉。但俗情抑扬,雷同一响,遂令文帝以位尊减才,思王以势窘益价,未为笃论也。([南朝梁]刘勰《文心雕龙·才略》)

三曹,魏武太质,子桓乐府、《杂诗》十余篇佳,余皆非陈思比。([明]胡应麟《诗薮》内编卷二)

句格纵横,节奏填密,殊有人主气象。高古不如魏武,宏赡不及陈思。而斟酌二者,政得其中。([明]胡应麟《诗薮》外编卷一)

曹丕质近美媛。([明]徐祯卿《谈艺录》)

文帝诗便婉娈细秀,有公子气,有文士气,不及老瞒远矣。然其风雅蕴藉,又非六朝人主所及。

（［明］钟惺、谭元春《古诗归》）

　　曹子建之于子桓，有仙凡之隔，而人称子建，不知有子桓。俗论大抵如此。（［清］王夫之《姜斋诗话》）

　　曹子桓生长戎旅之间，善骑马，左右射，又工击剑弹棋，伎能戏弄，不减若父。其诗歌文辞仿佛上下，即不堪弟畜陈思，为孟德大儿，固有余也。（［明］张溥《汉魏六朝百三名家集·魏文帝集题词》）

燕　歌　行（二首选一）①

　　秋风萧瑟天气凉②，草木摇落露为霜③，群燕辞归雁南翔。念君客游思断肠④，慊慊思归恋故乡⑤，君何淹留寄他方⑥？贱妾茕茕守空房⑦，忧来思君不敢忘⑧，不觉泪下沾衣裳。援琴鸣弦发清商⑨，短歌微吟不能长。明月皎皎照我床，星汉西流夜未央⑩。牵牛织女遥相望⑪，尔独何辜限河梁⑫！

【汇评】

　　子桓《燕歌》二首，开千古妙境。（［明］胡应麟《诗薮》内编卷三）

　　此歌中极和稳者，诵之不厌，可见好奇人亦有公道也。（［明］钟惺、谭元春《古诗归》）

　　宛转摧藏，一言一绪，居然汉始之音。　"忧来思君不敢忘"，何言之拳拳。（［明］陆时雍《古诗镜》）

　　句句锤炼无渣滓，真是精绝。　七言古前罕有，至此始畅，比《四愁》风度更长。然每句押韵，却是《柏梁》体，而格调仍是乐府，与唐人歌行固自不同。（［明］孙鑛《文选集评》）

　　子桓乐府七言《燕歌行》，用韵祖于《柏梁》，较之《四愁》，则体渐敷叙，语多显直，始见作用之迹。此七言之初变也。（［明］许学夷《诗源辩体》卷四）

　　倾情倾度，倾色倾声，古今无两。　从"明月皎皎"入第七解，一经醋适，殆天授，非人力。（［清］王夫之《古诗评选》卷一）

　　魏诗七言创体也，声情摇曳，不能方其思境起止，此《国风》之正。（［清］朱嘉徵《汉魏乐府广序》）

　　曹子桓《燕歌行》、陈孔璋《饮马长城窟行》，皆唐作者之所本。（［清］王士祯《七言诗凡例》）

　　《秋风》之变，七言之祖。（［清］何焯《义门读书记》卷四七）

　　和柔巽顺之意，读之油然相感。节奏之妙，不可思议。又云：句句用韵，掩抑徘徊。"短歌微吟不能长"，恰似自言其诗。（［清］沈德潜《古诗源》卷五）

---

　　① 燕（yān）歌行：乐府诗题，属《相和歌辞·平调曲》。燕在汉魏时属于北方边地，征戍频繁，故《燕歌行》多写离别相思之情。　② 秋风萧瑟：曹操《步出夏门行·观沧海》："秋风萧瑟，洪波涌起。"　③ 草木摇落：《楚辞·九辩》："萧瑟兮，草木摇落露为霜。"摇落，凋残，零落。　④ 思断肠：一作"多思肠"。　⑤ 慊慊（qiàn qiàn）：情感空虚的样子。　⑥ 淹留：滞留，久留。寄：寄居。　⑦ 贱妾：诗中思妇的自称。茕茕（qióng qióng）：孤独的样子。　⑧ 君：即上文客游他乡的游子。　⑨ 援：取。清商：曲调名。其声清切急促。　⑩ 星汉西流：银河西转。星汉，银河。未央：未尽。　⑪ 牵牛织女：牵牛星、织女星。诗中的女主人公——"贱妾"，以牛郎织女的不能团聚，暗喻自己和游子的别离。　⑫ 尔：你们，指牛郎织女。何辜：何罪，何过错。限河梁：为河梁所限，所阻隔。河梁，河桥，实际指银河。

【赏析】

这是一首思妇诗。一个秋天的深夜，思妇不能入眠，思念着远方的游子，整首诗心理刻画非常细腻。心事重重的人，对时序的变化往往特别敏感，在天气转凉、草木凋零、白露成霜、大雁南飞的秋天更是如此。诗的前三句，表面上只是写天气，实际上已经创造了一种浓重的感伤氛围。第二个三句，引入思君——思念游子的内容。思妇思念游子已经到了肝肠寸断的地步，诗人却不顺着这一思路写下去，而是故意宕开一笔，偏偏设想游子在想念着思妇。接着，又反问一句："既然你在思乡、在想着我，那为什么还滞留他乡不归呢？"心理刻画真是细腻极了。"贱妾"以下五句，正面写思妇的百无聊赖，她独自守着空房，除了思念游子还是思念游子，试着援琴鸣弦，弹奏一曲清商来宣泄一下情感，但心中仍然平静不下来。最后四句，补写夜景。皎皎明月照着空床，银河西倾夜已深沉。"夜未央"照应篇首之"秋"，入秋后昼渐短而夜渐长，对于愁思之人来说，季节的更迭，影响最大的恐怕不是冷暖的感受，而是心理的承受能力。诗中的思妇仰望星空，但见天上的牵牛织女星闪烁不定，她不禁发问，你们有什么罪过，也在那里隔着天河不能团聚？结尾二句问的是牛郎织女，实际上是自问，妙就妙在不写自己而思妇本人的情感已在其中，特别耐人寻味。整首诗写得一唱三叹，读后令人叹惋不已。

曹丕两首《燕歌行》的出现，标志着中国古代七言诗的成熟。先秦荀子的《成相篇》，其句式主要是七言。《楚辞》中也有不少七言的句子。相传汉武帝与群臣在柏梁台联句，每个句子也是七言。西汉还有一些谣谚也是用七言写成的。东汉张衡《四愁诗》是较完整的七言诗。但是，荀子的《成相篇》是通俗的唱词，接近于散文；而从《楚辞》到《四愁诗》，基本上都带有"兮"字等语气词。因此，完整的七言诗就得首推曹丕的《燕歌行》了。曹丕这首诗句句押韵，与后来的隔句押韵不同。《燕歌行》句句押韵，一则显示其诗风的古朴，再则"一气卷舒"，文气一贯到底，也是这首诗的特色。这首诗共十五句，读法为：前九句每三句一节，后六句每两句一节。

（陈庆元）

附录一 备选课文

四 愁 诗　[汉]张　衡

我所思兮在太山，欲往从之梁父艰。侧身东望涕沾翰。美人赠我金错刀，何以报之英琼瑶。路远莫致倚逍遥，何为怀忧心烦劳？

我所思兮在桂林，欲往从之湘水深。侧身南望涕沾襟。美人赠我琴琅玕，何以报之双玉盘。路远莫致倚惆怅，何为怀忧心烦怏？

我所思兮在汉阳，欲往从之陇阪长。侧身西望涕沾裳。美人赠我貂襜褕，何以报之明月珠。路远莫致倚踟蹰，何为怀忧心烦纡？

我所思兮在雁门，欲往从之雪纷纷。侧身北望涕沾巾。美人赠我锦绣段，何以报之青玉案。路远莫致倚增叹，何为怀忧心烦惋？

七哀诗（三首其一）　[汉]王　粲

西京乱无象，豺虎方遘患。复弃中国去，委身适荆蛮。亲戚对我悲,朋友相追攀。出门无所见,白骨蔽平原。路有饥妇人,抱子弃草间,顾闻号泣声,挥涕独不还。"未知身死处,何能两相完?"驱马弃之去,不忍听此言。南登霸陵岸,回首望长安。悟彼《下泉》人,喟然伤心肝。

赠　从　弟　　　　［汉］刘　桢

亭亭山上松,瑟瑟谷中风。风声一何盛,松枝一何劲。冰霜正惨凄,终岁常端正。岂不罹凝寒?松柏有本性。

七　　哀　　　　［魏］曹　植

明月照高楼,流光正徘徊。上有愁思妇,悲叹有余哀。借问叹者谁,言是宕子妻。君行逾十年,孤妾常独栖。君若清路尘,妾若浊水泥。浮沉各异势,会合何时谐?愿为西南风,长逝入君怀。君怀良不开,贱妾当何依?

送应氏(二首选一)　　　　［魏］曹　植

步登北邙阪,遥望洛阳山。洛阳何寂寞,宫室尽烧焚。垣墙皆顿擗,荆棘上参天。不见旧耆老,但睹新少年。侧足无行径,荒畴不复田。游子久不归,不识陌与阡。中野何萧条,千里无人烟。念我平常居,气结不能言。

附录二　民生疾苦诗词

饮马长城窟行　　　　［魏］陈　琳

饮马长城窟,水寒伤马骨。往谓长城吏:"慎莫稽留太原卒!""官作自有程,举筑谐汝声!""男儿宁当格斗死,何能怫郁筑长城?"长城何连连,连连三千里。边城多健少,内舍多寡妇。作书与内舍:"便嫁莫留住!善侍新姑嫜,时时念我故夫子!"报书往边地:"君今出语一何鄙?""身在祸难中,何为稽留他家子?生男慎莫举,生女哺用脯。君独不见长城下,死人骸骨相撑拄?""结发行事君,慊慊心意关,明知边地苦,贱妾何能久自全?"

橡媪叹　　　　［唐］皮日休

秋深橡子熟,散落榛芜冈。伛偻黄发媪,拾之践晨霜。移时始盈掬,尽日方满筐。几曝复几蒸,用作三冬粮。山前有熟稻,紫穗袭人香。细获又精舂,粒粒如玉珰。持之纳于官,私室无仓箱。如何一石余,只作五斗量!狡吏不畏刑,贪官不避赃。农时作私债,农毕归官仓。自冬及于春,橡实诳饥肠。吾闻田成子,诈仁犹自王。吁嗟逢橡媪,不觉泪沾裳。

再经胡城县　　　　［唐］杜荀鹤

去岁曾经此县城,县民无口不冤声。今来县宰加朱绂,便是生灵血染成。

山中寡妇　　　　［唐］杜荀鹤

夫因兵死守蓬茅,麻苎衣衫鬓发焦。桑柘废来犹纳税,田园荒后尚征苗。时挑野菜和根煮,旋斫生柴带叶烧。任是深山更深处,也应无计避征徭。

陶　　者　　　　［宋］梅尧臣

陶尽门前土,屋上无片瓦,十指不沾泥,鳞鳞居大厦。

月子弯弯照九州　　　　　　　宋民歌

月子弯弯照九州,几家欢乐几家愁?几家夫妇同罗帐?几家飘零在外头?

暑旱苦热　　　　　　[宋]王　令

清风无力屠得热,落日着翅飞上山。人固已惧江海竭,无岂不惜河汉干。昆仑之高有积雪,蓬莱之远常遗寒。不能手提天下往,何忍身去游其间。

陈季常所蓄朱陈村嫁娶图　[宋]苏　轼

我是朱陈旧使君,劝农曾入杏花村。而今风物那堪画,县吏催钱夜打门。

后 催 租 行　　　　　[宋]范成大

老父田荒秋雨里,旧时高岸今江水。佣耕犹自抱长饥,的知无力输租米。自从乡官新上来,黄纸放尽白纸催。卖衣得钱都纳却,病骨虽寒聊免缚。去年衣尽到家口,大女临歧两分首。今年次女已行媒,亦复驱将换升斗。室中更有第三女,明年不怕催租苦!

雪中闻墙外鬻鱼菜者求售之声甚苦有感
　　　　　　　　　　　　[宋]范成大

饭箩驱出敢偷闲,雪胫冰须惯忍寒。岂是不能扃户坐?忍寒犹可忍饥难。

北正宫·醉太平·挑担　[明]陈　铎

麻绳是知己,匾担是相识。一年三百六十回,不曾闲一日。担头上讨了些儿利,酒房中买了一场醉,肩头上去了几层皮。常少柴没米。

荒　村　　　　　　[明]于　谦

村落甚荒凉,年年苦旱蝗。老翁佣纳债,稚子卖输粮。壁破风生屋,梁颓月堕床。那知牧民者,不肯报灾伤。

渔　家　　　　　　[明]孙承宗

呵冻提篙手未苏,满船凉月雪模糊。画家不解渔家苦,好作寒江钓雪图。

潍县署中画竹呈年伯包大中丞括
　　　　　　　　　　　　[清]郑　燮

衙斋卧听萧萧竹,疑是民间疾苦声。些小吾曹州县吏,一枝一叶总关情。

附录三　登临诗词

黄 鹤 楼　　　　　　[唐]崔　颢

昔人已乘黄鹤去,此地空余黄鹤楼。黄鹤一去不复返,白云千载空悠悠。晴川历历汉阳树,芳草萋萋鹦鹉洲。日暮乡关何处是?烟波江上使人愁。

秋登宣城谢朓北楼　　[唐]李　白

江城如画里,山晚望晴空。两水夹明镜,双桥落彩虹。人烟寒橘柚,秋色老梧桐。谁念北楼上,临风怀谢公。

应是长安。

登余干古城　　［唐］刘长卿

孤城上与白云齐，万古荒凉楚水西。官舍已空秋草没，女墙犹在夜乌啼。平沙渺渺迷人远，落日亭亭向客低。飞鸟不知陵谷变，朝来暮去弋阳溪。

登上汝州郡楼　　［唐］李　益

黄昏鼓角似边州，三十年前上此楼。今日山川对垂泪，伤心不独为悲秋。

登乐游原　　［唐］杜　牧

长空澹澹孤鸟没，万古销沉向此中。看取汉家何事业，五陵无树起秋风。

登九峰楼寄张祜　　［唐］杜　牧

百感衷来不自由，角声孤起夕阳楼。碧山终日思无尽，芳草何年恨即休。睫在眼前长不见，道非身外更何求？谁人得似张公子？千首诗轻万户侯。

江楼闲望怀关中亲故　　［唐］李群玉

摇落江天欲尽秋，远鸿高送一行愁。音书寂绝秦云外，身世蹉跎楚水头。年貌暗随黄叶去，时情深付碧波流。风凄日冷江湖晚，驻目寒空独倚楼。

卖花声·题岳阳楼　　［宋］张舜民

木叶下君山，空水漫漫。十分斟酒敛芳颜。不是渭城西去客，休唱《阳关》。　　醉袖抚危栏，天淡云闲。何人此路得生还！回首夕阳红尽处，

水调歌头·定王台　　［宋］袁去华

雄跨洞庭野，楚望古湘州。何王台殿，危基百尺自西刘。尚想霓旌千骑，依约入云歌吹，屈指几经秋。叹息繁华地，兴废两悠悠。　　登临处，乔木老，大江流。书生报国无地，空白九分头。一夜寒生关塞，万里云埋陵阙，耿耿恨难休。徙倚霜风里，落日伴人愁。

水调歌头·多景楼　　［宋］陆　游

江左占形胜，最数古徐州。连山如画，佳处缥渺著危楼。鼓角临风悲壮，烽火连空明灭，往事忆孙刘。千里曜戈甲，万灶宿貔貅。　　露沾草，风落木，岁方秋。使君宏放，谈笑洗尽古今愁。不见襄阳登览，磨灭游人无数，遗恨黯难收。叔子独千载，名与汉江流。

水调歌头·题剑阁　　［宋］崔与之

万里云间戍，立马剑门关。乱山极目无际，直北是长安。人苦百年涂炭，鬼哭三边锋镝，天道久应还。手写留屯奏，炯炯寸心丹。　　对青灯，搔白发，漏声残。老来勋业未就，妨却一身闲。梅岭绿阴青子，蒲涧清泉白石，怪我旧盟寒。烽火平安夜，归梦到家山。

满江红·豫章滕王阁　　［宋］吴　潜

万里西风，吹我上、滕王高阁。正槛外、楚山云涨，楚江涛作。何处征帆木末去，有时野鸟沙边落。近帘钩、暮雨掩空来，今犹昨。　　秋渐紧，添离索。天正远，伤飘泊。叹十年心事，休休莫莫。岁月无多人易老，乾坤虽大愁难著。向黄昏、断送客魂消，城头角。

秋日登滕王阁　　[清]彭孙遹

客路逢秋思易伤,江天烟景正苍凉。依然极浦生秋水,终古寒潮送夕阳。高士几回亭草绿,梅仙一去岭云荒。临风不见南来雁,书札何由到豫章。

一萼红·登蓬莱阁有感　　[宋]周　密

步深幽,正云黄天淡,雪意未全休。鉴曲寒沙,茂林烟草,俯仰千古悠悠。岁华晚、飘零渐远,谁念我、同载五湖舟。磴古松斜,崖阴苔老,一片清愁。　　回首天涯归梦,几魂飞西浦,泪洒东州。故国山川,故园心眼,还似王粲登楼。最负他、秦鬟妆镜,好江山、何事此时游! 为唤狂吟老

九日登一览楼　　[明]陈子龙

危楼樽酒赋蒹葭,南望潇湘水一涯。云麓半涵青海雾,岸枫遥映赤城霞。双飞日月驱神骏,半缺河山待女娲。学就屠龙空束手,剑锋腾踏绕霜花。

登万里长城　　[清]康有为

秦时楼堞汉家营,匹马高秋抚旧城。鞭石千峰上云汉,连天万里压幽并。东穷碧海群山立,西带黄河落日明。且勿却胡论功绩,英雄造事令人惊。

附录四　汉魏诗综述

汉魏诗指的是刘邦建立汉朝至魏亡这段时间的诗歌。

汉初诗　汉初的诗歌,项羽的《垓下歌》是英雄末路之歌,悲壮苍凉;刘邦的《大风歌》,一方面显示了帝王的气势,另一方面又表达了居安思危的心志。这两首诗都留有楚骚的风味。稍后的汉武帝,所作《瓠子歌》,担忧黄河堤决难塞,是一首很有价值的诗歌。李延年歌诗云:"北方有佳人,绝世而独立。一顾倾人城,再顾倾人国。宁不知倾城与倾国,佳人难再得。"极写其妹的美貌,致使汉武帝为之倾心。

汉乐府　汉乐府大致可以分为两大类。一类是用于郊庙祭祀的诗歌,代表作品是《郊庙歌辞》十九章和高帝之姬唐山夫人的《安世房中歌》十七章。另一类是汉乐府民歌。汉乐府民歌的思想内容主要表现在: ① 反映民生疾苦,有些作品还表现了民众的反抗和斗争精神。② 对战争和徭役的揭露。③ 对封建礼教和封建婚姻的反抗,有些作品也表现了妇女对爱情的热烈渴望。汉乐府以叙事为主,它们往往有一定的故事情节;

所写人物有其个性,而人物个性又是通过人物的语言和行动来展示的;语言朴素而又带有情感;形式活泼多样;有些作品还具有浪漫主义色彩。《孔雀东南飞》和《陌上桑》是两篇最有代表性的作品。较著名的还有《战城南》《上邪》《东门行》《妇病行》《饮马长城窟行》《白头吟》《枯鱼过河泣》等。

东汉诗　东汉班固的《咏史》,是一首较早的文人五言诗,但写得质木无文。稍后张衡的五言诗《同声歌》,以一个女子的口吻写夫妇"同声相应,同气相求",虽然女子仍不免处在从属的地位,但写得较为生动活泼,其中云:"思为莞蒻席,在下蔽匡床。愿为罗衾帱,在上卫风霜。"可谓大胆而热烈。东汉后期创作五言诗的文人,重要的有秦嘉和赵壹。秦嘉因公事将暂时离家,作《留郡赠妇诗》三首给妻子徐淑,诗写得缠绵多情,十分感人。其妻徐淑作有《答秦嘉诗》一首,回赠秦嘉,在文学史上传为佳话。赵壹作有《刺世疾邪赋》,赋末附有五言诗二首,其一云:"河清不可俟,人命不可延。顺风激靡草,富贵者称贤。文籍虽满腹,不如一囊钱。伊优北堂上,抗脏倚门边。"表现出强烈

的愤世嫉俗的思想。

古诗十九首 大约在汉末魏初，流传着一批无主名且无诗题的五言抒情诗，后人统称之为"古诗"。这些诗到南朝梁初尚存五十九首(见钟嵘《诗品》)，稍晚的昭明太子萧统从中选出十九首，并加上一个《古诗十九首》的题目，编入其主持编撰的《文选》。《古诗十九首》篇篇珠玑，钟嵘说它"几乎一字千金"，刘勰说它是"五言之冠冕"。《古诗十九首》的出现，标志着中国古代五言抒情诗的成熟。如《西北有高楼》，感慨世上知音者稀，颇耐人寻味。《迢迢牵牛星》以神话题材牛郎织女的故事，反映人间旷男怨女咫尺天涯、不能相聚的悲痛。《客从远方来》写女主人公收到远方所爱托人捎来的一端绮之后，感动万分，坚信彼此之间爱得如胶似漆，谁也不能让他们分离。

建安诗 建安是东汉献帝的年号，起于公元196年，止于220年。文学史上的建安文学，指的是东汉末董卓之乱(189)前后至魏初曹植去世(232)这一时期的文学。这一时期的文学作品(主要是诗歌)反映社会动乱、人民流离失所及其他社会问题，表现了作家建功立业和国家统一的愿望。情调慷慨悲凉，语言刚健有力，诗歌形式以五言为主。文人诗成了当时创作的主流，代表作家有"三曹""七子"和女诗人蔡琰等。

"三曹" "三曹"指的是曹氏父子，即曹操及曹丕、曹植。曹操诗风格如幽燕老将，气韵沉雄；曹丕诗如楼头思妇，华丽幽怨；曹植诗如三河少年，风流自赏。曹操被鲁迅称为"改造文章的祖师"，同时也是建安诗坛的领袖人物。《薤露行》和《蒿里行》，本来都是挽歌，而曹操却用它们来写时事。《步出夏门行》四章，写于征乌桓途中，其中

《龟虽寿》"老骥伏枥，志在千里。烈士暮年，壮心不已"，千百年来为人传诵；《观沧海》一诗，则表现诗人包容宇宙的宽广胸怀。曹丕诗最著名的莫过于七言《燕歌行》，他的五言《杂诗》二首也是集中名篇。曹丕还作有三言、六言和杂言诗，在诗体方面做了许多探索。曹植被称为建安之杰，成就最大。他的诗名篇很多，除《送应氏》外，《赠王粲》《白马篇》《美女篇》《赠白马王彪》《杂诗》《野田黄雀行》等都很有名。

"建安七子"和蔡琰 "建安七子"指的是孔融、陈琳、王粲、徐干、阮瑀、应场和刘桢，因曹丕《典论·论文》将他们七人并举加以称扬，故得名。"七子"在文体方面各有擅长，王粲、刘桢在诗歌方面成绩突出，钟嵘《诗品》将他们列入上品。王粲的《七哀诗》三首，深刻反映汉末社会动乱，其一尤感人至深。刘桢诗被钟嵘称为"真骨凌霜，高风跨俗"，《赠从弟》三首是其代表作，第二首"亭亭山上松"更能见其气骨。蔡琰是东汉末著名文学家、音乐家蔡邕之女，在战乱中流落南匈奴，所作五言《悲愤诗》感人肺腑。

正始诗歌和阮籍、嵇康 正始是魏齐王芳的年号。文学史上正始文学，指的是魏正始至魏亡大约二十多年间的文学。正始诗歌总的说比建安更有文采，刚劲之气则不如。正始文学的代表作家有阮籍和嵇康。阮籍的代表作为五言《咏怀诗》八十二首。《咏怀诗》表现了易代之际诗人极端苦闷的思想，颇多感慨之词，但为了避免招致横祸，写得比较朦胧晦涩，有的诗不易读懂。嵇康的文胜于阮籍，诗则稍逊，但其四言诗《赠秀才入军》和在狱中所作四言《幽愤诗》也颇具特色。

附录五 研究性学习专题

对"建安风骨"的不同理解

自刘勰在《文心雕龙》中提出"风骨"概念之后，钟嵘在《诗品》中提出了"建安风力"，陈子昂在

《与东方左史虬修竹篇序》中提出"汉魏风骨"，严羽又在《沧浪诗话·诗评》中认为"阮籍《咏怀》之作，极为高古，有建安风骨"。于是，当人们论及建安诗歌时，几乎没有不提到"建安风骨"的。尽管"建安风骨"这一词语从古到今一直沿用，但究竟

什么是"建安风骨",却见仁见智,聚讼纷纭。在20世纪,这个问题更引起学术界的广泛关注,以至成为建安诗歌研究的热门话题。

最早对"建安风骨"作出解释的是黄侃,他在《文心雕龙札记》中说:"风即文意,骨即文辞……风骨之名,比也;意辞之实,所比也。"

范文澜对黄侃的"骨""辞"之说,作了进一步推明:"辞之端直者谓之辞,而肥辞繁杂亦谓之辞;惟前者始得文辞之称,肥辞不与焉。"陆侃如认为:黄侃的说法不够圆满,从刘勰在《文心雕龙》中常把"风骨"与"辞采"并举,可以看出,"骨"并不指一切文辞,而是指"辞之端直者","骨"代表了刘勰对辞的最高要求。

舒直在《略谈刘勰的"风骨"论》一文中,从内容与形式的关系出发,认为"风"就是指文章的形式,"骨"则指文章的内容,内容决定形式,因此,"骨"是决定"风"的。

王达津认为,内容与形式不可分割,因此,提出了"'风骨'既是形式也是内容"的说法,认为"在心为气志,发言就形成'风骨'"。这就是典型的"内容形式综合说"。刘永济以"情""事""辞"这"三准"来归纳刘勰《文心雕龙》诸名,认为"风"属"情","骨"属"事",属"辞"者则有"采、藻、字、响、声、名"等。言下之意,即"辞"指的是形式,"风"和"骨"则属于内容范畴。廖仲安、刘国盈《释"风骨"》一文中,说的更直接、更明确:"'风'是情志,'骨'是事义,两者都是文学内容的范畴。"

林庚通过对"建安风骨"和陈子昂诗歌的分析,认为两者在浪漫主义风格上,是一脉相承的,因此,"建安风骨"作为一个文学口号,不应该有别的解释,只能是指一种爽朗遒劲的风格。

王运熙认为"风骨"首先不是指作品的思想内容的充实健康,而是指一种明朗刚健的风格,是指作品的思想感情表现得鲜明爽朗,语言遒劲有力。这是对林庚的"风格说"的更明确的认定。

进入80年代,讨论"建安风骨"的文章更多,有些从诗论的角度辨析,有些从美学的角度考察;有的从共时观考辨,有的从历时观论析;有些学者把"建安风骨"看作是对整个建安文学面貌的概括,有些则认为"建安风骨"只是建安文学的部分特征,而不是全部特征。总之,视角越来越深广,研究方法也越来越多样。

牟世金认为"'骨'乃形式范畴,而非内容范畴","风"是对"情志"的要求,"骨"是对"言辞"的要求,"风"是指作者要有高昂的气志、周密的思想,并且能够鲜明而生气勃勃地表达出自己的思想感情,使作品起到巨大的教育作用。"骨"则是要用精当准确而端整有力的言辞,起到支撑全局的骨架作用,使文章写得有条不紊。牟文对"骨"的解释,是前人所没有论及的。

赵盛德在《"风骨"新探》一文中认为,"风骨"应该属于审美标准。"风""是以情感人,给予人们的是一种'情美'";"骨"是晓之以理,以理服人,给予人们的是一种内在的'质美'"。唐跃也认为,"风骨"不是文学批评概念,而是审美性判断概念。

"建安风骨"究竟是指建安文学的全部特征还是指主要特征,对于这一点,学术界也存在不同看法。

孙明君认为"建安风骨只是建安诗歌与建安文学的一个层面,要全面准确地概括建安诗歌的整个风貌,必须另辟蹊径"。这个蹊径就是:用"建安风骨"来指称建安诗歌的部分特征,用"建安气象"来涵盖建安诗歌的总体风貌。

(摘自唐建、孙华娟《二十世纪中国学术论辩书系·中国古代诗歌论辩》)

网络链接

①"乐府"机关成立于何时? ②如何理解《孔雀东南飞》中的"小姑"? ③《孔雀东南飞》作于何代? ④蔡文姬作过《胡笳十八拍》吗?

参考书目

[宋]郭茂倩《乐府诗集》,中华书局 1979 年

萧涤非《汉魏六朝乐府文学史》,人民文学出版社 1984 年

隋树森《〈古诗十九首〉集释》,中华书局 1955 年

俞绍初《建安七子集》,中华书局 1989 年

河北师范学院中文系古典文学教研组《三曹资料汇编》,中华书局 1986 年

王瑶《中古文学史论》,北京大学出版社 1998 年

曹道衡《中古文学史论文集》,中华书局 1986 年

陈庆元《中古文学论稿》,天津人民出版社 1992 年

郑文《汉诗选笺》,上海古籍出版社 1986 年

余冠英《乐府诗选》,人民文学出版社 1954 年

曹道衡《乐府诗选》,人民文学出版社 2000 年

马茂元《〈古诗十九首〉初探》,陕西人民出版社 1984 年

余冠英《三曹诗选》,人民文学出版社 1983 年

情感道德·仁爱

思考与练习

1. 名词解释

① 汉乐府 　②《古诗十九首》　③ 建安文学　④ "三曹"

2.《饮马长城窟行》首二句"青青河畔草,绵绵思远道",用的是古代诗歌较常见的"比兴"手法,请分析这两句诗在整首诗中所起的作用。

3.《行行重行行》一诗,写的都是极普通的事,如游子远出、思妇消瘦、希望游子努力加餐,但很感人。分析这首诗感人的原因。

4. 人们说曹操的诗是反映汉末社会动乱的"诗史",诗风"古直悲凉"。试举《蒿里行》一诗加以说明。

5. 试分析《燕歌行》一诗女主人公思念游子的细腻的心理。

6. 曹植的《送应氏》(步登北邙阪)一诗是怎样描写洛阳残破的? 这样描写与送应氏兄弟有什么关系?

慕课资源

【六朝诗总论】

俪采百字之偶，争价一句之奇；情必极貌以写物，辞必穷力而追新：此近世之所竞也。（［南朝梁］刘勰《文心雕龙·明诗》）

夫五色相宣，八音协畅，由乎玄黄律吕，各适物宜。欲使宫羽相变，低昂舛节；若前有浮声，则后须切响；一简之内，音韵尽殊；两句之中，轻重悉异。妙达此旨，始可言文。（［南朝梁］沈约《谢灵运传论》）

爰逮宋氏，颜、谢腾声。灵运之兴会飙举，延年之体裁明密，并方轨前秀，垂范后昆。（［南朝梁］沈约《宋书·谢灵运传论》）

（高祖）旁求儒雅，诏采异人，文章之盛，焕乎俱集。　其在位者，则沈约、江淹、任昉，并以文采妙绝当时；至若彭城到沆、吴兴丘迟、东海王僧孺、吴郡张率……皆后来之选也。（［唐］姚思廉《梁书·文学传序》）

永明末，盛为文章。吴兴沈约、陈郡谢朓、琅琊王融以气类相推毂。汝南周颙善识声韵，为文皆用宫商；以平上去入为四声，以此制韵，有平头、上尾、蜂腰、鹤膝；五字之中，音韵悉异，两句之内，角徵不同，不可增减，世呼为永明体。（［唐］李延寿《南史·陆厥传》）

齐永明中，王融、谢朓、沈约文章，始用四声，以为新变。至是转拘声韵，弥为丽靡。（［唐］李延寿《南史·庾肩吾传》）

陶　渊　明

陶渊明（363—427），字元亮，一说名潜，字渊明。自号"五柳先生"，身后被尊称为"靖节先生"。浔阳柴桑（今江西九江市）人。其曾祖父是东晋名臣陶侃，官大司马；祖父、父亲都曾任郡太守一类的官职。但到陶渊明时，家道中落，生活比较艰难。

年轻时代的陶渊明，颇有用世之志，希望在仕途上有所作为。他二十九岁出仕，曾任江州祭酒、镇军参军、彭泽令等职。身处晋宋交替之际，官场倾轧，仕途黑暗，他立身高洁，不肯同流合污，四十一岁即弃官归隐。

陶渊明是古代文学史上最重要的田园诗人。其诗格高韵逸，充满了对污浊官场的厌恶，对自然田园的喜爱，风格自然质朴，意境高远，韵味悠长。他的人品以及诗歌都得到了后人推崇，是文学史上极有影响的伟大诗人。

【集评】

（陶潜）古今隐逸诗人之宗。（［南朝梁］钟嵘《诗品》卷中）

其文章不群，词采精拔；跌宕昭章，独超众类；抑扬爽朗，莫之与京。横素波而傍流，干青云而直上。语时事则指而可想，论怀抱则旷而且真。加以贞志不休，安道苦节，不以躬耕为耻，不以无财为病，自非大贤笃志，与道污隆，孰能如此乎！余爱嗜其文，不能释手，尚想其德，恨不同时。（［南朝梁］萧统《陶渊明集序》）

吾于诗人无所甚好，独好渊明之诗。渊明作诗不多，然其诗质而实绮，癯而实腴。自曹、刘、鲍、谢、李、杜诸人皆莫及也。　　所贵于枯淡者，谓外枯而中膏，似淡而实美，渊明、子厚之流是也。若中边皆枯，亦何足道。（［宋］苏轼《东坡诗话录》）

渊明当忧则忧，当喜则喜，忽然忧乐两忘，则随寓皆适，未尝有择于其间，所谓超世遗物者。　　渊明意趣真古，清淡之宗。诗家视渊明，犹孔门视伯夷也。（［宋］蔡絛《西清诗话》）

陶渊明诗人皆说是平淡。据某看，他自豪放，但豪放得来不觉耳。其露出本相者是《咏荆轲》一篇，平淡底人如何说得这样言语出来。（［宋］朱熹《朱子语类》卷一四〇）

陶潜胸次浩然，吐弃人间一切，故其诗俱不从人间得。诗家之方外，别有三昧也。（［清］叶燮《原诗》外篇下）

自来言情之真者，无如靖节。（［清］王寿昌《小清华园诗谈》）

陶诗胸次浩然，其中有一段渊深朴茂不可到处。唐人祖述者，王右丞有其清腴，孟山人有其闲远，储太祝有其朴实，韦左司有其冲和，柳仪曹有其峻洁：皆学焉而得其性之所近。（［清］沈德潜《说诗晬语》卷上）

陶诗淡，不是无绳削，但绳削到自然处，故见其淡之妙，不见其削之迹。李诗逸，不是无雕饰，但雕饰到自然处，故见其逸之趣，不见其饰之痕。（［清］陶澍集注《靖节先生集》《诸本评陶汇集》）

五言古以陶靖节为极诣，但后人轻易摹仿不得，王、孟、韦、柳虽与陶为近，亦各具本色。韦公天骨最秀，然亦参学谢康乐，至坡老和陶，好在不学状貌。（［清］李重华《贞一斋诗说》）

陶公诗，一往真气，自胸中流出，字字雅淡，字字沉痛，盖系心君国，不异《离骚》，特变其面目耳。（［清］施补华《岘佣说诗》）

─────── 读《山海经》① ───────

孟夏草木长②，绕屋树扶疏③。众鸟欣有托，吾亦爱吾庐。既耕亦已种，时还

────────────────

①《山海经》：我国古代地理名著，十八卷。作者不详。内容为民间传说中的地理知识，包括山川、道里、民族、物产、药物、祭祀、巫医等，保存了不少远古的神话传说。陶渊明有《读山海经》组诗十三首，本篇为第一首，写隐居多闲，耕种之余泛览图书之乐趣。　②孟夏：夏历四月。　③扶疏：繁茂，指树木枝叶纷披的样子。

读我书。穷巷隔深辙①,颇回故人车②。欢言酌春酒,摘我园中蔬。微雨从东来,好风与之俱。泛览《周王传》③,流观《山海图》④。俯仰终宇宙⑤,不乐复何如?

【汇评】

陶渊明如"孟夏草木长,绕屋树扶疏……微雨从东来,好风与之俱",如"结庐在人境,而无车马喧。问君何能尔?心远地自偏。采菊东篱下,悠然见南山。山气日夕佳,飞鸟相与还",此皆与万物各适其适,气象已好,又触兴而发,有自然之工。([宋]陈模《怀古录》)

此诗凡十三首,皆记二书所载事物之异,而此发端一篇,特以写幽居自得之趣耳。观其"众鸟有托""吾爱吾庐"等语,隐然有万物各得其所之妙,则其俯仰宇宙,而为乐可知矣。([元]刘履《选诗补注》卷五)

陈仲醇曰:予谓渊明诗此篇最佳。咏歌再三,可想陶然之趣。"欲辨忘言"之句,稍涉巧,不必愈此。([清]温汝能纂集《陶诗汇评》卷四引)

此篇是渊明偶有所得,自然流出,所谓不见斧凿痕也。大约诗之妙以自然为造极。陶诗率近自然,而此首更令人不可思议,神妙极矣。([清]温汝能纂集《陶诗汇评》卷四)

首章揭明"俯仰宇宙"四字,包括一切。下十二章俱从此出,借神仙荒怪之论,以发其悲愤不平之慨,此其大较也。然就《山海经》而言,虽涉于荒渺无稽,余谓有天地便有鬼神,有鬼神便有事物,宇宙间何所不有,惟不见耳。然则上下古今,《山海》一经,岂尽荒唐之论哉。([清]温汝能纂集《陶诗汇评》卷四)

钟嵘《诗品》谓阮籍《咏怀》之作,"言在耳目之内,情寄八荒之表"。余谓渊明《读山海经》言在八荒之表,而情甚亲切,尤诗之深致也。([清]刘熙载《艺概·诗概》)

此发端六句是首章。起法选语安雅。

"穷巷"二句意悲。屈子曰:"国无人莫我知兮。"尚友古人以此。　　"微雨"十字,此境萧萧,以自然为佳,高于唐而不及汉。　　结语浩大,胸罗千古,调亦似《十九首》。([清]陈祚明《采菽堂古诗选》卷十四)

此篇之佳在尺幅平远,故托体大。如托体小者,虽有佳致,亦山人诗尔。"少无适俗韵""结庐在人境""万族各有托",不满余意者以此。"微雨从东来"二句,不但兴会佳绝,安顿尤好,若系之"吾亦爱吾庐"之下,正作两分两搭,局量狭小,虽佳亦不足存。([清]王夫之《古诗评选》卷四)

此十三首之总冒也。故通首空写,只于末处点题。坊选不明指出,则此题岂应作如是诗耶?前六,点清时物,以"耕"字陪出"读"字,虚虚逗起。中六,再就事僻地幽之景引入。后四,复以《周王传》作陪,点出题目,而仍以寻乐兜收,绝不粘滞。([清]张玉毂《古诗赏析》卷十四)

【赏析】

此诗写陶渊明辞官归隐后的淡泊自然的生活和怡然自得的心态。全诗紧扣一"读"

---

① 穷:偏僻。隔:隔断,指不便大车来往。深辙:大车的车辙。　② 回:动词使动用法,使……掉转。　③《周王传》:指《穆天子传》,这是一部夹杂着许多神话传说的游记,记周穆王西游的故事。　④《山海图》:据云《山海经》有古图,亦有汉所传图。郭璞有《山海经图赞》。　⑤"俯仰"句:俯仰,低头抬头之间。终,穷尽。句意是说俯仰之间就可以极尽宇宙之事。

字。诚如清人吴淇所云:"孟夏"二句为好读书之时;"众鸟"二句为好读书之所;"既耕"二句,生务将毕(实指读书之经济基础);"穷巷"二句,人客不到,正好读书;"微雨"二句,好读书之景;"泛览"二句,好读书之法。(《六朝选诗定论》)此诗假《山海经》"为放诞幽旷之词,所以轻世而肆志也"(潘德舆语)。陶渊明诗,"专取其真,事真景真,情真理真,不烦绳削而自合",此首更堪为自然之最,故陈仲醇曰,"予谓陶渊明诗此篇最佳"(《陶诗汇评》引)。

(王步高)

鲍 照

鲍照(412?—466),字明远,东海(今江苏涟水)人。出身寒素,曾官临海王刘子顼前军参军,世称鲍参军。后子顼起兵作乱,鲍照死于兵乱。其诗题材较为广泛,强烈抨击当时的世族制度,多抒写怀才不遇之情怀,风格劲健,富有文采。他是刘宋时著名文学家,与谢灵运、颜延之同时,合称为"元嘉三大家",相比而言,鲍照成就更高。他对七言诗的发展有重要贡献,对唐代诗歌有一定影响。

【集评】

发唱惊挺,操调险急,雕藻淫艳,倾炫心魂,亦犹五色之有红紫,八音之有郑卫。斯鲍照之遗烈也。(《南齐书·文学传论》)

俊逸鲍参军。([唐]杜甫《春日忆李白》)

六朝文气衰缓,唯刘越石、鲍明远有西汉气骨,李杜筋取此。([元]陈绎曾《诗谱》)

鲍参军灵心妙舌,乐府第一手,五言古却又沉至。 鲍照能以古诗声格作乐府,以五言性情入七言,别有奇响异趣。([明]钟惺、谭元春《古诗归》)

诗至明远已发露无余,李、杜、元、白皆从此出也。钟记室谓其"含景阳之诡诡,兼茂先之靡曼",知之最深,然亦具太冲之瑰奇。([清]何焯《义门读书记》卷四十七)

明远乐府,如五丁凿山,开人世所未有,后太白往往效之。五言古亦在颜、谢之间。 抗音吐怀,每成亮节,其高处远轶机、云,上追操、植。 五言古雕琢,与谢公相似,自然处不及。([清]沈德潜《古诗源》卷十一)

代出自蓟北门行①

　　羽檄起边亭,烽火入咸阳②。征骑屯广武,分兵救朔方③。严秋筋竿劲④,虏阵精且强。天子按剑怒,使者遥相望。雁行缘石径,鱼贯度飞梁⑤。箫鼓流汉思,旌甲被胡霜。疾风冲塞起,沙砾自飘扬。马毛缩如猬,角弓不可张⑥。时危见臣节,世乱识忠良。投躯报明主,身死为国殇⑦。

【汇评】

　　"疾风冲塞起,沙砾自飘扬,马毛缩如猬,角弓不可张。"分明说出边塞之状,语又峻健。([宋]朱熹《朱子语类》)

　　棱棱精爽,筋力如开百斛弓。([明]陆时雍《古诗镜》)

　　只是操调险急,故下无懦响,虽温厚之意稍衰,然却奇峻。　　"汉思""胡霜"绝妙,此皆苦思深语,然亦何伤其俊逸。([明]孙镛《文选集评》)

　　写出一时声息之紧,应敌之猝,师行之速,征途之苦,许国之勇,短幅中气势奕奕动,真神工也。([明]方伯海《文选集评》)

　　疾风以下,神气飞舞。([清]陈祚明《采菽堂古诗选》)

　　明远能为抗壮之音,颇似孟德。([清]沈德潜《古诗源》卷十一)

　　此拟立功边塞之作。前八用逆笔,先就边境征兵,胡强主怒叙起,为壮士立功之会写一排场。中八落出从军,铺写途路劳苦。朔方早寒,故多在寒上设色。后四收到立节效忠,偏以不吉祥语,显出无退悔心,悲壮淋漓。([清]张玉毂《古诗赏析》卷十七)

　　此从军出塞之作,蓟北多烈士,故托言之。起四句,叙题有原委,简洁。　"严秋"十二句,写边塞战场情景,激壮苍凉悲慨,使人神魂飞越。"雁行"以下,一字不平转。"时危"四句,收作归宿,为豪宕,不为凄凉,以解为悲,从屈子来。([清]方东树《昭昧詹言》卷六)

【赏析】

　　本诗是一首优秀的边塞诗,歌颂爱国将士保家卫国不惜牺牲的献身精神。全诗形成一个明晰的叙事结构,开首展现了紧张的边塞军情,敌人入侵且势力强大,所谓"严秋筋竿劲,虏阵精且强"。其后写艰苦的行军和边塞气候的恶劣,再写将士的英勇献身。作者善于运用环境和气氛烘托手法,正如诗中所道:"时危见臣节,世乱识忠良。"敌人军力强

---

　　① 本篇为拟乐府诗,《乐府解题》说:"《出自蓟北门行》,其致与《从军行》同,而兼言燕、蓟风物及突骑勇悍之状。"代,拟代,表示不是乐府的原题。　② "羽檄"二句:羽檄,古代紧急军事文书,常插羽毛以示疾速。边亭,边境上驻兵防守敌寇的城堡。烽火,边境防敌报警的信号,于边境筑高台,寇至则燃火冒狼烟报警,称烽火台。此处,"羽檄"与"烽火",均表示边关告急。咸阳,秦朝京都,这里泛指京城。　③ "征骑"二句:广武,县名,在今山西代县西。朔方,郡名,在今山西以北,内蒙古以南。　④ 严秋:肃杀的秋天。筋竿:指弓箭。　⑤ "雁行"二句:雁行、鱼贯,形容军队整齐地列队行进。　⑥ "马毛"二句:形容天气奇寒,马毛蜷缩像刺猬,弓箭也拉不开了。　⑦ 为国殇:为国战斗而牺牲。

大,边塞环境恶劣,都预示了这场战争是一场艰苦的血战,而将士们面临强大敌人和恶劣气候,英勇作战,视死如归,从而展示了将士英勇无畏的爱国精神。在南朝诗歌中,这类边塞诗可谓凤毛麟角,十分罕见,所以尤为可贵。从意境而言,本诗直接影响到盛唐边塞诗,如"疾风冲塞起,沙砾自飘扬。马毛缩如猬,角弓不可张",后来岑参的边塞作品,便承袭了这一意境。

（王德保）

谢　朓

谢朓(464—499),字玄晖,陈郡阳夏(今属河南太康)人,曾任宣城太守,世称"谢宣城",与谢灵运同宗齐名,称"小谢"。齐东昏侯永元元年,因事下狱死。他与沈约等人同为"永明体"的代表诗人,其诗长于描摹山水胜景,往往融情于景,风格清新典丽,颇多名章迥句,是继谢灵运之后重要的山水诗人,为李白所敬重。

【集评】

其源出于谢混,微伤细密,颇在不伦。一章之中,自有玉石。然奇章秀句,往往警遒。足使叔源失步,明远变色。善自发诗端,而末篇多踬,此意锐而才弱也。([南朝梁]钟嵘《诗品》卷中)

(谢)朓善草隶,长五言诗。沈约常云:二百年来无此诗也。(《南齐书·本传》)

谢朓之诗已有全篇似唐人者。([宋]严羽《沧浪诗话》)

藏险怪于意外,发自然于句中。齐梁以下,造语皆出此。([元]陈绎曾《诗谱》)

玄晖不唯工发端,撰造精丽,风华映人,一时之杰。青莲目无往古,独三四称服,形之词咏。([明]王世贞《艺苑卮言》卷三)

沈德潜云:齐人寥寥,谢玄晖独有一代,以灵心妙悟,觉笔墨之中,笔墨之外,别有一般深情名理。元长诸人未齐肩背。(《说诗晬语》卷上)又云:康乐每板拙,玄晖多清俊,然诗品终在康乐下,能清不能厚也。(《古诗源》卷十二)

高秀绝尘,直开三唐诸公妙境,不可思议。([清]叶矫然《龙性堂诗话》)

玄晖别具一幅笔墨,开齐、梁而冠乎齐、梁,不第独步齐、梁,直是独步千古。盖前乎此,后乎此,未有若此者也。本传以"清丽"称之,休文以"奇响"推之,而详著之曰:"调与金石谐,思逐风云上。"太白称其"清发""惊人"。玄晖自云:"圆美流畅如弹丸。"以此数者求之,其于谢诗思过半矣。玄晖诗,如花之初放,月之初盈,骀荡之情,圆满之辉,令人魂醉。只是思深,语意含蓄,不肯说煞说尽,至其音响亦然。([清]方东树《昭昧詹言》卷七)

晚登三山还望京邑^①

灞涘望长安,河阳视京县^②。白日丽飞甍^③,参差皆可见。余霞散成绮,澄江静如练。喧鸟覆春洲,杂英满芳甸。去矣方滞淫,怀哉罢欢宴。佳期怅何许,泪下如流霰^④。有情知望乡,谁能鬒不变^⑤?

【汇评】

诗有天然物色,以五彩比之而不及。由是言之,假色不如天然。中手倚傍者,如"余霞散成绮,澄江静如练",此皆假物色比象,力弱不堪也。([日]遍照金刚《文镜秘府论》)

起句以长安、洛阳拟金陵,用王粲、潘岳二诗,极佳。([元]方回《文选颜鲍谢诗评》卷三)

"余霞散成绮,澄江静如练"景色最佳,此得象最深处。又"花树杂为锦,月池皎如练"则象浅而韵钝矣,以月池之景,练不足以言之。([明]陆时雍《古诗镜》)

一起一结,情绪相应,法既密而志复显。 澄江如练,洵称名句。茂秦谓"澄"字与"静"字意叠,非也。澄是江之形,静是江之性。惟澄故静,不加澄字,何见其静乎?出句亦佳。 题是望京,清天霁景,故一望在目。"澄江"二句,景中有情,"绮霞散飞"正是霁色,与"澄江"句亦复相关。若两景互乖,则两伤在合矣。([清]陈祚明《采菽堂古诗选》)

【赏析】

本诗约作于齐明帝建武二年(495),作者出任宣城太守初离京城之时,写诗人登三山所见美景以及望京邑所引起的思乡之情,是谢朓写景诗的代表作。诗的主要特点是以明丽的景色反衬凄婉的心境,诗人用绚丽的笔触描绘建康城周围春日景物,又用低沉的笔调抒写去国怀乡之情。作者自小生长于京城,早已将此地视为自己的故乡,在如此美丽的春景之下,外放为官,情何以堪?全诗意境优美动人,语言清丽自然。"白日"以下六句,将三幅色彩绚丽的画面有机地组织起来,远近、大小、动静、高低,相对统一,层次分明,显得和谐完美。"余霞"两句,比喻生动新奇,又无雕琢痕迹,曾为大诗人李白所激赏。

(王德保)

---

① 三山:在今南京西南的长江南岸。京邑:指当时的京城建康,今南京市。 ② "灞涘"二句:灞涘(sì),灞水岸,王粲《七哀诗》:"南登灞陵岸,回首望长安。"河阳,晋代县名,在今河南孟州市。京县,指西晋京城洛阳。潘岳《河阳县》:"引领望京室,南路在伐柯。"此二句是以古人的望京跟自己的望京做类比。 ③ 飞甍(méng):古建筑飞耸的屋脊。 ④ 霰(xiàn):雪珠。 ⑤ 鬒(zhěn):形容黑发的稠美。

南朝乐府民歌

【集评】

自晋迁江左,下逮隋唐,德泽浸微,风化不竞,去圣逾远,繁音日滋。艳曲兴于南朝,胡音生于北俗。哀音靡曼之辞,迭作并起,流而忘反,以至陵夷。原其所由,盖不能制雅乐以相变,大抵多溺于郑、卫,由是新声炽而雅音废矣。([宋]郭茂倩《乐府诗集》卷六十一)

其不同于汉民间者约有三点:其一,体裁简短。大抵皆五方四句之小诗,与汉之多长篇者异。其二,风格巧艳。缠绵悱恻,摇荡心魂。民歌则游戏于双关,文人则驰骋于声韵,于恋情并多大胆之白描。此与汉之质朴温雅者异。其三,内容单调。汉乐府民歌普及于社会之各方面,南朝则纯为一种以女性为中心之艳情讴歌,几于千篇一律。(萧涤非《汉魏六朝乐府文学史》第五编)

西 洲 曲①

忆梅下西洲②,折梅寄江北。单衫杏子红,双鬓鸦雏色③。西洲在何处,两桨桥头渡。日暮伯劳飞④,风吹乌臼树。树下即门前,门中露翠钿⑤。开门郎不至,出门采红莲。采莲南塘秋,莲花过人头。低头弄莲子,莲子青如水。置莲怀袖中,莲心彻底红⑥。忆郎郎不至,仰首望飞鸿⑦。鸿飞满西洲,望郎上青楼。楼高望不见,尽日栏杆头。栏杆十二曲,垂手明如玉。卷帘天自高,海水摇空绿⑧。海水梦悠悠,君愁我亦愁。南风知我意,吹梦到西洲。

【汇评】

试看此一曲中,拆开分看,有多少绝句。然相续相生,音节幽亮。虽其下愈尽,而其上愈含蓄可味,何情绪之多也。 "仰首望飞鸿":有不语含情之妙。"尽日栏杆头":禁不得。"海水摇空绿":情中境语,如登临眺览诗最难。"吹梦到西洲":人忆梅,风吹梦,清幻之极。([明]钟惺、谭元春《古诗归》)

梁武《西洲曲》绝似《子夜歌》,累叠而成,语语浑称,风格最老。 老秀,清如冰壶,艳如红玉。([明]陆时雍《诗镜总论》《古诗镜》卷十七)

《西洲曲》摇曳轻飏,六朝乐府之最艳者。初唐刘希夷、张若虚七言古诗皆从此出,言情之绝唱也。

---

① 此诗明清人均谓梁武帝萧衍作,《乐府诗集》入《杂曲歌辞》。 ② "忆梅"二句:意指女主人公回忆落梅时节在西洲与情郎相识,现在折枝梅花寄送已去江北的情郎。梅,谐音"媒",故"折梅"有以此为媒介之意。 ③ 鸦雏色:颜色黑亮,犹如小鸦之色。 ④ 伯劳:鸟名,仲夏鸣叫。 ⑤ 翠钿:用翠玉制作的首饰。 ⑥ 莲心:双关语,隐"怜心",即相爱之心。 ⑦ 望飞鸿:古代有鸿雁传书的传说,此有望书信的意思。 ⑧ "卷帘"二句:意思是秋夜天空碧蓝似海,风吹帘动,就像海水摇荡。

段段绾合,具有变态。由树及门,由门望路,自然过渡。尤妙在"开门露翠钿"句可画。借翠字生出红莲,红字借过人头生出"低头"句。"莲子""莲心""青""红"二字相生不对,忽又漾下红莲,生出飞鸿。从飞鸿度登楼,从登楼见高天海水,情自近而之远,自浅而之深,无可奈何而托之于梦,甚至梦借风吹缥缈幻忽,无聊之思,如游丝随风浮萍逐水,不独无地无物,尽属感伤;无时无刻暂蹰愁绪矣。太白尤亹亹于斯,每希规似,长干之曲竟作粉本,至如海水摇空绿,寄愁明月,随风夜郎,并相蹈袭。故知此诗诚唐人所心慕手追而究莫能逮者也。([清]陈祚明《采菽堂古诗选》)

五古换韵,《十九首》中已有。然四句一换韵者,当以《西洲曲》为宗。([清]张笃庆《师友诗传录》)

续续相生,连跗接萼,摇曳无穷,情味愈出。 似绝句数首,攒簇而成,乐府中又生一体。初唐张若虚、刘希夷七言古发源于此。([清]沈德潜《古诗源》)

【赏析】

本篇描写一位少女真诚而热烈的相思之情。风光旖旎的江南水乡是她的生活背景,诗中仅用"单衫""双鬓""翠钿"数语,随意点染,勾勒出一位纯情美丽少女的形象。又通过她一系列行动,来表现内心活动,深情的相思推动她不断地行动,活动空间亦随之发生迁移变化,如梅下(落)在西洲,折梅在家中,寄梅往江北,采莲在南塘,望郎又上青楼,全诗寓不变于变化之中,在富于动态的描写中,少女执着的情爱贯穿始终。与缠绵缱绻的情思相适应,诗中多用叠字、顶针、谐音、双关等表现手法,形成回环往复,余味不尽的情韵。如"莲心彻底红",用谐音双关来表达她对情郎坚贞不渝的爱情,含蓄而缠绵。

(王德保)

```
附录一  备选课文
```

移　居　[晋]陶渊明

昔欲居南村,非为卜其宅;闻多素心人,乐与数晨夕。怀此颇有年,今日从兹役。弊庐何必广,取足蔽床席。邻曲时时来,抗言谈在昔。奇文共欣赏,疑义相与析。

杂　诗　[晋]陶渊明

白日沦西阿,素月出东岭,遥遥万里辉,荡荡空中景。风来入房户,中夜枕席冷。气变悟时易,不眠知夕永。欲言无予和,挥杯劝孤影。日月掷人去,有志不获骋;念此怀悲凄,终晓不能静。

拟　咏　怀(选二)　[北周]庾　信

楚材称晋用,秦臣即赵冠。离宫延子产,羁旅接陈完。寓卫非所寓,安齐独未安。雪泣悲去鲁,凄然忆相韩。唯彼穷途恸,知余行路难。

榆关断音信,汉使绝经过。胡笳落泪曲,羌笛断肠歌。纤腰减束素,别泪损横波。恨心终不歇,红颜无复多。枯木期填海,青山望断河。

扶 风 歌　[晋]刘 琨

朝发广莫门,暮宿丹水山。左手弯繁弱,右手挥龙渊。顾瞻望宫阙,俯仰御飞轩。据鞍长叹息,泪下如流泉。系马长松下,发鞍高岳头。烈烈悲风起,泠泠涧水流。挥手长相谢,哽咽不能言。浮云为我结,归鸟为我旋。去家日已远,安知存与亡?慷慨穷林中,抱膝独摧藏。麋鹿游我前,猿猴戏我侧。资粮既乏尽,薇蕨安可食?揽辔命徒侣,吟啸绝岩中。君子道微矣,夫子故有穷。惟昔李骞期,寄在匈奴庭。忠信反获罪,汉武不见明。我欲竟此曲,此曲悲且长。弃置勿重陈,重陈令心伤。

拟 行 路 难　[南朝宋]鲍 照

泻水置平地,各自东西南北流。人生亦有命,安能行叹复坐愁?酌酒以自宽,举杯断绝歌路难。心非木石岂无感?吞声踯躅不敢言。

暂使下都夜发新林至京邑赠西府同僚
[南朝齐]谢 朓

大江流日夜,客心悲未央。徒念关山近,终知

返路长。秋河曙耿耿,寒渚夜苍苍。引领见京室,宫雉正相望。金波丽鳷鹊,玉绳低建章。驱车鼎门外,思见昭丘阳。驰晖不可接,何况隔两乡?风云有鸟路,江汉限无梁。常恐鹰隼击,时菊委严霜。寄言罻罗者,寥廓已高翔。

之宣城郡出新林浦向板桥
[南朝齐]谢 朓

江路西南永,归流东北骛。天际识归舟,云中辨江树。旅思倦摇摇,孤游昔已屡。既欢怀禄情,复协沧洲趣。嚣尘自兹隔,赏心于此遇。虽无玄豹姿,终隐南山雾。

诏问山中何所有赋诗以答
[南朝梁]陶弘景

山中何所有?岭上多白云。只可自怡悦,不堪持赠君。

重别周尚书二首(选一) [北周]庾 信

阳关万里道,不见一人归。惟有河边雁,秋来南向飞。

附录三　六朝诗及研究综述

东晋文学家陶渊明无疑是中国文化史上的重要人物,其卓越的文学成就以及高尚的人格风范,为历代士人所景仰。他所开创的田园诗,语言恬淡自然,意境浑融优美,富有情致和理趣,是古代田园诗的典范之作。诗人淡泊心志、洁身自好的品格,成为中国古代隐士这一重要文化阶层的理想楷模。

在古代,陶渊明的价值有一个重新发掘和重

新认识的过程。在南北朝时期,陶渊明的文学成就没有被重视。他的好友颜延之在悼念陶渊明所作的《陶征士诔》中,高度评价陶氏不事王侯的高风亮节,而对陶渊明的文学成就,几乎没有提及,著名诗评家钟嵘,在《诗品》一书中仅列陶氏于中品,杰出的文学理论家刘勰著《文心雕龙》,广泛评论了各时代的文学家和文学作品,但全书竟无一字提及陶渊明。约在陶渊明去世一百年后,梁昭

明太子萧统在编《陶渊明集》时,高度评价陶氏的人格精神和文学成就,但是在他选编的《文选》中,陶诗只有七题八首,远逊于曹植、陆机、潘岳、谢灵运诸人。

隋唐以后,陶渊明逐渐为历代士人所重视,其文学成就和高尚人格一起受到人们的尊重。有唐一代山水田园诗十分兴盛,主要作家无不受陶渊明的影响,清人沈德潜说:"陶诗胸次浩然,其有一段渊深朴茂不可到处。唐人祖述者,王右丞有其清腴,孟山人有其闲远,储太祝有其朴实,韦左司有其冲和,柳仪曹有其峻洁,皆学焉而得其性之所近。"此为确论。除田园诗人之外,唐代大诗人如李白、杜甫、白居易等都对陶渊明予以很高的评价。如李白云:"清风北窗下,自谓羲皇人。何时到栗里,一见平生亲",向往渊明高古萧散的人生态度。杜甫说:"焉得思如陶谢手,令渠述作与同游",以陶、谢作为自己学习的对象。唐代以后,陶渊明在中国诗歌史上的崇高地位已经确立,被公认为成绩卓著的大诗人。宋代大诗人苏轼、黄庭坚,都极为推崇陶渊明,如苏轼文集中有《和陶诗》,将陶诗逐一和作,共一百三十五首,这在文学史上是绝无仅有的现象。黄庭坚称陶诗"所谓不烦绳削而自合者",给予极高评价。

元明清时期,文人对陶诗的评价,似无异词,其人格、诗品一直受到好评。如元好问称其诗"豪华落尽见真淳";顾炎武看重陶氏的气节,称赞他"非直狷介,实有志天下者"。

民国之后,陶渊明研究一直是古典文学的热门课题,一些著名学者都对他很有兴趣。如梁启超、王国维、鲁迅、陈寅恪、朱自清、游国恩、朱光潜等都对陶氏有所研究,虽然他们对某些问题有所争论,但一致认为陶氏文学成就杰出,道德品格高尚。

南北朝(420—589)是中国社会最为动乱的年代之一,南北对峙,战争频仍,政权更迭迅速,充满腥风血雨。南方历经东晋、宋、齐、梁、陈,而北方在十六国大乱后,才有北魏王朝的建立。南方相对稳定,诗歌创作比较繁盛。

刘宋时期的代表诗人有谢灵运、颜延之、鲍照,合称为"元嘉三大家"。谢灵运出身于东晋大族,在宋朝备受压抑,以山水作为赏玩对象,来排遣政治失意的苦闷。他在诗史上最早大量创作山水诗,描绘逼真细致,多有佳句,具有自然之美,洋溢着清新的气息,是当时才名最高的诗人。鲍照出身寒微,一生困顿不偶,沉沦下僚,其诗猛烈抨击腐朽的士族制度,抒写怀才不遇的悲愤。他继承了汉乐府传统,致力于乐府诗的写作,除写了大量的五言诗外,还创造性地运用了七言和杂言。代表作《拟行路难》十八首,感情强烈,情调激昂,气势奔放,形式多变,是诗史上的杰作。颜延之与谢灵运并称"颜谢",当时名气很盛,其诗以清美华丽见长,多用典故,有繁缛之称。

南齐时期,谢朓和沈约是成就最高的诗人,是"永明体"的开创者。他们的诗后人称为新体诗,又称永明体。沈约提出"四声八病"之说,强调声韵格律,标志着我国诗歌从较为自由的古体诗走向严整的格律化,诗歌的音韵美从自然的音节走向人为的音节。声律说的确立是中国诗歌史上的大事,直接影响到唐代近体诗的形成。沈约诗抒情写景,颇有清新可喜之作,如《别范安成》情感浓烈,真挚动人。谢朓是重要的山水诗人,继承了谢灵运的诗风,有"小谢"之称,长于描写秀美的自然景物,刻画细致生动,意境新颖优美,多有名章佳句,如"余霞散成绮,澄江静如练","天际识归舟,云中辨江树",向来为人称道。

梁武帝时期,社会有较长时期的和平安宁,南朝经济文化发展到较高水平。门阀士族过着奢侈享乐的生活,宫体诗就是贵族奢侈生活的反映。宫体诗是以宫廷生活为中心的艳情诗,创始人是武帝的儿子萧纲,其他重要的宫体诗人还有湘东王萧绎,庾肩吾、庾信父子和徐摛、徐陵父子。这类诗主要以贵族妇女为描写对象,着力描绘她们的服饰容颜和姿态情貌,文辞华美,浮靡绮艳。齐梁时期出现过不少有才华的作家,如江淹、何逊、吴均、阴铿,都有传世杰作,但为生活环境所限,难有突出成就。他们的共同特点是写作新体诗,擅长以清丽的语言抒情写景,秀美而平弱。

庾信是南北朝时期最后一位优秀诗人。他前期生活在梁朝，自幼出入宫廷，与徐陵同时，为宫体诗的代表作家之一，时称"徐庾体"。梁末出使西魏，适逢西魏灭梁，他滞留长安，历经魏、周、隋三朝。由于他文名极盛，在北朝很受重视，官居显要。但他内心仍然眷恋故土，家国之痛、身世之悲，充溢于他后期的作品，诗风亦随之发生很大变化，一扫前期作品绮靡浮艳之态，而充满苍凉悲慨之气。

综观南北朝诗，明显表现出从质朴趋向繁缛的过程，具有唯美主义的倾向。诚如刘勰所言："俪采百字之偶，争价一句之奇；情必极貌以写物，辞必穷力而追新。"

南朝诗歌的创作倾向，历代评价不高，大抵认为这一时期的诗歌形式华美而内容贫乏。正统文学家都把南朝诗视为诗史逆流，如陈子昂以《诗经》为标准，认为"齐梁间诗，彩丽竞繁，而兴寄都绝，每以永叹"，这种看法颇具代表性，得到许多士人的认同。大诗人李白也说："自从建安来，绮丽不足珍。"白居易则称："至于梁陈间，率不过嘲风雪，弄花草而已。……于时六义尽去矣。"所持标准也是儒家诗论。正统诗论历来重视作品的思想内容，主张"诗言志"，诗歌要有兴寄，要有助于教化，对于唯美主义的南朝诗自然加以排斥。这种看法一直影响到二十世纪五六十年代几部通行的文学史的观点，如游国恩先生主编的《中国文学史》、社科院《中国文学史》都对南朝诗予以较低的评价。随着改革开放年代的到来，一些传统观念受到质疑和挑战，对于唯美主义的文学作品如宫体诗、花间词等的评价，亦愈见客观。南朝诗歌在形式上的贡献，也受到学界的重视。

附录四　研究性学习专题

宫体诗及其评价

宫体诗产生于南朝齐代，兴盛于梁陈时期，甚至延续到隋朝、初唐。因为宫体诗的题材范围比较狭窄，受正统思想的影响，它也久负恶名。在以前，人们对宫体诗研究是不重视的。但是在 20 世纪，宫体诗研究却成为学术界争论颇为激烈的论题。首先对什么叫宫体诗，就存在不同看法；对宫体诗的评价也是各持己见，观点不一。

关于什么叫宫体诗，在古代曾有三种说法：一种是《梁书·徐摛传》中说的"不拘旧体"的新变体；一种是《梁书·简文帝纪》中讲的"伤于轻艳"；还有一种是《隋书·经籍志》中说的"止乎衽席之间"，"思极闺闱之内"的淫荡之作。概括起来，就是说，有新变体、艳情诗、色情诗三种说法。

20 世纪初，章太炎认为，宫体诗写的是"床笫之言"，描绘的是"床笫之私"，言下之意，宫体诗也就是艳情诗、色情诗。这样的看法一直到 50 年代都还十分普遍。

60 年代初，文学界展开了一场关于批判继承古代文学遗产的大讨论，胡念贻认为不能把宫体诗等同于艳情诗，更不能等同于色情诗。通过对宫体诗人诗歌类别的统计，说明艳情诗在他们的作品中只占少数，就连写作艳情诗最多的萧纲、徐陵，他们的艳情诗也只占其所有作品的三分之一，他们的宫体诗中还有其他题材的作品。因此，胡念贻给宫体诗下的定义是："梁萧纲提倡，庾肩吾、柳恽、徐陵等附和，在当时文人中间很风行的一种'争尚新巧'的'轻艳'、'绮丽'的诗歌，所谓'宫体'，就是指这种诗体或风格而言。"即认为宫体诗是一种新的诗体。

当时，胡念贻的看法没有响应者。"宫体诗"等同于艳情诗，乃至色情诗的看法根深蒂固。到了 80 年代，一些学者仍然坚持这种观点。

毕竟，80 年代是开放的年代，人们的思想又重新活跃起来，部分学者对宫体诗又有了新的解释。商伟在《论宫体诗》一文中认为：确定宫体诗的定义和范围应该兼顾题材和风格两个方面，既不能将其扩大到整个梁陈时代的诗歌作品，也不能仅从字面上理解"艳歌"的意思而将它局限在艳情诗的范围。周振认为：新变体是宫体诗的形式,"伤于轻艳"是宫体诗的内容和风格,不宜把那些描写淫荡生活和变态心理的诗作作为宫体诗的代称。周禾认为,"宫体诗最初并不是以描写宫廷生活而被命名的",它是与"永明体"诗一样在形式上突破了汉魏古诗,是一种新的诗歌体式。杨明则把学术界对宫体诗的理解区分为狭义、广义的两种。认为,狭义指的是"梁时的东宫及有关之诗";广义指的是"梁至唐的艳情诗"。而对宫体诗应该作狭义理解。

沈玉成认为宫体诗的内涵应该从三个方面来理解:第一,从声韵、格律看,宫体诗在永明体的基础上踵事增华,要求更为精致。第二,从风格上看,宫体诗由永明时期的轻绮而变为秾丽,下者则流入淫靡。第三,从内容上看,较之永明时期更加狭窄,以艳情为多,其他大都是咏物和吟风月、狎池苑的作品。至于外延就是,梁代普通年间以后的诗,凡符合上述三种属性的,就是宫体诗。

刘启云认为:"所谓宫体诗,指的是形成于萧梁并盛行于梁陈诗坛的一种趋越政教功利的,以张扬人的内在生命力、个性情感及其深层意识为艺术主题的、形式艳美的诗体。这是一种'纯情'的诗歌样式,一种'纯情'的艺术。"刘启云的这一界定确实比较新颖。

到了90年代,学术界已几乎无人把宫体诗看做纯粹的色情诗了。

胡适未对宫体诗的内容作褒贬,只说它具有民歌风味。显然,胡适对宫体诗的形式还是比较欣赏的。朱光潜的评价则与众不同。朱光潜在《诗论》中虽然谈的是六朝诗,实际上亦包括了宫体诗。他认为,对包括宫体诗在内的六朝诗"不应一味唾骂",因为,如果把六朝诗和唐诗摆在一个平面上从横的角度看,六朝诗则稍逊于唐诗;但如果把六朝诗和唐诗摆在一条历史线上从纵的方面看,唐人却是六朝人的承继者,六朝人创业,唐人只是守成。以刘永济、闻一多为一方,以胡适、朱光潜为另一方的不同观点代了20世纪内40年代以前学术界对宫体诗的两种不同评价意见。

50年代,在政治标准第一、艺术标准第二的原则指导下,学术界对宫体诗多持贬抑态度。刘大杰的宫体诗"实在是尽其放荡、淫靡、堕落的能事",发展到陈代时,"轻浮到了极点,真是亡国之音"的看法,则是这个时期的代表意见。

1962年胡念贻认为,萧纲、萧绎等宫体诗人在文学上有一定影响,这影响有坏的一面,但也有好的一面。"诗中有许多无聊的东西,但也间有一些清新之作",同时,宫体诗人"对当时诗歌艺术形式的发展起了一定的作用"。

由此引发了对宫体诗评价问题的一场论辩。

80年代关于宫体诗的讨论,学术界大致有三种意见:否定说,肯定说,有功有过说。

否定说 持否定说的代表是胡国瑞。认为宫体诗追求的是荒淫腐朽的醉生梦死生活,是弥补精神空虚的佛家教义,描写的是歌、舞、风、云、春、秋、花、柳、镜、筝等日常生活事物,没有丝毫人生意义,都是些无聊的文字游戏。尤其是梁陈时的宫体诗,内容更为低下,不但以轻艳的笔调着意描绘女性的色情,甚至形容到娈童的种种情态,下流得秽浊不堪。这种观点是过去五六十年代主要观点的继续。

肯定说 代表者为刘启云。刘启云虽然也承认宫体诗中有格调不高的作品,"但它们既不能代表宫体诗创作的主流,也不能反映宫体诗的全豹"。应当把宫体诗放到南朝的社会背景下进行考察,应当从三个方面去解释和评价宫体诗。首先,从时代的社会心态看,注重现实功利是汉代普遍的社会心理;执着于个体人格的绝对自由是魏晋的时代风貌;追求个性自由、情欲释放就是南朝人的心理定势。因此,南朝人敢于写出前人不敢直面的七情六欲,并把它净化为优美的人性意境,造成时代氛围,对准压抑人性的传统观念和习惯势力形成强有力的冲击波。萧纲"立身先须谨重,文章且须放荡"的理论就是一个离经叛道的纯文学创作纲领,宫体诗就是这一创作纲领的艺术实践。其次,当时的儒学已经一蹶不振,各种学术思想的交融,为宫体诗的崛起建构了一个开放的社会环境,宫体诗也以它"罔不摈落六艺","惟以艳情为娱"的崭新面貌和创作卓然特立于萧梁诗坛。再次,宫体诗也是民间创作走向宫廷的标志。"南朝民歌和宫体诗,宛如双璧映辉,各领风骚,共同构成南朝社会的艺术风采"。最后，刘启云的结论是："宫体诗为中国诗歌的发展创造了一个划时代的功绩"。

有功有过说 80年代持这种观点的学者比较多。一般认为：所谓"有功"，指的是艺术形式方面；所谓"有过"，是就思想内容而言。商伟提出，宫体诗在艺术形式方面有所贡献，它发展了吴歌西曲的一些特点，继续了永明体的艺术探索，为近体诗的出现作了准备。王钟陵则用"在颓靡中前进"来形象说明宫体诗的功与过。认为宫体诗的艺术变异，存在许多严重缺点，这是其过。但是，宫体诗毕竟为我们民族积累了一些新鲜的艺术经验。唐代近体诗的艺术风貌，在相当的程度上是由梁、陈诗风的发展所形成的。

章培恒认为：魏晋南北朝时期，自我意识的加强使文学的使命感减弱。文学创作首先不是为了满足政治、教化的需要，而是为了满足自己，获得心灵上的快感。因此，创造美就成了文学的首要任务，而遭人诟病的宫体诗，就是这样一种致力创造美的文学。这种致力于美的创造，比起以前的文学之强调功利性，实是一种进步。他以萧纲诗中常被人当做色情文学的《咏内人昼眠》为例进行分析，说这首诗力图真切地写出一个青年女性的睡态的美，尤其是中间的四句"比较真切地传达了一种美的印象，因而是一种进步"。刘世南则不同意这样的看法，认为这首诗"不可能产生美的印象"。

从以上论辩过程，我们可以看出，对宫体诗的评价总是受着时代的政治倾向与审美情趣所制约。政治倾向与审美情趣不同，其评价高下必然产生差异。

（摘自唐建、孙华娟《二十世纪中国学术论辩书系·中国古代诗歌研究论辩》）

网络链接

① 陶渊明属于哪个民族？　② "西洲"悠悠在何处？

参考书目

王瑶《陶渊明集注》，人民文学出版社 1957 年

逯钦立《陶渊明集校注》，人民文学出版社 1979 年

许逸民校辑《陶渊明年谱》，中华书局 1986 年

北京大学中文系、北京师大中文系《陶渊明研究资料汇编》，中华书局 1962 年

王步高编《历代田园诗词选》，江苏文艺出版社 1991 年

鲁同群《庾信传论》，天津人民出版社 1997 年

罗宗强《魏晋南北朝文学思想史》，中华书局 2002 年

历代田园诗词

思考与练习

1. 结合中小学已学陶渊明诗文，你对陶渊明印象最深的是什么？

2. 前人对六朝诗否定较多，近年这种观点不再那么盛行，尤其是对宫体诗的批评减少了，为什么？

八、初盛唐诗

慕课资源

【总论】

有唐三百年诗，众体备矣。故有往体、近体、长短篇、五七言律句绝句等制，莫不兴于始，成于中，流于变，而陊之于终。至于声律兴象，文词理致，各有品格高下之不同。略而言之，则有初唐、盛唐、中唐、晚唐之不同。详而分之，贞观、永徽之时，虞、魏诸公，稍离旧习，王、杨、卢、骆，因加美丽，刘希夷有闺帷之作，上官仪有婉媚之体，此初唐之始制也；神龙以还，洎开元初，陈子昂古风雅正，李巨山文章宿老，沈、宋之新声，苏、张之大手笔，此初唐之渐盛也；开元、天宝间，则有李翰林之飘逸，杜工部之沉郁，孟襄阳之清雅，王右丞之精致，储光羲之真率，王昌龄之声俊，高适、岑参之悲壮，李颀、常建之超凡，此盛唐之盛者也；大历、贞元中，则有韦苏州之雅澹，刘随州之闲旷，钱、郎之清赡，皇甫之冲秀，秦公绪之山林，李从一之台阁，此中唐之再盛也；下暨元和之际，则有柳愚溪之超然复古，韩昌黎之博大其词，张、王乐府，得其故实，元、白序事，务在分明，与夫李贺、卢仝之鬼怪，孟郊、贾岛之饥寒，此晚唐之变也；降而开成以后，则有杜牧之之豪纵，温飞卿之绮靡，李义山之隐僻，许用晦之偶对，他若刘沧、马戴、李频、李群玉辈，尚能黾勉气格，特迈时流，此晚唐变态之极，而遗风余韵，犹有存者焉。（［明］高棅《唐诗品汇总序》）

甚矣，诗之盛于唐也！其体，则三、四、五言，六、七、杂言，乐府、歌行，近体、绝句，靡弗备矣。其格，则高卑、远近、浓淡、浅深、巨细、精粗、巧拙、强弱，靡弗具矣。其调，则飘逸、浑雄、沉深、博大、绮丽、幽闲、新奇、猥琐，靡弗诣矣。其人，则帝王、将相、朝士、布衣、童子、妇人、缁流、羽客，靡弗预矣。（［明］胡应麟《诗薮》外编卷三）

初、盛间五言古，陈子昂为冠；七言短古、五言绝，王勃为冠；长歌，骆宾王为冠；五言律，杜审言为冠；七言律，沈佺期为冠；排律，宋之问为冠。（［明］胡应麟《诗薮》内编卷四）

近体盛唐至矣，充实辉光，种种备美，所少者曰大、曰化耳。故能事必老杜而后极。杜公诸作，真所谓正中有变，大而能化者。今其体调之正，规模之大，人所共知。惟变化二端，勘核未彻，故自宋以来，学杜者什九失之。不知变主格，化主境；格易见，境难窥。变则标奇越险，不主故常；化则神动天随，从心所欲。如五言咏物诸篇，七言拗体诸作，所谓变也，宋以后诸人竞相师袭者是，然化境殊不在此。（［明］胡应麟《诗薮》内编卷五）

初唐章法句法皆备，惟声响色泽，犹带齐梁。盛唐而后，厥有二派，演为七家。以此二派，登峰造极，几于既圣，后人无能出其区宇，故遂为宗。　　何谓二派？一曰杜子美：如太史公文，以疏气为主；雄奇飞动，纵恣壮浪，凌跨古今，包举天地，此为极境。一曰王摩诘：如班孟坚文，以密字为主，庄严妙好，备三十二相；瑶房绛阙，仙官仪仗，非复尘间色相；李东川次辅之，谓之王、李。（［清］方东树《昭昧詹言》卷十四）

张若虚

张若虚(660？—720？)，字号不详，扬州(今江苏扬州)人。曾任兖州兵曹。中宗神龙中以"文词俊秀"闻名长安。又与贺知章、包融、张旭并称"吴中四士"。其作品大部散失，《全唐诗》仅存其诗二首。

【集评】

天宝中，刘希夷、王昌龄、祖咏、张若虚、孟浩然、常建、李白、杜甫，虽有文名，俱流落不偶，恃才浮诞而然也。([唐]郑处诲《明皇杂录》)[注：张若虚未活到天宝年间，记载有误]

先是神龙中，知章与越州贺朝万、齐融，扬州张若虚、邢巨，湖州包融，俱以吴越之士，文词俊秀，名扬于上京。朝万止山阴尉，齐融昆山令，若虚兖州兵曹，巨监察御史。融遇张九龄，引为怀州司户、集贤直学士，数子人间往往传其文。独知章最贵。([后晋]刘昫《旧唐书·文苑传中》)

(包)佶字幼正，润州延陵人。父融，集贤院学士，与贺知章、张旭、张若虚有名当时，号"吴中四士"。([宋]宋祁《新唐书·刘晏传》)

春江花月夜

春江潮水连海平，海上明月共潮生。滟滟随波千万里，何处春江无月明？江流宛转绕芳甸，月照花林皆似霰①。空里流霜不觉飞，汀上白沙看不见。江天一色无纤尘，皎皎空中孤月轮。江畔何人初见月，江月何年初照人？人生代代无穷已，江月年年只相似。不知江月待何人，但见长江送流水。白云一片去悠悠，青枫浦上不胜愁②。谁家今夜扁舟子，何处相思明月楼？可怜楼上月徘徊，应照离人妆镜台。玉户帘中卷不去，捣衣砧上拂还来。此时相望不相闻，愿逐月华流照君。鸿雁长飞光不度，鱼龙潜跃水成文。昨夜闲潭梦落花，可怜春半不还家。江水流春去欲尽，江潭落月复西斜。斜月沉沉藏海雾，碣石潇湘无限路③。不知乘月几人归，落月摇情满江树。

---

① 芳甸：遍生花草的平野。霰(xiàn)：细小的雪珠。 ② 青枫浦：一名双枫浦，在今湖南浏阳，此处应是泛指。 ③ 碣石：山名，在今河北省。潇湘：湘江与其支流潇水，汇流后称潇湘，在今湖南省。此处代指北方和南方。

【汇评】

（钟云）浅浅说去，节节相生，使人伤感，未免有情，自不能读，读不能厌。　　　将"春江花月夜"五字炼成一片奇光，分合不得，真化工手。（[明]钟惺、谭元春《唐诗归》卷六）

（谭云）《春江花月夜》，字字写得有情、有想、有故。（同上）

句句翻新，千条一缕，以动古今人心脾，灵愚共感。其自然独绝处，则在顺手积去，宛尔成章，令浅人言格局、言提唱、言关锁者，总无下口分在。（[清]王夫之《唐诗评选》卷一）

张若虚"春江潮水"篇，不著粉泽，自有膄姿，而缠绵蕴藉，一意萦纡，调法出没令人不测，殆化工之笔哉！（[清]毛先舒《诗辩坻》卷三）

首八句使人火热，此处八句（指"江天一色"以下）又使人冰冷。然不冰冷则不见火热，此才子弄手笔跌宕处，不可不知。　　　"昨夜闲潭梦落花"此下八句是结，前首八句是起。起用出生法，将春、江、花、月逐字吐出；结用消归法，又重将春、江、花、月逐字收拾。此句不与上连，而意则从上滚下。　　　此诗如连环锁子骨，节节相生，绵绵不断，使读者眼光正射不得，斜射不得，无处寻其端绪。"春江花月夜"五个字，各各照顾有情。诗真绝诗，才真绝才也。（[清]徐增《而庵说唐诗》）

张若虚《春江花月夜》，正意只在"不知乘月几人归"。（[清]吴乔《围炉诗话》卷二）

张若虚《春江花月夜》用《西洲》格调。孤篇横绝，竟为大家。李贺、商隐，抱其鲜润；宋词元诗，盖其支流。宫体之巨澜也。（[清]王闿运《湘绮楼说诗》卷一《论唐诗诸家源流答陈完夫问》）

这是诗中的诗，顶峰上的顶峰。　　　孤篇压全唐。（闻一多《宫体诗的自赎》）

【赏析】

《春江花月夜》本为六朝乐府旧题，相传为陈后主陈叔宝所创制，隋炀帝也曾作此题，皆为宫廷艳曲。张若虚此诗虽亦沿用六朝乐府旧题，具体的内容也属传统的游子思妇题材，但在内涵及形制方面都显示出空前的创造性，不仅与梁、陈宫体彻底划清界限，而且从宫廷文学长期影响下的拘狭形制中超脱出来，首次将这一旧题改造为长篇七言歌行，构成对自身内在情感与诗的情韵意境酣畅淋漓的展示。全诗以"春江花月夜"为中心展开描写，抒发怨女旷夫别离相思之苦，慨叹岁月流逝、青春难驻，感悟万物长在、造化不息，而皆借助清新优美的诗境表达出来。诗中意象充实，境界开阔，写江则海、潮、波、流、汀、沙、浦、潭、潇湘、碣石，写月则天、空、霰、霜、云、楼、妆台、帘、砧、鱼、雁、海雾，而又舍去具体描摹，"五色分光，合成一片奇锦"，由众多意象融织成完整诗境。诗意内涵亦异常丰富，表现出对美好生命的感受体认，对月圆人寿的强烈向往，对人生短促的惆怅感伤，对宇宙亘古的哲理思索，却又全都沉浸融化于既透明纯净又似有似无的春江月色之中，由此营造出明丽、静谧、梦幻般的美的情调和境界。

王　维

王维(701—761),字摩诘,太原祁(今山西祁县)人,后徙家于蒲州(今山西永济西),遂称河东王氏。玄宗开元九年登进士第,授官太乐丞,因伶人舞黄狮子获罪,被贬为济州司仓参军。其后历任右拾遗、河西节度判官、殿中侍御史等职。天宝十五载,安禄山攻陷长安,王维被俘,肃宗收复两京,欲定其罪,因曾作《凝碧池诗》思念王室,其弟王缙又请削己官为兄赎罪,最终免于追诉。官至尚书右丞。王维是唐代著名山水田园诗人,与孟浩然并称"王孟",受佛学禅宗影响颇深,得任性自然之诗境。又精通音乐、绘画等多种艺术。有《王右丞集》。

【集评】

维诗词秀调雅,意新理惬。在泉为珠,著壁成绘。一句一字,皆出常境。([唐]殷璠《河岳英灵集》卷上)

味摩诘之诗,诗中有画;观摩诘之画,画中有诗。([宋]苏轼《书摩诘蓝田烟雨图》)

右丞、苏州皆学于陶,王得其自在。([宋]陈师道《后山诗话》)

王摩诘诗,浑厚闲雅,覆盖古今。但如久隐山林之人,徒成旷淡也。([宋]蔡絛《西清诗话》)

世以王摩诘律诗配子美,古诗配太白,盖摩诘古诗能道人心中事而不露筋骨,律诗至佳丽而老成。……虽才气不若李杜之雄杰,而意味工夫,是其匹亚也。摩诘心淡泊,本学佛而善画,出则陪岐薛诸王及贵主游,归则屐饮辋川山水,故其诗于富贵山林,两得其趣。([宋]张戒《岁寒堂诗话》卷上)

论近体者,必称盛唐,若蓝田王右丞维,亦其一也。其为律绝句,无问五七言,皆庄重闲雅,浑然天成。至于古诗,句本冲淡,而兴则悠长。诸词清婉流丽,殆未可多訾。([明]吕夔《重刊唐王右丞诗集序》)

右丞崛起开元、天宝之间,才华炳焕,笼罩一时,而又天机清妙,与物无竞,举人事之升沉得失,不以胶滞其中。故其为诗,真趣洋溢,脱弃凡近,丽而不失之浮,乐而不流于荡,即有送人远适之篇,怀古悲歌之作,亦复浑厚大雅,怨尤不露,苟非实有得于古者诗教之旨,焉能至是乎?([清]赵殿成《王右丞集笺注序》)

── 终　南　山 ──

太乙近天都,连山到海隅①。白云回望合,青霭入看无。分野中峰变,阴晴众

---

① 太乙:终南山主峰太白峰的别称。天都:天帝所居之处,一说指京城长安。海隅:海边,此极言其延伸之广。

壑殊①。欲投人处宿,隔水问樵夫。

【汇评】

说者谓王右丞《终南》诗皆讥时宰。诗云:"太乙近天都,连山接海隅",言势位盘据朝野也;"白云回望合,青霭入看无",言徒有表而无内也;"分野中峰变,阴晴众壑殊",言恩泽偏也;"欲投人处宿,隔水问樵夫",言畏祸深也。([宋]阮阅《诗话总龟》前集卷六引《古今诗话》)

刘(辰翁)云:语不深僻,清夺众妙。([明]高棅《唐诗品汇》卷六十一)

工苦安排备尽矣!人力参天,与天为一矣! "连山到海隅"非徒为穷大语,读《禹贡》自知之。结语亦以形其阔大,妙在脱卸,勿但作诗中画观也。此正是"画中有诗"。([清]王夫之《唐诗评选》卷三)

"近天都"言其高,"到海隅"言其远,"分野"二句言其大,四十字中,无所不包,手笔不在杜陵下。或谓末二句似与通体不配,今玩其语意,见山远而人寡也,非寻常写景可比。([清]沈德潜《唐诗别裁集》卷九)

情景交融者,景中有情,情中有景,打成一片,不可分拆。如……右丞"白云回望合,青霭入看无","松风吹解带,山月照弹琴","行到水穷处,坐看云起时","时倚檐前树,远看原上村","大壑随阶转,群峰入户登"……皆是句中有人,情景兼到者也。([清]朱庭珍《筱园诗话》卷四)

神境。四十字中无一字可易,昔人所谓如四十位贤人。一结从小处见大,错综变化,最得消纳之妙。([清]黄培芳《唐贤三昧集笺注》卷上)

【赏析】

此诗大约是开元、天宝之际王维隐居终南山时所作。诗写终南山景色,着墨不多,却极为传神。首联先用夸张手法勾勒终南山总体轮廓,"近天都"极言其高,"到海隅"极言其广,也是诗人远眺时的感受。颔联写近景,"回望""入看",表明诗人已入山间。回首望去,刚走过之路,一片云海合拢无隙;向前望去,一片蒙蒙青霭,走进去,却又不见其踪。两句互文,极为真切生动地写出游山情形与感受。颈联写登山纵目景象,诗人立足"中峰",故可见群山极其广阔高远,"众壑"参差起伏,故犹如"阴晴"而"殊"态,写尽终南山雄阔苍莽之势。尾联收回自身,意欲投宿,既见天色向晚,诗人之游已自晨至暮,又见游兴未尽,还要留待明日再游,足见山景之美及诗人留恋之深,而以一"问"字收束全诗,则于完全的静景描述中加以音声,留不尽之余味。在这首诗中,诗人抓取最为典型的山景,表现岩峦起伏之万千姿态,极具尺幅万里之势,同时又以画家的笔法,写山中烟云变幻,直如一幅泼墨山水。

渭 川 田 家

斜光照墟落,穷巷牛羊归②。野老念牧童,倚杖候荆扉。雉雊麦苗秀③,蚕眠

---

① 分野:古人以二十八宿星座区分标志地上的界域。壑:山谷。殊:变化,不同。 ② 墟落:村落。穷巷:深巷。
③ 雉雊(gòu):野鸡鸣叫。

桑叶稀。田夫荷锄立,相见语依依。即此羡闲逸,怅然吟《式微》①。

【汇评】

通篇用"即此"二字括收前八句,皆情语,非景语,属词命篇,总与建安以上合辙。([清]王夫之《唐诗评选》卷二)

此瓣香陶柴桑。("野老"二句)肫挚朴茂,语臻自然。([清]黄培芳《唐贤三昧集笺注》卷上)

"吟《式微》",言欲归也,无感伤世衰意。([清]沈德潜《唐诗别裁集》卷一)

言随寓皆安也。末句慨叹之,即此不必另寻幽境也。闲,悠闲。逸,遗逸。《诗》:"式微,式微,胡不归?"盖因式微而羡闲逸也。([清]章燮《唐诗三百首注疏》卷一)

【赏析】

此诗为王维后期所作。自开元二十五年(737)张九龄罢相,李林甫专权,王维政治上失去依傍,有避世之想,故而对田园生活极为向往。在这首诗中,诗人首先描绘了一幅夕阳斜照中的乡村田园景象,在此背景上诗人紧接着落笔"归"字。先是"鸡栖于埘,日之夕矣,羊牛下来"(《诗经·君子于役》),而牛羊归之后必有牧童回,故有野老倚杖之候。一天劳作结束,田夫亦荷锄而归,而田间小道上偶然相遇,却絮语绵绵,大有乐而忘归之意。足见这"归"字中又含有浓厚的"情"味。不仅农人之间如此,就连自然界一切事物也都表现出一派和谐欢乐的景象。开始秀穗的麦地里,野鸡在欢快地鸣叫,那是在呼唤"意中人"呢!桑叶已无多,蚕儿也已蜕皮,不久便将吐丝结茧。末二句诗人点出内心,"羡闲逸""吟《式微》"与前面的描写形成鲜明的对比,人皆得其归宿,唯独自己未有归宿,流露出对政治的失望,对官场的厌倦。于是,思归之情与归景描绘密合无间,浑然一体,成为情景交融的佳篇。此外,全诗纯用白描语言,清新自然之中,充满浓郁情韵。

(许　总)

高　适

高适(702?—765),字达夫,渤海蓨(今河北景县)人。少贫寒,潦倒失意,曾北上蓟门和浪游梁宋。后客游河西,为哥舒翰书记。安史乱起,以监察御史佐哥舒翰守潼关。潼关失守,他奔赴行在,见玄宗陈述军事形势,迁侍御史,擢谏议大夫。后任淮南节度使,任彭州刺史,迁蜀州,代宗时为成都尹、剑南西川节度使,召为刑部侍郎,转左散骑常侍,卒,谥忠。高适以边塞诗成就最高,也有一些反映时事及民生疾苦的诗,语言质朴,直抒胸臆,气骨琅然,多慷慨悲壮之音。

---

① 式微:《诗经·邶风》有《式微》篇,其中写道"式微,式微,胡不归",这里取"胡不归"意。

适性拓落,不拘小节,耻预常科,隐迹博徒,才名自远。然适诗多胸臆语,兼有气骨,故朝野通赏其文。至如《燕歌行》等篇,甚有奇句。且余所最深爱者:"未知肝胆向谁是,令人却忆平原君。"吟讽不厌矣。(〔唐〕殷璠《河岳英灵集》卷上)

适年过五十,始留意诗什,数年之间,体格渐变,以气质自高,每吟一篇已,为好事者称诵。(〔后晋〕刘昫《旧唐书·高适传》)

左散骑常侍高适,朔气纵横,壮心落落,抱瑜握瑾,沉浮闾巷之间,殆侠徒也。故其为诗,直举胸臆,模画景象,气骨琅然,而词锋华润,感赏之情,殆出常表。视诸苏卿之悲愤,陆平原之惆怅,辞节虽离而音调不促,无以过之矣。(〔明〕徐献忠《唐诗品》)

高适、李颀不独七古见长,大段气体高厚,即今体亦复见骨格坚老,气韵沉雄。(〔清〕方南堂《辍锻录》)

燕 歌 行

开元二十六年,客有从御史大夫张公出塞而还者①,作《燕歌行》以示适,感征戍之事,因而和焉。

汉家烟尘在东北,汉将辞家破残贼②。男儿本自重横行,天子非常赐颜色③。摐金伐鼓下榆关,旌旆逶迤碣石间④。校尉羽书飞瀚海⑤,单于猎火照狼山⑥。山川萧条极边土,胡骑凭陵杂风雨⑦。战士军前半死生,美人帐下犹歌舞。大漠穷秋塞草腓⑧,孤城落日斗兵稀。身当恩遇恒轻敌,力尽关山未解围。铁衣远戍辛勤久,玉箸应啼别离后⑨。少妇城南欲断肠⑩,征人蓟北空回首。边庭飘飖那可度,绝域苍茫更何有?杀气三时作阵云,寒声一夜传刁斗。相看白刃血纷纷,死节从来岂顾勋?君不见沙场征战苦,至今犹忆李将军⑪。

【汇评】

词浅意深,铺排中即为讽刺,此道自《三百篇》来,至唐而微,至宋而绝。"少妇""征人"一联,倒一语乃是征人想他如此,联上"应"字,神理不爽。结句亦苦平淡,然如一匹衣著,宁令稍薄,不容有纇。(〔清〕

---

① 御史大夫张公:即营州都督、河北节度副大使张守珪。 ② 残贼:开元十八年(730),契丹大臣可突干弑其主李邵固叛唐,被信安王李祎击败,后又卷土重来,杀幽州道副总管,张守珪奉调,于开元二十二年两次击败之,杀可突干。开元二十四年秋至次年春,再出兵击败其余党,故称残贼。 ③ 赐颜色:给予荣宠及优礼。开元二十三年,张守珪献俘长安,玄宗亲设宴,赐酒赐诗,并封其为辅国大将军、右羽林大将军,封其二子为官,给以重赏。 ④ 摐(chuāng)金伐鼓:鸣金击鼓。榆关:山海关。碣石:山名。汉代在东北海边,六朝时没入海中。 ⑤ 校尉:武官,低于将军。羽书:插有鸟羽的紧急文书。瀚海:沙漠。 ⑥ 狼山:一称白狼山,在白狼河畔,时为奚及契丹境内。 ⑦ 凭陵:逼迫、侵略。其《蓟门行》亦有"胡骑虽凭陵,汉兵不顾身"之句。 ⑧ 腓(féi):衰萎。 ⑨ 玉箸:泪,指思妇之泪。 ⑩ 少妇城南:唐代长安城北为宫廷区,城南是住宅区,少妇城南指战士的妻子。 ⑪ 李将军:指李广(汉将),为抗击匈奴的名将。李广与匈奴大小七十余战,终不得封侯,故有"冯唐易老,李广难封"之说。

王夫之《唐诗评选》卷一）

　　达夫此篇，纵横出没如云中龙，不以古文四宾主法制之，意难见也。……《燕歌行》之主中主，在忆将军李牧善养士而能破敌。于达夫时，必有不恤士卒之边将，故作此诗。而主中宾，则"战士军前半死生，美人帐下犹歌舞""相看白刃雪纷纷，死节从来岂顾勋"四语是也（"岂顾勋"即"死是战士死，功是将军功"之意）。其余皆是宾中主。自"汉家烟尘"至"未解围"，言出师遇敌也。此下理当接以"边庭"云云，但径直无味，故横间以"少妇""征人"四语。"君不见"云云，乃出正意以结之也。文章出正面，若以此意行文，须叙李牧善养士能破敌之功烈，以激励此边将。诗用兴比出侧面，故止举"李将军"，使人深求而得，故曰："言之者无罪，而闻之者足以戒"也。（［清］吴乔《围炉诗话》卷二）

　　句中含双单字，此七古造句之要诀，盖如此则顿跌多姿，而不伤于虚弱，杜工部《渼陂行》多用此句法。转韵亦用对法。（［清］黄培芳语，见《唐贤三昧集笺注》卷下）

　　沈德潜云：刺边将佚乐，不恤士卒。通首叙关塞之苦，只以"战士"二句、"君不见"二句点睛。运意绝高。（［清］章燮《唐诗三百首注疏》卷三）

【赏析】

　　《燕歌行》乃乐府《相和歌辞·平调曲》旧题，歌辞多咏东北边地（燕地）征戍之苦及思妇相思之情，始见于曹丕之作。此诗亦然，只是对传统题材有所开拓。诗以张守珪平定契丹可突干及其余党叛乱的几次战争为背景，热烈歌颂了守边将士排除万难、克敌制胜的爱国精神。诗的开头先交代战争的地点及性质，写出唐军出师时一往无前的形象，接着极力渲染边地的艰苦，为将士们的献身报国做了很好的铺垫，然后转而抒发征人思妇相思之情。将士们也是血肉之躯，不能没有儿女、夫妇之情，然而大敌当前，只能忍受"少妇城南欲断肠，征人蓟北空回首"的感情熬煎。全诗的结尾运用"李广难封"的历史典故，把将士们的思想境界提升到一个更高的高度，他们拼死血战，含辛茹苦，甚至为国捐躯，并非为了个人的功名利禄。这就比众多为封万户侯而立功边塞的人思想高尚了许多。全诗四句一换韵，也差不多四句一转意，而且平仄韵交替，又大量运用律句与对仗，故虽充满金戈铁马之声却音节流利酣畅，从而成为唐代边塞诗之"第一大篇"。

（王步高）

附录一　备选课文

山　中　　［唐］王　维

荆溪白石出，天寒红叶稀。山路元无雨，空翠湿人衣。

汉江临眺　　［唐］王　维

楚塞三湘接，荆门九派通。江流天地外，山色有无中。郡邑浮前浦，波澜动远空。襄阳好风日，留醉与山翁。

与诸子登岘山　　［唐］孟浩然

人事有代谢，往来成古今。江山留胜迹，我辈复登临。水落鱼梁浅，天寒梦泽深。羊公碑尚在，读罢泪沾襟。

宿桐庐江寄广陵旧游　　［唐］孟浩然

山暝听猿愁，沧江急夜流。风鸣两岸叶，月照一孤舟。建德非吾土,维扬忆旧游。还将两行泪,遥寄海西头。

秋登万山寄张五　　[唐]孟浩然

北山白云里,隐者自怡悦。相望始登高,心随雁飞灭。愁因薄暮起,兴是清秋发。时见归村人,平沙渡头歇。天边树若荠,江畔舟如月。何当载酒来,共醉重阳节。

附录二　隋及初唐诗选

人日思归　　[隋]薛道衡

入春才七日,离家已二年。人归落雁后,思发在花前。

昔　昔　盐　　[隋]薛道衡

垂柳覆金堤,蘼芜叶复齐。水溢芙蓉沼,花飞桃李蹊。采桑秦氏女,织锦窦家妻。关山别荡子,风月守空闺。恒敛千金笑,长垂双玉啼。盘龙随镜隐,彩凤逐帷低。飞魂同夜鹊,倦寝忆晨鸡。暗牖悬蛛网,空梁落燕泥。前年过代北,今岁往辽西。一去无消息,那能惜马蹄?

野　　望　　[唐]王绩

东皋薄暮望,徙倚欲何依。树树皆秋色,山山唯落晖。牧人驱犊返,猎马带禽归。相顾无相识,长歌怀采薇。

在　狱　咏　蝉　　[唐]骆宾王

西陆蝉声唱,南冠客思侵。那堪玄鬓影,来对白头吟。露重飞难进,风多响易沉。无人信高洁,谁为表予心?

古　从　军　行　　[唐]李　颀

白日登山望烽火,黄昏饮马傍交河。行人刁斗风沙暗,公主琵琶幽怨多。野云万里无城郭,雨雪纷纷连大漠。胡雁哀鸣夜夜飞,胡儿眼泪双双落。闻道玉门犹被遮,应将性命逐轻车。年年战骨埋荒外,空见蒲桃入汉家。

从　军　行　　[唐]杨　炯

烽火照西京,心中自不平。牙璋辞凤阙,铁骑绕龙城。雪暗凋旗画,风多杂鼓声。宁为百夫长,胜作一书生。

和晋陵陆丞早春游望　　[唐]杜审言

独有宦游人,偏惊物候新。云霞出海曙,梅柳渡江春。淑气催黄鸟,晴光转绿蘋。忽闻歌古调,归思欲沾襟。

独　不　见　　[唐]沈佺期

卢家少妇郁金堂,海燕双栖玳瑁梁。九月寒砧催木叶,十年征戍忆辽阳。白狼河北音书断,丹凤城南秋夜长。谁谓含愁独不见,更教明月照流黄!

题大庾岭北驿　　[唐]宋之问

阳月南飞雁,传闻至此回。我行殊未已,何日复归来?江静潮初落,林昏瘴不开。明朝望乡处,应见陇头梅。

感　遇　　[唐]陈子昂

兰若生春夏,芊蔚何青青。幽独空林色,朱蕤冒紫茎。迟迟白日晚,袅袅秋风生。岁华尽摇落,芳意竟何成!

感　遇　　[唐]张九龄

兰叶春葳蕤,桂华秋皎洁。欣欣此生意,自尔为佳节。谁知林栖者,闻风坐相悦。草木有本心,何求美人折?

附录三　山水诗词·咏山

山中留客　　[唐]张　旭

山光物态弄春晖,莫为轻阴便拟归。纵使晴明无雨色,入云深处亦沾衣。

终南望余雪　　[唐]祖　咏

终南阴岭秀,积雪浮云端。林表明霁色,城中增暮寒。

望天门山　　[唐]李　白

天门中断楚江开,碧水东流至此回。两岸青山相对出,孤帆一片日边来。

独坐敬亭山　　[唐]李　白

众鸟高飞尽,孤云独去闲。相看两不厌,只有敬亭山。

望　岳　　[唐]杜　甫

岱宗夫如何,齐鲁青未了。造化钟神秀,阴阳割昏晓。荡胸生层云,决眦入归鸟。会当凌绝顶,一览众山小。

游　嵩　山　　[唐]熊　皎

独背焦桐访洞天,暂攀灵迹弃尘缘。深逢野草皆疑药,静见樵人恐是仙。翠木入云空自老,古碑横水莫知年。可怜幽景堪长往,一任人间岁月迁。

酒　泉　子　　[宋]潘　阆

长忆西山,灵隐寺前三竺后。冷泉亭上旧曾游。三伏似清秋。　　白猿时见攀高树。长啸一声何处去。别来几向画阑看。终是欠峰峦。

野　望　　[宋]翁　卷

一天秋色冷晴湾,无数峰峦远近间。闲上山来看野水,忽于水底见青山。

沁园春·忆黄山　　[宋]汪　莘

三十六峰,三十六溪,长锁清秋。对孤峰绝顶,云烟竞秀,悬崖峭壁,瀑布争流。洞里桃花,仙家芝草,雪后春正取次游。亲曾见,是龙潭白昼,海涌潮头。　　当年黄帝浮丘。有玉枕玉床还在不。向天都月夜,遥闻凤管,翠微霜晓,仰盼龙楼。砂穴长红,丹炉已冷,安得灵方闻早修。谁知此,问原头白鹿,水畔青牛。

水调歌头·焦山　［宋］吴　潜

铁瓮古形势，相对立金焦。长江万里东注，晓吹卷惊涛。天际孤云来去，水际孤帆上下，天共水相邀。远岫忽明晦，好景画难描。　混隋陈，分宋魏，战孙曹。回头千载陈迹，痴绝倚亭皋。惟有汀边鸥鹭，不管人间兴废，一抹度青霄。安得身飞去，举手谢尘嚣。

天平山中　［明］杨　基

细雨茸茸湿楝花，南风树树熟枇杷。徐行不记山深浅，一路莺啼送到家。

同金十一沛恩游栖霞寺望桂林诸山

［清］袁　枚

奇山不入中原界，走入穷边才逞怪。桂林天小青山大，山山都立青天外。我来六月游栖霞，天风拂面吹霜花。一轮白日忽不见，高空都被芙蓉遮。山腰有洞五里许，秉火直入冲乌鸦。怪石成形千百种，见人欲动争谽谺。万古不知风雨色，一群仙鼠依为家。出穴登高望众山，茫茫云海坠眼前。疑是盘古死后不肯化，头目手足骨节相钩连。又疑女娲氏，一日七十有二变，青红隐现随云烟。蚩尤喷妖雾，尸罗袒右肩，猛士植竿髮，鬼母戏青莲。我知混沌以前乾坤毁，水沙激荡风轮颠。山川人物熔在一炉内，精灵腾踔有万千，彼此游戏相爱怜。忽然刚风一吹化为石，清气既散浊气坚。至今欲活不得，欲去不能，只得奇形诡状蹲人间。不然造化纵有千手眼，亦难一一施雕镌。而况唐突真宰岂无罪，何以耿耿群飞欲刺天？金台公子酌我酒，听我狺言呼否否。更指奇峰印证之，出入白云乱招手。几阵南风吹落日，骑马同归醉兀兀。我本天涯万里人，愁心忽挂西斜月。

日观峰　［清］顾嗣立

群山向背东南缺，一声鸡鸣海波裂。黄云下坠黑云浮，金轮三丈鲜如血。当时李白平明来，风扫六合无纤埃。精神飞扬出天地，口吟奇句招蓬莱。我今黯黮失昏晓，双石凌虚自悄悄。安得快刃开烟云，直指扶桑穷杳渺。

塞外杂吟　［清］林则徐

天山万笏耸琼瑶，导我西行伴寂寥。我与山灵相对笑，满头晴雪共难消。

附录四　山水诗词·咏水

石壁精舍还湖中作［南朝宋］谢灵运

昏旦变气候，山水含清晖。清晖能娱人，游子憺忘归。出谷日尚早，入舟阳已微。林壑敛暝色，云霞收夕霏。芰荷迭映蔚，蒲稗相因依。披拂趋南径，愉悦偃东扉。虑澹物自轻，意惬理无违。寄言摄生客，试用此道推。

入若耶溪　［南朝梁］王　籍

艅艎何泛泛，空水共悠悠。阴霞生远岫，阳景逐回流。蝉噪林逾静，鸟鸣山更幽。此地动归念，长年悲倦游。

桃花溪　［唐］张　旭

隐隐飞桥隔野烟，石矶西畔问渔船。桃花尽

日随流水,洞在清溪何处边?

早寒江上有怀　　[唐]孟浩然

木落雁南度,北风江上寒。我家襄水曲,遥隔楚云端。乡泪客中尽,孤帆天际看。迷津欲有问,平海夕漫漫。

陪族叔刑部侍郎晔及
中书贾舍人至游洞庭五首(选二)
[唐]李　白

南湖秋水夜无烟,耐可乘流直上天。且就洞庭赊月色,将船买酒白云边。

帝子潇湘去不还,空余秋草洞庭间。淡扫明湖开玉镜,丹青画出是君山。

曲江二首(选一)　　[唐]杜　甫

朝回日日典春衣,每日江头尽醉归。酒债寻常行处有,人生七十古来稀。穿花蛱蝶深深见,点水蜻蜓款款飞。传语风光共流转,暂时相赏莫相违。

兰溪棹歌　　[唐]戴叔伦

凉月如眉挂柳湾,越中山色镜中看。兰溪三日桃花雨,半夜鲤鱼来上滩。

望洞庭　　[唐]刘禹锡

湖光秋月两相和,潭面无风镜未磨。遥望洞庭山水翠,白银盘里一青螺。

利州南渡　　[唐]温庭筠

澹然空水对斜晖,曲岛苍茫接翠微。波上马

嘶看棹去,柳边人歇待船归。数丛沙草群鸥散,万顷江田一鹭飞。谁解乘舟寻范蠡,五湖烟水独忘机。

楚江怀古　　[唐]马　戴

露气寒光集,微阳下楚丘。猿啼洞庭树,人在木兰舟。广泽生明月,苍山夹乱流。云中君不降,竟夕自悲秋。

野　塘　　[唐]韩　偓

侵晓乘凉偶独来,不因鱼跃见萍开。卷荷忽被微风触,泻下清香露一杯。

送人游吴　　[唐]杜荀鹤

君到姑苏见,人家尽枕河。古宫闲地少,水港小桥多。夜市卖菱藕,春船载绮罗。遥知未眠月,乡思在渔歌。

题金陵渡　　[唐]张　祜

金陵津渡小山楼,一宿行人自可愁。潮落夜江斜月里,两三星火是瓜洲。

浣　溪　沙　　[五代]孙光宪

蓼岸风多橘柚香,江边一望楚天长。片帆烟际闪孤光。　目送征鸿飞杳杳,思随流水去茫茫。兰红波碧忆潇湘。

酒　泉　子　　[宋]潘　阆

长忆观潮,满郭人争江上望。来疑沧海尽成空。万面鼓声中。　弄潮儿向涛头立。手把红旗旗不湿。别来几向梦中看。梦觉尚心寒。

水调歌头·沧浪亭　　　[宋]苏舜钦

潇洒太湖岸,淡伫洞庭山。鱼龙隐处,烟雾深锁渺瀰间。方念陶朱张翰,忽有扁舟急桨,撇浪载鲈还。落日暴风雨,归路绕汀湾。　　丈夫志,当景盛,耻疏闲。壮年何事憔悴,华发改朱颜。拟借寒潭垂钓,又恐鸥鸟相猜,不肯傍青纶。刺棹穿芦荻,无语看波澜。

鹧鸪天·兰溪舟中　　　[宋]韩　淲

雨湿西风水面烟。一巾华发上溪船。帆迎山色来还去,橹破滩痕散复圆。　　寻浊酒,试吟篇。避人鸥鹭更翩翩。五更犹作钱塘梦,睡觉方知过眼前。

风　入　松　　　[宋]俞国宝

一春长费买花钱。日日醉花边。玉骢惯识西湖路,骄嘶过、沽酒楼前。红杏香中箫鼓,绿杨影里秋千。　　暖风十里丽人天。花压鬓云偏。画船载取春归去,馀情寄、湖水湖烟。明日重扶残醉,来寻陌上花钿。

中吕·普天乐·平沙落雁
　　　　　　　　　　　　　[元]鲜于必仁

稻粱收,菰蒲秀。山光凝暮,江影涵秋。潮平远水宽,天阔孤帆瘦。雁阵惊寒埋云岫,下长空飞满沧洲。西风渡头,斜阳岸口,不尽诗愁。

中秋夜洞庭湖对月歌　　　[清]查慎行

长风驱云几千里,云气蓬蓬天冒水。风收云散波乍平,倒转青天作湖底。初看落日沉波红,素

月欲升天敛容。舟人回首尽东望,吞吐故在冯夷宫。须臾忽自波心上,镜面横开十余丈。月光浸水水浸天,一派空明互回荡。此时骊龙潜已深,目眩不得衔珠吟。巨鱼无知作腾踔,鳞甲一动千黄金。人间此境知难必,快意翻从偶然得。遥闻渔父唱歌来,始觉中秋是今夕。

后　观　潮　行　　　[清]黄景仁

海风卷尽江头叶,沙岸千人万人立。怪底山川忽变容,又报天边海潮入。鸥飞艇乱行云停,江亦作势如相迎。鹅毛一白尚天际,倾耳已是风霆声。江流不合几回折,欲折涛头如折铁。一折平添百丈飞,浩浩长空舞晴雪。星驰电激望已遥,江塘十里随低高。此时万户同屏息,想见窗棂齐动摇。潮头障天天亦暮,苍茫却望潮来处。前阵才平罗刹矶,后来又没西兴树。独客吊影行自愁,大地与身同一浮。乘槎未许到星阙,采药何年傍祖洲。赋罢观潮长太息,我尚输潮归即得。回首重城鼓角哀,半空纯作鱼龙色。

水调歌头·望湖楼　　　[清]郭　麐

其上天如水,其下水如天。天容水色渌净,楼阁镜中悬。面面玲珑窗户,更著疏疏帘子,湖影淡于烟。白雨忽吹散,凉到白鸥边。　　酌寒泉,荐秋菊,问坡仙。问君何事,一去七百有余年? 又问琼楼玉宇,能否羽衣吹笛,乘醉赋长篇? 一笑我狂矣,且放总宜船。

自钱塘至桐庐舟中杂诗　[清]刘嗣绾

一折青山一扇屏,一湾碧水一条琴。无声诗与有声画,须在桐庐江上寻。

附录五　读《燕歌行》参考

睢阳酬别畅大判官（节选）　　高　适

……言及沙漠事，益令胡马骄。大夫拔东蕃，声冠霍嫖姚。兜鍪冲矢石，铁甲生风飚。诸将出井陉，连营济石桥。酋豪尽俘馘，子弟输征徭。边庭绝刁斗，战地成渔樵。榆关夜不扃，塞口长萧萧……

宋中送族侄式颜（节选）　　高　适

时张大夫贬括州，使人召式颜，遂有此作。

大夫东击胡，胡尘不敢起。胡人山下哭，胡马海边死。部曲尽公侯，舆台亦朱紫。当时有勋业，末路遭谗毁。转旆燕赵间，剖符括苍里。弟兄莫相见，亲族远纷梓。不改青云心，仍招布衣士。平生怀感激，本欲候知己……

附录六　盛唐诗选

送魏万之京　　李　颀

朝闻游子唱离歌，昨夜微霜初渡河。鸿雁不堪愁里听，云山况是客中过。关城树色催寒近，御苑砧声向晚多。莫见长安行乐处，空令岁月易蹉跎。

望　蓟　门　　祖　咏

燕台一去客心惊，笳鼓喧喧汉将营。万里寒光生积雪，三边曙色动危旌。沙场烽火连胡月，海畔云山拥蓟城。少小虽非投笔吏，论功还欲请长缨。

送李少府贬峡中王少府贬长沙　　高　适

嗟君此别意何如，驻马衔杯问谪居。巫峡啼猿数行泪，衡阳归雁几封书。青枫江上秋帆远，白帝城边古木疏。圣代即今多雨露，暂时分手莫踌躇。

除　夜　作　　高　适

旅馆寒灯独不眠，客心何事转凄然？故乡今夜思千里，霜鬓明朝又一年。

长　信　秋　词　　王昌龄

奉帚平明金殿开，且将团扇共徘徊。玉颜不及寒鸦色，犹带昭阳日影来。

附录七　隋唐边塞诗

出塞二首（选一）　　［隋］杨　素

汉虏未和亲，忧国不忧身。握手河梁上，穷涯北海滨。据鞍独怀古，慷慨感良臣。历览多旧迹，风日惨愁人。荒塞空千里，孤城绝四邻。树寒偏易古，草衰恒不春。交河明月夜，阴山苦雾辰。雁飞南入汉，水流西咽秦。风霜久行役，河朔备艰辛。薄暮边声起，空飞胡骑尘。

从 军 行　　　　　[唐]王昌龄

青海长云暗雪山,孤城遥望玉门关。黄沙百战穿金甲,不破楼兰终不还。

塞下曲六首(选一)　　[唐]李　白

五月天山雪,无花只有寒。笛中闻折柳,春色未曾看。晓战随金鼓,宵眠抱玉鞍。愿将腰下剑,直为斩楼兰。

走马川行奉送封大夫出师西征
[唐]岑　参

君不见走马川行雪海边,平沙莽莽黄入天!轮台九月风夜吼,一川碎石大如斗,随风满地石乱走。匈奴草黄马正肥,金山西见烟尘飞,汉家大将西出师。将军金甲夜不脱,半夜军行戈相拨,风头如刀面如割。马毛带雪汗气蒸,五花连钱旋作冰,幕中草檄砚水凝。虏骑闻之应胆慑,料知短兵不敢接,车师西门伫献捷。

碛 中 作　　　　　[唐]岑　参

走马西行欲到天,辞家见月两回圆。今夜不知何处宿,平沙万里绝人烟。

逢入京使　　　　　[唐]岑　参

故园东望路漫漫,双袖龙钟泪不干。马上相逢无纸笔,凭君传语报平安。

塞上曲二首(其二)　　[唐]戴叔伦

汉家旌帜满阴山,不遣胡儿匹马还。愿得此身长报国,何须生入玉门关!

军 城 早 秋　　　　[唐]严　武

昨夜秋风入汉关,朔云边月满西山。更催飞将追骄虏,莫遣沙场匹马还。

夜上受降城闻笛　　　[唐]李　益

回乐峰前沙似雪,受降城外月如霜。不知何处吹芦管,一夜征人尽望乡。

塞下曲(二首)　　　　[唐]卢　纶

林暗草惊风,将军夜引弓。平明寻白羽,没在石棱中。

月黑雁飞高,单于夜遁逃。欲将轻骑逐,大雪满弓刀。

陇 西 行　　　　　[唐]陈　陶

誓扫匈奴不顾身,五千貂锦丧胡尘。可怜无定河边骨,犹是春闺梦里人。

己亥岁(二首选一)　　[唐]曹　松

泽国江山入战图,生民何计乐樵苏。凭君莫话封侯事,一将功成万骨枯。

附录八　唐代山水诗概述

中国地大物博,山水众多,千姿百态的山水,既是大自然造物的骄子,又成为与人类相伴的生活环境。因此,在作为人类精神活动产物的文学中,山水就几乎与整个文学史的发展相始终。早在《诗经》《楚辞》中,就有不少作品描写了山川景物。但《诗经》中的山水主要是作为比兴之用,《楚辞》中的山水则主要是神灵活动的背景,自然山水远未成为一种独立的审美对象。汉代文人诗兴起,山水在文人笔下频繁出现,但山水描写本身仍然作为抒情言怀的渲染和衬托,并未转化为独立的审美对象。

作为一种诗歌类型的山水诗,正式兴起于六朝的晋宋之际,脱胎于借助自然美景体悟自然之道的玄学思潮。谢灵运是第一个大量写作山水诗的重要诗人。经过齐梁的演变,山水诗题材不断扩大,风格日趋多样,为唐代山水诗创作的繁盛做了多方面的准备。

唐代是山水诗创作的极盛时期,也是山水诗作为一个诗派的形成时期。

入唐之初,由于宫廷诗风的影响,山水诗题材基本上局限于宫廷池苑的范围内,诗人具体描写的是台阁山池之类人造山水,以之互相酬唱。自号称"初唐四杰"的卢照邻、骆宾王、王勃、杨炯发起针对宫廷诗风的文学革命,山水题材方走向真正的自然山水,正如闻一多先生所说,四杰将宫廷诗"从台阁移至江山与塞漠"。走出宫苑园亭的游览宴集,四杰在漫长的行役中置身于广袤的山川,他们的山水诗也就脱离了宫廷池苑,而成为对大自然雄奇秀丽之美的惊喜发现与醉心沉迷。这种以行役写山水的途径,无疑扩大了山水诗的描绘视野。当然,四杰山水诗风格技巧并未完全脱出齐梁以迄唐初窠臼,如多有花鸟鱼蝶、草树涧泉等细景闲趣以及清浅鲜丽的色彩风调,然而,由于胸中蕴蓄着宏大的抱负与郁抑的意气,四杰山水诗在写景中往往注入强烈的情感意绪,这就不仅体现为对唐初宫廷山水诗的超越,而且实际上将晋宋山水诗传统提高到一个新的层次。

紧接四杰之后,对山水诗做出新的贡献的是陈子昂、杜审言、沈佺期、宋之问等人。他们大多有过贬谪的经历,在羁旅途中写下许多纪行诗,在蛮荒贬所写下许多纪实诗,其中相当一部分就是优秀的山水诗。同时,在外在表现方面,他们从古体和近体两方面都对山水诗的体式做出了杰出的贡献。一方面,针对唐初山水诗沿袭齐梁,他们极力倡导谢灵运的五古体,以复兴山水古调;另一方面,亦使近体诗格律更加规范严整,改变唐初近体诗粗糙的现象,使山水之体更为凝练,

山水之咏更富余韵,从而为盛唐山水诗的更大发展打下坚实的基础。

对盛唐山水诗的繁盛具有直接影响的还有张说和张九龄。张说在被贬谪岳州(今湖南岳阳)时写作了大量山水诗,《新唐书》本传就称其在岳州时创作"得江山之助"。在他周围还聚集了一批同时迁谪的文人,形成一个文人群体,在湖湘一带兴起吟咏山水之风气。张九龄的山水诗则善于以宏大的气魄描绘山川形胜,同时寓含深沉的历史思索,被称为"寓神俊于庄严之内"。由于二张先后在开元年间拜相,是公认的一代时哲文宗,他们不仅自己创作了大量优秀篇章,而且以"天然壮丽"的审美理想引导文风,实际上盛唐时期的重要诗人几乎都是经他们提拔而走上文坛的,因此,二张对盛唐诗人的影响最为直接。明代人胡应麟《诗薮》说张九龄"首创清淡之派,盛唐继起,孟浩然、王维、储光羲、常建、韦应物,本曲江之清淡,而益以风神者也",正描画出唐代山水诗派发展的大体脉络。

在盛唐时期,山水实际上是一极普遍的题材,重要诗人如李白、杜甫、高适、岑参以及王昌龄、李颀等无不大量涉足山水诗的创作。但是,文学史上习惯地把所谓的"王孟诗派"视作山水诗派,而通常只将储光羲、祖咏、卢象、常建等几个诗人划归这一诗派。山水诗在盛唐时期达到文学史上的极盛,自有其内在的原因。第一,唐代富庶的社会经济为士人提供了优裕的生活条件,形成山庄别业化的生活环境,到盛唐时,别业进而普及到下层士人,其构筑多依山傍水,使得山水成为诗歌创作的重要背景因素;第二,为了适应太平盛世的氛围,玄宗热衷于招纳隐士高人,造成一种普遍的隐居风尚,积极仕进的文人往往通过"终南捷径"博取功名,已登仕途者则过着亦官亦隐的生活,罢官或致仕后更是"归山买薄田",由此促使广大文人始终保持着从容悠雅心境以欣赏山水自然之趣,形成无论仕隐都加入山水诗创作行列的繁盛景观;第三,在盛唐时期强盛的时代精神感召下,广大士人既充满建功立业的热情与理想,又努力保

持高尚超俗的道德人格建构,形成一种通达的处世原则与人生观念,因此,尽管遭遇挫折,亦绝无幽愤郁结,而是恰恰诱发出对山水自然之美的发现与追求。可见,在山水题材创作的兴盛中,有着多重社会的和心理的因素,因此造成山水诗创作环境的广袤性及其内质的多重性。从创作环境看,山水诗大多写于著名的风光优美之地,如终南山、嵩山、庐山以及吴越、齐鲁、巴蜀等,几乎遍及当时除边疆塞外及蛮荒之域的所有地区。从内质构成看,文人形成宽阔化与通达化的心理涵量与特征,不仅促使诗人摆脱俗套与功利的束缚,得以真正进入自然之美的境界,而且以旷放的精神与行止突破具体别业范围,将山水诗的自然与社会背景推向无限广阔,成为追求人格独立与心灵自由的重要象征。

在盛唐时期山水诗极为广泛的创作中,最杰出的代表无疑是孟浩然与王维。孟浩然的山水诗大多取材于日常生活,表现出朴素自然的生活情调,其代表作如《夜归鹿门山歌》《过故人庄》《夏日南亭怀辛大》《秋登万山寄张五》《山中逢道士云公》等,无论是高士形象的塑造、山中登览的意趣,还是乡村风光的勾勒、偕隐过从的情谊,都既见淡远清旷、超然脱俗的诗境,又不失朴素真诚、生动活泼的生机。王维的山水诗则主要体现为画家的取景方式,并经艺术的提炼与纯化,构成一幅幅既清新明净又悠淡静谧的水墨画卷,其代表作如《终南山》《山居即事》《山居秋暝》《山中》《汉江临眺》等,皆在人与自然的依恋、沟通乃至融合之中展现出气韵生动的绘画美与诗境美,将这一题材的艺术成就推到了前所未有的高度。

继王维、孟浩然将山水诗艺术表现发展到极致之后,这一题材在中唐时期仍有较为广泛的创作。大历时期,以钱起为代表的"十才子"以及以刘长卿为代表的江南诗人群都以王、孟为楷范,大量写作山水诗,并形成清雅空灵的艺术风格。稍后,山水诗创作成就较著的是韦应物和柳宗元。韦应物的山水诗大多写于宦游行旅场合,柳宗元的山水诗则大多写于长期贬放之地,由于时代氛围与主体心态的差异,王、孟诗中优美清淡的意境到韦、柳诗中已变成萧散孤寂,并且愈益与禅境结合起来,使山水诗愈趋空冷。前人评论唐代山水诗,每以"王、孟、韦、柳"并称,可以说,从王、孟到韦、柳,正显示了唐代山水诗创作整体的演进轨迹和构成主干。

唐代之后,山水诗创作显然已不能构成一个明显的诗派,但诗人的创作数量更为巨大,艺术技巧亦时有创新,特别是随着时代文化氛围和审美时尚的演化,山水诗既融入了时代思潮的主流之中,又以其精巧的艺术形式表现出文学风尚的变迁。因此,从特定时代创作思潮和体派的角度看,山水诗似乎专属于唐代,但从一种文学创作题材的角度看,山水诗传统源远流长,几乎贯穿了中国文学史之始终。

(许　总)

附录九　《燕歌行》主题辨

高适的《燕歌行》是盛唐边塞诗的代表作之一。近人赵熙称之为高适诗中"第一大篇",也是唐诗中的第一流名篇。

《燕歌行》乃乐府旧题,最早见于魏文帝曹丕之作。其内容"言时序迁换,行役不归,妇人怨旷无所诉也"(《乐府解题》),或云"燕,地名也,言良人行役于燕,而为此曲"(《广题》)。那么,高适《燕歌行》的内容如何?它有无本事?前辈学者对此说法不一,具有代表性的看法有下列几种:

其一,认为并无本事。清人何焯评曰:"常侍有《燕歌行》一首,亦是梁陈格调。"又明人唐汝询曰:"此述征戍之苦也,言烟尘在东北,原非犯我内地,汉将所破特余寇耳。盖此辈本重横行,天子乃厚加礼貌,能不生边衅乎?于是鸣金鼓,建旌旆,以临瀚海,适值单于之猎,凭陵我军。我军死者过半,主将方且拥美姬歌舞帐下,其不惜士卒乃尔。是以当防秋之际,斗兵日稀,然主将不以为意者,以其恃恩而轻敌也。何为使士卒力尽关山未得罢归乎？戍既久，室家相望之情极矣，则又述士卒之意曰：吾岂欲树勋于白刃间耶？既苦征战，则思古之李牧为将，守备为本，亦庶几哉！"（《唐诗解》卷十六）

其二，认为事关幽州节度使张守珪，是歌颂还是讽刺难定，但定有所指。此说始于清人陈沆："张守珪为瓜州刺史，完修故城，版筑方立，虏奄至，众失色，守珪置酒城上，会饮作乐，虏疑有备，引去。守珪因纵兵击败之，故有'战士军前半死生，美人帐下犹歌舞'之句，然其时守珪尚未建节，此诗作于开元二十六年建节之时，或追咏其事，抑或刺其末年富贵骄逸，不恤士卒之词，均未可定。要之观其题序，断非无病之呻也。"（《诗比兴笺》卷三）

其三，即刺张守珪说。今人岑仲勉说："此刺张守珪也……二十六年，击奚，讳败为胜，诗所由云'孤城落日斗兵稀，身当恩遇常轻敌，力尽关山未解围'也。"（《读全唐诗札记》前此赵熙亦云："其于守珪有微词，盖与国史相表里也。"似与岑仲勉观点相似。

从以上几说不难看出，"刺张守珪说"出现最晚，但由于岑仲勉在文学、史学界的地位，这一说法成了当今占统治地位的说法。

1980年《文史哲》第2期发表蔡义江《高适燕歌行非刺张守珪辨》一文，对岑仲勉说提出了不同的说法。蔡义江说："高适《燕歌行》讽主将骄逸轻敌，不恤士卒，致使战事失利，此说诗者并无异议。""然细看序文，知高适所刺者并非张守珪。"又说："客所示高适之《燕歌行》未知作于何时，或在还归之前；若然，则客诗所言之事，更必在二十六年之前。""守珪裨将赵堪，白真陀罗等逼令平卢军使乌知义邀叛奚与战湟水之北，先胜后败。此事乃赵堪等'假以守珪之命'而为之者，实与守珪无干。至事后守珪知而隐其败状，以克获奏闻，《唐书》本传虽记为二十六年，但真相泄露，守珪坐贬括州刺史，实乃二十七年之事。故《资治通鉴》……载入开元二十七年。此又二十六年已'从张公出塞而还'之客与高适均不得预闻者。"

蔡义江谓讥刺的对象是指开元二十四年奉命讨奚、契丹而轻敌致败的安禄山。文中引《资治通鉴》《新唐书·张九龄传》《张曲江文集》中《上张守珪书》《上平卢卢将士书》。由以上记载，蔡义江云："知禄山入朝，本恃勇骄塞，以后又得玄宗宥赦，则高适诗'天子非常赐颜色'，或于明皇亦有微词。"又云："安禄山喜好歌舞声色，能自作胡旋舞，此史书中屡见，与诗中'美人帐下犹歌舞'亦合。"甚至认为这是"有感于禄山重罪不诛之事，因此作《燕歌行》以寄讽。"

此后几年，唐诗研究者就高适《燕歌行》之本事及所感"征戍之事"，究竟针对什么而言，开展了深入的探讨，其中陈伯海发表于《中文自学指导》1985年第6期的《高适〈燕歌行〉三题》，是一篇带有总结性的文章。他反对《燕歌行》为"刺张守珪而作"；对"刺安禄山作"之说也做了分析，认为"根据也很薄弱"。他说："《燕歌行》中有'身当恩遇常轻敌'一句，常被引为诗歌批评将帅轻敌致败的佐证，实属误解。细观上下文意，这里不是单指统帅，而是总写作战的将士。"又云："轻敌显然不是轻敌冒进的意思，而是指藐视敌人，甘愿为报答国恩而奋战到底。"由此他认为"不必拘泥于一时一事。高适本人是一位胸有宏图、好谈王霸大略的诗人。开元十八、十九年至二十二年间，他曾北上漫游蓟门，对边地生活和军事形势有亲身体验。这次再听从友人叙说前方所见所闻，自然会激起自己的种种回忆与感受，于是用诗歌的形式集中反映出来，就成了这首《燕歌行》"。

笔者的《高适的〈燕歌行〉》（见《爱国诗词鉴赏辞典》）也不同意"刺张守珪说"，认为这是一首爱国的颂歌。说此诗为张守珪而作，似无疑问。但"所指应是开元二十四年深秋至次年二月再讨契丹之事。其间也融合了诗人六年前两次出蓟门的经验以及对张守珪出守幽燕后多次战绩的了解"。文中追溯了与奚、契丹战事的历史演变情况后指出，开元二十四年安禄山讨奚、契丹叛者恃勇轻进，为虏所败以后，丞相张九龄曾起草诏令令张守珪"可秣马训兵，候时而动，草衰木落，其则不远。

近者所征万人,不日即令进发。大集之后,诸道齐驱,蕞尔凶徒,何足歼尽。"(张九龄《敕幽州节度张守珪书》)这年深秋,张守珪发起讨奚、契丹的战争,直至开元二十五年二月在捺禄山才大破敌军。张九龄又草诏谓张守珪曰:"一二年间,凶党尽诛,亦由卿指挥得所,动不失宜。"诗前小序谓"客有从御史大夫张公出塞而还者","客"所以出塞者,也当指这一次(或亦包括前几次)。于此诗稍后作的《宋中送族侄式颜,时张大夫贬括州使人召式颜,遂有此作》及《睢阳酬别畅大判官》二诗中更对张守珪的功绩进行了极高的赞许,对其"末路遭谗毁"表示深切的同情。

如此说成立,与诗中所言也更吻合。开头即云"汉家烟尘在东北,汉将辞家破残贼"。契丹自开元二十年以来已先后败于李祎及张守珪,这次出师,可突干已死,挑起战事的仅其余党而已。诗中"天子非常赐颜色"句,指张守珪前次击败奚、契丹后,于开元二十三年春赴东都献捷,皇帝赐宴并作诗奖赏,升其官为辅国大将军、右羽林大将军,给以极高的物质奖励且任其二子为官,并于幽州立碑记功。《资治通鉴》甚至有"上美张守珪之功,欲以为相"的记载,因张九龄坚决反对才未实行。这便是"天子非常赐颜色"的内容。

文中谓"战士军前半死生,美人帐下犹歌舞"句,并非指军中的不平等,也非讽刺将官的骄奢淫逸。因为诗词中"战士"只有在与"将军"对举时才专指士兵,而在其他情况下则指"军人""将士"。这一联中,"战士军前半死生"可解为"将士军前半死生","美人帐下犹歌舞"也仅是反映士们于苦中作乐,而非有讽刺之意,更不是反映张守珪"不恤士卒"或是"军中苦乐不均"。高适此前曾北上

蓟州,亲自领略过守边将士的生活艰辛。他很赞赏将士们在艰苦环境中适当宴乐。其《陪窦侍御灵云南亭宴诗序》中即云:"军中无事,君子饮食宴乐,宜哉。白简在边,清秋多兴,况水具舟楫,山兼亭台,始临泛而写烦,俄登陟以寄傲,丝桐徐奏,林木更爽,觞蒲萄以递欢,指兰芷而可掇。胡天一望,云物苍然,雨萧萧而牧马声断,风飒飒而边歌几处,又足悲矣。"这段文字是深悟边庭将士甘苦之辞。何况古代战争属"兵来将挡,水来土掩"的战法,往往将对将、兵对兵地格斗,不能设想大批士兵在前方拼死战斗,而将领却在后方饮酒歌舞,莫说这讽刺张守珪不可能,讽刺其他将领也难以成立。

笔者认为诗的结句"至今犹忆李将军"句,同样不是讽刺将官不恤士卒。这两句与"死节从来岂顾勋"意脉相连,李广尝言,"广结发与匈奴大小七十余战","然无尺寸之功以得封邑。"(《史记·李将军列传》)此处用"李将军"取其不得封侯意,类似的句子在高适其他诗中也时有出现,如:"谁知此行迈,不为觅封侯","勋庸今已矣,不识霍将军","李广从来先将士,卫青未肯学孙吴"……显然,这里诗人抒发的是只要能报效祖国,哪怕像李广那样终生不得封侯也甘心的爱国情感。所以说,这是一首爱国的颂歌,讽刺论以及多主题论,均是错误的。

因为《燕歌行》在文学史上的崇高地位,对其本事的争论还会继续下去。但争论的各方,将逐渐对某些旧说取得否定的一致意见,对这样一首盛唐边塞诗的代表作的理解也将会深入一步。

（王步高）

附录十　唐代边塞诗概说

边塞诗是以边疆地区自然风光和边地军民生活为题材的诗。它与军旅、战争题材的诗作有联系却又不能画等号。唐代是我国边塞诗创作最为繁荣的时代,如今一些脍炙人口的名篇佳作大多产生于这一时期。

其实,边塞诗是伴随我国疆域的相对不稳定而产生的。东汉以后,战争频繁,反映征人思妇之作,反映边地战争艰苦之作渐渐多了起来,陈琳的《饮马长城窟行》、曹丕的《燕歌行》、鲍照的《代出自蓟北门行》……这些乐府诗中的名篇杰作均以

边塞为题材。又如蔡琰(文姬)的《胡笳十八拍》《悲愤诗》,以及后世的徐陵《关山月》、王褒《渡河北》、庾信《咏怀》诗中的部分作品,也都为边塞诗史留下了辉煌的篇章。隋代历史短暂,诗歌数量不多,也无一流的大家,但其对外战争几乎从未间断,故边塞诗作特别发达。卢思道《从军行》、明余庆《从军行》、何妥《入塞》、杨广《饮马长城窟行》《白马篇》《纪辽东》、杨素《出塞二首》、薛道衡《出塞二首》、王胄《白马篇》《纪辽东二首》、虞世基《出塞二首》……不仅均以边塞为题材,而且创作水准都很高,出现了多位诗人同题唱和边塞诗的盛况。显然,这为盛唐边塞诗的繁荣及边塞诗派的出现,奠定了基础。

唐代最终结束了自东汉末年以来四百多年战乱和不安定的局面,国家的疆域也大大拓展,与周边国家的关系也出现了崭新的局面。唐代建立初年,高祖李渊不得不经常贿赂最大的外部威胁——东突厥,尽管如此,东突厥人仍屡犯太原及京城长安,高祖甚至考虑迁都。后来,唐王朝与周边外族政权——不论其是否为唐王朝的保护国——先后发生过许多次战争,如与吐蕃、东西突厥、奚、契丹的多次战争,成了唐代边塞诗反映的内容,许多诗人或从军边塞、参与军幕,或去边塞(如幽蓟一带)旅行,诗中有一定边塞生活的切身体验,也有的则是依据别人介绍或间接资料,或只是翻用乐府旧题……然而无论何种途径,都使唐代边塞诗创作出现了万紫千红的繁荣局面。

唐代边塞诗在一些由隋入唐的诗人及初唐诗人的笔下便已较多出现。初唐时期的骆宾王是写作边塞诗较多的作家。他有过数度从军的经历,高宗咸亨年间还从军塞上,从而写下较多反映军旅生活的边塞诗,如《边庭落日》《从军行》《早秋出塞》《在军中赠先还知己》《从军中行路难二首》《宿温城望军营》《在军登城楼》《晚度天山有怀京邑》《夕次蒲类津》《送郑少府入辽共赋侠客远从戎》……除了盛唐的少数边塞诗大家外,骆宾王写边塞诗也比较多,质量也算比较好的了,诗

中不仅写到边塞风光,也写出从军将士生活的艰辛和不安定,如:"云疑上苑叶,雪似御沟花","落雁低秋塞,惊凫起暝湾","风旗翻翼影,霜剑卷龙文","阴山苦雾埋高垒,交河孤月照连营","弓弦抱汉月,马足践胡尘","阵去金河冷,书归玉塞寒"……诗中还抒发了杀敌报国、建功立业的抱负和京国之思以及思乡怀归之意。其笔触所及,已大致能涵盖盛唐边塞诗鼎盛时期的大多领域,题材开阔,而且格调高亢。与此同时,初唐的其他著名作家如杨炯、沈佺期、陈子昂、郭元振、李峤、崔融、杜审言等均写下一些边塞诗作,诗人向往军旅生活,希望立功边塞、报效国家,如杨炯《从军行》:"烽火照西京,心中自不平。牙璋辞凤阙,铁骑绕龙城。雪暗凋旗画,风多杂鼓声。宁为百夫长,胜作一书生。"杜审言之《旅寓安南》则把殊方的气候、物产写得新颖别致:"交趾殊风候,寒迟暖复催。仲冬山果熟,正月野花开。积雨生昏雾,轻霜下震雷。故乡逾万里,客思倍从来。"一些未必到过边塞的诗人也都纷纷仿效写作边塞诗,一时蔚为风气。读这一时期的诗作,边塞诗是一道亮丽的风景线,是初唐诗作中成就较突出的部分,为盛唐边塞诗派的出现做了很好的前期准备。

盛唐是边塞诗创作的鼎盛时期,涌现过著名的边塞诗派,可以直接归入这一诗派的作家并不多,创作过边塞诗的盛唐作家则是一个颇为庞大的群体,其作家人数、作品数量之多,都是前无古人、后无来者的。盛唐大诗人李白、杜甫都写过一些精妙绝伦的边塞诗作,而成为其代表作的一个部分。如李白的《关山月》《战城南》《北风行》《幽州胡马客歌》《塞下曲六首》……杜甫的《兵车行》《前出塞九首》《后出塞五首》《高都护骢马行》,王昌龄的《从军行》《出塞》……盛唐一些诗人如陶翰、刘长卿、常建、储光羲、祖咏、刘湾、王之涣等,也都写过一定数量的边塞之作。这些作品塑造了边庭将士英勇杀敌、保卫边疆的英雄形象,写出了边地艰苦,将士报国献身的精神。而盛唐边塞诗的代表作家则为王(维)、李(颀)、高(适)、岑(参)及王昌龄。其中王维、高适、岑参都有过较丰富的

边塞生活经历：高适开元十九年(731)至次年曾送兵北上蓟门，并曾出卢龙塞；天宝九载(750)又曾送兵蓟北，北使归来，也曾经燕赵之境；天宝十一载(752)曾任河西节度使哥舒翰之左骁卫兵曹、充翰府掌书记，亲见次年哥舒翰收河西九曲；天宝十五载(756)，从哥舒翰守潼关，同年底任淮南节度使，后任彭州、蜀州刺史，又任剑南节度使……这些经历，使他有较丰富的军旅和对外战争的经验。王维于开元二十五年(737)曾入河西节度使崔希逸幕，为监察御史兼节度判官。岑参在边塞生活的经历更为丰富，从天宝八载(749)冬至十载夏，他任安西节度使高仙芝僚属；天宝十三载(754)夏到至德元载(756)，岑参被北庭节度使封常清辟为节度判官，第二次出塞；至德元载(756)，又出任伊西、北庭支度副使，这次在北庭历时三年，足迹几遍整个西北地区……他们的从军、出塞生活大大丰富了他们的创作题材，边塞的壮丽风光，边疆的地理、交通、民俗、民族交往，少数民族的歌舞、音乐……在他们诗中均有充分的反映，如"大漠孤烟直，长河落日圆"，"忽如一夜春风来，千树万树梨花开"，"纷纷暮雪下辕门，风掣红旗冻不翻"等绝唱，显然是以厚实的相关生活经验为基础的。他们的诗作中有些气势磅礴、雄奇高亢、充满爱国激情且词采飞扬，同时怀念家乡及边地将士生活的艰辛在其诗作中也有较深刻的反映。李颀、王昌龄虽无从军与边塞生活的经历，却以乐府旧题写出新意，把盛唐气象融汇到其边塞诗作中去。这些诗作，鼓舞人心、令人振奋，千载之下，仍虎虎有生气，成为中华民族爱国的强音、民族精神的集中体现。

一般认为，盛唐的边塞诗是唐代边塞诗创作的顶点，也是其终点。其实，边塞诗的创作是继续贯穿到中晚唐时期的。中晚唐时期虽然没有一个公认的边塞诗派，但从事边塞诗创作的诗人并不少于盛唐时期，这一时期的著名诗人如卢纶、李益、白居易、李贺、杜牧、李商隐、张籍、王建都写过许多边塞诗，而写过一些边塞诗（尤其是边塞题材乐府诗）的诗人则更多，如郎士元、柳中庸、戎

昱、司空曙、刘商、杨巨源、张仲素、施肩吾、鲍溶、许浑、赵嘏、马戴、刘驾、于濆、翁绶、许棠、司空图、罗隐、周朴、卢汝弼、韦庄、张蠙、沈彬、陈陶、金昌绪等等。有些诗人，传世之作不多，却有一些边塞诗脍炙人口（如陈陶、金昌绪、许棠等）。董乃斌先生甚至发现，《全唐诗》中"凡是存诗一卷以上的中晚唐作家，无不多少写过一些直接或间接与边疆生活有关的作品"。

中晚唐时期，以内忧外患深重为特点。此时战争更多的是朝廷与各割据的藩镇之间，以及各藩镇之间。这时期对外战争也较多。安史之乱后，唐王朝国力日衰，中央渐渐失去对边远地区的控制，如吐蕃大举东进，陇右、河湟等地相继沦丧，鄜、秦、成、洮等十多州均先后失去。昔日岑参生活过的安西、北庭两大都护府所属地区更是为吐蕃所有。因而反映收复失地的要求，反映汉人被迫改从蕃俗，反映故人没蕃的作品显著增加。如杜牧《早雁》和《河湟》、白居易《西凉伎》、张籍《陇头行》等作即如此。这些诗作颇似南宋的爱国诗，以沉郁悲凉为基调，他们直面冷酷的现实，表达拯国家和沦陷区人民于水火的强烈愿望，而紧紧围绕国家领土完整、边塞安危的主题，这与南宋也有相似之处。

中晚唐边塞诗的题材较之盛唐也有开拓之处，如反映南方边地的生活，如施肩吾《岛夷行》、王建的《海人谣》、李商隐的《异俗》等等，比之盛唐边塞诗仅限于东北和西北有所拓展。此外还有反映军中官兵苦乐不均、朝廷赏罚不明以及反映和蕃的太和公主从回纥返回长安等主题。刘商《胡笳十八拍》中就明确写道："汉室将衰兮四夷不宾，动干戈兮征战频"，"一朝胡骑入中国，苍黄处处逢胡人"，诗中写没蕃汉人的痛苦经历。又如司空图《河湟有感》中："一自萧关起战尘，河湟隔断异乡春。汉儿尽作胡儿语，却向城头骂汉人。"诗中所反映的情境在初盛唐的边塞诗中是绝不会有的，这使人想起陈亮《贺新郎》中的"父老长安今余几？后死无仇可雪，犹未燥、当时生发"句。这些沦陷区出生的后代因年代久远，已没有原来的民族意

识。他们已没有回归故国的要求,这是诗人所最担心的。诗中的议论说理也充满忧伤和感愤。

中晚唐没有出现王、李、高、岑和王昌龄那样的边塞诗大家,这也是不争的事实。但这一时期边塞诗不但在思想的尖锐和深刻方面有所加强,而且反映的题材也有所拓展,这同样是不争的事实。

唐代的边塞诗是纵贯初、盛、中、晚整个过程的。大致的情况是这样的:一些有边塞生活经历和军旅生活切身体验的作家,从亲历的见闻和经验来进行边塞诗创作;另一些诗人则利用间接的材料,用一些乐府旧题进行旧调翻新的创作,这类乐府诗题在不同时期其内涵也各不相同。显然,后者的作家人数众多,数量也多得多,而且出现过李白、杜甫等大家及高适《燕歌行》之类的杰作,但就总体水平而言,前者的那类诗作更贴近边塞生活,更能准确反映时代精神,艺术特色也更为鲜明。由于国力强弱不同,在对外战争中的胜负不同,初盛唐边塞诗中多昂扬奋发的格调,中唐前期尚有其余响,而中唐后期及晚唐只有对昔日盛况的追慕以及对凄凉现实的哀叹。终唐之世,边塞诗始终是唐诗中思想性最深刻、想象力最丰富、艺术性最强的部分。

(王步高)

附录十一　研究性学习专题

《春江花月夜》主题之论争

《春江花月夜》本是乐府旧题,相传为陈后主所创。张若虚的这一首《春江花月夜》尤为后人注目。清末时,曾被王闿运誉为"孤篇横绝",张若虚也仅因这一首诗而"竟为大家"。直到今天,我们读起来,仍然为它浓郁的诗情、深刻的哲理所感动。但是张若虚的《春江花月夜》究竟写了什么,它表现了什么样的主题,至今仍然是个见仁见智、聚讼纷纭的话题。概括起来大致有以下几种说法。

离情别绪说　认为这首诗通过对春江花月夜景色的描绘,反映了游子思妇的离情别绪。

林庚、冯沅君在《中国历代诗歌选》中说:张若虚的《春江花月夜》"交织着青春的美好和人生的离别之情,通过思妇的感触写出"。马群亦认为主题就是离别相思,"这首《春江花月夜》就是通过宁静优美的春江月夜的描写,来抒发沉沦失意,人生无常的感慨,悠长飘渺的离思,把离别相思这样常见的题材,表现得深刻动人。"王树人、喻柏林认为:诗魂就是流动的"情志",而"情志"要显现为诗,必须借助语言来"筑象"。《春江花月夜》中所写的春、江、花、月、夜这一些景象,都是"借景隐喻地抒发一腔离别之情",都是"喻指或象征那美丽动人的相思之情"。

双重诗眼说　认为《春江花月夜》既描写了游子思妇之间的纯洁爱情,同时也表达了诗人富有哲理的宇宙意识。也就是具有"爱情意识"和"宇宙意识"这双重诗眼。

最早主张这"双重诗眼说"者是闻一多,以后主张"双重诗眼说"者越来越多。20世纪80年代有龚德芳、吴小如等。龚德芳说,《春江花月夜》"着力抒写了民间大量存在的离别相思之情,并以此与对人生哲理、宇宙奥秘的思考、探索紧密相联,从而把所抒之情,上升到了一定的哲理高度"。

到了90年代,这"双重诗眼说"仍然为大多数学者所认同。而杨新民表述得更为明确、简洁,他说:"这首七言歌行,不但极为成功地尽情讴歌了男女爱情,同时又洗净铅华,而且极富创造性地把'爱情意识'和'宇宙意识'融为一个有机的艺术整体,创造出一个景、情、理水乳交融的惝恍悠远的意境。"

多重主题说　张若虚的《春江花月夜》蕴涵丰富、内容深刻,要仅以某一个方面来涵盖其思想都惟恐有失偏颇,大概就因为这样的缘故,所以有人提倡"多重主题说"。

滕鸿宾、张润芝说:"张若虚利用乐府旧题,通过自己的感受,选择民歌中所习见的带有普遍性的离别、相思题材,细致、形象地描绘了游子作客他乡的飘零之感,思妇怀念亲人的缠绵深情,以及诗人对这种遭际的同情。同时作者又以秀媚的笔调,描绘了春光明媚、鲜花盛开的长江一带优美多姿的月夜景色,勾织了一幅感人心弦的画面,从而满怀深情地赞扬了祖国山河的美丽。诗人还写了这美对自己感情的触动,写了自己对人生意义的探索。""诗中提出的哲理性十分强烈的人生问题,表现了作者对生活的热爱和追求。"

造成人们对张若虚《春江花月夜》主题的不同的理解,原因是多方面的。从客体来说,首先是张若虚的生平材料不足,我们今天很难把握他的思想;另外他写作此诗的本事,因为史料的缺乏,也使人们无从原原本本地了解诗人的写作意图;再就是,这首诗确实内涵十分丰富,景、情、理相互结合,水乳交融,一下子确难让人揣摩其主旨所在。从主体来说,角度不同,人们的理解自然有异,更何况,诗无达诂,各人自有各人的体会,所以对《春江花月夜》的主题,即便是将来,见仁见智的局面亦恐难免,我们只希望通过众多学者的努力,力求概括得更加贴切。

(摘自唐建、孙华娟《二十世纪中国学术论辩书系·中国古代诗歌研究论辩》)

网络链接

唐诗为什么会兴盛?

参考书目

[唐]王维《王右丞集》,影印宋蜀刻本,上海古籍出版社 1982 年

闻一多《唐诗杂论》,上海古籍出版社 1998 年

葛晓音《山水田园诗派研究》,辽宁大学出版社 1993 年

陈铁民《王维集校注》,中华书局 1997 年

陈贻焮《孟浩然诗选》,人民文学出版社 1983 年

余冠英主编《中国古代山水诗鉴赏辞典》,江苏古籍出版社 1989 年

曹水东《孟浩然诗集笺注》,天津古籍出版社 1990 年

刘开扬《高适诗集编年笺注》,中华书局 1981 年

孙钦善、陈铁民等《高适岑参诗选》,人民文学出版社 1985 年

高文、王刘纯《高适、岑参选集》,上海古籍出版社 1988 年

王叔磐等《历代塞外诗选》,内蒙古人民出版社 1986 年

王步高主编《爱国诗词鉴赏辞典》,南京大学出版社 1992 年

六言诗选

思考与练习

1.《春江花月夜》无论在艺术构思、意境创造以及抒发感情和景物描写上都表现出与前代作品不同的面貌。谈谈对本诗景、情、理结合的体会和认识。

2. 仔细体会王维对闲逸自得气息的描述,以及这描述中的精神追求。

3. 对高适《燕歌行》是否讽刺张守珪,你持何种观点? 诗前小序明言"开元二十六年,客有从御史大夫张公出塞而还者……"争议的双方都不否认"御史大夫张公"是指张守珪,而张守珪这年因隐瞒"湟水之败"而被贬括州,似乎岑仲勉之说不无道理,而通读高适的诗集,可发现高适竟对张守珪评价甚高,且

他对张守珪被贬括州颇有微词,对张守珪深表同情,这便完全排除了他的《燕歌行》是讽刺张守珪的可能性。这一争论能给我们治学以何种启示?

4.《燕歌行》中"战士军前半死生,美人帐下犹歌舞"二句是前人谓讽刺张守珪"不恤士卒"的重要依据,本书提出对"战士"一词的新解,您是否赞同?"帐下"通常指军中的营帐,您如何理解?

5."君不见沙场征战苦,至今犹忆李将军"二句中,"李将军"既可指赵国大将军李牧,他有边塞战争的经历,且以爱惜士卒著名;也可指西汉飞将军李广,《史记》中有《李将军列传》,李广不仅长期抗击匈奴,功勋卓著,且终不得封侯,故深得司马迁的同情。书中采取后一说,你持何观点?思考此问题时可考虑诗中"边庭……岂顾勋"几句的含义,尤其是"岂顾勋"三字,明白说出"李广难封"之义。您是否同意这样的理解?

慕课资源

李 白

李白(701—762),字太白,号青莲居士。祖籍陇西成纪(今甘肃秦安县),出生于中亚碎叶(今吉尔吉斯首府比什凯克市北楚河南岸托克马克附近,唐时属安西都护府)。五岁移家绵州昌隆县(今四川江油)。天宝元年(742)因玄宗妹玉真公主荐应诏入长安,供奉翰林,受玄宗恩遇;因得罪宠臣、贵妃,被赐金遣返。安史乱中,入永王李璘幕。永王遇害,受牵连下狱,流夜郎(今贵州桐梓),途中遇赦。晚年漫游于金陵(今江苏南京)、宣城(今属安徽)一带,卒于当涂(今安徽当涂县)。有诗1000余首。

参考:陇西成纪原来的县治在甘肃静宁县西南,开元二十二年(734)由于地震,旧城遭到破坏,县治移到现在甘肃秦安县境内,而李白出生于地震前。

【集评】

清新庾开府,俊逸鲍参军。([唐]杜甫《春日忆李白》)

笔落惊风雨,诗成泣鬼神。([唐]杜甫《寄李十二白二十韵》)

敏捷诗千首,飘零酒一杯。([唐]杜甫《不见》)

言出天地外,思出鬼神表,读之则神驰八极,测之则心怀四溟,磊磊落落,真非世间语者,有李太白。([唐]皮日休《刘枣强碑》)

李太白诗,逸态凌云,照映千载,然时作齐梁间人体段,略不近浑厚。 李白歌诗,度越六代,与汉魏乐府争衡。([宋]黄庭坚《黄山谷诗话》)

太白诗宗风骚,薄声律,开口成文,挥翰雾散,似天仙之词。而乐府诗连类引义,尤多讽兴,为近古所未有。迄今称诗者推白与少陵为两大家,曰李杜,莫能轩轾云。([明]胡震亨《李诗通》)

太白想落天外,局自变生,大江无风,涛浪自涌,白云卷舒,从风变灭。此殆天授,非人力也。([清]沈德潜《说诗晬语》卷上)

太白胸怀高旷,有置身云汉、糠粃六合意,不屑屑为体物之言,其言如风卷云舒,无可踪迹。([清]贺裳《载酒园诗话》又编)

（李白）诗之不可及处，在乎神识超迈，飘然而来，忽然而去，不屑屑于雕章琢句，亦不劳劳于镂心刻骨，自有天马行空，不可羁勒之势。（［清］赵翼《瓯北诗话》卷一）

庄、屈实二，不可以并，并之以为心，自白始；儒仙侠实三，不可以合，合之以为气，又自白始也。（［清］龚自珍《最录李白集》）

关　山　月

明月出天山①，苍茫云海间。长风几万里，吹度玉门关。汉下白登道②，胡窥青海湾。由来征战地③，不见有人还。戍客望边邑④，思归多苦颜。高楼当此夜，叹息未应闲。

【本事典实】

《乐府解题》曰：汉横吹曲，二十八解，魏晋以来惟传十曲，又有《关山月》等八曲，合十八曲。《关山月》，伤离别也。（［清］纪昀等《唐宋诗醇》卷三）

《汉书》：贰师将军（李广利）与右贤王战于天山。晋灼注：天山在西域，近蒲类国，去长安八千余里。颜师古注：天山即祁连山也，匈奴谓天为祁连。今鲜卑语尚然。　月出于东而天山在西，今曰明月出天山，盖自征夫而言，已过天山之西，而回首东望，则俨然见明月出于天山之外也。　《汉书》：匈奴引兵南逾句注，攻太原，至晋阳下。高帝自将兵往击之。会冬大寒、雨雪，卒之堕指者十二三。于是冒顿阳败走诱汉兵，汉兵逐击冒顿，冒顿匿其精兵，见其羸弱，于是汉悉兵三十二万北逐之。高帝先至平城，步兵未尽到，冒顿纵精兵三十余万骑围高帝于白登七日，汉兵中外不得相救饷。颜师古注：白登在平城东南，去平城十余里。《舆地广记》：云州云中县有白登山，匈奴围汉高祖于此。《周书》吐谷浑治伏俟城，在青海西十五里。青海周围千余里。建德五年，其国大乱。高祖诏皇太子征之。军渡青海，至伏俟城，夸吕遁去，虏其余众而还。　琦按：青海，隋时属吐谷浑，唐高宗时为吐蕃所据。仪凤中，李敬元；开元中，王君㚟、张景顺、崔希逸、皇甫惟明、王忠嗣，先后与吐蕃攻战，皆近其地。相去不远。（［清］王琦注《李太白全集》卷四引）

【汇评】

李太白诗如"晓月出天山……"之类，皆气盖一世，学者能熟味之，自然不褊浅矣。（［宋］吕本中《童蒙训》）

太白诗如"明月出天山，苍茫云海间。长风几万里，吹度玉门关"，皆气盖一世，学者皆熟味之，自不褊浅矣。天山在唐西州交河郡天山县，天山至玉门关不为太远，而曰"几万里"者，以月如出于天山耳，非以天山为度也。（［元］萧士赟《分类补注李太白诗》用杨齐贤引《吴氏语录》）

———————————

① 天山：今甘肃、青海间的祁连山，匈奴人称天为祁连；又祁连山与今新疆境内的天山相连，故称。　② 白登：山名，在今山西大同市东北，山上有白登台。据《汉书·匈奴传》载，匈奴冒顿曾围困汉高祖于白登，七日乃解，即此处。　③ 由来：从来。　④ 戍客：防守边塞的兵士。

为诗殚竭心力,方造能品。至于沛然自胸中流出,所谓不烦绳削而合,乃工能之至,非率易语也……太白云:"晓月出天山……"如此等语,酝酿于胸中,气象自别,知雕缋者不足道矣。([明]焦竑《焦氏笔乘续集》卷四)

青莲"明月出天山……",浑雄之中,多少闲雅。([明]胡应麟《诗薮》内编卷六)

无承接照应,自耐人思想,真乐府之神。([清]丁谷云《李杜诗纬·李集》卷一)

徐孝穆(陵)《关山月》二首,其一曰:"关山三五月,客子忆秦川。思妇高楼上,当窗应未眠。星旗映疏勒,云阵上祁连。战气今如此,从军复几年。"李太白五言佳境俱从此出,不止似阴铿已也。([清]宋长白《柳亭诗话》卷十三)

朗如行玉山,可作白自道语。格高气浑,双关作收,弥有逸致。([清]纪昀等《唐宋诗醇》卷三)

伯言云:是何等襟情,何等气象!([清]陈广溥《霞绮集·诗评》)

【赏析】

《关山月》为乐府旧题,《乐府诗集》归入《横吹曲辞》,并引《乐府解题》曰:"《关山月》,伤离别也。古《木兰诗》曰:'万里赴戎机,关山度若飞。'"梁元帝、陈后主、陆琼、张正见、徐陵、王褒、卢照邻等均以此题写征人远戍,离别相思之苦。本篇是这类作品中最优秀者。

诗的首四句用出生法,将"月""山""关"一一吐出。首句写"月",是题为《关山月》的乐府诗惯用的写法,如陈后主等分别作"秋月上中天""边城与明月""岩间度月华""关山三五月""月出柳城东""汉月生辽海"……均不如李白"明月出天山,苍茫云海间",既点时地,又主次分明,壮阔而苍凉。"长风几万里,吹度玉门关"二句,令人油然而思同时代的王之涣《凉州词》中"春风不度玉门关"和李白《子夜吴歌》中"春风吹不尽,总是玉关情"之句。身处"天山"的戍边将士,对从关内吹来的风似乎总有一种依恋之情,但"吹度"二字显得洒脱飘逸,他没有把边地看成是连春风也吹拂不到之地。然而,玉门关外的从军者,毕竟时时面临着死亡的威胁。"汉下白登道,胡窥青海湾。由来征战地,不见有人还。"显然,征人要防的乃欲窥"青海湾"之"胡"。敌人勇敢善战,故出玉门关戍边之人,常常战死疆场。"不见有人还"句,明白如话却极沉痛,见出战争的残酷,较之《乐府诗集》中其他同题作品,作者的见解显然要深刻一些。"戍客"二句写即使暂时活下来的将士,有家归不得的苦痛也时时折磨着他们。《后汉书·班超传》:"超自以久在绝域,年老思土,(永元)十二年,上疏曰:'臣不敢望到酒泉郡,但愿生入玉门关。'"耐人寻味的是此处"望",与李白诗中"戍客望边邑"句意思竟完全相同,"思归"句也隐含"愿生入玉门关"之意,故"多苦颜"。而其妻子则"高楼当此夜,叹息未应闲"。这似从徐陵"思妇高楼上,当窗应未眠"(《关山月》)句化出。因前面有"由来征战地,不见有人还"之句,故显得十分忧伤。

此诗气势宏阔,以"出天山""苍茫云海间""长风几万里""由来"等语句,构成阔大的气象,浑厚而雅致。

(王步高)

远别离,古有皇英之二女①。乃在洞庭之南,潇湘之浦②。海水直下万里深,谁人不言此离苦③?日惨惨兮云冥冥,猩猩啼烟兮鬼啸雨④。我纵言之将何补?皇穹窃恐不照余之忠诚,雷凭凭兮欲吼怒⑤。尧舜当之亦禅禹⑥。君失臣兮龙为鱼,权归臣兮鼠变虎⑦。或云尧幽囚,舜野死⑧。九疑联绵皆相似,重瞳孤坟竟何是⑨?帝子泣兮绿云间,随风波兮去无还⑩。恸哭兮远望,见苍梧之深山。苍梧山崩湘水绝,竹上之泪乃可灭。

【汇评】

(宋)刘辰翁云:参差屈曲,幽人鬼语,而动荡自然,无长吉之苦。([明]胡震亨《李诗通》引)

此篇借舜二妃追舜不及、泪染湘竹之事,言远别离之苦。并借《竹书》杂记见逼舜禹、南巡野死之说,点缀其间,以著人君失权之戒。使其辞闪幻可骇,增奇险之趣。盖体干于楚《骚》,而韵调于汉铙歌诸曲,以成为一家语,参观之,当得其源流所自。([明]胡震亨《李诗通》)

通篇乐府,一字不入古诗,如一匹蜀锦,中间固不容一尺吴练。工部讯时语开口便见,供奉不然,习其读而问其传,则未知己之有罪也。工部缓,供奉深。([清]王夫之《唐诗评选》卷一)

诗贵寄意,有言在此而意在彼者。李白……《远别离》本咏英、皇,而借以咎肃宗之不振,李辅国之擅权。([清]沈德潜《说诗晬语》卷下)

此忧天宝之将乱,欲抒其忠诚而不可得也。日者君象,云盛则蔽其明。啼烟啸雨,阴晦之象甚矣。小人之势,至于如此,政事尚可问乎?白以见疏之人,欲言何补,而忠诚不懈如此。此立言之本指。([清]纪昀等《唐宋诗醇》卷二)

太白《远别离》一篇极尽迷离,不独以玄、肃父子事难显言,盖诗家变幻至此,若一说煞,反无归著处也。惟其极尽迷离,乃即其归著处。([清]翁方纲《小石帆亭诗话》)

按此诗已入选《河岳英灵集》,当是天宝十二载以前所作,王世懋、奚禄诒、沈德潜、陈沆、徐嘉瑞诸家之说皆非也。(詹锳《李白诗文系年》)

【赏析】

《远别离》乃乐府旧题,为别离十九曲之一,《乐府诗集》卷七十二列入《杂曲歌辞》。

---

① 皇英:即娥皇、女英,相传为尧之女,舜之妃。舜南巡死,两妃闻讯自溺湘江,遂为水神。 ② "乃在"二句:谓湘夫人的神魂游于洞庭以南、湘江之边。 ③ 王琦谓:此二句是倒装句法,谓生死之别,永无见期,其苦如海水之深,无有底止也。 ④ 惨惨:无光貌。冥冥:阴晦貌。 ⑤ 皇穹:天,喻指当朝皇帝。凭凭:通"冯冯",象声词,指雷声轰响。 ⑥ "尧舜"句:此为紧缩句,即"尧当之亦禅舜,舜当之亦禅禹"。禅(shàn),以帝位让人。禅让实际常是失势后被迫所为。 ⑦ 帝王失掉贤臣,犹如龙变成鱼;奸臣窃取大权,如老鼠成了猛虎。 ⑧《史记·五帝本纪》正义引《竹书纪年》载:尧年老德衰,为舜幽囚于平阳,并隔绝其子丹朱,使父子不能相见。《国语·鲁语》韦昭注:舜征伐南方有苗国,死于苍梧之野。 ⑨ 九疑:即苍梧山,在今湖南宁远县南。因九个山峰连绵相似,不易分别,故名九疑山,一写作"九嶷山"。相传舜死葬于此。重瞳:指舜,相传他有两个瞳仁。 ⑩ 帝子:指娥皇、女英。舜死后,二妃痛哭,泪洒竹上成斑竹。

对这首诗的写作背景有两种不同的说法：一种认为是上元年间李辅国、张皇后矫制迁太上皇(唐玄宗)于西内时，这时玄宗因禅位而失权。此诗也无非是借喻授人国柄而失权，失权则虽圣哲也难保其社稷妻子，其祸必至。另一说认为应在天宝之末、安史之乱之前，当时玄宗年事已高，疏于政事，国权归李林甫、杨国忠，而兵权归安禄山、哥舒翰。萧士赟曰："太白熟观时事，欲言则惧祸及己，不得已而形之诗，聊以致其爱君忧国之志，所谓(娥)皇(女)英之事，特借之以隐喻耳。曰'日'，曰'皇穹'，比其君也。曰'云'，比其臣也。'日惨惨兮云冥冥'，喻君昏于上，而权臣障蔽于下也。"

这首诗已被收入殷璠《河岳英灵集》，因而应作于天宝十二载(753)以前。天宝十一载，李白曾北游幽燕，目睹安禄山的气焰熏天，他已开始预感到祸乱即将发生，这显示了李白过人的政治眼光。他的政治才华在这首诗里清楚地显现出来。诗采取比兴的手法，既直切主题，又迷离惝恍。范德机曾云："此篇最有楚人风。所贵乎楚言者，断如复断，乱如复乱，而辞意反复屈折行乎其间者，实未尝断而乱也，使人一唱三叹而有遗音。"(转引自瞿蜕园、朱金城《李白集校注》)

（王步高）

赠 孟 浩 然

吾爱孟夫子①， 风流天下闻②。
红颜弃轩冕③， 白首卧松云④。
醉月频中圣⑤， 迷花不事君⑥。
高山安可仰⑦， 徒此揖清芬⑧。

【汇评】

太白赠浩然诗，前云"红颜弃轩冕"，后云"迷花不事君"，两联意颇相似。刘文房《灵祐上人故居》诗，既云"几日浮生哭故人"，又云"雨花垂泪共沾巾"，此与太白同病，兴到而成，失于检点，意重一联，其势使然。两联意重，法不可从。([明]谢榛《四溟诗话》卷三)

此美孟之高隐也。言夫子之风流，所以能闻天下者，以少无宦情，老不改节也。彼其"醉月""迷花"，高尚不仕，正如高山，非可仰而及者，我惟一揖清芬为幸耳。时盖始相识而尊礼之如此。([明]唐汝询《唐诗解》卷三十三)

（颈联）吴(汝纶)曰："疏宕中仍自精练。"(七句)吴曰："开一笔。"(末)吴曰："一气舒卷，用孟体也，

---

① 夫子：古时对男子的敬称。 ② 风流：指儒雅潇洒的风度。 ③ "红颜"句：指少壮时即绝意仕进。红颜，青春壮健的颜色，指年轻时。 ④ 松云：松树云霞，借指山林。 ⑤ "醉月"句：指赏月饮酒。古时嗜酒者把清酒称圣人，浊酒称贤人。此句"中"读平声。 ⑥ 迷花：迷恋丘壑花草。 ⑦ 高山：《诗·小雅·车辖》："高山仰止，景行行止。"此句喻指他对孟浩然的敬仰。 ⑧ 徒此：唯有在此。揖：表示崇敬。清芬：指高洁的品格。

而其质健豪迈,自是太白手段,孟不能及。"(高步瀛《唐宋诗举要》卷四)

此诗当是开元二十七年(739)李白过襄阳时重晤孟浩然而作。其时孟浩然已届晚年,故诗云"白首卧松云"。次年,孟浩然即病疽背而卒。(郁贤皓《李白选集》)

【赏析】

孟浩然长李白十二岁,李白早年曾长期寓居湖北安陆(约727年—736年),常往来于襄汉一带,与孟浩然有一定交往。孟浩然于开元二十三年(735)自长安归襄阳,开元二十八年逝世。郁贤皓以为此诗乃开元二十七年李白过襄阳重晤孟浩然时所作。

开篇点题,指出对孟浩然的敬仰。"爱"为全诗的主旨。"风流"二字是对孟浩然人品、才能、风度的集中概括。"天下闻",写孟浩然影响之大。"红颜"一联,赞美孟浩然从年轻至年老漫长的人生旅途中不受荣华富贵诱惑、淡泊宁静的人生态度。第三联着意刻画孟夫子风流倜傥、潇洒傲岸的风格气度。诗的尾联则是作者直抒胸臆之语,表示对孟氏高洁品行的景仰。其实,诗中对孟浩然的称颂,也表达了自己的人生态度。

此诗语言自然流走,抒情与描写结合,率真而不浅俗,以古风笔调作近体,吟来一气呵成。

(王步高)

登金陵凤凰台①

凤凰台上凤凰游,凤去台空江自流。吴宫花草埋幽径②,晋代衣冠成古丘③。三山半落青天外④,二水中分白鹭洲⑤。总为浮云能蔽日⑥,长安不见使人愁⑦。

【汇评】

太白此诗,与崔颢《黄鹤楼》相似,格律气势未易甲乙。此诗以凤凰台为名,而咏凤凰台不过起语两句已尽之矣。六句乃登台而观望之景也。三、四怀古人之不见;五、六、七、八咏今日之景,而慨帝都之不可见也。登台而望,所感深矣。金陵建都自吴始。三山、二水、白鹭洲,皆金陵山水名。金陵可以北望

---

① 凤凰台:故址在今南京市城南花露岗,旧名凤凰山。《太平寰宇记》卷九十江南东道江宁县:"凤凰山,在县北一里,周回连三井冈,迤逦至死马涧。宋元嘉十六年,有三鸟翔集此山,状如孔雀,文彩五色,音声谐和,众鸟群集。仍置凤凰里,起台于山,号为凤凰山。" ② 吴宫:三国时东吴定都建业(后改名建邺)。东吴、东晋及宋、齐、梁、陈各代皇宫旧址在今南京东南大学四牌楼校区一带。 ③ 晋代衣冠:"衣冠"此处似指衣冠冢,在今传说之凤凰台旧址有晋"竹林七贤"之一的著名诗人阮籍的墓,保存完好。阮籍并未长期生活于金陵,史籍亦未载其死于金陵,此墓或即其衣冠冢。 ④ 三山:在今南京市西南长江边临近长江三桥处,以有三峰而得名。陆游《入蜀记》:"三山,自石头及凤凰台望之,杳杳有无中耳。及过其下,则距金陵才五十余里。" ⑤ 二水:亦作"一水"。白鹭洲:古长江中的小沙洲,因长江西移地貌变迁,今已与陆地连为一片,位于南京水西门外。现南京有白鹭洲公园,非旧址。 ⑥ "浮云"句:陆贾《新语·慎微》:"邪臣之蔽贤,犹浮云之障日月也。" ⑦ 长安不见:晋明帝司马绍数岁时,父问曰:"汝谓日与长安孰远?"对曰:"日近。举目见日,不见长安。"末二句实谓日与长安皆不可见也。

中原唐都长安,故太白以浮云遮蔽不见长安为愁焉。([元]方回《瀛奎律髓》卷一)

登临诗,首尾好,结更悲。七言律之可法者。([元]范梈《李翰林诗》卷一)

赋也。按此诗词语清丽,出于天成,怨而不怒,得风人之体,犹有忧国恋君之意。([明]朱谏《李诗选注》卷十二)

开口雄伟,脱落雕饰。([清]徐文弼《诗法度针》卷二十七)

【赏析】

此诗作于天宝六载(747)游金陵时,此时李白结束二入长安并被玄宗赐金还山已达三年,李林甫、杨国忠羽翼已丰,这年正月,杖杀北海太守李邕、淄川太守裴敦复。李白曾有《上李邕》诗,系少年作。又有《题江夏修静寺》诗伤李邕之死,原注曰:"此寺是李北海旧宅。"这是李白七律中脍炙人口的名篇。开头两句三言"凤"字,当年凤凰来游象征国家的兴盛,如今凤去台空,繁华不再。"吴宫""晋代"二句展衍申述六朝好景已成过去。"花草埋幽径"谓繁华的消逝。隋文帝灭陈以后,对建康城几乎人为地彻底摧毁,故唐宋诗词中写及金陵(建康)均有大异昔时之沧桑感。尽管如此,幽径旁尚存"晋代衣冠"之"古丘"(今凤凰台旧址有晋代文学家阮籍的衣冠冢),都邑虽然衰落,文化积淀之沉厚却是其他城市难以比拟的,金陵已非帝王之州,却仍不失为江南佳丽之地。"三山""二水"两句写出眼前之景,也道出古都(金陵)的山河壮丽。人谓此诗有仿效崔颢《黄鹤楼》诗之处,除开头外,"三山"二句与崔颢"晴川历历汉阳树,芳草萋萋鹦鹉洲"亦颇近似,都写登临所见眼前之景。结尾一联写出对国事的忧虑,作者在长安三年,目睹过"浮云蔽日"的政坛实况,但此时对朝廷并未完全绝望,诚如他自己诗中所云:"借问欲栖珠树鹤,何年却向帝城飞?"(《送贺监归四明应制》)他还希望再有应诏回长安的机会。按李白此诗仿崔颢《黄鹤楼》而作,因此历代评骘高下,聚讼纷纭。其实两篇前六句互有短长,同工异曲;结联二句,李诗"爱君忧国之意,远过乡关之念,善占地步矣",吊古与伤今结合,抒发忧国伤时的怀抱,意旨尤为深远,青出于蓝,自有创意。

(王步高)

附录一 备选课文

梁甫吟

长啸《梁甫吟》,何时见阳春?君不见朝歌屠叟辞棘津,八十西来钓渭滨。宁羞白发照清水,逢时壮气思经纶。广张三千六百钓,风期暗与文王亲。大贤虎变愚不测,当年颇似寻常人。君不见高阳酒徒起草中,长揖山东隆准公。入门不拜骋雄辩,两女辍洗来趋风。东下齐城七十二,指挥楚汉如旋蓬。狂客落魄尚如此,何况壮士当群雄!我欲攀龙见明主,雷公砰訇震天鼓,帝旁投壶多玉女。三时大笑开电光,倏烁晦冥起风雨。阊阖九门不可通,以额叩关阍者怒。白日不照吾精诚,杞国无事忧天倾。猰貐磨牙竞人肉,驺虞不折生草茎。手接飞猱搏雕虎,侧足焦原未言苦。智者可卷愚者豪,世人见我轻鸿毛。力排南山三壮士,齐相杀之费二桃。吴楚弄兵无剧孟,亚夫咍尔为徒劳。《梁甫吟》,声正悲。张公两龙剑,神物合有时。风云感会起屠钓,大人岠屼当安之。

长 干 行

妾发初覆额,折花门前剧。郎骑竹马来,绕床弄青梅。同居长干里,两小无嫌猜。十四为君妇,羞颜未尝开。低头向暗壁,千唤不一回。十五始展眉,愿同尘与灰。常存抱柱信,岂上望夫台。十六君远行,瞿塘滟滪堆。五月不可触,猿声天上哀。门前迟行迹,一一生绿苔。苔深不能扫,落叶秋风早。八月蝴蝶黄,双飞西园草。感此伤妾心,坐愁红颜老。早晚下三巴,预将书报家。相迎不道远,直至长风沙。

金陵凤凰台置酒

置酒延落景,金陵凤凰台。长波写万古,心与云俱开。借问往昔时,凤凰为谁来。凤凰去已久,正当今日回。明君越羲轩,天老坐三台。豪士无所用,弹弦醉金罍。东风吹山花,安可不尽杯。六帝没幽草,深宫冥绿苔。置酒勿复道,歌钟但相催。

附录二 咏离情别绪诗词

春夜别友人 [唐]陈子昂

银烛吐青烟,金樽对绮筵。离堂思琴瑟,别路绕山川。明月隐高树,长河没晓天。悠悠洛阳道,此会在何年?

金乡送韦八之西京 [唐]李 白

客自长安来,还归长安去。狂风吹我心,西挂咸阳树。此情不可道,此别何时遇。望望不见君,连山起烟雾。

送友人入蜀 [唐]李 白

见说蚕丛路,崎岖不易行。山从人面起,云傍马头生。芳树笼秦栈,春流绕蜀城。升沉应已定,不必问君平。

金陵酒肆留别 [唐]李 白

风吹柳花满店香,吴姬压酒劝客尝。金陵子弟来相送,欲行不行各尽觞。请君试问东流水,别意与之谁短长?

送路六侍御入朝 [唐]杜 甫

童稚情亲四十年,中间消息两茫然。更为后会知何地?忽漫相逢是别筵。不分桃花红胜锦,生憎柳絮白于绵。剑南春色还无赖,触忤愁人到酒边。

云阳馆与韩绅宿别 [唐]司空曙

故人江海别,几度隔山川。乍见翻疑梦,相悲各问年。孤灯寒照雨,深竹暗浮烟。更有明朝恨,离杯惜共传。

重别梦得 [唐]柳宗元

二十年来万事同,今朝歧路忽西东。皇恩若许归田去,晚岁当为邻舍翁。

蓟北旅思 [唐]张 籍

日日望乡国,空歌白纻词。长因送人处,忆得别家时。失意还独语,多愁只自知。客亭门外柳,折尽向南枝。

送人东游　　　[唐]温庭筠

古戍落黄叶，浩然离故关。高风汉阳渡，初日郢门山。江上几人在？天涯孤棹还。何当重相见，尊酒慰离颜。

淮上与友人别　　　[唐]郑谷

扬子江头杨柳春，杨花愁杀渡江人。数声风笛离亭晚，君向潇湘我向秦。

绵谷回寄蔡氏昆仲　　　[唐]罗隐

一年两度锦江游，前值东风后值秋。芳草有情皆碍马，好云无处不遮楼。山将别恨和心断，水带离声入梦流。今日因君试回首，淡烟乔木隔绵州。

古离别　　　[前蜀]韦庄

晴烟漠漠柳毵毵，不那离情酒半酣。更把玉鞭云外指，断肠春色在江南。

清平乐　　　[宋]晏几道

留人不住，醉解兰舟去。一棹碧涛春水路，过尽晓莺啼处。　　渡头杨柳青青，枝枝叶叶离情。此后锦书休寄，画楼云雨无凭。

南乡子·送述古　　　[宋]苏轼

回首乱山横，不见居人只见城。谁似临平山上塔，亭亭，迎客西来送客行。　　归路晚风清，一枕初寒梦不成。今夜残灯斜照处，荧荧，秋雨晴时泪不晴。

满庭芳　　　[宋]秦观

山抹微云，天黏衰草，画角声断谯门。暂停征棹，聊共引离樽。多少蓬莱旧事，空回首、烟霭纷纷。斜阳外，寒鸦数点，流水绕孤村。　　销魂，当此际，香囊暗解，罗带轻分。谩赢得青楼，薄幸名存。此去何时见也？襟袖上、空染啼痕。伤情处，高城望断，灯火已黄昏。

鹧鸪天　　　[宋]周紫芝

一点残红欲尽时，乍凉秋气满屏帏。梧桐叶上三更雨，叶叶声声是别离。　　调宝瑟，拨金猊，那时同唱鹧鸪词。如今风雨西楼夜，不听清歌也泪垂。

蝶恋花　　　[宋]李清照

泪湿罗衣脂粉满，四叠阳关，唱到千千遍。人道山长山又断，潇潇微雨闻孤馆。　　惜别伤离方寸乱，忘了临行，酒盏深和浅。好把音书凭过雁，东莱不似蓬莱远。

鹧鸪天·别情　　　[宋]聂胜琼

玉惨花愁出凤城，莲花楼下柳青青。尊前一唱《阳关》后，别个人人第五程。　　寻好梦，梦难成。有谁知我此时情。枕前泪共阶前雨，隔个窗儿滴到明。

鹧鸪天·惜别　　　[宋]严仁

一曲危弦断客肠，津桥捩柂转牙樯。江心云带蒲帆重，楼上风吹粉泪香。　　瑶草碧，柳芽黄，载将离恨过潇湘。请君看取东流水，方识人间别意长。

舟怜逐客,白云相送大江西。

水 调 歌 头　　[宋]葛长庚

江上春山远,山下暮云长。相留相送,时见双燕语风樯。满目飞花万点,回首故人千里,把酒沃愁肠。回雁峰前路,烟树正苍苍。　　漏声残,灯焰短,马蹄香。浮云飞絮,一身将影向潇湘。多少风前月下,迤逦天涯海角,魂梦亦凄凉。又是春将暮,无语对斜阳。

甘　　州　　[宋]张　炎

辛卯岁,沈尧道同余北归,各处杭越。逾岁,尧道来问寂寞,语笑数日,又复别去。赋此曲,并寄赵学舟。

记玉关、踏雪事清游。寒气脆貂裘。傍枯林古道,长河饮马,此意悠悠。短梦依然江表,老泪洒西州。一字无题处,落叶都愁。　　载取白云归去,问谁留楚佩,弄影中洲。折芦花赠远,零落一身秋。向寻常、野桥流水,待招来、不是旧沙鸥。空怀感,有斜阳处,却怕登楼。

送人之浙东　　[元]萨都剌

我还京口去,君入浙东游。风雨孤舟夜,关河两鬓秋。出江吴水尽,接岸楚山稠。明日相思处,惟登北固楼。

于郡城送明卿之江西　　[明]李攀龙

青枫飒飒雨凄凄,秋色遥看入楚迷。谁向孤

蝶恋花·旅月怀人　　[清]宋　琬

月去疏帘才几尺,乌鹊惊飞,一片伤心白,万里故人关塞隔,南楼谁弄梅花笛?　　蟋蟀灯前欺病客,清影徘徊,欲睡何由得?墙角芭蕉风瑟瑟,生憎遮掩窗儿黑。

水调歌头·舟次感成　　[清]蒋士铨

偶为共命鸟,都是可怜虫。泪与秋河相似,点点注天东。十载楼中新妇,九载天涯夫婿,首已似飞蓬。年光愁病里,心绪别离中。　　咏春蚕,疑夏雁,泣秋蛩。几见珠围翠绕,含笑坐东风?闻道十分消瘦,为我两番磨折,辛苦念梁鸿。谁知千里夜,各对一灯红。

岁暮怀郑诚斋先生　　[清]黄景仁

打窗冻雨翦灯风,拥鼻吟残地火红。寥落故人谁得似?晓天星影暮天鸿。

白 门 感 旧　　[清]汪　中

秋来无处不销魂,箧里春衫半有痕。到眼云山随处好,伤心耆旧几人存!扁舟夜雨时闻笛,落叶西风独掩门。十载江湖生白发,华年如水不堪论。

附录三　李白诗综论

李白是我国盛唐时期最伟大的诗人之一。他的诗作是盛唐气象的杰出代表,最集中地体现了那个时代的精神风貌。

其一,李白诗中反映了盛唐时期积极向上的时代精神。他对自己的政治才能充满信心,期望能"申管晏之谈,谋帝王之术,奋其智能,愿为辅弼。使寰区大定,海县清一"(《代寿山答孟少府移文书》)。他经常以管仲、张良、乐毅、诸葛亮、谢安、鲁仲连为榜样或以之自许。他也以大鹏自比："大鹏一日同风起，扶摇直上九万里，假令风歇时下来，犹能簸却沧溟水"（《上李邕》）。坚信"天生我材必有用"（《将进酒》），也自信"长风破浪会有时，直挂云帆济沧海"（《行路难》），"但用东山谢安石，为君谈笑静胡沙"（《永王东巡歌》）……这种积极用世、奋发向上的精神，正是盛唐的时代精神。

其二，李白诗中表现了强烈的反权贵意识，也有着否定单纯追求功名利禄的思想。如"黄金白璧买歌笑，一醉累月轻王侯"（《忆旧游寄谯郡元参军》），"安能摧眉折腰事权贵，使我不得开心颜"（《梦游天姥吟留别》）等豪气横溢的诗句，千载之下读之，也不难领略其英风豪气。杜甫说他"天子呼来不上船，自称臣是酒中仙"（《饮中八仙歌》）。任华称他"数十年为客，未尝一日低颜色"（《杂言寄李白》）。显然，诗人渴望建功立业，又希望保持独立的人格，不愿向权贵"摧眉折腰"。这大概正是古代"诗穷而后工"（欧阳修语）和"文章憎命达"（杜甫诗句）的原因。保持独立人格是取得创作成功的基本前提之一，不摧眉折腰事权贵又是保持独立人格所必须做到的，这是古代几乎所有伟大的作家都"穷"，都不"达"的缘故。从李白身上，人们自不难联想起不愿"为五斗米折腰"的陶渊明。

其三，李白对祖国山川异乎寻常地热爱。李白半仙、半侠的豪迈的诗人性格也只有借祖国壮丽山川才能更好地得到表现。他笔下那"难于上青天"的蜀道；那"登高壮观天地间，大江茫茫去不还。黄云万里动风色，白波九道流雪山"（《庐山谣寄卢侍御虚舟》）的庐山；那"半壁见海日，空中闻天鸡"的天姥山；那"黄河之水天上来，奔流到海不复回"的中华民族母亲河；那"人行明镜中，鸟度屏风里"的清溪……或雄伟壮美，或光明澄澈，均折射出诗人高尚的品行与人格，也写出了诗人的审美情趣和对高洁、光明的追求。

李白时时把国家和人民的命运系之于胸。如：他的《远别离》中对"君失臣兮龙为鱼，权归臣兮鼠变虎"的忧虑；《蜀道难》中对"所守或匪亲，化为狼与豺"的担心；《答王十二寒夜独酌有怀》对哥

舒翰"横行青海夜带刀，西屠石堡取紫袍"的抨击；他《古风》诗中以"殷后乱天纪，楚怀亦已昏"的诗句，把批判的矛头直指当时的最高统治者。反之，他对普通的劳动人民，如炼铁工、酿酒叟、五松山下的老媪以及一个乡村朋友汪伦……都一往情深，无半点傲气。安史乱后，他的诗笔更直接反映战乱的现实："洛阳三月飞胡沙，洛阳城中人怨嗟。天津流水波赤血，白骨相撑如乱麻"（《扶风豪士歌》），"白骨成丘山，苍生竟何罪"（《赠江夏韦太守良宰》）……他晚年应永王璘的征召，自然也与其"拯社稷，救苍生"的愿望一致。

李白的诗从各个不同侧面表现盛唐气象，也揭示了其背后隐藏着的严重危机。当然，李白诗中也存在一些糟粕，例如宣扬"人生得意须尽欢"、人生如梦、求仙学道的内容等。

李白诗在艺术上取得了巨大成就，是中国诗歌遗产中的瑰宝。

王世贞《艺苑卮言》指出李白诗"以气为主，以自然为宗"。李白诗气势磅礴，汪洋恣肆，纵横飞动。贺裳说："太白胸怀高旷，有置身云汉、糠粃六合意，不屑屑为体物之言，其言如风卷云舒，无可踪迹。"（《载酒园诗话》）李白诗融会了屈原、庄子等人的艺术风格，从而形成了一种雄奇、飘逸、奔放的风格；而丰富的想象、生动的比喻、高度的夸张等修辞手法的运用，更使其诗具有一种掀雷挟电的夺人气势，令人折服。他的一些代表作如《蜀道难》《梦游天姥吟留别》等诗作中，常运用飞动的笔触，把现实与梦幻、想象结合在一起，或升天，或入地，把时间、空间的界限也都打破，或"兴酣落笔摇五岳，诗成笑傲凌沧洲"（《江上吟》），或"俱怀逸兴壮思飞，欲上青天揽明月"（《宣州谢朓楼饯别校书叔云》），或"划却君山好，平铺湘水流"（《陪侍郎叔游洞庭醉后》）……诗的结构也很少平铺直叙，而是跳跃跌宕，大起大落。他的一些名作往往能体现这些特点，《将进酒》《行路难》等篇尤为如此。

李白诗另一个显著的特点是自然而不雕琢。对于这一点，古人早已论及。贺裳说："太白高旷人，其诗如大圭不琢，而自有夺虹之色。"（《载酒园

诗话》）乔亿亦云："试阅青莲诗，如海水群飞，变怪百出，而悠然不尽之意自在，所以横绝高绝。"（《剑溪说诗》）李调元更明白指出："李诗本陶渊明，杜诗本庾子山。"（《雨村诗话》）也有人借用李白自己的诗句"清水出芙蓉，天然去雕饰"（《经乱离后天恩流夜郎忆旧游书怀赠江夏韦太守良宰》）来称赞其诗的语言风格，其实这也可归结为"自然"。试举他的两首小诗便可见一斑。其一为《山中问答》："问余何意栖碧山，笑而不答心自闲。桃花流水窅然去，别有天地非人间。"又如《山中与幽人对酌》："两人对酌山花开，一杯一杯复一杯。我醉欲眠卿且去，明朝有意抱琴来。"名篇如《静夜思》《长干行》《子夜吴歌》等均如此。李白有些诗不仅浅显自然，且语近情遥。乐府诗、七言歌行，均有歌谣的特征。

李白诗艺术成就最高的是他的乐府诗，现存一百四十九首。他沿用乐府旧题，在传统规定内加以变化。"他的伟大之处，并不在于扩大题材，改换主题，恰恰相反，他是在继承前人创作总体风格的基础上，沿着原来的方向把这一题目写深、写透、写彻底，发挥到淋漓尽致，无以复加的境地，从而使后来的人难以为继。"（郁贤皓《李白集序》）

李白的歌行体诗共有八十余首，其中也有许多杰作，如《梦游天姥吟留别》《宣州谢朓楼饯别校书叔云》《庐山谣寄卢侍御虚舟》等等，均是千古传诵的名篇。冯班曾指出："歌行之名，本之乐章，其文句长短不同，或有拟古乐府为之，今所见如鲍明远集中有之，至唐天宝以后而大盛，如李太白，其尤也。太白多效三祖及鲍明远，其语尤近古耳。"（《钝吟杂录》）管世铭也说："李供奉歌行长句，纵横开阖，不可端倪，高下短长，唯变所适。"（《读雪山房唐诗序例》）冯、管二位的论述有一些共同的认识：李白的歌行体诗，均采用长短句式，纵横开阖，更近于古。李白歌行更能于"其豪放中别有清苍俊逸之神气"（朱庭珍《筱园诗话》）。

李白的《古风》五十九首，内容广泛，虽非作于一时一地，而体制相同。诗以咏怀为内容，其中包含指斥朝政的腐败、感伤自己的遭遇、咏史和游仙等等。高棅曾指出：李白《古风》两卷，皆自陈子昂《感遇》中来，且太白去子昂未远，其高怀慕尚也如此"。（《唐诗品汇》）沈德潜则说："太白诗纵横驰骤，独《古风》二卷，不矜才，不使气，原本阮公，风格俊上，伯玉《感遇》诗后，有嗣音矣。"（《唐诗别裁集》）这些作品更多继承了风骚传统，而指事深切，言情笃挚，缠绵往复，每多言外之旨。

李白集中有八首七律，一百一十首五律。李白生活的时代，五律早已成熟，七律才趋于定型，李白的律诗大致反映了这一时代的创作情况。有人认为李白不喜束缚，故集中七律甚少，这种解释并不能成立。七律到杜甫漂泊西南的一些诗作中才完全定型，李白及同时代的崔颢等人的七律均不十分工稳整饬，即便基本符合，也多属暗合。李白律诗成就也很高。田雯说："青莲作近体如作古风，一气呵成，无对待之迹，有流行之乐，境地高绝。"（《古欢堂集杂著》）对其五律，古人尤多嘉许。吴乔说："太白五律，平易天真，大手笔也。"（《围炉诗话》）管世铭说："太白五言律，如听钧天广乐，心开目明；如望海上仙山，云起水涌。又或通篇不着对偶，而兴趣天然，不可凑泊。常尉、孟山人时有之，太白尤臻其妙。"（《读雪山房唐诗序例》）三人对李白律诗的论述是比较公允的。

太白绝句仅九十三首，其中五绝四十八首，七绝四十五首。胡应麟指出："太白五七言绝，字字神境，篇篇神物。""太白诸绝句，信口而成，所谓无意于工而无不工者。"又说："五言绝二途：摩诘之幽玄，太白之超逸。""七言绝，太白、江宁为最。""五七言（绝）各极其工者，太白。"（《诗薮》）毛先舒则指出："七言绝起忌矜势，太白多直抒旨畅，两言后只用溢思作波掉，唱叹有余响。"（《诗辩坻》）今人对李白绝句之论述大致不出以上范围。各种唐诗选本，选李白绝句均较多，王士禛《唐人万首绝句选》仅七绝即选李白二十一首，孙洙《唐诗三百首》选李白绝句八首，与王维、杜牧相当，位居第一。在脍炙人口的唐人绝句中，李白的《静夜思》《早发白帝城》《黄鹤楼送孟浩然之广陵》等又属流传最广的篇章。"床前明月光"的诗句常常是牙牙学语的儿童接触的第一首唐诗。

李白将我国古代诗歌艺术推上了顶峰，对后人的影响也是深远的。李白生前就享有盛名，身后更赢得极高的评价。李阳冰《草堂集序》称："千载独步，惟公一人。"吴融《禅月集序》谓："国朝能为歌诗者不少，独李太白为称首。"郁贤皓《李白集序》指出："唐代韩愈、李贺、杜牧都从不同方面受过李白诗风的熏陶；宋代苏轼、陆游的诗，苏轼、辛弃疾、陈亮的豪放派词，也显然受到李白诗歌的影响；而金元时期的元好问、萨都剌、方回、赵孟頫、范德机、王恽等，则多学习李白的飘逸风格；明代的刘基、宋濂、高启、李东阳、高棅、沈周、杨慎、宗臣、王穉登、李贽，清代的屈大均、黄景仁、龚自珍等，都对李白非常仰慕，努力学习他的创作经验。"近现代以来，李白更不仅为东方熟知，也广为西洋各国所推崇。李白的诗，成了中华民族文化遗产中最光彩夺目的部分之一。

网络链接

① 谪仙李白降人间，谁人有幸作前辈？　② 李白故乡何处是？　③ 李白吟唱《蜀道难》，雄豪诗歌为谁作？　④ 李白诗中的"小谢"是谁？　⑤ 李白之死之谜？

参考书目

［清］王琦注《李太白全集》，中华书局 1977 年

瞿蜕园、朱金城校注《李白集校注》，上海古籍出版社 1980 年

安旗主编《李白全集编年注释》，巴蜀书社 1983 年

詹锳等编著《李白全集校注汇释集评》，百花文艺出版社 1997 年

复旦大学中文系编《李白诗选》，人民文学出版社 1983 年

郁贤皓编选《李白集》，凤凰出版社 2006 年

郁贤皓主编《李白大辞典》，广西教育出版社 1995 年

郁贤皓《李白与唐代文史考论》，南京师范大学出版社 2008 年

李从军《李白考异录》，齐鲁书社 1986 年

中国李白研究会编《李白学刊》（二集），上海三联书店

中国李白研究会编《中国李白研究》，江苏古籍出版社、安徽文艺出版社

思考与练习

1. 从本单元的几首诗，说说李白诗浪漫风格的特点。

2. 以《梦游天姥吟留别》《蜀道难》《梁甫吟》等篇为例，说说李白诗结构的跳跃性。

十、杜甫诗

杜　甫

　　杜甫(712—770),字子美。巩县(今河南巩义市)人。因远祖杜预为京兆杜陵(今陕西西安东南)人,遂自称杜陵布衣、杜陵野老、杜陵野客。青年时期曾漫游郇瑕(今山西临猗)、吴越、齐赵等地。天宝九载(750)冬,预献《三大礼赋》,得到唐玄宗赏识,命待制集贤院。十四载,授河西尉,不就,改右卫率府兵曹参军。因守长安十年,尝居城南少陵附近,自称少陵野老,世因称杜少陵。安史乱起,曾陷贼中。肃宗至德二载(757)四月,冒险由长安奔赴凤翔行在,授左拾遗,故世称杜拾遗。旋因疏救宰相房琯,于乾元元年(758)六月,被贬华州司功参军。后弃官流寓陇、蜀、荆、湘等地,所谓"漂泊西南天地间"。代宗广德二年(764)六月,剑南节度使严武表荐为节度参谋、检校工部员外郎,世又称杜工部。两《唐书》有传。杜甫生当李唐王朝由盛转衰的历史时期,他的诗广泛而深刻地反映了安史之乱前后的现实生活和社会矛盾,被誉为"诗史"。他是我国古典诗歌艺术的集大成者,诸体兼擅,无体不工,沉郁顿挫,律切精深,使诗歌艺术达到了出神入化的完美境地,被后世尊为"诗圣"。现存诗 1450 余首。有《杜工部集》行世。

【集评】

　　至于子美,盖所谓上薄风骚,下该沈宋,古傍苏李,气夺曹刘,掩颜谢之孤高,杂徐庾之流丽,尽得古今之体势,而兼今人之所独专矣。……诗人以来,未有如子美者。([唐]元稹《元稹集》卷五十六《唐故工部员外郎杜君墓系铭并序》)

　　杜逢禄山之难,流离陇蜀,毕陈于诗,推见至隐,殆无遗事,故当时号为"诗史"。([唐]孟棨《本事诗·高逸第三》)

　　唐兴,诗人承陈隋风流,浮靡相矜。至宋之问、沈佺期等,研揣声音,浮切不差,而号律诗,竞相袭沿。逮开元间,稍裁以雅正。然恃华者质反,好丽者壮违,人得一概,皆自名所长。至甫,混涵汪茫,千汇万状,兼古今而有之。它人不足,甫乃厌余;残膏剩馥,沾丐后人多矣。故元稹谓:诗人以来,未有如子美者。甫又善陈时事,律切精深,至千言不少衰,世号诗史。昌黎韩愈于文章慎许可,至歌诗独推曰:"李杜

文章在,光焰万丈长。"诚可信云。([宋]宋祁《新唐书·杜甫传》)

诗至于杜子美,文至于韩退之,书至于颜鲁公,画至于吴道子,而古今之变,天下之能事毕矣。([宋]苏轼《东坡集》卷二十三《书吴道子画后》)

自作语最难,老杜作诗,退之作文,无一字无来处,盖后人读书少,故谓韩杜自作此语耳。古之能为文章者,真能陶冶万物,虽取古人之陈言入于翰墨,如灵丹一粒,点铁成金也。([宋]黄庭坚《豫章黄先生文集》卷十九《答洪驹父书三首》之二)

刘荣嗣云:"少陵诗靡所不有,有爽彻胸臆,净洗铅华,亭亭独举者;有包举万物,勾稽典丽,八音奏而五采错者;有和邕浑噩,佩玉鸣裳,声容都雅者;有危侧嵚嶙,历落纵横,如奔涛轰雷、断弦裂帛者;有托言寄兴,远致近含,骤而即之,莫见形似者;有直纪世变,如史传纪论,曲尽描画者。上之而汉魏、六朝、初盛,罔不备于少陵;即下之而中晚、宋元,少陵集中隐隐具一种变相,兹少陵所以为大与!"([明]卢世㴶《杜诗胥抄·知己赠言》)

千古诗人推杜甫,其诗随所遇之人、之境、之事、之物,无处不发其思君王、忧祸乱、悲时日、念友朋、吊古人、怀远道,凡欢愉、幽愁、离合、今昔之感,一一触类而起;因遇得题,因题达情,因情敷句,皆因甫有其胸襟以为基。如星宿之海,万源从出;如钻燧之火,无处不发;如肥土沃壤,时雨一过,夭矫百物,随类而兴,生意各别,而无不具足。([清]叶燮《原诗·内篇上》)

杜诗高、大、深俱不可及。吐弃到人所不能吐弃,为高;涵茹到人所不能涵茹,为大;曲折到人所不能曲折,为深。([清]刘熙载《艺概·诗概》)

诗至杜陵而圣,亦诗至杜陵而变。顾其力量充满,意境沉郁。嗣后为诗者,举不能出其范围,而古调不复弹矣。故余谓自《风》《骚》以迄太白,诗之正也,诗之古也。杜陵而后,诗之变也。自有杜陵,后之学诗者,更不能求《风》《骚》之所在,而亦不得不以杜陵为止境。韩、苏且列门墙,何论余子?昔人谓杜陵为诗中之秦始皇,亦是快论。([清]陈廷焯《白雨斋词话》卷七)

哀 江 头

少陵野老吞声哭①,春日潜行曲江曲②。江头宫殿锁千门③,细柳新蒲为谁绿④?忆昔霓旌下南苑⑤,苑中万物生颜色⑥。昭阳殿里第一人⑦,同辇随君侍君侧⑧。辇前

---

① 少陵:为汉宣帝许皇后陵墓,在宣帝杜陵东南,杜甫曾住家于此,故自称"少陵野老"。吞声哭,犹饮泣。吞声,不敢出声。 ② 潜行:秘密行走。曲江:在唐国都长安(今陕西西安)东南,当时为游赏胜地。曲江曲,指曲江深曲隐僻之地。 ③ 江头宫殿:指曲江边紫云楼、芙蓉苑、杏园、慈恩寺等建筑物。因无人居住,一片荒凉,故曰"锁千门"。 ④ 细柳新蒲:据康骈《剧谈录》卷下载,曲江"花卉环周,烟水明媚","入夏则菰蒲葱翠,柳阴四合,碧波红蕖,湛然可爱"。时当春日,蒲新生,柳丝细,故曰"细柳新蒲"。国破无主,无人欣赏,故曰"为谁绿"。三字沉痛。 ⑤ 霓旌:云霓般的彩色旗帜,指天子仪仗。南苑:指芙蓉苑,在曲江之南。 ⑥ 生颜色:谓皇帝游幸,万物增辉。 ⑦ 昭阳殿:汉代宫殿名。汉成帝皇后赵飞燕居昭阳殿,甚得宠幸。此以赵飞燕比杨贵妃。 ⑧ 辇:皇帝乘坐的车子。同辇随君,《汉书·外戚传》载:"成帝游于后庭,尝欲与(班)婕妤同辇载,婕妤辞曰:'观古图画,圣贤之君皆有名臣在侧,三代末主乃有嬖女,今欲同辇,得无近似之乎?'上善其言而止。"此暗用班婕妤事以讽玄宗和贵妃。

才人带弓箭①，白马嚼啮黄金勒②。翻身向天仰射云，一笑正坠双飞翼③。明眸皓齿今何在？血污游魂归不得④。清渭东流剑阁深⑤，去住彼此无消息⑥。人生有情泪沾臆⑦，江水江花岂终极⑧！黄昏胡骑尘满城⑨，欲往城南望城北⑩。

【汇评】

老杜陷贼时有诗曰："少陵野老吞声哭，……"予爱其词气如百金战马，注坡蓦涧，如履平地，得诗人之遗法。（［宋］苏辙《栾城集》卷八《诗病五事》）

无穷之恨，《黍离》《麦秀》之悲，寄于言外。题云《哀江头》，乃子美在贼中时，潜行曲江，睹江水江花，哀思而作。其词婉而雅，其意微而有礼，真可谓得诗人之旨者。（［宋］张戒《岁寒堂诗话》卷上）

五七言古诗仄韵者，上句末字类用平声。惟杜子美多用仄，如《玉华宫》《哀江头》诸作，概亦可见。其音调起伏顿挫，独为遒健，似别出一格。回视纯用平字者，便觉萎弱无生气。（［明］李东阳《麓堂诗话》）

当日明皇仓卒蒙尘，马嵬惨变，尤为意外，且倥偬奔避，渭水、剑阁，两不相顾，一死一生，真天长地久，此哀无极。公诗并不铺排事实，而"明眸"四句，哀孰甚焉！视《长恨歌》《连昌宫词》，尤简括超妙。（［清］陈讦《读杜随笔》卷上）

【赏析】

这首诗为至德二载(757)春，杜甫陷贼长安时作。曲江为唐时游赏胜地，唐玄宗与杨贵妃常游幸于此。今玄宗奔蜀，杨妃缢死，诗人身陷贼中，旧地重游，抚今追昔，哀思有感，遂作此诗。诗写作者春日潜行曲江而感玄宗与杨妃生离死别之事，着力突出一个"哀"字。全诗分三层写哀：开头四句为第一层，是写诗人潜行曲江，目睹乱后衰败凄凉景象而引起的深哀隐痛。从"忆昔霓旌下南苑"到"一笑正坠双飞翼"八句为第二层，是用追叙的手法极写昔日游苑之盛与杨妃的恃宠豪奢。表面上是写昔日之"乐"，但"乐"中含哀，以乐衬哀，倍增其哀。"明眸皓齿今何在"等最后八句为第三层，乐极生悲，又从往昔跌回现实，悲君妃之不幸，哀国家之多难，愤叛军之猖獗。今昔对比，深悲剧痛，摧人心

---

① 才人：宫中女官名。《新唐书·百官志二》："(内官)才人七人，正四品。掌叙燕寝，理丝枲，以献岁功。" ② 啮(niè)：咬。黄金勒：以黄金为饰的马嚼口。《明皇杂录》卷下："上将幸华清宫，贵妃姊妹竞车服""竞购名马，以黄金为衔勒，组绣为障泥"，"将同入禁中，炳炳照灼，观者如堵。" ③ 仰射云：仰射空中飞鸟。一笑：指贵妃因才人射中飞鸟而为之一笑，系用如皋射雉事。《左传·昭公二十八年》："贾大夫恶(指貌丑)，娶妻而美，三年不言不笑，御以如皋，射雉获之，其妻始笑而言。"正坠双飞翼：已暗含玄宗、贵妃马嵬死别事。 ④ 明眸皓齿：指杨贵妃。二句指杨贵妃在马嵬坡被缢死事。马嵬坡，在今陕西兴平市北，西距长安百余里。归不得：一是贵妃已死，二是长安沦陷，故云。 ⑤ 清渭东流：指贵妃藁葬渭滨。马嵬南滨之渭水，由西向东流向长安。剑阁：在今四川剑阁县北，为玄宗西行入蜀所经之地。《北史·魏本纪》载：北魏孝武帝元脩永熙三年(534)，帝为高欢所逼，出洛阳西奔长安，时当七月，"八月，宇文泰遣大都督赵贵、梁御甲骑二千来赴，乃奉迎，帝及河渭御曰：'此水东流而朕西上，若得重谒洛阳庙，是卿等功也。'帝及左右皆流涕。"清渭东流，玄宗西去，时亦相当，事亦相类，用典恰切。后《秦州杂诗二十首》其二："清渭无情极，愁时独向东。"亦用此典。 ⑥ 去住彼此：指玄宗、贵妃。去指玄宗幸蜀西去，住指贵妃死葬渭滨。彼此此住，生死相隔，故曰"无消息"。此句即白居易《长恨歌》所云"一别音容两渺茫"意。 ⑦ 臆：胸膛。 ⑧ 终极：犹穷尽。岂终极，哪有尽头。是指水自流，花自开，无知无情，年年依旧，永无尽期。水，一作"草"。岂终极，与上句"人生有情"相对，又与前"为谁绿"相照应。 ⑨ 胡骑：指安禄山叛军。 ⑩ 欲往：犹将往。城南，原注："甫家居城南。"时已黄昏，应回住处，故欲往城南。望城北者，是望官军由北来收复长安。时肃宗在灵武，地处长安之北。

肺。哀乐关乎国运。哀江头,哀杨妃也,哀玄宗也,哀国破之痛也。全诗辞婉而雅,意深而微,讽而含情,极尽开阖变化之妙。清人黄生说:"此诗半露半含,若悲若讽。天宝之乱,实杨氏为祸阶。杜公身事明皇,既不可直陈,又不敢曲讳,如此用笔,浅深极为合宜。善述事者,但举一事,而众端可以包括,使人自得其于言外。若纤悉备记,文愈繁而味愈短矣。"(《杜诗说》卷三)

(张忠纲)

赠卫八处士①

人生不相见,动如参与商②。今夕复何夕,共此灯烛光③。少壮能几时,鬓发各已苍。访旧半为鬼④,惊呼热中肠⑤。焉知二十载,重上君子堂⑥。昔别君未婚,儿女忽成行⑦。怡然敬父执⑧,问我来何方。问答未及已⑨,儿女罗酒浆⑩。夜雨剪春韭,新炊间黄粱⑪。主称会面难⑫,一举累十觞⑬。十觞亦不醉,感子故意长⑭。明日隔山岳⑮,世事两茫茫⑯。

【汇评】

久别倏逢,曲尽人情,想而味之,宛然在目。([宋]陈世崇《随隐漫录》卷一)

信手写去,意尽而止,空灵宛畅,曲尽其妙。([明]王嗣奭《杜臆》卷一)

李因笃曰:"老气古质,平叙中有崚崎历落之致。"吴农祥曰:"一气读,一笔写,相见寻常事,却说得骇异不同。此人人胸臆所有,人不道耳。"查慎行曰:"感今怀旧,如风行水上,自然成文。若涉一毫客气,便成两橛。"([清]刘濬《杜诗集评》卷一引)

古趣盎然,少陵别调。一路皆属叙事,情真、景真,莫乙其处。([清]浦起龙《读杜心解》卷一之二)

无句不关人情之至,情景逼真,兼极顿挫之妙。([清]张燮承《杜诗百篇》卷上)

全诗共分六解(四句叙今昔聚散之情;四句叙死别生离之苦;六句叙久别暂聚、悲喜交聚之况。四句叙处士款待之情。四句叙主人劝酒之殷勤;二句结到明日复别,未卜能否再会之意,兴起二句相应。)恰无一句不关人情,读之觉情景逼真,兼极顿挫之妙。(王文濡《唐诗评注读本》卷一)

---

① 卫八:生平不详,八是排行。处士:未仕或不仕的士人。 ② 动:往往,常常。参(shēn)、商:二星名,参在西,商在东,此出彼没,永不相见。后常用以比喻双方会面之难。曹植《与吴季重书》:"别有参商之阔。" ③ "今夕"二句:《诗经·唐风·绸缪》:"今夕何夕,见此良人!""今夕何夕,见此邂逅。"表示相见的惊喜。此是喜出望外,想不到得有今夕,共对此灯烛之光也。 ④ 访旧:打听故旧的下落。半为鬼:大多亡故。 ⑤ 热中肠:为故旧的死亡而深感悲痛,五内俱焚。 ⑥ 君子:指卫八。 ⑦ 成行(háng):众多。 ⑧ 怡然:和悦貌。父执:父亲的友辈。《礼记·曲礼上》:"见父之执。"孔颖达疏:"谓挚友与父同志者也。" ⑨ 未及已:还没有说完。 ⑩ 儿女:一作"驱儿"。罗酒浆:摆上酒菜。 ⑪ 新炊:刚煮熟的饭。间(jiàn):掺和。黄粱:即黄小米。 ⑫ 主称:主人说。 ⑬ 累:接连。觞(shāng):酒杯。 ⑭ 子:指卫八。故意:故旧情意。长:深长,深厚。 ⑮ 山岳:指西岳华山。这句是说明天就要和你分别,好像华山把我们隔开一样。 ⑯ 世事:指时局发展和个人命运。别后世事如何,你我都茫然无知,不能预料,故曰"两茫茫"。

　　肃宗乾元元年(758),杜甫被贬华州司功参军,冬赴洛阳,二年春从洛阳回华州,途中遇老友卫八处士,久别重逢,抚今追昔,感慨万千,遂赋此诗以赠。清人黄生评此诗说:"写故交久别之情,若从肺腑中流出,手未动笔,笔未蘸墨,只是一真。然非沉酣于汉魏而笔墨与之俱化者,即不能道只字。因知他人未尝不遇此真境,却不能有此真诗,总由性情为笔墨所格耳。"(《杜诗说》卷一)真,的确是杜诗的一大特色。杜甫感情真挚,情郁于中,不吐不快,发而为诗,自然感人至深。这首诗写一别二十年的老友在战争乱离中忽然相见,乍惊乍喜,如梦如幻,"今夕复何夕,共此灯烛光",真有九死一生之感。烛下相看,鬓发俱苍,询问旧友,半死为鬼,真是可悲可叹。而眼前所见,昔日小友,今已儿女成行,且极懂礼貌;旧交情真,剪春韭,炊黄粱,罗酒浆,倾其所有,盛情款待,又令人可喜可感。久别重逢,悲喜交集,谊厚情深,十觞不醉。但想到明日相别,后会无期,又不禁凄然茫然。诗将一夜的情事娓娓叙来,平易真切,质朴无华,生动自然,表现了战乱年代人所共有的"沧海桑田"和"别易会难"的人生感触,具有很强的概括性和感染力。所以,清人吴冯栻说:"通首妙在一真,情真,事真,景真,故旧相遇,当歌此以侑酒,读之觉翁翁然一股热气,自泥丸直达顶门出也。"(《青城说杜》)

(张忠纲)

<hr>

月　夜

　　今夜鄜州月,闺中只独看①。遥怜小儿女,未解忆长安②。香雾云鬟湿③,清辉玉臂寒④。何时倚虚幌⑤,双照泪痕干⑥?

【汇评】

　　李因笃曰:"苦语写来不枯寂,此盛唐所以擅场也。犹善画者,古木寒鸦,正须一倍有致。"(〔清〕刘濬《杜诗集评》卷七引)

　　怀远诗说我忆彼,意只一层;即说彼忆我,意亦只两层。唯说我遥揣彼忆我,意便三层。又遥揣彼不知忆我,则层折无限矣。此公陷贼中,本写长安之月,却偏陡写鄜州之月,本写自己独看,却偏写闺中独看,已得遥揣神情。三、四又脱开一笔,以儿女之不解忆,衬出空闺之独忆,故"云鬟湿""玉臂寒"而不知也。沉郁顿挫,写尽闺中深情苦境。(〔清〕吴瞻泰《杜诗提要》卷七)

　　心已驰神到彼,诗从对面飞来,悲婉微至,精丽绝伦,又妙在无一字不从月色照出也。(〔清〕浦起龙

<hr>

　　① 鄜(fū)州:今陕西富县。闺中:指妻子。　② 未解:尚未懂得。　③ 香雾:雾本无香,乃鬟香透入夜雾,故云。④ 清辉:指月光。　⑤ 虚幌:薄帷。　⑥ 双照:指月光照着妻子与自己两人。

《读杜心解》卷三)

入手便摆落现境,纯从对面着笔,蹊径甚别。后四句又纯为预拟之词,通首无一笔着正面,机轴奇绝。([清]纪昀《瀛奎律髓刊误》卷二十二)

【赏析】

此诗作于至德元载(756)八月初陷贼时。本年五月,杜甫携家避难鄜州。七月,肃宗即位于灵武。八月,杜甫闻讯只身奔赴行在,中途为叛军所执,拘于长安。诗即被禁长安望月思家而作。诗写离乱中两地相思,构思新奇,情真意切,明白如话,深婉动人,真可谓天下第一等情诗。首联点题,起势不凡。入手即从对面着笔,不言我在长安思念家人,却说家人在鄜州望月思我,蹊径独辟。次联流水对,用笔尤为隐曲委婉,寓意深微。"未解忆",含两层意思:一是儿女尚小,不知道想念身陷长安的父亲;二是小儿女天真无知,不懂得母亲看月是在想念他们的父亲。以小儿女的不解忆,反衬闺中只独看、独忆,突出首联"独"字,益见深情苦忆。三联着力描写想象中妻子独自看月的形象。雾湿云鬟,月寒玉臂,语丽情悲。"寒"字、"湿"字,见出夜深,衬出闺中伫望之久,思念之切,虽"云鬟湿""玉臂寒"而不知,可谓忘情之至也。末联以希冀重逢作结:"何时倚虚幌,双照泪痕干?""泪痕干",则今夜泪痕不干矣!"双照"而泪痕始干,则"独看"而泪痕不干明矣!今夜两地看月而各有泪痕,则愈益不干也甚矣!黄生说:"'照'字应'月'字,'双'字应'独'字,语意玲珑,章法紧密,五律至此,无忝称圣矣!"(《杜诗说》卷四)

(张忠纲)

蜀　相①

丞相祠堂何处寻②?锦官城外柏森森③。映阶碧草自春色,隔叶黄鹂空好音④。三顾频烦天下计⑤,两朝开济老臣心⑥。出师未捷身先死⑦,长使英雄泪满襟。

---

① 蜀相:指诸葛亮。公元221年,刘备在蜀称帝,任命诸葛亮为丞相。 ② 丞相祠堂:即武侯祠。诸葛亮于建兴元年(223)被后主刘禅封为武乡侯,故其庙又称武侯祠,在今成都城南。 ③ 锦官城:在成都西南部,汉代主管织锦业的官员居此,故称。后作为成都的别称。森森:高大茂密貌。传说武侯祠前有一柏为诸葛亮手植。 ④ 映:遮掩。自春色:徒自呈春色。空好音:空作好音。碧草自绿,黄鹂自鸣,春色与己无关,好音与己无闻,"自""空"互文,是用反衬手法加倍写出诗人对诸葛亮的倾慕之情与凄恻之感。 ⑤ 三顾:指刘备三顾茅庐请诸葛亮出山。频烦:意为多次烦劳,反复咨询。天下计:安天下之大计。指诸葛亮在《隆中对》中提出的东联孙权,北抗曹操,西取刘璋,三分天下的谋国方略。此句即诸葛亮《出师表》所云:"先帝(指刘备)不以臣卑鄙,猥自枉屈,三顾臣于草庐之中,谘臣以当世之事。" ⑥ 开济:经邦济世。杜甫《说旱》云:"军郡之政,罢弊之俗,已下手开济矣。"此开济亦治理之意。两朝开济,指诸葛亮辅佐先主刘备和后主刘禅成就帝业。老臣心:"鞠躬尽瘁,死而后已"之心。 ⑦ 出师未捷:指"北定中原,兴复汉室,还于旧都"(《出师表》)的理想未得实现。《三国志·蜀书·诸葛亮传》载,建兴十二年(234)春,诸葛亮出师伐魏,据武功五丈原(在今陕西岐山县南),与司马懿对峙于渭南,相持百余日。其年八月,亮病死军中,时年五十四。

【汇评】

因谒祠堂,故必写祠景,后半方入事,唐贤多如此,不特少陵为然,此方是诗中真境。曰"自春色",曰"空好音",确见入庙时低回想象之意,此诗中之性情也。不得其性情,而得其议论,少陵一宗安得不灭!([清]黄生《杜诗说》卷八)

吊古诗,须具真性情,乃能发真议论,三、四是入祠堂低回叹息之神。唯五、六二句,始就孔明发论,结仍归自己。直将夔州血泪,滴向五丈原鞠躬尽瘁之时。此诗人之性情也。不得其性情,而贪发议论,则古人自古耳,于诗人何与?([清]吴瞻泰《杜诗提要》卷七)

【赏析】

此诗为上元元年(760)春杜甫到成都后初游诸葛亮庙时作。诗借咏丞相祠堂,而深寄缅怀之思,歌颂诸葛亮的丰功伟绩。前四句写丞相祠堂,一、二句点题,交代祠堂所在,而已饱含诗人对诸葛亮的无限追慕之情。三、四句写祠景,而景中寓情。后四句写丞相本人。五、六两句,从大处着笔,言简意赅,尽括诸葛亮一生的功业和才德。末二句,对诸葛亮的大业未竟,赍志而殁,深表痛惜。《旧唐书·王叔文传》载,中唐政治改革派领袖人物王叔文预感到改革失败时,"但吟杜甫题诸葛亮祠堂诗末句云:'出师未捷身先死,长使英雄泪满襟。'因欷歔涕下。"《宋史·宗泽传》载,抗金名将宗泽为投降派所阻抑,"忧愤成疾,疽发于背。诸将入问疾,泽矍然曰:'吾以二帝蒙尘,积愤至此。汝等能歼敌,则我死无恨。'众皆流涕曰:'敢不尽力!'诸将出,泽叹曰:'出师未捷身先死,长使英雄泪满襟。'"故王嗣奭评此诗曰:"出师未捷,身已先死,所以流千古英雄之泪也。盖不止为诸葛悲之,而千古英雄有才无命者,皆括于此,言有尽而意无穷也。"(《杜臆》卷四)

登　高

风急天高猿啸哀①，　渚清沙白鸟飞回②。
无边落木萧萧下③，　不尽长江滚滚来④。
万里悲秋常作客⑤，　百年多病独登台⑥。
艰难苦恨繁霜鬓⑦，　潦倒新停浊酒杯⑧。

---

① 猿啸哀:巫峡多猿,鸣声甚哀,所谓"巴东三峡巫峡长,猿鸣三声泪沾裳"。　② 渚(zhǔ):水中小洲。回:回旋。
③ 落木:落叶。萧萧:风吹叶动之声。　④ 滚滚:相继不绝,奔腾不息。　⑤ 万里:远离故乡,指夔州距长安遥远,回京无望。常作客:长期漂泊在外。杜甫自乾元二年(759)弃官流寓秦州、同谷、成都,至大历二年(767)在夔州作此诗,颠沛流离近十年,所谓"一辞故国十经秋"。　⑥ 百年:犹言一生。多病:杜甫患有疟疾、肺病、风痹、糖尿病、耳聋等多种疾病。独登台:时逢佳节,诸弟分散,好友先死,孤客夔州,举目无侣,故云。　⑦ 艰难:一指个人生活多艰,一指国家世乱多难。苦恨:极恨。繁霜鬓:白发日多。　⑧ 潦倒:犹衰颓,因多病故潦倒,所谓"形容真潦倒"。新停:最近方停。时杜甫因病戒酒。浊酒:混浊的酒,指劣酒。

《登高》云:"无边落木……独登台"。此二联不用故事,自然高妙,在樊川《齐山九日》七言之上。([宋]刘克庄《后村诗话》新集卷二)

杜陵诗云:"万里悲秋常作客,百年多病独登台",盖"万里",地之远也;"悲秋",时之惨凄也;"作客",羁旅也;"常作客",久旅也;"百年",暮齿也;"多病",衰疾也;"台",高迥处也;"独登台",无亲朋也。十四字之间含八意,而对偶又精确。([宋]罗大经《鹤林玉露》乙编卷五)

杜"风急天高"一章五十六字,如海底珊瑚,瘦劲难名,沉深莫测,而精光万丈,力量万钧。通章章法、句法、字法,前无昔人,后无来学。微有说者,是杜诗,非唐诗耳。然此诗自当为古今七言律第一,不必为唐人七言律第一也。([明]胡应麟《诗薮》内编卷五)

若"风急天高",则一篇之中句句皆律,一句之中字字皆律,而实一意贯串,一气呵成。骤读之,首尾若未尝有对者,胸腹若无意于对者;细绎之,则锱铢钧两,毫发不差,而建瓴走坂之势,如百川东注于尾闾之窟。至用句用字,又皆古今人必不敢道,决不能道者。真旷代之作也。(同上)

八句皆对,起二句对举之中仍复用韵,格奇而变。([清]沈德潜《唐诗别裁集》卷十三)

《登高》一首,起二"风急天高猿啸哀,渚清沙白鸟飞回",收二"艰难苦恨繁霜鬓,潦倒新停浊酒杯",通首作对而不嫌其笨者;三、四"无边落木"二句,有疏宕之气;五、六"万里悲秋"二句,有顿挫之神耳。又首句妙在押韵,押韵则声长,不押韵则局板。([清]施补华《岘佣说诗》)

气象高浑,有如巫峡千寻走云连风,诚为七律中稀有之作。([清]纪昀等《唐宋诗醇》卷十六)

此诗读者亦谓五六备极顿挫,不知此诗一句有一句之顿挫;合看两句,有两句之顿挫;合看通篇,有通篇之顿挫。顿挫为公独得之妙,此诗政当于字字顿挫求之。([清]陈式《问斋杜意》卷十七)

【赏析】

古人九月九日重阳节有登高的风俗。这首诗是唐代宗大历二年(767)重阳节,杜甫在夔州(今重庆奉节)登高时所作。前四句写登高所见,后四句写登高所感,情景交融,气象高浑,语言精练而富变化,对仗工整且复自然,极沉郁顿挫之致,是杜甫七律的代表作。首联起势警拔,犹如黄河之水天上来,一气贯注,层叠而下。"风急"二字最为紧要,以下猿哀、鸟回、落木萧萧、长江滚滚,皆从此生出。此联每句各包三景,上句风急、天高,下句渚清、沙白,皆从大处着笔,上句猿,下句鸟,则从小处陪衬,大小相形,格外醒目。颔联二句亦是从大处写秋景,犹如骏马走坂,奔腾无羁。落木萧萧,长江滚滚,连用两叠字,已气势非凡,而又冠以"无边""不尽"四字,则悲壮中更极阔大,遂使萧萧之声,滚滚之势,精神跃然而出。若不如此,则振不起下半首。前半写登高所见秋景,泼墨淋漓,雄浑悲壮,遂为下半悲秋张本。颈联两句即从天地风物之大环境紧缩至孤身一人,但内涵却极深广,正如宋人罗大经说的"十四字之间含八意,而对偶又精确"。此诗八句皆对,而又章法错综变化,前后紧相照应。尾联"艰难"应"作客","潦倒"应"多病",大有登高极目、百感交集之慨,使人唏嘘感叹不能自已。故胡应麟盛赞此诗为"古今七言律第一"。

(张忠纲)

丽人行

三月三日天气新,长安水边多丽人。态浓意远淑且真,肌理细腻骨肉匀。绣罗衣裳照暮春,蹙金孔雀银麒麟。头上何所有？翠为匌叶垂鬓唇。背后何所见？珠压腰衱稳称身。就中云幕椒房亲,赐名大国虢与秦。紫驼之峰出翠釜,水精之盘行素鳞。犀箸厌饫久未下,鸾刀缕切空纷纶。黄门飞鞚不动尘,御厨络绎送八珍。箫管哀吟感鬼神,宾从杂遝实要津。后来鞍马何逡巡,当轩下马入锦茵。杨花雪落覆白𬞟,青鸟飞去衔红巾。炙手可热势绝伦,慎莫近前丞相嗔。

咏怀古迹五首(其二)

摇落深知宋玉悲,风流儒雅亦吾师。怅望千

秋一洒泪,萧条异代不同时。江山故宅空文藻,云雨荒台岂梦思。最是楚宫俱泯灭,舟人指点到今疑。

月夜忆舍弟

戍鼓断人行,秋边一雁声。露从今夜白,月是故乡明。有弟皆分散,无家问死生。寄书长不达,况乃未休兵。

宿　府

清秋幕府井梧寒,独宿江城蜡炬残。永夜角声悲自语,中天月色好谁看？风尘荏苒音书绝,关塞萧条行路难。已忍伶俜十年事,强移栖息一枝安。

水槛遣心二首(选一)

去郭轩楹敞,无村眺望赊。澄江平少岸,幽树晚多花。细雨鱼儿出,微风燕子斜。城中十万户,此地两三家。

江　村

清江一曲抱村流,长夏江村事事幽。自去自

来堂上燕,相亲相近水中鸥。老妻画纸为棋局,稚子敲针作钓钩。但有故人供禄米,微躯此外更何求？

赠　花　卿

锦城丝管日纷纷,半入江风半入云。此曲只应天上有,人间能得几回闻？

望月怀远　　　[唐]张九龄

海上生明月,天涯共此时。情人怨遥夜,竟夕起相思。灭烛怜光满,披衣觉露滋。不堪盈手赠,还寝梦佳期。

把酒问月　　　[唐]李　白

青天有月来几时,我今停杯一问之。人攀明月不可得,月行却与人相随。皎如飞镜临丹阙,绿烟灭尽清辉发。但见宵从海上来,宁知晓向云间没。白兔捣药秋复春，嫦娥孤栖与谁邻。今人不见古时月，今月曾经照古人。古人今人若流水，共看明月皆如此。唯愿当歌对酒时，月光长照金樽里。

夜 月 　　[唐]刘方平

更深月色半人家，北斗阑干南斗斜。今夜偏知春气暖，虫声新透绿窗纱。

夜 直 　　[宋]王安石

金炉香烬漏声残，剪剪轻风阵阵寒。春色恼

人眠不得，月移花影上阑干。

阳关曲·中秋月 　　[宋]苏　轼

暮云收尽溢清寒，银汉无声转玉盘。此生此夜不长好，明月明年何处看。

太 常 引 　　[宋]辛弃疾
建康中秋为吕叔潜赋

一轮秋影转金波。飞镜又重磨。把酒问姮娥。被白发、欺人奈何。　　乘风好去，长空万里，直下看山河。斫去桂婆娑。人道是、清光更多。

附录四　研究性学习专题

李杜优劣论

历史上对李白、杜甫的比较评价曾有过两种截然不同的倾向：扬杜抑李，扬李抑杜，另外还有一种持平之论。

最早持"扬杜抑李"观点的是元稹，他在《杜工部墓志铭序》中说到李白："予观其壮浪纵恣，摆去拘束，模写物象，及乐府歌诗，诚亦差肩于子美矣；至若铺陈终始，排比声韵，大或千言，次犹数百，词气豪迈而风调清深，属对律切而脱弃凡近，则李尚不能历其藩翰，况堂奥乎?"元稹只是就诗论诗，比较李杜之高下。苏辙则由诗论人，把李白贬得更低，他在《诗病五事》中说："李白诗类其为人，骏发豪放，华而不实，好事喜名，不知义理之所在也。……杜甫有好义之心，白所不及也。"

最早抑杜的则是北宋初年的杨亿。据李石《何南仲分类杜诗叙》所载，杨亿不喜杜诗，"往往摘子美之短而陋之曰'村夫子'"。

韩愈的"李杜文章在，光焰万丈长"就是最早对李杜所作的持平之论。另外，严羽也在《沧浪诗

话·诗评》中说："李、杜二公，正不当优劣。李白有一二妙处，子美不能道；子美有一二妙处，太白不能作。子美不能为太白之飘逸，太白不能为子美之沉郁。"

20世纪对李白、杜甫诗歌较早作比较研究的是胡小石。他认为，比较研究最重要的，"不在求其同，而在求其异"。前人对李、杜的比较研究可分为两派：一派根据地理，以杜甫为北方诗人的代表，风格最踏实；李白作南方诗人的代表，诗风很浪漫。对于这种比较，胡小石不赞同。他认为在交通不便、政治不统一的时候，尚可适宜，在盛唐已无南北区分，交通便利，政治统一，再如此区分则靠不住。另一派根据思想，以李白代表道家，多有超出人世之感；杜甫代表儒家，句句不脱离社会。胡小石认为，"李杜的思想，并不是根本上不相同"，所以也无比较的必要。胡小石侧重从艺术上比较，认为李、杜所走的艺术道路"完全不相同"。李白走的是复古道路，杜甫走的是革新道路。但不论复古还是革新，他们"都可称为成功的诗人"，"李白是唐代诗人复古的健将，杜甫是革命的先锋"。胡小石既没有扬李抑杜也没有扬杜抑李，和严羽一样，也是作持平之论。但称李白走的

是复古道路的观点,似可商榷。

傅庚生认为严羽的持平之论,这种"半斤对八两,无所轻重于其间"的评价,是"敷衍故事而已"。傅庚生认为:文学创作,贵在于情,"性情愈厚便愈好","同情心愈伟大,作品也就愈伟大","这才是立言的根本"。杜甫的情感既深且广,从五伦之爱、元元之民,到草木鸟兽虫鱼,他都用一片真情去款接。而李白的天才冲淡了他的人间趣,以至于把人与人之间的关系看得比较冷淡。"感情与想象需要的是真,思想需要的是善,形式需要的是美","真善美浑同一体,才算达到了创作的极诣",用这个标准衡量李、杜的诗歌,就会发现"杜甫有八九分的光景","李白要逊似二三分"。傅庚生认为杜甫优于李白。

在五六十年代,多数学者认为对李、杜不应当分优劣,持这一观点的突出代表可以说是郭沫若。郭沫若有这样一段话:"李白和杜甫是像亲兄弟一样的好朋友。他们在中国文学史上的地位就跟天上的双子星座一样,永远并列着发出不灭的光辉。"

但是,到了70年代,郭沫若在《李白与杜甫》一书中突然改变自己原先的观点,一下子站到了"扬李抑杜"的立场上。他从门阀观念、功名欲望、地主生活、宗教信仰、嗜酒终身等等方面进行比较,全面贬低杜甫,抬高李白。当然这与当时的政治气候有关系,与当时学术态度的不严肃有关系。

1979年以后,学术界重新审视了李杜研究的历史,基本上认为李杜不分优劣这样的评价才是允当的。这以后,对李、杜比较研究,成果最突出者当数罗宗强的《李杜论略》。罗宗强认为对李、杜,不应该也没有必要妄比其优劣。正确的态度应当是:首先承认他们并驾齐驱的地位,而后比较他们的特色。根据这样的原则,罗宗强从政治思想、生活思想、文学思想、创作方法、艺术风格、艺术表现手法等诸多方面进行比较论述。此书不仅对郭沫若"扬李抑杜"的看法起到了纠偏补弊的作用,而且对李诗"飘逸"、杜诗"沉郁"的分析解释也令人信服,在理论阐述上也有相当的深度。

回顾杜甫研究史所走过的道路,却是有过曲折的。世纪初,西学东渐,中国古典文学评论界借鉴西方新的文艺理论,为杜甫研究开辟了一个新的境界。其间,梁启超首开风气,用西方"真善美"的标准评价杜甫,称之为"情圣"。继之,闻一多、胡云翼、冯至等人以他们坚实的旧学功底和新吸收到的研究方法对杜甫的生平事迹、思想作风、诗作内容和艺术成就都作了比较全面的评述,为以后的研究奠定了良好的基础。五六十年代,虽然受到不正确的学术空气的浸染,但杜甫毕竟是历史上数一数二的诗人,且由于杜甫的现实主义创作适应了当时政治的需要,杜甫研究并没有受到太大的冲击。到了70年代,杜甫研究遇到了波折。在所谓"评法批儒"的政治干预中,在某些因个人好恶而导致的"扬李抑杜"思想影响下,只有一家之言,别无旁论。80年代以后,随着学术空气的逐渐清纯,杜甫研究又走上了正确的轨道。关于杜甫生平事迹的考证,从80年代开始,不断有新的论说,有些采用以诗证史的方法,有些从前人记载的史料中旁征博引,都具有一定的说服力。杜甫的思想,是20世纪杜甫研究领域讨论最多的话题,从杜甫的人生观、君臣观、民族观、宗教观,以至于妇女观等各个方面,都有多角度的探讨,在某些问题上还形成了尖锐对立的观点。对杜甫晚期诗歌,过去评价不高。80年代以后,学术界从思想内蕴、艺术技巧、美学价值等各个方面全面考察杜甫诗歌的创作史,普遍认为他"老""大""神"的诗歌特质越来越突出,创作也愈来愈深厚,尤其是夔州时期的诗歌更是达到登峰造极的艺术境界。

(引自唐建、孙华娟《二十世纪中国学术论辩书系·中国古代诗歌研究论辩》)

网络链接

① 杜子美因何凄惨辞世?　② 一代诗圣魂归何处?

参考书目

[明]王嗣奭《杜臆》,上海古籍出版社 1983 年

[清]钱谦益《钱注杜诗》,上海古籍出版社 1979 年

[清]仇兆鳌《杜诗详注》,中华书局 1979 年

[清]浦起龙《读杜心解》,中华书局 1961 年

[清]杨伦《杜诗镜铨》,上海古籍出版社 1980 年

林继中《杜诗赵次公先后解辑较》,上海古籍出版社 1994 年

《杜甫研究论文集》,中华书局 1962、1963 年

华文轩编《古典文学研究资料汇编·杜甫卷》,中华书局 1964 年

萧涤非《杜甫诗选注》,人民文学出版社 1979 年

萧涤非《杜甫研究》,齐鲁书社 1980 年

陈贻焮《杜甫评传》,上海古籍出版社 1982 年

郑庆笃、焦裕银、张忠纲、冯建国《杜集书目提要》,齐鲁书社 1986 年

莫砺锋《杜甫评传》,南京大学出版社 1993 年

情感道德·处人

思考与练习

1. 试比较《梁甫吟》《远别离》与《哀江头》《宿府》,说说李、杜诗歌风格的不同点。

2. 联系中小学学过的课文,说说杜甫诗歌前后期有何不同(可以安史之乱为界)。

十一、唐代散文

【总论】

唐之文章，无虑三变。武德以来，沿江左余风，则以绮章绘句为尚。开元好经术，则以崇雅黜浮为工。至于法度森严，抵轹晋、魏，上轧周、汉，浑然为一王法者，独推大历、贞元间。是时虽曰美才辈出，其能以六经之文为诸儒倡者，不过韩退之而止耳，柳子厚而止耳。退之之文，史臣谓其与孟轲、扬雄相表里，故后之学者，不复敢置议论。子厚不幸，其进于朝，适当王叔文用事之时，叔文工言治道，顺宗在东宫，颇信重之，迨其践祚，方欲有所施为，然与文珍、韦皋等相忤，内外谗谮，交口诋诬，一时在朝，例遭窜逐，而八司马之号纷然出矣。作史者不复审订其是非，第以一时成败论人，故党人之名，不可湔洗。（［宋］严有翼《柳宗元集》附录《柳文序》）

有唐三百年，用文治天下。陈子昂起于庸蜀，始振《风》《雅》。由是沈、宋嗣兴，李、杜杰出；六义四始，一变至道。洎张燕公以辅相之才，专撰述之任，雄辞逸气，耸动群听。苏许公继以宏丽，丕变习俗。而后萧、李以二《雅》之辞本述作；常、杨以三《盘》之体演丝纶；郁郁之文，于是乎在。惟韩吏部超卓群流，独高遂古，以二帝三王为根本，以六经四教为宗师；凭陵轹轹，首唱古文，遏横流于昏垫，辟正道于夷坦。于是柳子厚、李元宾、李翱、皇甫湜又从而和之，则我先圣孔子之道，炳然悬诸日月。故论者以退之之文，可继杨、孟，斯得之矣。至于贾常侍至、李补阙翰、元容州结、独孤常州及、吕衡州温、梁补阙肃、权文公德舆、刘宾客禹锡、白尚书居易、元江夏稹，皆文之雄杰者欤！世谓贞元、元和之间，辞人咳唾，皆成珠玉，岂诬也哉！（［宋］姚铉《唐文粹序》）

唐人以笔为文，始于韩、柳。昌黎自述其作文也，谓沉潜秾郁，含英咀华，作为文章，上规姚、姒、《盘》《诰》《易》《诗》《春秋》《左氏》，下逮《庄》《骚》、太史、子云、相如，以闳中肆外。而子厚亦有言，谓每为文章，本《书》《诗》《礼》《春秋》《易》，参之《穀梁》以厉其气，参之《孟》《荀》以畅其支，参之《庄》《老》以肆其端，参之《国语》以博其趣，参之《离骚》以致其幽，参之太史以著其洁。此韩、柳为文之旨也。夫二子之文，气盛言宜，希踪子史。而韩门弟子有李翱、皇甫湜诸人，偶有所作，咸能易排偶为单行，易平易为奇古，复能务去陈言，辞必己出。当时之士，以其异于韵语偶文之作也，遂群然目之为古文。以笔为文，至此始矣。而昌黎之作，尤为学者所盛推。（刘师培《论文杂记》）

李 白

春夜宴诸从弟桃李园序①

　　夫天地者，万物之逆旅也②；光阴者，百代之过客也。而浮生若梦，为欢几何？古人秉烛夜游，良有以也③。况阳春召我以烟景④，大块假我以文章⑤，会桃李之芳园，序天伦之乐事⑥。群季俊秀，皆为惠连⑦；吾人咏歌，独惭康乐⑧。幽赏未已，高谈转清。开琼筵以坐花⑨，飞羽觞而醉月⑩。不有佳咏，何伸雅怀，如诗不成，罚依金谷酒数⑪。

【汇评】

　　发端数语，已见潇洒风尘之外。而转落层次，语无泛设，幽怀逸趣，辞短韵长。读之增人许多情思。（［清］吴楚材、吴调侯《古文观止》卷七）

　　相如赋飘飘有凌云之气，太白文何独不然。诗云："李杜文章在，光芒万丈长"，观斯文益信。（［清］唐德宜《古文翼》卷八）

　　小小燕集，而一起却从天地万物说入，是何等胸怀！至阳春云"召我"，大块云"假我"，花曰"坐花"，月曰"醉月"，字句都仙矣。《辑注》云：古人作文最会认题，如此题没有一"夜"字，便不是春宴桃李园矣。劈首逆从"夜"字生波，再折到春宴桃李园，真是海阔天空，高瞻远眺之概。《快笔》云：为一"夜"字，劈从天地光阴发出如许异想，是其识见之超卓处；烟景而曰"召"，文章而曰"假"，是其下字奇特处；写景则曰"烟景"，写赏曰"幽赏"，写醉则曰"醉月"，总不脱一"夜"字，是其体贴精细处。而且一句一转，一转一意，尺幅中具有排山倒海之势。短文之妙，无逾此篇。（［清］李扶九原编、黄仁黼重订《古文笔法百篇》卷十四）

【赏析】

　　本文字不过百余，句不过数行，却层次递进，内涵丰厚而深刻。文章以对天地、光阴的思考起笔，涉及作者对于空间和时间这两个构成宇宙的基本元素的认识，"逆旅""过客"的比喻，使人想见作者潇洒出尘、超乎凡俗的风度。宇宙尚且如此，则人生之无常、欢

---

　　① 从：同一宗族次于至亲者叫"从"，"从弟"，堂弟。　② 逆旅：旅舍。　③《古诗十九首》："昼短苦夜长，何不秉烛游。"又曹丕《与吴质书》："古人思秉烛夜游，良有以也。"秉，持。良，确实。以，原因。　④ 烟景：朦胧如烟的春景。　⑤ 大块：大地。假：借，这里是提供的意思。文章：锦绣般的自然景物。　⑥ 序：同"叙"，叙谈。天伦：此处指兄弟。　⑦ 群季：诸弟。季，指排行在末的弟弟。惠连：谢灵运族弟，南朝诗人，十岁能文，深受谢灵运的喜爱。　⑧ 康乐：谢灵运袭封康乐侯，此处李白是以谢灵运自比。　⑨ 坐花：坐在花丛中。　⑩ 羽觞：古时酒器。　⑪ 罚依金谷酒数：即罚酒三杯。晋朝石崇《金谷诗序》："遂各赋诗，以叙中怀，或不能者，罚酒三斗。"金谷，石崇所筑花园名。

娱之短暂,更当令人警醒和珍惜。古人秉烛夜游,今人理当仿效,由此引出春夜宴桃李园的盛事。"阳春召我以烟景,大块假我以文章"是良辰、美景,"会桃李之芳园,序天伦之乐事"乃赏心、乐事,"群季俊秀,皆为惠连;吾人咏歌,独惭康乐",主人贤能,宾客卓绝,真所谓"四美具,二难并"(王勃《滕王阁序》),快哉,幸哉!"幽赏""高谈""坐花""醉月"之举,概写夜宴之趣,心绪明快,欢情毕现。结以石崇金谷园宴饮为例,既见桃李园夜宴之盛,更见主客诗赋雅趣,一觞一咏之乐,若魏晋风度之传承,与世俗之浪游迥别。

文章紧扣题目,有春有月,有酒有花,有兄有弟,有诗有歌,快慰之情,溢于言表。"浮生若梦"的言论看似消极,却不掩作者飞扬高蹈的内在精神。文中还充分体现了人与自然间平等和谐、融合如一的关系,展示了人的高度自信。故文章虽短,却辞短韵长,表现力极为丰富,高情逸兴,令人向往。

(邵文实)

韩 愈

韩愈(768—824),字退之,河阳(今河南孟州)人,郡望昌黎,世称"韩昌黎"。唐德宗贞元时进士,任监察御史、国子博士等职。因谏阻唐宪宗迎佛骨,贬为潮州(今属广东)刺史。后官至兵部、吏部侍郎。卒谥文,世称韩文公。有《昌黎先生集》。

【集评】

韩子之文,如长江大河,浑浩流转,鱼鼋蛟龙,万怪惶惑,而抑遏蔽掩,不使自露,而人望见其渊然之光,苍然之色,亦自畏避不敢迫视。([宋]苏洵《上欧阳内翰第一书》)

苏子瞻云:子美之诗,退之之文,鲁公之书,皆集大成者也。([宋]陈师道《后山诗话》)

孟轲氏没,圣学失传。天下之士,背本趋末,不求知道养德以充其内,而汲汲乎徒以文章为事业……韩愈氏出,始觉其陋,慨然号于一世,欲去陈言,以追《诗》《书》六艺之作。([宋]朱熹《朱文公文集》卷七十《读唐志》)

韩昌黎正大卓越,凌厉百家,唐、宋以来,莫之与京。差可与雁行者,独柳柳州而已。([明]蒋之翘辑注本《唐柳河东集》卷首[金]元好问《读柳集叙说》)

皇甫湜云:韩公愈茹古涵今,无有端涯。及其酣放,豪曲快字,凌纸怪发,鲸铿春丽,惊耀天下。([明]胡震亨《唐音癸签》卷七)

宋人好附会名重之人,称韩文杜诗,无一字没来历。不知此二人之所以独绝千古者,转妙在没来历。元微之称少陵云:"怜渠直道当时事,不著心源傍古人。"昌黎云:"惟古于词必己出,降而不能乃剽贼。"今就二人所用之典,证二人生平所读之书,颇不为多,班班可考,亦从不自注此句出何书,用何典。昌黎尤好生造字句,正难其自我作古,吐词为经,他人学之,便觉不妥耳。([清]袁枚《随园诗话》卷三)

文尊韩,诗尊杜,犹登山者必上泰山,泛水者必朝东海也。然使空抱东海、泰山,而此外不知有天台、武夷之奇,潇湘、镜湖之胜;则亦泰山上之樵夫,海船上之舵工而已矣。学者当以博览为工。(同上卷八)

建武以后,积七百年,而韩文公出,深造孟子,陶铸子长,勒一家之言,而柳先生辅之,然后贞元、元和之文,粹然复古,号为文章中兴。是则韩、柳者,文章之宗,尤八家之主也。([清]储欣《唐宋十大家全集录》卷首)

苏明允《上欧阳内翰书》称昌黎之文"如长江大河,浑浩流转,鱼鼋蛟龙,万怪惶惑,而抑遏蔽掩,不使自露"。此真知所谓气势,亦真知昌黎之文能敛气而蓄势者矣。(林纾《春觉斋论文》)

祭十二郎文①

　　年月日②,季父愈闻汝丧之七日③,乃能衔哀致诚④,使建中远具时羞之奠⑤,告汝十二郎之灵⑥:

　　呜呼!吾少孤⑦,及长,不省所怙⑧,惟兄嫂是依⑨。中年兄殁南方⑩,吾与汝俱幼,从嫂归葬河阳⑪,既又与汝就食江南⑫,零丁孤苦,未尝一日相离也。吾上有三兄⑬,皆不幸早世⑭。承先人后者⑮,在孙惟汝,在子惟吾,两世一身⑯,形单影只。嫂尝抚汝指吾而言曰:"韩氏两世,惟此而已。"汝时尤小,当不复记忆;吾时虽能记忆,亦未知其言之悲也。

　　吾年十九,始来京城。其后四年,而归视汝⑰。又四年,吾往河阳省坟墓⑱,遇汝从嫂丧来葬⑲。又二年,吾佐董丞相于汴州⑳;汝来省吾,止一岁㉑,请归取其

---

　　① 十二郎:名老成,韩愈次兄韩介之子,排行十二,故称十二郎。因韩愈长兄韩会无子,老成过继为后。　② 年月日:《文苑英华》作"贞元十九年(803)五月廿六日";但下文有"汝之书,六月十七日也",而祭文作于得知老成死讯的七天后,故"五月廿六日"当误。　③ 季父:父辈中排行最小的叔父。　④ 衔哀:心怀哀戚。致诚:表达诚意。⑤ 建中:人名,当为韩愈家中仆人。时羞:应时的美味。羞,同"馐"。奠:以酒食祭死者,此指祭品。　⑥ 十二郎:一作"十二郎子"。灵:魂灵。　⑦ 孤:《孟子·梁惠王下》:"幼而失父曰孤。"韩愈父韩仲卿死于大历五年(770),时韩愈三岁。　⑧ 省(xǐng):知道。怙(hù):恃,依靠。《诗·小雅·蓼莪》:"无父何怙,无母何恃。"所怙,指父亲。　⑨ 兄嫂:指兄韩会、嫂郑氏,即十二郎之嗣父母。　⑩ 中年兄殁南方:代宗大历十二年(777),韩会由起居舍人贬为韶州(今广东韶关)刺史,次年死于任所,年四十二。　⑪ 河阳:今河南孟州市西,韩氏祖茔所在地。　⑫ 就食江南:唐德宗建中二年(781),北方藩镇李希烈反叛,中原局势动荡。韩愈随嫂避居宣州(今安徽宣城)韩氏别业。既:不久。就食:靠近粮多之地以供食。　⑬ 吾上有三兄:三兄指韩会、韩介,还有一位死时尚幼,未及命名。一说:吾,我们,即韩愈和十二郎;三兄指自己的两个哥哥和十二郎的哥哥韩百川(韩介长子)。　⑭ 早世:早死。《左传·昭公三年》:"早世陨命,寡人失望。"⑮ 先人:指已去世的父亲韩仲卿。　⑯ 两世一身:子辈和孙辈两代人中均只剩一个男丁。　⑰ "吾年"四句:唐德宗贞元二年(786),韩愈由宣州游学长安,应进士举。但据韩愈《答崔立之书》及《欧阳生哀辞》,均称其入京时年二十岁,与本文所称相差一岁。视,古时探亲,上对下曰视,下对上曰省。　⑱ 省(xǐng)坟墓:扫墓。　⑲ 遇汝从嫂丧来葬:韩愈嫂郑氏卒于贞元九年(793),韩愈有《祭郑夫人文》。　⑳ "吾佐"句:一本作"吾佐董丞相幕于汴州"。董丞相,指董晋。贞元十二年(796),董晋以检校尚书左仆射,同中书门下平章事任宣武军节度使,汴、宋、亳、颍等州观察使,辟韩愈为节度推官。佐,辅佐。汴州,治所在今河南开封市。　㉑ 止:居住。

孥①。明年，丞相薨②，吾去汴州③，汝不果来④。是年，吾佐戎徐州⑤，使取汝者始行，吾又罢去⑥，汝又不果来。吾念汝从于东⑦，东亦客也，不可以久；图久远者，莫如西归，将成家而致汝。呜呼！孰谓汝遽去吾而殁乎⑧！吾与汝俱少年，以为虽暂相别，终当久相与处，故舍汝而旅食京师，以求斗斛之禄⑨；诚知其如此，虽万乘之公相⑩，吾不以一日辍汝而就也⑪！

去年，孟东野往⑫，吾书与汝曰："吾年未四十，而视茫茫，而发苍苍⑬，而齿牙动摇。念诸父与诸兄⑭，皆康强而早世，如吾之衰者，其能久存乎？吾不可去，汝不肯来；恐旦暮死，而汝抱无涯之戚也⑮。"孰谓少者殁而长者存，强者夭而病者全乎⑯！呜呼！其信然邪？其梦邪？其传之者非其真邪？信也，吾兄之盛德而夭其嗣乎⑰？汝之纯明而不克蒙其泽乎⑱？少者强者而夭殁，长者衰者而存全乎？未可以为信也。梦也，传之非其真也？东野之书，耿兰之报⑲，何为而在吾侧也？呜呼！其信然矣！吾兄之盛德而夭其嗣矣！汝之纯明宜业其家者⑳，不克蒙其泽矣！所谓天者诚难测，而神者诚难明矣！所谓理者不可推，而寿者不可知矣！虽然，吾自今年来，苍苍者或化而为白矣㉑，动摇者或脱而落矣㉒。毛血日益衰㉓，志气日益微㉔，几何不从汝而死也！死而有知，其几何离㉕；其无知，悲不几时，而不悲者无穷期矣！汝之子始十岁㉖，吾之子始五岁㉗，少而强者不可保，如此孩提者㉘，又可冀其成立耶？呜呼哀哉！呜呼哀哉！

汝去年书云："比得软脚病㉙，往往而剧㉚。"吾曰："是疾也，江南之人，常常有之。"未始以为忧也。呜呼！其竟以此而殒其生乎㉛？抑别有疾而至斯乎㉜？汝之书，六月十七日也。东野云：汝殁以六月二日。耿兰之报无月日。盖东野之使者不知问家人以月日；如耿兰之报，不知当言月日。东野与吾书，乃问使者，使者妄

---

① 请归取其孥(nú)：请求回宣州把家眷接来。孥，妻子儿女的统称。 ② 明年，丞相薨(hōng)：贞元十五年(799)二月，董晋死于汴州任所。《新唐书·百官志·礼部》："凡丧，三品以上称薨。" ③ 去：离开。 ④ 不果：终于没有。 ⑤ 佐戎徐州：贞元十五年(799)秋，韩愈入徐、泗、濠节度使张建封幕，任节度推官。节度使府在徐州。佐戎，辅助军务。 ⑥ 罢去：贞元十六年(800)五月，张建封卒，韩愈离开徐州赴洛阳。 ⑦ 东：汴州和徐州均位于河阳之东。 ⑧ 孰谓：谁料到，谁知道。遽(jù)：骤然。殁(mò)：死。 ⑨ 斗斛(hú)：古代十斗为一斛。斗斛之禄，指微薄的俸禄。韩愈离开徐州后，于贞元十七年(801)来长安选官，调四门博士，贞元十九年，迁监察御史。 ⑩ 万乘(shèng)之公相：指高官厚禄。古代兵车一乘，有马四匹。封国大小以兵赋计算，凡地方千里的大国，均称万乘之国。 ⑪ 辍(chuò)：停止，此处意为离开。就：就职。 ⑫ 去年：指贞元十八年(802)。孟东野：孟郊，是年出任溧阳(今属江苏)尉。 ⑬ 视茫茫：一作"视荒荒"，视觉模糊。发苍苍：头发花白。 ⑭ 诸父：指伯叔辈。 ⑮ 戚：哀戚，忧伤。 ⑯ 夭：短命早死，少壮而死。全：保全，意指活着。 ⑰ 盛德：美好的品德。夭：使动用法，"使……夭折"。 ⑱ 纯明：纯正贤明。不克：不能。蒙：承受。泽：恩泽。 ⑲ 耿兰：生平不详，当为宣州韩氏家仆。 ⑳ 业：用作动词，继承家业。 ㉑ 苍苍者或化而为白矣：花白的头发有的已变为全白。 ㉒ 动摇者或脱而落矣：松动的牙齿有的已脱落。时年韩愈有《落齿》诗云："去年落一牙，今年落一齿。俄然落六七，落势殊未已。" ㉓ 毛血：指体质。 ㉔ 志气：指精神。 ㉕ 其几何离：即"其离几何"，分离会有多久呢？意谓分离的时间不长了。 ㉖ 汝之子：十二郎有两子，长子韩湘，次子韩滂。韩滂出嗣十二郎的哥哥韩百川为子，见韩愈《韩滂墓志铭》。始十岁：当指长子韩湘。十岁，一本作"一岁"，则当指韩滂，滂生于贞元十八年(802)。 ㉗ 吾之子始五岁：指韩愈长子韩昶，贞元十五年(799)韩愈居符离集时所生，小名曰符。 ㉘ 孩提：本指依靠父母提抱的幼儿。此为年纪尚小之意。 ㉙ 比：近来。软脚病：脚气病。 ㉚ 剧：厉害，严重。 ㉛ 殒(yǔn)：死亡。 ㉜ 至斯：至此。一本作"至斯极"。

称以应之耳。其然乎？其不然乎？今吾使建中祭汝，吊汝之孤与汝之乳母①，彼有食可守以待终丧②，则待终丧而取以来；如不能守以终丧，则遂取以来。其余奴婢，并令守汝丧。吾力能改葬，终葬汝于先人之兆③，然后惟其所愿④。

呜呼！汝病吾不知时，汝殁吾不知日，生不能相养以共居，殁不能抚汝以尽哀⑤，敛不得凭其棺⑥，窆不得临其穴⑦。吾行负神明，而使汝夭，不孝不慈，而不得与汝相养以生，相守以死；一在天之涯，一在地之角，生而影不与吾形相依，死而魂不与吾梦相接，吾实为之，其又何尤⑧！彼苍者天，曷其有极⑨！自今已往，吾其无意于人世矣！当求数顷之田于伊、颍之上⑩，以待余年，教吾子与汝子，幸其成⑪；长吾女与汝女，待其嫁⑫，如此而已！

呜呼！言有穷而情不可终，汝其知也邪？其不知也邪？呜呼哀哉！尚飨⑬！

【汇评】

通篇情意刺骨，无限凄切，祭文中千年绝调。（［明］茅坤《唐宋八大家文钞》评语卷一）

满眼涕洟，无限伤神，情真语真。（［明］郭正域《韩文杜律》）

前人读《出师表》而不堕泪者，其人必不忠；读李令伯《陈情表》而不堕泪者，其人必不孝；读韩退之《祭十二郎文》而不堕泪者，其人必不友。信然。（［清］蔡铸《蔡氏古文评注补正全集》卷六）

想提笔作此文，定自夹哭夹写，乃是逐段连接语，不是一气贯注语。看其中幅，接连几个"乎"字，一句作一顿，动极后人，真有如此一番恍惚猜疑光景。又接连几个"矣"字，一句作一顿，动极后人，又真有如此一番捶胸顿足光景。写生前离合，是追述处要哭；写死后惨切，是处置处要哭。至今犹疑满纸血泪，不敢多读。（［清］过珙《古文评注》卷六）

耕南云："退之文，独此篇未免俗韵。"盖本称述家人骨肉，俗情俗事故也。正如妇女之哭，数说长短，丈夫闻之，有怵惕不宁者。然原其出于真实，亦不以为笑端也。（［清］姚范《援鹑堂笔记》卷四十三）

情之至者，自然流为至文。读此等文，须想其一面哭一面写，字字是血，字字是泪。未尝有意为文，而文无不工，祭文中千年绝调。（［清］吴调侯、吴楚材《古文观止》卷七）

酸痛惨挚，入于五内，彻于九霄。（［清］蔡世远《古文雅正》评论卷二）

杜拾遗志其姑《万年县君墓志》曰："铭而不韵，盖情至无文。"公似用其例。（［清］何焯《义门读书记》韩集卷一）

以痛哭为文章。有泣，有呼，有踊，有絮语，有放声长号。此文而外，惟柳河东《太夫人墓表》同其惨裂。（［清］储欣《唐宋十大家全集录》卷四）

---

① 吊：此指慰问。孤：指十二郎的儿子。　② 有食：即能维持生活。终丧：守满三年丧期。《孟子·滕文公上》："三年之丧……自天子达于庶人，三代共之。"　③ 兆：葬域，墓地。　④ 惟其所愿：指奴婢去留任其所愿。　⑤ 抚汝以尽哀：指抚尸恸哭。　⑥ 敛：同"殓"。为死者更衣称小殓，放尸体入棺材称大殓。　⑦ 窆(biǎn)：下棺入土。　⑧ 尤：归咎，责备。　⑨ 彼苍者天，曷其有极：意谓那青色的上天啊，我的痛苦哪有尽头啊。语本《诗经·唐风·鸨羽》："悠悠苍天，曷其有极。"　⑩ 伊、颍(yǐng)：伊水和颍水，均在今河南省境。此指故乡。　⑪ 幸其成：韩昶后中穆宗长庆四年进士。韩湘后中长庆三年进士。　⑫ 待其嫁：韩愈三婿为：李汉、蒋系、樊宗懿。十二郎之婿，据高澍然说，是李干，见《韩集》。　⑬ 尚飨：古代祭文结语，意为请亡灵享用祭品。

自始至终,处处俱以自己伴讲。写叔侄之关切,无一语不从至性中流出。几令人不能辨其是文是哭,是墨是血。而其波澜之纵横变化,结构之严谨浑成,亦属千古绝调。 文章要诀,无过真切二字。真切则确当而不可移易。自为千古不刊之作。试读此文,有一语不真切否? 后学悟此,则文章一道,思过半矣。([清]余诚《重订古文释义新编》卷七)

【赏析】

《祭十二郎文》是韩愈于唐德宗贞元十九年(803),在长安任监察御史时,为祭其侄子十二郎而写的一篇祭文。沈德潜评本篇云:"是祭文变体,亦是祭文绝调。"实际上,本文之"绝",即在其"变"。古代祭文,内容多为歌颂死者功德言行,形式习用四言韵语,本文则不拘常格,多有新变。

其一,内容上多为家常琐事,且不避细碎,一一述说,从寻常事中见出极不寻常之情。文章从强调韩氏"两世一身"的家族亲情关系说起,继而回顾了自己离家之后叔侄短暂的几次相聚,突出了十二郎的遽死给自己带来的无可弥补的精神创伤,最后又不厌其烦地交代对十二郎身后之事的安排,处处关合十二郎可能放心不下之处,更见其对十二郎的了解、关怀,以及叔侄之间的款款深情。所有这些,既显示了叔侄枝叶同根、多年唇齿相依的深厚亲情,又表明了自己愿与老成"相养以生,相守以死"的心迹,为作者在文中所抒发的深悲剧痛构筑了坚实的情理基础。

其二,在情感表达方面,行文自始至终关合叔侄双方,反复诉说其生不得相聚,死亦不相知的矛盾凄苦。"孰知少者殁而长者存,强者夭而病者全乎"的疑问,深切地表明了作者心中的惊诧叹愧和无比痛惜;"其信然邪? 其梦邪? 其传之非其真邪"的推究猜测,则反映了他一系列急剧变化的心理活动;而"吾实为之,其又何尤! 彼苍者天,曷其有极"的痛悔自责与呼天抢地,又不加掩饰地将痛苦之情倾泻而出,无一不令读者为之动容,于喷薄处见雄肆,于呜咽处见深情。

其三,形式上采用散文笔调和对话形式,变千里遥祭为当面絮语,话语朴实,如泣如诉,显得格外自然真切。费衮《梁溪漫志》卷六称:"退之《祭十二郎文》一篇,大率皆用助语。其最妙处,自'其信然耶'以下,至'几何不从汝而死也'一段,仅三十句,凡句尾连用'耶'字者三,连用'乎'字者三,连用'也'字者四,连用'矣'字者七,几于句句用助辞矣。而反复出没,如怒涛惊湍,变化不测,非妙于文章者,安能及此!"这种大量语助词的运用,正体现了韩愈驾驭文字的高超能力。此外,本文问句、叹句特别多,具有极强的抒情性和表现力。

文章结合家庭、身世和生活琐事,融入宦海浮沉与人生无常之感,反复抒写作者悼念亡侄的悲痛,长歌当哭,动人哀感。

(邵文实)

山中与裴迪秀才书　　　王　维

近腊月下，景气和畅，故山殊可过。足下方温经，猥不敢相烦，辄便往山中，憩感配寺，与山僧饭讫而去。

北涉玄灞，清月映郭。夜登华子冈，辋水沦涟，与月上下。寒山远火，明灭林外。深巷寒犬，吠声如豹。村墟夜舂，复与疏钟相间。此时独坐，僮仆静默，多思曩昔，携手赋诗，步仄径，临清流也。

当待春中，草木蔓发，春山可望，轻鲦出水，白鸥矫翼，露湿青皋，麦陇朝雊。斯之不远，倘能从我游乎？非子天机清妙者，岂能以此不急之务相邀？然是中有深趣矣！无忽。

因驮黄蘗人往，不一。山中人王维白。

子产不毁乡校颂　　　韩　愈

我思古人，伊郑之侨。以礼相国，人未安其教。游于乡之校，众口嚣嚣。或谓子产："毁乡校则止。"曰："何患焉？可以成美。夫岂多言？亦各其志。善也吾行，不善吾避。维善维否，我于此视。川不可防，言不可弭。下塞上聋，邦其倾矣！"

既乡校不毁，而郑国以理。在周之兴，养老乞言；及其已衰，谤者使监。成败之迹，昭哉可观。维是子产，执政之式。维其不遇，化止一国。诚率是道，相天下君，交畅旁达，施及无垠。于呼！四海所以不理，有君无臣。谁其嗣之？我思古人。

春　雪　　　[唐]韩　愈

新年都未有芳华，二月初惊见草芽。白雪却嫌春色晚，故穿庭树作飞花。

绝　句　　　[宋]志　南

古木阴中系短篷，杖藜扶我过桥东。沾衣欲湿杏花雨，吹面不寒杨柳风。

春　日　　　[宋]秦　观

一夕轻雷落万丝，霁光浮瓦碧参差。有情芍药含春泪，无力蔷薇卧晓枝。

春　夜　　　[宋]苏　轼

春宵一刻值千金，花有清香月有阴。歌管楼台声细细，秋千院落夜沉沉。

春　夕　　　[唐]崔　涂

水流花谢两无情，送尽东风过楚城。蝴蝶梦中家万里，杜鹃枝上月三更。故园书动经年绝，华发春催两鬓生。自是不归归便得，五湖烟景有谁争？

寒　食　　　[唐]韩　翃

春城无处不飞花，寒食东风御柳斜。日暮汉宫传蜡烛，轻烟散入五侯家。

早春怨·春夜　　　[清]顾　春

杨柳风斜，黄昏人静，睡稳栖鸦。短烛烧残，长更坐尽，小篆添些。　　红楼不闭窗纱，被一缕、春痕暗遮。淡淡轻烟，溶溶院落，月在梨花。

玉　楼　春　　　　［清］郑文焯

梅花过了仍风雨,着意伤春天不许。西园词酒去年同,别是一番惆怅处。　　一枝照水浑无语,日见花飞随水去。断红还逐晚潮回,相映枝头红更苦。

春日杂诗(四首选二)　　［清］袁　枚

千枝红雨万重烟,画出诗人得意天。山上春云如我懒,日高犹宿翠微巅。

清明连日雨潇潇,看送春痕上柳条。明月有情还约我,夜来相见杏花梢。

清　平　乐　　　　［宋］张　炎

采芳人杳,顿觉游情少。客里看春多草草,总被诗愁分了。　　去年燕子天涯,今年燕子谁家?三月休听夜雨,如今不是催花。

忆王孙·春词　　　　［宋］李重元

萋萋芳草忆王孙。柳外楼高空断魂。杜宇声声不忍闻。欲黄昏。雨打梨花深闭门。

眼　儿　媚　　　　［宋］朱淑真

迟迟春日弄轻柔。花径暗香流。清明过了,

不堪回首,云锁朱楼。　　午窗睡起莺声巧,何处唤春愁。绿杨影里,海棠亭畔,红杏梢头。

蝶　恋　花　　　　［宋］朱淑真

楼外垂杨千万缕,欲系青春,少住春还去。犹自风前飘柳絮,随春且看归何处。　　绿满山川闻杜宇,便做无情,莫也愁人意。把酒送春春不语,黄昏却下潇潇雨。

点绛唇·闺思　　　　［宋］李清照

寂寞深闺,柔肠一寸愁千缕。惜春春去。几点催花雨。　　倚遍阑干,只是无情绪。人何处。连天衰草,望断归来路。

晚　春　　　　［唐］韩　愈

草树知春不久归,百般红紫斗芳菲。杨花榆荚无才思,惟解漫天作雪飞。

山花子·春恨　　　　［明］陈子龙

杨柳迷离晓雾中,杏花零落五更钟。寂寂景阳宫外月,照残红。　　蝶化彩衣金缕尽,虫衔画粉玉楼空。惟有无情双燕子,舞东风。

偶　占　　　　［清］舒　瞻

芳草青青送马蹄,垂杨深处画楼西。流莺自惜春将去,衔住飞花不忍啼。

附录三　咏岁时节序(夏)

山亭夏日　　　　［唐］高　骈

绿树浓阴夏日长,楼台倒影入池塘。水晶帘动微风起,满架蔷薇一院香。

南乡子·夏日作　　　　［宋］李之仪

绿水满池塘。点水蜻蜓避燕忙。杏子压枝黄半熟,邻墙。风送荷花几阵香。　　角簟衬牙床。

汗透鲛绡昼影长。点滴芭蕉疏雨过,微凉。画角悠悠送夕阳。

夏　日　　　[宋]张　耒

长夏村墟风日清,檐牙燕雀已生成。蝶衣晒粉花枝舞,蛛网添丝屋角晴。落落疏帘邀月影,嘈嘈虚枕纳溪声。久判两鬓如霜雪,直欲樵渔过此生。

暮　景　　　[元]黄　庚

浮云开合晚风轻,白鸟飞边落照明。一曲彩虹横界断,南山雷雨北山晴。

暑　夜　　　[明]宗　泐

此夜炎蒸不可当,开门高树月苍苍。天河只在南楼上,不借人间一滴凉。

苦　热　　　[唐]白居易

何以消烦暑? 端居一院中。眼前无长物,窗下有清风。热散由心静,凉生为室空。此时身自得,难更与人同。

夏日南亭怀辛大　　　[唐]孟浩然

山光忽西落,池月渐东上。散发乘夕凉,开轩卧闲敞。荷风送香气,竹露滴清响。欲取鸣琴弹,恨无知音赏。感此怀故人,中宵劳梦想。

附录四　孝悌亲情诗文

邯郸冬至夜思家　　　[唐]白居易

邯郸驿里逢冬至,抱膝灯前影伴身。想得家中夜深坐,还应说着远行人。

别舍弟宗一　　　[唐]柳宗元

零落残魂倍黯然,双垂别泪越江边。一身去国六千里,万死投荒十二年。桂岭瘴来云似墨,洞庭春尽水如天。欲知此后相思梦,长在荆门郢树烟。

渔家傲·寄仲高　　　[宋]陆　游

东望山阴何处是。往来一万三千里。写得家书空满纸。流清泪。书回已是明年事。　寄语红桥桥下水。扁舟何日寻兄弟。行遍天涯真老矣。愁无寐。鬓丝几缕茶烟里。

秋日怀弟　　　[明]谢　榛

生涯怜汝自樵苏,时序惊心尚道途。别后几年儿女大,望中千里弟兄孤。秋天落木愁多少,夜雨残灯梦有无。遥想故园挥涕泪,况闻寒雁下江湖。

寄　弟　　　[明]徐　熥

春风送客翻愁客,客路逢春不当春。寄语莺声休便老,天涯犹有未归人。

送十一叔游中州　　　[清]朱彝尊

旅馆凉风起,秋城画角哀。天涯方远客,祖道且深杯。山色阴中岳,河流绕吹台。梁园多雨雪,岁暮好归来。

喜表弟董樵书至　　[清]宋　琬

数枉山中信，江湖问逐臣。怜予常作客，知尔尚依人。刀俎惊前梦，渔蓑老此身。故园风俗薄，犹有葛天民。

卖书祀母　　[清]吴嘉纪

母没悲今日，儿贫过昔时。人间无乐岁，地下共长饥。白水当花荐，黄粱对雨炊。莫言书寡效，今已慰哀思。

岁暮到家　　[清]蒋士铨

爱子心无尽，归家喜及辰。寒衣针线密，家信墨痕新。见面怜清瘦，呼儿问苦辛。低回愧人子，不敢叹风尘。

别　老　母　　[清]黄景仁

搴帏别母河梁去，白发愁看泪眼枯。惨惨柴门风雪夜，此时有子不如无。

咄　咄　吟　　[清]贝青乔

一棹仓黄返故乡，纷纷问讯满邻墙。难宽阿母灯前意，亲解儿衣抚箭疮。

早发武连驿忆弟　　[清]曾国藩

朝朝整驾趁星光，细想吾生有底忙。疲马可怜孤月照，晨鸡一破万山苍。曰归曰归岁云暮，有弟有弟天一方。大壑高崖风力劲，何当吹我送君旁。

狱中上母书　　[明]夏完淳

不孝完淳今日死矣，以身殉父，不得以身报母矣。痛自严君见背，两易春秋。冤酷日深，艰辛历尽。本图复见天日，以报大仇，恤死荣生，告成黄土。奈天不佑我，钟虐先朝。一旅才兴，便成齑粉。去年之举，淳已自分必死，谁知不死，死于今日也！斤斤延此二年之命，菽水之养无一日焉。致慈君托迹于空门，生母寄生于别姓，一门漂泊，生不得相依，死不得相问。淳今日又溘然先从九京，不孝之罪，上通于天。

呜呼！双慈在堂，下有妹女，门祚衰薄，终鲜兄弟。淳一死不足惜，哀哀八口，何以为生？虽然，已矣。淳之身，父之所遗；淳之身，君之所用。为父为君，死亦何负于双慈？但慈君推干就湿，教礼习诗，十五年如一日；嫡母慈惠，千古所难。大恩未酬，令人痛绝。慈君托之义融女兄，生母托之昭南女弟。

淳死之后，新妇遗腹得雄，便以为家门之幸；如其不然，万勿置后。会稽大望，至今而零极矣。节义文章，如我父子者几人哉？立一不肖后如西铭先生，为人所诟笑，何如不立之为愈耶？呜呼！大造茫茫，总归无后，有一日中兴再造，则庙食千秋，岂止麦饭豚蹄，不为馁鬼而已哉？若有妄言立后者，淳且与先文忠在冥冥诛殛顽嚚，决不肯舍！

兵戈天地，淳死后，乱且未有定期。双慈善保玉体，无以淳为念。二十年后，淳且与先文忠为北塞之举矣。勿悲勿悲！相托之言，慎勿相负。武功甥将来大器，家事尽以委之。寒食盂兰，一杯清酒，一盏寒灯，不至作若敖之鬼，则吾愿毕矣。新妇结缡二年，贤孝素著，武功甥好为我善待之。亦武功渭阳情也。

语无伦次，将死言善。痛哉痛哉！人生孰无死？贵得死所耳。父得为忠臣，子得为孝子，含笑归太虚，了我分内事。大道本无生，视身若敝屣。但为气所激，缘悟天人理。恶梦十七年，报仇在来世。神游天地间，可以无愧矣。

西汉以后，散文逐渐向辞赋方向发展，导致了骈体文的出现。骈文讲究形式，观之华彩灿烂，读之朗朗上口，在一定程度上可满足人们特定的审美心理，故自魏晋南北朝以来，成为在文坛上占据主导地位的文体形式。但正如刘勰在《文心雕龙·序志》中所批评的当时文风，"去圣久远，文体解散，辞人爱奇，言贵浮诡，饰羽尚画，文绣鞶帨，离本弥甚，将遂讹滥"。文章华艳，而内容空洞，致使散文创作进入低谷。隋及初盛唐时期，骈文仍占统治地位，继续沿袭六朝华靡余习。不过，"文之兴废，视世之治乱；文之高下，视才之厚薄"（梁肃《独孤及集后序》），由于时代不同，创作者的才华高低有异，初盛唐时期，仍涌现出不少文质兼备的上乘之作。王绩的文章以萧散著称，不求对偶，不尚用典，明白简洁，《五斗先生传》《无心子传》《自撰墓志铭》都为代表作。魏徵、岑文本、马周等人的奏议疏表，俱能汰去华饰，不事雕琢，尤其是魏徵的《谏太宗十思疏》，围绕"居安思危"这一命题展开劝谏，气势酣畅，说理周详，成为谏疏名篇。"初唐四杰"中，王勃以《滕王阁序》名重一时，虽然戴着骈文形式的镣铐，却华美而不致虚弱，雕饰而不致绮碎。武后时，陈子昂翘然兀立，不但在诗歌的革新方面功勋卓著，而且文章也至他"始变雅正"。在他的文集中，除表序之类尚沿用俳俪的余习外，论事书疏之类，则甚为疏朗古朴。他的《与东方左史虬修竹篇序》，不但提出了诗歌改革的主张，而且文章本身就是一篇具有汉魏风格的散文佳作。盛唐时期，一些诗人记叙山水宴游的作品颇为可观，王维《山中与裴秀才迪书》、李白《春夜宴诸从弟桃李园序》等作品，或清隽可人，或洒脱高旷，俱文简气畅，脍炙人口。

天宝以后，萧颖士、李华、元结、独孤及、梁肃、柳冕等人相继对骈文的陈腐习气展开批判，致力于文体改革。在理论上，他们不满于骈文的浮靡华艳，主张明道宗经，强调以圣人之道为原本；在创作实践上，他们力变排偶为散行，对诸如赋、赞、铭、寓言、序记、说论等文体都进行了改革尝试。萧颖士《白鹇赋序》打破了序文的程式，多单行散句，不务藻饰，感情深厚，颇能打动人心。李华《吊古战场文》既具有骈文词彩华赡的特点，又不乏充沛的气势和深沉的感慨。元结记叙山水园亭和嘲俗讥世之作最有代表性，《右溪记》《七不如篇》《订古五篇》等俱为名篇。他们这种实践与理论相结合的做法，使革旧弊、探新路的复古思潮落到了实处，从而成为唐代古文运动的先驱。

"古文"一词，始见于唐代，是指那些以宗经载道、劝世救俗为旨归，以单行散句为主要创作形式，行文类于先秦典籍，与雕绣藻绘的骈体文相对立的文体。所谓古文运动，则是在复古的旗帜下，对骈文从内容到形式的革新。古文运动经过长期酝酿，终于在中唐时期达到高潮。《新唐书·文艺传》言："大历、贞元间，美才辈出，攗摭道真，涵咏圣涯，于是韩愈倡之，柳宗元、李翱、皇甫湜等和之，排逐百家，法度森严，抵轹晋、魏，上轧汉、周，唐之文完然为一王法，此其极也。"除了《新唐书》中所列古文运动的参与者外，还应加上孙樵、李观、欧阳詹、刘柯、樊宗师、张籍、李汉、吴武陵等人。当然，在古文运动中，真正能从理论到实践上变革六朝文风的，还要推韩愈、柳宗元二人。

韩愈是古文运动最主要的倡导者。他倡导复古，并非单纯主张恢复先秦两汉以来的文章作法，而是试图通过古文的创作，表达其政治主张和思想信仰，从而达到复兴儒学的目的，所以他特别强调"文以明道"的功用。《平淮西碑》《论淮西事宜状》《张中丞传后序》《曹成王碑》《送幽州刺史李端公序》等文，反映了韩愈反对藩镇割据的政治主张；《原道》《论佛骨表》《送浮屠文畅师序》等，传达了他反对佛老的思想；《御史台上论天旱人饥状》《送许郢州序》《应所在典贴良人男女等状》等，对普通百姓寄予了深厚的同情，都是他"文以明道"的具体表现。在《送孟东野序》中，韩愈认为诗文是不平则鸣的产物，古文不仅是传道的工具，也是鸣不平、反映现实的工具。《蓝田县丞厅壁记》《进学解》和

《送穷文》等，都是韩愈为他人、为自己鸣不平的代表作。在文辞方面，韩愈倡言"惟陈言之务去"（《答李翊书》），不蹈袭前人，力求创新。在这些理论主张的引导下，韩愈的散文创作取得了极大的成功。

《旧唐书》本传评韩愈："愈所为文，务反近体，抒意立言，自成一家新语。"韩愈的杂文，多是"约六经之旨而成文"（《上宰相书》），但他很少引经据典，而是将儒家经典的丰富内容，通过自己的理解来加以概括，师其意而不师其辞，成就了散文创作的一种新形式。《原道》《原毁》《杂说》《进学解》等，都具有这方面的特色。《张中丞传后序》是韩愈传记文学的代表作，文章前半部分夹叙夹议，记述了张巡、许远的英雄事迹，后半部分则根据民间传闻，写张巡、南霁云鲜为人知的轶事。这种以遗闻轶事入传和刻画人物形象的作法，显然是对传记文学的一个发展。《毛颖传》则语言佻达俳谐，能够抓住事物的主要特征，对统治者进行了无情的讽刺。韩愈还写有大量碑志作品。前人碑志多用骈文，先述籍贯官秩，铺陈世祖阀阅，然后条举经历，平铺直叙，千篇一律，华而不实，不见真情。韩愈所作的许多碑志，却是因人、因事而异，"或先叙世系而后铭功德，或先表其能而后及世系，或有志无诗，或有诗无志"（《曾国藩全集·读书录》）。《柳子厚墓志铭》《张彻墓志铭》《试大理评事王君墓志铭》《太学博士李君墓志铭》等，都是截取墓主人有代表性的行为，摹写各人之性格、情态，具有叙事效果，再辅之以精当的议论，使得碑志文学在韩愈的手上焕然一新。序记一类的文章，到韩愈也进一步拓开境地，内容较以前更为宽博，涉及了政治、文化、宗教、哲学等方方面面，有褒有讽，思想深刻。《送孟东野序》论文，《送王秀才序》论学，《送陈秀才彤序》阐述文与道的关系，《送浮屠文畅师序》谈及儒道，《送齐暤下第序》论用人之道，《送李愿归盘谷序》借隐士李愿之口揭露官场丑恶，所有这些，都大大丰富了序文的内容，改变了序文的程式，使其思想内容与艺术风格都变得蔚然可观。

柳宗元也是唐代古文大家，他与韩愈的创作既有相同之处，又有自己的特色。他也主张"文以明道"，其《封建论》《贞符》《辨侵伐论》《六逆论》等政论性文章，抨击藩镇割据和宦官统军，主张中央集权，严谨周密，自为一说；《乞巧文》《骂尸虫文》《斩曲几文》《宥蝮蛇文》《憎王孙文》《捕蛇者说》等短篇杂文，则痛快淋漓，直刺时弊，讽喻效果极佳。《李赤传》《宋清传》《种树郭橐驼传》《段太尉逸事状》等传记作品，人物刻画均形象生动，心理描述也入木三分。《蝜蝂传》《罴说》《三戒》等寓言小品，大都短小警策，能够抓住平凡事物的特征，通过想象与夸张，达到讽刺世事的目的，具有极强的哲理性、政治性与思想性。柳宗元的山水游记，不同于以往专门模山范水、流连光景之作，而是将自己的不幸遭遇与对现实的不满，寄托于山水之间，借物写心，因景抒情，使山水人格化、感情化。如《永州八记》之一《钴姆潭西小丘记》写罢小丘景致后，又将小丘的遭遇与自身相比，与元结的《右溪记》有异曲同工之妙。柳宗元山水游记的另一特色，是以凝练的文笔，清新的语言，把不引人注意的景色精湛细密地刻画出来，极富诗情画意。他写山："攀援而登，箕踞而遨，则凡数州之土壤，皆在衽席之下。其高下之势，岈然洼然，若垤若穴，尺寸千里，攒蹙累积，莫得遁隐。萦青缭白，外与天际，四望如一。"（《始得西山宴游记》）写水："重洲小溪，澄潭浅渚，间厕曲折，平者深黑，峻者沸白，舟行若穷，忽又无际。"（《袁家渴记》）写石："其欹然相累而下者，若牛马之饮于溪；其冲然角列而上者，若熊罴之登于山。"（《钴姆潭西小丘记》）写鱼："皆若空游无所依，日光下澈，影布石上，佁然不动，俶尔远逝，往来翕忽，似与游者相乐。"（《至小丘西小石潭记》）无不是抓住景物特色，精心构画。

古文运动在经历了高潮之后，到了晚唐，渐渐进入低谷。晚唐时期整个文坛的风气，重趋华靡。但赋与骈文的创作，在当时亦不乏佳篇。杜牧《阿房宫赋》文字穷奇极丽，气势凌厉健峭，被誉为古来赋中第一。李商隐的四六文写得或精致华美，或笔力雄健，多深情感人，不同于传统骈文的浮靡空洞。他的《李贺小传》等散文传记，也为人所称。

晚唐时期，除骈文有所复兴外，罗隐、皮日休、陆龟蒙等人凭着一些批判现实的讽刺小品文而崭露头角。鲁迅先生在《小品文的危机》一文中概括道：

> 唐末诗风衰落，而小品放了光辉。但罗隐的《谗书》，几乎全部是抗争和愤激之谈；皮日休和陆龟蒙，自以为隐士，别人也称之为隐士，而看他们在《皮子文薮》和《笠泽丛书》中的小品文，并没有忘记天下，正是一塌糊涂的泥塘里的光彩和锋铓。

参考书目

［明］茅坤编、高海夫等校注《唐宋八大家文钞校注集评》，三秦出版社 1998 年

高步瀛编《唐宋文举要》，上海古籍出版社 1982 年

马其昶《韩昌黎文集校注》，上海古籍出版社 1986 年

高文、屈光选注《柳宗元选集》，上海古籍出版社 1992 年

郭预衡《中国散文史》（上），上海古籍出版社 1986 年

郭预衡《中国散文史》（中），上海古籍出版社 1993 年

朱世英等《中国散文学通论》，安徽教育出版社 1995 年

陈幼石《韩柳欧苏古文论》，上海文艺出版社 1983 年

吴文治编《韩愈资料汇编》，中华书局 1983 年

陈克明《韩愈述评》，中国社会科学出版社 1985 年

孙昌武《柳宗元传论》，人民文学出版社 1982 年

卞孝萱、张清华、阎琦《韩愈评传》，南京大学出版社 1998 年

情感道德·孝慈、宽恕

思考与练习

1. 清余诚在《重订古文释义新编》卷七中说，《春夜宴诸从弟桃李园序》"通篇着意在一'夜'字"。试谈谈李白是如何围绕这个"夜"字排构字句、写景抒怀的。

2. 比较陈子昂的《复仇议状》与柳宗元的《驳复仇议》，指出他们各自的主要论点和论据是什么，他们在说理安排方面有何异同，并就两文的观点结合现实情况，对如何协调"情"与"法"的关系问题展开讨论，再试写一篇 500 字的短文。

3. 联系韩愈《子产不毁乡校颂》与《国语·召公谏厉王弭谤》说说广开言路的意义。

慕课资源

【总论】

诗到中唐尽：昌黎艰奥尽，东野劖削尽，苏州、柳州深永尽，李贺奇险尽，元白曲畅尽，张王轻俊尽，文房幽健尽。（［清］牟愿相《小澥草堂杂论诗》）

元和、长庆间，自韩、柳而外，古选首孟郊，歌行则李贺，张籍五律，刘禹锡七言律绝，张祜小乐府，并出乐天之右。乐天只长律擅场，亦无子厚笔力也。（［清］乔亿《剑溪说诗》又编）

唐诗至元和间，天地精华，尽为发泄，或平，或奇，或高深，或雄直，旗鼓相当，各成壁垒，令读者心忙意乱，莫之适从。就中唯昌谷集不知其妙处所在，良由余之性所不近也。（［清］方南堂《辍锻录》）

大历以降，风调渐佳，气格渐损。故昌谷以雄奇胜，元白以平易胜，温李以博丽胜，郊岛以幽峭胜，虽品格不一，皆能自成局面，亦皆力求其变者也。（［清］朱庭珍《筱园诗话》卷一）

《国史补》："元和以后，为文笔，则学奇诡于韩愈，学苦涩于樊宗师；歌行，则学流荡于张籍；诗章，则学矫激于孟郊，学浅切于白居易，学淫靡于元稹，俱名为元和体。（《乐书要录》：'声不独运，必托于诗。诗者阳之声，乐者阳之器也。'）大抵天宝之风尚党，大历之风尚浮，贞元之风尚荡，元和之风尚怪也。"此固当时文人相轻之论，然可与柳子厚《毛颖传后题》"不能举其辞而独大笑以为怪"语相证，天宝之风尚党，殆指萧、李诸人言之。大历之浮，则十才子当之矣。（［清］沈曾植《海日楼札丛》卷七引《全拙庵温故录》）

韦 应 物

韦应物(737—792)，京兆长安(今陕西省西安市)人。早年尚豪侠，以三卫郎事玄宗。安史乱后失官，始悔而折节读书。后由比部员外郎出为滁州、江州刺史，改左司郎中，官终苏州刺史，世称韦苏州。苏州刺史任满，居然无川资回京候选他官，寄居苏州无定寺，不久病故。韦诗以写田园山水著名，部分作品对当时社会混乱、人民疾苦的情况有所反映。其诗语言简淡，绝去雕饰，而风格秀朗，气韵清澈。有《韦苏州集》(一称《韦江州集》)十卷。

【集评】

韦苏州歌行,才丽之外,颇近兴讽。其五言诗又高雅闲澹,自成一家之体,今之秉笔者谁能及之?然当苏州在时,人亦未甚爱重,必待身后,然后人贵之。([唐]白居易《与元九书》)

王右丞、韦苏州澄澹精致,格在其中,岂妨于遒举哉。([唐]司空图《与李生论诗书》)

右丞、苏州,趣味澄敻,若清风之出岫。([唐]司空图《与王驾评诗书》)

李、杜之后,诗人继作,虽间有远韵,而才不逮意。独韦应物、柳宗元发纤秾于简古,寄至味于澹泊,非余子所及也。([宋]苏轼《书黄子思诗集后》)

韦苏州诗如浑金璞玉,不假雕琢成妍,唐人有不能到。至其过处,大似村寺高僧,奈时有野态。([宋]蔡絛《蔡百衲诗评》)

其诗无一字做作,直是自在。其气象近道,意常爱之。问:比陶何如?曰:陶却是有力,但语健而意闲。隐者多是带气负性之人为之,陶却有为而不能者也,又好名。韦则自在,其诗直有做不着处,便倒塌了底。([宋]朱熹《晦庵说诗》)

韦苏州诗高于王维、孟浩然诸人,以其无声色臭味也。(同上)

韦苏州诗韵高而气清,王右丞诗格老而味长,虽皆五言之宗匠,然互有得失,不无优劣。以标韵观之,右丞远不逮苏州。至于词不迫切而味甚长,虽苏州亦所不及也。([宋]张戒《岁寒堂诗话》卷上)

韦苏州诗律深妙,流出肝肺,非学力所可到也。([宋]刘克庄《后村诗话》)

刘辰翁:韦应物居官自愧,闵闵有恤人之心,其诗如深山采药,饮泉坐石,日晏忘归。(《四部丛刊》影明嘉靖太华书院刊《韦江州集》附录序)

有唐歌诗,承六汉、魏之绪,接六朝之风,律格厥备,为百世宗法,盛矣。而五言古体,殊寡其人焉。虽初唐诸杰暨杜陵之博,皆未极善美。独韦苏州秉不世之豪,恣跌宕之奇,纳雄旷于沉逸,收谲怪于平淡,纵以情,严以律,捶枚乘之骨,吸渊明之魄,屏靡丽之旨,尽天籁之音,三唐作者,一人而已。([明]袁克文《宋本韦苏州集题跋》)

孔天允:王摩诘、孟浩然、韦应物,典雅冲穆,入妙通玄,观宝玉于东序,听广乐于钧天,三家其选也。(转引自谢榛《四溟诗话》卷四)

左司性情闲淡,最近风雅,其恬淡之处不减陶靖节。唐人五言古诗有陶、谢余韵在者,独左司一人。([明]何良俊《四友斋丛说》)

张曲江开盛唐之始,韦苏州殿盛唐之终。([清]王士禛《带经堂诗话》卷四)

韦苏州气太幽,较渊明作尽少自在。渊明信笔挥洒,都入化境。苏州诗极用力,毕竟不免文士气。([清]牟愿相《小澥草堂杂论诗》)

陶诗胸次浩然,其中有一段渊深朴茂不可到处。唐人祖述者,王右丞有其清腴,孟山人有其闲远,储太祝有其朴实,韦左司有其冲和,柳仪曹有其峻洁,皆学焉而得其性之所近。([清]沈德潜《说诗晬语》卷上)

汉、魏、晋人诗,气息渊永,风骨醇茂,唐人诗似之者惟韦苏州。([清]林昌彝《海天琴思续录》卷七)

唐人中,王、孟、韦、柳四家诗格相近,其诗皆从苦吟而得。人但见其澄澹精致,而不知其几经淘洗而后得澄澹,几经熔炼而后得精致。([清]许印芳《与李生论诗书跋》)

寄李儋元锡①

去年花里逢君别，今日花开又一年。世事茫茫难自料②，春愁黯黯独成眠③。身多疾病思田里，邑有流亡愧俸钱④。闻道欲来相问讯，西楼望月几回圆。

【汇评】

朱文公盛称此诗五、六好，以唐人仕宦多夸美州宅风土，此独谓"身多疾病""邑有流亡"，贤矣。（[元]方回《瀛奎律髓汇评》卷六）

简澹之怀，百世下犹为兴慨。（[明]袁宏道参评本）

韦左司"身多疾病思田里，邑有流亡愧俸钱"，仁者之言也。刘辰翁谓其"居官自愧，闵闵有恤人之心"，正味此两语得之。若高常侍"拜迎官长心欲碎，鞭挞黎庶令人悲"，亦似厌作官者，但语微带傲，未必真有退心如左司之一向淡耳。（[明]胡震亨《唐音统签》卷二十五）

诗有简而妙者，若……张九龄"谬忝为邦寄，多惭理人术"，不如韦应物"邑有流亡愧俸钱"。（[明]谢榛《四溟诗话》卷二）

中四句自述近况，寄怀意唯于起结处作呼应。然次句击动三、四，七句暗承五、六，又未尝不关照也。（[清]毛张健《唐体肤诠》）

圆熟却轻茜。（[清]冯舒《瀛奎律髓汇评》卷六引）

【赏析】

这首诗是韦应物晚年在滁州刺史任上的作品。唐德宗建中四年（783）暮春入夏时节，韦应物从长安调任滁州刺史。这年冬天，长安发生了朱泚叛乱，称帝号秦，唐德宗仓皇出逃，直到第二年五月才收复长安。李儋在长安与韦应物分别后，曾托人问候。次年春天，韦应物写了这首诗寄赠李儋以答。诗中叙述了别后的思念和盼望，抒发了国乱民穷造成的内心矛盾和苦闷。

此诗首联以花开一年为衬，则不仅显出时光迅速，更流露出别后境况萧索的感慨。次联写自己的烦恼苦闷。三联具体写自己的思想矛盾。末联便以感激李儋的问候和丞盼他来访作结。

此诗之所以为人传诵，是因为诗人诚恳地披露了一个清廉正直的封建官吏的思想矛盾和苦闷，真实地概括出这样的官员有志无奈的典型心情。尤其是"身多疾病思田里，邑有流亡愧俸钱"两句，自宋代以来，甚受赞扬。诗人能够写出这样真实、典型、动人的诗句，正由于他有较高的思想境界和较深的生活体验。

---

① 李儋元锡：李儋，字元锡，是韦应物诗交好友。时任殿中侍御史。　② 世事：此处既指国家前途，也包含个人前途。茫茫：渺茫，不可知。　③ 黯黯：心里不舒服，情绪低落的样子。　④ 邑：城邑，指韦应物当时任所滁州。俸钱：官俸，俸禄。

韩 愈

【集评】

愚尝览韩吏部歌诗累百首,其驱驾气势,若掀雷抉电,奔腾于天地之间,物状奇变,不得不鼓舞而徇其呼吸也。([唐]司空图《题柳柳州集后序》)

退之以文为诗,子瞻以诗为词,如教坊雷大使之舞,虽极天下之工,要非本色。([宋]陈师道《后山诗话》)

东坡云:书之美者,莫如颜鲁公,然书法之坏自鲁公始;诗之美者,莫如韩退之,然诗格之变自退之始。([宋]胡仔《苕溪渔隐丛话》前集卷十七)

退之诗,大抵才气有余,故能擒能纵,颠倒崛奇,无施不可。放之则如长江大河,澜翻汹涌,滚滚不穷;收之则藏形匿影,乍出乍没,姿态横生,变怪百出,可喜可愕,可畏可服也。([宋]张戒《岁寒堂诗话》卷上)

唐诗为八代以来一大变,韩愈为唐诗之一大变,其力大,其思雄,崛起特为鼻祖。宋之苏、梅、欧、苏、王、黄,皆愈为之发其端,可谓极盛;而俗儒且谓愈诗大变汉、魏,大变盛唐,格格而不许,何异居蚯蚓之穴,习闻其长鸣,听洪钟之响而怪之,窃窃然议之也!且愈岂不能拥其鼻,肖其吻,而效俗儒为建安、开宝之诗乎哉?([清]叶燮《原诗·内篇》上)

于李、杜后,能别开生路,自成一家者,唯韩退之一人。既欲自立,势不能不行其心之所喜奇崛之路。([清]吴乔《围炉诗话》卷三)

至昌黎时,李、杜已在前,纵极力变化,终不能再辟一径。唯少陵奇险处,尚有可推扩,故一眼觑定,欲从此辟山开道,自成一家,此昌黎注意所在也。然奇险处亦自有得失。盖少陵才思所到,偶然得之;而昌黎则专以此求胜,故时见斧凿痕迹——有心与无心异也。其实昌黎自有本色,仍在文从字顺中,自然雄厚博大,不可捉摸,不专以奇险见长。恐昌黎亦不自知,后人平心读之自见。若徒以奇险求昌黎,转失之矣。([清]赵翼《瓯北诗话》卷三)

八月十五夜赠张功曹

纤云四卷天无河①,清风吹空月舒波②。沙平水息声影绝,一杯相属君当歌③。君歌声酸辞且苦,不能听终泪如雨。洞庭连天九疑高,蛟龙出没猩鼯号④。十生九

---

① 河:银河。 ② 舒:展。波:月光。 ③ 属:劝酒。 ④ 猩鼯(wú):猩猩和一种能飞的鼠。《尔雅》:"猩猩小而好啼,出交趾封溪县。"

死到官所①,幽居默默如藏逃②。下床畏蛇食畏药③,海气湿蛰熏腥臊④。昨者州前捶大鼓⑤,嗣皇继圣登夔皋⑥。赦书一日行万里,罪从大辟皆除死⑦。迁者追回流者还⑧,涤瑕荡垢朝清班⑨。州家申名使家抑⑩,坎坷只得移荆蛮⑪。判司卑官不堪说⑫,未免捶楚尘埃间⑬。同时辈流多上道⑭,天路幽险难追攀⑮。君歌且休听我歌,我歌今与君殊科⑯。一年明月今宵多,人生由命非由他,有酒不饮奈明何⑰!

【汇评】

纯用古调,无一联是律者;转韵亦极变化。([清]翟翚《声调谱拾遗》)

朱子云:怨而不乱,有《小雅》之风。([清]章燮《唐诗三百首注疏》卷二)

一篇古文章法。前叙,中间以正意苦语重语作宾,避实法也。一线言中秋,中间以实为虚,亦一法也。收应起,笔力转换。([清]方东树《昭昧詹言》卷十二)

(首四句)以上中秋夜饮。(次八句)吴北江(汝纶)曰:写哀之词,纳入客语,运实于虚。(又八句)吴曰:一句中顿挫。(又五句)吴曰:此转尤胜。以上代张署歌辞。贬谪之苦,判司之移,皆于张歌词出之,所谓避实法也。(末五句)以上韩公歌辞。高朗雄秀,情韵兼美。(高步瀛《唐宋诗举要》卷二)

翁方纲:韩诗七古之最有停蓄顿折者。　程学恂曰:此诗料峭悲凉,源出楚《骚》。入后换调,正所谓一唱三叹有遗音者矣。　蒋抱玄曰:用韵殊变化,首尾极轻清之致,是以圆巧胜者,集中亦不多见。(钱仲联《韩昌黎诗系年集释》卷三"集说")

【赏析】

此诗乃唐宪宗永贞元年(805)八月作于湖南郴州,两年前韩愈和友人张署俱为监察御史,上书德宗请减长安灾民赋税而分别被贬连州阳山(今属广东)县令和郴州临武(今属湖南)县令,后德宗去世,顺宗即位,大赦天下;因湖南观察使留难,韩愈、张署仍留滞郴州,同年八月初,顺宗让位于宪宗,再次大赦,二人才被任命为江陵(今属湖北)法曹参军和功曹参军,仍未昭雪冤屈、官复原职,故诗中充满愤懑不平之气。

诗以写良辰美景开始,时届中秋,清风明月,却未能平息张署心中的怒火。第二段全录张署的歌词。"洞庭"以下六句写被贬途中的艰辛及南方生活的不习惯:潮湿、毒气、多蛇……"昨者"以下六句写新皇帝继位,大赦天下,"涤瑕荡垢"谓朝廷的新气象,对此是应当抱有希望的。"州家"以下六句写二人备受留难,只移置荆蛮做参军这样的小官,稍有

---

① 官所:指张署的贬所临武。　② 如藏逃:像躲藏、像逃窜。　③ 药:指毒蛊,相传是南方边远地区一种用毒虫制成的杀人药。　④ 海气:指海上湿热蒸郁之气。湿:潮湿。蛰:潜伏。以上二句写南方贬所的荒僻可怖。　⑤ 州前:指郴州衙署前。捶大鼓:擂鼓聚集官吏、百姓,宣布大赦令。　⑥ 嗣皇:指宪宗李纯。继圣:继承帝位。登:进用。夔皋:指贤臣。相传夔和皋(皋)陶都是舜时贤臣。　⑦ 大辟:死刑。除死:免于处死。　⑧ 迁者:指被贬谪的官员。追回:召回。流者:被流放的官员。　⑨ "涤瑕"句:谓迁者流者因获赦追还而洗除垢污,上朝时可以列入清班。清班:清贵之官的班列。　⑩ 州家:指郴州刺史。申名:提名申报。使家:指湖南观察使。抑:抑制而不予申奏。　⑪ 移荆蛮:指调往江陵府任职。荆蛮:指荆州。荆州是古楚国地,楚国原名荆,周人称南方民族为蛮,楚在南方,故曰荆蛮。江陵旧属荆州,故称。　⑫ 判司:唐代对诸曹参军的统称。　⑬ 捶楚:受到鞭笞。唐制,参军、簿、尉等有过错须受笞杖之刑,故云。　⑭ 同时辈流:指和他们同时被贬谪的人。上道:上路回京。　⑮ 天路:比喻进身朝廷的路。　⑯ 殊科:不同类。　⑰ 明:指明月。

过错,仍难免受捶楚之苦。诗最末五句是自己的话,故作旷达,谓欲珍惜中秋美景,有酒即饮。

　　全诗感情起伏跌宕,抒情叙事交错,有层次,有变化,又前后照应。诗用赋体,语言古朴,近于散文笔法,波澜曲折,有一唱三叹之妙,是唐人以文为诗取得成功之杰作。

柳 宗 元

　　柳宗元(773—819),字子厚,祖籍河东(今山西永济市),世称"柳河东"。德宗贞元九年(793)进士,十四年登博学宏词科,授集贤殿正字,迁蓝田尉。拜监察御史里行,迁礼部员外郎。永贞革新失败,贬永州司马,元和十年(815)再出为柳州刺史。十四年卒于任所,世称"柳柳州"。现存诗 160 余首,《全唐诗》编为四卷。

【集评】

　　柳仪曹诗,忧中有乐,乐中有忧,妙绝古今。然老杜云:"王侯与蝼蚁,同尽随丘墟。"仪曹何忧之深也!(〔宋〕阮阅《诗话总龟》前集卷八引《王直方诗话》)

　　韩子苍云:予观古今诗人,唯韦苏州得其(陶)清闲,尚不得其枯淡,柳州独得之,但恨其少遒尔。柳州诗不多,体亦备众家,唯效陶诗是其性所好,独不可及也。(〔宋〕胡仔《苕溪渔隐丛话》前集卷四)

　　柳柳州诗,字字如珠玉,精则精矣,然不若退之之变态百出也。使退之敛而为子厚则易,使子厚开拓而为退之则难。意味可学,而才气则不可强也。(〔宋〕张戒《岁寒堂诗话》卷上)

　　五言古诗,句雅淡而味深长者,陶渊明、柳子厚也。(〔宋〕杨万里《诚斋诗话》)

　　韩、柳齐名,然柳乃本色诗人。自渊明没,雅道几熄,当一世竞作唐诗之时,独为古体以矫之。未尝学陶、和陶,集中五言凡十数篇,杂之陶集,有未易辨者。其幽微者可玩而味,其感慨者可悲而泣也。其七言五十六字尤工,五七言绝句已别选。(〔宋〕刘克庄《后村诗话》新集卷五)

　　柳子厚诗,世与韦应物并称;然子厚之工致,乃不若苏州之萧散自然。(〔明〕胡震亨《唐音癸签》卷七引刘履语)

　　柳子厚幽怨有得骚旨而不甚似陶公,盖怡旷气少、沉至语少也。(〔清〕施补华《岘佣说诗》)

　　柳子厚诗如玄鹤夜鸣,声含霜气。(〔清〕牟愿相《小澥草堂杂论诗》)

　　柳子厚卓伟精致,与古为侔,尤擅西汉诗骚,一时行辈推仰。贬官后,自放山泽间,其埋厄感郁,一寓于诗。东坡谓"韩退之豪放奇险,则过子厚,温丽情深不及也"。朱子谓"学诗须从陶、柳门庭入"。盖子厚之诗脱口而出,多近自然也。(〔清〕余成教《石园诗话》卷一)

登柳州城楼寄漳汀封连四州刺史

城上高楼接大荒①，海天愁思正茫茫。
惊风乱飐芙蓉水，密雨斜侵薜荔墙②。
岭树重遮千里目，江流曲似九回肠③。
共来百越文身地④，犹自音书滞一乡！

【本事典实】

《柳集五百家注》韩仲韶曰：永贞元年，公与韩泰、韩晔、刘禹锡、陈谦、凌淮、程异、韦执谊皆以附王叔文贬，号八司马。凌淮、执谊皆卒贬所。异先用，余四人元和十年皆例召至京师。又皆出为刺史。公为柳州，泰为漳州，晔为汀州，禹锡为连州，谦为封州。公六月到柳州，此诗是年夏所寄。案：唐岭南道柳州治马平县，在今广西柳城县西。江南道漳州治龙溪县，今福建龙溪县治。江南道汀州治长汀县，今福建长汀县治。岭南道封州治封川县，今广东封川县治。岭南道连州治阳山县，今广东连山县治。（高步瀛《唐宋诗举要》卷五）

【汇评】

从登城起，有百端交集之感。　"惊风""密雨"，言在此而意不在此。（[清]沈德潜《唐诗别裁集》卷十五）

吴乔云：中四句皆寓比意，惊风密雨喻小人，芙蓉薜荔喻君子，乱飐斜侵则倾倒中伤之状，岭树句喻君门之远，江流句喻臣心之苦，皆逐臣忧思烦乱之词。（[清]何焯《义门读书记》卷三十七）

柳五言诗犹能强自排遣，七言则满纸涕泪。如……"惊风乱飐芙蓉水，密雨斜侵薜荔墙"……只就此写景，已不可堪，不待读其"一身去国六千里，万死投荒十二年"矣。（[清]贺裳《载酒园诗话》又编）

前六句直下皆言登楼所望见之景，末二句总括，不明言谪宦，而谪宦之意自见。（王文濡《唐诗评注读本》卷六）

陆贻典：子厚诗律细于昌黎，至柳州诸咏，尤极神妙，宣城、参军之匹。　查慎行：起势极高，与少陵"花近高楼"两句同一手法。　纪昀：一起意境阔远，倒摄四州，有神无迹。通篇情景俱包得起。三四，赋中之比，不露痕迹，旧说谓借寓震撼危疑之意，好不着相。　赵熙：神运。（李庆甲辑《瀛奎律髓汇评》卷四）

【赏析】

公元805年，唐德宗李适死，太子李诵（顺宗）即位，重用王叔文、王伾、柳宗元、刘禹

---

① 接：连接。大荒：泛指荒僻的边远地区。　② "惊风"二句：写眺望夏天暴雨的景象，同时寓有感慨仕途中风波险恶之意。惊风、密雨，隐喻敌对势力。飐，吹动。芙蓉，即荷花。薜荔，一种蔓生香草。　③ 江：指柳江。柳江发源于今贵州省独山县，东南经广西，入红水江，柳州城在柳江与龙江汇合处。九回肠：指愁思的缠结。　④ 百越：即百粤，泛指南方的少数民族。文身：身上刺花纹，古时南方少数民族的一种习俗。《淮南子·原道训》："九疑（即苍梧山）之南，陆事寡而水事众，于是民人被（披）发文身，以象鳞虫。"

锡诸人进行革新,罢官市,出宫女九百余人,绝进奉,免百姓所欠租赋,削减宦官兵权和裁抑藩镇割据。在宦官和藩镇的联合反扑下,顺宗被迫退位,不久被宦官杀死,王叔文赐死,王伾贬后病死,柳、刘、二韩等贬为边州司马;十年后,又同改任边州刺史。

此诗为柳宗元初到柳州时所写。此诗首联写城上高楼与辽阔荒凉的大地连接,极目远望,海天相连,而自己的茫茫愁思,正如海天一般辽阔、深远。颔联写近见暴雨的景色,暗喻政治风暴的险恶。颈联写远景,因怀念好友,而极目远望,然而重峰密岭,遮断了千里之目,江流曲折,有似九回之肠,不见好友,更增深了自己的愁思。尾联,"共来百越文身地"(被谪边远之地),已够痛心,"犹自音书滞一乡",更加深了悲愤的情感。

本诗抒发了诗人政治上长期遭受打击的愤郁不平的感情,表达了对战友们深挚的怀念。在艺术上,此诗景中有情,情中有景,景与情如水乳交融,故纪昀评为:如水中之盐,不露痕迹。

刘禹锡

刘禹锡(772—842),字梦得,生于彭城(今江苏徐州),祖籍洛阳(今属河南)。祖上是匈奴人,北魏时改称汉姓。自称汉中山靖王刘胜的后代。贞元间连登进士、宏辞二科。授监察御史。参加王叔文集团,反对宦官和藩镇割据势力。失败后被贬朗州司马,迁连州刺史。后以裴度力荐,迁太子宾客,加检校礼部尚书,世称刘宾客。和柳宗元交谊很深,人称"刘柳",后与白居易唱和甚多,又并称"刘白"。其诗通俗清新,善用比兴,寄托政治内容。《竹枝词》及《柳枝词》等组诗,富有民歌特色,是唐诗中别开生面之作。著有《刘梦得文集》。

【集评】

刘梦得诗典则既高,滋味亦厚;但正若巧匠矜能,不见少拙。([宋]蔡絛《蔡百衲诗评》)

元和以后,诗人之全集可观者数家,当以刘禹锡为第一。其诗入选及人所脍炙,不下百首。……宛有六朝风致,尤可喜也。([明]杨慎《升庵诗话》卷十二)

刘禹锡诗以意为主,有气骨。([明]胡震亨《唐音癸签》卷七引《吟谱》)

刘后村曰:梦得诗雄浑老苍,尤多感慨之句。遁叟曰:禹锡有诗豪之目。其诗气该今古,词总华实,运用似无甚过人,却都惬人意,语语可歌,真才情之最豪者。司空图尝言:禹锡及杨巨源诗各有胜会,两人格律精切欲同;然刘得之易,杨却得之难,入处迥异尔。([明]胡震亨《唐音癸签》卷七)

刘宾客之能事,全在《竹枝词》。至于铺陈排比,辄有伧俗之气。([清]翁方纲《石洲诗话》卷一)

西塞山怀古①

王濬楼船下益州②,金陵王气黯然收③。千寻铁锁沉江底④,一片降幡出石头⑤。人世几回伤往事,山形依旧枕寒流⑥。从今四海为家日,故垒萧萧芦荻秋⑦。

【本事典实】

元微之、刘梦得、韦楚客会于乐天之居,因论南朝兴废事,各赋《金陵怀古》诗。梦得方在郎省,元公已居北门。梦得骋其才,略无逊意,满引一觞,请为首唱,一挥而成。白公览诗,曰:"四人探骊龙,而子先得其珠,其余鳞甲将何为?"三公于是罢吟。([宋]阮阅《诗话总龟》前集卷二十四)

【汇评】

刘宾客《西塞山怀古》,似议非议,有论无论,笔著纸上,神来天际,气魄法律,无不精到,洵是此老一生杰作,自然压倒元、白。([清]薛雪《一瓢诗话》)

刘梦得《金陵怀古》诗,当时白香山谓其已探骊珠,所余鳞甲何用。以今观之,"王濬楼船"所咏才一事耳,而多至四句,前则疑于偏枯;山城水国,芦荻之乡,触目尽尔,后则嫌其空衍也。抑何元、白阁笔易易耶?([清]汪师韩《诗学纂闻》)

刘宾客《西塞山怀古》之作,极为白公所赏,至为之罢唱。起四句洵是杰作,后四则不振矣。此中唐以后,所以气力衰飒也。固无八句皆紧之理,然必松处正是紧处,方有意味。如此作结,毋乃饮满时思滑之过耶?《荆州道怀古》一诗,实胜此作。([清]翁方纲《石洲诗话》卷二)

查慎行:专举吴亡一事,而南渡、五代以第五句含蓄之。见解既高,格局亦开展动宕。　何义门:气势笔力匹敌《黄鹤楼》诗,千载绝作也。　纪昀:第四句但说得吴。第五句七字括过六朝,是为简练。第六句一笔折到西塞山,是为圆熟。(李庆甲辑《瀛奎律髓汇评》卷三)

【赏析】

这是一首怀古诗。作者借晋、吴兴亡的历史旧事,抒发了四海一家终究要取代割据的思想。全诗共两层意思:前四句写王濬率军攻打东吴、东吴凭借地理优势也未能挽回失败结局的历史旧事。后四句抒写了由此产生的感兴,表达了与作者在《金陵怀古》中抒发的"兴废由人事,山川空地形"一样的感慨:山形依旧,人事全非。今日四海为家,江山

---

① 西塞山:在今湖北大冶市东面的长江边,形势险峻,是六朝有名的军事要塞。长庆四年(824)刘禹锡由夔州刺史调任和州刺史,沿江东下,途经西塞山,即景抒怀,写下此诗。　② 王濬:晋人,受晋武帝派遣,率领高大的战船顺江而下讨伐东吴。益州:州治在今四川成都市,王濬曾为益州刺史。　③ 金陵:今江苏南京市。　④ 寻:古代长度单位,八尺为一寻。本句指当年东吴凭借长江天险,于江中暗设铁锥,再以铁链横锁江面,王濬用大筏数十,冲走铁锥,又以大火烧毁铁链,直逼金陵。　⑤ 降幡:表示投降的旗帜。石头:指石头城,故址在今江苏省南京市清凉山,此指金陵城。　⑥ 寒:一作江。　⑦ 故垒:指昔日的军事堡垒。

统一,分裂的历史已经一去不复返了。

首联由远处落笔,一"下"一"收",简练而有气势。第二联承接首联,为下面抒情议论做铺垫。第三联将笔锋从"往事"折回眼前,"几回"二字概括了六朝兴废的纷乱历史,对句点到西塞山,"依旧"一词,透露出怀古思绪。尾联将"四海为家"的从今之世,与残破荒凉的"故垒"遗迹并举,收束全篇。

诗歌即景骋情,借古喻今,景、情、理融为一体,通过将自然与人事并举,表现了永恒与短暂的对比。全诗寓意深广,雄浑朗炼。趣远情深而又鲜明如画,含思婉转而又骨力豪劲。

(屈雅红)

李 贺

李贺(790—816),字长吉,福昌(今河南宜阳西)人。出身宗室贵族,但家境早已没落。青年时因避父晋肃讳("进"与"晋"同音),未得应试进士,只做到九品官奉礼郎。一生空怀抱负,郁郁不得志,死时年仅二十七岁。

李贺存诗二百三十多首。他的诗,多抒写自己被压抑的郁闷情怀,以及对世事的不满和感慨。在艺术上,他善于用象征性的描写手法去表现奇异的境界,构思精巧,想象丰富;但有时过于幽深,诗意显得晦涩。有《李长吉歌诗》。

【集评】

盖《骚》之苗裔,理虽不及,辞或过之。《骚》有感怨刺怼,言及群臣理乱,时有以激发人意;乃贺所为,得无是耶?贺能探寻前事……所以深叹恨古今未尝经道者……求取情状,离绝远去笔墨畦径间,亦殊不能知之。贺生二十七年死矣!世皆曰:使贺且未死,少加以理,奴仆命《骚》可也。([唐]杜牧《李长吉歌诗序》)

玉川之怪,长吉之瑰诡,天地间自欠此体不得。([宋]严羽《沧浪诗话》)

其诗著矣,上世或讥以伤艳,走窃谓不然,世固有若轻而甚重者,长吉诗是也。他人之诗,不失之粗,则失之俗,要不可谓诗人之诗,长吉无是病也。其轻扬纤丽,盖能自成一家,如金玉锦绣,辉焕白日。([宋]薛季宣《艮斋先生薛常州浪语集》卷三十)

贺既孤愤不遇,而所为呕心之语,日益高渺,寓今托古,比物征事,大约言悠悠之辈,何至相吓乃尔。人命至促,好景尽虚,故以其哀激之思,变为晦涩之调,喜用鬼字、泣字、死字、血字,如此之类,幽冷溪刻,法当夭乏。([明]王思任《昌谷诗解序》)

宋初诸子,多祖乐天;元末诗人,竞师长吉。([明]胡震亨《唐音癸签》卷四)

长吉诗派之佳处,首在哀感顽艳动人;其次炼字调句,奇诡波峭,故能独有千古。若无其用意用笔,而强采撮其字面,以欺世目,则优孟衣冠矣。如长吉诗中喜用"死"字、"泣"字,此等险字,却要用之得当。至于典故,已经长吉运化,亦不宜生剥。([清]张采田《李义山诗辨正》)

<h1 style="text-align:center">李凭箜篌引①</h1>

吴丝蜀桐张高秋②,空山凝云颓不流。江娥啼竹素女愁③,李凭中国弹箜篌④。昆山玉碎凤凰叫,芙蓉泣露香兰笑。十二门前融冷光⑤,二十三丝动紫皇⑥。女娲炼石补天处,石破天惊逗秋雨。梦入神山教神妪⑦,老鱼跳波瘦蛟舞。吴质不眠倚桂树⑧,露脚斜飞湿寒兔。

【本事备考】

此追刺开、宝小人祸国之由始也。考贺生于德宗贞元七年,殁于宪宗元和之十二年,距李凭弹箜篌供奉内庭时,几五十余年,长吉何得尚闻李凭之箜篌耶?盖凭以一梨园小人,而玄宗昵之,初不料其即为祸固衅首,贺以有唐王孙,追恨当时,故著此篇,以补国史之阙,与《春秋》书法相表里。通首皆愤恨讽刺之词,乃一毫不露本意,此所谓愈曲愈微,愈深愈晦者也。各家注释,均未发明此义,徒以写声之妙,重复谬赞,不顾叠床架屋,失其旨矣。([清]陈本礼《协律钩玄》卷一)

【汇评】

刘(辰翁)云:状景如画,自其所长。箜篌声碎有之,昆山玉颇无谓,下七字妙语,虽玉箫不足以当。“石破天惊”,过于绕梁遏云之上,至“教神妪”,忽入鬼语。吴质嫩态,月露无情。“老鱼跳波瘦蛟舞”,刘云:“其形容偏得于此,而于箜篌为近。”([宋]刘辰翁《笺注评点李长吉歌诗》卷首)

本咏箜篌耳,忽然说到女娲、神妪,惊天入目,变眩百怪,不可方物,直是鬼神于天。([清]黄周星《唐诗快》卷一)

由箜篌轻轻掣起,淡淡写落,跌出李凭,顺手摹神,何等气足。一结正尔蕴藉无限。([清]阙名《明于嘉刻本李长吉诗集批语》)

白香山“江上琵琶”、韩退之“颖师琴”、李长吉“李凭箜篌”,皆摹写声音至文。韩足以惊天,李足以泣鬼,白足以移人。([清]方扶南《李长吉诗集批注》卷一)

【赏析】

这首诗是李贺在京城所作,诗中刻画了名噪一时的梨园弟子李凭弹奏箜篌的绝妙声音,想象丰富,设色瑰丽,非常富有艺术感染力。

诗的起句开门见山,直接用“吴丝蜀桐”写箜篌制作工艺精良,借此来衬托演奏者高

---

① 此诗大约作于元和六年(811)至元和八年。当时,李贺在京城长安。李凭,梨园弟子,因善弹箜篌,名噪一时。箜篌:古代乐器,似瑟而较小。引:乐府诗体的一种。 ② 张:紧弦备弹曰张。 ③ 江娥:即“湘娥”,亦为“湘妃”“湘夫人”,传说是舜之二妃。 ④ 中国:即国中,此指京城长安。 ⑤ 十二门:长安城共四面,每面三门,合计十二门。 ⑥ 二十三丝:代指箜篌。 ⑦ 神山,一作坤山,干宝《搜神记》云:“晋永嘉中兖州有神妪号成夫人,好音能弹箜篌,闻歌弦辄起舞。梦入者,言箜篌伎精曾入山教神妪耳。乾为男,坤为女,意者言神妪,故曰坤山。”神妪(yù):传说中善弹箜篌的仙人。 ⑧ 吴质:指吴刚。

超的技巧。"高秋"二字点明了时间是秋高气爽的时候。诗的二、三句则是从侧面写美妙动人的乐声。诗人将难以描述的主体——箜篌声，从客体(自然景物和人物)的角度来落笔，以实写虚，亦真亦幻，具有梦幻般的色彩。悦耳动听的箜篌声，使得空旷山野上的浮云有了灵性而为之停滞，似乎在俯首聆听；也勾起了善于鼓瑟的湘娥和素女的满腹愁绪，不禁为之动容，潸然泪下。以上两句互相配合，烘托出箜篌声的神韵。第四句，作者才点出了演奏者的姓名。这样，就突破了写作的一般惯例，而是先写乐器，再写声，最后写人，具有先声夺人的艺术效果。演奏的时间和地点穿插其中，极其自然。

五、六句是从正面写绝妙的乐声。"昆山玉碎凤凰叫"是以声写声，着重表现声音的起伏变化。箜篌声起，有时众弦齐响，犹如山崩玉碎，气势宏大；有时又单弦独鸣，犹如凤凰之声，乐声清亮。"芙蓉泣露香兰笑"一句，则是用两种自然景物的形来写声，用带露的芙蓉花形容乐声的抑郁，用盛开的兰花摹写乐声的欢快。这里用了通感、拟人等手法，构思非常奇特，写出了乐魂。

从第七句起到篇尾，都是写箜篌声所产生的影响。先写近处，因为李凭奏出的箜篌声，消融了长安城十二道城门前的冷气，人们陶醉其中，也忘却了深秋的寒意。"二十三丝动紫皇"，"紫皇"此兼指人间的帝王和天帝，意思是说他们也受到了乐声的感染，在侧耳倾听。以下由"紫皇"自然过渡，诗歌意境由人寰延伸到仙境。以下六句，诗人用大胆诡谲的想象，营造出瑰丽奇幻的景象，显示了乐声的无穷魅力。"女娲炼石补天处，石破天惊逗秋雨"，乐声传到天上，正在补天的女娲为之沉迷，忘记了职责，导致石破天惊，秋雨滂沱。这两句既写出了乐声的感人，同时也刻画出乐声的恢宏气势。接着，诗人的视角又发生了变化，从天庭写到仙山，"梦入神山教神妪，老鱼跳波瘦蛟舞"，李凭弹奏箜篌，把听者引入了幻境，仿佛他不是在人间弹奏，而是在神山之上把这绝艺传授给神仙。甚至连行动缓慢的老鱼和瘦蛟也随着音乐的旋律翩翩起舞，这里用"老"和"瘦"两字衬托出了音乐的艺术韵味。以上写乐声都是侧重描摹动态的氛围。最后两句，则是勾勒出静态场景，进一步烘托出乐声的奇妙。"吴质不眠倚桂树，露脚斜飞湿寒兔"，整天劳碌伐桂的吴刚，忘记了睡眠，倚着桂树出神地聆听着；寂寞的玉兔也被这琴声迷住了，任凭深夜的露水打湿了身体，也不愿意离去。这两组超凡脱俗意象的出现，营造出音乐幽深渺远的意境。

在这首诗里，李贺没有直接评价李凭高超的弹奏技巧，而是将自己对于箜篌声的抽象感觉，借助人间天上的神奇想象，将之转化为具体可感的鲜明物象，艺术感染力极强。整篇诗歌想象丰富，意象奇特，语言瑰丽，充满了浪漫主义的色彩。

(龚玉兰)

寄全椒山中道士　　韦应物

今朝郡斋冷,忽念山中客。涧底束荆薪,归来煮白石。欲持一瓢酒,远慰风雨夕。落叶满空山,何处寻行迹?

喜见外弟又言别　　李　益

十年离乱后,长大一相逢。问姓惊初见,称名忆旧容。别来沧海事,语罢暮天钟。明日巴陵道,秋山又几重?

乐天见示伤微之、敦诗、晦叔三君子,皆有深分,因成是诗以寄　　刘禹锡

吟君叹逝双绝句,使我伤怀奏短歌。世上空惊故人少,集中唯觉祭文多。芳林新叶催陈叶,流水前波让后波。万古到今同此恨,闻琴泪尽欲如何。

金铜仙人辞汉歌并序　　李　贺

魏明帝青龙元年八月,诏宫官牵车西取汉孝武捧露盘仙人,欲立置前殿。宫官既拆盘,仙人临载,乃潸然泪下。唐诸王孙李长吉遂作《金铜仙人辞汉歌》

茂陵刘郎秋风客,夜闻马嘶晓无迹。画栏桂树悬秋香,三十六宫土花碧。魏官牵车指千里,东关酸风射眸子。空将汉月出宫门,忆君清泪如铅水。衰兰送客咸阳道,天若有情天亦老。携盘独出月荒凉,渭城已远波声小。

梦　天　　李　贺

老兔寒蟾泣天色,云楼半开壁斜白。玉轮轧露湿团光,鸾佩相逢桂香陌。黄尘清水三山下,更变千年如走马。遥望齐州九点烟,一泓海水杯中泻。

长沙过贾谊宅　　刘长卿

三年谪宦此栖迟,万古惟留楚客悲。秋草独寻人去后,寒林空见日斜时。汉文有道恩犹薄,湘水无情吊岂知?寂寂江山摇落处,怜君何事到天涯!

逢雪宿芙蓉山主人　　刘长卿

日暮苍山远,天寒白屋贫。柴门闻犬吠,风雪夜归人。

秋夜泛舟　　刘方平

林塘夜泛舟,虫响荻飕飕。万影皆因月,千声各为秋。岁华空复晚,乡思不堪愁。西北浮云外,伊川何处流?

春夜闻笛　　李　益

寒山吹笛唤春归,迁客相看泪满衣。洞庭一夜无穷雁,不待天明尽北飞。

消息海云端。

晚次鄂州　　　卢纶

云开远见汉阳城,犹是孤帆一日程。估客昼眠知浪静,舟人夜语觉潮生。三湘衰鬓逢秋色,万里归心对月明。旧业已随征战尽,更堪江上鼓鼙声?

寒食寄京师诸弟　　　韦应物

雨中禁火空斋冷,江上流莺独坐听。把酒看花想诸弟,杜陵寒食草青青。

山　石　　　韩愈

山石荦确行径微,黄昏到寺蝙蝠飞。升堂坐阶新雨足,芭蕉叶大栀子肥。僧言古壁佛画好,以火来照所见稀。铺床拂席置羹饭,疏粝亦足饱我饥。夜深静卧百虫绝,清月出岭光入扉。天明独去无道路,出入高下穷烟霏。山红涧碧纷烂漫,时见松枥皆十围。当流赤足踏涧石,水声激激风吹衣。人生如此自可乐,岂必局束为人鞿?嗟哉吾党二三子,安得至老不更归!

登科后　　　孟郊

昔日龌龊不足夸,今朝放荡思无涯。春风得意马蹄疾,一日看尽长安花。

题李凝幽居　　　贾岛

闲居少邻并,草径入荒园。鸟宿池边树,僧敲月下门。过桥分野色,移石动云根。暂去还来此,幽期不负言。

忆江上吴处士　　　贾岛

闽国扬帆去,蟾蜍空复团。秋风生渭水,落叶满长安。此地聚会夕,当时雷雨寒。兰桡殊未返,

老夫采玉歌　　　李贺

采玉采玉须水碧,琢作步摇徒好色。老夫饥寒龙为愁,蓝溪水气无清白。夜雨冈头食蓁子,杜鹃口血老夫泪。蓝溪之水厌生人,身死千年恨溪水。斜山柏风雨如啸,泉脚挂绳青袅袅。村寒白屋念娇婴,古台石磴悬肠草。

溪　居　　　柳宗元

久为簪组累,幸此南夷谪。闲依农圃邻,偶似山林客。晓耕翻露草,夜榜响溪石。来往不逢人,长歌楚天碧。

秋晓行南谷经荒村　　　柳宗元

杪秋霜露重,晨起行幽谷。黄叶覆溪桥,荒村唯古木。寒花疏寂历,幽泉微断续。机心久已忘,何事惊麋鹿?

井栏砂宿遇夜客　　　李涉

暮雨潇潇江上村,绿林豪客夜知闻。他时不用逃名姓,世上如今半是君。

竹枝词(选二)　　　刘禹锡

山桃红花满上头,蜀江春水拍山流。花红易衰似郎意,水流无限似侬愁。
杨柳青青江水平,闻郎江上踏歌声。东边日出西边雨,道是无晴却有晴。

元和十年自朗州承召至京,
戏赠看花诸君子

　　　刘禹锡

紫陌红尘拂面来,无人不道看花回。玄都观

里桃千树,尽是刘郎去后栽。

说宫中事,鹦鹉前头不敢言。

再游玄都观　　　　刘禹锡

百亩庭中半是苔,桃花净尽菜花开。种桃道
士归何处?前度刘郎今又来。

闺意献张水部　　　　朱庆余

洞房昨夜停红烛,待晓堂前拜舅姑。妆罢低
声问夫婿:"画眉深浅入时无?"

宫　词　　　　朱庆余

寂寂花时闭院门,美人相并立琼轩。含情欲

附录三　咏音乐诗词

闻邻家理筝　　　　[唐]徐安贞

北斗横天夜欲阑,愁人倚月思无端。忽闻画
阁秦筝逸,知是邻家赵女弹。曲成虚忆青蛾敛,调
急遥怜玉指寒。银锁重关听未辟,不如眠去梦
中看。

春夜洛城闻笛　　　　[唐]李　白

谁家玉笛暗飞声?散入春风满洛城。此夜曲
中闻折柳,何人不起故园情?

与史郎中钦听黄鹤楼上吹笛　　　　[唐]李　白

一为迁客去长沙,西望长安不见家。黄鹤楼
中吹玉笛,江城五月落梅花。

听安万善吹觱篥歌　　　　[唐]李　颀

南山截竹为觱篥,此乐本自龟兹出。流传汉
地曲转奇,凉州胡人为我吹。傍邻闻者多叹息,远
客思乡皆泪垂。世人解听不解赏,长飙风中自来
往。枯桑老柏寒飕飗,九雏鸣凤乱啾啾。龙吟虎
啸一时发,万籁百泉相与秋。忽然更作渔阳掺,黄
云萧条白日暗。变调如闻杨柳春,上林繁花照眼
新。岁夜高堂列明烛,美酒一杯声一曲。

秋夕听罗山人弹三峡流泉　　　　[唐]岑　参

幡幡岷山老,抱琴鬓苍然。衫袖拂玉徽,为弹
三峡泉。此曲弹未半,高堂如空山。石林何飕飗,
忽在窗户间。绕指弄鸣咽,青丝激潺湲。演漾怨
楚云,虚徐韵秋烟。疑兼阳台雨,似杂巫山猿。幽
引鬼神听,净令耳目便。楚客肠欲断,湘妃泪斑
斑。谁裁青桐枝,缒以朱丝弦。能含古人曲,递与
今人传。知音难再逢,惜君方老年。曲终月已落,
惆怅东斋眠。

听蜀僧濬弹琴　　　　[唐]李　白

蜀僧抱绿绮,西下峨眉峰。为我一挥手,如听
万壑松。客心洗流水,余响入霜钟。不觉碧山暮,
秋云暗几重?

塞上听吹笛　　　　[唐]高　适

雪净胡天牧马还,月明羌笛戍楼间。借问梅

花何处落,风吹一夜满关山。

赠花卿　　　　[唐]杜甫

锦城丝管日纷纷,半入江风半入云。此曲只应天上有,人间能得几回闻?

鸣筝　　　　[唐]李端

鸣筝金粟柱,素手玉房前。欲得周郎顾,时时误拂弦。

听颖师弹琴　　　　[唐]韩愈

昵昵儿女语,恩怨相尔汝。划然变轩昂。勇士赴敌场。浮云柳絮无根蒂,天地阔远随飞扬。喧啾百鸟群,忽见孤凤凰。跻攀分寸不可上,失势一落千丈强。嗟余有两耳,未省听丝篁。自闻颖师弹,起坐在一旁。推手遽止之,湿衣泪滂滂。颖乎尔诚能,无以冰炭置我肠!

琵琶行(节选)　　　　[唐]白居易

……千呼万唤始出来,犹抱琵琶半遮面。转轴拨弦三两声,未成曲调先有情。弦弦掩抑声声思,似诉平生不得志。低眉信手续续弹,说尽心中无限事。轻拢慢捻抹复挑,初为《霓裳》后《六幺》。大弦嘈嘈如急雨,小弦切切如私语。嘈嘈切切错杂弹,大珠小珠落玉盘。间关莺语花底滑,幽咽泉流水下滩。冰泉冷涩弦凝绝,凝绝不通声暂歇。别有幽愁暗恨生,此时无声胜有声。银瓶乍破水浆迸,铁骑突出刀枪鸣。曲终收拨当心画,四弦一声如裂帛。东船西舫悄无言,唯见江心秋月白。……

菩萨蛮　　　　[宋]晏几道

哀筝一弄湘江曲,声声写尽湘波绿。纤指十

三弦,细将幽恨传。　　当筵秋水慢,玉柱斜飞雁。弹到断肠时,春山眉黛低。

江城子·江景　　　　[宋]苏轼

凤凰山下雨初晴。水风清。晚霞明。一朵芙蕖,开过尚盈盈。何处飞来双白鹭,如有意,慕娉婷。　　忽闻江上弄哀筝。苦含情。遣谁听。烟敛云收,依约是湘灵。欲待曲终寻问取,人不见,数峰青。

诉衷情　　　　[宋]张抡

闲中一弄七弦琴。此曲少知音。多因淡然无味,不比郑声淫。　　松院静,竹林深。夜沉沉。清风拂轸,明月当轩,谁会幽心?

贺新郎·听琵琶　　　　[宋]辛弃疾

凤尾龙香拨。自开元、霓裳曲罢,几番风月。最苦浔阳江头客,画舸亭亭待发。记出塞、黄云堆雪。马上离愁三万里,望昭阳宫殿孤鸿没。弦解语,恨难说。　　辽阳驿使音尘绝。琐窗寒、轻拢慢捻,泪珠盈睫。推手含情还却手,一抹梁州哀彻。千古事、云飞烟灭。贺老定场无消息,想沉香亭北繁华歇。弹到此,为呜咽。

夜合花·赋笛　　　　[宋]史达祖

冷截龙腰,偷拿鸾爪,楚山长锁秋云。梅花未落,年年怨入江城。千嶂碧,一声清。杜人间、儿女箫笙。共凄凉处,琵琶溢浦,长啸苏门。　　当时低度西邻。天澹阑干欲暮,曾赋高情。子期老矣,不堪滞酒重听。纤手静,七星明。有新声、应更魂惊。梦回人世,寥寥夜月,空照天津。

蜀国弦　　　　[明]刘基

胡笳拍断玄冰结,湘灵曲终斑竹裂。为君更

奏蜀国弦,一弹一声飞上天。蜀国周遭五千里,峨眉岩岩连玉垒。岷嶓出水作大江,地卑天浮戒南纪。舒为五色朝霞晖,惨为虎豹嗥阴霏,翕为千嶂云雨入,嘘为百里雷霆飞。白盐雪消春水满,谷鸟相呼锦城暖。巴姬倚歌汉女和,杨柳压桥花簇簇。

铜梁翠气通青蛉,碧鸡啼落天上星。山都号风寡狐泣,杜鹃呜咽愁幽冥。商悲羽怒听未了,穷猿三声巫峡晓。瞿塘喷浪翻九渊,倒泻流泉喧木杪。楼头仲宣羁旅客,故乡渺渺皆尘隔。含凄更听蜀国音,不待天明头尽白。

附录四　刺世讽喻诗词

贫交行　[唐]杜甫

翻手作云覆手雨,纷纷轻薄何须数。君不见管鲍贫时交,此道今人弃如土。

聚蚊谣　[唐]刘禹锡

沉沉夏夜兰堂开,飞蚊伺暗声如雷。嘈然欻起初骇听,殷殷若自南山来。喧腾鼓舞喜昏黑,昧者不分听者惑。露花滴沥月上天,利觜迎人著不得。

我躯七尺尔如芒,我孤尔众能我伤。天生有时不可遏,为尔设幄潜匡床。清商一来秋日晓,羞尔微形饲丹鸟。

轻肥　[唐]白居易

意气骄满路,鞍马光照尘。借问何为者,人称是内臣。朱绂皆大夫,紫绶或将军。夸赴军中宴,走马去如云。樽罍溢九酝,水陆罗八珍。果擘洞庭橘,脍切天池鳞。食饱心自若,酒酣气益振。是岁江南旱,衢州人食人。

过华清宫绝句三首　[唐]杜牧

长安回望绣成堆,山顶千门次第开。一骑红尘妃子笑,无人知是荔枝来。

新丰绿树起黄埃,数骑渔阳探使回。霓裳一曲千峰上,舞破中原始下来。

万国笙歌醉太平,倚天楼殿月分明。云中乱拍禄山舞,风过重峦下笑声。

新沙　[唐]陆龟蒙

渤澥声中涨小堤,官家知后海鸥知。蓬莱有路教人到,应亦年年税紫芝。

安贫　[唐]韩偓

手风慵展一行书,眼暗休寻九局图。窗里日光飞野马,案头筠管长蒲卢。谋身拙为安蛇足,报国危曾捋虎须。举世可能无默识,未知谁拟试齐竽。

己亥岁(二首选一)　[唐]曹松

泽国江山入战图,生民何计乐樵苏。凭君莫话封侯事,一将功成万骨枯。

好事近　[宋]胡铨

富贵本无心,何事故乡轻别。空使猿惊鹤怨,误薜萝风月。　　囊锥刚要出头来,不道甚时节。欲驾巾车归去,有豺狼当辙。

千年调　[宋]辛弃疾
蔗庵小阁名曰卮言,作此词以嘲之。

卮酒向人时,和气先倾倒。最要然然可可,万事称好。滑稽坐上,更对鸱夷笑。寒与热,总随人,甘国老。　　少年使酒,出口人嫌拗。此个和合道理,近日方晓。学人言语,未会十分巧。看他们,得人怜,秦吉了。

卜 算 子　　　[宋]辛弃疾

千古李将军,夺得胡儿马。李蔡为人在下中,却是封侯者。　　芸草去陈根,笕竹添新瓦。万一朝廷举力田,舍我其谁也?

一 剪 梅　　　[宋]醴陵士人

宰相巍巍坐庙堂。说着经量。便要经量。那个臣僚上一章。头说经量。尾说经量。　　轻狂太守在吾邦。闻说经量。星夜经量。山东河北久抛荒。好去经量。胡不经量。

题 临 安 邸　　　[宋]林 升

山外青山楼外楼,西湖歌舞几时休?暖风熏得游人醉,直把杭州作汴州!

题 壁　　　[宋]无名氏

白塔桥边卖地经,长亭短驿最分明。如何只说临安路,不较中原有几程!

济 南 杂 诗(十首选一)　　　[金]元好问

匡山闻有读书堂,行过山前笑一场。可惜世间无李白,今人多少贺知章。

双调·蟾宫曲·叹世　　　[元]马致远

咸阳百二山河,两字功名,几阵干戈?项废东吴,刘兴西蜀,梦说南柯。韩信功兀的般证果,蒯通言那里是风魔?成也萧何,败也萧何,醉了由他。

拔 不 断　　　[元]马致远

菊花开,正归来。伴虎溪僧、鹤林友、龙山客;似杜工部、陶渊明、李太白;有洞庭柑、东阳酒、西湖蟹。哎,楚三闾休怪!

中吕·山坡羊·冬日写怀　　　[元]乔吉

朝三暮四,昨非今是。痴儿不解荣枯事。攒家私,宠花枝,黄金壮起荒淫志,千百锭买张招状纸。身,已至此;心,犹未死!

正宫·醉太平　　　[元]无名氏

堂堂大元,奸佞专权。开河变钞祸根源,惹红巾万千。官法滥,刑法重,黎民怨,人吃人,钞买钞,何曾见,贼做官,官做贼,混愚贤。哀哉可怜!

正宫·醉太平·讥贪小利者　　　[元]无名氏

夺泥燕口,削铁针头,刮金佛面细搜求,无中觅有。鹌鹑嗉里寻豌豆,鹭鸶腿上劈精肉,蚊子腹内刳脂油;亏老先生下手!

秣 陵 口 号　　　[清]吴伟业

车马垂杨十字街,河桥灯火旧秦淮。放衙非复通侯第,废圃谁知博士斋?易饼市傍王殿瓦,换鱼江上孝陵柴。无端射取原头鹿,收得长生苑内牌。

聪 明 累　　　[清]曹雪芹

机关算尽太聪明,反算了卿卿性命! 生前心已碎,死后性空灵。家富人宁,终有个家亡人散各奔腾。枉费了意悬悬半世心;好一似荡悠悠三更梦。忽喇喇似大厦倾,昏惨惨似灯将尽。呀,一场欢喜忽悲辛。叹人世,终难定!

后 园 居 诗　　　[清]赵 翼

有客忽叩门,来送润笔需。乞我作墓志,要我工为谀。言政必龚黄,言学必程朱。吾聊以为戏,如其意所须。补缀成一篇,居然君子徒。核诸其素行,十钧无一铢。其文倘传后,谁复知贤愚?或且引为据,竟入史册摹。乃知青史上,大半亦属诬。

中唐前期,诗人元结、顾况是新乐府运动的先驱。

元结主张文学为政治服务,提倡质朴古雅的诗风。他的诗几乎全是古体,其代表作,安史之乱前有《系乐府》十二首,其中《贫妇词》《去乡悲》反映了农民的贫困和流离失所的情形,《农臣怨》写一个劝农使无由申报农田灾害,都是具有人民性的好诗。元结诗的艺术特点是语言质朴,接近散文,体裁专用五古。

顾况,曾写了一些反映社会黑暗、同情人民疾苦的新乐府。其中以《囝》为最好,这首诗反映当时福建盛行的一种掠卖奴隶的野蛮风俗,着重写奴隶的痛苦,是很动人的。此外《公子行》《弃妇词》也很具有现实意义。

中唐新乐府是由张籍、王建、李绅等人的创作开始的。张、王以大量新乐府著称于世。李绅写《新题乐府》二十篇,元和四年元稹以为"雅有所谓,不虚为文",遂"取其病时之尤急者,列而和之",这就是《和李校书新乐府十二首》。白居易又在元稹的基础上扩充为五十首,名曰"新乐府",并在序里明确提出其诗歌创作的主张。

张籍的乐府诗广泛地反映了下层人民的生活,有不少血泪的控诉。如《促促词》写贫妇的祝愿,《山头鹿》写一个"夫死未葬儿在狱"的妇女的忧伤,《筑城词》揭露了官府的压迫和徭役之繁重。张籍还有不少诗反映战乱中人民的灾难。如《废宅行》写朝廷召用吐蕃兵攻打朱泚,造成人民流离失所;《征妇怨》写将帅无能以致全军覆没,都有特色。

王建和张籍是好友,他们的乐府诗无论在思想内容或艺术风格上都颇近似,号称"张王"。王建的乐府诗数量比张籍多,反映人民生活的面也很广,尤善于刻画劳苦人民的内心。如《簇蚕词》《当窗织》《水夫谣》《海人谣》从不同角度反映不同职业人民的悲惨命运,突破了前人的题材。张王是新乐府运动中除白居易以外创作成就最高的两个诗人。

李绅的《悯农》二首:"春种一粒粟,秋收万颗子。四海无闲田,农夫犹饿死。""锄禾日当午,汗滴禾下土。谁知盘中餐,粒粒皆辛苦。"两首都是关心人民疾苦的好诗。

元稹与白居易是诗歌唱和的好友,也同是新乐府运动的倡导人,他的《乐府古题序》《唐故工部员外郎杜君墓系铭并序》《叙诗寄乐天书》,对新乐府运动的形成有积极的影响。元稹早年有不少现实主义的诗篇,反映了人民痛苦的生活。《田家词》全是农民激愤的话,反映了人民的情绪,是他的诗集中最优秀的乐府诗。

刘长卿和韦应物也是中唐前期诗人。他们对当时的腐败现实有所不满,对人民也有一定程度的同情和关切,他们的创作主要是继承王孟,以山水田园诗著称。刘长卿的诗以抒写贬官的哀伤和描绘山水景物为多,情调萧瑟闲远。韦应物有不少讽刺统治阶级、反映人民疾苦的好诗。《拟古诗十二首》《杂体五首》都有很强的现实性,《寄李儋元锡》云:"身多疾病思田里,邑有流亡愧俸钱。"可以看出他为官的态度。《观田家》写农民辛苦的劳动和繁重的徭役,并以自己不耕而食感到惭愧。这些诗证明他是一个关心现实、关心人民的诗人。韦应物也以山水田园诗著称。如《滁州西涧》:"独怜幽草涧边生,上有黄鹂深树鸣。春潮带雨晚来急,野渡无人舟自横。"用白描手法,抓住最有情趣的刹那,构成幽美清奇的画面。

唐代宗大历年间经济一度繁荣,政治上呈现出升平的迹象,一批诗人刻意模仿盛唐之音,后人称他们为"大历十才子"。"大历十才子"的成员,历来说法不一,其中著名的有卢纶和李益。

卢纶的诗《和张仆射塞下曲》六首最著名,其三尤为出色:"月黑雁飞高,单于夜遁逃。欲将轻骑逐,大雪满弓刀。"字里行间充满英雄气概,诗中部队准备出击的场面写得十分逼真而生动。

李益是七绝的能手,他的边塞诗无论在内容

上、风格上都很接近王昌龄。他有一些诗表现将士的英雄主义精神，豪放遒劲，如《塞下曲》："伏波唯愿裹尸还，定远何须生入关。莫遣只轮归海窟，仍留一箭定天山。"李益大部分边塞诗都是写战士思乡的痛苦，诗中常以月色、角声渲染气氛。如《从军北征》《听晓角》《夜上受降城闻笛》，或直接写征人，或从侧面借塞鸿表现征人，都很耐人寻味。

韩孟诗派是与新乐府运动同时崛起的一个影响较大的诗派。这个诗派的代表是韩愈、孟郊，此外还包括贾岛、卢仝、刘叉等人。韩愈存诗三百余首，有些诗反映了社会政治的黑暗。如《汴州乱》二首写军阀互相杀戮的情况；《归彭城》写政治的腐败和自己伤时忧国的心情等。韩愈还有不少描写自然山水的好诗，如《早春呈水部张十八员外》写得清新隽永，诗意盎然："天街小雨润如酥，草色遥看近却无。最是一年春好处，绝胜烟柳满皇都。"韩愈在艺术上有独创之处。他的诗风格多样，但主要特点是深险奇特，以文为诗。如"寿州属县有安丰，唐贞观时县人董生召南，隐居行义于其中"。这种句法一扫浮艳之习，但往往破坏了诗的韵律，正如沈括所说："韩退之诗，乃押韵之文耳。"这对宋诗有很大影响。孟郊的诗许多是描述他个人的贫病饥寒，如《答友人赠炭》《秋夕贫居述怀》《秋怀十五首》都是这方面的代表作。《借车》自云"借车载家具，家具少于车"，充分表明了他生活的窘况。前人谓"郊寒岛瘦"，虽有菲薄之意，却也概括出那种实感真切、惨淡经营的特有作风。孟郊还有一些直接描写人民疾苦、揭示社会矛盾的诗，如《长安早春》《织妇词》都鲜明地指出阶级的对立。

贾岛以"苦吟"著称，炼字铸句，缺乏社会内容。他面对黑暗腐朽的社会，常取超然的态度，为自己创造了一个寂寞空虚的境界，并从佛家的寂灭中找到了精神寄托。贾岛长于五律，但他的诗往往缺乏完整的构思，而以佳联警语取胜。如："秋风生渭水，落叶满长安"，"鸟宿池边树，僧敲月下门"等诗句。

刘禹锡是进步的朴素唯物主义思想家，他的三篇《天论》，继柳宗元《天说》之后进一步阐发了无神论思想。他有一些讽刺时政、发泄激愤的寓言诗，如《聚蚊谣》讽刺世俗小人，《飞鸢操》笑骂权奸等。他的怀古诗，语言平易，情感深厚。如《金陵五题》之一《石头城》："山围故国周遭在，潮打空城寂寞回；淮水东边旧时月，夜深还过女墙来。"之三《乌衣巷》："朱雀桥边野草花，乌衣巷口夕阳斜。旧时王谢堂前燕，飞入寻常百姓家。"前一首以终古不变的青山、江潮、明月，衬出六朝繁华俱归乌有。后一首不直言堂中主人，却借燕子从旁点出。都是委婉凄切之作。刘禹锡学习民歌俗调写成的诗歌也有较高的成就。《竹枝词》具有健康开朗的情绪和浓厚的地方色彩，如"杨柳青青江水平，闻郎岸上踏歌声。东边日出西边雨，道是无晴却有晴。"用谐音双关语表现女子对情人既怀念又怀疑的复杂心情。《杨柳枝词》九首也是模仿民歌之作。

柳宗元存诗一百四十余首，多数是抒发个人离乡去国的悲愤抑郁，如《登柳州城楼寄漳汀封连四州刺史》《与浩初上人同看山寄京华亲故》《别舍弟宗一》等。写景诗意境深隽明彻，如《酬曹侍御史过象县见寄》："破额山前碧玉流，骚人遥驻木兰舟。春风无限潇湘意，欲采蘋花不自由。"又如《江雪》："千山鸟飞绝，万径人踪灭。孤舟蓑笠翁，独钓寒江雪。"这些诗都给人以美的享受。

李贺是中唐浪漫主义的代表诗人，又是从中唐到晚唐诗风转变的一个代表者。他的诗歌的中心内容是诉说怀才不遇的悲愤，描写幻想中的神仙世界，表现他的苦闷和追求，如《梦天》《天上谣》等。也有一些描写人民疾苦的诗篇，如《感讽》《老夫采玉歌》等。此外还有部分写恋情、闺思、宫怨和揭露统治者残暴荒淫的诗篇。李贺的诗受楚辞、古乐府、齐梁宫体、李白诗等多方面的影响，经过自己的熔铸，形成独特的奇崛冷艳的诗风，诗歌的意象带有很大的虚幻和想象的成分。构思也是不拘常法，意象之间跳跃很大，常常超越时间和空间，语言极力避免平淡而追求峭奇。

网络链接

①"大历十才子"究竟指哪些人？ ②刘禹锡笔下的"西塞山"在何处？ ③"推敲"的故事是真是假？

参考书目

屈守元《韩愈全集校注》,四川大学出版社 1997 年

钱仲联《韩昌黎诗系年集释》,上海古籍出版社 1984 年

《柳宗元集》,中华书局 1979 年

吴文治《古典文学研究资料汇编·柳宗元卷》,中华书局 1964 年

瞿蜕园《刘禹锡集笺证》,上海古籍出版社 1989 年

卞孝萱《刘禹锡年谱》,中华书局 1963 年

王琦(注)《李长吉歌诗汇解》,上海古籍出版社 1978 年

吴企明《古典文学研究资料汇编·李贺资料汇编》,中华书局 1994 年

王步高、刘林(辑注汇评)《李贺全集》,珠海出版社 2002 年

思考与练习

1. 概略叙说大历以来中唐诗坛的概况。

2. 中唐诗何以能继盛唐以后而再盛？

3. 思考中唐诗与中唐文均能兴盛的思想政治原因。

情感道德·处世

慕课资源

白 居 易

白居易（772—846），字乐天，晚年号香山居士，又号醉吟先生，卒谥文，下邽（在今陕西渭南境）人。先世太原（今山西太原）人。贞元进士，授秘书省校书郎。元和年间，为翰林学士、左拾遗，屡上奏章指摘弊政，直言无忌。自太子左赞善大夫贬为江州（今江西九江）司马，迁忠州（今重庆忠县）刺史，还朝任中书舍人。历杭州、苏州刺史。晚年居洛阳，以刑部尚书致仕。诗文兼擅，尤以诗名世，与元稹并称元白，又与刘禹锡并称刘白。诗风浅显平易。

【集评】

白乐天诗，自擅天然，贵在近俗，恨为苏小虽美，终带风尘。（［宋］蔡絛《蔡百衲诗评》）

白乐天去世，人以诗吊之，曰："缀玉联珠六十年，谁教冥路作诗仙？浮名不系名居易，造化无为字乐天。童子解吟《长恨曲》，胡儿能唱《琵琶篇》。文章已满行人耳，一度思卿一怆然。"（［宋］蔡居厚《诗史》）

《冷斋夜话》云："白乐天每作诗，令一老妪解之，问曰：'解否？'妪曰解则录之，不解则又复易之。故唐末之诗，近于鄙俚。"又张文潜云："世以乐天诗为得于容易，而来尝于洛中一士人家见白公诗草数纸，点窜涂之，及其成篇，殆与初作不侔。"（［宋］胡仔《苕溪渔隐丛话》前集卷八）

本朝苏文忠公不轻许可，独敬爱乐天，屡形诗篇。盖其文章皆主辞达，而忠厚好施，刚直尽言，与人有情，于物无著，大略相似。谪居黄州，始号东坡，其原必起于乐天忠州之作也。（［宋］周必大《二老堂诗话》）

乐天之诗，情致曲尽，入人肝脾，随物赋形，所在充满，殆与元气相侔。至长韵大篇，动数百千言，而顺适惬当，句句如一，无争张牵强之态。此岂捻断吟须悲鸣口吻者之所能至哉！而世或以浅易轻之，盖不足与言矣。（［金］王若虚《滹南诗话》卷一）

张为称白乐天"广大教化主"。用语流便，使事平妥，固其所长，极有冗易可厌者，少年与元稹角靡逞博，意在警策痛快，晚更作知足语，千篇一律。诗道未成，慎勿轻看，最能易人心手。（［明］王世贞《艺苑卮言》卷四）

神韵超妙者绝，气力雄浑者胜，元轻白俗，皆其病也。然病轻犹其小疵，病俗实为大忌，故渔洋谓初

学者不可读乐天诗。（[清]田同之《西圃诗说》）

白诗善道人心中事，流易处近人。白傅讽谕诗有关世道，当别具只眼观之。（[清]乔亿《剑溪说诗》卷上）

白乐天歌行，平铺直叙而不嫌其拖沓者，气胜也。（[清]方南堂《辍锻录》）

长 恨 歌

汉皇重色思倾国[1]，御宇多年求不得[2]。杨家有女初长成，养在深闺人未识。天生丽质难自弃，一朝选在君王侧[3]。回眸一笑百媚生[4]，六宫粉黛无颜色[5]。春寒赐浴华清池[6]，温泉水滑洗凝脂[7]。侍儿扶起娇无力[8]，始是新承恩泽时。云鬓花颜金步摇[9]，芙蓉帐暖度春宵[10]。春宵苦短日高起，从此君王不早朝。承欢侍宴无闲暇，春从春游夜专夜[11]。后宫佳丽三千人，三千宠爱在一身。金屋妆成娇侍夜[12]，玉楼宴罢醉和春[13]。姊妹弟兄皆列土[14]，可怜光彩生门户[15]。遂令天下父母心，不重生男重生女[16]。骊宫高处入青云[17]，仙乐风飘处处闻。缓歌慢舞凝丝竹[18]，尽日君王看不足。渔阳鼙鼓动地来[19]，惊破霓裳羽衣曲[20]。九重城阙烟尘生[21]，千乘万骑西南行[22]。翠华摇摇行复止[23]，西出都门百余里[24]。六军不发无奈何，宛转蛾眉马前死[25]。花钿委地无人收[26]，翠翘金雀玉搔头[27]。君王掩面救不得，回看血

---

① 汉皇：借汉武帝指代唐玄宗，唐代诗人常用此法。倾国：汉武帝时，歌手李延年咏歌赞美其妹，歌词是："北方有佳人，绝世而独立。一顾倾人城，再顾倾人国。宁不知倾城与倾国，佳人难再得。"见《汉书·外戚传》。后以倾国倾城比美女。　② 御宇：皇帝统治天下。　③ "杨家有女"四句：杨贵妃小名玉环，先被册封为寿王（玄宗之子李瑁）妃。开元二十八年，玄宗安排她为女道士，道号太真。到天宝四载，纳进宫，封贵妃。诗句为玄宗隐讳事实。　④ 回眸：回头顾盼。眸，眼珠。　⑤ "六宫"句：宫中妃嫔相比黯然失色。六宫，本义是指古代皇后的寝宫，又因六宫为皇后居住之所，所以以往往用六宫代指皇后，而六宫的概念至唐代已非专指皇后，而泛指后妃。粉黛，妇女的化妆品。用白粉擦脸，用青黑色矿物颜料画眉。常借喻美女。　⑥ 华清池：骊山（在今陕西西安临潼）上行宫华清宫的温泉。唐玄宗每年冬季或春初到华清宫居住。　⑦ 凝脂：形容皮肤洁白光润。语本《诗经·卫风·硕人》："肤如凝脂。"　⑧ 侍儿：婢女。　⑨ 云鬓：妇女浓密如云的黑发。金步摇：黄金制成的一种头饰，上面有垂挂的珠子，行步时随着摇动。　⑩ 芙蓉帐：上绣莲用芙蓉花染的丝织品制成的帐子。　⑪ 专夜：此处指后妃中一人独占与皇帝寝宫的恩宠。　⑫ 金屋：汉武帝小时，曾说如能娶姑母之女阿娇为妻，"当作金屋贮之"。见《汉武故事》。这里指杨贵妃的居室。　⑬ 玉楼：指宫中华贵的建筑。　⑭ "姊妹"句：唐玄宗宠幸杨贵妃，三个姐姐封为韩、虢、秦三国夫人，族兄铦为鸿胪卿，锜为侍御史，钊（即杨国忠）为右丞相。列土，分封土地。这里指杨氏一家官高势大。　⑮ 可怜：可羡慕。　⑯ "遂令"二句：陈鸿《长恨歌传》记载当时歌谣说："生女勿悲酸，生男勿喜欢。"又说："男不封侯女作妃，看女却为门上楣。"　⑰ 骊宫：骊山上的宫殿。指华清宫。　⑱ 缓歌慢舞：舒缓的歌声与轻盈的舞姿。凝丝竹：徐徐奏乐。丝竹指管弦乐器。　⑲ "渔阳"句：指天宝十四载十一月，平卢、范阳、河东三镇节度使安禄山起兵叛唐。渔阳，郡名，在今天津蓟州区一带，属范阳节度辖区。这里暗用东汉时彭宠据渔阳反汉的典故。鼙（pí）鼓，军队用的一种小鼓。　⑳ 霓裳羽衣曲：大型舞曲名。传为开元中西凉节度使杨敬述所进，经唐玄宗润色。　㉑ 九重：多重。皇宫有很多门，称为九重或千门。　㉒ 乘（shèng）：四匹马拉的车叫作一乘。骑（jì）：一人乘一马叫作一骑。　㉓ 翠华：用翠鸟羽毛装饰的旗帜，为皇帝仪仗。　㉔ "西出"句：指唐玄宗逃至长安西面的马嵬驿（在今陕西兴平境）。　㉕ "六军"二句：指禁卫军哗变，杀杨国忠，又请杀杨贵妃，玄宗不得已，下令缢死杨贵妃。六军，周制，天子六军，每军有一万二千五百人。后泛指皇帝的扈从部队。宛转，缠绵的样子。蛾眉，女子美丽的眉毛。代指美女。　㉖ 花钿（diàn）：镶嵌珠宝的首饰。委：丢弃。　㉗ 翠翘：翠鸟羽毛形的首饰。金雀：凤鸟形金钗。玉搔头：玉簪。

泪相和流。黄埃散漫风萧索①，云栈萦纡登剑阁②。峨眉山下少人行③，旌旗无光日色薄④。蜀江水碧蜀山青，圣主朝朝暮暮情。行宫见月伤心色⑤，夜雨闻铃肠断声⑥。天旋日转回龙驭⑦，到此踌躇不能去⑧。马嵬坡下泥土中，不见玉颜空死处⑨。君臣相顾尽沾衣⑩，东望都门信马归⑪。归来池苑皆依旧，太液芙蓉未央柳⑫。芙蓉如面柳如眉，对此如何不泪垂。春风桃李花开日，秋雨梧桐叶落时。西宫南苑多秋草⑬，落叶满阶红不扫。梨园弟子白发新⑭，椒房阿监青娥老⑮。夕殿萤飞思悄然⑯，孤灯挑尽未成眠⑰。迟迟钟鼓初长夜⑱，耿耿星河欲曙天⑲。鸳鸯瓦冷霜华重⑳，翡翠衾寒谁与共㉑。悠悠生死别经年，魂魄不曾来入梦。临邛道士鸿都客㉒，能以精诚致魂魄。为感君王展转思㉓，遂教方士殷勤觅㉔。排空驭气奔如电，升天入地求之遍。上穷碧落下黄泉㉕，两处茫茫皆不见。忽闻海上有仙山，山在虚无缥缈间。楼阁玲珑五云起㉖，其中绰约多仙子㉗。中有一人字太真，雪肤花貌参差是㉘。金阙西厢叩玉扃㉙，转教小玉报双成㉚。闻道汉家天子使，九华帐里梦魂惊㉛。揽衣推枕起徘徊，珠箔银屏迤逦开㉜。云鬓半偏新睡觉㉝，花冠不整下堂来。风吹仙袂飘飖举㉞，犹似霓裳羽衣舞。玉容寂寞泪阑干㉟，梨花一枝春带雨。含情凝睇谢君王㊱，一别音容两渺茫。昭阳殿里恩爱绝㊲，蓬莱宫中日月长㊳。回头下望人寰处，不见长安见尘雾。唯将旧物表深情，钿合金钗寄将去㊴。钗留一股合一扇，钗擘黄金合分钿㊵。但令心似金钿坚，天上人间会相见。临别殷勤重寄词，词中有誓两心知。七月七日长生殿㊶，夜半无人私语时。在天愿作比翼鸟㊷，

---

①萧索：风声。 ②云栈：形容栈道高入云霄。栈道，在山崖上凿孔架木板而成的道路。萦纡：曲折回旋。剑阁：栈道名，在今四川剑阁县境。 ③峨眉山：在今四川西南部。唐玄宗逃到四川，未经此山。这里泛指蜀地的山。 ④日色薄：阳光暗淡。 ⑤行宫：皇帝外出时的住所。 ⑥"夜雨"句：据唐人郑处诲《明皇杂录》记载，唐玄宗在栈道遇久雨不晴，听到铃声与山谷相应，创作了一支乐曲寄托伤感，名《雨霖铃》。 ⑦"天旋"句：至德二载九月，郭子仪收复长安，十二月，唐玄宗从四川回京。龙驭，皇帝的车驾。 ⑧踌躇(chóu chú)：徘徊不前。 ⑨"马嵬坡"二句：指玄宗回京路经马嵬时，派人以礼改葬杨贵妃，见坟土中香囊仍在，为之悲痛。空死处，空见死处。 ⑩沾衣：眼泪落在衣上。 ⑪信马：让马随意走。 ⑫太液：汉代长安有太液池。唐代的太液池在大明宫内。未央：汉宫名。这里借指唐宫。 ⑬西宫：指太极宫。南苑：指兴庆宫。玄宗回京，住兴庆宫。后肃宗亲信的宦官李辅国逼迫玄宗迁入太极宫，并遣散侍从。 ⑭梨园弟子：唐玄宗通晓音律，曾选教坊中坐部伎三百人，在宫中梨园教习，称为皇帝梨园弟子。又有宫女数百人习艺，也称梨园弟子。 ⑮椒房：后妃的住房用椒粉涂墙，取其温暖芳香，并象征子孙众多。阿监：宫中的女官。青娥：年轻女子。 ⑯悄然：忧愁的样子。 ⑰"孤灯"句：夸张描写唐玄宗的孤独忧伤。挑，拨动油灯的灯芯草，使灯明亮起来。古时富贵人家用蜡烛照明，不用油灯。 ⑱迟迟：缓慢。钟鼓：古代城镇夜晚打钟击鼓以报时。 ⑲耿耿：明亮的样子。星河：银河。 ⑳鸳鸯瓦：两片瓦一俯一仰，配成一对，称鸳鸯瓦。霜华：霜花。 ㉑翡翠衾：绣有翡翠鸟的被子。翡翠雌雄双栖，用来象征夫妇恩爱。 ㉒临邛(qióng)：今四川邛崃。鸿都：东汉洛阳宫门名，是朝廷藏书的地方。 ㉓展转思：反复思念。 ㉔方士：讲求仙、服长生药以欺世的人。这里即指临邛道士。 ㉕碧落：天的代称。道书说东方第一重天叫作碧落。黄泉：地下的代称。 ㉖五云：五色彩云。 ㉗绰约：体态柔美的样子。 ㉘参差(cēn cī)：仿佛。 ㉙金阙：道教所说的仙境上清宫有两阙，一名金阙，一名玉阙。阙，门上楼观。扃(jiōng)：门。 ㉚小玉、双成：神话传说中的仙女名。 ㉛九华帐：指华丽多彩的帐子。 ㉜珠箔：用珠子编成的帘子。迤逦(yǐ lǐ)：曲折相连。 ㉝睡觉：睡醒。 ㉞袂(mèi)：衣袖。 ㉟阑干：纵横的样子。 ㉟凝睇(dì)：注目，出神地看。 ㊲昭阳殿：汉宫殿名。借指唐宫。 ㊳蓬莱：传说中的海上三仙山之一。 ㊴钿合：用金丝珠宝等镶嵌的盒子。 ㊵擘(bò)：分开，剖开。 ㊶七月七日：民间传说，每年农历七月七日，天上的牛郎织女在鹊桥上相会。长生殿：华清宫的殿名。玄宗每年到华清宫的时间在冬季或春初，这里所说七月七日在长生殿盟誓属于传说，不合史实。但诗人选择传说，有助于表达两人的爱情决心。 ㊷比翼鸟：传说中的鸟名，两鸟并翅而飞。

在地愿为连理枝①。天长地久有时尽,此恨绵绵无绝期②。

【汇评】

初唐人歌行,尽相沿梁、陈之体,仿佛徐孝穆、江总持诸作,虽极其绮丽,然不过将浮艳之词模仿凑合耳。至如白太傅《长恨歌》《琵琶行》,元相《连昌宫词》,皆是直陈时事,而铺写详密,宛如画出,使今世人读之,犹可想见当时之事,余以为当为古今长歌第一。([明]何良俊《四友斋丛说》卷二十五《诗》二)

"七月七日长生殿,夜半无人私语时。"长生殿乃斋戒之所,非私语地也。华清池自有飞霜殿,乃寝殿也。当改长生为飞霜,则尽矣。(同上)

《长恨》一传,自是当时傅会之说,其事殊无足论者。居易诗词特妙,情文相生,沉郁顿挫,哀艳之中,具有讽刺。"汉皇重色思倾国","从此君王不早朝","君王掩面救不得",皆微词也。"养在深闺人未识",为尊者讳也。欲不可纵,乐不可极,结想成因,幻缘奚击,总以为发乎情而不能止乎礼义者戒。结处点清长恨为一诗结穴,戛然而止,全势已足,更不必另作收束。([清]纪昀等《唐宋诗醇》卷二十二)

如此长篇,一气舒卷,时复风华掩映,非有绝世才力未易到也。([清]纪昀等《唐宋诗醇》卷二十二)

《诗人玉屑》曰:"峨眉山下少人行",峨眉在嘉州,与幸蜀全无交涉,乃文章之病也。(同上)

白公之为《长恨歌》《霓裳羽衣曲》诸篇,自是不得不然,不但不蹈杜公、韩公之辙也。是乃浏漓顿挫,独出冠时,所以为豪杰耳。始悟后之欲复古者,真强作解事。([清]翁方纲《石洲诗话》卷二)

《长恨歌》收纵得宜,调度合拍,譬如跳狮子,锣也好,鼓也好,狮子也跳得好,三回九转,周身本事,全副精神俱显出来。([清]徐增《而庵诗话》)

【赏析】

这首长篇叙事诗作于元和元年(806)。诗人当时任盩厔(今陕西周至)县尉,与友人陈鸿、王质夫相聚,谈论到唐玄宗与杨贵妃的故事,激起创作热情,于是他写成此诗,陈鸿作《长恨歌传》。全诗可分四段。从开头至"惊破霓裳羽衣曲"为第一段,写唐玄宗宠爱杨贵妃,荒淫失政。"汉皇重色思倾国"一句总领全段,具有讽刺性。以下对唐玄宗和杨贵妃两人的欢娱生活一再渲染,正说明"重色"是造成安史之乱的根源。从"九重城阙烟尘生"到"夜雨闻铃肠断声"为第二段,写杨贵妃之死和唐玄宗在流亡途中的悲伤。描写细腻,情景凄惨,作者充满同情,从此全诗的感情基调起了变化。从"天旋日转回龙驭"到"魂魄不曾来入梦"为第三段,写唐玄宗返回京城后对杨贵妃的深切怀念。从"临邛道士鸿都客"至末句为第四段,写方士寻觅杨贵妃亡魂,使两人得以互通讯息,重申盟誓。最后两句点明"长恨",收束全篇,余味无穷。《长恨歌》的主题随着叙事的进程和感情的变化而呈流动性。诗的前半以写实为主,对唐玄宗晚年的贪欢误国给予尖锐的讽刺;后半多采用民间传说,对唐玄宗和杨贵妃的爱情悲剧表示深切的同情。全诗结构井然有序而曲折多变,情节婉转动人。在叙事的进程中,叙事与抒情、写景紧密融合,抒情性强烈,缠绵感人。诗中韵律优美,词采绚丽,读来流畅悦耳。"一篇长恨有风情"(《编集拙诗成一

---

① 连理枝:不同根的两棵树,枝干结合在一起,叫作连理。　② 绵绵:长久不断。

十五卷因题卷末戏赠元九李二十》），这是作者的自我评价。这首不朽诗作对奠定作者在诗坛上的重要地位起了很大的作用。

（严 杰）

附录一　备选课文

自河南经乱，关内阻饥，兄弟离散，各在一处。因望月有感，聊书所怀，寄上浮梁大兄、于潜七兄、乌江十五兄，兼示符离及下邽弟妹

白居易

时难年荒世业空，弟兄羁旅各西东。田园寥落干戈后，骨肉流离道路中。吊影分为千里雁，辞根散作九秋蓬。共看明月应垂泪，一夜乡心五处同。

附录二　中唐诗选（下）

新嫁娘词　　　　　王　建

三日入厨下，洗手作羹汤。未谙姑食性，先遣小姑尝。

夜 到 渔 家　　　张　籍

渔家在江口，潮水入柴扉。行客欲投宿，主人犹未归。竹深村路远，月出钓船稀。遥见寻沙岸，秋风动草衣。

节 妇 吟　　　　　张　籍

君知妾有夫，赠妾双明珠。感君缠绵意，系在红罗襦。妾家高楼连苑起，良人执戟明光里。知君用心如日月，事夫誓拟同生死。还君明珠双泪垂，恨不相逢未嫁时。

遣悲怀三首　　　　元　稹

谢公最小偏怜女，自嫁黔娄百事乖。顾我无衣搜荩箧，泥他沽酒拔金钗。野蔬充膳甘长藿，落叶添薪仰古槐。今日俸钱过十万，与君营奠复营斋。

昔日戏言身后意，今朝都到眼前来。衣裳已施行看尽，针线犹存未忍开。尚想旧情怜婢仆，也曾因梦送钱财。诚知此恨人人有，贫贱夫妻百事哀。

闲坐悲君亦自悲，百年都是几多时？邓攸无子寻知命，潘岳悼亡犹费词。同穴窅冥何所望？他生缘会更难期。惟将终夜长开眼，报答平生未展眉。

宴 散　　　　　　白居易

小宴追凉散，平桥步月回。笙歌归院落，灯火下楼台。残暑蝉催尽，新秋雁带来。将何迎睡兴？临卧举残杯。

寄韬光禅师　　　　白居易

一山门作两山门，两寺原从一寺分。东涧水流西涧水，南峰云起北峰云。前台花发后台见，上界钟清下界闻。遥想吾师行道处，天香桂子落纷纷。

放言五首（其三）　　　白居易

赠君一法决狐疑，不用钻龟与祝蓍。试玉要

烧三日满，辨材须待七年期。周公恐惧流言日，王莽谦恭未篡时。向使当初身便死，一生真伪复谁知。

附录三　白居易诗及其研究综述

　　白居易现存诗作近三千首，其数量在唐代诗人中居首位。白居易于元和十年（815）在江州初次编集时，将诗作分成四类：讽喻诗、闲适诗、感伤诗、杂律诗。晚年诗作仅以律诗、格诗分类。我们可以把白居易诗分为讽喻诗、叙事诗、抒情诗、写景诗四类。白居易创作讽喻诗，具有明确的理论主张，这在《与元九书》中有系统的表述。他提出"文章合为时而著，歌诗合为事而作"，要求文学创作反映社会现实，发挥"救济人病，裨补时阙"的作用。讽喻诗继承了《诗经》"风雅比兴"的优良传统，与杜甫、陈子昂忧国忧民的诗作一脉相承。作于元和初期的《新乐府》《秦中吟》这两组诗可作为讽喻诗的代表。白居易在这两组诗中尖锐地抨击社会政治弊病，同情人民疾苦，充满正气与激情。这些诗大都主题鲜明，议论与叙事结合，运用对比、比喻等艺术手法，其弊在偏重政治教化，表达常过于直露。白居易的叙事诗以《长恨歌》《琵琶行》为代表，基本特点是叙事井然有序，详略得体，曲折起伏，最突出的特点是叙事与抒情、写景融为一体，动人心弦。这两首长篇叙事诗开创了古代叙事诗的新起点。他的抒情诗内容广泛，有写亲友之情的，写个人怀抱的，有对人生与时事抒发议论、感慨的，不一而足，都发于肺腑，真挚深沉。表达方式或直陈，或有所寄托。他的写景诗描写大自然的各种景物，刻画细致，设色鲜丽。单纯写景的诗篇不多，常常是在写景的同时抒发个人感情，寓情于景。

　　白居易诗的艺术特色大致可以概括为以下几点：一、叙述详尽。白居易诗无论是叙事写景，还是说理抒情，大都层次清楚，脉络分明，铺排有序，易于理解。这在叙事诗中尤其明显，接近记叙散文的写法。因此他的长篇有很多成功之作，《长恨歌》《琵琶行》之外，《游悟真寺诗》《东南行一百韵》等诗也引人注目。白居易在《和答诗十首序》中说自己写诗"意太切而理太周，故理太周则辞繁，意太切则言激"，"所长在于此，所病亦在于此"，这说得很中肯。他晚年诗作则有所变化，一些诗比较含蓄，寓言诗尤具特色。二、描写细致。白居易擅长描写人物，在他的笔下，各种人物都栩栩如生。他的描写，不是粗线条的勾勒，而是细致的刻画。如《卖炭翁》《新丰折臂翁》等诗中的劳苦大众，《长恨歌》中的皇帝、妃子，《琵琶行》中的歌女，都有容貌、服饰、动作、情绪等方面的细致描摹。他还擅长描写景物，写景诗常通过对花草的刻画、对色彩的摄取表现风景的优美。最能显示他描写手段的，是《琵琶行》中对琵琶弹奏的描写，结合比喻手法，使读者如身临其境，亲聆其声。三、语言平易。白居易诗的语言平易浅显，明白易懂，许多诗如同对面谈家常话，随口而出，这就使得读者面非常广泛。相传他作诗常常先读给老妪听，若是不懂，就修改，直到老妪能懂。这话或许暗含对白居易诗语言通俗的诋毁，同时也准确地反映了白诗用语的特色。与这一特点相关，白居易诗很少用典故，如《长恨歌》这一以历史故事为题材的长篇叙事诗，就几乎没有用典故。但白诗的浅近，并不是一览无余，而常是语浅而意深，他年轻时的作品《赋得古原草送别》《王昭君》就是很明显的例子。四、声调流丽。白居易喜好音乐，作诗也注重音乐美。他所作歌行的诗句常平仄调谐，与近体诗相近，常使用顶针格连贯上下，换韵处注意平仄相间，全篇声调起伏抑扬，一气贯通。近体诗注重双声叠韵，回环圆转，流丽自然。

　　现代的白居易研究，涉及广泛。二十世纪四十年代，岑仲勉撰《论白氏长庆集源流并评东洋本白集》《白氏长庆集伪文》等文章,对白居易集的版本、白居易作品的真伪作了周密详尽的考证,为进一步深入研究白居易作品提供了极大便利。陈寅恪《元白诗笺证稿》初稿成于四十年代末,以诗史互证的方法笺释白居易与元稹的重要作品,是一部具有开创意义的研究专著。此后的研究者不断提出新问题,取得新成果。在版本校勘方面,日本学者深入探索日本现存古抄本,解决了一些难题。朱金城完成了《白居易集笺校》,这是第一部比较完备的校注本。多年以来,有一些研究热点和争议持续存在。关于白居易家世,最引人注意的是白氏父母是否亲舅甥婚配问题。关于白居易的思想,儒、道、佛三家影响的深浅变化,从"兼济"到"独善"的转折时期,都有不同意见。对《与元九书》所表现的文学创作主张和对以《新乐府》《秦中吟》为代表的讽喻诗的评价,存在肯定为现实主义倾向与贬为宣扬政治教化观念两种基本看法。对是否形成"新乐府运动",也有争论。对《长恨歌》的研究,集中于对其主题的讨论,主要有讽喻说、爱情说、讽喻爱情双重主题说、时代感伤说等观点。近年来,研究范围不断扩大,研究方法有所更新。研究的对象不再是少数作品,而是逐渐扩展到各类题材的作品。作品之外,对生平事迹也有多方面的考察。研究方法已向多角度、多层次发展,研究者尤其注意联系中唐社会的广阔背景,考察诗人在文学史上的地位和作用。但研究工作仍有不足之处,如常可发现论点的重复雷同,对白居易大多数作品尚未涉及或未能深入,研究方法尚待进一步完善。

网络链接

①《长恨歌》表达的是什么主题?　②《琵琶行》中"商人妇"是真是假?

参考书目

《白居易集》,中华书局 1979 年

朱金城《白居易集笺校》,上海古籍出版社 1988 年

陈寅恪《元白诗笺证稿》,上海古籍出版社 1978 年

岑仲勉《岑仲勉史学论文集》,中华书局 1990 年

朱金城《白居易年谱》,上海古籍出版社 1982 年

陈友琴《古典文学研究资料汇编·白居易卷》,中华书局 1962 年

杨军《元稹集编年笺注》,三秦出版社 2002 年

卞孝萱《元稹年谱》,齐鲁书社 1980 年

闺怨爱情诗词

思考与练习

1. 有人认为《长恨歌》的主题是歌颂李、杨的爱情,也有人认为这是对他们骄奢淫逸的讽刺,你的看法如何?

2. 本诗是"元和体"诗的代表作之一,试说明本诗在押韵、格律等方面的一些特点。

慕课资源

【总论】

开成以后，则有杜牧之之豪纵，温飞卿之绮靡，李义山之隐僻，许用晦之偶对。他若刘沧、马戴、李频、李群玉辈，尚能黾勉气格，将迈时流。此晚唐变态之极，而遗风余韵犹有存者焉。（[明]高棅《唐诗品汇》总叙）

晚唐诗人，亦以陈言为病，但无(韩)愈之才力，故日趋于尖新纤巧。（[清]叶燮《原诗·内篇》）

晚之不及初盛者，非谓今体，谓古体也。元和今体新逸，时出开元、大历之上，唯古体神情婉弱，酝酿既薄，变化易穷。（[清]叶矫然《龙性堂诗话》续集）

晚唐自应首推李、杜，义山之沉郁奇谲，樊川之纵横傲岸，求之全唐中，亦不多见，而气体不如大历诸公者，时代限之也。次则温飞卿、许丁卯，次者马虞臣、郑都官，五律犹有可观，外此则邾莒之下矣。（[清]方南堂《辍锻录》）

李 商 隐

李商隐(812—858)，字义山，号玉谿生，又号樊南生，怀州河内(今河南沁阳)人。晚唐著名诗人，与杜牧齐名，两人并称"小李杜"。李诗广纳前人所长，善用比兴，色彩瑰丽，辞藻典雅，精于用典，形成了深情缠绵、绮丽精密、旨趣深微的艺术风格。现存诗约600首。其中无题诗是李商隐的独创，最为人们广泛传诵，或写得迷离恍惚，借恋情而寄托激愤，抒发感慨；或写有情男女无法如愿之苦，刻画陷入绝境的爱情，变幻蕴藉，婉转沉挚。政治诗感慨讽喻，颇有深度和广度，集中多见忧心国运、抒写怀才不遇之作。有《李义山诗集》《樊南文集》和《樊南文集补编》。

【集评】

虚负凌云万丈才，一生襟抱未曾开。（[唐]崔珏《哭李商隐》）

王荆公晚年亦喜称义山诗，以为唐人知学老杜而得其藩篱者，唯义山一人而已。每诵其"雪岭未归天外使,松州犹驻殿前军","永忆江湖归白发,欲回天地入扁舟"与"池光不受月,暮气欲沉山","江海三年客,乾坤百战场"之类,虽老杜无以过也。义山诗,合处信有过人。若其用事深僻,语工而意不及,自是其短,世人反以为奇而效之。故昆体之敝,适重其失,义山本不至是云。([宋]蔡居厚《蔡宽夫诗话》)

李义山诗,字字锻炼,用事婉约,仍多近体。([宋]许顗《彦周诗话》)

李义山拟老杜诗……置杜集中亦无愧矣,然未似老杜沉涵汪洋笔力有余也。义山亦自觉,故别立门户成一家。后人挹其余波,号西昆体,句律太严,无自然态度。([宋]朱弁《风月堂诗话》)

李义山如百宝流苏,千丝铁网,绮密环妍,要非适用。([宋]敖陶孙《诗评》)

望帝春心托杜鹃,佳人锦瑟怨华年。诗家总爱西昆好,独恨无人作郑笺。([金]元好问《论诗绝句三十首》)

义山近体,辟绩重重,长于讽谕,中有顿挫沉着可接武少陵者,故应为一大宗。后人以温、李并称,只取其秾丽相似,其实风骨各殊也。([清]沈德潜《唐诗别裁集》卷十五)

李义山、温飞卿皆有齐梁格诗。律诗既盛,齐梁体遂微,后人不知,咸以为古诗。([清]吴乔《围炉诗话》卷二)

李玉谿无疵可议,要知前有少陵,后有玉谿,更无他人可任鼓吹,有唐唯此二公而已。([清]薛雪《一瓢诗话》)

无　题

相见时难别亦难,东风无力百花残。
春蚕到死丝方尽,蜡炬成灰泪始干[①]。
晓镜但愁云鬓改,夜吟应觉月光寒。
蓬山此去无多路,青鸟殷勤为探看[②]。

【汇评】

李义山曰:"春蚕到死丝方尽,蜡炬成灰泪始干。"刘禹锡曰:"东边日出西边雨,道是无晴还有晴。"措词流丽,酷似六朝。([明]谢榛《四溟诗话》卷二)

绮靡浓艳,伤春悲秋,至于"春蚕到死""蜡烛成灰",深情罕譬,可以涸爱河而干欲火。([清]钱谦益《李义山诗笺注》序)

(东风句)已苍。(冯舒)云:第二句毕世接不出。按此句言光阴难驻,我生行休也。(夜吟句)觉作共。([清]何焯《义门读书记》卷五十七)

凡情语出自变风,本不可以格绳,勿宁少作。情太浓,便不能自摄,入于淫纵,只看李义山"春蚕到死

---

① 《永乐大典》卷八二一云:"春蚕到死丝方尽,蜡烛成灰泪始干,此名娼王幼玉之诗也。非渠无能道此者。"可参看。丝:与思谐音。　② "蓬山"二句:蓬山,神话传说中的东海三仙山之一蓬莱山,此比其情人居处。青鸟,传说中西王母的信使,此比给诗人与其情人传达信息者。义山"学仙玉阳东"时,玉阳东山与其情人(女冠)所居的玉阳西山对峙,故说"此去无多路",只要叫"青鸟"殷勤探望。

丝方尽,蜡炬成灰泪始干"之句便知。([清]张谦宜《絸斋诗谈》)

此诗似邂逅有力者,望其援引入朝,故不便明言,而属之《无题》也。起句言缱绻多情。次句言流光易去。三四言心情难已于仕进。五六言颜状亦觉其可怜。七八望其为王母青禽,庶得入蓬山之路也。([清]程梦星《重订李义山诗笺注》)

起处有光阴难驻,我生行休之叹。然蚕未到死,则丝尚牵;烛未成灰,则泪常落,有一息尚存,此志不容少懈者。"晓镜"句言老,"夜吟"句言病,正见来日苦少。而有路可通,能不为之殷勤探看乎?此作者以诗代简牍也。八句中,真是千回万转。([清]陆昆曾《李义山七律诗解》)

问"相见时难"一章末二句如何?曰:感遇之作,易为激语。此云"蓬山此去无多路,青鸟殷勤为探看",不为绝望之词,固诗人忠厚之旨也。但三、四太纤近鄙,不足存耳。([清]纪昀《玉谿生诗话》下卷《抄诗或问》)

首言相晤为难,光阴易过,次言己之愁思,毕生以之,终不忍绝。五言惟愁岁不我与。六谓长此孤冷之态。末句则谓未审其意旨究何如也?此段诸诗,寓意率相类。([清]冯浩《玉谿生诗集笺注》)

三四两句如此典雅而谓之"鄙",此真小儿强作解事语,纪氏之诗学可知。此篇为陈情不省,留别令狐所作,首云"相见时难别亦难",结云"蓬山此去无多路",味其意,其在大中三年将赴徐幕时耶?([清]张采田《李义山诗辨正》)

冯班:妙在首联。三、四亦杨、刘语耳。 查慎行:三、四摹写"别亦难",是何等风韵? 何义门:"东风无力",上无明主也。"百花残",己且老至也。落句具屈子《远游》之思乎?(李庆甲辑《瀛奎律髓汇评》卷七)

【赏析】

这首精美绝伦的七律,用最优美的意象、严密的格律、通俗的语言道出了男女刻骨的相思之情。

首联在回忆中略带感伤。这一对男女每次约会、幽欢要克服重重障碍,所以每到离别之时,难上加难,犹如暮春季节,东风微弱,百花凋谢之时,他们感到无比的难受。

颔联、颈联,均似男女双方分手前的誓言一般:在蚕茧中的春蚕,源源不断地在吐出晶莹的蚕丝,她表示至死方尽。请注意这是正在作茧的、在洞中的春蚕意象。蜡烛已在点燃,已在滴下"泪",他表示,直到"蜡炬成灰泪始干"。男女心心相印,生生死死,难以分开。但是如今只好分手,别无他法。想象中,姑娘每天早晨对镜梳妆,愁肠百结,真怕两鬓添白发呢!而年轻的诗人,每天夜晚吟诗,思念情人,定会见月生寒,伤心至极。

末联是男性故作轻松的安慰:好在你所居的仙山离我不远,你要早早派出青鸟,殷勤来探望呢!

纵观普希金、莱蒙托夫、拜伦、雪莱等人出色的爱情诗,大凡都与一个具体的活生生女性有关,很少对哲理式的、集合型的女性献上最美的恋歌。李商隐一生中,只有初恋对象玉阳山女冠才赢得诗人这片真情。

安 定 城 楼①

　　迢递高城百尺楼,绿杨枝外尽汀洲②。贾生年少虚垂涕,王粲春来更远游③。永忆江湖归白发,欲回天地入扁舟。不知腐鼠成滋味,猜意鹓雏竟未休④。

【汇评】

　　应鸿博不中选而至泾原时作也,玩三四显然矣。其应鸿博不中,已因往依茂元之故。下半言我志愿深远,岂恋此区区者,而俗情相猜忌哉!([清]冯浩《玉谿生诗笺注》)

　　此大和元年,王茂元自广州为泾原节度使,义山在幕。安定,关内道泾州,今属平凉府。此诗派理清,句格似杜。玩末句,似幕中时有忌闲之者。然用事秒杂,与前不相称。([清]方东树《昭昧詹言》卷十九)

　　纪昀曰:“江湖”“扁舟”之兴,俱自“汀洲”生出。故次句非趁韵凑景。五六千锤百炼,出以自然,杜亦不过如此。世但喜其浮艳雕镂之作,而义山之真面隐矣。结太露。(李庆甲辑《瀛奎律髓汇评》卷三十九)

　　四家评以逼真老杜,信然。然使老杜为之,末二句必另有道理也。([清]纪昀《玉谿生诗说》卷上)

　　第六句尤奇,后人岂但不能作,且不能解。([清]朱彝尊《朱氏评点李义山诗集》)

　　上半言登高望远之余,俯仰身世,何异贾生之迁长沙、王粲之依刘表耶?下半言所以垂泪、远游者,岂为此腐鼠而不能舍然哉?吾永忆江湖,欲归而优游白发,但必俟回旋天地功成,却入扁舟耳。何猜意鹓雏者之卒未有已也!([清]陆昆曾《李义山诗解》)

　　心之所期,唯在江湖,恐归时已将白发。天地间事事梦幻,只有扁舟夷犹自得为乐耳。安得一旦尽回,舍纷纷者而人之哉!故结以应制科不得比之腐鼠。如诸家解,则热中甚矣,如何可接末二句?([清]王鸣盛《冯浩〈玉谿生诗笺注〉手批》)

　　陆曰:“江湖”“天地”一联,绝似少陵。([清代]徐德泓、陆鸣皋《李义山诗疏》卷上)

【赏析】

　　这是一首登楼感怀诗。李商隐一生受到牛李党争的影响,郁郁不得志,其作品反映出吊古伤今的悲愤,也表露出自己的政治抱负。

---

　　① 安定城:在唐泾原节度使治所泾州(今甘肃泾川)。李商隐因为娶了被认为是李党的泾原节度使王茂元的女儿,于是在京应博学宏词科考试时受到牛党排挤,落选后返回泾原,登楼抒怀,悲愤难平。 ② 迢递:高远貌。汀洲:指泾水岸边沙地和水中绿洲。 ③ 贾生:指汉贾谊,贾曾上书陈政,云:“臣窃惟今之事势,可为痛哭者一,可为流涕者二,可为长太息者六。”但因年少敢言,忧国忧民而屡遭忌害。王粲,东汉末文学家,曾因避战乱而流寓荆州,于当阳城楼作《登楼赋》,抒发政治抱负和寄人篱下之苦闷。在这里作者以贾谊、王粲自况。 ④ “不知”二句:典出《庄子·秋水篇》:“惠子相梁,庄子往见之。或谓惠子曰:‘庄子来,欲代子相。’于是惠子恐,搜于国中,三日三夜。庄子往见之,曰:‘南方有鸟,其名为鹓雏,子知之乎?夫鹓雏发于南海,而飞于北海,非梧桐不止,非练实不食,非醴泉不饮。于是鸱得腐鼠,鹓雏过之,仰而视之曰,吓!今子欲以子之梁国而吓我邪?’”在这里作者以鹓雏自喻。

作者立身高耸的安定城楼,目光越过绿杨树林,泾水岸边的沙地绿洲尽收眼底。然而,作者此时的心境并不在乎山水,登高望远、俯视一切之际,也是无限感慨、豪情生发之时。于是,思绪转到两位古人身上,贾谊献策、王粲登楼作赋之时,均与自己年龄相仿,而此时此刻,自己落榜的遭际、寄人篱下的情境又与二人何其相似。但满怀的高远志向怎能就此毁弃。范蠡乘扁舟归隐江湖的联想道出了诗人矛盾复杂的思想,这也是中国传统知识分子所共有的典型心理。既存有淡泊名利之心态,又不忘兼济天下、建功立业的抱负。因为有了前者,就区别于那些追名逐利之徒;有了后者,才能胸襟宽阔,百折不挠。在末联,诗人借庄子的寓言将矛头直指那些猜忌自己的无耻小人,高飞北海的鹓雏与津津于腐鼠的鸱鸟相比较,极尽讽刺、奚落之能事,作者的志趣抱负更不言而喻。

全诗结构严谨,语句曲折萦回,意蕴悠远。最大的特点是用典贴切,含蓄自然,韵味深厚。

(杨　琳)

隋　宫①

　　紫泉宫殿锁烟霞,欲取芜城作帝家②。玉玺不缘归日角③,锦帆应是到天涯。于今腐草无萤火④,终古垂杨有暮鸦。地下若逢陈后主,岂宜重问后庭花?⑤

【汇评】

　　日角、锦帆、萤火、垂杨是实事,却以他字面交差对之,融化自称,亦其用意深处,真佳处也。([元]吴师道《吴礼部诗话》)

　　无句不佳。三、四尤得杜家骨髓。前半展拓得开,后半发挥得足,真大手笔。发端先言其虚关中以授他人,便已呼起第三句。着"玉玺"一联,直说出狂王抵死不悟,方见江都之祸非出于偶然不幸。后半讽刺更觉有力。([清]何焯《义门读书记》卷五十七)

　　纪(昀)云:中四句,步步逆挽,句句跳脱,结句佻甚。盛唐人必不如此。纯是衬贴活变之笔,无复排偶之迹,然调之不高亦坐此。([清]章燮《唐诗三百首注疏》卷五)

　　前四句深讥荒游之失,后四句切指危亡之戒。([清]朱东岩《东岩草堂评〈唐诗鼓吹〉》)

　　言外有无限感慨,无限警醒。([清]李瑛《诗法易简录》)

　　此诗全以议论驱驾事实,而复出以嵌空玲珑之笔,运以纵横排宕之气。无一笔呆写,无一句实砌,斯为咏史怀古之极。([清]杨逢春《唐诗绎》)

---

　　① 隋宫:指隋炀帝在扬州附近所造的离宫。　② 紫泉宫:指长安紫渊宫,因避唐高祖李渊之讳改为紫泉宫。　③ 日角:人的颧骨饱满突起像太阳一样,称为日角。这里代指李渊。　④"于今"句:隋炀帝曾搜萤火虫,夜间放出以代烛光。当时人们认为萤火生于腐草,而此时却被搜集干净了。　⑤ 陈后主:南朝陈朝亡国之君,于敌军压境之时仍在寻欢作乐,观赏乐舞《玉树后庭花》。据《隋遗录》载,隋炀帝在扬州曾梦遇陈后主,一同赏《玉树后庭花》。

先君云："寓议论于叙事，无使事之迹，无论断之迹，妙极妙极。"又曰："纯以虚字作用，五六句兴在象外，活极妙极，可谓绝作。"树按：江都离宫四十余所，只用紫渊，取紫微意，且选字媲色也。《上林赋》："紫渊经其北。"（[清]方东树《昭昧詹言》卷十九）

（前四句）纪（昀）曰："无阻逸游，如何铺叙？三、四只作推算，最善用笔。"步瀛案："日角""天涯"借对，究觉纤巧，结语亦尖刻。老杜为之，必不如此，纪氏谓此升降大关，不可不知。（高步瀛《唐宋诗举要》卷五）

【赏析】

这是一首咏史诗，反映出作者此类诗作感慨讽喻、尖锐辛辣、寓意深广的特点。

首联在对比映衬之中点题。长安雄伟巍峨的宫殿空锁于烟霞之中，荒淫奢靡、为所欲为的隋炀帝却一心想到扬州享乐，将芜城作为"帝家"。被舍弃的长安宫阙的壮丽映衬出隋炀帝的穷奢极欲与取舍的荒唐。

颔联看似假想推测，实则以史为据，寓意深刻。作者指出，如果不是政权归于天生有帝王之相的李渊，隋炀帝还会继续巡游江南，穷奢极欲。

颈联的描摹与颔联相呼应，使题旨得以升华。一方面，"于今""终古"；"腐草""垂杨"；"无萤火""有暮鸦"形成了绝佳的对比，亡国的凄凉不堪入目。另一方面，对偶工整的两句又恰恰涉及隋炀帝"放萤以取乐"和"种柳映龙舟"的史实，昔日的盛景与今日的悲凉，不只是形式上的对偶，更给人留下丰富的退想空间，催人深思，引发万千感慨。

末联以巧妙的构思活用了隋炀帝梦遇陈后主的故实。两个亡国之君地下相见，该是怎样的情景？作者并不正面回答，而亡国之音《玉树后庭花》的出现，则使其用意不言而喻。

（杨　琳）

杜　牧

杜牧（803—853），字牧之，京兆万年（今陕西西安）人。唐代宰相杜佑之孙。26岁举进士，初为校书郎，曾在江西、淮南一带做了十年幕僚，后出任黄州、池州、湖州刺史等职，官至中书舍人。有诗、赋、文等多方面的文学创作成就。其诗多指陈时弊之作，怀古诗融入史论，对后世影响颇大。其古体诗受杜甫、韩愈的影响，笔力峭健，俊爽雄丽；近体诗文词清丽、情韵跌宕。主要以七言绝句见长，借古讽今，意味深长，与李商隐并称"小李杜"。有《樊川文集》20卷。世称"杜樊川"。

【集评】

某苦心为诗，未求高绝，不务奇丽，不涉习俗，不今不古，处于中间。（[唐]杜牧《献诗启》）

绝句之妙，唐则杜牧之，本朝则荆公，此二人而已。（[宋]曾季狸《艇斋诗话》）

俊爽若牧之，藻绮若庭筠，精深若义山，整密若丁卯，皆晚唐铮铮者。其才，则许不如李，李不如温，温不如杜。（[明]胡应麟《诗薮·外编》卷四）

杜牧诗主才，气俊思活。（[明]胡震亨《唐音癸签》卷八引《吟谱》）

杜紫微才高，俊迈不羁，其诗有气概，非晚唐人所能及。（同上，引《陈氏书录》）

牧之诗含思悲凄，流情感慨，抑扬顿挫之节，尤其所长。以时风委靡，独持拗峭，虽云矫其流弊，然持情亦巧矣。（同上，引徐献忠语）

杜紫微诗，惟绝句最多风调，味永趣长，有明月孤映、高霞独举之象，余诗则不能尔。（[清]贺裳《载酒园诗话》又编）

晚唐诗多柔靡，牧之以拗峭矫之。人谓之小杜，以别于少陵。配以义山，时亦称李杜。（[清]沈德潜《唐诗别裁集》卷十五）

杜牧之作诗，恐流于平弱，故措词必拗峭，立意必奇辟，多作翻案语，无一平正者。方岳《深雪偶谈》所谓"好为议论，大概出奇立异，以自见其长"也。（[清]赵翼《瓯北诗话》卷十一）

杜牧之诗轻倩秀艳，在唐贤中另是一种笔意，故学诗者不读小杜诗必不韵。（[清]李调元《雨村诗话》卷下）

杜紫微天才横逸，有太白之风，而时出入于梦得。七言绝句一体，殆尤专长。观玉谿生"高楼风雨"云云，倾倒之者至矣。（[清]管世铭《读雪山房唐诗序例》）

中唐以后，小杜才识，亦非人所能及。文章则有经济，古近体诗则有气势，倘分其所长，亦足以了数子。宜其薄视元、白诸人也。（[清]洪亮吉《北江诗话》卷二）

有唐一代，诗文兼擅者，惟韩（韩愈）、柳（柳宗元）、小杜（杜牧）。（同上）

小杜之才，自王右丞以后，未见其比。其笔力回斡处，亦与王龙标、李东川相视而笑。"少陵无人谪仙死"，竟不意又见此人。（[清]翁方纲《石洲诗话》卷二）

题宣州开元寺水阁，阁下宛溪、夹溪居人①

六朝文物草连空，天淡云闲今古同。鸟去鸟来山色里，人歌人哭水声中。深秋帘幕千家雨，落日楼台一笛风。惆怅无因见范蠡，参差烟树五湖东②。

【汇评】

《冷斋夜话》云：看似秀整，熟视无神气。（[明]胡震亨《唐音戊签》引）

---

① 开元寺：本名永安寺，建于东晋，为宣州城名胜之一。杜牧任宣州团练判官期间常来此游赏赋诗。 ② 范蠡：春秋时曾辅佐越王勾践打败吴王夫差。后为避免越王猜忌归隐于太湖。五湖：指太湖及所属的四个小湖，亦作太湖的别名。

此上三句落脚字,皆自吞其声,韵短调促,而无抑扬之妙。因易为"深秋帘幕千家月,静夜楼台一笛风"。乃示诸歌诗者,以予为知音否邪?([明]谢榛《四溟诗话》卷三)

倏然是文物,倏然却是荒草,乌知不倏然又是文物?古古今今,兴兴废废,知有何限?今日方悟一总不如天淡云闲,自来一如本不有兴,今亦无废,直使人无所容心于其间。"去""来""歌""哭"字,是再写一;"山色""水声"字,是再写二。妙在"鸟""人"平举。夫天淡云闲之中,真乃何人何鸟。[另金雍补注:"帘幕"五字是画深秋,"楼台"五字是画落日,切不得谓是写雨写笛,唐人法如此。]([清]金圣叹《贯华堂选批唐才子诗》卷六)

寄托高远,不是逐句写景,若为题所谩,便无味矣。"今古"二字,已暗透后半消息。五、六正为结句蓄势也。([清]何焯《唐三体诗评》)

杜牧之晚唐翘楚,名作颇多,而恃才纵笔处亦不少。如《题宣州开元寺水阁》,直造老杜门墙,岂特人称小杜已哉!([清]薛雪《一瓢诗话》)

纪昀:赵饴山极赏此诗,然亦只风调可观耳,推之未免太过。 无名氏(甲):此诗妙在出新,绝不沾溉玄晖、太白剩语。 许印芳:此诗全在景中写情,极洒脱,极含蓄,读之再三,神味益出,与空讲风调者不同。学者须从运实于虚处求之,乃能句中藏句,笔外有笔。若徒揣摩风调,流弊不可胜言矣。(李庆甲辑《瀛奎律髓汇评》卷四)

查慎行:第二联不独写眼前景,含蓄无穷。(同上)

【赏析】

这首诗为登临之作。诗人以唱叹有情的笔致,抒发了深刻透辟的见解;于清丽的辞采、鲜明的画面中表现出俊朗旷达的才思。意蕴悠长,拗峭独特。

首联直接抒发登临观感,为全诗定下富含哲理的基调。登临远望,六朝文物早已成为陈迹,唯有连天碧草和霄汉闲云从古至今景象依旧。

颔联看似写实,实则是诗人对人生的感悟与概括。自然界的鸟来鸟去与人类的生生死死,亦歌亦哭,都随岁月的流逝融入山色、水声之中,寄寓了诗人复杂的内心情感。

颈联描摹了两幅不可能同时出现的景致,深秋的密雨和落日中的楼台,形成了鲜明的对比,仿佛是人生的遭际。秋雨凄情、夕阳笛韵与颔联中的悲欢歌哭相呼应,更升华了诗歌的题旨。

面对自然的永恒与人生的短暂,诗人在末联借范蠡功成后乘扁舟归隐太湖的典故,表达了自己的人生追求。

(杨　琳)

附录一　备选课文

莓苔。

早　雁　　　杜　牧

金河秋半虏弦开,云外惊飞四散哀。仙掌月明孤影过,长门灯暗数声来。须知胡骑纷纷在,岂逐春风一一回?莫厌潇湘少人处,水多菰米岸

过陈琳墓　　　温庭筠

曾于青史见遗文,今日飘蓬过此坟。词客有灵应识我,霸才无主始怜君。石麟埋没藏春草,铜

雀荒凉对暮云。莫怪临风倍惆怅,欲将书剑学从军。

杜工部蜀中离席 　　李商隐

人生何处不离群,世路干戈惜暂分。雪岭未归天外使,松州犹驻殿前军。座中醉客延醒客,江上晴云杂雨云。美酒成都堪送老,当垆仍是卓文君。

贾　生 　　李商隐

宣室求贤访逐臣,贾生才调更无伦。可怜夜

附录二　晚唐诗选

无题四首(选一) 　　李商隐

飒飒东风细雨来,芙蓉塘外有轻雷。金蟾啮锁烧香入,玉虎牵丝汲井回。贾氏窥帘韩掾少,宓妃留枕魏王才。春心莫共花争发,一寸相思一寸灰。

无题二首(选一) 　　李商隐

昨夜星辰昨夜风,画楼西畔桂堂东。身无彩凤双飞翼,心有灵犀一点通。隔座送钩春酒暖,分曹射覆蜡灯红。嗟余听鼓应官去,走马兰台类转蓬。

宿骆氏亭寄怀崔雍崔衮 　　李商隐

竹坞无尘水槛清,相思迢递隔重城。秋阴不散霜飞晚,留得枯荷听雨声。

嫦　娥 　　李商隐

云母屏风烛影深,长河渐落晓星沉。嫦娥应

半虚前席,不问苍生问鬼神。

咸阳城西楼晚眺 　　许浑

一上高城万里愁,蒹葭杨柳似汀洲。溪云初起日沉阁,山雨欲来风满楼。鸟下绿芜秦苑暮,蝉鸣黄叶汉宫秋。行人莫问当年事,故国东来渭水流。

悔偷灵药,碧海青天夜夜心。

重有感 　　李商隐

玉帐牙旗得上游,安危须共主君忧。窦融表已来关右,陶侃军宜次石头。岂有蛟龙愁失水,更无鹰隼与高秋。昼号夜哭兼幽显,早晚星关雪涕收。

筹笔驿 　　李商隐

鱼鸟犹疑畏简书,风云长为护储胥。徒令上将挥神笔,终见降王走传车。管乐有才真不忝,关张无命欲何如?他年锦里经祠庙,梁父吟成恨有余。

晚　晴 　　李商隐

深居俯夹城,春去夏犹清。天意怜幽草,人间重晚晴。并添高阁迥,微注小窗明。越鸟巢干后,归飞体更轻。

寄扬州韩绰判官　　　杜 牧

青山隐隐水迢迢,秋尽江南草未凋。二十四桥明月夜,玉人何处教吹箫?

秋 夕　　　杜 牧

银烛秋光冷画屏,轻罗小扇扑流萤。天街夜色凉如水,卧看牵牛织女星。

将赴吴兴登乐游原一绝　　　杜 牧

清时有味是无能,闲爱孤云静爱僧。欲把一麾江海去,乐游原上望昭陵。

赠别二首　　　杜 牧

娉娉袅袅十三余,豆蔻梢头二月初。春风十里扬州路,卷上珠帘总不如。

多情却似总无情,唯觉樽前笑不成。蜡烛有心还惜别,替人垂泪到天明。

遣 怀　　　杜 牧

落魄江湖载酒行,楚腰纤细掌中轻。十年一觉扬州梦,赢得青楼薄幸名。

商山早行　　　温庭筠

晨起动征铎,客行悲故乡。鸡声茅店月,人迹板桥霜。槲叶落山路,枳花明驿墙。因思杜陵梦,凫雁满回塘。

台 城　　　韦 庄

江雨霏霏江草齐,六朝如梦鸟空啼。无情最是台城柳,依旧烟笼十里堤。

附录三　李商隐诗概说

李商隐(812—858)是我国晚唐时期最重要的诗人,也是我国诗坛上最有特色的大诗人之一。

一

李商隐,字义山,号玉谿生、樊南生,原籍怀州河内(今河南沁阳),祖迁居郑州荥阳(今属河南),其远祖与唐皇室同宗,但支派已远,属籍失编。从高祖、曾祖至其祖父,只做过美原县令、安阳县尉、邢州录事参军,其父也只做过获嘉县令。

李家世代短命,他的祖父、父亲均英年早逝,他也只活到四十七岁。李商隐约十岁时,父亲早卒,家境贫寒,使他从十二岁起便为人家从事抄写等佣作。十六岁时便能著《才论》《圣论》,以古文为士大夫所知。十八岁被天平军节度使令狐楚聘为巡官,并从令狐楚学骈文。二十六岁(开成

二年)登进士第,这年令狐楚死。次年,李商隐入泾原节度使王茂元幕,并娶其女。开成四年(839),李释褐为秘书省校书郎,调弘农尉。会昌二年(842)以书判拔萃,为秘书省正字。因母丧居家。次年岳父王茂元卒。会昌五年服丧期满,重任秘书省正字,时已三十四岁。宣宗大中元年(847)起,李商隐先后从桂管观察使郑亚为支使兼掌书记,从武宁节度使卢弘止为判官,得侍御史衔,卢弘止卒后又依东川节度使柳仲郢为书记、判官、掌书记,大中六年曾被奏请加检校工部郎中衔。大中九年,柳仲郢奉调回长安任盐铁转运使,李商隐改任盐铁推官。大中十二年(858)柳仲郢改任刑部尚书,李商隐罢盐铁推官,不久病卒。

李商隐空有政治抱负和政治才干,却始终没有施展的机会,诚如崔珏《哭李商隐》诗所说:"虚负凌云万丈才,一生襟抱未曾开。"

二

晚唐时期，唐王朝已是一蹶不振。中唐以来的藩镇割据和宦官专权愈演愈烈，以至于出现“甘露之变”，皇帝也成了宦官手里的木偶。据说宣宗是个很有作为的皇帝，今天国内外的史学家还叹息，如果唐宪宗直接将皇位传给这位皇子，唐末几十年的历史将会发生根本的改变。然而，即便在宣宗当政时期，贤相李德裕不仅继续被贬，而且又重贬为潮州司马、崖州司户，比唐武宗更甚，还恢复钱重物轻的积弊……国运的凋敝，使诗人对国家的前途、个人的遭际都感到暗淡，从而使李商隐在诗中发出“夕阳无限好，只是近黄昏”的慨叹。李商隐诗中虽也有“永忆江湖归白发，欲回天地入扁舟”的愿望，但现实距离诗人的理想实在太远，他因“活狱”得罪上司，叹息自己任弘农县尉官卑职微：“却羡卞和双刖足，一生无复没阶趋。”这是字字血泪的诗句，连卞和被刖去双足都值得羡慕，只因为他从此不必趋奉上司而忍气吞声。诗人为生计所迫却不能不依旧“没阶趋”。诗人身当末世(虽然他的死下距唐王朝的灭亡尚有整整半个世纪)，面对满目疮痍的人世，诗人发出忧国伤时的悲歌，如“甘露之变”后写的《有感》《重有感》《赠刘司户蕡》《哭刘蕡》《哭刘司户蕡》，并表现出“安危须共主君忧”，“岂有蛟龙愁失水，更无鹰隼与高秋”的深重危机感。李商隐反映民生疾苦的作品虽不很多，但有相当的深度，尤其是他早年所作《行次西郊作一百韵》，堪称继杜甫《奉先咏怀》及《北征》之后的一篇光辉的史诗。

李商隐的咏史、咏物诗是颇见功力的。晚唐衰败，处处出现末世景象。李商隐在一些咏史诗中借古讽今，如《贾生》诗中讽刺汉文帝“不问苍生问鬼神”，《瑶池》诗中“八骏日行三万里，穆王何事不重来”之讽刺统治者妄求长生不老等。中晚唐皇帝沉湎声色，宴游畋猎无度，诗人写下许多讽刺南朝、隋炀帝、唐玄宗的诗，名为咏史，实为讽今。

李商隐更以写爱情诗著称，是我们历史上最著名的爱情诗作家之一，以至于“无题”成了爱情诗的同义词。他的许多爱情诗写作的时间及对象都难以考定，而且常带有隐秘的性质与浓重的悲剧色彩。

随着时代的盛衰变化，李商隐诗中已不复有盛唐及部分中唐诗人的宏放开朗气象而代之以沉郁幽怨，感情也由清晰转为隐约，语言由潇洒飘逸、通脱流畅变为精雕细琢。随着作者生活面的缩小，李商隐诗由青少年至晚年，更多个人内心体验。

李商隐诗用典故颇具特色。他是唐代用典最多的诗人，无论语典、事典，甚至某些神话传说，他都能随心所欲地用于诗中，变幻莫测，表达出隐曲之意、难言之情。他的诗在语言上也颇具特色，有的纯用白描，不加雕琢，有的诗句既华艳，又精练。语意含蓄也是其显著的特色。朱鹤龄说：“义山阨塞当涂，沉沦记室，其身危，则显言不可而曲言之；其思苦，则庄语不可而谩语之。计莫若瑶台琼宇、歌筵舞榭之间，言之者可无罪，而闻之者足以动。”(《笺注李义山诗集序》)李商隐善于以朦胧的形态表现复杂变幻的内心情绪。他大大发展了七律诗，其七律反复回环、对偶整练，赋予了诗章以更强的表现力。

三

李商隐因早逝，生前未能为自己编集。宋初西昆体诗人杨亿苦苦搜求，仅得二百八十二首，又经钱若水摭拾，才得四百多首。今本李商隐诗有六百多首，其中一百多首系钱若水之后的两宋人补辑而得。今《四库全书·集部》所载之《李义山诗集》三卷，相传即为明末崇祯七年(1634)护净居士参考两种北宋本校勘抄成。因此，他的诗集中往往混入他人的作品，如白居易《送阿龟归华》、无名氏之《失题》长律，据今人考定，均为混入的他人之作。此外可考定的《赤壁》《定子》是杜牧的作品，《垂柳》是唐彦谦之作，《灵伽寺》为许浑所作，今人叶葱奇先生还怀疑其集中《子初全溪》《子初郊墅》《过招国李家南园二首》亦为他人之作羼入。

李商隐诗集注本据《四库全书总目提要》谓有刘克、张文亮注本，今不传，刘、张为何代人亦不可知。故元好问《论诗绝句》中谓"诗家总爱西昆好，独恨无人作郑笺。"明末释道源曾为义山诗作注，王士祯论诗绝句有曰："獭祭曾惊博奥殚，一篇《锦瑟》解人难。千秋毛郑功臣在，尚有弥天释道安。"诗中之"释道安"即指释道源。清初朱鹤龄注李义山诗，亦参考了释道源之注，谓此注"征引虽繁，实冗杂寡要，多不得古人之意。"朱鹤龄注删取其什一，补葺其什九。后之注义山诗者，如程梦星、姚培谦、屈复、陆昆曾、冯浩以至近人张采田笺注李义山诗时，均参考了朱鹤龄注本。

冯浩注本较晚出。冯浩注本纠正了朱鹤龄所作李商隐年谱中的多处疏漏，对诗的多处理解也纠正了朱鹤龄的错讹。冯浩以扎实的史学基础，又吸收了前人的成果，融会李商隐的文集，对

李商隐诗中涉及的大量语典、事典及人物典章制度等，均能一一注明其出处，加以考证。对诗人的创作意图，冯氏也加以演绎串解。冯浩注本是明清研究李商隐诗的集大成者之一。近年唐诗研究者又从《永乐大典》《浩然斋雅谈》《锦绣万花谷别集》《全芳备祖》《合璧事类》等书辑出若干首佚诗。

据《宋史·艺文志》所载，李商隐有赋一卷、杂文一卷，文集八卷，四六甲乙集四十卷，别集二十卷，诗集三卷，《蜀尔雅》三卷，《杂纂》一卷，杂稿一卷，《金钥》一卷，《桂管集》二十卷，《使范》一卷，《家范》十卷。如今，大多均已散佚。如《樊南四六》，甲集四百三十三篇，乙集四百篇，共八百三十三篇，各二十卷，宋以后，日渐散佚。赋和杂文也归散佚。

（王步高）

参考书目

刘学锴、余恕诚《李商隐诗歌集解》，中华书局 1989 年

吴调公《李商隐研究》，上海古籍出版社 1982 年

刘学锴、余恕诚《李商隐诗选》，人民文学出版社 1986 年

钟来茵《李商隐爱情诗解》，学林出版社 1997 年

王蒙、刘学锴《李商隐研究论集(1949—1997)》，广西师范大学出版社 1998 年

叶葱奇《李商隐诗集疏注》，人民文学出版社 1985 年

王步高、刘林辑校汇评《李商隐全集》，珠海出版社 2002 年

刘学锴、余恕诚、黄世中编《李商隐资料汇编》(上、下册)，中华书局 2001 年

祖保泉等《司空表圣诗文集笺校》，安徽大学出版社 2002 年

司空图著、郭绍虞注释《诗品集解》，人民文学出版社 1963 年

王步高《司空图评传》，南京大学出版社 2006 年

怀古诗词

思考与练习

1. 唐诗阶段至此已告结束，试比较初、盛、中、晚唐诗主要异同处。

2. 李商隐《无题》常被视为爱情诗的同义语，就你学过的两首加上附录中的两首，你同意这种说法吗？

3. 杜牧识见高远，联系他的怀古诗说说你的看法。

慕课资源

【总论】

自有诗而长短句即寓焉,《南风》之操、《五子之歌》是已。周之《颂》三十一篇,长短句居十八;汉《郊祀歌》十九篇,长短句居其五;至《短箫铙歌》十八篇,篇皆长短句:谓非词之源乎?迄于六代,《江南》《采莲》诸曲,去倚声不远,其不即变为词者,四声犹未谐畅也。自古诗变为近体,而五七言绝句传于伶官乐部,长短句无所依,则不得不更为词。当开元盛日,王之涣、高适,王昌龄诗句流播旗亭,而李白《菩萨蛮》等词亦被之歌曲。古诗之于乐府,近体之于词,分镳并骋,非有先后;谓诗降为词,以词为诗之余,殆非通论矣。([清]汪森《词综序》)

夫民谣里谚,皆有抑扬缓促之音;声有抑扬,则句有长短。乐教既废,而文人墨客,无复永言咏叹以寄其思,乃创为词调,以绍乐府之遗。夫词于四始之中,大旨近于比兴;而曲终奏雅,惩一劝百,亦承古赋之遗风。然感人至深,捷于影响。则词者,合诗教、乐教而自成一体者也。

大抵烦促相宣,短长互用,于后世倚声之法,已启其先。足证词曲之源,实为古诗之别派。至于六朝,乐章尽废,故词曲之体,亦始于六朝。梁武帝作《江南弄》,沈约作《六忆诗》,实为词曲之滥觞。唐人乐府,多采五七言绝句。然唐人之词,若《纥那曲》《长相思》,皆五言绝句之变调也;《柳枝》《竹枝》《清平调引》《小秦王》《阳关曲》《八拍蛮》《浪淘沙》,皆七言绝句之变调也,《阿那曲》《鸡叶子》,则又仄韵之七言绝句也;《瑞鹧鸪》者,则七言律诗也;《欸残红》者,则五言古诗也:此亦词为诗余之证。特古人诗调多近于词,而后世词调转出于诗。盖古代诗多入乐,与词相同,而后世之词,则又诗之按律者也。(刘师培《论文杂记》)

世之习词者,群奉瓣香于两宋,而唐贤实为之基始,采六朝乐府之音,以制新律。李白以后,若温、王、刘、韦,作者十数人,皆一代诗豪,以余事为长短句,其肫然忠爱,蕴而莫宣,则涉笔于翠帘红袖间,以达其怨悱之旨。但沉芷、澧兰,固楚累所托想;亦有返虚入浑,以无寄托为高者。(俞陛云《唐词选释》)

五代当围蒙之际,残民如草,易君如棋。士大夫忧生念乱,浮沉其间,积感欲宣,而昌言虑祸,辄以曼辞俳体,寓其忠笃悱恻之思,《黍离》咏叹,亦时见于其间。茹苦于心,而其词则乱,良足伤矣。论其词格,承六朝乐府之余响,为秦、黄、欧、晏之传薪,其文丽以则,其气高而浑,卓然风人之正轨也。(俞陛云《五代词选释》)

李 白

【集评】

　　汉人之诗,浑浑穆穆。魏人之诗,浩浩落落。汉诗高在体,魏诗高在气。太白词气体俱高,词中之汉魏也。([清]吴衡照《莲子居词话》卷一)

　　唐人词,风气初开,已分二派。太白一派,传为东坡,诸家以气格胜,于诗近西江。飞卿一派,传为屯田,诸家以才华胜,于诗近西昆。后虽迭变,总不越此二者。([清]沈祥龙《论词随笔》)

　　李太白词,淳泓萧瑟;张子同词,逍遥容与;温飞卿词,丰柔精邃。唐人以词鸣者,惟兹三家,壁立千仞,俯视众山,其犹培塿乎?([清]张德瀛《词征》卷五)

　　梁武帝《江南弄》、陶弘景《寒夜怨》、陆琼《饮酒乐》、徐孝穆《长相思》,皆具词体,而堂庑未大。至太白《菩萨蛮》之繁情促节、《忆秦娥》之长吟远慕,遂使前此诸家,悉归环内。([清]刘熙载《艺概》卷四)

菩萨蛮①

　　平林漠漠烟如织②,寒山一带伤心碧。暝色入高楼③,有人楼上愁。　　玉阶空伫立④,宿鸟归飞急。何处是归程,长亭更短亭⑤。

【汇评】

　　(李白《菩萨蛮》《忆秦娥》)二词为百代词曲之祖。([宋]黄昇《唐宋诸贤绝妙词选》)

　　徐士俊云:词林以此为鼻祖,其古致遥情,自然压卷。([明]卓人月《古今词统》卷五)

　　词用"织"字最妙,始于太白词"平林漠漠烟如织"。([清]李调元《雨村词话》卷一)

　　玩末二句,乃是远客思归口气。或注作闺情,恐误。又按李益《鹧鸪词》云:"处处湘云合,郎从何处归。"此词末两句,似亦可作此解,故旧人以为闺思耳。楼上凝愁,阶前伫立,皆属遥想之词。或以"玉阶"句为指自己,于义亦通。盖玉阶、玉梯等字,昔人往往通用。白石《翠楼吟》,亦有"玉梯凝望久"之句。([清]许昂霄《词综偶评》)

　　首二句,意兴苍凉壮阔。第三、第四句,说到"楼",到"人",又自静细孤寂,真化工之笔。第二阕,"阑干"字跟上"楼"字来,"伫立"字跟上"愁"字来,末联始点出"归"字来,是题目归宿。所以"愁"者此也,所以"寒山"伤心者亦此也。更觉前阕凌空结撰,意兴高远。至结句仍含蓄不说尽,雄浑无匹。([清]黄苏《蓼园词评》)

---

　　① 近人杨宪益《零墨新笺》考证《菩萨蛮》为古缅甸乐曲,唐玄宗时传入中国,列于教坊曲。双调,四十四字,两仄韵,两平韵。　② 漠漠:形容烟雾散布的状态。烟如织:林间暮霭浓密。　③ 暝色:暮色。　④ 玉阶:对台阶的美称。此处当是对楼阁台阶的美称。伫(zhù)立:久立。　⑤ 亭:古代设在大道旁供行人休息的亭舍。各亭之间的距离长短不一,故有"长亭""短亭"之说。庾信《哀江南赋》:"十里五里,长亭短亭。"

太白《菩萨蛮》《忆秦娥》两阕,神在个中,音流弦外,可以足为词中鼻祖。(〔清〕陈廷焯《白雨斋词话足本》卷七)

此首望远怀人之词,寓情于境界之中。一起写平林寒山境界,苍茫悲壮。(唐圭璋《唐宋词简释》)

【赏析】

宋初《尊前集》等载此篇以为李白所作。黄昇《唐宋诸贤绝妙词选》甚至将此词和《忆秦娥》推为"百代词曲之祖"。然自明胡应麟以来不断有人质疑,认为出自晚唐五代人之手,至今尚有争议。

这是一首游子思归之词。上片写苍茫暮色中游子独倚高楼远眺故乡的愁绪,下片先从对面落笔,写思妇玉阶空立盼望游子归乡,然后写游子眺望归途,思归之情更为迫切。全词情景交融,表现了惆怅落寞的旅愁。"烟如织"摹暮暮霭浓密,"伤心碧"状山色依然很绿,衬托出游子愁绪之浓、乡思之深。由宿鸟急飞归巢,联想到游子有家难归,更显归思迫切。词篇用字精炼,一个"愁"字点明主旨。"织""碧""入""急"等音节使用入声,繁音促节,耐人寻味。全词抒写羁旅情怀,气象阔大,意境深远,浑然天成。

(曹济平)

温 庭 筠

温庭筠(812—870?),本名岐,字飞卿,排行十六,太原祁(今山西祁县)人。为太宗时名相温彦博后裔。青年时代即以文思敏捷、才情绮丽著称,辞章律赋擅名一时。然生性傲岸,好讽刺权贵,为执政者所恶,由是科场失意,屡试不第。大中十三年(859)始授随县尉,后任国子监助教。其诗与李商隐齐名,世称"温李",又精通音乐,能逐弦吹之音,为侧艳之词。他是晚唐致力于填词的第一人,他使词的格律形式规范化,是促使文人词走向成熟的词坛巨擘。其词多以秾艳绮丽之语,状隐约迷离之境,写惆恍怅惘之情,是传统香软词风的重要奠基者,为花间词派之鼻祖。《花间集》收录其词六十六首,《全唐诗》收录五十九首。近人王国维据《花间集》《尊前集》等辑为《金荃词》一卷,凡七十首。今人曾昭岷《温韦冯词新校》定为六十九首。

【集评】

温庭筠词极流丽,宜为《花间集》之冠。(〔宋〕黄昇《唐宋诸贤绝妙词选》卷一)

自唐之词人李白为首,其后韦应物……并有述造,而温庭筠最高,其言深美闳约。(〔清〕张惠言《词选序》)

词有高下之别,有轻重之别,飞卿下语镇纸,端已揭响入云,可谓极两者之能事。 皋文曰:"飞卿之词,深美闳约。"信然。飞卿酝酿最深,故其言不怒不慑,备刚柔之气。针缕之密,南宋人始露痕迹。

《花间》极有浑厚气象,如飞卿则神理超越,不可复以迹象求矣。然细绎之,正字字有脉络。　　毛嫱西施,天下美妇人也,严妆佳,淡妆亦佳,粗服乱头,不掩国色。飞卿严妆也,端己淡妆也,后主则粗服乱头矣。([清]周济《介存斋论词杂著》)

温飞卿词精妙绝人,然类不出乎绮怨。([清]刘熙载《艺概·词曲概》)

飞卿词全祖《离骚》,所以独绝千古。《菩萨蛮》《更漏子》诸阕,已臻绝诣,后人无能为继。([清]陈廷焯《白雨斋词话足本》卷一)

飞卿词,大半托词帷房,极其婉雅,而规模自觉宏远。(同上,卷九)

张皋文谓:飞卿之词"深美闳约",余谓此四字唯冯正中足以当之。刘融斋:"飞卿词精艳绝人",差近之耳。　　"画屏金鹧鸪",飞卿语也,其词品似之。(王国维《人间词话》)

飞卿为人,具详旧史,综观其诗词,亦不过一失意文人而已,宁有悲天悯人之怀抱?昔朱子谓《离骚》不都是怨君,尝叹为知言。以无行之飞卿,何足以仰企屈子?其词之艳丽处,正是晚唐诗风,故但觉镂金错彩,炫人眼目,而乏深情远韵。然亦有绝佳而不为词藻所累,近于自然之词,如《梦江南》《更漏子》诸阕是也。(李冰若《栩庄漫记》)

更 漏 子①

玉炉香,红蜡泪②,偏照画堂秋思③。眉翠薄④,鬓云残⑤,夜长衾枕寒。　　梧桐树,三更雨,不道离情正苦⑥。一叶叶,一声声,空阶滴到明⑦。

【汇评】

庭筠工于造语,极为绮靡,《花间集》可见矣。《更漏子》一词尤佳。([宋]胡仔《苕溪渔隐丛话》后集卷十七)

前以夜阑为思,后以夜雨为思,善能体出秋夜之思者。([明]李廷机《草堂诗余评林》卷四)

遣词凄艳,是飞卿本色,结三句开北宋先声。([清]陈廷焯《云韶集》卷一)

寻常情事,写来凄婉动人。……宋人"枕前泪共窗前雨,隔个窗儿滴到明",本此而转成淡薄。温词如此凄丽有情致不为设色所累者,寥寥可数也。温韦并称,赖有此耳。(李冰若《栩庄漫记》)

【赏析】

此词从女性角度抒写离情,充分表现了作者善为侧艳之词和擅长描写女性心理的写

---

① 更漏子:词牌名。据说由温庭筠的这首词而得名。双调,四十六字,仄声韵与平声韵互换。古代用滴漏计时,夜间凭漏刻传更,故名更漏。　② 红蜡泪:唐宋诗词中常用"蜡泪"这一意象表达幽怨、愁苦之思。如晏殊《撼庭秋》词有"念兰堂红烛,心长焰短,向人垂泪";晏几道《蝶恋花》词中"红烛自怜无好计,夜寒空替人垂泪"。杜牧《赠别》诗:"蜡烛有心还惜别,替人垂泪到天明。"　③ 偏照:偏偏照着。"偏"字突出物情与人情的乖戾。　④ 眉翠:古时女子以翠黛画眉,故有此说。薄:谓翠色已淡。　⑤ 鬓云残:谓鬓发散乱。　⑥ 不道:不管,不顾。　⑦ "空阶"句:宋人(聂胜琼)词:"枕前泪共阶前雨,隔个窗儿滴到明。"(《鹧鸪天·别情》)从此脱胎,然无上文之浓丽相配,故不如此词深厚。(见唐圭璋《唐宋词简释》)

作特点。语言上片秾丽、下片疏淡,意境上片深幽、下片凄清,绝妙地刻画了幽居少妇孤独思念之愁苦。作者把环境描写和情感表达紧密结合起来,"玉炉""红蜡""画堂"的富丽堂皇反衬出女主人公的孤独寂寥,空阶、夜雨使人觉得其境愈幽,其情愈苦。全词有"声"有"色",声清而色浓。读者仿佛听到她寒枕之上的彻夜长叹,正和着窗外敲打着桐叶、空阶的雨声;也仿佛看到香熏雾绕、烛光迷离的画堂与清冷漆黑、雨光反射的窗外夜空所形成的巨大反差。听觉和视觉、愁情和幽境有机结合,令人不由为红颜易老、青春虚掷而心生无限悲悯。

(曹济平)

韦 庄

韦庄(836?—910),字端己,京兆杜陵(今陕西西安市)人。中唐诗人韦应物的四世孙。少孤贫力学,才敏过人。生平疏旷不拘,率性自用。昭宗乾宁元年(894)进士及第,任校书郎、左补阙等官职。其后奉使入蜀,宣谕西川节度使王建,后留蜀为掌书记,并终身仕蜀。唐亡后,王建自立为蜀帝,韦庄任宰相,三年后卒于成都。韦庄工诗,今传《浣花集》十卷。他与温庭筠同为"花间"重要词人,并称"温韦",但词风迥然有异。温秾丽,韦清疏。其词善用白描手法,多写上层社会之冶游享乐生活及离情别绪等人生体验。韦庄词无专集,散见于《花间集》《尊前集》和《全唐诗》等总集中,王国维等辑为《浣花词》一卷,凡五十四首,盖取其诗集为名者。

【集评】

端己词清艳绝伦,初月芙蓉春月柳,使人想见风度。([清]周济《介存斋论词杂著》)

韦端己、冯正中诸家词,留连光景,惆怅自怜,盖亦易飘扬于风雨者。若第论其吐属之美,又何加焉!([清]刘熙载《艺概·词曲概》)

韦端己词,似直而纡,似达而郁,最为词中胜境。([清]陈廷焯《白雨斋词话》卷一)

韦文靖词与温方城齐名,熏香掬艳,眩目醉心。尤能运密入疏,寓浓于淡,花间群贤,殆鲜其匹。([清]况周颐《唐五代词人考略》卷五)

端己词深语秀,虽规模不及后主、正中,要在飞卿之上,观昔人颜、谢优劣论可知矣。(王国维《唐五代二十一家词辑》)

"弦上黄莺语",端己语也,其词品似之。　　韦端己之词,骨秀也。(王国维《人间词话》)

菩 萨 蛮

人人尽说江南好,游人只合江南老①。春水碧于天,画船听雨眠②。　　垆边人似月③,皓腕凝霜雪④。未老莫还乡,还乡须断肠⑤。

【汇评】

此章述蜀人劝留之辞,即下章云:"满楼红袖招"也。江南即指蜀,中原沸乱,故曰:"还乡须断肠。"([清]张惠言《词选》卷一)

强作欢颜语,怕断肠,肠亦断矣。([清]谭献《谭评词辨》卷一)

一幅春水画图,意中是乡思,笔下却说江南风景好,真是泪溢中肠,无人省得。[清]陈廷焯《白雨斋词评》)

【赏析】

六朝以来,江南就寄托着文人诗客风月繁华的异乡之梦。韦庄这首词状江南之美好,又隐约流露思归之意。作者首先画出一幅绝妙的江南春游图,写景、写人纯用白描,语言清新明丽,真切可感;江南的景美、人美、风情美,展现迷人的魅力,使得游子终生遐想不已。最后两句既是由衷的感叹,又是诚挚的劝慰,作者的流连之情也溢于言表。然游子毕竟不可能弃捐故里终老江南,"断肠"之说,既指游子他日还乡因忆念江南而柔肠寸断,又指作者历经乱离流落蜀地欲归不能,倘若得归中原目睹乡里乱象、百姓苦况必然摧折中肠。本词言简意丰,含蓄蕴藉;情思婉转哀伤,令人叹惋。

(曹济平)

冯延巳

冯延巳(903—960),一名延嗣,字正中,广陵(今江苏扬州)人。在南唐中主李璟时,官至同平章事(宰相)。延巳少有才学,长而学问渊博,文章颖发,辩说纵横。工诗,尤擅曲子词,为南唐词坛存词最多的大家。冯词虽多写闺阁情事,但语言清新,境象深远,情思凄婉,开北宋一代风气。今传《阳春集》词一卷,补遗一卷。

---

① 游人:这里指漂泊江南的人,即作者自谓。只合:只应该。　② 画船:有彩画装饰的船。　③ 垆:垒土为垆,中置酒瓮。一作"炉",常代指酒肆。"垆边"二句,用卓文君故事。《史记·司马相如列传》载卓文君从司马相如归,在成都当垆卖酒:"买一酒舍沽酒,而令文君当垆。"这里用卓文君代指江南美貌女子。《西京杂记》:"文君姣好,眉色如望远山,脸际常若芙蓉,肌肤柔滑如脂。""人似月",状其貌美。　④ 皓腕凝霜雪:洁白的手臂像凝聚的霜雪。　⑤ 须:必定。断肠:形容极度悲伤惆怅。

冯正中词,晏同叔得其俊,欧阳永叔得其深。([清]刘熙载《艺概·词曲概》)

南唐起于江左,祖尚声律,二主倡于上,翁和于下,遂为词家渊丛。翁俯仰身世,所怀万端,缪悠其辞,若显若晦,揆之六义,比兴为多。若《三台令》《归国谣》《蝶恋花》诸作,其旨隐,其词微,类劳人、思妇、羁臣、屏子郁伊怆恍之所为,翁何致而然耶?([清]冯煦《阳春集序》)

吾家正中翁,鼓吹南唐,上翼二主,下启欧晏,实正变之枢纽,短长之流别。([清]冯煦《唐五代词选叙》)

《阳春》一集,为临川《珠玉》所宗,愈瑰丽,愈醇朴。南渡名家沾丐膏馥,辄臻上乘。([清]况周颐《蕙风词话》未刊稿)

正中词虽不失五代风格,而堂庑特大,开北宋一代风气。(王国维《人间词话》)

鹊　踏　枝

谁道闲情抛弃久①?每到春来,惆怅还依旧。日日花前常病酒②,不辞镜里朱颜瘦③。　　河畔青芜堤上柳④,为问新愁,何事年年有⑤?独立小桥风满袖,平林新月人归后。

【汇评】

可谓沉著痛快之极,然却是从沉郁顿挫来,浅人何足知之?([清]陈廷焯《白雨斋词话》卷六)

起得风流跌宕。"为问"二句映起笔。"独立"二语,仙境、凡境?断非凡笔。([清]陈廷焯《云韶集》卷一)

始终不逾其志,亦可谓自信而不疑,果毅而有守矣。([清]陈廷焯《大雅集》卷一)

词家每先言景,后言情,此词先情后景。结末二句寓情于景,弥觉风致夷犹。([清]俞陛云《宋词选释》)

此种起法,是从千回百折之中,喷薄而出,故包含悔恨、愤激、哀伤种种情感,读之倍觉警动。(唐圭璋《论词之作法》)

【赏析】

冯延巳生活在偏安江南一隅的南唐,虽然也写上层社会闲适生活与男女情爱相思,但不像花间派词家那样雕缋满眼。本篇语言清新,涵蕴深婉、意境邃远,有独特风貌。"闲情""惆怅""新愁"等语反复渲染一种莫可名状、欲说还休的忧伤,不能简单视为一般风月闲情。其实质是"托儿女之辞,写君臣之事",流露出对南唐局势与国运的

---

① 闲情:无端的愁绪。　② 病酒:谓饮酒过量而难受,即"醉酒"。　③ 不辞:不惜。　④ 青芜:丛生之青草。
⑤ 何事:何为,为何。

隐忧。

上片描写词中人为"闲情"所苦,憔悴不堪而难以排遣。语言充满缠绵悱恻的忧伤情调。"久""每""还""日日""常""不辞"等词汇密集组合在一起,刻画了无端无绪、地久天长的愁苦。下片借清冷孤寂之景,抒发难以忘怀的新愁旧恨。"独立小桥风满袖,平林新月人归后"是传诵的名句,写得风神隽逸,表现了一种孤独而无奈的深情守候!

(曹济平)

李 煜

李煜(937—978),初名从嘉,字重光,号钟山隐士。南唐中主李璟第六子。宋建隆二年(961)在金陵即位,是这个偏安朝廷的最后一位国君,史称南唐后主。他精通书画,熟谙音律,尤擅长诗词,但政治上既无励精图治之才,又不善谋划御敌之策。开宝八年(975),国亡于宋,李煜被押至宋都汴京,封违命侯。太平兴国三年(978)七夕是他四十二岁生日,他在私宅作乐唱词,宋太宗忌恨其"故国不堪回首月明中"之词,命人以牵机药将他毒死。追封吴王,葬洛阳邙山。

李煜词大体以南唐灭亡为界,分前后两期,前期词以描写宫廷逸乐生活为主,风格绮丽柔靡,未脱"花间"习气;后期词则多追忆往事,伤怀故国,语言自然精练,风格沉郁苍凉,意境深远开阔,与晚唐以来的香艳词风颇异其趣。他扩大了词的题材范围,丰富了词的表现艺术,在词史上具有里程碑式的意义。李煜词今存三十多首,南宋人辑录李璟、李煜之词作,汇刻为《南唐二主词》。

【集评】

(南唐)后主一目重瞳子,乐府为宋人一代开山祖。盖温韦虽藻丽,而气颇伤促,意不胜辞,至此君方是当行作家,清便宛转,词家王孟。([明]胡应麟《诗薮·杂编》卷四)

男中李后主,女中李易安,极是当行本色。 予尝谓李后主拙于治国,在词中犹不失为南面王,觉张郎中、宋尚书,直衙官耳。([清]沈谦《填词杂说》)

于富贵时能作富贵语,愁苦时作愁苦语,无一字不真,无一字不俊,温氏以后,为五季一大家。([清]刘毓盘《词史》)

李重光之词,神秀也。词至李后主而眼界始大,感慨遂深,遂变伶工之词而为士大夫之词。 词人者,不失其赤子之心者也。故生于深宫之中,长于妇人之手,是后主为人君所短处,亦即为词人所长处。客观之诗人,不可不多阅世……主观之诗人不必多阅世。阅世愈浅,则性情愈真,李后主是也。尼采谓:"一切文学,余爱以血书者。"后主之词,真所谓以血书者也。宋道君皇帝《燕山亭》词亦略似之,然道君不过自道身世之戚,后主则俨有释迦、基督担荷人类罪恶之意,其大小固不同矣。(王国维《人间词话》)

浪　淘　沙

帘外雨潺潺①,春意阑珊②。罗衾不耐五更寒③。梦里不知身是客,一晌贪欢④。　　独自莫凭阑。无限江山,别时容易见时难。流水落花春去也,天上人间。

【汇评】

绵邈飘忽之音,最为感人深至,李后主之"梦里不知身是客,一晌贪欢"所以独绝也。([清]郭麐《灵芬馆词话》)

《浪淘沙》全首语意惨然。([清]许昂霄《词综偶评》)

结得怨惋,尤妙在神不外散,而有流动之致。([清]陈廷焯《词则·大雅集》卷一)

凭栏远眺,百端交集,此词播之管弦,闻者定当堕泪。([清]陈廷焯《云韶集》卷一)

此亦托为别情,实乃思念故国之词。"流水"句,以比"见时难"也。"流水""落花""春去",三事皆难重返者,当未流、未落、未去之时,比之已流、已落、已去之后,有如天上比人间,以见重见别后江山,其难易相差,亦如此也。(刘永济《唐五代两宋词简析》)

上片系倒叙,由一晌贪欢而梦醒,由醒而觉得五更寒,由凄寒失寐,而听雨声。　　下文言无限江山,夫江山虽实境,而无限江山则虚。　　雄奇不难,幽怨亦不难,兼之,难矣。凡此所录,如《虞美人》第一,《相见欢》及本阕,皆可谓美尽刚柔者矣。(俞平伯《读词偶得》)

【赏析】

此词也是李煜被俘入汴京后所作。南宋蔡絛《西清诗话》谓此词"含思凄惋,未几下世",可知这是一首亡国之君绝望的哀歌。上片写词人被春夜雨声从梦中惊醒的凄苦感觉,而睡梦里"不知身是客"和"贪欢"的幻景,仿佛时光倒流,重温昔日帝王的欢乐,但醒来的现实是囚禁的痛苦,与片刻欢乐的梦境形成强烈的反差。下片写最怕凭栏远望的悲恨心情。如今无限江山已属他人,故国难归,旧欢难寻,作为失去自由的囚徒,只能在梦中找回一点慰藉,然而醒来的现实是无情的、残酷的。结末"流水"二句,既与上片"春意"遥相照应,又象征着国亡身俘命运的不可逆转,正是人间天上,永无相会之日。全词从"梦里贪欢"的幻觉,"别易见难"的哀叹,到"流水落花"的象征,吟唱出凄凉绝望的人生悲剧。

(曹济平)

---

① 潺潺(chán):此形容雨声。　② 阑珊:残尽。指春光即将消逝。　③ 罗衾:丝绸被子。　④ 一晌:一会儿。

附录一　备选课文

菩萨蛮　[唐]温庭筠

水精帘里颇黎枕,暖香惹梦鸳鸯锦。江上柳如烟,雁飞残月天。　藕丝秋色浅,人胜参差剪。双鬓隔香红,玉钗头上风。

浣溪沙　[前蜀]韦庄

夜夜相思更漏残,伤心明月凭阑干。想君思我锦衾寒。　咫尺画堂深似海,忆来唯把旧书看。几时携手入长安。

鹊踏枝　[南唐]冯延巳

几日行云何处去?忘却归来,不道春将暮。百草千花寒食路,香车系在谁家树?　泪眼倚楼频独语:双燕飞来,陌上相逢否?撩乱春愁如柳絮,悠悠梦里无寻处。

相见欢　[南唐]李煜

林花谢了春红,太匆匆。无奈朝来寒雨晚来风。　胭脂泪,留人醉。几时重?自是人生长恨水长东。

附录二　唐五代词选

长相思　[唐]白居易

汴水流,泗水流,流到瓜洲古渡头。吴山点点愁。　思悠悠,恨悠悠,恨到归时方始休。月明人倚楼。

酒泉子　[唐]司空图

买得杏花,十载归来方始坼。假山西畔药栏东,满枝红。　旋开旋落旋成空。白发多情人更惜,黄昏把酒祝东风。且从容。

菩萨蛮　[前蜀]韦庄

红楼别夜堪惆怅,香灯半卷流苏帐。残月出门时,美人和泪辞。　琵琶金翠羽,弦上黄莺语。劝我早归家,绿窗人似花。

清平乐　[南唐]冯延巳

雨晴烟晚,绿水新池满。双燕飞来垂柳院,小阁画帘高卷。　黄昏独倚朱阑,西南新月眉弯。砌下落花风起,罗衣特地春寒。

浣溪沙　[南唐]李璟

菡萏香销翠叶残,西风愁起绿波间。还与韶光共憔悴,不堪看!　细雨梦回鸡塞远,小楼吹彻玉笙寒。多少泪珠无限恨,倚阑干。

破阵子　[南唐]李煜

四十年来家国,三千里地山河。凤阁龙楼连霄汉,玉树琼枝作烟萝,几曾识干戈?　一旦归为臣虏,沈腰潘鬓消磨。最是仓皇辞庙日,教坊犹奏别离歌,垂泪对宫娥。

悲愁歌 [汉]刘细君

吾家嫁我兮天一方,远托异国兮乌孙王。穹庐为室兮毡为墙,以肉为食兮酪为浆。居常思土兮心内伤,愿为黄鹄兮归故乡。

西过渭州,见渭水思秦川 [唐]岑 参

渭水东流去,何时到雍州?凭添两行泪,寄向故园流。

与浩初上人同看山寄京华亲故

[唐]柳宗元

海畔尖山似剑芒,秋来处处割愁肠。若为化得身千亿,散上峰头望故乡。

邯郸冬至夜思家 [唐]白居易

邯郸驿里逢冬至,抱膝灯前影伴身。想得家中夜深坐,还应说著远行人。

秋 思 [唐]张 籍

洛阳城里见秋风,欲作家书意万重。复恐匆匆说不尽,行人临发又开封。

归 家 [唐]杜 牧

稚子牵衣问,归来何太迟?共谁争岁月,赢得鬓边丝?

旅 宿 [唐]杜 牧

旅馆无良伴,凝情自悄然。寒灯思旧事,断雁警愁眠。远梦归侵晓,家书到隔年。湘江好烟月,门系钓鱼船。

忆 家 [唐]裴夷直

天海相连无尽处,梦魂来往尚应难。谁言南海无霜雪,试向愁人两鬓看。

漫书五首(选一) [唐]司空图

长拟求闲未得闲,又劳行役出秦关。逢人渐觉乡音异,却恨莺声似故山。

乡 思 [宋]李 觏

人言落日是天涯,望极天涯不见家。已恨碧山相阻隔,碧山还被暮云遮。

澄迈驿通潮阁二首(其二) [宋]苏 轼

余生欲老海南村,帝遣巫阳招我魂。杳杳天低鹘没处,青山一发是中原。

临江仙·暮春 [宋]赵长卿

过尽征鸿来尽燕,故园消息茫然。一春憔悴有谁怜。怀家寒食夜,中酒落花天。 见说江头春浪渺,殷勤欲送归船。别来此处最萦牵。短篷南浦雨,疏柳断桥烟。

苏 幕 遮 [宋]周邦彦

燎沉香,消溽暑。鸟雀呼晴,侵晓窥檐语。叶上初阳干宿雨,水面清圆,一一风荷举。 故乡遥,何日去?家住吴门,久作长安旅。五月渔郎相忆否?小楫轻舟,梦入芙蓉浦。

南乡子　　　[宋]陆游

归梦寄吴樯，水驿江程去路长。想见芳洲初系缆，斜阳，烟树参差认武昌。　　秋鬓点新霜，曾是朝衣染御香。重到故乡交旧少，凄凉，却恐他乡胜故乡。

诉衷情·客中　　　[宋]刘仙伦

征衣薄薄不禁风。长日雨丝中。又是一年春事，花信到梧桐。　　云漠漠，水溶溶。去匆匆。客怀今夜，家在江西，身在江东。

还家（五首选二）　　　[金]王若虚

日日他乡恨不归，归来老泪更沾衣。伤心何啻辽东鹤，不但人非物亦非。

梦归　　　[金]元好问

憔悴南冠一楚囚，归心江汉日东流。青山历历乡国梦，黄叶萧萧风雨秋。贫里有诗工作祟，乱来无泪可供愁。残年兄弟相逢在，随分齑盐万事休。

京师得家书　　　[明]袁凯

江水三千里，家书十五行。行行无别语，只道早还乡。

春雁　　　[明]王恭

春风一夜到衡阳，楚水燕山万里长。莫怪春来便归去，江南虽好是他乡。

济上作　　　[明]徐祯卿

两年为客逢秋节，千里孤舟济水旁。忽见黄花倍惆怅，故园明日又重阳。

长相思　　　[清]纳兰性德

山一程，水一程，身向榆关那畔行，夜深千帐灯。风一更，雪一更，聒碎乡心梦不成，故园无此声。

狱中对月　　　[清]宋琬

疏星耿耿逼人寒，清漏丁丁画角残。客泪久从愁外尽，月明犹许醉中看。栖乌绕树冰霜苦，哀雁横天关塞难。料得故园今夜梦，随风应已到长安。

题旅店　　　[清]王九龄

晓觉茅檐片月低，依稀乡国梦中迷。世间何物催人老，半是鸡声半马蹄。

行香子·上海道中　　　[清]袁通

算定归程，嫩约分明。挂轻帆、江渡春申。怪伊双桨，偏泥人行。要等潮来，等潮去，等潮平。酒也慵斟，梦也难寻。照相思、一点秋灯。拥衾深坐，谁伴深更？有雨萧萧，风瑟瑟，雁声声。

浪淘沙　　　[清]左辅

曹溪驿折桃花一枝，数日零落，裹花片片投之涪江，歌此送之。

水软橹声柔，草绿芳洲。碧桃几树隐红楼。者是春山魂一片，招入孤舟。　　乡梦不曾休，惹甚闲愁？忠州过了又涪州。掷与巴江流到海，切莫回头。

人头不白，嘉陵江上杜鹃啼。

题嘉陵驿　　　[清]易顺鼎

春风如梦草萋萋，万里巴山更向西。不许行

附录四　唐五代词综述及研究情况

二十世纪唐五代词的研究趋向多元而成绩斐然。世纪初在甘肃敦煌莫高窟石室发现的《云谣集》写本，法人伯希和窃走其中一卷十四首，今藏巴黎国家图书馆。英人斯坦因又窃走一卷十八首，今藏伦敦博物馆。后经国内学者录归，细加校勘，刻入《彊村遗书》，使千余年来未睹之秘籍公之于世，成为我国现存最早的一部民间词集，由此拓展了词学研究畛域。1950 年王重民又汇录诸家敦煌词编成《敦煌曲子词》，由商务印书馆出版。嗣后任二北于 1954 年出版《敦煌曲初探》和《敦煌曲校录》。三十多年后，任先生又在《校录》的基础上增订编成《敦煌歌辞总编》，收词 1300 余首，但其中收录大量佛教联章体，引起了词学界的争议。

现存最早的文人词总集是《花间集》十卷，后蜀赵崇祚编。选录唐开成元年（836）至后晋天福五年（940）的词家，其中有温庭筠、皇甫松、韦庄等十八家，共收入词作 500 首。晚唐五代词家作品，赖此书以传，对研究词的产生与演变有着重要参考价值。从现存文人词来说，中唐以前词作数量较少，仅有李隆基《好时光》、李白《菩萨蛮》《忆秦娥》以及白居易《忆江南》等。到了晚唐时期，曲子词日益增多，艺术形式也渐趋成熟。就此而言，所谓唐五代词，也可说主要产生在晚唐五代。这个时代尽管小国割据，而且社会持续动乱，但有些词人仍然用艳丽的笔调抒写闺情离愁和个人感伤之类的作品。温庭筠是较多致力于填词的第一人，其词作内容多写闺情愁怨，运笔曲折细微，辞藻艳丽，镂金组绣，雕绘满眼。流行于当时的《菩萨蛮》十四首，代表了温庭筠艳词"深美闳约"的风格。与温庭筠齐名的词人是韦庄，世称"温韦"。韦庄也是花间词人，其词风与温庭筠迥异，以白描见长，善于直抒胸臆。内容除闺情外，还有乡愁旅思、怀旧伤时之作，语言明白，风格疏秀，所谓温浓韦淡，各极其妙。《花间集》以温庭筠为首，西蜀词人为主，逐渐形成了一个"花间词派"。这不仅奠定了初期文人词的创作基础，而且对宋词的发展产生了直接的影响。

在花间词之外，还有五代南唐词。所谓南唐词主要指冯延巳、李璟、李煜三家的词篇。南唐地处江南，生存环境有别于西蜀，但共同的社会时代使南唐词既带有与花间相近的词风，又有不同的格调。冯延巳词作艺术手法不同于温、韦，其词多写离愁别恨，尤着力于写景与表现人物心态，感情缠绵徘恻，语言清新雅丽，实开北宋一代风气。

李璟词仅存五首。李煜词流传也不多，较可信的有三十多首，以亡国被俘为分界线，分前后二期。特别是被俘降宋后的词作，多写对故国的留恋与今时的悔恨，感慨深沉，尤以白描取胜，直吐心声，极富有个性色彩，而艺术造诣精湛，对后世词作产生了深远的影响。周济在《介存斋论词杂著》中说："飞卿（温庭筠），严妆也。端己（韦庄），淡妆也。后主（李煜），则粗服乱头矣。"这里用形象的语言概括出了唐五代三大词人的艺术风格。

自宋以来，人们就关注唐五代词的研究整理，如宋初人编有《尊前集》，宋坊间刊本有《金奁集》和《南唐二主词》。南宋绍兴十八年（1148）、淳熙末和开禧年间刻有《花间集》三种版本。到了明朝，有董逢元编撰《唐词纪》十六卷，其他选本中收录唐五代词的甚多，不列举。专选唐五代词的有清末成肇麐编《唐五代词选》三卷,后有商务印书馆排印本。汇辑唐五代词数量丰富者为近人林大椿编选的《唐五代词》,收 1148 首,1931 年商务印书馆出版。还有王国维编选的《唐五代二十一家词辑》,1932 年上海有正书局出版。此外,后世仿刻和翻刻宋本《花间集》颇多,但无注本。今人李冰若有《花间集》评注本,1935 年开明书店出版,华连圃有注本,商务印书馆出版。1958 年人民文学出版社出版李一氓用宋本和明清各种版本互校的新校本。八十年代后,唐五代词的研究整理有了新的进展,1986 年张璋、黄畲编成《全唐五代词》,1993 年黄进德选注《唐五代词选集》,两书均由上海古籍出版社出版。1999 年,北京中华书局出版曾昭岷、曹济平等编的《全唐五代词》,成为研究唐五代词最为完备的重要参考书籍。

（曹济平）

网络链接

"百代词曲之祖"之名应归于谁?

参考书目

李冰若《花间集评注》,河北教育出版社 1999 年

李一氓《花间集校》,人民文学出版社 1958 年

詹安泰编注《李璟李煜词》,人民文学出版社 1982 年

张璋、黄畲《全唐五代词》,上海古籍出版社 1986 年

曾昭岷、曹济平、王兆鹏、刘尊明《全唐五代词》,中华书局 1999 年

曾昭岷《温韦冯词新校》,上海古籍出版社 1988 年

黄进德《唐五代词选集》,上海古籍出版社 1993 年

思考与练习

1. 说说唐五代词与同时代的诗除了长短句与齐言的形式不同外,风格上有何不同?

2. 李后主是个亡国之君,何以他的词却感人至深?

十六、北宋诗

【总论】

诗者,吟咏性情也。盛唐诸人,惟在兴趣;羚羊挂角,无迹可求。故其妙处,透彻玲珑,不可凑泊。如空中之音,相中之色,水中之月,镜中之象,言有尽而意无穷。近代诸公乃作奇特解会,遂以文字为诗,以才学为诗,以议论为诗,夫岂不工,终非古人之诗也,盖于一唱三叹之音,有所歉焉。且其作多务使事,不问兴致,用字必有来历,押韵必有出处,读之反覆终篇,不知着到何处。其末流甚者,叫噪怒张,殊乖忠厚之风,殆以骂詈为诗。诗而至此,可谓一厄也。 东坡、山谷始自出己意以为诗,唐人之风变矣。山谷用工尤为深刻,其后法席盛行,海内称为江西宗派。([宋]严羽《沧浪诗话》)

声诗之道,始于周,盛于汉,极于唐。宋元继唐之后,启明之先,宇宙之一终乎!盛极而衰,理势必至,虽屈、宋、李、杜挺生,其运未易为力也。 近体至宋,性情泯矣。 宋人专用意而废词,若枯株槁梧,虽根干屈盘,而绝无畅茂之象。([明]胡应麟《诗薮·外编》卷五)

诗人之盛,唐代后以宋代为观止。盖宋人诗学,各本唐法,而扩充变化之。卓然成大家者,不甚亚于唐也。宋初杨(亿,字大年)、刘(筠)创为西昆体,专学义山,专作五七言律,和者凡十五人,名《西昆酬唱集》(西昆共十七人,杨、刘外,钱惟演、李宗谔、陈越、李维、丁谓、刁衎、任随、刘骘、张咏、舒雅、钱维济、晁迥、崔宗度、刘秉、薛映)。是时王黄州(禹偁,字元之)方学杜学白,欧(欧阳修,字永叔)、梅(尧臣,字圣俞,世称宛陵)继之,遂开北宋风气。永叔学昌黎,圣俞变化少陵、香山,而自成一体。一时司马温公(光)、苏子瞻(轼)、王介甫(安石),咸推重之。(梅尧臣)尤为欧公所推许,世称欧、梅,以比唐之韩、孟;又与苏子美(舜钦)齐名,称苏、梅。苏歌行雄放,与梅之清远闲肆者不同矣。当时为欧、梅、苏、黄所赏者,有林和靖(逋,字君复),盖常建、刘慎虚之流亚也。欧、梅而后,苏(轼)、黄(庭坚,字鲁直,号山谷)、王(安石,封荆国公,世称荆公)三大家出。苏无所不学,以杜、韩为归。七言皆极工,兴趣才力音调,无不美备,五言次之。山谷专学杜,荆公兼学杜、韩。自是苏门有秦(观,字少游,有《淮海集》)、黄(即山谷)、晁(补之,字无咎)、张(耒,字文潜,号宛邱),东坡谓秦得吾工,张得吾易。吕居仁作西江宗派图,则首黄山谷,次陈后山(师道,字无己)。其余徐俯、韩驹、洪龟父、驹父等二十余人,为西江派。(陈衍《诗学概要》)

唐诗以韵胜,故浑雅,而贵酝藉空灵;宋诗以意胜,故精能,而贵深折透辟。唐诗之美在情辞,故丰腴;宋诗之美在气骨,故瘦劲。唐诗如芍药海棠,秾华繁采;宋诗如寒梅秋菊,幽韵冷香。唐诗如啖荔枝,一颗入口,则甘芳盈颊;宋诗如食橄榄,初觉生涩,而回味隽永。譬诸修园林,唐诗则如叠石凿池,筑亭辟馆;宋诗则如亭馆之中,饰以绮疏雕槛,水石之侧,植以异卉名葩。譬诸游山水,唐诗则如高峰远望,意气浩然;宋诗则如曲涧寻幽,情境冷峭。唐诗之弊为肤廓平滑,宋诗之弊为生涩枯淡。虽唐诗之中,亦有下开宋派者;宋诗之中,亦有酷肖唐人者;然论其大较,固如此矣。(缪钺《论宋诗》)

王禹偁

王禹偁(954—1001),字元之,巨野(今属山东)人,宋太宗太平兴国八年(983)进士,历官左司谏、知制诰、翰林学士。为人忠直敢言,三次遭贬。诗学杜甫、白居易,诗文风格简淡。

【集评】

本朝王元之诗可重,大抵语迫切而意雍容……大类乐天也。([宋]许颉《彦周诗话》)

国初沿袭五代之余,士大夫皆宗白乐天诗,故王黄州主盟一时。([宋]蔡启《蔡宽夫诗话》)

杨、刘之文靡而俗,元之之文旨而弱,永叔之文雅而则,明允之文浑而劲,子瞻之文爽而俊。([明]王世贞《艺苑卮言》卷四)

元之独开有宋风气,于是欧阳文忠得以承流接响。文忠之诗,雄深过于元之,然元之固其滥觞矣。穆修、尹洙为古文于人所不为之时,元之则为杜诗于人所不为之时者也。([清]吴之振等《宋诗钞·小畜集钞序》)

村 行

马穿山径菊初黄,信马悠悠野兴长①。
万壑有声含晚籁②,数峰无语立斜阳。
棠梨叶落胭脂色③,荞麦花开白雪香④。
何事吟余忽惆怅? 村桥原树似吾乡。

【汇评】

不念朝廷而念家园,正是暗示自己在政治上的失意,用笔极为含蓄。壑本无声,风过则闻之有声,这是真;峰不能语,静立却反似能语而不语,这是幻。闻之真与见之幻相交织,从明丽宁静中显出凄清,同时也显示出诗人的孤独。(程千帆《宋诗精选》)

【赏析】

王禹偁是宋初诗坛主将之一,诗学杜甫、白居易,诚如其自己所云:"本与乐天为后

---

① 野兴:郊游之兴。 ② 壑:山沟。晚籁:黄昏时大自然发出的声音。 ③ 棠梨:即杜梨,一种落叶乔木。
④ "荞麦"句:荞麦花白色,故似白雪。

进,敢期子美是前身。"(《前赋村居杂兴诗……》)此诗作于宋太宗淳化三年(992)八月,前一年,他因论妖尼道安罪,贬谪商州(在今陕西省商洛市)团练副使。商州时期五百五十日是王禹偁创作的高峰阶段之一,犹如苏轼之贬黄州。

诗以走马观景开头,由动而静。山径谓路窄,"菊初黄"点节令。"信马悠悠"已有"野兴"之意,诗人来山村游览,本无所谓具体的目标,故信马由缰,而饱览山野风光便是诗人的兴趣所在。一"长"字更为下文的寄托埋下伏笔。颔联两句写景,景由下而上,由深壑而高峰,山沟里泉水淙淙,似乎一派秋声,而群山肃立斜阳之中,山本不能言,"无语"似属赘言而能透过一层,显得动静搭配,活泼而又宁静。这里赋予山与壑以人的个性,壑以风声、水声而"有声",峰似人矗立而"无语","有声""无语"使本很平常的山景灵动起来。颈联两句棠梨叶落果熟,呈现胭脂红色,荞麦花开既如白雪且有香味。上两句写景之"声",这两句写景之"色"与"味"。诗之结尾二句点出题意:对此山村美景诗人反而产生怅惘忧郁之情,原来是这里山村、小桥、原野、树木太像自己的家乡了,由眼前景而生发思乡之情。此诗风格飘逸,淡而有味,甜中带几分苦涩,分寸把握得很好。

欧 阳 修

欧阳修(1007—1072),字永叔,号醉翁,晚年又号六一居士,吉州永丰(今江西吉安永丰),自称庐陵(今江西吉安市)人。四岁丧父,受其母悉心教诲,少有"奇童"之誉。宋仁宗天圣八年(1030)进士,先后做过秘书省校书郎、西京留守推官、监察御史、知礼部贡举,也外任过州、县长官。五十岁以后,又历任龙图阁学士、权知开封府、礼部侍郎、枢密副使、参知政事,封开国公。神宗熙宁四年(1071),以观文殿学士、太子少师之荣衔致仕。次年病逝,谥文忠。在文学上,他是北宋诗文革新的杰出领袖,"唐宋散文八大家"之一,"晏欧体"的代表词人。有《欧阳文忠公集》《六一词》等行于世。

【集评】

欧阳文忠公诗始矫"昆体",专以气格为主,故其言多平易疏畅,律诗意所到处,虽语有不伦,亦不复问,而学之者往往遂失于快直,倾囷倒廪,无复余地。([宋]叶梦得《石林诗话》卷上)

欧公古诗苦无兴比,唯工赋体耳。至若叙事处,滔滔汩汩,累百千言,不衍不支,宛如面谈,亦其得也。所惜语随言尽,无复余音绕梁之意。又篇中曲折变化处亦少。公喜学韩,韩本诗之别派,其佳处又非学可到,故公诗常有浅直之恨。([清]贺裳《载酒园诗话》卷一)

学欧公作诗,全在用古文章法。如此则小才亦有把鼻涂辙可寻,即其成章,亦非俗士所解。 逆转顺布,往往有两番。逆转顺布后,有用旁面衬、后面逆衬法。 深人无浅意,无率笔,无重复。一时窥之,总不见其底蕴,由于意、法、情俱曲折也。([清]方东树《昭昧詹言》卷十二)

戏答元珍①

春风疑不到天涯，二月山城未见花。
残雪压枝犹有橘，冻雷惊笋欲抽芽②。
夜闻归雁生乡思，病入新年感物华③。
曾是洛阳花下客④，野芳虽晚不须嗟⑤。

【汇评】

欧阳文忠公语人曰："修在三峡赋诗：'春风疑不到天涯，二月山城未见花。'若无下句，则上句不见佳处，并读之，便觉精神顿出。文意难评如此，要当着意评味之耳。"（[宋]蔡絛《西清诗话》）

方回：欧公自谓得意。盖"春风疑不到天涯"一句，未见其妙，若可惊异；第二句云"二月山城未见花"，即先问后答，明言其所谓也。以后句句有味。 冯班：欧公本佳，说出"问答"二字，便欲呕矣。 冯舒：亦自工致。 陆贻典：句法相生，对偶流动，欧公得意作也。 纪昀：起得超妙，不减柳州。 许印芳："花"字"不"字俱复。起句妙在倒装，若从"未见花"说起便是凡笔。（李庆甲辑《瀛奎律髓汇评》卷四）

结韵用高一层意自慰。又《黄溪夜泊》结韵云："行见江山且吟咏，不因迁谪岂能来？"亦是。（陈衍《宋诗精华录》卷一）

【赏析】

景祐三年(1036)，范仲淹施行新法受挫被贬知饶州，欧阳修写信讥评谏官高若讷(即《与高司谏书》)，触怒朝廷，被贬为夷陵县令。此诗即作于任夷陵县令之时。诗以自嘲的口吻，抒发了脱身朝廷政治漩涡以后在平静生活中的寂寞与无奈。此诗别题作《花时久雨之什》，花开时节，春寒多雨也导致花难开。"春风疑不到天涯"句，起得突然，及读到第二句，便明白其理，如此开头不落俗套。诚如程千帆先生所云："能在一转手间改变读者的思路，正是它的妙处。""残雪压枝犹有橘"句，显然是作者亲见之实景，由于天寒，雨夹雪，在枝头犹有残雪，少量去年未摘尽的橘子犹挂枝头。此景并不常见，令人耳目一新。"冻雷"二字也很别致。天气还很冷，残雪犹在，天寒地冻，没有一丝春意。但毕竟已是农历二月，此时已是"惊蛰"时分。"惊蛰"是农历二十四节气中第三个节气，通常为阳历三月五日左右，农历则为正月末至二月中上旬。惊蛰一过，春雷便响，地上地下的万物也应

---

① 戏：嘲弄，实是自嘲。元珍：丁宝臣之字，时为峡州(今湖北宜昌市西北)判官。 ② 冻雷：春雷。传说笋经春雷才破土而出。 ③ "夜闻"二句：一作"鸟声渐变知芳节，人意无聊感物华"。物华，犹物色，泛指美好的景物。 ④ "曾是"句：宋仁宗天圣八年(1030)至景祐元年(1034)，欧阳修曾任西京(洛阳)留守推官，故云。 ⑤ 嗟：《广韵》谓：子邪切，精母，麻韵。读如：jiā。

复苏了,而天气犹寒,故言"冻雷",但地下的竹笋还是快要钻出土面了。"欲抽芽"是说春笋正欲抽芽出土。"夜闻归雁"二句,作者是因伤春而生乡愁。大雁从湖南衡阳飞来,衡阳与诗人的家乡吉安靠得较近,易引起思乡之情。他幼年丧父,母亲将他一手拉扯大,故乡对他有着特殊的含义,而新年刚过,自己是在病中度过新年的,故云"感物华"。夷陵虽偏远,景物却很美。作者景祐五年三月移知光化军乾德县后所作《与梅圣俞书》谓:"修昨在夷陵。……县有江山之胜,虽在天涯,聊可自乐。"诗的最末二句谓自己与丁宝臣均曾在洛阳为官,洛阳牡丹甲天下,曾经沧海难为水,故对夷陵二月不见花也就无须叹息了。结句极见胸次之旷达。全诗景物刻画工切,对仗灵动而不板滞,抒发乡愁也哀而不伤,结尾更是境界高远,堪称六一诗中极品。

苏　轼

苏轼(1037—1101),字子瞻,号东坡居士,四川眉山人。嘉祐二年(1057)进士。在王安石变法高潮中,先后任凤翔签判、开封推官、杭州通判和密州、徐州、湖州等地行政长官;元丰中陷入乌台诗案,贬居黄州四年许。元祐中任中书舍人、翰林学士、知制诰等职,后又任杭州、颍州、扬州、定州等地知州,晚年又被远贬惠州、儋州,九死一生,北返中原,病逝于常州。苏轼是文学史上少见的兼擅诗、词、文、书法、绘画的文豪,在历史上产生了深远的影响。中华书局已整理出版《苏轼诗集》八册、《苏轼文集》六册,《东坡词》见《宋六十名家词》(上海古籍出版社影印明版)。

【集评】

东坡诗天才宏放,宜与日月争光。凡古人所不到处,发明殆尽,万斛泉源,未为过也。然颇恨方朔极谏,时杂以滑稽,故罕逢蕴藉。([宋]蔡絛《蔡百衲诗评》)

东坡文章,至黄州以后,人莫能及。唯黄鲁直诗,时可以抗衡。晚年过海,则虽鲁直,亦瞠乎其后矣。或谓东坡过海虽为不幸,乃鲁直之大不幸也。([宋]朱弁《风月堂诗话》卷上)

继风骚而诗者,莫昌于子美。秦蜀纪行等篇,山川风景,一一如画,逮今犹可想见。他诗所咏,亦无非一时事物之实,谓之诗史,信然。后之才气笔力,可以追踪子美,驰骋蹒藉而不困惫,在宋唯子瞻一人。其平生游览经行及海南诸诗,读之者真能知当时土风之为何如。诗之可观,未有过于二公者也。([元]程文海《雪楼集》卷十四《王寅夫诗序》)

坡公之美不胜言,其病亦不胜摘,大率俊迈而少渊渟,瑰奇而失详慎,故多粗豪处、滑稽处、草率处,又多以文为诗,皆诗之病。然其才自是古今独绝。([清]贺裳《载酒园诗话》)

杜甫之诗,独冠今古。此外上下千余年,作者代有,惟韩愈、苏轼,其才力能与甫抗衡,鼎立为三。苏诗包罗万象,鄙谚小说,无不可用,譬之铜铁铅锡,一经其陶铸,皆成精金,庸夫俗子,安能窥其涯涘!并有未见苏诗一斑，公然肆其讥弹，亦可哀也！韩诗用旧事，而间以己意易以新字者；苏诗常一句中用两事三事者，非骈博也，力大故无所不举。然此皆本于杜。细览杜诗，知非韩、苏创为之也。必谓一句止许用一事者，此井底之蛙，未见韩、苏，并未见杜者也。（［清］叶燮《原诗》卷三外篇上）

以文为诗，自昌黎始。至东坡益大放厥词，别开生面，成一代之大观。今试平心读之，大概才思横溢，触处生春，胸中书卷繁富，又足以供其左旋右抽，无不如志。其尤不可及者，天生健笔一枝，爽如哀梨，快如并剪，有必达之隐，无难显之情，此所以继李、杜后为一大家也。而其不如李、杜处亦在此。盖李诗如高云之游空，杜诗如乔岳之矗天，苏诗如流水之行地。读诗者于此处着眼，可得三家之真矣。（［清］赵翼《瓯北诗话》卷五）

东坡大气旋转，虽不屑屑于句法、字法中别求新奇，而笔力所到，自成创格。（同上）

东坡下笔，摆脱一切，空诸依傍，直是前无古人，后无来者，所以能为一大宗；然滑易之病，末流不可处。故今须以韩黄药之。（［清］方东树《昭昧詹言》卷一）

坡公之诗，每于终篇之外，恒有远境，匪人所测。于篇中又各有不测之远境，其一段或从天外插来，为寻常胸臆中所无有。（同上，卷十二）

尝论东坡七律，固是学问大。然终是天才迥不犹人，所以变化开合，神出鬼没，若行乎其所无事……纯以质劲之气，作闪烁之笔，遂能于寻常蹊径中，得此出没变化之妙。（［清］延君寿《老生常谈》）

东坡天才豪放，学殖富有，发为文章，非大篇长句不足供其挥洒。故其诗七言最为擅场，七古较七律尤出色，七律虽不及七古，而气格超胜。全集佳篇甚夥，在宋人七律中尽可独树一帜。晓岚谓非长技，此谬说也。（李庆甲辑《瀛奎律髓汇评》卷二引许印芳语）

和子由渑池怀旧①

人生到处知何似？应似飞鸿踏雪泥②。
泥上偶然留指爪，鸿飞那复计东西。
老僧已死成新塔，坏壁无由见旧题③。
往日崎岖还记否？路长人困蹇驴嘶④。

【汇评】

纪昀曰：前四句单行入律，唐人旧格，而意境恣逸，则东坡之本色。（［清］王文诰《苏诗总案》卷三）

吴汝纶曰：起超隽，后半率。（高步瀛《唐宋诗举要》卷六引）

前四句单行入律，唐人旧格；而意境恣逸，则东坡本色。浑灏不及崔司勋《黄鹤楼》诗，而撒手游行之妙，则不减义山《杜司勋》一首。（［清］汪师韩《苏文忠诗集》卷三）

---

① 渑池：县名，今属河南省。苏辙《怀渑池寄子瞻兄》原诗云："相携话别郑原上，共道长途怕雪泥。归骑还寻大梁陌，行人已度古崤西。曾为县吏民知否？旧宿僧房壁共题。遥想独游佳味少，无言雅马但鸣嘶。"自注云："辙曾为此县簿，未赴而中第。" ②"应似"句：语本欧阳修诗"瘦马奔春踏雪泥"。 ③"老僧"二句：苏辙诗自注："辙昔与子瞻应举，过宿县中寺舍，题其老僧奉闲之壁。" ④"往日"二句：诗人自注："往岁，马死于二陵，骑驴至渑池。"

【赏析】

王文诰《苏诗总案》曰:"嘉祐六年(1061)十一月,公赴凤翔,子由送至郑州,过渑池,老僧奉闲已死,和子由《怀渑池诗》。"这首诗是苏轼人生观的极好写照。诗的前四句乃成语"雪泥鸿爪"的出处,喻指人生一世,商旅宦游,东奔西走,只不过如鸿雁一般在世上留下一些指爪的痕迹便匆匆飞走。这浅薄的痕迹,很容易为人淡忘,有的连自己也不易记住,痕迹也很容易会消失。

"泥上偶然留指爪,鸿飞那复计东西"二句即纪昀所谓"单行入律,唐人旧格",意思上二句相承而非相对,词性上也不尽相对,似乎比常见的流水对更宽。

"老僧"二句忆昔年与老僧奉闲相知相交而如今僧人已故去而筑起墓塔,旧日题诗之壁也已破坏而无法再见。诗的结尾以问句提起前次来渑池时的狼狈,道路崎岖而马又死去,只能骑着跛驴而行。

苏轼一生坎坷,在政治风波中死里逃生,长期贬窜各地,甚至饱受牢狱之灾,但他均能豁达地走过。从这首早期作品揭示的人生哲理中,不难窥见其后期刚强达观的底蕴。人世无常,变幻莫测,不必过于计较,古今诗家真能如此潇洒者并不多,屈原、李白虽亦浪漫,而时见牢骚。苏轼并非逆来顺受,而是坚持高尚的人格操守,具有迎接风霜雨雪、明枪暗箭的思想准备。斤斤于一己之得失,稍受冷落打击便消极悲观而牢骚满腹者,当熟读此诗。

初到黄州①

自笑平生为口忙②,老来事业转荒唐。
长江绕郭知鱼美③,好竹连山觉笋香④。
逐客不妨员外置⑤,诗人例作水曹郎⑥。
只惭无补丝毫事,尚费官家压酒囊⑦。

(自注:检校官例折支,多得退酒袋。)

【汇评】

东坡《黄州》诗云:"长江绕郭知鱼美,好竹连山觉笋香。"读此可见黄州专有水竹也。([宋]曾季狸

---

① 黄州:今湖北黄冈市。 ② 为口忙:语涉双关,既指为生计奔波,又指因口误惹祸。 ③ "长江"句:黄州濒临长江。 ④ "好竹"句:王禹偁《黄冈竹楼记》开篇便有"黄州之地多竹"之句。 ⑤ 员外置:定员以外的官员。《宋史·职官志》:"隋唐以来,以省台、寺监、府卫分庶务,以品爵勋阶别才术。复有员外之置,有检校、试摄、判知及诸使之名,历五季不废。" ⑥ "诗人"句:古诗人有三水部,谓何逊、张籍及孟宾于。 ⑦ "尚费"句:宋代官俸一部分用实物来抵数,叫折支。据《宋史·职官志十一》,"防御、团练副使二十千"(原注:如监当即给一半折支),"凡文武官料钱,并支一分见钱,二分折支",据苏轼自注,似乎其实物折支中有酒,但规定酒袋要缴回。

《艇斋诗话》)

少年下笔已如神,文到黄州更绝尘。我宋人才盛元祐,玉堂人是雪堂人。

再闻黄州正坐诗,诗因迁谪更瑰奇。读公《赤壁》词并赋,如见周郎破贼时。([宋]王十朋《游东坡十一绝》)

东坡元丰二年己未冬,责授检校水部员外郎黄州团练副使,本州安置,明年二月到郡。何逊、张籍、孟宾于三诗人皆水部。([元]方回《瀛奎律髓》卷四十三)

通首似韦左司。([清]查慎行《初白庵诗评》卷中)

因江而知鱼美,见竹而觉笋香,确是初到情景。员外、水曹则新授头衔也。末句承腹联说下,亦是初任事之词。([清]汪师韩《苏诗选评》卷四)

冯班:此何以似白公? 有谓坡公不如谷者,我不信也。此后诗不必工,多故事可用。第六用白公语。

纪昀:东坡诗多伤激切。此虽不免兀傲,而尚不甚碍和平之音。(李庆甲集评校点《瀛奎律髓汇评》卷四十三引)

【赏析】

苏轼因御史中丞李定及舒亶、何正臣等人诬陷于元丰二年(1079)八月十八日被押赴台狱勘问(即"乌台诗案"),历时一百三十日,十二月二十八日获释出狱,责授检校水部员外郎、黄州团练副使,本州安置、不得签书公事,令御史台差人转押前去。正月初一离开京师,四日至陈州,二十日至岐亭,二月一日至黄州贬所,寓居定惠院,随僧蔬食。此诗当作于初抵黄州时。

诗以自嘲口吻开头,此前诗人一直官卑职微,只做过杭州通判,密州、徐州、湖州三州知州,到湖州仅两月便下御史台狱,年轻时的抱负均成泡影,只能说为口腹生计而奔忙。"老来",诗人当时方四十五岁,这个年龄在古人已算不小了,苏轼作于密州的《江城子》词中便有"老夫聊发少年狂"之句,"事业转荒唐"指"乌台诗案"事,屈沉下僚尚可忍耐,无端的牢狱之灾更使自己检点自己的人生态度,"荒唐"二字似是对过去的自嘲与否定,却未必不含有几分牢骚。面对逆境,苏轼却以平静、旷达的态度对待之。初到黄州,正月刚过,又寄居僧舍,却因黄州三面为长江环绕而想到可有鲜美的鱼吃,因黄州多竹而似乎闻到竹笋的香味。苏轼这种"能从黄连(最苦的中药)中嚼出甜味来"的精神是最应令人钦敬的,这种豁达、乐观的精神,使他在黄州的五年政治上的低谷时期(政治上不可能有任何作为),却在创作上达到炉火纯青的境界,前后《赤壁赋》《念奴娇·赤壁怀古》等大批著名作品均写于这一时期,苏轼成了古代文学家中身处逆境而大有作为的典范,苏轼"敢于直面惨淡的人生,敢于正视淋漓的鲜血"(鲁迅语)的高尚思想境界成为后人之表率。后四句尤为自嘲,"只惭"句有几分无奈,但并不把它作为完全无所作为的理由,政治上不能有所作为,文学上却可以大有作为。"诗穷而后工",黄州成了苏轼一生词与文创作的顶点,也奠定了他在中国文坛的地位。这首诗一反古代诗人在遭受打击时鸣冤叫屈、叹老嗟卑的惯例,虽自嘲不幸,却又以超旷的胸襟对之,后之诗篇唯鲁迅"运交华盖"一首似之。

(王步高)

黄 庭 坚

黄庭坚(1045—1105),字鲁直,号山谷道人,晚号涪翁,洪州分宁(今江西修水)人。治平四年(1067)进士。神宗朝历四京学官、北京国子监教授、知太和县。哲宗元祐间入直史馆,绍圣中贬涪州别驾。徽宗立,知太平州,旋罢谪宜州,卒。诗学杜甫,诗风瘦硬奇峭,主张"夺胎换骨""无一字无来处",开创江西诗派,与苏轼并称"苏黄"。善书法,为宋书法四大家之一,亦能词。有《山谷集》《山谷琴趣外编》。

【集评】

足下之诗文……超逸绝尘,独立万物之表,驭风骑气,以与造物者游,非独今世之君子所不能用,虽如轼之放浪自弃与世阔疏者,亦莫得而友也。([宋]苏轼《答黄鲁直一首》)

鲁直诗文,誉者或过其实,毁者或损其真,皆非真知鲁直者,或有所爱憎而然也。大抵鲁直文不如诗,诗律不如古,古不如乐府。盖鲁直所学诗,源流甚远。自以为出于《诗》与《楚词》,过矣。盖规模汉魏以下,而得其仿佛者也。故其佳处,往往与乐府《玉台新咏》中诸人所作合。其古律诗酷学少陵,雄健大过,遂流而入于险怪。要其病在太著意,欲道古今人所未道语尔。至其文则专学西汉,惜乎其才力褊局,不能汪洋赴超,如其纪事立言,颇时有类处。其诗虽特妙于乐府,然惜乎择之不精,用古今语颇杂,遂有害骚雅处。([宋]张嵲《黄庭坚豫章集序》)

山谷云:"诗意无穷,而人之才有限,以有限之才追无穷之意,虽渊明、少陵不得工也。然易其意而造其语,谓之换骨法,窥入其意而形容之,谓之夺胎法。"([宋]惠洪《冷斋夜话》卷一)

山谷刻意少陵,虽不能到,然其兀傲磊落之气,足与古今作俗诗者澡灌胸胃,导启性灵。([清]姚鼐《五七言今体诗钞序目》)

涪翁以惊创为奇才,其神兀傲,其气崛奇,玄思瑰句,排斥冥筌,自得意表。([清]方东树《昭昧詹言》卷十二)

寄黄几复①

我居北海君南海②,寄雁传书谢不能③。

---

① 黄几复:名黄介,山谷之同乡。熙宁九年(1076)同科出身。元丰八年知四会县,原属肇庆府(今广东肇庆市)。② 《左传·僖公四年》:"君处北海,寡人处南海,唯是风马牛不相及也。" ③ 谢不能:相传大雁南飞到衡阳为止,而肇庆在衡阳之南。谢,谦辞,自惭无力。

桃李春风一杯酒，江湖夜雨十年灯①。

持家但有四立壁②，治病不蕲三折肱③。

想得读书头已白，隔溪猿哭瘴溪藤④。

【汇评】

张文潜尝谓余曰："黄九诗'桃李春风一杯酒，江湖夜雨十年灯'，真是奇语。"（［宋］王直方《王直方诗话》）

初二句为破题，第三、第四句为颔联。大凡颔联皆宜意对。春风桃李但一杯，而想象无聊，窭空为甚，飘蓬寒雨十年灯之下，未见青云得路之便，其羁孤未遇之叹，具见矣。其句意亦就境中宣出。"桃李春风""江湖夜雨"，皆境也。昧者不知，直谓境句，谬矣。（［宋］普闻《诗论》）

山谷"桃李春风一杯酒，江湖夜雨十年灯"，尽言杯酒别又十年灯矣。同一机轴，此最高处。（［宋］陈模《怀古录》卷上）

亦是一起浩然，一气涌出。五六一顿。结句与前一样笔法。山谷兀傲纵横，一气涌现。然专学之，恐流入空滑，须慎之。（［清］方东树《昭昧詹言》卷二十）

次句语妙，化臭腐为神奇也。三四为此老最合时宜语，五六则狂奴故态矣。（陈衍《宋诗精华录》卷二）

【赏析】

本诗自注曰："乙丑年德平镇作。"山谷系元丰六年（1083）自太和县移监德州德平镇，据黄子耕《山谷先生年谱》卷七，元丰八年（乙丑年）春夏山谷犹在德平镇。同据该谱卷一，可知黄几复的去世即在山谷写这首诗三年后。诗之开头即写得飘逸不凡。吴汝纶曰："黄诗起处每飘然而来，亦奇气也。"首句写二人相隔之远。山东德州德平镇与广东四会县均是滨海之地，只是南海、北海相距万里。友人离得太远了，连能传书的大雁也无法到达。这两句已写到对友人的思念。"桃李"一联将昔日的友情与十年的艰辛经历浓缩到这两句中。昔日良辰美景几位友人对花畅饮，而随后是天涯漂泊，独对孤灯，一晃十年。这一联不用一动词，而创造了独特的意境。诚如霍松林先生所说："'桃李春风'与'江湖夜雨'，这是'乐'与'哀'的对照，快意与失望，暂聚与久别，往日的交情与当前的思念，都从时、地、景、事、情的强烈对照中表现出来，令人寻味无穷。"（《宋诗鉴赏辞典》）"持家"一联，前句言其贫穷，家无长物空有四壁，后句意谓黄不愿从官场世故中去求得功名富贵。"想得"一联收束全诗，设想十年不见生活在南方蛮烟瘴雨的艰苦环境中读书的友人已满头白发，进一步写足对友人的思念。这是一首拗体七律，杜甫晚年多作拗体，黄庭坚学杜写拗律更多，如"持家但有四立壁"句，后五字皆仄。"治病"句本应为"仄仄平平仄仄平"，三五字拗，句中自救，不谓拗句，但形式变化，亦有助于运古于律、拗折波峭风格之形成。

（王步高）

---

① "桃李"二句：上句言昔日交游之欢乐，下句写其后宦游辛苦，也暗含相互思念之情。 ② 四立壁：《史记·司马相如列传》"家居徒四壁立。" ③ 蕲：求，通"祈"。三折肱（gōng）：喻阅历多。《左传·定公十三年》："三折肱知为良医。" ④ 瘴溪：旧指岭南有瘴气的溪水。

鲁山山行　　　　梅尧臣

适与野情惬,千山高复低。好峰随处改,幽径独行迷。霜落熊升树,林空鹿饮溪。人家在何许,云外一声鸡。

明妃曲(二首选一)　　　　王安石

明妃初出汉宫时,泪湿春风鬓脚垂;低徊顾影无颜色,尚得君王不自持。归来却怪丹青手,入眼平生未曾有;意态由来画不成,当时枉杀毛延寿。一去心知更不归,可怜着尽汉宫衣。寄声欲问塞南事,只有年年鸿雁飞。家人万里传消息,好在毡城莫相忆;君不见咫尺长门闭阿娇,人生失意无南北!

书王定国所藏烟江叠嶂图　　　　苏轼

江上愁心千叠山,浮空积翠如云烟。山耶云耶远莫知,烟空云散山依然。但见两崖苍苍暗绝谷,中有百道飞来泉。萦林络石隐复见,下赴谷口为奔川。川平山开林麓断,小桥野店依山前。行人稍渡乔木外,渔舟一叶江吞天。使君何从得此本?点缀毫末分清妍。不知人间何处有此境,径欲往买二顷田。君不见武昌樊口幽绝处,东坡先生留五年。春风摇江天漠漠,暮云卷雨山娟娟。丹枫翻鸦伴水宿,长松落雪惊昼眠。桃花流水在人世,武陵岂必皆神仙?江山清空我尘土,虽有去路寻无缘。还君此画三叹息,山中故人应有招我归来篇。

登快阁　　　　黄庭坚

痴儿了却公家事,快阁东西倚晚晴。落木千山天远大,澄江一道月分明。朱弦已为佳人绝,青眼聊因美酒横。万里归船弄长笛,此心吾与白鸥盟。

吴中田妇叹

公自注:和贾收韵。

今年粳稻熟苦迟,庶见霜风来几时。霜风来时雨如泻,杷头出菌镰生衣。眼枯泪尽雨不尽,忍见黄穗卧青泥。茅苫一月陇上宿,天晴获稻随车归。汗流肩赪载入市,价贱乞与如糠栖。卖牛纳税拆屋炊,虑浅不及明年饥。官今要钱不要米,西北万里招羌儿。龚黄满朝人更苦,不如却作河伯妇。

山村五绝(选三首)

烟雨蒙蒙鸡犬声,有生何处不安生!但令黄犊无人佩,布谷何劳也劝耕?

老翁七十自腰镰,惭愧春山笋蕨甜;岂是闻韶解忘味?迩来三月食无盐。

杖藜裹饭去匆匆,过眼青钱转手空。赢得儿童语音好,一年强半在城中。

予以事系御史台狱,狱吏稍见侵,自度不能堪,死狱中,不得一别子由,故作二诗授狱卒梁成,以遗子由,二首

其　一

圣主如天万物春,小臣愚暗自亡身。百年未满先偿债,十口无归更累人。是处青山可埋骨,他时夜雨独伤神。与君今世为兄弟,又结来生未了因。

其二

柏台霜气夜凄凄,风动琅珰月向低。梦绕云山心似鹿,魂惊汤火命如鸡。眼中犀角真吾子,身后牛衣愧老妻。百岁神游定何处,桐乡知葬浙江西。

十二月二十八日,蒙恩责授检校水部员外郎黄州团练副使二首

百日归期恰及春,余年乐事最关身,出门便旋风吹面,走马联翩鹊唾人。却对酒杯浑是梦,偶拈诗笔已如神。此灾何必深追咎,窃禄从来岂有因。

平生文字为吾累,此去声名不厌低。塞上纵归他日马,城东不斗少年鸡。休官彭泽贫无酒,隐几维摩病有妻。堪笑睢阳老从事:为予投檄到江西。子由闻予下狱,乞以官爵赎予罪。贬筠州监酒。

附录三 北宋诗选

正月二十日与潘、郭二生出郊寻春,忽记去年是日同至女王城作诗,乃和前韵
苏 轼

东风未肯入东门,走马还寻去岁村。人似秋鸿来有信,事如春梦了无痕。江城白酒三杯酽,野老苍颜一笑温。已约年年为此会,故人不用赋《招魂》。

澄迈驿通潮阁二首(其二)
苏 轼

余生欲老海南村,帝遣巫阳招我魂。杳杳天低鹘没处,青山一发是中原。

六月二十日夜渡海
苏 轼

参横斗转欲三更,苦雨终风也解晴。云散月明谁点缀,天容海色本澄清。空馀鲁叟乘桴意,粗识轩辕奏乐声。九死南荒吾不恨,兹游奇绝冠平生!

秋 日
秦 观

霜落邗沟积水清,寒星无数傍船明。菰蒲深处疑无地,忽有人家笑语声。

雨中登岳阳楼望君山(二首)
黄庭坚

投荒万死鬓毛斑,生入瞿塘滟滪关。未到江南先一笑,岳阳楼上对君山。

满川风雨独凭栏,绾结湘娥十二鬟。可惜不当湖水面,银山堆里看青山。

绝 句
陈师道

书当快意读易尽,客有可人期不来。世事相违每如此,好怀百岁几回开?

除夜对酒赠少章
陈师道

岁晚身何托,灯前客未空。半生忧患里,一梦有无中。发短愁催白,颜衰酒借红。我歌君起舞,潦倒略相同。

赵宋王朝结束了五代十国纷争的局面重新归于统一,历时三百余年,甚至比唐王朝还长,然而这是一个自汉以来大一统王朝中国土面积最小,在对外关系中最软弱、屈辱的王朝。由于诸多因素的累积,宋代又是历史上经济、文化、科技高度繁荣的朝代。

宋诗形式无所创新,内容却有较大开拓:一是政治诗蔚为大观。围绕王安石变法,苏轼等"反对派"写过《吴中田妇叹》《山村》等,直接抨击新法;而王安石的《后元丰行》《秃山》等,均是为变法张目的。到南宋,陆游的抗金复国主张、迁都建康的政见全都明明白白地写到诗里,这在唐诗中并不多见。二是爱国之作尤多。唐王朝虽有内乱,外患一般并不严重;除了安史之乱的那几年,唐王朝的生存较少发生危机。宋朝则不然:辽、西夏、金、元相继威胁其生存。北方燕云十六州几乎一直未能收复,南宋时更只剩半壁河山。进贡称臣之类事几乎与赵宋王朝相终始。有民族自尊心的宋代诗人悲怆的爱国呼声此起彼伏。三是哲理类诗作激增。宋代是理学盛行的时代,张载、程颢、程颐、朱熹、张栻、陈亮、吕祖谦等人,影响所及,遍及两宋。僧诗喜欢谈禅说佛,理学家之诗少不得以诗说理。与之相比,唐诗中此类作品就少得多了。

以艺术论,宋人好以议论为诗,以散文为诗,以才学为诗。南宋刘克庄《竹溪诗序》中称:"迄本朝,则文人多,诗人少。三百年间虽人各有集,集各有诗,诗各自为体,或尚理智,或负材力,或逞辩博,少者千篇,多至万首,要皆经义策论之有韵者尔,非诗也。自二三巨儒及十数大作家,俱未免此病。"宋诗中以散文铺叙的方法十分常见,其中很成功的不多。散文句法"削弱诗歌语言的精炼与形象性",使宋诗的艺术性不如唐诗。宋诗趋于议论化,某些作品更是以逻辑思维代替形象思维、以理代情。如王安石之《兼并》《省兵》,均形象苍白,淡情寡味。陆游的某些作品也有类似毛病。以才学为诗,大用典故,掉书袋,甚至将整篇文章

檃栝入诗,将唐诗檃栝入词,其原理均一。宋诗缺少浑厚的意境。宋诗中也不乏名句,但通篇浑融一气者则少,如黄庭坚《寄黄几复》后半首较之前半首即逊色许多,苏轼的《和子由渑池怀旧》亦然。绝句一般较少此病,王安石、苏轼、陆游的绝句中不乏一流杰作。

北宋诗初期受唐诗影响,如王禹偁受白居易、杜甫影响,其《乌啄疮驴诗》《对雪》《感流亡》,对民生疾苦的深切同情与杜甫、白居易是完全一致的。而杨亿、刘筠、钱惟演等西昆派诗人,学习李商隐,几乎到了惟妙惟肖的地步,但这些台阁诗人较之李商隐更少对民生疾苦的感悟、更少政治倾轧的恐惧、更无国势衰微的痛心,故写不出《行次西郊作一百韵》类的作品,也难写出义山咏史怀古的佳制,只有在《无题》类作品的仿效上还有几分相似。

欧阳修学韩愈也不十分成功,其诗之成就不若其文,亦不如其词。倒是同时的苏舜钦、梅尧臣等,位卑职微,生计艰难,"诗穷而后工",如苏舜钦之《边户》,梅尧臣之《田家语》《汝坟贫女》《陶者》《村豪》等,能体察下情,反映社会的真实面目。

苏东坡是古代最有才华的大作家之一,其诗、文、词、书法、绘画均极有成就。其诗数量多(2700多首),脍炙人口之作也不少,短篇佳制甚多,中篇之作如《百步洪》《荔枝叹》《书王定国所藏烟江叠嶂图》等也多为名篇杰作,但诚如清人贺裳所言:"坡公之美不胜言,其病亦不胜摘,大率俊迈而少渊渟,瑰奇而失详慎,故多粗豪处、滑稽处、草率处,又多以文为诗。""坡诗苦于太尽,常有才大难降,笔走不守之恨。"(《载酒园诗话》)

黄庭坚一生存诗一千六七百首,是宋代最有影响的诗人之一。他谓"文章最忌随人后"(《赠谢敞王博喻》),"自成一家始逼真"(《题乐毅论后》),在诗歌上独辟门户。刘乃昌先生指出:"黄庭坚胸襟旷达,学识渊博,功力深厚,创作态度谨严,因而在诗歌创作上确能独树一帜,有鲜明的个性。他的诗立意曲深,富有思致,耐人寻味;章法细密,线索深藏,起结无端,出人意表;讲究烹炼句法,点石

化金,下语奇警,使人惊异。"黄庭坚生活视野不广,又过多地讲究技巧,讲究字有来处,因而不免有晦涩生硬之弊。他对北宋诗坛的影响甚至超过了苏轼,对南宋诗人如陈与义等也有一定影响。

陈师道诗受杜甫、黄庭坚影响很大,也力主"无一字无来处",而其学识远逊黄庭坚,只是学杜之五七律较有成就,如其《除夜对酒赠少章》《春怀示邻里》等,论者以为颇得老杜诗之形似。

此外尚有张耒等一些受苏轼影响的诗人。

张耒诗以平易、流丽、晓畅见长。如其写"北邻卖饼儿"的诗,读此诗不难想到白居易的《卖炭翁》,然而篇末"业无高卑志当坚,男儿有求安得闲"二句又显然是议论说理,已是宋调。

北宋诗、文、词总体水准均超过南宋。平心而论,除个别大家外,北宋诗难与唐诗匹敌,却能自具面目,在题材、艺术上均有所开拓,对唐诗的技艺有一定发展,从而成为可与唐诗并称的又一创作高峰。

参考书目

〔清〕王文诰辑注、孔凡礼点校《苏轼诗集》,中华书局 1982 年

林语堂《苏东坡传》,张振玉译,百花文艺出版社 2000 年

曾枣庄《苏轼评传》,四川人民出版社 1981 年

王水照《苏轼》,上海古籍出版社 1981 年

钟来茵《苏东坡三部曲》,上海文汇出版社 1998 年

陈迩冬选注《苏轼诗选》,人民文学出版社 1984 年

朱东润选注《梅尧臣诗选》,上海古籍出版社 1980 年

莫砺锋《江西诗派研究》,齐鲁书社 1986 年

吴之振《宋诗钞》,中华书局 1986 年

陈衍《宋诗精华录》,江西人民出版社 1984 年

程千帆《宋诗精选》,江苏古籍出版社 1995 年

钱钟书《宋诗选注》,人民文学出版社 1989 年

金性尧《宋诗三百首》,上海古籍出版社 1986 年

傅璇琮、倪其心、许逸民《宋人绝句选》,齐鲁书社 1987 年

范宁、华岩《宋辽金诗选注》,北京出版社 1988 年

程杰《宋诗三百首注》,天津人民出版社 2000 年

胡云翼《宋诗研究》,巴蜀书社 1993 年

赵齐平《宋诗臆说》,北京大学出版社 1993 年

齐治平《唐宋诗之争概述》,岳麓书社 1984 年

张高评《宋诗特色研究》,长春出版社 2002 年

情感道德·顺逆、大度

思考与练习

1. 严羽《沧浪诗话》批评以黄庭坚为代表的宋代诗人以文为诗、以议论为诗、以才学为诗,根据您学过的这些宋诗,说说其利弊得失。

2. 宋诗数量差不多十倍于宋词,何以宋诗成就远逊于宋词?

3. 说说苏黄对宋诗的贡献。

慕课资源

【总论】

粤稽诗降为词，六朝潜启其意，而体创于李唐，五代继隆其轨，而风畅于赵宋。柳屯田之"晓风残月"，苏学士之"乱石崩云"，世所共称，固无论矣。建炎而后，作者斐然。数南渡之才人，无非妍手；咏西湖之丽景，尽是专家。薄醉樽前，按红牙之小拍；清歌扇底，度白雪之新声。况乎人间玉碗，阙下铜驼，不无荆棘之悲，用志黍离之感。文弦鼓其凄调，玉笛发其哀思。亦有登山临水，胜情与豪素争飞；惜别怀人，秀句共邮筒俱远。（［清］柯煜《绝妙好词原序》）

西蜀、南唐而后，作者日盛。宣和君臣，转相矜尚。曲调愈多，流派因之亦别。短长互见，言情者或失之俚，使事者或失之伉。鄱阳姜夔出，句琢字炼，归于醇雅。于是史达祖、高观国羽翼之，张辑、吴文英师之于前，赵以夫、蒋捷、周密、陈允衡、王沂孙、张炎、张翥效之于后，譬之于乐，舞《箾》至于九变，而词之能事毕矣。（［清］汪森《词综序》）

柳　永

柳永(987?—1053?)，原名三变，字景庄，后改名永，字耆卿，排行第七，故人称柳七，崇安（今福建武夷山市）人。柳永青少年时期，流连坊曲，文采风流，知名于世，因触及时讳，屡试不中，宋仁宗景祐元年(1034)方进士及第。做过睦州团练推官、定海晓峰盐场监官、泗州判官，改著作郎、灵台令、太常博士、屯田员外郎。能诗文，尤擅度曲填词，能以通俗的语言，铺叙、白描的手法，大量创作长调慢词，书写北宋帝国繁荣时期的都市文明和市民生活，对宋词的发展产生了很大影响，在文学史上占有重要地位。有《乐章集》传世。

【集评】

宋李清照曰："逮至本朝，礼乐文武大备。又涵养百余年，始有柳屯田永者，变旧声作新声，出《乐章集》，大得声称于世，虽协音律，而词语尘下。"（［宋］胡仔《苕溪渔隐丛话》后集卷三十三引）

予观柳氏乐章，喜其能道嘉祐间太平气象，如观杜甫诗，典雅文华，无所不有。是时予方为儿，犹想见其风俗，欢声和气，洋溢道路之间，动植咸若，令人歌柳词，闻其声，如丁斯时，使人慨然有感。呜呼，太

平气象,柳能一写于乐章。所谓词人盛世之黼藻,岂可废也。[宋]黄裳(《演山集》卷三十五《书〈乐章集〉后》)

柳三变既以词忤仁庙,吏部不放改官,三变不能堪,诣政府。晏公曰:"贤俊作曲子么?"三变曰:"只如相公亦作曲子。"公曰:"殊虽作曲子,不曾道'绿线慵拈伴伊坐'。"柳遂退。([宋]张舜民《画墁录》卷一)

柳耆卿《乐章集》,世多爱赏,其实该洽,序事闲暇,有首有尾,亦间出佳语,又能择声律谐美者用之。惟是浅近卑俗,自成一体,不知书者尤好之。([宋]王灼《碧鸡漫志》卷二)

词格固不高,而音律谐婉,词意妥帖,承平气象,形容曲尽,尤工于羁旅行役。([宋]陈振孙《直斋书录解题》卷二十一)

柳耆卿风流俊迈,闻于一时。既死,葬于枣阳县花山。远近之人,每遇清明日,多载酒殽,饮于耆卿墓侧,谓之吊柳会。([宋]曾敏行《独醒杂志》卷二)

八声甘州

对潇潇暮雨洒江天[①],一番洗清秋。渐霜风凄紧[②],关河冷落,残照当楼。是处红衰翠减[③],苒苒物华休[④]。惟有长江水,无语东流。　　不忍登高临远,望故乡渺邈,归思难收[⑤]。叹年来踪迹,何事苦淹留[⑥]。想佳人妆楼颙望[⑦],误几回天际识归舟[⑧]。争知我倚阑干处[⑨],正恁凝愁[⑩]。

【汇评】

东坡云:"世言柳耆卿曲俗,非也。如《八声甘州》云:霜风凄紧,关河冷落,残照当楼。此语于诗句不减唐人高处。"([宋]赵令畤《侯鲭录》卷七)

柳词胜处在气骨,不在字面。其写景处,远胜其抒情处。而章法大开大阖,为后起清真、梦窗诸家所取法,作为创调名家。如(略)《甘州》"对潇潇暮雨洒江天"诸阕,写羁旅行役中秋景,均极工巧。(蔡嵩云《柯亭词论》)

此首亦柳词名著。一起写雨后之江天澄澈如洗。"渐霜风"三句,更写风紧日斜之境,凄寂可伤。以东坡之鄙柳词,亦谓此三句"唐人佳处,不过如此"。"是处"四句,复叹眼前景物凋残,惟有江水东流。自起首至此,皆写景。换头,即景生情。"不忍"句与"望故乡"两句,自为呼应。"叹年来"两句,自问自叹,与"为问新愁,何事年年有"句,同为根极之语。"想"字贯至收处,皆是从对面着想,与少陵之"香雾云鬟湿,清辉玉臂寒"作法相同。小谢诗云:"天际识归舟",屯田用其语,而加"误几回"三字,更觉灵动。收处归到"倚阑",与篇首应。梁任公谓此首词境颇似"照花前后镜,花面交相映",说亦至当。(唐圭璋《唐宋

---

① 潇潇:形容雨急。　② 霜风:深秋的风。凄紧:寒意逼人。　③ 是处:处处,到处。红衰翠减:形容花木凋谢枯萎。李商隐《赠荷花》:"此荷此叶常相映,翠减红衰愁杀人。"　④ 苒苒:光阴悄然流逝。物华:指自然景物。休:消逝。　⑤ 归思:思归之情。　⑥ 何事:为何。淹留:滞留。　⑦ 颙望:引领而望。　⑧ "误几回"句:南朝梁谢朓《之宣城郡出新林向板桥》诗句:"天际识归舟,云中辨江树。"又,温庭筠《梦江南》词曰:"梳洗罢,独倚望江楼。过尽千帆皆不是,斜晖脉脉水悠悠,肠断白蘋洲。"此处并用之。　⑨ 争知:怎知。　⑩ 恁:如此。凝愁:愁苦凝结,难以化解。

词简释》)

【赏析】

　　文学是发生在一定空间场域的现象，环境不同，文学表现也不同。当柳永混迹市井坊陌、流连于柳营花阵的时候，他偎红依翠、浅斟低唱之词，自然多是浮艳俚俗之曲，然而当他远离了京城、漂泊异乡、蹉跎困顿之时，得江山之助，却又能写出气势磅礴、深情绵邈的佳作。这首《八声甘州》便是一个很典型的例子。上片写登高望远之景，江天寥廓，落日秋霜，气势极为阔大，然毕竟已是深秋时节，苦雨凄风，落木萧萧，触景伤情，便不只是悲秋，更惹出许多思乡念亲的情思来。由自怨自叹，而推己及人，层层递进，深挚细腻，显示出词人善于铺叙白描的手段。

（巩本栋）

晏　殊

　　晏殊（991—1055），字同叔，谥元献，临川（今江西抚州）人。7岁能作文，13岁以神童召试，宋真宗赐同进士出身，为东宫伴读。仁宗即位，备受宠信，任枢密使、同中书门下平章事，出为颍州、陈州、许州等地行政长官。晏殊为人谨厚诚实，喜荐用人才，如范仲淹、韩琦、富弼、欧阳修、宋庠、宋祁、梅尧臣、张先等，或是其门生，或得到其奖掖提拔。故《宋史》本传称其"善知人"，"文章赡丽，应有不穷，尤工诗，闲雅有情思"。他是西昆派后期的诗人，平生所作多达万余篇，惜不传。他在文学史上的地位，主要是由其词的创作所奠定的。他的词集名《珠玉词》，存词一百十多首。

【集评】

　　晏元献尤喜江南冯延巳歌词，其所自作，亦不减延巳。（［宋］刘攽《中山诗话》）

　　晏元献不蹈袭人语，而风调闲雅。如"舞低杨柳楼心月，歌尽桃花扇底风"，知此人不住三家村也。（［宋］吴曾《能改斋漫录》卷十六引晁补之语）

　　晏元献、欧阳文忠、宋景文则以其余力游戏，而风流闲雅，超出意表，又非其类也。嚼味研究，字字皆有据，而其妙见于卒章，语尽而意不尽，意尽而情不尽，岂平平可得仿佛哉。（［宋］李之仪《姑溪居士文集》前集卷四十《跋吴思道小词》）

　　晏元献公、欧阳文忠公风流蕴藉，一时莫及，而温润秀洁，亦无其比。（［宋］王灼《碧鸡漫志》卷二）

　　冯延巳词，晏同叔得其俊，欧阳永叔得其深。（［清］刘熙载《艺概·词曲概》）

　　元献词风神婉约，骨格自高，不流俗秒，与延巳相伯仲也。（［清］陈廷焯《云韶集》卷二）

　　（晏殊）赋性刚峻，居处清俭，不类其词之婉丽也。（夏敬观《二晏词评》）

蝶恋花

　　槛菊愁烟兰泣露①。罗幕轻寒,燕子双飞去。明月不谙离恨苦②,斜光到晓穿朱户。　　昨夜西风凋碧树③。独上高楼,望尽天涯路。欲寄彩笺兼尺素④,山长水阔知何处。

【汇评】

　　观殊所为词,托于男女情悦思慕之言,实未之废。盖词之始,所以润色里巷之歌谣,被诸弦管,其至者正在得之人情物态。(夏敬观《二晏词评》)

　　《诗·蒹葭》一篇,最得风人深致。晏同叔之"昨夜西风凋碧树,独上高楼,望尽天涯路",意颇近之。但一洒落,一悲壮也。　"我瞻四方,蹙蹙靡所骋"。诗人之忧生也。"昨夜西风凋碧树,独上高楼,望尽天涯路"似之。　古今成大事业大学问者,必经过三种之境界:"昨夜西风凋碧树,独上高楼,望尽天涯路。"此第一境也。"衣带渐宽终不悔,为伊消得人憔悴。"此第二境也。"众里寻他千百度,蓦然回首,那人正在灯火阑珊处。"此第三境也。此等语皆非大词人不能道。然遽以此意解释诸词,恐晏、欧诸公所不许也。(王国维《人间词话》)

【赏析】

　　此词写离别相思之苦。上片极力渲染抒情主人公所处情境的凄清、孤独和寂寞。兰菊笼罩在晨雾之中,燕子已双双飞去,皎洁的月光,透过窗棂,洒在主人公的闺阁中,反而更增添了她排遣不去的孤独。因为她所思念的对方究竟在哪里,又何时能回到其身边,全然不知,甚至想要倾诉久别的相思之情也不可能。下片的这些交代,让读者不免对主人公产生深深的怜悯和同情。此词虽是代人立言,但就中也暗含着某种对于令人感到乏味的现实的不满和自己还不怎么明确的对于美好事物的追求。这种轻烟薄雾般的情感,交织成一种淡淡的哀愁,也给词本身带来了温婉闲雅的风格。

(巩本栋)

欧阳修

【集评】

　　(欧阳修)虽游戏作小词,亦无愧唐人《花间集》,盖得文章之全者也。([宋]罗大经《鹤林玉露》卷二

---

　　① 槛菊:种在庭院花栏中的菊花。　② 谙:熟悉,了解。　③ 碧树:绿树。　④ 尺素:指书信。古诗《饮马长城窟行》:"客从远方来,遗我双鲤鱼。呼儿烹鲤鱼,中有尺素书。"

引杨东山)

冯延巳词,晏同叔得其俊,欧阳永叔得其深。([清]刘熙载《艺概》卷四)

宋至文忠,文始复古,天下翕然师尊之,风尚为之一变。即以词言,亦疏隽开子瞻,深婉开少游。([清]冯煦《宋六十一家词选例言》)

踏 莎 行

候馆梅残①,溪桥柳细,草熏风暖摇征辔②。离愁渐远渐无穷,迢迢不断如春水。　　寸寸柔肠,盈盈粉泪,楼高莫近危阑倚③。平芜尽处是春山④,行人更在春山外⑤。

【汇评】

"芳草更在斜阳外","行人更在春山外"两句,不厌百回读。([明]卓人月《古今词统》卷九)

"平芜尽处是春山,行人更在春山外。"此淡语之有情者也。([明]王世贞《艺苑卮言》)

唐宋人诗词中,送别怀人者,或从居者着想,或从行者着想,能言情婉挚,便称佳构。此词则两面兼写。前半首言征人驻马回头,愈行愈远,如春水迢迢,却望长亭,已隔万重云树。后半首为送行者设想,倚阑凝睇,心倒肠回,望青山无际,遥想斜日鞭丝,当已出青山之外,如鸳鸯之烟岛分飞,互相回首也。以章法论"候馆""溪桥"言行人所经历,"柔肠""粉泪"言思妇之伤怀,情同而景判,前后阕之章法井然。(俞陛云《唐五代两宋词选释》)

【赏析】

这是一首写旅人征途感受的词。上片词人给我们描绘的,是一幅人在旅途的情景:初春的早晨,暖风吹拂,一望无际的田野上,散发着青草的气息。词人骑着马,离开驿馆,跨过溪桥,继续往前赶路。漫漫征途,渐行渐远,那萦绕心头的思亲念家的情绪,不由得愈益浓重起来。下片推己及人,设想闺中之人也必定是忧愁怨艾,柔肠寸断,十分想念自己。然而虽十分想念,又不敢去登高望远,因为这只能是徒增忧愁。心中的人早已远去。走得太远了,一眼望不到头的,是无尽的原野,原野之外,是层层的山峦,何况人还在这春山之外呢。这都是词人设想的对方的内心活动。上下片结束各有两句:"离愁渐远渐无穷,迢迢不断如春水。""平芜尽处是春山,行人更在春山外。"最有特色。那就是以空间的辽远和阔大来形容愁绪之多和绵延无尽。走得愈远,离愁愈多;纵然能望到春山,可人更

---

① 候馆:旅舍。《周礼·地官·遗人》:"五十里有市,市有候馆。"郑玄注:"候馆,楼可以观望者也。"　② 草熏风暖:南朝梁江淹《别赋》:"闺中风暖,陌上草熏。"熏,香草,引申为花草香气。摇征辔:指策马启程。　③ 危阑:高栏。东汉许慎《说文解字》:"危,在高而惧也。"唐李商隐《北楼》:"此楼堪北望,轻命倚危栏。"　④ 平芜:杂草繁茂的原野。唐高适《田家春望》:"出门何所见,春色满平芜。"　⑤ 范仲淹《苏幕遮》词:"山映斜阳天接水,芳草无情,更在斜阳外。"此两句可与之相参。

在春山之外。空间的扩大增加了情感的容量,令人难以为怀。难怪明人要称它为"淡语之有情者","不厌百回读"了。

(巩本栋)

晏 几 道

晏几道(1030?—1106),字叔原,号小山,是晏殊的幼子。这是一位虽出身相门却仕途遭屯、很不得意的人。他早年过着锦衣玉食的生活,天真浪漫,一进入社会则进退失据,不能适应,直到五十多岁才做了监颍昌许田镇的小官。生平事迹,几乎湮没无闻。然而其词作却成就甚高,与其父齐名,世称"二晏"。其词继承了温、韦的写作技巧,工于言情,明丽、深永,委婉曲折,在词史上占有重要地位。有《小山词》一卷。

【集评】

(晏几道)磊隗权奇,疏于顾忌,文章翰墨,自立规摹。(略)乃独嬉弄于乐府之余,而寓以诗人句法,清壮顿挫,能动摇人心。士大夫传之,以为有临淄之风尔,罕能味其言也。余尝论叔原,固人英也,其痴亦自绝人。爱叔原者,皆愠而问其目。曰:"仕宦连蹇。而不能一傍贵人之门。是一痴也;论文自有体,不肯一作新进士语,此又一痴也;费资千百万,家人寒饥而面有孺子之色,此又一痴也;人百负之而不恨,已信人终不疑其欺已,此又一痴也。"乃共以为然。虽若此,至其乐府,可谓狭邪之大雅,豪士之鼓吹。其合者《高唐》《洛神》之流,其下者岂减《桃叶》《团扇》哉([宋]黄庭坚《小山词序》)

(晏几道)词在诸名胜中独可追逼《花间》,高处或过之。其为人虽纵弛不羁,而不苟求进,尚气磊落,未可贬也。([宋]陈振孙《直斋书录解题》卷二十一)

叔原往者浮沉酒中,病世之歌词不足以析酲解愠,试续南部诸贤绪余,作五七字语,期以自娱,不独叙其所怀,兼写一时杯酒间闻见、所同游者意中事。([宋]晏几道《乐府补亡自序》)

叔原词如金陵王、谢子弟,秀气胜韵,得之天然,殆不可学。([宋]王灼《碧鸡漫志》卷二)

┌─── 临 江 仙 ───┐

梦后楼台高锁,酒醒帘幕低垂。去年春恨却来时①,落花人独立,微雨燕双

---

① 却来:又来,再来。

飞①。　　　记得小蘋初见②,两重心字罗衣③。琵琶弦上说相思。当时明月在,曾照彩云归④。

【汇评】

　　始时沈十二廉叔、陈十君龙家有莲、鸿、蘋、云,品清讴娱客。每得一解,即以草授诸儿,吾三人持酒听之,为一笑乐而。已而君龙疾废卧家,廉叔下世,昔之狂篇醉句,遂与两家歌儿、酒使俱流转于人间。(略)追忆往昔过从饮酒之人,或坟木已长,或病不偶。考其篇中所记悲欢合离之事,如幻如电,如昨梦前尘,但能掩卷忱然,感光阴之易迁,叹境缘之无实也。(〔宋〕晏几道《乐府补亡自序》)

　　"落花"二句,名句千古,不能有二。所谓柔厚在此。(〔清〕谭献《复堂词话》评)

　　《小山词》如"去年春恨却来时,落花人独立,微雨燕双飞",又"当时明月在,曾照彩云归"。既闲婉,又沉著,当时更无敌手。(〔清〕陈廷焯《白雨斋词话》卷一)

【赏析】

　　这是一首追怀往日歌酒轻狂的浪漫生活的词。对此,晏几道曾在自己的词集《乐府补亡》的序言里,有明确的交代。他的朋友沈廉叔和陈君龙家有歌儿莲、鸿、蘋、云等,晏几道每与沈、陈诸人诗酒唱和,填词作曲,交与歌儿吟唱,以为乐事。然其后不久沈廉叔去世、陈君龙卧病,昔日诗酒欢会不再,莲、鸿、蘋、云等歌儿舞女们风流云散,而晏几道自己也淹塞不遇,生活潦倒。面对现实,词人不禁感慨系之,写下了一系列词作,此词即为其中一首。开头两句勾勒出词人梦回酒醒的孤寂处境。这梦回酒醒是写实,也是浮生若梦的双关语。因为处于这种孤独寂寞处境的时间,并非当下,而是至少在一年前就是如此了。"去年春恨却来时",正透露出个中消息。而过片两句,直接用翁宏的诗句,补写出孤凄处境的具体内涵,可谓与词意融合无间。下片回忆更远的过去,描绘出歌儿小蘋给词人留下的深刻印象。"小蘋本是家妓,但不知属陈家还是属沈家。她可能属甲家,而到乙家'侑酒',宴毕仍回甲家,这一'归'字,当作如此解释。这是回想她宴罢踏着月色归去的情景。当时明月,曾经照着她回去,如今明月仍在,而人呢,却已'流转于人间',不知所终了。"(沈祖棻《宋词赏析》语)整首词语言似平淡,感情实很深挚,反映在风格上,就是清人陈廷焯所说的:"既闲婉,又沉著。当时更无敌手。"

(巩本栋)

---

　　① "落花"二句:五代翁宏《春残》诗:"又是春残也,如何出翠帷。落花人独立,微雨燕双飞。寓目魂将断,经年梦亦非。那堪向秋夕,萧飒暮蝉辉。"此用其成句,而贴合词的体性。　② 小蘋:歌女名。沈廉叔或陈君龙家侍儿。　③ 心字罗衣:谓衣领屈曲像心字,或谓绣有心字图案的罗衣。欧阳修词《女儿令》:"一身绣出,两同心字,线线金黄。"　④ 彩云:借指小蘋。李白《宫中行乐词八首》其一:"只愁歌舞散,化作彩云飞。"

苏幕遮　　范仲淹

碧云天,黄叶地,秋色连波、波上寒烟翠。山映斜阳天接水,芳草无情,更在斜阳外。　　黯乡魂,追旅思,夜夜除非、好梦留人睡。明月楼高休独倚,酒入愁肠,化作相思泪!

桂枝香　　王安石

登临送目,正故国晚秋,天气初肃。千里澄江似练,翠峰如簇。归帆去棹残阳里,背西风,酒旗斜矗。彩舟云淡,星河鹭起,画图难足。　　念往昔,繁华竞逐。叹门外楼头,悲恨相续。千古凭高,对此谩嗟荣辱。六朝旧事随流水,但寒烟、芳草凝绿。至今商女,时时犹唱,后庭遗曲。

天仙子　　张先

时为嘉禾小倅,以病眠,不赴府会。

《水调》数声持酒听,午醉醒来愁未醒。送春春去几时回?临晚镜,伤流景,往事后期空记省。　　沙上并禽池上暝,云破月来花弄影。重重帘幕密遮灯,风不定,人初静,明日落红应满径。

蝶恋花　　欧阳修

庭院深深深几许?杨柳堆烟,帘幕无重数。玉勒雕鞍游冶处,楼高不见章台路。　　雨横风狂三月暮。门掩黄昏,无计留春住。泪眼问花花不语,乱红飞过秋千去。

御街行　　范仲淹

纷纷坠叶飘香砌。夜寂静,寒声碎。真珠帘卷玉楼空,天淡银河垂地。年年今夜,月华如练,长是人千里。　　愁肠已断无由醉。酒未到,先成泪。残灯明灭枕头欹,谙尽孤眠滋味。都来此事,眉间心上,无计相回避。

定风波　　柳永

自春来,惨绿愁红,芳心是事可可。日上花梢,莺穿柳带,犹压香衾卧。暖酥消,腻云亸,终日厌厌倦梳裹。无那!恨薄情一去,音书无个。　　早知恁么,悔当初、不把雕鞍锁。向鸡窗、只与蛮笺象管,拘束教吟课。镇相随,莫抛躲,针线闲拈伴伊坐。和我。免使年少,光阴虚过。

倾杯　　柳永

鹜落霜洲,雁横烟渚,分明画出秋色。暮雨乍歇,小楫夜泊,宿苇村山驿。何人月下临风处,起一声羌笛。离愁万绪,闻岸草、切切蛩吟如织。　　为忆芳容别后,水遥山远,何计凭鳞翼。想绣阁深沉,争知憔悴损,天涯行客。楚峡云归,高阳人散,寂寞狂踪迹。望京国。空目断、远峰凝碧。

玉蝴蝶　　柳永

望处雨收云断,凭阑悄悄,目送秋光。晚景萧疏,堪动宋玉悲凉。水风轻、蘋花渐老,月露冷、梧叶飘黄。遣情伤,故人何在,烟水茫茫。　　难忘,文期酒会,几孤风月,屡变星霜。海阔山遥,未知何处是潇湘。念双燕、难凭远信,指暮天、空识归航。黯相望,断鸿声里,立尽斜阳。

玉 楼 春　　　　宋　祁

东城渐觉风光好,縠皱波纹迎客棹。绿杨烟外晓寒轻,红杏枝头春意闹。　　浮生长恨欢娱少,肯爱千金轻一笑? 为君持酒劝斜阳,且向花间留晚照。

生 查 子　　　　欧阳修

去年元夜时,花市灯如昼。月上柳梢头,人约黄昏后。　　今年元夜时,月与灯依旧。不见去年人,泪湿春衫袖。

※ 此首一作朱淑真词。

玉楼春二首(其二)　　　　欧阳修

别后不知君远近,触目凄凉多少闷。渐行渐远渐无书,水阔鱼沉何处问?　　夜深风竹敲秋韵,万叶千声皆是恨。故敧单枕梦中寻,梦又不成灯又烬。

蝶 恋 花　　　　晏几道

醉别西楼醒不记,春梦秋云,聚散真容易。斜月半窗还少睡,画屏闲展吴山翠。　　衣上酒痕诗里字,点点行行,总是凄凉意。红烛自怜无好计,夜寒空替人垂泪。

附录三　游子思妇诗词

从 军 行　　　[唐]王昌龄

烽火城西百尺楼,黄昏独坐海风秋。更吹羌笛关山月,无那金闺万里愁。

闺　怨　　　[唐]王昌龄

闺中少妇不知愁,春日凝妆上翠楼。忽见陌头杨柳色,悔教夫婿觅封侯。

三 五 七 言　　　[唐]李　白

秋风清,秋月明。落叶聚还散,寒鸦栖复惊。相思相见知何日,此时此夜难为情。

玉 阶 怨　　　[唐]李　白

玉阶生白露,夜久侵罗袜。却下水精帘,玲珑望秋月。

啰唝曲六首(选三)　　　[唐]刘采春

不喜秦淮水,生憎江上船。载儿夫婿去,经岁又经年。

莫作商人妇,金钗当卜钱。朝朝江口望,错认几人船?

那年离别日,只道住桐庐。桐庐人不见,今得广州书。

江 南 曲　　　[唐]李　益

嫁得瞿塘贾,朝朝误妾期。早知潮有信,嫁与弄潮儿。

春　怨　　　[唐]金昌绪

打起黄莺儿,莫教枝上啼。啼时惊妾梦,不得到辽西。

一 剪 梅　[明]唐 寅

雨打梨花深闭门,忘了青春,误了青春。赏心乐事共谁论,花下销魂,月下销魂。　愁聚眉峰尽日颦,千点啼痕,万点啼痕。晓看天色暮看云,行也思君,坐也思君。

网络链接

《生查子·元夕》的作者是谁?

参考书目

[明]毛晋辑《宋六十名家词》,上海古籍出版社 1989 年影印

龙榆生《唐宋名家词选》,上海古籍出版社 1980 年

胡云翼《宋词选》,中华书局 1962 年

唐圭璋《唐宋词简释》,上海古籍出版社 1981 年

俞平伯《唐宋词选释》,人民文学出版社 1979 年

中国社会科学院文学所《唐宋词选》,人民文学出版社 1981 年

唐圭璋《宋词三百首笺注》,上海古籍出版社 1979 年

常国武《新选宋词三百首》,人民文学出版社 2000 年

杨海明《唐宋词史》,江苏古籍出版社 1987 年

刘扬忠《唐宋词流派史》,福建人民出版社 1999 年

金启华《唐宋词集序跋汇编》,江苏教育出版社 1990 年

谢桃坊《宋词概论》,四川文艺出版社 1992 年

吴熊和《唐宋词通论》,浙江古籍出版社 1985 年

薛瑞生《乐章集校注》,中华书局 1994 年

华东师范大学中文系古典文学研究室编《词学研究论文集(1911—1949)》,上海古籍出版社 1988 年

华东师范大学中文系古典文学研究室编《词学研究论文集(1949—1979)》,上海古籍出版社 1982 年

思考与练习

1. 北宋词以小令居多,但慢词不仅产生,而且在柳永、张先等词人作品中已相当成功,试比较小令、慢词在表情达意上作用有何不同。

2. 北宋词(尤其小令)在结构上常常是上阕写景、叙事,下阕抒情,试举几例说明之。

3. 苏轼以前的北宋词以"婉约"为主导风格,结合课文说说其主要特点。你喜欢婉约词吗?

十八、北宋词（下）

慕课资源

苏　轼

【集评】

　　东坡先生以文章余事作诗，溢而作词曲，高处出神入天，平处临镜笑春，不顾侪辈。　　东坡先生非醉心于音律者，偶尔作歌，指出向上一路，新天下耳目，弄笔者始知自振。（［宋］王灼《碧鸡漫志》卷二）

　　晁无咎云："居士词，人多谓不谐音律。然横放杰出，自是曲子内缚不住者。"（［宋］胡仔《苕溪渔隐丛话》后集卷三十三引）

　　及眉山苏氏，一洗绮罗香泽之态，摆脱绸缪宛转之度，使人登高望远，举首高歌，而逸怀浩气，超然乎尘垢之外，于是《花间》为皂隶，而柳氏为舆台矣。（［宋］胡寅《酒边词序》）

　　词至东坡，倾荡磊落，如诗如文，如天地奇观，岂与群儿雌声学语较工拙。（［宋］刘辰翁《辛稼轩词序》）

　　唐歌词多宫体，又皆极力为之。自东坡一出，情性之外，不知有文字，真有一洗万古凡马空气象。（［金］元好问《遗山文集》卷三十六）

　　词自晚唐五代以来，以清切婉丽为宗，至柳永而一变，如诗家之有白居易；至轼而又一变，如诗家之有韩愈，遂开南宋辛弃疾等一派。（［清］纪昀等《四库全书总目提要》卷一九八）

　　张炎曰："词须要出新意，能如东坡清丽舒徐，出人意表，不求新而自新，为周、秦诸人所不能到。"（［清］沈雄《古今词话·词品》卷下）

　　东坡以横绝一代之才，凌厉一世之气，间作倚声，意若不屑，雄词高唱，别为一宗。（［清］郭麔《灵芬馆词话》卷一）

　　东坡词颇似老杜诗，以其无意不可入，无事不可言也。若其豪放之致，则时与太白为近。（［清］刘熙载《艺概·词曲概》）

　　行文有两要素，曰"气"曰"笔"。气载笔而行，笔因文而变。（略）苏、辛集中，固有被称为摧刚为柔者。（略）东坡、稼轩音响虽殊，本原则一。（陈匪石《声执》卷上）

江 城 子

乙卯正月二十日夜记梦①

十年生死两茫茫②，不思量，自难忘。千里孤坟，无处话凄凉。纵使相逢应不识，尘满面，鬓如霜③。　　夜来幽梦忽还乡，小轩窗，正梳妆。相顾无言，惟有泪千行。料得年年肠断处，明月夜，短松冈④。

【编年】

熙宁八年乙卯（一〇七五年）正月二十日，作于密州。傅藻《东坡纪年录》："熙宁八年乙卯，（正月）二十日，记梦作《江神子》。"王文诰《苏诗总案》卷一三："词注谓公悼亡之作，考通义君卒于治平二年乙巳（一〇六五年），至是熙宁八年乙卯正十年也。"

【本事典实】

治平二年五月丁亥，赵郡苏轼之妻王氏，卒于京师。六月甲午，殡于京城之西。其明年六月壬午，葬于眉之东北彭山县安镇乡可龙里先君先夫人墓之西北八步。轼铭其墓曰：君讳弗，眉之青神人，乡贡进士方之女。生十有六年，而归于轼。有子迈。君之未嫁，事父母，既嫁，事吾先君、先夫人，皆以谨肃闻。其始，未尝自言其知书也。见轼读书，则终日不去，亦不知其能通也。其后轼有所忘，君辄能记之。问其他书，则皆略知之。由是始知其敏而静也。从轼官于凤翔，轼有所为于外，君未尝不问知其详。曰："子去亲远，不可以不慎。"日以先君之所以戒轼者相语也。轼与客言于外，君立屏间听之，退必反覆其言曰："某人也，言辄持两端，惟子意之所向，子何用与是人言。"有来求与轼亲厚甚者，君曰："恐不能久。其与人锐，其去人必速。"已而果然。将死之岁，其言多可听，类有识者。其死也，盖年二十有七而已。始死，先君命轼曰："妇从汝于艰难，不可忘也。他日汝必葬诸其姑之侧。"未期年而先君没，轼谨以遗令葬之。（[宋]苏轼《亡妻王氏墓志铭》）

【汇评】

这是苏轼四十岁在山东密州作太守时写的悼念亡妻之作。"不思量，自难忘"，确是长久不忘的夫妇爱情。孤坟远隔，生前既不能相聚，惟有寄幻想于死后，而憔悴的老态，恐怕死后相逢也不相识，那么，只有求之梦中了。上片八句，三四层意思折迭下来，引出下片之梦。下片"幽梦忽还乡"五句写入梦。"料得年年肠断处"三句写梦醒的思索。（夏承焘《唐宋词选》）

此首为公悼亡之作。真情郁勃，句句沉痛，而音响凄厉，诚后山所谓"有声当彻天，有泪当彻泉"也。起言死别之久。"千里"两句，言相隔之远。"纵使"二句，设想相逢不识之状。下片，忽折到梦境，轩窗梳妆，犹是十年以前景象。"相顾"两句，写相逢之悲，与起句"生死两茫茫"相应。"料得"两句，结出"肠断"

---

① 本词作于熙宁八年（1075，岁次乙卯），为悼亡之作，时苏轼任密州知州。其妻王弗卒于治平二年（1065），次年归葬四川眉山苏洵（苏轼之父）夫妇墓旁。　② 十年生死两茫茫：言死别已十年，双方生死隔绝，彼此什么也不知道。　③ 尘满面，鬓如霜：作者自况其劳碌与衰老之貌。　④ "料得"三句：设想死者的痛苦状况，言其夜夜断肠于明月照射下的孤坟之中。孟棨《本事诗》曾记一张姓之妻孔氏的诗："欲知肠断处，明月照孤坟。"

之意。"明月""松冈",即"千里孤坟"之所在也。(唐圭璋《唐宋词简释》)

【赏析】

这是词中较早出现的悼亡之作,写得情真意深,纯是从胸臆中流出而不假文字雕饰之功。王国维说:"境非独谓景物也。喜怒哀乐,亦人心中之一境界。故能写真景物、真感情者,谓之有境界。"(《人间词话》)此词就是一首"有境界"之作。词中两情依依,梦境真切,不仅写出了对于亡妻那种刻骨铭心的思念之情,而且侧面映托了自己在政治上的失意心态,读后越发令人欷歔生哀。

定 风 波

三月七日,沙湖道中遇雨①,雨具先去,同行皆狼狈,余独不觉。已而遂晴,故作此。

莫听穿林打叶声,何妨吟啸且徐行②。竹杖芒鞋轻胜马③,谁怕? 一蓑烟雨任平生④。 料峭春风吹酒醒,微冷。山头斜照却相迎。回首向来萧瑟处⑤,归去,也无风雨也无晴。

【汇评】

元丰五年壬戌,三月七日,公以相田至沙湖道中遇雨作。([清]王文诰《苏诗总案》)

此足征是翁坦荡之怀,任天而动。琢句亦瘦逸,能道眼前景,以曲笔直写胸臆,倚声能事尽之矣。([清]郑文焯《手批东坡乐府》)

【赏析】

这首词亦作于黄州,以道中遇雨这件生活小事,展示自己旷达开朗的人生态度。上片写雨中,自然界风穿林、雨打叶,自己却是吟啸徐行,"莫听""何妨"两语,表现不管风吹雨打,仍然安详自得的心情。竹杖芒鞋胜过骏马,表现对官场的厌倦,而一蓑烟雨任平生,写出自己在自然怀抱里任情而动的形象,又象征了在人生道路上任天而动的形象。下片写雨后,词人的酒意被春风吹醒,前面的山头已是斜照相迎,再回望走过的风雨交加的来路,则既无风雨也无晴。以自然界的启示展现人生道路的复杂、艰辛,对风雨从不畏惧,对放晴也无喜悦,正确的人生态度应该是泰然自若、任天而动。

---

① 沙湖:在黄州东南三十里。 ② 吟啸:吟诗、长啸,表示读书人的意态闲适。 ③ 芒鞋:草鞋。 ④ "一蓑"句:在烟雨中,披一件蓑衣,处之泰然。 ⑤ 萧瑟:风雨吹打树林的声音。

临江仙·夜归临皋①

　　夜饮东坡醒复醉②,归来仿佛三更。家童鼻息已雷鸣。敲门都不应,倚杖听江声。　　长恨此身非我有③,何时忘却营营。夜阑风静縠纹平④。小舟从此逝,江海寄余生。

【本事典实】

　　子瞻在黄州……与数客饮江上。夜归,江面际天,风露皓然,有当其意,乃作歌辞,所谓"夜阑风静縠纹平。小舟从此逝,江海寄余生"者,与客大歌数过而散。翌日,喧传子瞻夜作此词,挂冠服江边,拏舟长啸去矣。郡守徐君猷闻之,惊且惧,以为州失罪人,急命驾往谒,则子瞻鼻鼾如雷,犹未兴也。然此语卒传至京师,虽裕陵亦闻而疑之。([宋]叶梦得《避暑录话》卷二)

　　韩退之言:衡山道士轩辕弥明与进士刘师服、侯喜共联石鼎句,联毕,弥明曰:"此皆不足与语,吾闭口矣。"即倚墙而睡,鼻息如雷鸣,二子皆失色。邓鉴省题云:"家童浑未觉,鼻息尚雷鸣。"借此用也。([宋]吕祖谦《诗律武库》后集卷十五)

【赏析】

　　这首词是苏轼在黄州所作。开头写其醒而又醉的情状,表现他借酒浇愁的心态。以下写归来夜已三更,家童鼾声如雷,敲门不应,这不但没有引起他的恼火,反而使他的心情更为平静,从而"倚杖听江声"。此种哲理沉思状态的描述,与杜甫的"注目寒江倚山阁"同一机杼。苏轼在黄州对人生的思考达到了时代的高度,使他能够以洒落出尘的态度对待社会、人生,而寄希望于大自然。下阕开头用庄子寓言,表现人在红尘俗世中营营扰扰,没有自由,再以江面的风平浪静暗示大自然的恬然平静,最后表达摆脱俗世、归向自然的美好愿望。苏轼实际从来也没有离开过尘世,但他对于社会、人生的这种透视比什么人都要深刻,对自由的渴望比什么人都要强烈,因此他对封建社会后期知识分子的影响也就比什么人都大。

---

　　① 临皋:湖北黄冈南、长江北岸,苏轼贬黄州,居于此地。　② 东坡:原是黄州一片旧营地,友人马正卿为苏轼请得数十亩,苏轼于此营造草屋数间,号"东坡雪堂",后以"东坡"为号。　③ 此身非我有:《庄子·知北游》:"舜问乎丞曰:道可得而有乎?曰:汝身非汝有也,汝何得有夫道。舜曰:吾身非吾有也,孰有之哉?曰:是天地之委形也。"④ 縠纹:縠纹,像绉绸面子,这里比喻江面波纹甚细,风平浪静。縠(hú),绉纱。

秦 观

秦观(1049—1100),字太虚,后改字少游,高邮人。元丰八年进士。元祐初,经苏轼举荐,先后任太学博士、秘书省正字及国史院编修等职,与黄庭坚、晁补之、张耒并称"苏门四学士"。绍圣初年,受苏轼影响,被贬到郴州、雷州等地。徽宗立,放还,行至藤州,病逝。秦观词风调婉约清丽,情韵兼胜,内容多写柔情,亦多身世之感。

【集评】

秦校理落尽畦畛,天心月胁,逸格超绝,妙中之妙,议者谓其无伦而后无继。([宋]苏籀《双溪集》卷一)

秦即专主情致,而少故实,譬如贫家美女,虽极妍丽丰逸,而终乏富贵态。([宋]李清照《词论》)

昔蔡伯世评近世之词,谓苏东坡辞胜乎情,柳耆卿情胜乎辞,辞情兼称者,唯秦少游而已。([宋]孙竞《竹坡词序》)

少游词虽婉美,然格力失之弱。([宋]胡仔《苕溪渔隐丛话》后集卷三十三)

秦少游词,体制淡雅,气骨不衰,清丽中不断意脉,咀嚼无滓,久而知味。([宋]张炎《词源》卷下)

(秦)观诗格不及苏、黄,而词则情韵兼胜,在苏、黄之上。流传虽少,要为倚声家一作手。([清]纪昀《四库全书总目提要》卷一五四)

秦少游自是作手,近开美成,导其先路,远绍温韦,取其神不袭其貌,词至是乃一变焉。然变而不失其正,遂令议者不病其变,而转觉有不得不变者。后人动称秦、柳,柳之视秦,为之奴隶而不足者,何可相提并论哉!([清]陈廷焯《白雨斋词话》卷一)

少游最和婉平正,稍逊清真者辣耳。少游意在含蓄,如花初胎,故少重笔。([清]周济《宋四家词选目录序论》)

少游以绝尘之才,早与胜流,不可一世,而一谪南荒,遽丧灵宝,故所为词,寄慨身世,闲雅有情思,酒边花下,一往而深,而怨悱不乱,悄乎得小雅之遗,后主之后,一人而已。……虽子瞻之明俊,耆卿之幽秀,犹若有瞠乎后者,况其下耶?([清]冯煦《宋六十一家词选例言》)

鹊 桥 仙

纤云弄巧①,飞星传恨,银汉迢迢暗度。金风玉露一相逢②,便胜却人间无数。

---

① 纤云弄巧:一缕缕云彩变幻出千姿百态。 ② 金风玉露:秋风秋露之美称。语出隋代李密《淮阳感秋》诗:"金风飐初节,玉露凋晚林。"

柔情似水，佳期如梦，忍顾鹊桥归路①！两情若是久长时，又岂在朝朝暮暮！

【汇评】

相逢胜人间，会心之语。两情不在朝暮，破格之谈。七夕歌以双星会少别多为恨，独少游此词谓"两情若是久长"二句，最能醒人心目。（《草堂诗余隽》卷三眉批）

七夕以双星会少别多为恨，独谓情长不在朝暮，化臭腐为神奇。（[明]沈际飞《草堂诗余正集》卷二）

凡咏古题，须独出心裁，此固一定之论。少游以坐党被谪，思君臣际会之难，因托双星以写意。而慕君之念，婉恻缠绵，令人意远矣。（[清]黄苏《蓼园词选》）

夏闰庵云：七夕词最难作，宋人赋此，佳作极少，唯少游一词可观。晏小山《蝶恋花》赋七夕尤佳。（俞陛云《宋词选释》）

【赏析】

牛郎织女的民间传说很早即反映到文学作品中，《诗经·小雅·大东》中即有："跂彼织女，终日七襄。虽则七襄，不成报章。睆彼牵牛，不以服箱。"《古诗十九首》及东汉以来的诗词中，均有大量吟咏牛女之作。其主题无外乎对其美好爱情被拆散，夫妻分离，一年才能见上短暂的一面表示深切的同情。此词却自出机杼，不落俗套，新颖别致。

牛郎织女、梁祝、董永与七仙女、王昭君，直至《红楼梦》中宝玉与黛玉的爱情，都曾获得同情之泪。其实，同情他们的人中大多数又何尝得到过真正的爱？昭君出塞，背井离乡，有谁想过，如果她不出塞，只能继续当连姓名也不为人所知的宫女，两者相比，何为悲剧？宝黛的爱情，催人泪下。其实，他们是否也有令人羡慕的一面呢？笔者参观青浦大观园，也曾填《鹊桥仙》一阕题潇湘馆，其下阕曰："姑苏未远，乡情萦系，何恋青浦一隅？无猜豆蔻伴知音，已不亏、人生一度！"生活中美满的婚姻是很少的，大多数的家庭是和睦的、比较和睦的、矛盾重重的、濒于破裂的、同床异梦甚至是异床异梦的。为宝黛流泪者，大多未曾真正被人爱得死去活来过。有谁会像黛玉一样殉情死去，有谁会像宝玉一样遁入空门……生活中更多的是有某些残缺的爱，人们可以追求完满，但完满也是相对的，绝对的完满并不存在。在爱情上也不可好高骛远、求全责备，这便是本词给我们的启示。在爱情上也有个知足常乐。见异思迁者是得不到真爱的。

（王步高）

---

① 忍顾：不忍回顾，不忍分别之意。

贺　铸

贺铸(1052—1125),字方回,原籍山阴,生于河南卫州。出身没落贵族,为人豪侠尚气。早岁为武弁,后转文职,曾任泗州通判,晚年退居苏州,自号庆湖遗老。他的词内容与辞藻并重,善于融化前人成句,兼具婉约与豪放的风格,为北宋后期重要词家。

【集评】

方回乐府妙绝一世,盛丽如游金、张之堂,妖冶如揽嫱、施之袪,幽索如屈、宋,悲壮如苏、李。([宋]张耒《东山词序》)

贺词苦少典重。([宋]李清照《词论》)

耆卿溶情入景故淡远,方回溶景入情故秾丽。([清]周济《介存斋论词杂著》)

方回词胸中眼中另有一种伤心说不出处,全得力于《楚骚》,而运以变化,允推神品。　方回词极沉郁,而笔势却又飞舞,变化无端,不可方物,吾乌乎测其所至。([清]陈廷焯《白雨斋词话》卷一)

北宋名家以方回为最次,其词如历下、新城之诗,非不华赡,惜少真味。(王国维《人间词话》)

青　玉　案

凌波不过横塘路①,但目送、芳尘去。锦瑟华年谁与度②?月桥花院,琐窗朱户,只有春知处。　碧云冉冉蘅皋暮③,彩笔新题断肠句④。试问闲愁都几许?一川烟草,满城风絮,梅子黄时雨⑤。

【汇评】

方回有小筑在姑苏盘门内(当作"外"),地名横塘,时往来其间,有此作。方回以孝惠皇后族孙,元祐中通判泗州,又倅太平州,退居吴下,是此词作于退休之后也,自有一番不得意、难以显言处。言斯所居

---

① "凌波"二句:凌波,曹植《洛神赋》:"凌波微步,罗袜生尘。"后人即以凌波形容美人的步履轻盈。横塘,在苏州市盘门之南十余里,贺铸有小筑在此。　② 锦瑟华年:美好年华,语出李商隐《锦瑟》诗:"锦瑟无端五十弦,一弦一柱思华年。"　③ "碧云"句:冉冉,流动貌。蘅皋,生长着杜衡的水边高地。杜衡,香草。此句化用江淹《拟休上人怨别》:"日暮碧云合,佳人殊未来",暗承上片语意。　④ 彩笔:《南史·江淹传》:"淹少以文章显,晚节才思微退……尝宿于冶亭,梦一丈夫自称郭璞,谓淹曰:'吾有笔在卿处多年,可以见还。'淹乃探怀中得五色笔一以授之。尔后为诗,绝无美句。时人谓之才尽。"　⑤ "一川"三句:一川,满川,满地。梅子黄时雨,江南旧历四五月间多雨,正值梅子成熟,俗称梅雨。

横塘,断无宓妃到,然波光清幽,亦常目送芳尘,第孤寂自守,无与为欢,唯有春风相慰藉而已。次阕言幽居肠断,不尽穷愁,唯见烟草风絮、梅雨如雾,共此旦晚耳。无非写其景之郁勃岑寂也。([清]黄苏《蓼园词选》)

方回《青玉案》词,工妙之至,无迹可寻,语句思路亦在目前,而千人万人不能凑泊。([清]先著、程洪《词洁》)

贺方回《青玉案》词收四句云(略),其末句好处,全在"试问"句呼起及与上"一川"二句并用耳。或以方回有"贺梅子"之称,专赏此句,误矣。且此句原本寇莱公"梅子黄时雨如雾"诗句,然则何不目莱公为"寇梅子"耶?([清]刘熙载《艺概·词曲概》)

("一川"三句)一句一月,非一时也。不着一字,故妙。([清]王闿运《湘绮楼词选评》)

"锦瑟"四句,花榭绮窗,只有春风吹到,其寂寥之况与离索之怀,皆寓其中。下阕"闲愁"以下四句用三叠笔写愁,如三叠阳关,令人凄绝。题标《横塘路》,当有伊人宛在,非泛写闲愁也。(俞陛云《宋词选释》)

此首为幽居怀人之作,写境极岑寂,而中心之穷愁郁勃,并见言外。至笔墨之清丽飞动,尤妙绝一世。起句"凌波""芳尘",用《洛神赋》"美人不来,竟日凝伫",已写出惆怅之情,"锦瑟华年",用李义山诗,因人不来,故伤无人共度。"谁与"二字,藉问唤起,与"只有"二字相应。外则月桥花院,内则琐窗朱户,皆无人共度,只有春花慰藉,其孤寂可知。换头,另从对方说起,仍用《洛神赋》,言人去冉冉,杳无信息。"彩笔"一句,自述相思之苦,人既不来,信又不闻,故惟有自题自解耳。满纸幽伤,固是得力于楚骚者。"试问"一句,又藉问唤起。以下三句,以景作结,写江南景色如画,真绝唱也。作法亦自后主"问君能有几多愁"来。但后主纯用赋体,尽情吐露。此则含蓄不尽,意味更长。(唐圭璋《唐宋词简释》)

【赏析】

这首词以在横塘附近所见一女子发端,以佳人不至的遗憾,抒发自己郁郁寡欢的"闲愁"。开头三句写美人的离去,写步履轻盈,令人神往。接着遐想对方的住处,幽雅而清泠,华年易逝,美人迟暮,已经含有自己的不幸遭遇在其中了。下片仍从横塘写,碧云流动,蘅皋日暮,暗用江淹"日暮碧云合,佳人殊未来"的典故,补足首句"凌波不过"的意境,词人只能归来命笔题诗,而这种断肠之思实际是由万种闲愁引起,故接写闲愁,以满地烟草、满城风絮、梅子黄时雨三种具体的景物比喻闲愁,不仅"比"闲愁的无尽,而且"兴"身世的可悲,对于词人的郁郁不得志,有着象征意义。也有学者谓此乃悼亡之作,亦可备一说。

周 邦 彦

周邦彦(1056—1121),字美成,号清真居士,钱塘人。少年落拓不羁,后因向神宗献《汴都赋》万余言,由诸生被擢为太学正。历任地方官职多年。徽宗颁布大晟乐,召邦彦提举大晟府。不久,知顺昌府,徙处州。他精通音律,能自度曲,所作词格律法度精审,为后世词人的轨范。词风浑厚和雅,富艳精工。

【集评】

清真词多用唐人诗语,檃栝入律,浑然天成;长调尤善铺叙,富艳精工,词人之甲乙也。([宋]陈振孙《直斋书录解题》卷二十)

凡作词当以清真为主。盖清真最为知音,且无一点市井气,下字运意,皆有法度,往往自唐、宋诸贤诗句中来,而不用经、史中生硬字面,此所以为冠绝也。([宋]沈义父《乐府指迷》)

美成深远之致,不及欧、秦,唯言情体物,穷极工巧,故不失为第一流之作者。但唯创调之才多,创意之才少耳。(王国维《人间词话》卷上)

以宋词比唐诗,则东坡似太白,欧、秦似摩诘,耆卿似乐天,方回、叔原则大历十子之流,南宋唯一稼轩可比昌黎,而词中老杜,非先生不可。(王国维《清真先生遗事》)

兰 陵 王 · 柳

柳阴直,烟里丝丝弄碧。隋堤上①、曾见几番,拂水飘绵送行色。登临望故国②,谁识京华倦客③。长亭路、年去岁来,应折柔条过千尺④。 闲寻旧踪迹,又酒趁哀弦⑤,灯照离席,梨花榆火催寒食⑥。愁一箭风快,半篙波暖⑦,回头迢递便数驿。望人在天北。 凄恻,恨堆积。渐别浦萦回⑧,津堠岑寂⑨,斜阳冉冉春无极。念月榭携手⑩,露桥闻笛,沉思前事,似梦里,泪暗滴。

【汇评】

上阕但赋"柳"字,而有清刚之气。中阕之"梨花"句、下阕之"斜阳"句,闺庵云:"有此二语顿挫之力,以下便一气奔赴。"余亦谓然。无此二语,则中阕于别后,即言行舟迅发;下阕在客途,即言回首前欢,便少纤徐之致。赖此顿挫,非特涵养局势,且句中风韵悠然,名作也。(俞陛云《宋词选释》)

此首第一片,紧就柳上说出别恨。起句,写足题面。"隋堤上"三句,写垂柳送行之态。"登临"一句陡接,唤醒上文,再接"谁识"一句,落到自身。"长亭路"三句,与前路回应,弥见年来漂泊之苦。第二片写送别时情景。"闲寻",承上片"登临"。"又酒趁"三句,记目前之别筵。"愁一箭"四句,是别去之设想。"愁"字贯四句,所愁者即风快、舟快、途远、人远耳。第三片实写人。愈行愈远,愈远愈愁。别浦、津堠,斜阳冉冉,另开拓一绮丽悲壮之境界,振起全篇。"念月榭"两句,忽又折入前事,极吞吐之妙。"沉思"较

---

① 隋堤:隋炀帝时开凿的通济渠,自洛阳至淮水沿渠筑堤,沿堤栽柳,后人称之为隋堤。这儿指汴京城外的一段堤岸,是北宋时京都旅客来往必经之路。 ② 故国:故乡。 ③ 京华倦客:作者自指。京华,京城,因长期旅京,一事无成而产生厌倦情绪,故称倦客。 ④ "应折"句:宋时人送行,折杨柳相赠。过千尺,极言送别之频繁。 ⑤ 酒趁哀弦:饮酒送别时弹奏哀伤的乐曲。趁,伴随的意思。 ⑥ "梨花"句:旧俗,清明前一二日是寒食节。榆火,清明节早晨宫中把榆柳钻取的新火赐给近臣,称榆火。这句说:正是梨花盛开、榆火新点的寒食节前后。 ⑦ "一箭"二句:船行顺风,快如飞箭,春江水暖,撑船的竹篙半入水中。 ⑧ 别浦萦回:别浦,此指送行处的水边。浦,水流分岔处,为古人送别之地。萦回,水流回旋。 ⑨ 津堠:指渡口码头。堠,古代记里程的土堆,五里一堠。 ⑩ 月榭:月光下的台榭。榭,有屋顶的台,供歌舞游乐的场所。

"念"字尤深,伤心之极,遂迸出热泪。文字亦如百川归海,一片苍茫。(唐圭璋《唐宋词简释》)

【赏析】

　　这首词题为咏柳,实际不是一般的咏物之作,而是借柳起兴,写客中送别,并抒发自己长期旅居京华的厌倦苦闷之情。一般认为周词重在描景,实际周词重在叙事,以往复腾挪取胜,这首词就是如此。词分三叠,是有名的长调。第一叠从柳阴落笔,写烟里柳丝弄碧,是描景,但是马上转入叙事,几见柳条送行客,烘托今天的送别。再写自己登临望故国,以见羁旅思乡之情,而登临者又见柳枝,触发送别之情。第二叠开始仍写寻找旧时踪迹,然后转入眼前的哀弦离席,行人乘船离去。其中"回头"二句,是设想离人也在回首想望天北送别之人。第三叠写送者的感伤。他徘徊在别浦津堠,一直到斜阳冉冉落山之时。这是一景句,开拓出一种绮丽悲壮的境界,让人沉吟,却又马上转入对往事的追忆:月榭携手,露桥闻笛,再回到眼前,沉思泪滴。全词以叙事为主,叙事中抒情,只有两处描景,而全词在叙事中往复开合,从一般到具体,从多到一,从过去到现在,再到过去,最后又回到眼前。这是古诗的章法,被周邦彦引入慢词的写作,带来了词的写法的革新。

附录一　备选课文

满 庭 芳　　秦 观

　　山抹微云,天粘衰草,画角声断谯门。暂停征棹,聊共引离樽。多少蓬莱旧事,空回首、烟霭纷纷。斜阳外,寒鸦数点,流水绕孤村。　　销魂,当此际,香囊暗解,罗带轻分。谩赢得青楼,薄幸名存。此去何时见也?襟袖上、空惹啼痕。伤情处,高城望断,灯火已黄昏。

鹧 鸪 天　　贺 铸

　　重过阊门万事非,同来何事不同归?梧桐半死清霜后,头白鸳鸯失伴飞。　　原上草,露初晞,旧栖新垄两依依。空床卧听南窗雨,谁复挑灯夜补衣?

满庭芳·夏日溧水无想山作　　周邦彦

　　风老莺雏,雨肥梅子,午阴嘉树清圆。地卑山近,衣润费炉烟。人静乌鸢自乐,小桥外、新绿溅溅。凭栏久,黄芦苦竹,拟泛九江船。　　年年,如社燕,飘流瀚海,来寄修椽。且莫思身外,长近尊前。憔悴江南倦客,不堪听、急管繁弦。歌筵畔,先安簟枕,容我醉时眠。

附录二　北宋词选(下)

清 平 乐　　黄庭坚

　　春归何处?寂寞无行路。若有人知春去处,唤取归来同住。　　春无踪迹谁知,除非问取黄鹂。百啭无人能解,因风飞过蔷薇。

浣 溪 沙　　秦 观

　　漠漠轻寒上小楼,晓阴无赖似穷秋。淡烟流水画屏幽。　　自在飞花轻似梦,无边丝雨细如愁。宝帘闲挂小银钩。

江 城 子　　　　　　秦 观

西城杨柳弄春柔。动离忧，泪难收。犹记多情，曾为系归舟。碧野朱桥当日事，人不见，水空流。　　韶华不为少年留。恨悠悠，几时休？飞絮落花时候一登楼。便做春江都是泪，流不尽，许多愁。

望 海 潮　　　　　　秦 观

梅英疏淡，冰澌溶泄，东风暗换年华。金谷俊游，铜驼巷陌，新晴细履平沙。长记误随车。正絮翻蝶舞，芳思交加。柳下桃蹊，乱分春色到人家。　　西园夜饮鸣笳。有华灯碍月，飞盖妨花。兰苑未空，行人渐老，重来是事堪嗟。烟暝酒旗斜。但倚楼极目，时见栖鸦。无奈归心，暗随流水到天涯。

玉 楼 春　　　　　　周邦彦

桃溪不作从容住。秋藕绝来无续处。当时相候赤栏桥，今日独寻黄叶路。　　烟中列岫青无数。雁背夕阳红欲暮。人如风后入江云，情似雨余粘地絮。

附录三　苏轼非黄州时期词

少 年 游
润州作，代人寄远

去年相送，余杭门外，飞雪似杨花。今年春尽，杨花似雪，犹不见还家。　　对酒卷帘邀明月，风露透窗纱。恰似姮娥怜双燕，分明照、画梁斜。

南 乡 子·送述古

回首乱山横，不见居人只见城。谁似临平山上塔，亭亭，迎客西来送客行？　　归路晚风清，一枕初寒梦不成。今夜残灯斜照处，荧荧，秋雨晴时泪不晴。

沁 园 春

孤馆灯青，野店鸡号，旅枕梦残。渐月华收练，晨霜耿耿，云山摘锦，朝露团团。世路无穷，劳生有限，似此区区长鲜欢。微吟罢，凭征鞍无语，往事千端。　　当时共客长安，似二陆初来俱少年。有笔头千字，胸中万卷，致君尧舜，此事何难？用舍由时，行藏在我，袖手何妨闲处看！身长健，但优游卒岁，且斗尊前。

江城子·密州出猎

老夫聊发少年狂，左牵黄，右擎苍。锦帽貂裘，千骑卷平冈。为报倾城随太守，亲射虎，看孙郎。　　酒酣胸胆尚开张，鬓微霜，又何妨！持节云中，何日遣冯唐？会挽雕弓如满月，西北望，射天狼。

水调歌头
丙辰中秋，欢饮达旦，大醉，作此篇，兼怀子由。

明月几时有？把酒问青天。不知天上宫阙，今夕是何年？我欲乘风归去，又恐琼楼玉宇，高处不胜寒。起舞弄清影，何似在人间？　　转朱阁，低绮户，照无眠。不应有恨，何事长向别时圆？人有悲欢离合，月有阴晴圆缺，此事古难全。但愿人长久，千里共婵娟。

江城子
东武雪中送客

相逢不觉又初寒，对尊前，惜流年。风紧离亭，冰结泪珠圆。雪意留君君不住，从此去，少清欢。　　转头山下转头看，路漫漫，玉花翻。银海光宽，何处是超然？知道故人相念否，携翠袖，倚朱阑。

浣 溪 沙

籁籁衣巾落枣花,村南村北响缫车。牛衣古柳卖黄瓜。 酒困路长惟欲睡,日高人渴漫思茶,敲门试问野人家。

永 遇 乐

彭城夜宿燕子楼,梦盼盼因作此词

明月如霜,好风如水,清景无限。曲港跳鱼,圆荷泻露,寂寞无人见。紞如三鼓,铿然一叶,黯黯梦云惊断。夜茫茫,重寻无处,觉来小园行遍。

天涯倦客,山中归路,望断故园心眼。燕子楼空,佳人何在?空锁楼中燕。古今如梦,何曾梦觉?但有旧欢新怨。异时对,黄楼夜景,为余浩叹。

八声甘州·寄参寥子

有情风万里卷潮来,无情送潮归。问钱塘江上,西兴浦口,几度斜晖?不用思量今古,俯仰昔人非!谁似东坡老,白首忘机? 记取西湖西畔,正暮山好处,空翠烟霏。算诗人相得,如我与君稀。约他年东还海道,愿谢公雅志莫相违。西州路,不应回首,为我沾衣。

青 玉 案

三年枕上吴中路,遣黄犬,随君去。若到松江呼小渡,莫惊鸳鹭,四桥尽是,老子经行处。辋川图上看春暮,常记高人右丞句。作个归期天已许。春衫犹是,小蛮针线,曾湿西湖雨。

蝶 恋 花

花褪残红青杏小。燕子飞时,绿水人家绕。枝上柳绵吹又少,天涯何处无芳草! 墙里秋千墙外道。墙外行人,墙里佳人笑。笑渐不闻声渐悄,多情却被无情恼。

附录四　苏轼贬黄州词

卜 算 子

黄州定惠院寓居作

缺月挂疏桐,漏断人初静。时见幽人独往来,缥缈孤鸿影; 惊起却回头,有恨无人省。拣尽寒枝不肯栖,寂寞沙洲冷。

水 龙 吟

次韵章质夫《杨花词》

似花还似非花,也无人惜从教坠。抛家傍路,思量却是,无情有思。萦损柔肠,困酣娇眼,欲开还闭。梦随风万里,寻郎去处,又还被、莺呼起。

不恨此花飞尽,恨西园、落红难缀。晓来雨过,遗踪何在?一池萍碎。春色三分,二分尘土,一分流水。细看来,不是杨花,点点是离人泪。

满 江 红

寄鄂州朱使君寿昌

江汉西来,高楼下,葡萄深碧。犹自带,岷峨雪浪,锦江春色。君是南山遗爱守,我为剑外思归客。对此间、风物岂无情,殷勤说。 江表传,君休读;狂处士,真堪惜。空洲对鹦鹉,苇花萧瑟。不独笑书生争底事?曹公黄祖俱飘忽。愿使君、还赋谪仙诗,追黄鹤。

浣 溪 沙

游蕲水清泉寺,寺临兰溪,溪水西流。

山下兰芽短浸溪,松间沙路净无泥,萧萧暮雨子规啼。 谁道人生无再少?门前流水尚能西,休将白发唱黄鸡。

西　江　月

照野弥弥浅浪,横空隐隐层霄。障泥未解玉
骢骄,我欲醉眠芳草。　　可惜一溪风月,莫教踏
碎琼瑶。解鞍欹枕绿杨桥,杜宇一声春晓。

念奴娇·赤壁怀古

大江东去,浪淘尽、千古风流人物。故垒西
边,人道是、三国周郎赤壁。乱石穿空,惊涛拍岸,
卷起千堆雪。江山如画,一时多少豪杰!　　遥
想公瑾当年,小乔初嫁了,雄姿英发。羽扇纶巾,
谈笑间、樯橹灰飞烟灭。故国神游,多情应笑我,
早生华发。人生如梦,一尊还酹江月。

满　庭　芳

蜗角虚名,蝇头微利,算来著甚干忙。事皆前
定,谁弱又谁强。且趁闲身未老,尽放我、些子疏
狂。百年里,浑教是醉,三万六千场。　　思量。
能几许,忧愁风雨,一半相妨。又何须,抵死说短
论长。幸对清风皓月,苔茵展、云幕高张。江南
好,千钟美酒,一曲满庭芳。

满　庭　芳

有王长官者,弃官黄州三十三年,黄人谓
之王先生。因送陈慥来过余,因为赋此。

三十三年,今谁存者?算只君与长江。凛然
苍桧,霜干苦难双。闻道司州古县,云溪上、竹坞
松窗。江南岸,不因送子,宁肯过吾邦?　　挼

挼,疏雨过,风林舞破,烟盖云幢。愿持此邀君,一
饮空缸。居士先生老矣!真梦里、相对残釭。歌
声断,行人未起,船鼓已逢逢。

鹧　鸪　天

林断山明竹隐墙,乱蝉衰草小池塘。翻空白
鸟时时见,照水红蕖细细香。　　村舍外,古城
旁,杖藜徐步转斜阳。殷勤昨夜三更雨,又得浮生
一日凉。

水　调　歌　头

黄州快哉亭,赠张偓佺

落日绣帘卷,亭下水连空。知君为我新作,窗
户湿青红。长记平山堂上,敧枕江南烟雨,杳杳没
孤鸿。认得醉翁语:山色有无中。　　一千顷,都
镜净,倒碧峰。忽然浪起,掀舞一叶白头翁。堪笑
兰台公子,未解庄生天籁,刚道有雌雄。一点浩然
气,千里快哉风。

满　庭　芳

元丰七年四月一日,余将去黄移汝,留别雪堂邻里
二三君子,会李仲览自江东来别,遂书以遗之。

归去来兮,吾归何处?万里家在岷峨。百年
强半,来日苦无多。坐见黄州再闰,儿童尽、楚语
吴歌。山中友,鸡豚社酒,相劝老东坡。　　云
何,当此去,人生底事,来往如梭?待闲看秋风,洛
水清波。好在堂前细柳,应念我,莫剪柔柯。仍传
语,江南父老,时与晒渔蓑。

家在钱塘江上住。花落花开,不管年华度。
燕子又将春色去。纱窗一阵黄昏雨。　　斜插犀
梳云半吐。檀板清歌,唱彻黄金缕。望断行云无
去处。梦回明月生春浦。

邓千江《望海潮·献张六太尉》

云雷天堑,金汤地险,名藩自古皋兰。营屯绣错,山形米聚,襟喉百二秦关。鏖战血犹殷。见阵云冷落,时有雕盘。静塞楼头晓月,依旧玉弓弯。

看看,定远西还。有元戎阃命,上将斋坛。区脱昼空,兜零夕举,甘泉又报平安。吹笛虎牙间。且宴陪珠履,歌按云鬟。招取英灵毅魄,长绕贺兰山。

辛弃疾《摸鱼儿》(略)

晏几道《鹧鸪天》

彩袖殷勤捧玉盅,当年拼却醉颜红。舞低杨柳楼心月,歌尽桃花扇底风。　从别后,忆相逢。几回魂梦与君同。今宵剩把银缸照,犹恐相逢是梦中。

吴激《春草碧》(当为完颜璹词)

几番风雨西城陌。不见海棠红、梨花白。底事胜赏匆匆,正自天付酒肠窄。更笑老东君、人间客。　赖有玉管新翻,罗襟醉墨。望中倚阑人,如曾识。旧梦回首何堪,故苑春光又陈迹。落尽

后庭芳,春草碧。

朱淑真《生查子》(当为欧阳修词)

去年元夜时,花市灯如昼。月上柳梢头,人约黄昏后。　今年元夜时,月与灯依旧。不见去年人,泪湿春衫袖。

张先《天仙子》

时为嘉禾小倅,以病眠,不赴府会。

《水调》数声持酒听,午醉醒来愁未醒。送春春去几时回?临晚镜,伤流景,往事后期空记省。

沙上并禽池上暝,云破月来花弄影。重重帘幕密遮灯,风不定,人初静,明日落红应满径。

蔡伯坚(松年)《石州慢》

京洛三年,花满酒家,浮动金碧。友云缥缈清游,春笋新橙初擘。天东今日,枕书两眼昏花,壶觞不果酬佳节。独咏竹萧萧,者云团风叶。

愁绝。此身蒲柳先秋,往事梦魂无迹。一寸归心,可忍年年行役。上园亲友,岁时陶写欢情,糟床晓溜东篱侧。手把一枝香,作萧闲闲客。

附录六　苏轼及北宋中后期词综述

北宋前期,晏殊、欧阳修的小令臻于成熟。柳永以铺叙手法创作慢词,取得了很大的成就。到了苏轼及北宋中后期,宋词进入了全面发展的繁盛时期。小令与慢词双峰并峙,雅词与俗词二水分流;词的风格也呈现出多种状态,不仅有后来所说的婉约与豪放,也有介于两者之间的清旷;词的题材内容也十分丰富,在传统的离别相思、男欢女爱的内容之外,举凡羁旅游宦、社会人生、战场边塞、都市农村,几乎可以入诗的内容都可以入词了。

这一发展成熟时期的代表人物是苏轼。北宋中后期的所有词人几乎没有不受到他的影响的。秦观、黄庭坚是"苏门四学士"中的人物,贺铸与苏门关系密切,连后出的周邦彦与苏轼也有渊源——周邦彦的叔父周邠在苏轼通判杭州时任钱塘令,两人诗酒唱和,这也正是苏轼开始作词的时期,苏轼对北宋中后期词坛的影响由此可见。

苏轼词现存 345 首,不及他的诗歌总数的八

分之一,但是他在词坛上的地位并不亚于他在诗坛、文坛的地位,清人陈廷焯甚至认为"东坡之词,尤出诗文之右……此老平生第一绝诣"(《白雨斋词话》卷七)。苏轼词坛的地位不仅在于他的创作成就,而且在于他的改革精神。他的改革是以柳永为对手的,柳永慢词以赋的铺叙手法来写,虽能驾驭长篇,却平铺直叙,缺少韵味。柳永大量写作俗词,不够典雅。柳永词内容不外男欢女爱、羁旅行役,比较单调。苏轼明确表示自己的词"自是一家",表现在:第一,"以诗为词",其核心为"诗人句法"。汤衡《张紫薇雅词序》说:"元祐诸公,嬉弄乐府,寓以诗人句法,无一毫浮靡之气,实自东坡发之。"苏轼曾明确批评过秦观学柳永词:"'消魂当此际',非柳词句法乎?"(黄昇《花庵词选》卷二)他要以诗的写法来反对柳永词的赋的写法。《水调歌头》"明月几时有"就是诗的写法的典范,接近李白的长篇乐府诗。第二,主张有韵味。苏轼"以诗为词"不是抹杀词的文体特点,也不是全盘否定柳

永的铺叙，而是纠正柳词平铺直叙的毛病，以诗的写法糅进赋的写法，使词如同诗一样具有一种韵味。"韵味"要求作品具有言尽意永、余音缭绕的效果。一般认为苏轼改革词风，主张豪放，这是一种误解。苏词的风格多样，不仅有豪放，还有"韶秀""清雄""清丽舒徐"等。（参见吴熊和《唐宋词通论》）说苏词豪放，不如说苏词旷达，苏轼的《念奴娇》（大江东去）、《水调歌头》（明月几时有）、《定风波》（莫听穿林打叶声）等词都表现出一种旷达的风格特点，而真正称得上豪放的词并不多。旷达是一种人生态度与艺术的审美态度的统一，它对作品的要求就是具有余音缭绕的韵味。第三，扩大词境。苏词境界阔大，不仅有儿女柔情，也有英雄事业；不仅有宦游感慨，也有兄弟、家人的情谊；不仅有贤人君子的遗迹，也有农村生活的抒写；不仅以情致胜，而且以理趣胜。可以说，凡是入诗的题材都用以入词，为词境开疆拓土，使词走出了花间的小径。

"苏门四学士"之一的秦观是这一时期重要的词人。一般都认为秦观作词与苏轼不同，而继承了柳永。秦观是有一些俗词学习柳永，黄庭坚也有，这反映了一时的风尚，但并不占秦词的主流。秦词的主流是典雅的，王国维在《人间词话》中说："词之雅郑，在神不在貌。永叔、少游虽作艳语，终有品格。"今传少游词仅70余首，以小令居多，兼有李煜的淡雅深婉与晏几道的妍丽俊逸，薛砺若在《宋词通论》中称他们为"词中的三位美少年"。秦观的慢词兼有苏轼的诗的写法与柳永的景物铺叙，如《满庭芳》（山抹微云）、《望海潮》（梅英疏淡）等，实开启了后来周邦彦的慢词。秦观慢词多写羁旅行役中的感受，往往"将身世之感打并入艳情"（周济语），使其作品充满了人生的感慨，这就是苏门所要求的韵味，说明秦观并不是与苏轼背道而驰。

后出的周邦彦被称为集大成者，他是北宋词的殿军，慢词到他趋于定型成熟。周邦彦对词坛的贡献，吴熊和在《十大词人》中认为有四点：第一，善于创调，严于持律。周词共用了88个词调，

自创的有40余调，在宋词人中，仅次于柳永。柳永所创词调俚俗，周邦彦创制的词调则去俗复雅，音韵清蔚；词在初起时参用诗律，只分平仄，后来三仄又分上去，两平须辨阴阳，这个过程，始于宋初，而成于周邦彦。第二，融化唐诗，浑然天成。北宋前期词大多取径于花间南唐，周邦彦善于融化唐诗，使宋词在继承唐诗方面前进了一大步。张炎《词源》与沈义父《乐府指迷》都指出周氏融化唐诗如自己出，实际上周氏的融化唐诗不仅在字面，而且在意境，形成周词丰富典雅而又饶有情致的特点。第三，下字运意，皆有法度。周邦彦的慢词长调章法绵密，布置停匀，浑厚而不废勾勒，转折而兼顾首尾。南宋时人作词每奉周词为范本，清人更认为词法至清真而大备。周词还注重炼字炼句，其名句举不胜举，如"叶上初阳干宿雨，水面清圆，一一风荷举"，王国维誉为"真能得荷之神理者"（《人间词话》）。第四，传奇入词，误成佳话。吴熊和认为，"周词之所以为人生发附会，与他在词中加强'述事'的因素不无关系"，无意中道出了周词的重要特点，即叙事。我们认为，周词并不如一般论者所言，只是继承柳永的铺叙。有人认为周词铺叙，变柳词的平铺直叙为往复回环，如夏敬观说："耆卿多平铺直叙。清真特变其法，一篇之中，回环往复，一唱三叹。"（《手评乐章集》）其实，铺叙是对景物的描写，是空间的；而周词的往复腾挪主要是时间的，忽今忽昔，穿插往复。周邦彦词有景物描写，但是并不多，多的是叙事，忽今忽昔，往复腾挪，如《兰陵王·柳》。引叙事入慢词，是苏轼"以诗为词"的一种尝试，他是尝试以长篇乐府诗的写法作词，如其《水调歌头》（明月几时有）、《贺新郎》（乳燕飞华屋）等。周词《六丑》也是这种写法，故清末谭献在《复堂词话》中针对《六丑》词说："但以七言古诗长篇法求之，自悟。"

综上所述，北宋中后期是宋词的繁荣时期，苏轼是这个繁荣的开端与奠基者。无论秦观，还是周邦彦，无不受其影响。那种认为苏轼是别调，秦观乃正宗、当行本色的说法，周邦彦以铺叙为主，与苏轼"以诗为词"截然不同的认识，都没有深究

苏轼对词学的巨大影响。周邦彦继承了苏门的诗的写法即叙事抒情的写法与柳永的赋的写法即铺叙景物的写法,形成了自己的熔叙事、写景、抒情于一炉的写作方法,成为北宋词坛的殿军,是为"集大成"。

附录七　研究性学习专题

关于苏轼词风格的争鸣

自明清以来词的风格分为豪放与婉约的说法影响很大,在20世纪很长的时间里,承认这种二分法的研究者基本认同将豪放作为苏轼词的主导风格,如夏承焘、刘永济、胡云翼、陈子展等人都持豪放说,反对这种划分法的则基本否认苏词豪放说。当近二十年豪放、婉约之分受到越来越多怀疑时,对苏词主导风格究竟是什么的探索就更加纷纭。

首先关于豪放的内涵、它是不是苏词的主要风格以及苏轼是否开创了一个豪放派,分歧较大。雷履平、罗焕章《苏轼词的风格》认为豪放指的是在法度容许之下,出新意,寄妙理,做到句句警拔,自然高妙。苏轼词豪放、婉约两种风格都有,以豪放为主。陈华昌《试论苏轼词的艺术风格》将豪放定义为气魄大,不受束缚,但古人在用它时,有时也偏向"放",即狂放之意,苏轼本人所使用的"豪放"不只是清狂自放之意,是真正的气魄大,不受束缚之意。认为苏轼词有豪放风格,但不是主导风格。严迪昌《苏辛词风异同辨》认为宋人评苏词豪放是指音乐上不协律,与今天的"豪放"不同,并非指词的整个艺术风貌。张惠民《南宋词学的东坡论》则认为宋人之论豪放与今天的清旷超妙更接近,其豪放乃寄于词境之中,是气韵风度的满而外透,隐然流出,不同于后世所说的"气象恢宏",故宋人对苏词审美特征的把握是准确的。胡云翼《宋词选》、游国恩等主编《中国文学史》都认为苏轼开创了豪放派或说南宋爱国词派。吴世昌《有关苏词的若干问题》则否认北宋豪放派的存在,所谓豪放词也只有苏轼的七八首。曾枣庄《苏轼与北宋豪放词派地位辨》认为北宋

词有婉约、豪放之分,且从词产生起就有这二种风格,只是在苏轼之前这种词风表现得还不太明显,苏轼并非毫无追随者,只因词风的转变要有一个过程,故北宋的豪放词少,但这并不能否认北宋豪放派的存在。

影响与豪放说相当且后来居上的是旷达说——也表述为超旷、高旷、清旷等,要在一个旷字。首开其端者是王国维,他在《人间词话》中说"东坡之词旷,稼轩之词豪"。缪钺《灵溪词说——论苏辛词与庄、骚》将苏词旷达的原因归结为用情的方式,指出苏词多出于《庄子》,入而能出,故超旷。叶嘉莹《论苏轼词》更详尽地从旷达超逸之襟怀来解释苏词之超旷的风格,指出苏轼词以超旷为主调。与豪放说相比较,旷达说更能解释苏轼与辛弃疾等南宋爱国词人的不同以及其传统上被视为婉约词的作品的独特品格。

施蛰存在与周楞伽的通信《再致周楞伽》中也反对苏词豪放的说法,认为北宋词只有"侧艳"与"雅词"两种风格,晏、欧为侧艳,东坡则为雅词。王洪《论东坡词的"雅化"及其对词史的影响》认为东坡词的本质意义就是对词的雅化,他所谓要"自成一家"就是指雅词,"以诗为词"的本质就是引诗之雅改造词之俗。对于何谓"雅",王洪认为既有传统的功利性极强的"言志",更重要的是以退隐为雅而非唐以前的以儒家的进取为雅,另一含义是超凡脱尘个性的追求。

其他关于苏词主导风格的说法还有:刘乃昌《宋词的刚柔与正变》的用刚美与柔美替换了传统的豪放与婉约的说法,以苏词为刚美词;龙榆生《东坡乐府综论》承王鹏运以"清雄"概括苏词的风格;程毅中《东坡词的意境》则用"精警"。

(引自唐建、孙华娟《二十世纪中国学术论辩书系·中国古代诗歌研究论辩》)

网络链接

① 苏轼《卜算子》词为何而作? ② "周郎赤壁"究竟在哪里? ③ 宋词中有没有豪放派? ④ 周邦彦是否爱过李师师?

参考书目

孔凡礼点校《苏轼文集》(全六册),中华书局 1986 年

徐培均校注《淮海居士长短句》,上海古籍出版社 1985 年

钟振振校注《东山词》,上海古籍出版社 1988 年

蒋哲伦选注《周邦彦选集》,河南大学出版社 1999 年

马兴荣、祝振玉校注《山谷词》,上海古籍出版社 2001 年

刘乃昌、杨庆存校注《晁氏琴趣外篇·晁叔用词》,上海古籍出版社 1991 年

乔力《晁补之词编年笺注》,齐鲁书社 1992 年

崔海正《东坡词研究》,山东大学出版社 1992 年

情感道德·明智

思考与练习

1. 说说苏轼在中国词史上的地位。

2. 苏轼 300 多首词中,真正属于"豪放"的词很少,旷达、婉约的词却相当多,试问,我们还可不可以说苏轼词的风格是豪放?

慕课资源

【总论】

　　五代之弊甚于魏、隋之间。宋兴，至欧阳永叔、苏子瞻、王介甫、曾子固，而文始备。永叔厚重渊洁，故其文委曲平和，不为斩绝诡怪之状，而穆穆有余韵。子瞻魁梧宏博，气高力雄，故其文常惊绝一世，不为婉昵细语。介甫狭中少容，简默有裁制，故其文能以约胜。子固俨尔儒者，故其文粹白纯正，出入礼乐法度中。（［明］方孝孺《逊志斋集》卷十二）

　　欧阳文纡徐曲折，偃仰可观，最耐咀嚼；荆公文亦高古，意见超卓，所乏者雍容整暇气象尔；曾子固文敦厚凝重，如秦碑汉鼎；老苏一击一刺，皆有法度；东坡胡击乱刺，自不出乎法度。（［明］郑瑗《井观琐言》卷一）

　　王世贞曰："文至于隋唐而靡极矣，韩柳振之，曰敛华而实也；至于五代而冗极矣，欧苏振之，曰化腐而新也。然欧苏则有间焉，其流也使人畏难而好易。"又曰："杨刘之文靡而俗，元之之文旨而弱，永叔之文雅而则，明允之文浑而劲，子瞻之文爽而俊，子固之文腴而满，介甫之文峭而洁，子由之文畅而平。"（［明］徐师曾《文章明辨序说》）

　　宋代之初，有柳开者，文以昌黎为宗。厥后苏舜钦、穆伯长、尹师鲁诸人，善治古文，效法昌黎，与欧阳修相唱和。而曾、王、三苏咸出欧阳之门，故每作一文，莫不法欧而宗韩。古文之体，至此大成。即两宋文人，亦以韩、欧为圭臬。试即唐、宋之文言之：韩、李之文，正谊明道，排斥异端，欧、曾继之，以文载道，儒家之文也。子厚之文，善言事物之情，出以形容之词，而知人论世，复能探原立论，核覈刻深，名家之文也。明允之文，最喜论兵，谋深虑远，排兀雄奇，兵家之文也。子瞻之文，以粲花之舌，运捭阖之词，往复卷舒，一如意中所欲出，而属词比事，翻空易奇，纵横家之文也。介甫之文，侈言法制，因时制宜，而文辞奇峭，推阐入深，法家之文也。立言不朽，此之谓与。

　　秦、汉以降，文与古殊，由简而繁，至南宋而文愈繁；由文而质，至南宋而文愈质。盖由简趋繁，由于骈文之废，故据事直书，不复简约其文词：由文趋质，由于语录之兴，故以语为文，不求自别于流俗。（刘师培《论文杂记》）

欧 阳 修

【集评】

　　执事之文，纡余委备，往复百折，而条达疏畅，无所间断，气尽语极、急言竭论，而容与闲易，无艰难劳

苦之态。（[宋]苏洵《上欧阳内翰第一书》）

如公器质之深厚，智识之高远，而辅学术之精微，故充于文章，见于议论，豪健俊伟，怪巧瑰琦。其积于中者，浩如江河之停蓄；其发于外者，烂如日星之光辉；其清音幽韵，凄如飘风急雨之骤至；其雄辞闳辩，快如轻车骏马之奔驰。（[宋]王安石《祭欧阳文忠公文》）

愈之后三百余年，而后得欧阳子，其学推韩愈、孟子以达于孔氏，著礼乐仁义之实，以合于大道。其言简而明，信而通，引物连类，折之于至理，以服人心，故天下翕然师尊之。自欧阳子之存，世之不说者哗而攻之，能折困其身，而不能屈其言。士无贤不肖，不谋而同曰：欧阳子今之韩愈也。……欧阳子论大道似韩愈，论事似陆贽，记事似司马迁，诗赋似李白。此非余言也，天下之言也。（[宋]苏轼《六一居士集叙》）

公之于文，天材有余，丰约中度，雍容俯仰，不大声色，而义理自胜。短章大论，施无不可。有欲效之，不诡则俗，不淫则陋，终不可及。是以独步当世，求之古人，亦不可多得。（[宋]苏轼《欧阳文忠公神道碑》）

文章纡余委曲，说尽事理，惟欧阳公得之。（[宋]吕本中《童蒙训》）

秋 声 赋

欧阳子方夜读书①，闻有声自西南来者，悚然而听之②，曰："异哉！"初淅沥以萧飒③，忽奔腾而砰湃④；如波涛夜惊，风雨骤至。其触于物也，鏦鏦铮铮⑤，金铁皆鸣；又如赴敌之兵⑥，衔枚疾走⑦，不闻号令，但闻人马之行声。余谓童子："此何声也？汝出视之。"童子曰："星月皎洁，明河在天⑧，四无人声，声在树间。"

余曰："噫嘻悲哉！此秋声也，胡为而来哉⑨？盖夫秋之为状也：其色惨淡⑩，烟霏云敛⑪；其容清明，天高日晶⑫；其气慄冽⑬，砭人肌骨⑭；其意萧条，山川寂寥。故其为声也，凄凄切切，呼号愤发⑮。丰草绿缛而争茂⑯，佳木葱茏而可悦⑰；草拂之而色变⑱，木遭之而叶脱；其所以摧败零落者，乃其一气之余烈⑲。

"夫秋，刑官也⑳，于时为阴㉑；又兵象也㉒，于行用金㉓，是谓天地之义气，常以

---

① 欧阳子：作者自称。方：正在。 ② 悚（sǒng）然：惊惧的样子。 ③ 淅沥以萧飒：淅沥，细雨声，这里"淅沥""萧飒"，都形容风声。以，而。 ④ 砰湃（pēng pài）：同"澎湃"，波涛声。这里也是形容风声。 ⑤ 鏦鏦（cōng cōng）铮铮：金属相击声。 ⑥ 赴敌：奔赴抗击敌人。 ⑦ 衔枚：枚，小木棍儿，状如筷子，两端有带子，系在颈后。古代行军时，令士兵嘴里衔枚，以防喧哗。 ⑧ 明河：明亮的天河。 ⑨ 胡为：何为，即"为何"。 ⑩ 其色惨淡：指秋天草木枯黄，阴暗无色。 ⑪ 烟霏云敛：烟气飘飞，云雾消失。 ⑫ 日晶：阳光灿烂。 ⑬ 慄（lì）冽：即"凛冽"，寒冷。 ⑭ 砭（biān）：古代用以治病刺穴的石针，这里作动词，刺。 ⑮ 愤发：奋发，形容风势强劲。 ⑯ 缛（rù）：稠密。 ⑰ 葱茏：草木青翠茂盛的样子。 ⑱ 草拂之：掠过草。 ⑲ 一气：指天地之气，此指秋气。余烈：剩余的威力。 ⑳ "夫秋"二句：《周礼》把官职按天、地、春、夏、秋、冬分为六类。因为秋有肃杀之气，所以把职掌刑法、狱讼的刑官分属于秋，称为秋官。 ㉑ 于时为阴：古人以阴阳配合四时，春夏分属于阳，秋冬分属于阴。《汉书·律历志》："春为阳中，万物以生；秋为阴中，万物以成。"时，指一年四季。 ㉒ 兵象：战争之象。因战争是肃杀之事，所以说秋有兵象。 ㉓ 行：五行，即金、木、水、火、土。旧说秋属于金。用金：古人认为秋天是金起作用的时候。《汉书·五行志》："金，西方，万物既成，杀气之始也。"

肃杀而为心①。天之于物，春生秋实。故其在乐也，商声主西方之音，夷则为七月之律②。商，伤也；物既老而悲伤。夷，戮也；物过盛而当杀③。

"嗟乎，草木无情，有时飘零。人为动物，惟物之灵。百忧感其心，万事劳其形。有动于中，必摇其精④。而况思其力之所不及，忧其智之所不能；宜其渥然丹者为槁木，黟然黑者为星星⑤。奈何以非金石之质⑥，欲与草木而争荣？念谁为之戕贼⑦，亦何恨乎秋声⑧！"

童子莫对，垂头而睡。但闻四壁虫声唧唧，如助余之叹息。

【汇评】

《秋声赋》模写之工，转折之妙，悲壮顿挫，无一字尘涴。（［宋］楼昉《崇古文诀》卷十八）

此等赋实自《卜居》《渔父》篇来，迨宋玉赋《风》与《大言》《小言》等，其体遂盛，然赋之本体犹存。及子云《长杨》，纯用议论说理，遂失赋本矣。欧公专以此为宗，其赋全是文体，以扫积代俳律之弊，然于三百五篇吟咏情性之流风远矣。（［元］祝尧《古赋辩体》卷八）

形容状物，模写变态，末归于人生忧感，与时俱变，使人读之，有悲秋之意。（［明］归有光《欧阳文忠公文选》卷十）

萧瑟可诵，虽不及汉之雅，而词致清亮。（［明］茅坤《欧阳文忠公文钞》卷三十二）

果是以文为赋，稍嫌近切，然说意透，亦自俊快可喜。（［明］孙鑛《欧阳文忠公文选》评语卷十）

以文为赋，虽非正体，然赋之境界如天海空阔，何所不有？学者论文，当大其眼以对之，勿玉日而毁月可矣。天地之大德曰生，谁谓以肃杀为心？（［清］王之绩《评注才子古文》卷十二）

虽非楚人之辞，然于体物自工。至后乃推论人事，初非纯用议论也。讥之者只是不识，公于文章，变而不失其正尔。"异哉，初淅沥以萧飒"至"胡为而来哉"，先赋声"又如赴敌之兵"，与后"杀"字相映。"四无人声"，"人声"二字，上顾"赴敌"，下为"在乐"一段起本。"盖夫秋之为状也"至"乃其一气之余烈"，此赋秋。"故其为声也"，合到"声"字。"亦何恨乎秋声"，反结"悲哉"句。"但闻四壁虫声唧唧"，以细声结。韩子云："以虫鸣秋。"结仍浑成该括。（［清］何焯《义门读书记》欧阳修文卷下）

赋每伤于俳俪。如此又简峭，又精练，又径直，又波折，真是后学作文之点金神术也。（［清］金圣叹《评注才子古文》卷十二）

赋之变调，别有文情。赋至宋几亡矣，此文殊有深致。（［清］储欣《六一居士全集录》卷一）

亦本宋玉《九辩》。其气韵秀出处时复相逼，而议论感慨则宋人之本色也。（［清］谢有辉《古文赏音》

---

① "是谓天地"二句：义，《汉书·天文志》："太白曰西方秋金，义也。"义是五常（仁、义、礼、智、信）之一，与水、火、木、金、土五行之"金"相配，指秋季。又《礼记·乡饮酒义》："天地严凝之气，始于西南，而盛于西北，此天地之尊严气也，此天地之义气也。"孔颖达疏："西南，象秋始。"古人以秋天为决狱讼、征不义时节，故张扬"义"之重要。 ② "故其在乐"三句：乐，音乐。按我国传统乐理，乐分宫、商、角、徵（zhǐ）、羽五音。《礼记·月令》："孟秋之月，其音商，律中夷则。"五音中的商声、四方中的西方，都属于五行的"金"。乐又分十二律，每律分属一月。《史记·律书》："七月也，律中夷则。夷则，言阴气之贼万物也。" ③ 杀：削减。 ④ 精：精神。《庄子·在宥》："必静必清，无劳汝形，无摇汝精，乃可以长生。" ⑤ "宜其"二句：红的面容变得枯槁，黑的头发变得花白。宜，应该。渥然丹者，形容红润的脸色，比喻年轻。渥（wò）然，润泽的样子。丹，红色。《诗经·秦风·终南》："颜如渥丹。"槁木，枯木，比喻衰老。《庄子·齐物论》："形固可使如槁木。"黟然黑者，形容乌黑的头发，比喻健壮。黟（yǒu）然，黑的样子。星星，形容头发花白的样子。 ⑥ 非金石之质：指人的身体。 ⑦ 戕贼：摧残。 ⑧ "亦何恨"句：意谓人的衰颓是被忧思折磨的结果，怎能怨恨秋声悲凉呢！

评语卷九）

古不如汉，丽不如唐，超解亦让后来坡老，而其机法之楚楚，可以津逮幼学。（［清］浦起龙《古文眉诠》六一文评语卷六十二）

借景言情，不徒以赋物为工。而感慨悲凉中，寓警悟意，洵堪令人猛省。通篇凡十四易韵。（［清］余诚《古文释义》卷八）

秋声本无可写，却借其色、其容、其气、其意，引出其声。一种感慨苍凉之致，凄然欲绝。末归到感心劳形，自为戕贼，无时非秋，真令人不堪回首。（［清］过珙《古文评注》评语卷八）

作赋本意只是自伤衰老，故有动于中，不觉闻声感叹。一起先作一番虚写，第二段方作一番实写，一虚一实已写尽秋声。第三段止说秋之为义尚以肃杀，引起第四段自伤衰老为一篇主意。结尾"虫声唧唧"亦是从声上发挥，绝妙点缀。读前幅，写秋声之大，真如狂风怒涛，令人怖恐；读末幅，写虫声之小，真如嫠妇夜泣，令人惨伤：一个"声"字写作两番笔墨，便是两番神境。（［清］孙琮《山晓阁选宋大家欧阳庐陵全集》卷四）

《秋声赋》秀。首一段摹写秋声，工而切矣，却不放出"秋"字，于空中想像形容，此实中带虚之法也。次段先就童子口中摹写一番，然后接出秋声，振起全篇，此文家顿挫摇曳之法也。三段实写"声"字，却不径就"声"字说，先用"其色""其容""其气""其意"等作陪，此四面旁衬之法也。四段就"秋"字发挥，即带起下段，此前后相生法也。五段是作赋本旨，末段是用小波点缀，收束前后感慨，尤见情文绝胜。（［清］朱宗洛《古文一隅》卷下）

【赏析】

据南宋周必大《欧阳文忠公集》刻本和四部丛刊本，此赋作于嘉祐四年（1059）。嘉祐二年（1057），欧阳修以翰林学士身份主持进士考试，此后仕途虽有转机，但作者此时年过五十，官场积弊，难以革除，众疾缠身，心力交瘁，遂有人生易老之叹。作者宦海浮沉，历经坎坷，此时虽身居要位，但"既不能因时奋身，遇事发愤，有所建明，以为补益。又不能以阿权贵，以徇世俗"（《归田录序》）。这种矛盾的心理在这篇赋中也得到了深刻的表现。

本文继承了赋体文传统的主客问答的形式，描摹难以捉摸的秋声，抒发了人生易老的感慨，表现了进退失据的矛盾心理。

在艺术表现上，本文首先在描摹秋声上富于想象，层层推进。"秋声"是无形的，作者"精骛八极，心游万仞"，借助于生动形象的比喻，以风雨声、波涛声、金铁声、军队夜行声，一一形容之，化虚为实，惊心动魄。写毕秋声，笔锋一转，采用烘云托月的手法，引出"秋状"，从色、容、气、意等各个方面描摹，看似与秋声无关，实际上是从侧面烘托秋声，秋声之所以"凄凄切切，呼号愤发"，正与"其色惨淡""其容清明""其气慄冽""其意萧条"有着莫大的关系。为了写出秋声之"肃杀"，作者转笔又写春夏草木之葱茏可喜，转眼草枯叶落，才见出秋气之"余烈"。接着，笔意又变，改用刑官、兵象、音乐写"秋心"，借秋心进一步渲染秋声。刑官古名"秋官"，秋天又是用兵的季节，因此秋有一种肃杀之心。五声音阶宫、商、角、徵、羽中，与秋相应的是商声；"商""伤"通训，因此闻秋声而自伤，正如陶潜《咏荆轲》说的那样"商音更流涕，羽奏壮士惊"，令人不忍卒听。十二乐律中，与凉秋七月相配的是夷则。"夷"字可训为杀戮，正与物盛则衰、草茂当杀的自然规律相应。"秋心"

一段描写具有深广的文化意蕴,体现了宋代文人在学术上的涵养。文章从秋声、秋状、秋心三个角度,调动了化虚为实、烘托、象征等多种艺术手段,写秋之魂,摄秋之魄,形成了一种肃杀凄怆的意境。摹写秋声已经淋漓尽致,则转笔及人。"草木无情",尚有飘零之时;人为万物之灵,在百忧感心、万事劳形的人生中,又怎能常葆青春? 更何况抱非分之想,企图去做力所不及、智所不能的事情呢? 人生的"戕贼"是什么呢? 正是感心劳形的人自己,又何必去怨恨秋声呢?

其次,文章在对比映衬的运用上,也颇具匠心。写秋声,有远近、强弱、缓急的对比;写草木,用了荣枯消长的对比;特别是童子与作者形成的对比映衬,更增添了文章的情趣,突出了作者寂寞的秋心,大大增强了文字的表现力。深夜,作者正陷入无眠叹息之中,童子却"垂头而睡",漠然无动。通过对比,以童子的单纯无忧衬出主人秋怀的纷繁复杂。最后"虫声"和作者的"叹息"声也构成了一种对比映衬。韩愈《送孟东野序》说:"以鸟鸣春,以雷鸣夏,以虫鸣秋,以风鸣冬。"虫声助秋、虫声也令人更寂寞。

再次,文章在遣词造句上富有音乐美。文章在描写"秋声"上既有音量大起大落的动静变化,又有"淅沥""奔腾""凄凄切切""呼号愤发"等小的波澜;最后的虫声、叹息声,更显得余音袅袅,使整篇文章像一支乐曲,极具旋律变化。

《秋声赋》开宋代文赋的先河。欧阳修在这篇赋中,引入了散文笔法,骈散结合,改造了六朝以来盛行的骈赋,给赋体文注入了新的血液,使之能更自由地状物抒情。前有欧阳修的《秋声赋》,后有苏轼的《赤壁赋》,皆是宋代文赋的楷模。因此,《秋声赋》对赋的发展具有开拓意义,在文学史上占有重要的地位。

王安石

王安石(1021—1086),字介甫,号半山,祖籍太原,后徙抚州临川(今江西临川)。少好读书,文思敏捷,有匡时济世之志。19岁时,定居江宁(今江苏南京)。22岁中进士,从此进入仕途,至48岁时,主要在各地任地方官。神宗熙宁元年(1068),应诏回京,次年任参知政事,迁同中书门下平章事,在朝内主持变法革新。几年间,相继推行均输、青苗、募役、保甲等法,在理财、整军、调整官僚机构、发展农业生产等方面采取了一系列措施,收到了一定成效。但因上层社会的反对和变法派的内讧等原因,熙宁七年(1074)、九年(1076)王安石两次罢相,最后退居江宁,过了10年的闲居生活。晚年封荆国公。死后追封舒王,谥文。性格倔强,有"拗相公"之称。在思想上,王安石倾慕儒家的"仁政",同时对佛学、老庄和法家思想也多有研究。一生著述颇丰,有《临川集》一百卷存世。

【集评】

王荆公湛深之识,幽渺之思,大较并本之古六艺之旨而于其中别自为调,镂刻万物,鼓铸群情,以成一家之言者也。　　以予观之，荆公之雄不如韩，逸不如欧，飘宕疏爽不如苏氏父子兄弟，而匠心所注，意在言外，神在象先，如入幽林邃谷而杳然洞天，恐亦古来所罕者。予每读其碑志墓铭及他书所指次世之名臣硕卿、贤人志士，一言之予，一字之夺，并从神解中点缀风刺，翩翩乎凌风之翻矣，于史汉外别为三昧也。（[明]茅坤《唐宋八大家文钞》卷八十一）

文贵瘦，须从瘦出，而不宜以瘦名。盖文至瘦则笔能屈曲尽意，而言无不达；然以瘦名，则文必狭隘。公（羊传）、毂（梁传）、韩非、王半山（安石）之文，极高峻难识。学之有得，便当舍去。（[清]刘大櫆《论文偶记》）

荆公崛起宋代，力追韩轨，其倔强之气，峭折之势，朴奥之词，均臻阃奥，独其规摹稍狭，故不及韩之纵横排荡，变化喷薄，不可端倪。然戛戛独造，亦可谓不离其宗者矣。（高步瀛《唐宋文举要》甲编卷七引吴阊生语）

答司马谏议书

某启①：

昨日蒙教②，窃以为与君实游处相好之日久③，而议事每不合④，所操之术多异故也⑤。虽欲强聒⑥，终必不蒙见察⑦，故略上报⑧，不复一一自辨⑨。重念蒙君实视遇厚⑩，于反复不宜卤莽⑪，故今具道所以⑫，冀君实或见恕也⑬。

盖儒者所争⑭，尤在于名实⑮。名实已明，而天下之理得矣。今君实所以见教者⑯，以为侵官、生事、征利、拒谏⑰，以致天下怨谤也⑱。某则以为受命于人主⑲，议法度而修之于朝廷⑳，以授之于有司㉑，不为侵官；举先王之政㉒，以兴利除弊，不为生事；为天下理财，不为征利；辟邪说㉓，难壬人㉔，不为拒谏。至于怨谤之多㉕，则固前知其如此也㉖。

---

① 某启：即安石启。某，古人常在底稿上用"某"来代替自己的名字。　② 昨日蒙教：昨天承蒙您指教，意思是"昨天收到您的来信"。　③ 窃以为：我私下认为。君实：司马光的字。游处：同游共处，即交往共事之意。王安石与司马光相识多年，且同朝共事，故云。　④ 每：往往，常常。　⑤ 所操之术多异故也：这是由于所持的政治主张多有不同。操，持。术，指政治主张。　⑥ 强聒（guō）：强作解释，硬在耳边啰唆。聒，声音嘈杂。　⑦ 不蒙见察：不能得到您的谅解。见察，被了解。　⑧ 略：简略。上报：回信。　⑨ 自辨：自己辩解。辨，通"辩"，辩白，辩解。　⑩ 重（chóng）念：又想到。视遇：看待，对待。　⑪ 于反复不宜卤莽：在书信往来上不应该草率。卤莽，即鲁莽，粗疏草率。　⑫ 具道所以：详细说明理由。具，通"俱"，完全，详尽。所以，原因，理由。　⑬ 冀：希望。见恕：原谅我。　⑭ 盖：句首助词，表示承接上文发表议论。儒者：信奉孔子学说的读书人，这里泛指一般读书人。　⑮ 尤在于名实：特别在于名义和实际是否相符。　⑯ 见教：指教我。　⑰ 侵官、生事、征利、拒谏：这是司马光来信中指责王安石新法的四条罪状。侵官，侵犯原有官吏的职权。王安石变法后增设了新的官署，如"制置三司条例司"，司马光指责说这是侵夺了盐铁、度支、户部三司的职权。生事，不守祖宗旧法，生事扰民。征利，设法生财，与民争利。征，求，取。拒谏，不接受劝告，这里指不采纳保守派的意见。　⑱ 怨谤：怨恨和诽谤。　⑲ 人主：皇帝，指宋神宗赵顼（xū）。　⑳ 法度：法令制度。修之于朝廷：在朝廷上制定。之，代"法度"。　㉑ 有司：负有专责的官吏。　㉒ 举：推行。先王：历史上的贤明君主。　㉓ 辟邪说：驳斥错误的言论。辟，排除，驳斥，抨击。　㉔ 难（nàn）：反驳，斥责，质问。壬（rén）人：佞人，善于巧言谄媚的人。壬，通"佞"。　㉕ 谤：毁谤。　㉖ 固：本来。前知：早就预料到。

人习于苟且非一日①，士大夫多以不恤国事、同俗自媚于众为善②，上乃欲变此③，而某不量敌之众寡，欲出力助上以抗之④，则众何为而不汹汹然⑤？盘庚之迁⑥，胥怨者民也⑦，非特朝廷士大夫而已⑧。盘庚不为怨者故改其度⑨；度义而后动⑩，是而不见可悔故也⑪。

如君实责我以在位久⑫，未能助上大有为，以膏泽斯民⑬，则某知罪矣；如曰今日当一切不事事⑭，守前所为而已⑮，则非某之所敢知⑯。

无由会晤⑰，不任区区向往之至⑱。

【汇评】

姚鼐：亦自劲悍，而不如昌黎《答吕医山人》之奇变。

吴汝纶：固由兀傲性成，究亦理足气盛，故劲悍廉厉无枝叶如此。不似《上皇帝书》时，尚有经生习气也。

吴闿生：傲岸崛强，荆公天性，而其平生志量政略，亦具见于此。

胡韫玉：愤当世柔媚之习，以排众议为己任，毅力可嘉。（吴孟复等《古文辞类纂评注》"书说类"）

【赏析】

这是一篇书信体驳论文。文章针对司马光指责变法是侵官、生事、征利、拒谏、天下怨谤的五个观点，逐一地进行了反驳。

北宋神宗熙宁二年(1069)，王安石出任参知政事，积极推行新法以富国强兵，遭到朝中保守派的强烈反对。次年二月，时任右谏议大夫的司马光，致书王安石，列举王安石在变法中有"侵官""生事""征利""拒谏"等罪状，要求废除新法，恢复旧制。王安石以此书作答，针对司马光对新法的指责逐一加以批驳，并对当时士大夫不恤国事、固守成法深表不满，表达了自己坚持改革、决不为流言所动的决心，显现出严正、果敢、刚毅的政治家风度。

这篇驳论的写法，是以新法实绩为论据，针对对方论点，进行直接反驳，简洁有力。《墨子·小取》说："夫辩者，将以明是非之分，审治乱之纪，明同异之处，察名实之理，处利害，决嫌疑焉。"此文在批驳司马光的谬论前，首先亮明自己对待论争的看法和态度，即"名实已明，而天下之理得矣"，这就是墨子所说的"察名实之理"。本文先以名实相副作

---

① 习：习惯。苟且：因循苟安，得过且过。 ② 不恤(xù)国事：不关心国家大事。恤，忧虑，顾念。同俗：附和世俗。自媚于众：向众人献媚讨好。 ③ 上：皇上，指神宗赵顼。 ④ 抗：抵制。 ⑤ 何为：为什么。汹汹然：形容波涛的响声，这里是指大声吵闹。 ⑥ 盘庚之迁：《尚书·盘庚》："盘庚五迁，将治亳殷，民咨胥怨。"盘庚，商代君主。盘庚迁都到殷(今河南安阳一带)，开始曾受到贵族和被贵族鼓动的一些人的反对。 ⑦ 胥(xū)怨者民也：相与抱怨的是老百姓。胥怨，全都埋怨。胥，副词，相与。 ⑧ 非特：不仅。 ⑨ 盘庚不为怨者故改其度：盘庚不因为有人怨恨的缘故而改变他的计划。度，计划。 ⑩ 度(duó)义而后动：考虑到这样做正确，然后行动起来。度，考虑。 ⑪ 是而不见可悔故也：认为(这样做)正确，看不出有什么可以后悔的缘故。是，意动用法，认为正确。 ⑫ 在位：这里指执掌朝政。 ⑬ 膏泽斯民：施恩惠给人民。膏泽，用作动词，施恩惠的意思。 ⑭ 事事：做事。前一个"事"作动词，后一个"事"是名词。 ⑮ 守前所为：墨守以往的做法。 ⑯ 非某之所敢知：不是我所敢领教的。这是不接受对方意见的婉转说法。 ⑰ 无由：无从，没有机会。会晤：见面。 ⑱ 不任：不胜。区区：犹"拳拳"，形容诚挚之状。向往之至：仰慕到了极点。

为辨别是非的原则,然后针对司马光来信中指责新法"侵官""生事""征利""拒谏"等罪名,以新法取得的实绩为依据,逐一加以辩驳。文中说:"受命于人主,议法度而修之于朝廷,以授之于有司,不为侵官;举先王之政,以兴利除弊,不为生事;为天下理财,不为征利;辟邪说,难壬人,不为拒谏",正面回答了为什么说新法不是"侵官"、不是"生事"、不是"征利"、不是"拒谏"。至于"天下怨谤"则是早已预料到的,而且古已有之,如"盘庚之迁,胥怨者民也",不足为怪。文章在辩驳时,要言不烦,言辞犀利;理直气壮,层层推进,从而驳倒了论敌的谬论。

本文在语言上具有外柔内刚、委婉而有力的特点。本书用书信的形式来抒发感情,交流思想。特定的格式,真挚的感情,流畅的文笔,是书信体文章的主要特点。本文开篇后连用"蒙教""窃以为""相好""强聒""见察""上报""视遇厚""卤莽""见恕"等谦辞和敬辞,或表敬,或自谦,礼貌周到,语气委婉而柔和。然而,在这婉和的语调中,却寓有"议事每不合,所操之术多异故也"的刚直,示现不可妥协的原则性。在摆出敌论之前先加"见教"二字,表示了态度的谦谨。然而,此后连用四个"不为",加以斩钉截铁的否定,这又是柔中藏刚的典型笔墨。接下去的"知罪",再接"则非某之所敢知",更是柔不掩刚的突出表达。开篇以"蒙教"始,卒章以"向往"结,通篇营造出一种客气、礼貌的氛围,但愈来愈盛的气势溢于言表,理直而气壮,突出地显示出"拗相公"王安石的铮铮风骨。

苏　轼

【集评】

故赠太师谥文忠苏轼,忠言谠论,立朝大节,一时廷臣无出其右,负其豪气,志在行其所学。放浪岭海,文不少衰。力斡造化,元气淋漓,穷理尽性,贯通天人。山川风云,草木华实,千汇万状,可喜可愕,有感于中,一寓之于文,雄视百代,自作一家,浑涵光芒,至是而大成矣。([宋]赵鲁(孝宗)《苏轼文集序》)

东坡之文,如长江大河,一泻千里。至其浑浩流转,曲折变化之妙,则无复可以名状。盖能文之士莫之能尚也。而尤长于指陈世事,述叙民生疾苦。方其年少气锐,尚欲汛扫宿弊,更张百度,有贾太傅流涕汉廷之风。及既惩创王氏,一意忠厚,思与天下休息。其言切中民隐,发越恳到,使岩廊崇高之地,如亲见闾阎哀痛之情,有不能不恻然感动者。真可垂训万世矣!呜呼,休哉!然义理之精微,则当求之伊洛之书。([宋]黄震《黄氏日钞》卷六十二)

东坡之文,具万变而一以贯之者也……其所以独兼众作,莫可端倪。([金]王若虚《闲闲老人滏水文集》卷三十六)

东坡,文中龙也。理妙万物,气吞九州,纵横奔放,若游戏然,莫可测其端倪。(同上书卷三十九《诗话》中)

公为人英杰奇伟,善议论,有气节。其为文章,才落笔,四海已皆传诵。下至闾巷田里,外及夷狄,莫不知名。其盛盖当时所未有,其文名盖与韩、柳、欧、曾、王氏齐驱而并称信,如天之星斗,地之山岳,人所快睹而钦仰者……([明]李绍《重刊苏文忠公全集序》)

予览欧苏二家论不同：欧次情事甚曲，故其论多确而不嫌于复；苏氏兄弟则本《战国策》纵横以来之旨而为文，故其论直而豁，而多疏逸遒宕之势。欧则譬引江河之水而穿林麓、灌亩浍；若苏氏兄弟则譬之引江河之水而一泻千里，湍者潆、逝者注，杳不知其所止者已。语曰，"同工而异曲"，学者须自得之。（[明]茅坤《苏文忠公文钞》卷首）

东坡公之文，人知其不钩棘而奇，不绳削而合，华然浩然，为古今文人雄豪逸宕之宗。至其悠然以长，渊然以邃，可想见公之胸次坦洞夷旷，必非世俗之君子所可几者，他人未必能知之也。（[明]娄坚《学古绪言》卷二十三《题手书东坡文后》）

苏子瞻才甚高，子由称之曰："自有文章，未有如子瞻者。"其辞虽夸，然论其才气，实未有过之者也。（[明]李东阳《怀麓堂诗话》）

留侯论[1]

古之所谓豪杰之士者，必有过人之节[2]。人情有所不能忍者，匹夫见辱[3]，拔剑而起，挺身而斗，此不足为勇也。天下有大勇者，卒然临之而不惊[4]，无故加之而不怒，此其所挟持者甚大[5]，而其志甚远也。

夫子房受书于圯上之老人也[6]，其事甚怪。然亦安知其非秦之世有隐君子者[7]，出而试之？观其所以微见其意者[8]，皆圣贤相与警戒之义。而世不察，以为鬼物[9]，亦已过矣。且其意不在书。当韩之亡[10]，秦之方盛也，以刀锯鼎镬待天下之士[11]，其平居无罪夷灭者[12]，不可胜数。虽有贲、育[13]，无所复施。夫持法太急者，其锋不可犯，而其末可乘。子房不忍忿忿之心，以匹夫之力，而逞于一击之间[14]。当此之时，子房之不死者，其间不能容发[15]，盖亦已危矣。千金之子，不死于盗贼[16]，何哉？其身之可爱，而盗贼之不足以死也。子房以盖世之才，不为伊尹、太公

---

① 留侯：张良（？—前186年），字子房，辅佐汉高祖刘邦统一天下，封于留（今淹没于微山湖下，属山东微山县），故称留侯。 ② 节：节操，操守。 ③ 匹夫见辱：普通人被侮辱。匹夫，指普通人。 ④ 卒（cù）然：猝然。 ⑤ 所挟持者：指胸怀抱负。 ⑥"夫子房"句：《史记·留侯世家》记载，张良使刺客在博浪沙中锤击秦始皇未成，乃更改姓名逃到下邳，在圯（yí，桥）上遇一老人，老人把鞋掉到圯下，对张良说："孺子下取履。"张良最初很生气，后来强忍取来，并且给他穿上。老人说："孺子可教矣。"后来老人赠给张良一部兵书，即《太公兵法》。并且告诉张良说："十三年，孺子见我，济北谷城山下黄石，即我矣。" ⑦ 隐君子：隐居不闻的才士。 ⑧ 微见（xiàn）：隐约显露。见，同"现"。 ⑨ 以为鬼物：古人曾认为圯上老人是鬼神之流。《史记·留侯世家》："学者多言无鬼神，然言有物。至如留侯所见老父予书，亦可怪矣。"《论衡·自然》："张良游泗水之上，遇黄石公，授太公书，盖天佐汉诛秦，故命令神石为鬼书授人。" ⑩ 韩之亡：秦吞并六国，最先亡韩，时在公元前230年。 ⑪ 鼎镬（huò）：指用锅烹人的刑罚。镬，无足的大鼎，即大锅。 ⑫ 夷灭：指灭族。夷，平掉。古代杀戮罪人全家、全族，常称为"夷"。 ⑬ 贲、育：孟贲，夏育。都是古代的勇士。 ⑭ 一击之间：指张良使刺客用铁锤击秦始皇的事。《史记·留侯世家》记载，张良原为韩国贵族，秦灭韩后，他力图报仇，得力士，为铁锤重百二十斤。"秦皇帝东游，良与客狙击秦始皇帝博浪沙中，误中副车。秦皇帝大怒，大索天下，求贼甚急，为张良故也。" ⑮ 间不能容发：相距至近，不容一发，比喻情势危急到极点。 ⑯"千金之子"二句：身份贵重的人，不值得和盗贼拼命而死。千金之子，比喻富贵人家的子弟。

之谋,而特出于荆轲、聂政之计①,以侥幸于不死,此圯上之老人所为深惜者也。是故倨傲鲜腆而深折之②。彼其能有所忍也,然后可以就大事。故曰:"孺子可教也。"

楚庄王伐郑,郑伯肉袒牵羊以逆③。庄王曰:"其君能下人④,必能信用其民矣。"遂舍之。勾践之困于会稽,而归臣妾于吴者,三年而不倦⑤。且夫有报人之志⑥,而不能下人者,是匹夫之刚也。夫老人者,以为子房才有余而忧其度量之不足,故深折其少年刚锐之气,使之忍小忿而就大谋。何则?非有平生之素⑦,卒然相遇于草野之间,而命以仆妾之役,油然而不怪者⑧,此固秦皇帝之所不能惊,而项籍之所不能怒也⑨。

观夫高祖之所以胜,而项籍之所以败者,在能忍与不能忍之间而已矣。项籍惟不能忍,是以百战百胜,而轻用其锋⑩;高祖忍之,养其全锋而待其敝⑪,此子房教之也。当淮阴破齐而欲自王,高祖发怒,见于词色⑫。由是观之,犹有刚强不忍之气,非子房,其谁全之?

太史公疑子房,以为魁梧奇伟,而其状貌乃是妇人女子,不称其志气。呜呼,此其所以为子房欤!⑬

【汇评】

格制好。先说忍与不忍之规模,方说子房受书之事。其意在不忍,此老人所以深惜,命以仆妾之役,使之忍小耻,就大谋,故其后辅佐高祖,亦使忍之有成。   一篇纲目在"忍"字。([宋]吕祖谦《古文关键》卷下)

主意谓子房本大勇之人,唯年少气刚,不能涵养忍耐,以就大功名,如用力士提铁锤击秦始皇之类,皆不能忍。老父之圯上,始命之取履纳履,与之期五更相会,数怒骂之,正所以折其不能忍之气,教之以

---

① "不为"二句:伊尹,商汤的大臣。太公,周文王、武王的大臣。谋,指大的谋略。荆轲曾为燕太子丹刺秦王,聂政曾为严仲子刺韩相侠累。计,指行刺的下策。 ② "是故"句:所以老人故意摆出傲慢无礼的姿态来使他感到羞辱。倨傲,傲慢。鲜腆(tiǎn),不厚,菲薄,无礼。折,摧折,侮辱。 ③ "楚庄王"二句:郑伯,指郑襄公。肉袒,脱衣露体,表示服罪等待责打或杀戮。牵羊,用羊作为奉献的礼物。逆,迎。 ④ 下人:即"下于人",谦虚居人之下。《左传·宣公十二年》记载,楚庄王围郑,"克之,入自皇门,至于逵路。郑伯肉袒牵羊以逆,曰:'孤不天,不能事君,使君怀怒,以及敝邑,孤之罪也,敢不唯命是听……'左右曰:'不可许也,得国无赦。'王曰:'其君能下人,必能信用其民矣,庸可几乎?'退三十里,而许之平"。 ⑤ "勾践"三句:归臣妾于吴,意即投降吴国,为其臣妾。《国语·越语下》记载,越王勾践与吴国作战失败,被困在会稽,于是"令大夫种守于国,与范蠡入官于吴,三年而吴人遣之"。又《史记·越王勾践世家》:"越王乃以余兵五千人,保栖于会稽,乃令大夫种行成于吴,膝行顿首曰,'勾践请为臣,妻为妾。'" ⑥ 报人:报复仇人。 ⑦ 素:素交,有交谊或深交的意思。 ⑧ 油然:和顺,舒适的样子。 ⑨ "此固"二句:张良这种修养,秦始皇不能使他惊惧,项籍也不能使他发怒。 ⑩ "项籍"三句:项羽只因为不能忍,因此虽百战百胜,但轻易消耗兵力,卒致败亡。锋,锋芒,锐气。 ⑪ 敝:疲敝,衰竭。 ⑫ "当淮阴"三句:《史记·淮阴侯列传》载,当刘邦被项羽围困在荥阳时,韩信攻下齐地,派人向刘邦请求封他为"假王"。刘邦大怒,骂曰:"吾困于此,旦暮望若来佐我,乃欲自立为王。"当时张良把刘邦的脚踏了一下,因附耳语曰,"汉方不利,宁能禁信之王乎? 不如因而立,善遇之,使自为守,不然,变生"。刘邦醒悟,因复骂曰,"大丈夫定诸侯,即为真王耳,何以假为"? 乃遣张良往立信为齐王,向他征兵击楚。淮阴,指淮阴侯韩信。 ⑬ "太史公"六句:《史记·留侯世家》:"太史公曰:余以为其人计魁梧奇伟,至见其图,状貌如妇人女子,盖孔子曰:以貌取人,失之子羽。留侯亦云。"作者认为张良外貌柔弱,正是能"忍"的"豪杰之士"的相貌,这是经过锻炼的结果,此为张良的长处所在,而不是短处。称(chèn),相称。

能忍也。（［宋］谢枋得《文章轨范》卷三）

此文若断若续，变幻不羁，曲尽文家操纵之妙。（［明］王慎中《苏文忠公文钞》卷十四）

此文只是一意反覆滚滚议论，然子瞻胸中见解，亦本黄老来也。（［明］茅坤《苏文忠公文钞》卷十三）

作文须寻大头脑，立得意定，然后遣词发挥，方是气象浑成。如韩退之《代张籍与李浙东书》以"盲"字贯说，苏子瞻《留侯论》以"忍"字贯说是也。（［明］归有光《文章指南》）

以"忍"字作骨，而出以快笔。岂子瞻胸中先有此一段议论，乃因留侯而发之耶？（［清］爱新觉罗·弘历《唐宋文醇》卷四十二引清圣祖玄烨语）

意实翻空，辞皆征实。读者信其证据，而不疑其变幻。（［清］徐乾学《古文渊鉴》卷五十）

博浪沙击秦，一事也；圯桥进履，又一事也。于绝不相蒙处，连而合之，可以开拓万古之心胸。（［清］储欣《东坡先生全集录》卷二）

论旨曰"能忍"，然而实无正证也。拈起圯考深折，运化沙椎小忿，惩所不忍以归于忍，假一二初迹，以显佑汉定天下全神也。惟封齐，是用忍一证，亦复拈连洒脱。此与《管仲论》非慧业人无处著手。（［清］浦起龙《古文眉诠》卷六十四）

人皆以受书为奇事，此文得意在"且其意不在书"，一句撇开，擎定忍字发议。滔滔如长江大河，而浑浩流转，变化曲折之妙，则纯以神行乎其间。（［清］吴楚材、吴调侯《古文观止》卷十）

刘大櫆评：忽出忽入，忽主忽宾，忽浅忽深，忽断忽接；而纳履一事，止随文势带出，更不正讲，尤为神妙。（吴孟复《古文辞类纂评注》）

【赏析】

《留侯论》是苏轼宋仁宗嘉祐六年（1061）应制科考试时所上的一篇史论。文章认为张良能够辅佐汉高祖刘邦灭秦楚兴汉室，其关键是"忍小忿而就大谋"。

全文围绕一个"忍"字，以张良忍辱为圯上老人拾履而幸得奇书，奠定了他成就大业的基础为前提展开议论，后反复申述，以先前不能"忍"一夫之力击秦失败为反衬，以郑伯肉袒迎楚、勾践臣妾于吴为陪衬，以后来张良劝刘邦忍怒立韩信为王为证据，反复论说，逐层推理。

文章一开始就将"匹夫"之勇与"天下大勇者"之勇进行比较，指出"豪杰之士"的"过人之节"就在于"卒然临之而不惊，无故加之而不怒"的坚韧品性。然后辟"圯上老人"为"鬼物"之说，指出圯上老人"倨傲鲜腆"正是为了深折张良"少年刚锐之气，使之忍小忿而就大谋"，最终使其成大事，成为"豪杰之士"。而后又引用历史事实，进一步论说"忍小忿"之大用，以至将刘邦所成就的帝业也归功于张良的"忍"。最后以张良的"妇人女子"之貌来反衬其"天下大勇之士"的过人之节，饶有趣味，也可见作者为文惨淡经营的匠心。

不过我们应对苏轼的这种"忍小忿而就大谋"的观点进行辩证的认识，特别是对其将楚汉之争成败的原因简单地归结为"忍"，更应该深入进行全面辨析。《留侯论》原是一篇应制科考试的文章，对于这类文章，作者晚年曾反思说："轼少年时，读书作文，专为应举而已……故每纷然诵说古今，考论是非……妄论利害，挟说得失，此正制科人习气，譬之候虫时鸟，自鸣自已，何足为损益？"（《答李端叔书》）这些话虽然是作者因文字得罪之后而发的，但也说出了这类应举文章的缺点的一面，值得参考。

知　人　　王安石

贪人廉,淫人洁,佞人直,非终然也,规有济焉尔。王莽拜侯,让印不受,假僭皇命,得玺而喜,以廉济贪者也。晋王广求为冢嗣,管弦遏密,尘埃被之,陪宸未几,而声色丧邦,以洁济淫者也。郑注开陈治道,激昂颜辞,君民翕然,倚以致平,卒用奸败,以直济佞者也。于戏!“知人则哲,惟帝其难之”,古今一也。

方山子传　　苏轼

方山子,光、黄间隐人也。少时慕朱家、郭解为人,闾里之侠皆宗之。稍壮,折节读书,欲以此驰骋当世,然终不遇。晚乃遁于兴、黄间,曰岐亭。庵居素食,不与世相闻。弃车马,毁官服,徒步往来,山中人莫识也。见其所著帽方耸而高,曰:“此岂古方山冠之遗像乎?”因谓之方山子。

余谪居于黄,过岐亭,适见焉。曰:“呜呼!此吾故人陈慥季常也,何为而在此?”方山子亦矍然问余所以至此者。余告之故。俯而不答,仰而笑。呼余宿其家,环堵萧然,而妻子奴婢皆有自得之意。余既耸然异之。

独念方山子少时,使酒好剑,用财如粪土。前十有九年,余在岐下,见方山子从两骑,挟二矢,游西山。鹊起于前,使骑逐而射之,不获;方山子怒马独出,一发得之。因与余马上论用兵,及古今成败,自谓一世豪士。今几日耳,精悍之色,犹见于眉间,而岂山中之人哉?

然方山子世有勋阀,当得官;使从事于其间,今已显闻。而其家在洛阳,园宅壮丽,与公侯等;河北有田,岁得帛千匹,亦足以富乐。皆弃不取,独来穷山中,此岂无得而然哉!

余闻光、黄间多异人,往往佯狂垢污,不可得而见,方山子傥见之欤?

人贵忠信笃敬　　袁采

言忠信,行笃敬,乃圣人教人取重于乡曲之术。盖财物交加,不损人而益己;患难之际,不妨人而利己,所谓忠也。有所许诺,纤毫必偿;有所期约,时刻不易,所谓信也。处事近厚,处心诚实,所谓笃也。礼貌卑下,言辞谦恭,所谓敬也。若能行此,非惟取重于乡曲,则亦无入而不自得。然敬之一事,于己无损,世人颇能行之。而矫饰假伪,其中心则轻薄,是能敬而不能笃者。君子指为谀佞,乡人亦不归重也。

五岳祠盟记　　岳飞

自中原板荡,夷狄交侵,余发愤河朔,起自相台,总发从军,历二百余战。虽未能远入荒夷,洗荡巢穴,亦且快国仇之万一。今又提一旅孤军,振起宜兴。建康之役,一鼓败虏,恨未能使匹马不回耳!

故且养兵休卒,蓄锐待敌。嗣当激励士卒,功期再战,北逾沙漠,蹀血虏廷,尽屠夷种。迎二圣归京阙,取故地上版图,朝廷无虞,主上奠枕,余之愿也。

河朔岳飞题。

咏　史　　[晋]左思

郁郁涧底松,离离山上苗。以彼径寸茎,荫此百尺条。世胄蹑高位,英俊沉下僚。地势使之然,由来非一朝。金张藉旧业,七叶珥汉貂。冯公岂不伟,白首不见招。

古　风（其十）　　［唐］李　白

齐有倜傥生，鲁连特高妙。明月出海底，一朝开光曜。却秦振英声，后世仰末照。意轻千金赠，顾向平原笑。吾亦澹荡人，拂衣可同调。

古　风（其十五）　　［唐］李　白

燕昭延郭隗，遂筑黄金台。剧辛方赵至，邹衍复齐来。奈何青云士，弃我如尘埃。珠玉买歌笑，糟糠养贤才。方知黄鹤举，千里独裴回。

咏　史　　［唐］戎　昱

汉家青史上，计拙是和亲。社稷依明主，安危托妇人。岂能将玉貌，便拟静胡尘。地下千年骨，谁为辅佐臣。

咏史诗·汉宫　　［宋］胡　曾

明妃远嫁泣西风，玉箸双垂出汉宫。何事将军封万户，却令红粉为和戎。

边上闻笳　　［唐］杜　牧

何处吹笳薄暮天，塞垣高鸟没狼烟。游人一听头堪白，苏武争禁十九年。

苏　武　庙　　［唐］温庭筠

苏武魂销汉使前，古祠高树两茫然。云边雁断胡天月，陇上羊归塞草烟。回日楼台非甲帐，去时冠剑是丁年。茂陵不见封侯印，空向秋波哭逝川。

浪淘沙令　　［宋］王安石

伊吕两衰翁，历遍穷通，一为钓叟一耕佣。若使当时身不遇，老了英雄。　汤武偶相逢，风虎云龙，兴王只在笑谈中。直至如今千载后，谁与争功？

水调歌头　　［宋］朱　熹

不见严夫子，寂寞富春山。空余千丈危石，高插暮云端。想象羊裘披了，一笑两忘身世，来把钓鱼竿。不似林间翮，飞倦始知还。　中兴主，功业就，鬓毛斑。驰驱一世豪杰，相与济时艰。独委狂奴心事，不羡痴儿鼎足，放去任疏顽。爽气动心斗，千古照林峦。

读　秦　纪　　［清］陈恭尹

谤声易弭怨难除，秦法虽严亦甚疏。夜半桥头呼孺子，人间犹有未烧书。

马　嵬（选一）　　［清］袁　枚

莫唱当年《长恨歌》，人间亦自有银河。石壕村里夫妻别，泪比长生殿上多。

咏　史　　［清］龚自珍

金粉东南十五州，万重恩怨属名流。牢盆狎客操全算，团扇才人踞上游。避席畏闻文字狱，著书都为稻粱谋。田横五百人安在，难道归来尽列侯？

附录三　岁时节序（秋、冬）

秋　词　　　　[唐]刘禹锡

自古逢秋悲寂寥，我言秋日胜春朝。晴空一鹤排云上，便引诗情到碧霄。

秋 风 引　　　　[唐]刘禹锡

何处秋风至？萧萧送雁群。朝来入庭树，孤客最先闻。

秋 夜 曲　　　　[唐]张仲素

丁丁漏水夜何长，漫漫轻云露月光。秋逼暗虫通夕响，征衣未寄莫飞霜。

赠 刘 景 文　　　　[宋]苏　轼

荷尽已无擎雨盖，菊残犹有傲霜枝。一年好景君须记，最是橙黄橘绿时。

南 歌 子　　　　[宋]李　祁

袅袅秋风起，萧萧败叶声。岳阳楼上听哀筝。楼下凄凉江月、为谁明。　　雾雨沉云梦，烟波渺洞庭。可怜无处问湘灵。只有无情江水、绕孤城。

怨 王 孙　　　　[宋]李清照

湖上风来波浩渺。秋已暮、红稀香少。水光山色与人亲，说不尽、无穷好。　　莲子已成荷叶老。清露洗、苹花汀草。眠沙鸥鹭不回头，似也恨、人归早。

浣 溪 沙　　　　[宋]王　质

细雨潇潇变作秋，晚风杨柳冷飕飕。无言有

泪洒西楼。　　眼共云山昏惨惨，心随烟水去悠悠。一蓑一笠任孤舟。

踏 莎 行　　　　[宋]张　抡

秋入云山，物情潇洒。百般景物堪图画。丹枫万叶碧云边，黄花千点幽岩下。　　已喜佳辰，更怜清夜。一轮明月林梢挂。松醪常与野人期，忘形共说清闲话。

唐多令·秋暮有感　　　　[宋]陈允平

休去采芙蓉，秋江烟水空。带斜阳、一片征鸿。欲顿闲愁无顿处，都著在，两眉峰。　　心事寄题红，画桥流水东。断肠人、无奈秋浓。回首层楼归去懒，早新月、挂梧桐。

水龙吟·秋声　　　　[清]项鸿祚

西风已是难听，如何又著芭蕉雨？泠泠暗起，渐渐渐紧，萧萧忽住。候馆疏砧，高城断鼓，和成凄楚。想亭皋木落，洞庭波远，浑不见，愁来处。

此际频惊倦旅，夜初长、归程梦阻。砌蛩自叹，边鸿自唳，剪灯谁语？莫更伤心，可怜秋到，无声更苦。满寒江剩有，黄芦万顷，卷离魂去。

子夜四时歌·冬歌　　　　[唐]李　白

明朝驿使发，一夜絮征袍。素手抽针冷，那堪把剪刀。裁缝寄远道，几日到临洮？

洛桥晚望　　　　[唐]孟　郊

天津桥下冰初结，洛阳陌上人行绝。榆柳萧疏楼阁闲，月明直见嵩山雪。

桥人不识，一星如月看多时。

癸巳除夕偶成　　　[清]黄景仁

千家笑语漏迟迟，忧患潜从物外知。悄立市

附录四　宋代散文综述

宋代是中国古代散文发展的一个重要阶段。从古代散文演变的历程来看，宋代是中国古代散文的鼎盛时期。正如明代文学家宋濂所说，"自秦以下，文莫盛于宋"。300余年间，出现了众多的散文作家和散文作品。在"唐宋八大家"中，宋代就占了六位，即欧阳修、苏洵、苏轼、苏辙、曾巩、王安石。从吕祖谦所编的《宋文鉴》、庄仲方所辑的《南宋文范》和今人所编的《全宋文》等散文总集来看，宋代散文数量繁富，佳作纷呈，风格流派众多。同时在散文理论和体式上也多有开拓，从文体理论的角度来看，宋代是"散文"概念提出并渐趋成熟的时期。

宋代散文大体上经历了五个发展阶段：北宋前期、北宋中期、南渡前后、南宋中兴和南宋末年。

北宋前期，即从宋代开国到宋仁宗天圣年间，时间大约70年。首先开启宋代散文创作的是由五代进入北宋的一批文人，这些文人以徐铉、陶谷、张昭、李昉、陈彭年等人为代表，由于受五代靡丽文风的影响，他们均擅长骈文的创作。这些作家多是宿学硕儒，学养深厚，因此为文英华外发而自然流丽。代表作品是徐铉的《重修说文序》，全文博雅雄赡、文采斐然，流传极广。在骈体文流行的同时，出现了一些崇尚淳古，思欲革新文风的散文作家，以柳开、王禹偁为代表。他们都推崇韩愈，以散体古文为尚，倡导平易自然、朴实流畅的文风。如柳开的《东郊野夫传》，这是一篇自传体散文，内容深厚平实，语言流畅自然。王禹偁"以雄文直道独立当世"（苏轼《王元之画像赞序》），为文主张宗经尊韩而有助于教化，提出文章应"传道而明心"。其代表作品《黄州新建小竹楼记》，抒写人生感慨，意境清幽深邃，语言简雅古淡。宋真宗、仁宗时代，文坛上出现了盛极一时的

西昆体，"是时天下学者，杨、刘之作，号为时文。能者取科第，擅名声，以夸荣当世，未尝有道韩文者"（欧阳修《记旧本韩文后》）。西昆体作家以杨忆、钱惟演、刘筠为代表，为文宗法李商隐，以骈文相倡，雕章丽句。与此同时，穆修、石介、尹洙等人大力提倡散体古文，对西昆体进行了猛烈抨击。苏舜钦是这一时期在散文创作上有成就的作家，所作《沧浪亭记》笔法上似柳宗元山水游记，字句凝练简洁，风格劲峭拗折。穆修等人的古文理论和苏舜钦等人的创作实绩，为古文进一步发展做好了充分准备。

北宋中期，以欧阳修登上文坛为标志，宋代散文进入第二个发展时期，历时80年，至苏轼去世为止。这一时期欧阳修、苏轼次第主持文坛，将宋代散文推向顶峰，同时也将中国古代散文推向最辉煌的时代。这一时期的散文流派众多，而皆以古文相称，呈现出多元分化而又整体统一的特点。其中著名的有文章派、经术派和议论派。文章派以欧阳修、曾巩为代表。欧阳修"以文章道德，为一世学者宗师"（苏轼《六一居士集叙》）。欧阳修的散文理论在一定程度上纠正了古文派先驱的欠缺，将文与道放在较为平等的位置上，来谈文与道的关系，而且强调"道"主要在于关心百事。在创作上他反对险怪奇涩的文风，提出"简而有法"（《尹师鲁墓志铭》）的写作主张，他自己的散文创作就是这一理论的实践，从而形成了平易自然、婉转流畅的风格和骈散兼行的语言特点。其代表作品《醉翁亭记》语言平易晓畅，晶莹秀润。《泷冈阡表》追忆父母的嘉言懿行，情文深婉。《朋党论》旗帜鲜明地提出"小人无朋，唯君子则有之"的观点，显示革新者的凛然正气和过人胆识。曾巩是欧阳修的学生，作文遵循其师的指点。他的散文议论

委曲周详,文字简练平正,结构严谨而舒缓。代表作品《墨池记》借王羲之习书遗迹发议论,一唱三叹,委备自然。经术派的代表是王安石。作为政治家的王安石,以重道崇经为文学创作的指导,他的散文带有强烈的经世色彩。如《本朝百年无事札子》一文,深刻分析了宋王朝的现实,指出变法的必要性和可行性,无疑是"熙宁新法"的纲领性文章。他的短论常直陈己见,简洁峻切。如《答司马谏议书》,针锋相对,文笔犀利。《读孟尝君传》词气凌厉,势如破竹。议论派散文以苏洵、苏轼、苏辙为代表。三苏文章最突出的特征就是长于议论,诵说古今,考论是非,明理以达用。苏洵的《六国论》论六国破灭"弊在赂秦",议论精确,深中肯綮。苏轼的散文视野开阔,哲理深刻,议论纵横驰骋。《超然台记》以"凡物皆有可观"为开端引发议论,归结于"游于物之外",启人遐思。《日喻》一类杂论,往往翻新出奇,说理透辟。《文与可画筼筜谷偃竹记》通过画竹一事,回忆交往,夹叙夹议,具有浓郁的抒情意味。《石钟山记》虽是一篇游记,但通篇以议论为主,得出深刻的哲理。《赤壁赋》融议论于叙事、写景、抒情之中,意境幽美而深邃。苏轼不愧是欧阳修之后的又一位杰出文坛领袖,他的散文达到了行云流水自然成文的极致,代表着宋代散文的最高成就。在《文说》中,他对自己的风格总结道:

> 吾文如万斛泉水,不择地而出,在平地滔滔汩汩,虽一日千里无难,及其与山石曲折,随物赋形而不可知也。所可知者,常行于所当行,常止于不可不止,如是而已矣。

苏辙的散文"汪洋澹泊,有一唱三叹之声"(苏轼《答张文潜书》),这种风格在其名作《黄州快哉亭记》中就有充分的表现。苏轼在主持文坛期间,曾经发现和培养了一批青年作家,其中著名的有黄庭坚、张耒、晁补之、秦观、陈师道、李廌等六人,世称"苏门六君子",他们在不同程度上继承了苏轼的文学思想和散文特点。黄庭坚的《江西道院赋》以高古之文为艳丽之格,晁补之的《新城游北山记》风格劲峭,文字优美,皆为传诵的名篇。

值得注意的是,北宋中期还出现了一个道学派散文作家群体,他们以周敦颐、张载、程颢、程颐为代表。周敦颐的《太极图》,张载的《西铭》,程颐的《易传序》《春秋传序》被道学家称为宋朝的"四篇好文字"。道学派在理论上强调"文以载道",在创作上表现出较高的艺术功力。他们的散文思想博大精深,文辞古朴简洁,逻辑严密,自成一派。

自苏轼去世之后,宋代散文进入了第三个时期,至李清照去世为止,历时55年。宋代散文并没有因政局变化、朝廷南渡而衰落。这一时期,出现了文采派和抗战派两大散文流派。文采派的代表作家有汪藻和李清照。该派散文创作继承了欧阳修、苏轼改造骈文的成就,骈散结合、属对精工、文采斐然、自然流畅。"博极群书"的汪藻熔六经诸史于骈文创作之中,宏丽精深而又文从字顺。其代表作品《隆祐太后告天下手书》明白晓畅,曲当情事,一时为天下传诵。李清照不仅以词擅名,她的散文也有精深的造诣,惜乎她的散文散佚太多,流传最广、影响最大的是《金石录后序》,该文表达了她对丈夫赵明诚的深切怀念之情以及国破家亡的悲愤沉痛之感,其中自述流离,备极凄怆。抗战派散文以表达反对与金人妥协、主张坚决抗战为主要内容,情感激越,语词激切。该派散文以宗泽、李纲、胡铨、岳飞等人为代表。宗泽之文,慷慨激昂,表现一片报国忠心。李纲之文雄深雅建光明磊落。胡铨之文议论宏远,于诸体散文皆有建树。民族英雄岳飞,其文忠愤激切,议论持正,他的《出师奏札》《谢赦表》《五岳祠盟记》皆是豪情激荡、鼓舞人心的佳作。

自高宗绍兴末年至理宗端平年间,是南宋散文创作的繁荣期,宋代散文进入了第四个发展时期。这一时期先后出现了事功派、理学派、永嘉派、道学辞章派等诸多散文流派交相辉映的局面。事功派散文作家有陆游、范成大、周必大、杨万里、辛弃疾、陈亮等人,陈亮、辛弃疾是事功派的核心人物。陈亮是一位事功派哲学家,他的散文议论纵横驰骋,有兵家和纵横家的气派,代表作品有《酌古论》《中兴五论》《陈子课稿》《上孝宗皇帝书》

等。辛弃疾是一位抗金民族英雄,他的散文文意宏伟、气势雄壮。其代表作品《美芹十论》《九议》等审时度势,议论周密,具有强烈的针对性和现实性。理学派散文以朱熹、吕祖谦、张栻为代表,他们均以理学名世,有深厚的学养。他们的散文创作既有哲理的研讨,同时也体现了一种务实精神。理学大师朱熹,于各体散文皆有造诣,其代表作品《庚子应诏封事》《百丈山记》《送郭拱辰序》,或言事推理,或记游写景,或叙事论艺,皆见深厚的功力与艺术涵养。永嘉派散文以薛季宣、陈傅良、叶适等人为代表,其中叶适是凌跨一代的散文大家,尤擅长碑状、记、序等文体,其《水心文集》中的各体散文体现了永嘉派散文博古通今、讲究实用、意趣高远、辞藻佳丽的文风特征。道学辞章学派出现在南宋中后期,该派散文融理学派和文章派于一体,讲究穷理致用、华实相融,代表人物有真德秀、魏了翁、林希逸等人。

自理宗端平年间至南宋灭亡,是宋代散文发展的最后一个时期。南宋末年,以民族英雄文天祥为代表的爱国派将宋代散文推向最后一个高潮,他们以慷慨激昂、悲壮雄劲的旋律结束了宋代散文的发展历程。南宋末年,随着蒙元贵族的入侵,文人的爱国精神极为昂扬,文天祥、谢枋得、刘辰翁、郑思肖、谢翱等人,一面抗元救国,一面用他们手中的笔,写下大量优秀散文,表现出强烈的爱国精神。文天祥的《指南录后序》、谢枋得的《却聘书》、刘辰翁的《文山先生像赞》、郑思肖的《文丞相序》、谢翱的《登西台恸哭记》等文,皆慷慨悲愤,迸发出强烈的爱国主义光芒。

宋代散文在体裁上多有创新,值得注意的散文新体裁有文赋、诗话、随笔和日记等。文赋是古文向赋渗透过程中产生的一种新体赋,由欧阳修用散体文改造骈赋、律赋而形成,代表作品《秋声赋》是文赋形成的里程碑。其后苏轼的《前赤壁赋》、苏辙的《黄楼赋》、黄庭坚的《刘明仲墨竹赋》、张耒的《斋居赋》、王十朋的《双瀑赋》、张孝祥的《金沙堆赋》、范成大的《望海亭赋》、杨万里的《浯溪赋》等都是宋代文赋的名作,其中以欧阳修、苏轼对文赋的贡献最大。诗话、随笔、日记也是宋代文人创造的新体散文,其共同特征是用散体文字记人记事,论文论艺,自由灵活,内容广博。欧阳修的《六一诗话》是最早用"诗话"命名的著作,其后作者影从,蔚成大观。宋代诗话可考者有130种,完整地流传到现在的有40多种。宋代笔记流传于世的也有几十部之多。其中欧阳修的《归田录》、司马光的《涑水纪闻》、孟元老的《东京梦华录》、耐得翁的《都城纪胜》、吴自牧的《梦粱录》、周密的《武林旧事》等是史笔和文采兼备的随笔名著。日记也是在宋代才真正成熟的一种散文体。黄庭坚的《宜州乙酉家乘》是我国古代流传下来的第一部成熟、定型的私人日记。陆游的《入蜀记》、范成大的《吴船录》都是著名的日记体游记。文赋、诗话、随笔、日记这些新体散文的出现,是宋代文人学养深厚、博雅精通的表现,同时是宋代散文繁荣的重要标志。

参考书目

[宋]欧阳修《欧阳修全集》,中华书局2001年

[宋]王安石《临川先生文集》,中华书局1959年

[宋]曾巩《曾巩集》,中华书局1984年

[宋]苏轼《苏轼文集》,中华书局1986年

[宋]吕祖谦《宋文鉴》,中华书局1992年

陈新、杜维沫《欧阳修选集》,上海古籍出版社1986年

王水照《苏轼选集》,上海古籍出版社1984年

黄宝华《黄庭坚选集》,上海古籍出版社1991年

情感道德·节制

曾枣庄、金成礼《嘉祐集笺注》,上海古籍出版社 1993 年

王水照《宋代散文选注》,上海古籍出版社 1979 年

王水照《欧阳修散文选集》,百花文艺出版社 1995 年

杨庆存《宋代散文研究》,人民文学出版社 2002 年

思考与练习

1. 欧阳修在《秋声赋》中是如何描写"秋声"的? 作者在描写"秋声"中寄托了怎样的情感?

2. 联系中国古代咏秋诗文,谈谈"秋"这个意象在中国文学中的意义。

3. 《留侯论》作为一篇史论在论证上有什么特色?

4. 如何评价《留侯论》中"忍小忿而就大谋"的观点?

5. 了解《答司马谏议书》一文的写作背景和主旨。

6. 分析《答司马谏议书》一文的文体特点及反驳方法。

7. 举例说明《答司马谏议书》一文在语言表达上的特点。

二十、南宋词(上)

慕课资源

李 清 照

李清照(1084—1155后),自号易安居士,山东章丘县明水镇人(旧说为山东济南人)。父亲李格非是当时著名学者,"苏门后四学士"之一。十八岁时嫁赵明诚,赵是宰相赵挺之的幼子,后成为著名金石学家,曾任州郡长官。婚后夫妇唱和,共同从事书画金石的收藏研究。南渡不久,赵明诚病死,她亲历变乱,颠沛流离,在寂寞中度过晚年。其词今存者仅四十五首(不含存疑之作),不足 3500 字,是我国历史上创作字数最少的大作家。她工于造语、创意出奇而长于白描,塑造出鲜明的艺术形象。

【集评】

易安居士……若本朝妇人,当推词采第一。 作长短句能曲尽人意,轻巧尖新,姿态百出,闾巷荒淫之语,肆意落笔,自古缙绅之家,能文妇女,未见如此无顾藉也。([宋]王灼《碧鸡漫志》卷二)

李易安、魏夫人,使在衣冠之列,当与秦七、黄九争雄,不徒擅名闺阁也。([宋]黄昇《花庵词选》)

张南湖(镃)论词派有二,一曰婉约,一曰豪放,仆谓婉约以易安为宗,豪放惟幼安称首,皆吾济南人,难乎为继矣。([清]王士禛《花草蒙拾》)

男中李后主,女中李易安,极是当行本色。([清]沈谦《填词杂说》)

易安在宋诸媛中,自卓然一家,不在秦七、黄九之下,词无一首不工,其炼处可夺梦窗之席,其丽处直参片玉之班,盖不徒俯视巾帼,直欲压倒须眉。([清]李调元《雨村词话》)

易安倜傥,有丈夫气,乃闺阁中之苏辛,非秦柳也。 易安跌宕昭彰,气调极类少游,刻挚且兼山谷。篇章惜少,不过窥豹一斑。闺房之秀,固文士之豪也,才锋太露,被谤者殆亦因此。自明以来,堕情者醉其芬馨,飞想者想其神骏。易安有灵,后者当许为知己。([清]沈曾植《菌阁琐谈》)

凤凰台上忆吹箫

香冷金猊①,被翻红浪②,起来慵自梳头。任宝奁尘满③,日上帘钩。生怕离怀别苦,多少事、欲说还休。新来瘦,非干病酒④,不是悲秋。　　休休! 这回去也,千万遍《阳关》,也则难留。念武陵人远⑤,烟锁秦楼⑥。惟有楼前流水,应念我、终日凝眸。凝眸处,从今又添,一段新愁。

【汇评】

出自然,无一字不佳。([明]茅暎《词的》)

懒说出,妙;瘦为甚的,尤妙;"千万遍",痛甚。转转折折,忤合万状。清风朗月,陡化为楚雨巫云;阿阁洞房,亦变为离亭别墅。至文也。([明]沈际飞《草堂诗余正集》卷三)

雨洗梨花,泪痕有在;风吹柳絮,愁思成团。易安此词颇似之。([明]竹溪主人《风韵情词》)

此种笔墨,不减耆卿、叔原,而清隽疏朗过之。"新来瘦"三语,婉转曲折,煞是妙绝。笔致绝佳,余韵尤胜。([清]陈廷焯《云韶集》卷十)

【赏析】

此词作于赵明诚为莱州守,清照未同行之时。自徽宗大观元年(1107)他们屏居乡里十余年,赵明诚何时重新为官,史无明载,清照自叙于宣和三年(1121)八月十日始至莱州,本篇当作于此之前。开头五句写刚起身时心绪不宁,被子懒得叠,头懒得梳,听凭太阳照射至帘钩。此意境颇似温庭筠《菩萨蛮》(小山重叠金明灭)词之上片。易安不是喜欢打哑谜的人,"生怕离怀别苦"一句,明点出其起身后懒懒散散的原因,正在于"离怀别苦"四字。"新来瘦"三句,写"瘦"既与"病酒"无关,亦非"悲秋"所致,究竟缘何,作者未明说,有人认为这是含蓄,其实不然,前文已言"离怀别苦",此处的谜底也正是这四字,这不能说是含蓄而是曲折,前面明说,此处暗说,明暗交替,"宛转曲折",词就不直露,有了层次。下片开头用"休休"二字,写出词人决绝无奈的心境,相当于"罢了! 罢了!"丈夫是非去不可,唱上千万遍《阳关三叠》也挽留不住。"武陵人"指自己的丈夫,丈夫远去,徒有烟雾笼罩住自己的妆楼。显然作者这里以弄玉自比了。人走难留,只有楼前之水,可以见证我"终日凝眸"之情,而随着丈夫离家日久,自己的离愁也与日俱增,故云:"从今又添,一段新愁。"

此词平平而起,似乎只写其慵懒无聊心情,而愈转愈曲,愈转愈深,色彩愈转愈浓。

---

① 金猊(ní):猊猊形的铜香炉。猊猊,传说的一种野兽。　② 红浪:红锦被乱翻在床上。柳永《凤栖梧》:"鸳鸯绣被翻红浪。"　③ 宝奁(lián):华贵的镜匣。尘满:一作闲掩。　④ 病酒:酒醉如病。　⑤ 武陵:武陵源,即桃花源,武陵人指远在异乡的爱人。　⑥ 秦楼:原指秦穆公女弄玉与其夫萧史共同居住的楼,又称凤台。此指自己所住妆楼。

267

诚如蔡厚示所云:"一触到'愁'字,女词人便欲说还休,欲休还说;而又不肯直说,不直说却又比直说更使人感到深沉。""既有濒于绝望的哀鸣,又有近乎天真的痴想。"文中多用口语,如"起来""生怕""新来""这回"等等,这便是所谓"以寻常语度入音律",是易安词的一大显著特色。

(王步高)

声　声　慢

　　寻寻觅觅,冷冷清清,凄凄惨惨戚戚。乍暖还寒时候①,最难将息②。三杯两盏淡酒,怎敌他、晓来风急③? 雁过也,正伤心,却是旧时相识。　　满地黄花堆积,憔悴损,如今有谁堪摘? 守着窗儿,独自怎生得黑? 梧桐更兼细雨,到黄昏、点点滴滴。这次第④,怎一个愁字了得!

【汇评】

　　诗有一句叠三字者,如吴融《秋树》诗云:"一声南雁已先红,槭槭凄凄叶叶同"是也。有一句连三字者,如刘驾云:"树树树梢啼晓莺""夜夜夜深闻子规"是也。又两句连三字者,如白乐天云:"新诗三十轴,轴轴金石声"是也。有三联叠字者,如古诗云:"青青河畔草,郁郁园中柳。盈盈楼上女,皎皎当窗牖。娥娥红粉妆,纤纤出素手"是也。有七联叠字者,昌黎《南山》诗云……近时李易安词……起头连叠十四字,以一妇人,乃能创意出奇如此。([宋]罗大经《鹤林玉露》卷十二)

　　《声声慢》一词,最为婉妙……山谷所谓以故为新,以俗为雅者,易安先得之矣。([明]杨慎《词品》卷二)

　　连用十四叠字,后又四叠字,情景婉绝,真是绝唱。后人效颦,便觉不妥。([明]茅暎《词的》卷四)

　　易安此词首起十四叠字,超然笔墨蹊径之外。岂特闺帏,士林中不多见也。([明]吴承恩《花草新编》卷四)

　　首句连下十四个叠字,真如大珠小珠落玉盘也。([清]徐釚《词苑丛谈》卷三)

　　按梦符(乔梦符)又有《天净沙》词云:"莺莺燕燕春春,花花柳柳真真,事事风风韵韵,娇娇嫩嫩,停停当当人人。"此等句亦从李易安"寻寻觅觅"得来。(同上,卷八)

　　从来此体皆收易安所作,盖其遒逸之气,如生龙活虎,非描塑可拟。其用字奇横而不妨音律,故卓绝千古。([清]万树《词律》卷十)

　　后又下"点点滴滴"四字,与前照映有法,不是单单落句。玩其笔力,本自矫拔,词家少有,庶几苏辛之亚。([清]陆昶《历朝名媛诗词》卷十一)

---

　　① 乍暖还寒,应指初春时节,刚刚有些暖意,仍比较寒冷。与下文写秋天不一致,恐传抄之误。此处应理解为或冷或热。　② 将息:养息,保养。　③ 淡酒:此处指"扶头酒",似应指清晨所饮之酒。李清照《念奴娇》有"险韵诗成,扶头酒醒"之句。"晓来":一作"晚来",词中写了多种排遣时光的手段,后文又云"守着窗儿,独自怎生得黑",词所反映的应指从早到晚的全天,而非黄昏一刻。　④ 次第:光景,情况。

这首词写从早到晚一天的实感。那种茕独栖惶的景况,非本人不能领略,所以一字一泪,都是咬着牙根咽下。([清]梁令娴《艺蘅馆词选》引梁启超语)

【赏析】

黄墨谷考订此词作于建炎三年(1129)秋。此时,抗金复国恢复中原已为逃窜南渡偏安一隅所取代。这年春,其夫赵明诚罢建康守,同年8月18日卒。此时金兵逼近,朝廷已在分散六宫,而某些朝廷权贵却诬陷赵明诚有"玉壶颁金"之嫌,欲觊觎李清照手中的一些金石文物,李清照面临着一场政治案件。内外交困,是李清照处境最艰难的岁月。首句以两组重言,写如有所失的惝恍心态。易安所失多矣,当然,这些是明知找不回来的。"冷冷清清"以下五组重言,既写生活环境,也写当时的政治局面,词人忧心忡忡,惶惶不可终日,哀思深重。接着以赋笔叙写女词人寂寞难耐的种种情事。"乍暖还寒"写节令,"酒淡"力薄,而"风急"寒重,忧心更重。"雁过也"三句,实虚结合,以北来之雁,暗系乡心,把家国沦亡之感重又提起。下片缘情布景,以满地黄花的萧瑟,反扣"凄凄惨惨戚戚",惜花亦自怜。"守窗"句,写时光难排,韵险而奇。"梧桐"句,合时地而成境界,把感伤之情,推向高潮。这与温庭筠《更漏子》下阕意境相似而更凄婉。煞拍则是收束上述种种可忧可伤之事,点出"愁"字,且谓非一个"愁"字可以"了得",把诗意推进一层。李清照的悲剧是时代造成的,故虽写个人的遭遇和忧愁,却能"为一室之悲歌,下千年之血泪"。

陆　游

陆游(1125—1210),字务观,号放翁,晚号龟堂老人。越州山阴(今浙江绍兴)人。孝宗时赐进士出身,历官镇江、隆兴通判。四十六岁入蜀,曾被四川宣抚使王炎辟为干办公事,一度亲历南郑军事前线;出蜀后任提举福建常平茶事、军器少监等职。被劾罢归,闲居山阴达二十年,八十六岁辞世。平生志在恢复失地,坚持抗金,以"鼓唱是非,力说张浚用兵""不拘礼法""嘲咏风月"等罪名多次遭弹劾免职,而抗战救国之志百折不挠。诗作逾万,至今尚存九千余首。有《剑南诗稿》《渭南文集》《南唐书》行世。词二卷,载于《渭南文集》,后又别出单行。钱仲联有《剑南诗稿校注》,夏承焘等有《放翁词编年笺注》。

【集评】

(放翁长短句)其激昂感慨者,稼轩不能过;飘逸高妙者,与陈简斋、朱希真相颉颃;流丽绵密者,欲出晏叔原、贺方回之上,而世歌之者绝少。([宋]刘克庄《后村诗话》续集卷四)

杨诚斋尝称陆放翁之诗敷腴,尤梁溪复称其诗俊逸;余观放翁之词,尤其敷腴俊逸者也。如……此

篇杂之唐人《花间集》中，虽具眼未知乌之雌雄也。（[宋]魏庆之《诗人玉屑》卷二十一引《中兴词话》）

杨用修云："放翁词纤丽处似淮海，雄慨处似东坡。"予谓超爽处更似稼轩耳。（[明]毛晋《放翁词跋》）

陆放翁词，安雅清赡，其尤佳者，在苏、秦间。然乏超然之致，天然之韵，是以人得测其所至。（[清]刘熙载《艺概》卷四）

南渡后唯放翁为诗家大宗，词亦扫尽纤淫，超然拔俗。（[清]许昂霄《词综偶评》）

放翁、稼翁，扫尽绮靡，别树词坛一帜。然二公正自不同：稼翁词悲而壮，如惊雷怒涛，雄视千古；放翁词悲而郁，如秋风夜雨，万籁呼号，其才力真可亚于稼轩。（[清]陈廷焯《云韶集》卷六）

剑南屏去纤艳，独往独来，其逋峭沉郁之概，求之有宋诸家，无可方比。（[清]冯煦《宋六十一家词选例言》）

钗 头 凤

红酥手①，黄縢酒②。满城春色宫墙柳③。东风恶④，欢情薄，一怀愁绪，几年离索⑤。错，错，错！　　春如旧，人空瘦，泪痕红浥鲛绡透⑥。桃花落，闲池阁，山盟虽在⑦，锦书难托⑧。莫，莫，莫⑨！

【本事】

余弱冠客会稽，游许氏园，见壁间有陆放翁题词，笔势飘逸，书于沈氏园。辛未（1151）三月题。放翁先室内琴瑟甚和，然不当母夫人意，因出之。夫妇之情，实不忍离。后适南班士名某，家有园馆之胜。务观一日至园中，去妇闻之，遣遗黄封酒果馔，通殷勤。公感其情，为赋此词。其妇见而和之，有"世情薄，人情恶"之句，惜不得其全阕。未几，怏怏而卒。闻者为之怆然。此园后更许氏，淳熙间，其壁犹存，好事者以竹木来护之。今不复有矣。（[宋]陈鹄《耆旧续闻》卷十）

放翁少时，二亲教督甚严。初婚某氏，伉俪相得。二亲恐其惰于学也，数遣妇。放翁不敢逆尊者意，与妇决。某氏改适某官，与陆氏有中外。一日，通家于沈园，坐间目成而已。翁得年甚高，晚有二绝云："肠断城头画角哀"，"梦断香销四十年"，旧读此诗，不解其意，后见曾温伯言其详。温伯名黯，茶山孙，受学于放翁。（[宋]刘克庄《后村先生大全集》卷一百七十八《诗话续集》）

陆务观初娶唐氏，闳之女也，于其母夫人为姑侄。伉俪相得，而弗获于其姑。既出，而未忍绝之，则为别馆，时时往焉。姑知而掩之，虽先知挈去，然事不得隐，竟绝之，亦人伦之变也。唐后改适同郡宗子士程。尝以春日出游，相遇于禹迹寺南之沈氏园。唐以语赵，遣致酒肴。翁怅然久之，为赋《钗头凤》一

---

① 红酥手：形容女性手之红润细腻。　② 黄縢（téng）酒：即黄封酒，当时官酿酒以黄纸封口。　③ 宫墙柳：绍兴在春秋时的越国、五代时的吴越国两为首都，南宋高宗绍兴初亦曾驻跸绍兴；此处"宫墙"不过借用字面，或指其旧址，亦若韦庄诗中云"无情最是台城柳"，唐时台城实仅存故址而已。　④ 恶：猛烈、厉害。　⑤ 离索：离散。《礼记·檀弓》："吾离群而索居，亦已久矣。"郑玄注："索，犹散也。"　⑥ 浥（yì）：沾湿。鲛绡：丝制的手帕。　⑦ 山盟：海誓山盟之缩语，指坚定不移的爱情盟约。　⑧ 锦书：指夫妻间表达爱情的书信，前秦窦滔妻曾织锦为回文诗寄赠其夫。　⑨ 莫莫莫：罢罢罢。唐司空图《耐辱居士歌》："休休休，莫莫莫。"

词题园壁间云……实绍兴乙亥(1155)岁也。翁居镜湖之三山,晚岁每入城,必登寺眺望,不能胜情。尝赋二绝云:"梦断香销四十年,沈园柳老不飞绵。此身行作稽山土,犹吊遗踪一怅然。"又云:"城上斜阳画角哀,沈园无复旧池台。伤心桥下春波绿,曾是惊鸿照影来。"盖庆元己未(1199)岁也。未久,唐氏死。至绍熙壬子(1192)岁,复有诗序云:"禹迹寺南,有沈氏小园。四十年前,尝题小词一阕壁间。偶复一到,而园已三易主,读之怅然。"诗云:"枫叶初丹槲叶黄,河阳愁鬓怯新霜。林亭感旧空回首,泉路凭谁说断肠?坏壁醉题尘漠漠,断云幽梦事茫茫。年来妄念消除尽,回向蒲龛一炷香。"(案此段应在"翁居镜湖"一段前,当系传刻之误。)又至开禧乙丑(1205)岁暮,夜梦游沈氏园,又二绝句云:"路近城南已怕行,沈家园里更伤情。香穿客袖梅花在,绿蘸寺桥春水生。""城南小陌又逢春,只见梅花不见人。玉骨久成泉下土,墨痕犹锁壁间尘。"沈园后属许氏,又为汪道宅云。([宋]周密《齐东野语》卷一)

陆放翁娶妇,琴瑟甚和,而不当母夫人意,遂至解缡。然犹馈遗殷勤,曾贮酒赠陆,陆谢以词,有"东风恶,欢情薄"之句,盖寄声《钗头凤》也。妇亦答词云:"世情薄,人情恶,雨送黄昏花易落。晓风干,泪痕残。欲笺心事,独语倚阑,难,难,难。人成各,今非昨,病魂常似秋千索。角声寒,夜阑珊。怕人寻问,咽泪妆欢,瞒,瞒,瞒。"未几,以愁怨死。(《御选历代诗余》卷一百十八引夸娥斋主人云)

吾乡许蒿庐先生(昂霄)尝疑放翁室唐氏改适赵某事为出于傅会,说见《带经堂诗话》校勘类附识。《拜经楼诗话》亦以《齐东野语》所叙岁月先后参差不足信,与蒿庐合。则当时仲卿新妇之厄,翁子故妻之情,殆好事者从而为之辞与!唐氏答词,语极俚浅,然因知《钗头凤》有换平韵者,红友《词律》又疏已。([清]吴衡照《莲子居词话》)

【汇评】

孝义兼挚。([清]谢章铤《赌棋山庄词话》卷十一)

"山盟虽在,锦书难托。莫,莫,莫。"放翁伤其妻之作也。"不合画春山,依旧留愁住。"放翁妾别放翁词也。前则迫于其母而出其妻,后又迫于后妻而不能庇一妾。何所遭之不偶也。至两词皆不免于怨,而情自可哀。([清]陈廷焯《白雨斋词话》卷六)

这首词写得精炼隽永,含蕴不尽。……语言精炼,词味醇浓,悲竹哀丝,饶有余韵。全词在紧凑贴切中体现了它的深度和广度。"他人难言,我易言之",信手成篇,流传千载,这种扣人心弦的艺术魅力,充分表现出作者卓越的写作才能和深厚的文化素养。(于北山《一怀愁绪,几年离索》)

【赏析】

据宋人陈鹄《耆旧续闻》载,此词系陆游与其原配妻室有关的一首爱情词。陆氏夫妻感情甚笃,妻为其母所不容,被迫离散,后陆游至去妇新夫家之园馆,得女馈赠酒果而作此词;后周密《齐东野语》则谓其原配为唐氏(清代清凉道人《听雨轩笔记》称其为唐琬),且其父名闳,与陆母为姑侄。清人吴骞,今人夏承焘、吴熊和、严迪昌等均谓此种传闻之记载不足信。吾友温州黄世中教授综合各种意见,著《钗头凤沈园本事考略》,仍认定此词系为唐琬而作,唐琬父名唐意,其祖父唐义问与陆游外祖父唐之问系亲兄弟,唐琬是陆游母的侄女。姑采此说备考。(各说见[本事]及本单元相关网络链接)

词之上片开头系对年轻温馨爱情生活的回忆,当年,唐氏手斟黄封美酒,共赏满城春色已成往事,东风猛烈,很快结束了短暂的一段美满婚姻。据欧小牧《陆游年谱》:陆游二十岁与唐琬婚配,二十二岁离异,夫妻相处仅两年左右。"欢情薄"几句正道出自己的认真反思,"几年离索"是因,"一怀愁绪"是心态,"错错错"是反思的结果。痛定思痛,陆游为自己的怯懦软弱而深感痛悔。下片写今日,很多戏剧、文章均讲陆游与唐琬曾在沈园重逢,但《耆旧续闻》中只云:"去妇闻之,遣遗黄封果酒馔,通殷勤。"似乎唐琬并未与陆游见面,更不会共同饮酒,一切其他理解不过从"通殷勤"三字生发出来。"春如旧"写时令,"人空瘦,泪痕红浥鲛绡透"二句说明离异对女方的打击远甚于男方,人之消瘦、手帕之湿透写出她的"愁绪",更是伤心之痛,以至她这次沈园送酒之后不久便去世。"桃花落,闲池阁"二句,谓节令已是晚春时节,由于"东风恶"而"桃花落"。这"几年离索"期间虽苦苦思念,"山盟虽在,锦书难托",写词人在爱情上的矛盾心情。"莫莫莫",一般认为是"不可"之意,即不要去传书寄信。以语源而言它是从司空图《耐辱居士歌》中"休休休、莫莫莫"引用而来,这样理解也可将其当作"罢罢罢"解读。陆游思想固然有其开明、进步的方面,但也有封建、保守的方面。在这一幕婚姻悲剧中,他和唐琬是受害者,值得同情,而他不敢抗争,一再忍受,又有令人不能认可的一面。联系陆游晚年所作《夫人孙氏墓志铭》云:"夫人幼有淑质。故赵建康明诚之配李氏(李清照),以文辞名家,欲以其学传夫人。时夫人始十余岁,曰:'才藻非女子事也。'"孙氏幼年有此观念,显然受"女子无才便是德"的社会偏见影响,而陆游以欣赏的口吻将传主的这一琐事写入墓志铭,更显示其保守。陆游的悲剧一定程度上也与其自身保守软弱的思想与个性有关。

(王步高)

张 孝 祥

张孝祥(1132—1169),字安国,号于湖居士,历阳乌江(今分属安徽和县及南京市浦口区)人,绍兴二十一年(1154)状元,秦桧因孙子科举失去第一,怀恨在心,构陷使之下狱。桧死方为秘书正字,隆兴元年,由张浚举荐为中书舍人,直学士院兼都督府参赞军事,代张浚为建康留守;因积极支持张浚北伐主张,两度被劾落职,终荆南知州,湖北路安抚使。其词气势豪迈,开稼轩之先河。

【集评】

衡尝获从公游,见公平昔为词,未尝著稿,笔酣兴健,顷刻即成,初若不经意,反复究观,未有一字无来处。([宋]汤衡《张紫微雅词序》)

至于托物寄情,弄翰戏墨,融取乐府之遗意,铸为毫端之妙词,前无古人,后无来者,散落人间,不知其几也。 读之泠然洒然,真非烟火食人辞语。([宋]陈应行《于湖先生雅词序》)

读之使人奋然有禽(擒)灭仇虏,扫清中原之意。([宋]朱熹《晦庵题跋》卷三《书张伯和诗词后》)

于湖词声律宏迈,音节振拔,气雄而调雅,意缓而语峭。(〔清〕查礼《铜鼓书堂遗稿》)

安国词,意到笔到,却不浮滑,字字腴炼。(〔清〕陈廷焯《云韶集》卷五)

张安国词,热肠郁思,可想见其为人。刘后村则感激豪宕,其词与安国相伯仲,去稼轩虽远,正不必让刘、蒋。(〔清〕陈廷焯《白雨斋词话》卷一)

念奴娇·过洞庭

洞庭青草①,近中秋、更无一点风色②。玉鉴琼田三万顷③,著我扁舟一叶④。素月分辉,明河共影,表里俱澄澈⑤。悠然心会,妙处难与君说。　　应念岭表经年⑥,孤光自照⑦,肝胆皆冰雪。短发萧骚襟袖冷⑧,稳泛沧浪空阔⑨。尽吸西江⑩,细斟北斗⑪,万象为宾客⑫。扣舷独啸,不知今夕何夕⑬。

【汇评】

写景不能绘情,必少佳致。此题咏洞庭,若只就洞庭落想,纵写得壮观,亦觉寡味。此词开首从洞庭说至"玉界琼田三万顷",题已说完,即引入"扁舟一叶"。以下从舟中人心迹,与湖光映带,写隐现离合,不可端倪,镜花水月,是一是二,自尔神彩高骞,兴会洋溢。(〔清〕黄苏《蓼园词选》)

飘飘有凌云之气,觉东坡《水调》犹有尘心。(〔清〕王闿运《湘绮楼词选》)

写水光月光,上下澄澈,境极空阔。而胸襟之洒落,气概之轩昂,亦可于境中见之。通篇景中见情,笔势雄奇。(唐圭璋《唐宋词简释》)

【赏析】

这首词写的是作者乾道二年(1166)从广南西路经略安抚使任被谗罢职,经湖南而返芜湖过洞庭湖时的感受。上片写湖上的景象。湖上无风,碧波万顷,水天一色。月光映水,月与湖共影。"悠然"二句收束上片,写出于此良辰美景泛舟湖上的悠闲舒适。下片以"应念"二字领起,回到人世现实中来,词人是被谗落职的,到广西任职不足一年就落职,他不会没有怨愤,"孤光自照,肝胆皆冰雪"二句写自己人品志向的高洁,但作者仍是扣住当前的景物来写,作为南宋爱国志士和爱国词人,其肝胆唯日月可表。人生总有那

---

① 洞庭青草:湖南洞庭湖与青草湖两湖相连,自古并称。　② 风色:风势。　③ 玉鉴琼田:水天一色、通明澄澈的湖面。鉴,镜子。万顷:袁去华《水调歌头》:"沧波万顷,轻风落日片帆孤。"　④ 语出袁去华《玉团儿》:"吴江渺渺疑天接,独著我扁舟一叶。"　⑤ 澄澈:谢庄《月赋》:"墄除兮镜鉴,廓枕兮澄澈。"指天与水清澈透明。　⑥ 岭表:岭外、岭南,指广东广西地区。经年:一年或一年以上。词人曾任广南西路经略安抚使,因罢官离开桂林。　⑦ 孤光:月光。此二句言自己襟怀坦白,洁白无瑕。　⑧ 萧骚:稀落。　⑨ 沧溟:茫茫大水。　⑩ 宋代道原《景德传灯录》卷八:"待汝一口吸尽西江水,即向汝道。"　⑪ 斟北斗:屈原《九歌·东君》:"援北斗兮酌桂浆。"　⑫ 万象:宇宙间万物。　⑬ 今夕何夕:《诗经·唐风·绸缪》:"今夕何夕,见此良人。"

么多的烦恼与忧愁，仕途上总有那么多的曲折与坎坷，诚如前辈文学家范仲淹所云，临洞庭可以使人"宠辱皆忘"，尽管自己"短发萧骚襟袖冷"，一副落魄光景，却依然"稳泛沧溟空阔"，在这浩渺无垠的洞庭湖上，词人个人遭遇的不幸渐渐置之度外，而被洞庭湖的气势所慑服，同时不禁产生"尽吸西江，细斟北斗，万象为宾客"的奇思妙想。以北斗七星为勺，以西江洞庭之水为酒，以天地万物为宾客。虽然这一奇想出于屈原《九歌·东君》中"援北斗兮酌桂浆"，但作者的气魄比屈原更大，他还"尽吸西江"、以"万象为宾客"，况且屈原并不知北斗星究竟有多大，只从其形似而产生联想。而江湖及万象在张孝祥眼里应是清晰的。词人随着想象力的自由飞翔，忘却了官场的烦恼，而与天地为一。诚如魏了翁所云："《洞庭》所赋，在集中最为杰特。方其吸浆酌斗，宾客万象时，讵知世间有紫微青琐（朝廷及官署）哉！"结尾两句于狂放中又由一声"独啸"，透出曲高和寡，而又物我两忘，超尘绝俗。

　　张孝祥是力主抗金、有抱负、有理想的爱国志士，在妥协势力占统治地位的南宋时期，他和其他主张抗金复国者遭谗受贬有其必然性。而这首词，十分旷达，含蕴俊爽，空灵而有奇气，即便在豪放词人的作品中也显得超凡脱俗。

（王步高）

附录一　备选课文

临 江 仙　　　李清照

　　庭院深深深几许？云窗雾阁常扃。柳梢梅萼渐分明。春归秣陵树，人老建康城。　　感月吟风多少事，如今老去无成。谁怜憔悴更凋零？试灯无意思，踏雪没心情。

武 陵 春　　　李清照

　　风住尘香花已尽，日晚倦梳头。物是人非事事休，欲语泪先流。　　闻说双溪春尚好，也拟泛轻舟。只恐双溪舴艋舟，载不动、许多愁。

秋波媚·七月十六日晚，登高兴亭，望长安南山　　　陆游

　　秋到边城角声哀，烽火照高台。悲歌击筑，凭高酹酒，此兴悠哉。　　多情谁似南山月，特地暮云开。灞桥烟柳，曲江池馆，应待人来。

贺新郎·送胡邦衡待制赴新州　　　张元幹

　　梦绕神州路，怅秋风、连营画角，故宫离黍。底事昆仑倾砥柱，九地黄流乱注？聚万落、千村狐兔。天意从来高难问，况人情、老易悲难诉！更南浦，送君去。　　凉生岸柳催残暑，耿斜河、疏星淡月，断云微度。万里江山知何处？回首对床夜语。雁不到、书成谁与？目尽青天怀今古，肯儿曹、恩怨相尔汝！举大白，听《金缕》！

书《洛阳名园记》后　　[宋]李格非

洛阳处天下之中，挟殽、渑之阻，当秦、陇之襟喉，而赵、魏之走集，盖四方必争之地也。天下常无事则已；有事，则洛阳必先受兵。予故尝曰：洛阳之盛衰，天下治乱之候也。

方唐贞观、开元之间，公卿贵戚开馆列第于东都者，号千有余邸。及其乱离，继以五季之酷，其池塘竹树，兵车蹂践，废而为丘墟；高亭大榭，烟火焚燎，化而为灰烬——与唐共灭而俱亡者，无余处矣。予故尝曰：园圃之废兴，洛阳盛衰之候也。

且天下之治乱，候于洛阳之盛衰而知；洛阳之盛衰，候于园圃之废兴而得；则《名园记》之作，予岂徒然哉？

呜呼！公卿大夫方进于朝，放乎一己之私意以自为，而忘天下之治忽，欲退享此乐，得乎？唐

之末路是矣。

观 月 记　　[宋]张孝祥

月极明于中秋；观中秋之月，临水胜；临水之观，宜独往；独往之地，去人远者又胜也。然中秋多无月，城郭宫室，安得皆临水？盖有之矣；若夫远去人迹，则必空旷幽绝之地，诚有好奇之士，亦安能独行以夜而之空旷幽绝，蕲顷刻之玩也哉！今余之游金沙堆，其具是四美者与？

盖余以八月之望过洞庭，天无纤云，月白如昼。沙当洞庭、青草之中，其高十仞，四环之水，近者犹数百里。余系船其下，尽却童隶而登焉。沙之色正黄，与月相夺，水如玉盘，沙如金积，光彩激射，体寒目眩，阆风、瑶台、广寒之宫，虽未尝身至其地，当亦如是而止耳。盖中秋之月，临水之观，独往而远人，于是为备。书以为金沙堆观月记。

钗 头 凤　　唐　琬

世情薄，人情恶。雨送黄昏花易落。晓风干，泪痕残。欲笺心事，独语斜阑。难，难，难！

人成各，今非昨。病魂常似秋千索。角声寒，夜阑珊。怕人寻问，咽泪装欢。瞒，瞒，瞒！

余年二十时，尝作《菊枕诗》，颇传于人，今秋偶复采菊缝枕囊，凄然有感
陆　游

采得黄花作枕囊，曲屏深幌闷幽香。唤回四十三年梦，灯暗无人说断肠。

少日曾题菊枕诗，蠹编残稿锁蛛丝。人间万事消磨尽，只有清香似旧时。（作者时年 63 岁）

禹迹寺南有沈氏小园，四十年前尝题小阁壁间，偶复一到而园已易主，刻小阁于石，读之怅然
陆　游

枫叶初丹槲叶黄，河阳愁鬓怯新霜。林亭感旧空回首，泉路凭谁说断肠。坏壁醉题尘漠漠，断云幽梦事茫茫。年来妄念消除尽，回向禅龛一炷香。（作者时年 68 岁）

沈园二首　　陆　游

城上斜阳画角哀，沈园非复旧池台。伤心桥下春波绿，曾是惊鸿照影来。

梦断香消四十年，沈园柳老不吹绵。此身行作稽山土，犹吊遗踪一泫然。（作者时年 75 岁）

禹 寺　　陆游

暮春之初光景奇,湖平山远最宜诗。尚余一
恨无人会,不见蝉声满寺时。(作者时年77岁)

十二月二日夜梦游沈氏园亭(二首)　陆游

路近城南已怕行,沈家园里更伤情。香穿客
袖梅花在,绿蘸寺桥春水生。

城南小陌又逢春,只见梅花不见人。玉骨久
成泉下土,墨痕犹锁壁间尘。(作者时年81岁)

城 南　　陆游

城南亭榭锁闲坊,孤鹤归飞只自伤。尘渍苔
侵数行墨,尔来谁为拂颓墙?(作者时年82岁)

附录四　南渡及南宋前期词

夜游宫·记梦寄师伯浑　陆游

雪晓清笳乱起,梦游处、不知何地。铁骑无声
望似水。想关河,雁门西,青海际。　　睡觉寒灯
里,漏声断、月斜窗纸。自许封侯在万里。有谁
知,鬓虽残,心未死!

诉 衷 情　　陆游

当年万里觅封侯,匹马戍梁州。关河梦断何

附录五　女性词

菩 萨 蛮　　[宋]魏夫人

溪山掩映斜阳里,楼台影动鸳鸯起。隔岸两

禹 祠　　陆游

祠宇嵯峨接宝坊,扁舟又系画桥旁。玟添满
箸莼丝紫,蜜渍堆盘粉饵香。团扇卖时春渐晚,夹
衣换后日初长。故人零落今何在?空吊颓垣墨数
行。(作者时年83岁)

禹 寺　　陆游

禹寺荒残钟鼓在,我来又见物华新。绍兴年
上曾题壁,观者多疑是古人。(作者时年84岁)

春 游　　陆游

沈家园里花如锦,半是当年识放翁。也信美
人终作土,不堪幽梦太匆匆。(作者时年84岁)

处?尘暗旧貂裘。　　胡未灭,鬓先秋,泪空流。
此生谁料,心在天山,身老沧洲!

水调歌头·闻采石矶战胜　张孝祥

雪洗虏尘静,风约楚云留。何人为写悲壮?
吹角古城楼。湖海平生豪气,关塞如今风景,剪烛
看吴钩。剩喜燃犀处,骇浪与天浮。　　忆当年,
周与谢,富春秋。小乔初嫁,香囊未解,勋业故优
游。赤壁矶头落照,汜水桥边衰草,渺渺唤人愁。
我欲乘风去,击楫誓中流。

三家,出墙红杏花。　　绿杨堤下路,早晚溪边
去。三见柳绵飞,离人犹未归。

念奴娇·春情　　[宋]李清照

　　萧条庭院，又斜风细雨，重门须闭。宠柳娇花寒食近，种种恼人天气。险韵诗成，扶头酒醒，别是闲滋味。征鸿过尽，万千心事难寄。　　楼上几日春寒，帘垂四面，玉阑干慵倚。被冷香消新梦觉，不许愁人不起。清露晨流，新桐初引，多少游春意。日高烟敛，更看今日晴未？

虞美人　　[明]叶小鸾

　　阑干曲护闲庭小，犹恐春寒悄。隔墙影送一枝红，却是杏花消瘦旧东风。　　海棠睡去梨花褪，欲语浑难问。只知婀娜共争妍，不道有人为伊惜流年。

踏莎行　　[清]徐　灿

　　芳草才芽，梨花未雨，春魂已作天涯絮。晶帘宛转为谁垂，金衣飞上樱桃树。　　故国茫茫，扁舟何许，夕阳一片江流去。碧云犹叠旧山河，月痕休到深深处。

双调望江南　　[清]贺双卿

　　春不见，寻过野桥西。染梦淡红欺粉蝶，锁愁浓绿骗黄鹂。幽恨莫重提。　　人不见，相见是还非。拜月有香空惹袖，惜花无泪可沾衣。山远夕阳低。

江城梅花引·雨中接云姜信　　[清]顾　春

　　故人千里寄书来，快些开，慢些开，不知书中

安否费疑猜。别后炎凉时序改，江南北，动离愁，自徘徊。　　徘徊、徘徊，渺予怀，天一涯，水一涯。梦也、梦也，梦不见、当日裙钗。谁念碧云凝伫费肠回。明岁君归重见我，应不是，别离时，旧形骸。

满江红·渡扬子江　　[清]沈善宝

　　滚滚银涛，写不尽、心头热血。问当年、金山战鼓，红颜勋业。肘后难悬苏季印，囊中剩有江淹笔。算古来、巾帼几英雄，愁难说。　　望北固，秋烟碧；指浮玉，秋阳出。把篷窗倚遍，唾壶敲缺。游子征衫搀泪雨，高堂短鬓飞霜雪。问苍苍、生我欲何为，生磨折。

鹧鸪天　　[清]秋　瑾

　　祖国沉沦感不禁，闲来海外觅知音。金瓯已缺终须补，为国牺牲敢惜身？　　嗟险阻，叹飘零。关山万里作雄行。休言女子非英物，夜夜龙泉壁上鸣。

满江红　　[清]徐自华

感怀，用岳鄂王韵，作于秋瑾就义后。

　　岁月如流，秋又去，壮心未歇。难收拾，这般危局，风潮猛烈。把酒痛谈身后事，举杯试问当头月。奈吴侬、身世太悲凉，伤心切！　　亡国恨，终当雪；奴隶性，行看灭。叹江山已是，金瓯碎缺。蒿目苍生挥热泪，感怀时事喷心血。愿吾侪、炼石效娲皇，补天阙。

附录六　李清照作品概述

　　李清照生于宋神宗元丰七年(1084)，卒于宋　　高宗绍兴二十五年(1155)后。她一生跨了南北宋

两个时代,应属南渡词人之列。南渡词人的创作大致均可分为两个时期,前期在太平时,他(她)们有较高的政治、经济地位,生活较优裕,词作多写相思离别、风花雪月等一些生活题材,而后期面临国家的沦亡、自身的颠沛流离,词风发生根本性变化,以悲壮苍凉为基调,而以家国之恨、身世之感为新内容。著名词人叶梦得、李纲、赵鼎、朱敦儒等均如此。李清照力主词"别是一家"说,家国之恨的题材更多用诗来表现,而词风的变化却是相同的。

李清照出身官宦之家,是宰相的儿媳妇,前期物质生活、精神生活应是比较优越的。因而这一时期的作品,或是写少女的天真烂漫,或是写闺中生活的情趣。如:

> 常记溪亭日暮,沉醉不知归路。兴尽晚回舟,误入藕花深处。争渡,争渡,惊起一滩鸥鹭。(《如梦令》)
> 淡荡春光寒食天,玉炉沉水袅残烟,梦回山枕隐花钿。　海燕未来人斗草,江梅已过柳生绵,黄昏疏雨湿秋千。(《浣溪沙》)

易安的后期词作,写于北宋覆亡,宋室南渡,女词人也饱受流离播迁之苦,而其夫又英年早逝之际。李清照的晚年是在孤独、寂寞、痛苦中度过的。因而这一时期的作品,如《武陵春》《永遇乐》《声声慢》等,愁已是无时不在,无处不有,而词人的愁已不是一己的遭遇,而是与整个国家、民族的不幸紧紧相连的。"她后期作品普遍地反映与人民相一致的爱国思想、抗金愿望、乡关之念、身世之感","闪烁着爱国主义的光芒。其中的故国之思是南宋人民所共同感受的,愁苦之感是和诗文中的爱国思想互相映照的。"(杨敏如《李清照词浅论》)

李清照南渡后的爱国感情,在诗中表述得较为直率,如脍炙人口的《夏日绝句》诗中"至今思项羽,不肯过江东",直接讽刺那些"直把杭州作汴州"的南渡君臣,而以"生当作人杰,死亦为鬼雄"

来对一些拯社稷、救苍生的爱国志士以期许。而她《上枢密韩公工部尚书胡公诗》中更以"愿将血泪寄山河,去洒青州一抔土","想见皇华过二京,壶浆夹道万人迎。连昌宫里桃应在,华萼楼前鹊定惊。但说帝心怜赤子,须知天意念苍生。圣君大信明如日,长乱何须在屡盟"等诗句,表达了对抗金复国、收复失地的愿望。在词中也寄寓着深深的故国之思。如夜雨之日,"愁损北人不惯起来听",她"空梦长安,认取长安道"(宋人多以"长安"代指旧都汴京),"故乡何处是,忘了除非醉","春归秣陵树,人老建康城","融和天气,次第岂无风雨"……深蕴其中的也都是国脉如缕、故土难归的家国之恨。一百三十年后刘辰翁在其《永遇乐》和词的小序中云:"余自乙亥上元,诵李易安《永遇乐》,为之涕下。今三年矣,每闻此词,辄不自堪。遂依其声,又托之易安自喻,虽辞情不及,而悲苦过之。"可见易安词感人之深。

易安词仅五十多首,不足3500字,却能取得"不徒俯视巾帼,直欲压倒须眉"(李调元《雨村词话》)和古今女子第一的地位,不仅因为其词作内容的充实感人,更因为其过人的艺术魅力。

说及易安词的特点,人们往往将之可挖掘的一切优点均罗列无遗,其实,"特点"只在于其是"这一个"处,是其区别于其他人,尤其是其不同于同时代以至古往今来绝大多数女性词人之处。古人有"易安体"之说。易安词艺术成就很高,就其突出的特点而言,有以下三个方面:

其一是塑造了"倜傥有丈夫气"的抒情形象。李清照是千古女子一人,不是男子,却胜似男子。《夏日绝句》一诗固然令须眉男子汗颜,即便其词中塑造的女性抒情形象,也是令男性词人望尘莫及的。如《渔家傲》一词:

> 天接云涛连晓雾,星河欲转千帆舞。仿佛梦魂归帝所,闻天语,殷勤问我归何处。
> 我报路长嗟日暮,学诗谩有惊人句。九万里风鹏正举。风休住,蓬舟吹取三山去。

这是易安词中别是一种风格的作品,也是最有男子汉气概的一首杰作。《艺蘅馆词选》云:"此绝似苏辛派,不类《漱玉集》中语。"其实,这更酷似李清照诗的风格。除《乌江》一诗外,其《八咏楼》诗中"水通南国三千里,气压江城十四州",气魄十分宏大。李清照虽是大家闺秀,但据今人考证,她幼年丧母,也非继母带大,故养成俊爽开朗的性格。据《清波杂志》载:"明诚在建康日,易安每值天大雪,即顶笠披蓑,循城远览以寻诗,得句必邀其夫赓和。明诚每苦之也。"沈曾植《菌阁琐谈》云:"易安倜傥有丈夫气,乃闺阁中苏辛,非秦柳也。"易安词虽属婉约一派,但境界开阔。如其《点绛唇》(蹴罢秋千)一词,把抒情女主人公的形象写得大胆天真,无拘无束。再如《如梦令》(常记溪亭日暮)一首,更是充满青春活力。

其二是"以寻常语度入音律",因而形成"清水出芙蓉,天然去雕饰"的语言风格。这也是由人物个性决定的,易安善于"用浅俗之语,发清新之思"(彭孙遹《金粟词话》)。有许多词语往往脱口而出:"试问卷帘人,却道海棠依旧。知否,知否?应是绿肥红瘦。"(《如梦令》)又如:"日高烟敛,更看今日晴未?"(《念奴娇》)再如:"旧时天气旧时衣,只有情怀,不似旧家时。"(《南歌子》)"不如向帘儿底下,听人笑语。"(《永遇乐》)"试灯无意思,踏雪没心情。"(《临江仙》)……这些都是所谓"寻常语",却又都"度入音律",甚至如其《词论》所云:"诗文分平侧,而歌词分五音,又分五声,又分六律,又分清浊轻重……"李清照难能可贵处正在于她的看似"寻常语",却又都能"度入音律",而非"句读不葺之诗"。《碧鸡漫志》中说她"作长短句能曲尽人意,轻巧尖新,姿态百出,闾巷荒淫之语,肆意落笔"。这段文字一直被视作诽谤易安的文字,其实王灼未尝不是李易安的知音,比那些无关痛痒一味颂扬者高明得多。以闾巷之语入词,却能句句入律,不堆垛典故而优美典雅,这正是易安过人之处。辛弃疾《丑奴儿近·博山道中效李易安体》,一改其他词中"掉书袋"的习惯,句句脱口而出,正是得易安词语言风格之真髓。

其三是大量运用叠字。这是人人皆知却不认为是她词的主要特点的。李清照在《声声慢》词开头运用七组叠字:"寻寻觅觅,冷冷清清,凄凄惨惨戚戚",是最受后人推崇的艺术杰作。"寻寻觅觅"突兀而起,反映的是一种如有所失的心理,而"冷冷清清"则写出寂寞难耐的苦况,而"凄凄惨惨戚戚"则深入心灵深处,把内心的悲切惨痛写得声泪俱下。尤其如杨敏如所指出的,"凄"字可与"冷""清""惨""切"分别组成词,故此字是具有承上启下意义的关键词,是由外在的、目力可及的环境而深化到人物的内心。这种"创意出奇"的做法很受后人推许。

其实,李清照词中运用叠字远不限于《声声慢》一首,更不仅仅限于这七组叠字。稍加留意,易安词中用到的叠字至少还有以下一些:点点、滴滴、休休、萧萧、悄悄、依依、厌厌、事事、层层、年年、沉沉、千千、深深、心心、叶叶、种种、芳芳、春春、一一、草草、纤纤……以上这些从公认为易安作的五十多首词中统计出来的,若加上有争议的十五首词,则还有绵绵、淡淡、匆匆、疏疏、袅袅、娉娉、字字等等,而"萧萧"一词竟重复出现过六七次之多。还有一些词语重叠的情况,有些是词牌本身规定的,如《如梦令》中的"知否,知否"和"争渡,争渡"等等,又如《行香子》中"浮槎来,浮槎去,不相逢"和"霎儿晴,霎儿雨,霎儿风",再如《添字丑奴儿》词中"阴满中庭""点滴霖霪"两句的重复,《忆秦娥》中"烟光薄""梧桐落"二句的重复等。

李清照词中还经常重复用一些字和词,如《清平乐》一词中竟三次明用"梅花"一词,再如《蝶恋花》中"空梦长安,认取长安道",如"千""一""沉""春""梅""菊""日""风""雨""酒""花"等单字和"梦断""梦魂""沉醉""罗衣"等词语,重复出现的频率也都很高。这些虽与《声声慢》开头七组叠字不同,说不上是女词人的独创,但如此之多的叠字、叠词、叠句的使用,使易安词雅而能俗,更贴近现实生活,这恐怕又如王灼《碧鸡漫志》所说:"自古缙绅之家,能文妇女,未见如此无顾藉也。"

以女子作词而能有丈夫气,用寻常语却可度

入音律,把叠字、叠词、叠句等市井语化为典重高雅的艺术精品,这正是易安体的过人之处。自然,易安词中造语生新如"人比黄花瘦""才下眉头,却上心头""宠柳娇花"等语,或高度凝练,或新巧别致,均极见功力。这些是使易安词深受古今读者喜爱的又一方面原因。

为词名所掩,除《夏日绝句》一诗外,李清照诗文的成就则鲜为人知。王灼《碧鸡漫志》云:易安居士"自少年便有诗名,才力华赡,逼近前辈。在士大夫中已不多得。若本朝妇人,当推词采第一。"据今人考订作于其十七岁时的《浯溪中兴颂诗和张文潜二首》,诗中对唐代诗人元结作《大唐中兴颂》碑的做法提出了批评:"著碑铭德真陋哉","安用区区纪文字",指出大唐兴废是由于朝政腐败、奸雄得志,而杨家兄妹只是导火线。这一见识,不仅远胜唐代诗人元结,也超越了她的父执诗人张耒(字文潜)。诗中已多处运用典实,可见易安十多岁时已学识过人。李清照另有一首《晓梦》,是一首一韵到底的五言古诗,以"游仙"诗的形式,写她梦遇仙人安期生和萼绿华,赏荷、食枣、斗茶,结尾又以梦醒的怅惘反衬梦境难再。其内容与风格均与其《渔家傲》相似。陈祖美认为其当作于崇宁五年(1106),虽诏毁《元祐党人碑》,是对张耒、晁补之等父辈仍不能解脱的同情。她还有《上枢密韩肖胄诗二首》《偶成》诗,以及王仲闻先生辑出的七首诗的零篇断句,都有较高的艺术水准。

李清照的诗文大多散佚,据宋晁公武《郡斋读书志》载有十二卷本的《李易安集》,当是她的诗文集。她的诗仅剩上述等几首,文也只剩《打马赋》《打马图经序》《投内翰綦公崇礼启》《金石录后序》等几篇。其中《打马赋》及《投内翰綦公崇礼启》采用了四六文的骈体。南宋谢伋曾称李清照为"妇人四六之工者"。"打马"是游戏的一种,《打马赋》不仅说明了打马游戏的意义、原则和目的,而又将自己的政治理想寄寓其中,且寓理于戏、寓庄于谐,甚至被前人称为"神品"。《投内翰綦公崇礼启》,大量运用典故,全文五百余字,用典却达三十多处。此启中第一次言及自己改嫁之事(详见《李清照研究综述》)。

《金石录后序》是她为《金石录》一书所作的后记。《金石录》实际是她和丈夫赵明诚一起完成的。此篇序是李清照传世的几篇散文中最精彩的篇章。清人李慈铭甚至称:"宋以后闺阁之文,此为观止。"(《越缦堂读书记》)这篇文章也可看作李清照的自传,同时,此文"内涵充沛而丰盈,情愫真挚而深厚,文笔细腻而韶秀",是一篇足以流芳千古的美文。《打马图经序》也引古论今,涉猎广博,且叙事详明,议论精警。她的《词论》,更是中国词学史上第一篇专论,其"词别是一家"说更令许多人心折。

惜乎李清照的诗文词今已亡佚大半,但留存的这少量作品,均属精金美玉,从而奠定了她在中国文学史上压倒众多须眉的崇高地位。

网络链接

① 陆游《钗头凤》为谁而作? ② 李清照改嫁公案何时了? ③ 朱淑真生活于北宋还是南宋?

参考书目

周振甫等《李清照词鉴赏》,齐鲁书社 1986 年
王仲闻《李清照集校注》,人民文学出版社 1979 年
济南市社科研究所《李清照研究论文集》,中华书局 1984 年
陈祖美等《李清照作品赏析集》,巴蜀书社 1992 年
王延梯《漱玉集注》,山东文艺出版社 1984 年
黄墨谷《重辑李清照集》,齐鲁书社 1981 年

情感道德·改过

徐北文《李清照全集评注》，济南出版社 1990 年

陈祖美《李清照评传》，南京大学出版社 1995 年

王步高、刘林辑校汇评《李清照全集》，珠海出版社 2002 年

夏承焘、吴熊和《陆游词编年笺注》，上海古籍出版社 1981 年

思考与练习

1. 以李清照、朱敦儒、叶梦得、张元幹、李纲等为代表的南渡词人，前半生在北宋度过，词风平和、绮丽，身当国难后均以词反映身世之感与家国之恨，多数人自觉不自觉地写出时代的变迁，试就此命题认真阅读书中及课外的有关作品。

2. 以女性文学为专题选读书中涉及的女作家及现当代丁玲、宗璞、茹志鹃、张爱玲、李昂、琼瑶、三毛、王安忆、程乃珊、池莉等作家的作品。

慕课资源

辛弃疾

辛弃疾(1140—1207)，字幼安，号稼轩，历城(今山东济南)人。他出生时，北宋已覆亡十三年，然在祖父辛赞的教育下，自幼即抱定收复中原的政治理想和愿望。他22岁起兵抗金，曾率五十余骑于五万军中活捉叛徒张安国，投奔宋廷，名震一时。南归后由江阴签判而四任帅臣，三为运使，政绩卓著，然终不能实现其恢复中原的理想和抱负，赍志而殁。其词雄奇刚健，深婉雅丽，在苏轼之后，进一步提高了词的社会功能和作用，辛弃疾也成为中国文学史最杰出的词人之一。有《稼轩词》传世。

【集评】

世言稼轩居士辛公之词似东坡，非有意于学坡也，自其发于所蓄言之，则不能不坡若也。(略)公一世之豪，以气节自负，以功业自许，方将敛藏其用以事清旷，果何意于歌词哉，直陶写之具耳。故其词之为体，如张乐洞庭之野，无首无尾，不主故常；又如春云浮空，卷舒起灭，随所变态，无非可观。无他，意不在于作词，而其气之所充，蓄之所发，词自不能不尔也。其间固有清而丽、婉而妩媚，此又坡词之所无，而公词之所独也。昔宋复古、张乖崖方严劲正，而其词乃复有秾纤婉丽之语，岂铁石心肠者类皆如是耶。([宋]范开《稼轩词序》)

辛公文墨议论尤英伟磊落。(略)世之知公者，诵其诗词，而以前辈谓有井水处皆倡柳词，余谓耆卿直留连光景、歌咏太平尔，公所作大声镗鞳，小声铿鍧，横绝六合，扫空万古，自有苍生以来所无。其秾纤绵密者亦不在小晏、秦郎之下。([宋]刘克庄《辛稼轩集序》)

辛稼轩别开天地，横绝今古，《论》《孟》《诗小序》《左氏春秋》《南华》《离骚》《史》《汉》《世说》"《选》学"、李杜诗，拉杂运用，弥见其笔力之峭。([清]吴衡照《莲子居词话》卷一)

南宋词人，白石有格而无情，剑南有气而乏韵，其堪与北宋人颉颃者，唯一幼安耳。(王国维《人间词话》)

菩萨蛮·书江西造口壁①

郁孤台下清江水②,中间多少行人泪。西北望长安③,可怜无数山。 青山遮不住,毕竟东流去。江晚正愁余④,山深闻鹧鸪⑤。

【汇评】

南渡之初,虏人追隆祐太后御舟至造口,不及而还。幼安自此起兴。"闻鹧鸪"之句,谓恢复之事行不得也。([宋]罗大经《鹤林玉露》卷四)

稼轩《菩萨蛮·书江西造口壁》一章,用意用笔,洗脱温、韦殆尽,然大旨正见吻合。([清]陈廷焯《白雨斋词话》卷一)

词仅四十四字,举怀人恋阙,望远思归,悉纳其中,而以清空出之。复一气旋折,深得唐贤消息。集中之高格也。(俞陛云《唐五代两宋词选释》)

此首书江西造口壁,不假雕绘,自抒悲愤。小词而苍莽悲壮如此,诚不多见。盖以真情郁勃,而又气魄足以畅发其情。起从近处写水,次从远处写山。下片将山水打成一片,慨叹不尽。末句以愁闻鹧鸪作结,尤觉无限悲愤。(唐圭璋《唐宋词简释》)

【赏析】

宋高宗建炎三年(1129),金兵南侵,宋军无力抵抗,金兵长驱直入,追击隆祐太后至江西太和县,太后自万安逃到造口,弃船上岸,往赣州,竟免此难。徽、钦二宗被金人俘虏,北宋灭亡,此固为宋人奇耻大辱,而宋高宗建炎三年被金兵追击,浮海而逃,隆祐太后遭金兵围堵,仓皇南奔,在宋人看来,无疑亦为极耻辱之事。辛弃疾行经此地,徘徊江边,触景伤情,数十年前金兵南侵,隆祐太后逃难于行伍之中事,犹在耳目,遂作此词。词的上片是咏隆祐太后事,但又远不止此。那洒入江中的"行人"之泪,不仅是逃避金兵的皇室后官之人的泪水,而且还有遭受兵火劫难、流离失所的百姓的泪水。词人所悲愤的,也不仅是数十年前那场战火给人民带来的灾难,而且更有积年耻辱无从洗雪、恢复之事遥遥无期的悲剧现实。同样,下片则是既有对恢复之事难期的深忧和悲慨,更有对自己南归、对国家和人民的永不追悔的深情。词的末两句化用《楚辞》和《禽经》张华注,不仅切合辛弃疾由北归南的身份,而且也与上片唐李勉登郁孤台北望魏阙之事相吻合。总之,透过滔滔东逝的江水,重叠起伏的青山,但南不北的鹧鸪鸣叫声等表层意象,透过词中所

---

① 造口:即皂口,以皂口溪得名。溪源出赣州二龙山。经上造、下造,在今江西万安县西南六十里,流入赣江。
② 郁孤台:在赣州府治西北文壁山上,"隆阜郁然,孤起平地数十丈,冠冕一郡之形胜,而襟带千里之山川。(略)唐李勉为虔州刺史,登临北望,慨然曰:'余虽不及子牟,而心在魏阙一也。'改郁孤为望阙。"(宋王象之《舆地纪胜》卷三十二)。清江即赣江,章水与贡水在赣州交汇东北流,称赣水或赣江。 ③ 长安:此借指北宋都城汴京(今河南开封)。
④ 愁余:使我愁。余,第一人称代词。《楚辞·九歌·湘夫人》:"帝子降兮北渚,目眇眇兮愁予。" ⑤ 鹧鸪:《禽经》:"随阳,越雉,鹧鸪也,飞必南翥。"张华注:"鹧鸪,白黑成文,其鸣自呼,像小雉。其志怀南,不北徂也。"

形象再现的南宋历史上那耻辱的一幕,我们仿佛看到了那位徘徊在造口江边,对国家和民族的前途与命运充满了忧患意识和责任感的爱国词人形象。

(巩本栋)

青玉案·元夕①

东风夜放花千树②,更吹落、星如雨③。宝马雕车香满路④。凤箫声动⑤,玉壶光转⑥,一夜鱼龙舞⑦。　蛾儿雪柳黄金缕⑧,笑语盈盈暗香去⑨。众里寻他千百度⑩,蓦然回首⑪,那人却在,灯火阑珊处⑫。

【汇评】

辛稼轩"蓦然回首,那人却在灯火阑珊处",秦周之佳境也。([清]彭孙遹《金粟词话》)

自怜幽独,伤心人别有怀抱。(梁令娴《艺蘅馆词选》丙卷梁启超语)

此词自起笔至"笑语"句,皆纪"元夕"之游观,唯结末三句别有会心。其回首欲见之人,岂避喧就寂耶? 或人约黄昏,有城隅之俟耶? 含意未申,戛然而止,盖待人寻味也。(俞陛云《宋词选释》)

古今之成大事业、大学问者,必经过三种之境界:"昨夜西风凋碧树,独上高楼,望尽天涯路",此第一境也。"衣带渐宽终不悔,为伊消得人憔悴",此第二境也。"众里寻他千百度,回头蓦见,那人正在,灯火阑珊处",此第三境也。此等语皆非大词人不能道,然遽以此意解释诸词,恐为晏、欧诸公所不许也。(王国维《人间词话》)

【赏析】

此词的作年,邓广铭先生系于"首次官临安时",即乾道六年(1170)至八年,辛任司农司主簿,如此则此词是辛氏早期作品,在《稼轩词编年校注》中排第12首,与同期作品比,其水平远不相同。且辛弃疾此时虽官位不高,却是一直升迁的,很难会有词中"伤心人别有怀抱"的情愫。淳熙二年(1175)任仓部郎官,当时叶衡为相,力荐辛弃疾"慷慨有大略"而迁任,他心情应很好。王延梯先生则认为其作于上饶家居时,他忽略此词收于稼轩词甲集,甲集中不收上饶词,且居上饶带湖时不大可能有词中元夕的盛况。笔者1982年发

———————

① 元夕:农历正月十五日叫上元节,这天晚上叫元宵,又称元夕。唐以后有元夕观灯的习俗。 ② 花千树:苏味道《看灯》:"火树银花合,星桥铁锁开。" ③ 星如雨:有二解,《东京梦华录》正月十六日条,"各以竹竿出灯球于半空,远近高低,若飞星然。"亦可作"烟花""烟火"解。 ④ 宝马雕车:贵族妇女乘坐的华贵的马车。韦应物《长安道》诗:"宝马横来下建章,香车却转避驰道。" ⑤ 凤箫:传说秦穆公女弄玉及其夫萧史曾吹箫引来凤凰,故称箫为"凤箫"。 ⑥ 玉壶:原指高洁的物象。鲍照《代白头吟》:"直如朱丝绳,清如玉壶冰。"此喻月亮。 ⑦ 鱼龙舞:夏竦《奉和御制上元观灯》有"鱼龙漫衍六街呈"句。东坡诗中更有"至今鱼龙舞钧天","再使鱼龙舞洞庭"之句。此处恐指舞龙灯和鱼灯。 ⑧ 蛾儿雪柳黄金缕:观灯女子头上装饰品。《大宋宣和遗事》亨集:"宣和六年正月十四夜……京师民有似云浪,尽头上戴着玉梅、雪柳、闹蛾儿,直到鳌山下看灯。" ⑨ 笑语盈盈:充满欢声笑语。宋孙应时《祭同班楼大声文》:"想君归拜,笑语盈盈。" ⑩ 千百度:千百遍。 ⑪ 蓦(mò)然:突然。 ⑫ 阑珊:稀落。

表《稼轩词〈青玉案〉写作年代质疑》一文，主张此词应作于淳熙九年(1182)，他被免去江西安抚使兼知隆兴府(今江西南昌)职，即将开始长达二十年的上饶闲居，此时他南渡已整整二十年，抗金复国的希望愈来愈渺茫，他虽在上饶带湖已建有别墅，有退隐的思想准备，却并不甘心年富力强(43岁)时便长期闲居，况且还是背上一定的罪名而被罢黜。词的上片极力铺写元夕的"闹"的一面，彩灯、烟火、车马、凤箫、鱼龙舞……一派节日欢天喜地的景象。下片开头两句续写"闹"景，以众多女子的俏丽打扮，欢声笑语……把元夕节的众生相(尤其女子)描绘得淋漓尽致。"闹"景的充分展示，是为下文作铺垫。最后三句，从举世之"闹"衬一人之"静"，不随波逐流、绝世独立的人物形象跃然纸上。在隆兴和议之后，爱国和收复失地的呼声日趋微弱，在长沙训练"飞虎军"这样的事已越来越不合时宜，不为世(尤其是朝廷重臣)所容，别说受到重任，让辛氏有施展军事才能的机会，连现有的封疆大吏之职也要剥夺。在这闹世上，独清独醒的词人感到了被社会边缘化的悲凉与愤郁。词结末三句十分警策，王国维以之喻指古今成大事业大学问者的最高境界，虽与词人原旨无关，也显示出本词在意境刻画方面取得了极大成功。

(王步高)

摸 鱼 儿

淳熙己亥①，自湖北漕移湖南②，同官王正之置酒小山亭③，为赋。

更能消、几番风雨④，匆匆春又归去。惜春长怕花开早⑤，何况落红无数⑥。春且住，见说道、天涯芳草无归路⑦。怨春不语⑧。算只有殷勤画檐蛛网，尽日惹飞絮⑨。　　长门事，准拟佳期又误，蛾眉曾有人妒⑩。千金纵买相如赋，脉脉此情谁诉⑪？君莫舞，君不见玉环飞燕皆尘土⑫！闲愁最苦⑬。休去倚危阑⑭，斜阳正

---

① 淳熙己亥：宋孝宗淳熙六年(1179)为己亥年。　② 湖北：荆湖北路。漕：漕司。宋代漕司长官转运使掌管一路(宋代大行政区划)或数路军需粮饷，其后又兼军事、刑名、巡视地方之职，为府州以上行政长官，权任甚重。因有兵权，故亦称"漕帅"。是年三月，作者由荆湖北路转运副使改任荆湖南路转运副使。　③ 王正之：名正己，字正之。曾任右司郎官及太府卿等职，系作者旧交。淳熙六年任湖北转运判官，故称"同官"。置酒：设酒宴为作者送行。小山亭：在东漕衙之乖崖堂。　④ 消：经受得住。　⑤ 长：总是。　⑥ 落红：泛指落花。花多红色，故云。　⑦ 见说道：听说道。"天涯"句：意谓芳草连天，已遮断了春的归路。此言春天已到尽头。　⑧ 怨春不语：埋怨春天默不作声。　⑨"算只有"二句：数来数去，只有那檐下热情的蜘蛛还在整天努力结网，企图粘住一些飞舞的柳絮，留下少许春色。此暗喻国家还有少许繁华景象。　⑩"长门事"三句：用陈皇后失宠后被汉武帝送到长门宫中幽居之事。准拟佳期又误，约定了好日子相会却又延误(取消)了。屈原《离骚》："曰黄昏以为期兮，羌中道而改路。初既与余成言兮，后悔遁而有他。"为"准拟"句之所本。蛾眉，借指美女。此为作者自喻。"蛾眉"句亦用《离骚》："众女嫉余之蛾眉兮，谣诼谓余以善淫。"　⑪"千金"二句：传为司马相如所写的《长门赋·序》云："孝武皇帝陈皇后，时得幸，颇妒。别在长门宫，愁闷悲思。闻蜀郡成都司马相如，天下工为文，奉黄金百斤，为相如、(卓)文君(夫妇)取酒，因于解悲愁之辞；而相如为文，以悟主上，陈皇后复得亲幸。"按此赋序并非出于司马相如之手，陈皇后复得亲幸之事亦不见史传。脉脉，含情貌。　⑫ 玉环：唐玄宗的宠妃杨玉环(即杨贵妃，小字玉环)。飞燕：汉成帝宠爱的皇后赵飞燕。　⑬ 闲愁：寂寞孤苦的愁思。　⑭ 危阑：高楼上的栏杆。

在,烟柳断肠处。

【汇评】

词意殊怨,"斜阳""烟柳"之句,其与"未须愁日暮,天际乍轻阴"者异矣。使在汉唐时,宁不贾种豆种桃之祸哉！愚闻寿皇见此词,颇不悦。然终不加罪,可谓至德也已。(〔宋〕罗大经《鹤林玉露》甲编卷一)

李涉诗:"野寺寻花春已迟,背崖唯有两三枝。明朝携酒犹堪赏,为报春风且莫吹。"辛用其意。(〔明〕沈际飞《草堂诗余正集》卷六)

("春且住"二句)是留春之辞。结句即义山"夕阳无限好,只是近黄昏"之意。斜阳以喻君也。(《类编草堂诗余》卷四李星垣语)

辞意似过于激切。第南渡之初,危如累卵,"斜阳"句,亦危言耸听之意耳。持重者多危词,赤心人少甘语,亦可以谅其志哉！(〔清〕黄苏《蓼园词选》)

稼轩"更能消几番风雨"一章,词意殊怨。然姿态飞动,极沉郁顿挫之致。起处"更能消"三字,是从千回万转后倒折出来,真是有力如虎。(〔清〕陈廷焯《白雨斋词话》卷一)

回肠荡气,至于此极。前无古人,后无来者。(梁令娴《艺蘅馆词选》丙卷梁启超语)

幼安自负天下才,今薄宦流转,乃借晚春以寄慨。上阕笔势动荡,留春不住,深惜其归,但芳草天涯,春去苦无归处,见英雄无用武之地。蛛网罥花,隐寓同官多情,为置酒少留之意。当其在理宗(当为孝宗)朝曾拥节钺,后之奉身而退,殆有谗抑之者,故上阕写不平之气,下阕"蛾眉曾有人妒"更明言之:玉环飞燕,皆归尘土,则妒人者果何益耶？结句斜阳肠断,无限牢愁,即以词句论,亦绝妙之语。(俞陛云《宋词选释》)

【赏析】

辛弃疾是宋代豪放派词人中最重要的作家之一,但他所写婉约风格的篇目也往往脍炙人口,且具有个人独特的风格,与宋代婉约派任何著名词人相比,都绝无逊色之处。这首词就是作者婉约词章中颇具代表性的一篇。

上片以"春去"隐喻、暗示国势的危殆,警告昏庸的统治者不能再醉生梦死了;词人以"惜春""劝春""怨春"等心理活动寄托自己对国势垂危的忧虑与痛心。"算只有"二句,以蛛网粘絮暗喻当时社会上表面的繁华似乎还给即将倾圮的国势留下一点生气。

下片继续采用隐喻、借喻以及使事用典等手法,传达作者因受排挤而见疏于君王的苦闷心情,并对因妒陷"蛾眉"(作者自喻)而受到君王宠幸的群小提出指斥和警告。结拍又复折入眼前现实,以哀景托出对国事日非的悲愤。据罗大经《鹤林玉露·辛幼安词》记载,由于此作"词意殊怨",孝宗读后"颇不悦"云。

这首词作的特点,一是所抒发的感情与当时的政治形势和作者个人的身世遭际紧密相关,完全摆脱了唐五代北宋以来羁旅行役、离情别绪之类传统题材的窠臼,赋予了婉约词以崭新的内涵。二是当时作者身为从北方沦陷区南来的"归正官员",虽蒿目时艰,亟欲奋其才智以匡国事,但由于"孤危一身久矣"(作者《淳熙己亥论盗贼札子》),个人政治处境十分险恶,故满怀悲愤怨艾不得不以比兴、象征等隐晦曲折、委婉含蓄的手法出之,这也与传统的婉约词章多用直陈情事、极少使事用典的赋体颇异其趣。

(王步高)

姜 夔

姜夔(1154—1221),字尧章,号白石道人,鄱阳(今江西鄱阳)人。自幼随父仕宦,父亡,寄寓大姊家,22岁后,旅食江淮、吴越等地,漂泊多年,结交萧德藻、杨万里、范成大、张镃等一时名流,文才为诸人所赏识。晚年居杭州,依张鉴,张氏去世后,生活贫困,不久亦去世。姜夔一生政治上失意,生活上困顿,然不但擅长诗词,而且在诗歌理论、书法和音乐等方面,都有成就。其词多写个人的生活,每有身世之感,其咏物之作,则托事寓意,隐晦曲折。音节谐婉,清空骚雅,影响深远,在南宋词坛上占有重要地位。有《白石道人歌曲》传世。

【集评】

姜夔尧章,自号白石道人,中兴诗家名流。其《岁除舟行十绝》,脍炙人口。词极精妙,不减清真乐府,其间高处有美成所不能及。善吹箫,自制曲,初则率意为长短句,然后协以音律云。([宋]黄昇《题白石词》)

词要清空,不要质实。清空则古雅峭拔,质实则凝涩晦昧。姜白石词如野云孤飞,去留无迹;吴梦窗词如七宝楼台,眩人眼目,碎拆下来,不成片断。此清空质实之说。(略)白石词如《疏影》《暗香》《扬州慢》《一萼红》《琵琶仙》《探春》《八归》《淡黄柳》等曲,不惟清空,又且骚雅,读之使人神观飞越。([宋]张炎《词源》卷下)

鄱阳姜夔出,句琢字炼,归于醇雅。于是史达祖、高观国羽翼之,张辑、吴文英师之于前,赵以夫、蒋捷、周密、陈允衡、王沂孙、张炎、张翥效之于后。譬之于乐,舞筲至于九变,而词之能事毕矣。([清]汪森《词综序》)

姜白石词幽韵冷香,令人挹之无尽,拟诸形容,在乐则琴,在花则梅也。

词家称白石曰"白石老仙",或问毕竟与何仙相似,曰:藐姑冰雪,盖为近之。([清]刘熙载《艺概·词曲概》)

长 亭 怨 慢

余颇喜自制曲①,初率意为长短句②,然后协以音律,故前后阕多不同③。桓大司马云:"昔年种柳,依依汉南;今看摇落,凄怆江潭。树犹如此,人

---

① 自制曲:自己谱曲,又称自度曲。　② 长短句:词属音乐文学,多按曲拍填词,句式多长短不一,故宋人多以"长短句"称词。　③ 前后阕:一曲终了为阕,故又一曲又称一阕,此处指上下两片。

何以堪！"①此语予深爱之。

渐吹尽、枝头香絮。是处人家②，绿深门户。远浦萦回，暮帆零乱向何许。阅人多矣③，谁得似长亭树④，树若有情时，不会得青青如此。　　日暮。望高城不见，只见乱山无数。韦郎去也，怎忘得、玉环分付⑤：第一是早早归来，怕红萼无人为主。算空有并刀⑥，难剪离愁千缕。

【汇评】

人言情，我言无情，立意壁绝，惨淡。（[明]沈际飞《草堂诗余》别集卷三）

"阅人多矣，谁得似长亭树。树若有情时，不会得青青如此。"白石诸词，惟此数语最沉痛迫烈。（[清]陈廷焯《白雨斋词话》卷八）

此词颇有桓司马江潭之感，虽似怨别之词，而实则乱愁无次，触绪纷来，凡怀人恋阙，抚今追昔，悉寓其中。首言春望景物，即紧接以"暮帆零乱"句发挥本意。望接天帆影，其中思妇离人，不知凡几，何忍入愁人之眼。惟亭树则冷漠无情，虽长年送尽行人，而青青依旧，与李白之"春风知别苦，不遣柳条青"，皆伤心人语。下阕言举目河山，高城阻绝，望远而兼有"浮云蔽日"之感。以下叙离情，临歧片语，历久难忘。凝望早归而托言红萼，以雅逸之笔，致缠绵之思，犹《楚辞》之山间采秀，怅公子忘归，深人无浅语也。（俞陛云《唐五代两宋词选释》）

【赏析】

此首是怀人之词。据夏承焘先生《白石怀人词考》和《姜白石词编年笺校》所考，姜夔流寓合肥期间，曾与勾栏中姊妹二人相恋，曾为其填词多首，此即其中之一。上片写当日离别情状。此词序中所引桓温之语"昔年种柳，依依汉南；今看摇落，凄怆江潭。树犹如此，人何以堪"，原意表达的是岁月无情，人生易老的感慨，由树及人，与树本身并无关系，而此词"阅人多矣，谁得似长亭树？树若有情时，不会得青青如此"数句，则直接将笔触落在树上，将树拟人化，然后又加以否定，无理之理，表达的却是词人离愁别恨无人能解的幽怨。此所谓清空。下片仍是抒写离别之思，而特别拈出临别相嘱的一个细节。窃窃私语之中，情真意切，感人至深。一念及此，那离愁别绪，自然更无有穷期了。沈祖棻先生谓其"情蕴藉而语分明，而愈蕴藉愈缠绵，愈分明愈凄苦，则虽有并州快剪刀，其于离愁，亦还是'剪不断，理还乱'也"（《宋词赏析》），正道出了其中的妙处。由此亦可见出白石词清空的特色。

（巩本栋）

---

① 桓大司马：指东晋桓温。桓温，字元子，东晋谯国龙亢（今安徽怀远西北）人，娶南康公主，拜驸马都尉，累迁徐州刺史、安西将军、荆州刺史等。哀帝时加授侍中、大司马、都督中外军事，位极人臣。孝武帝宁康元年卒。《晋书》有传。太和四年（369），率兵伐前燕，路过金城（今南京），见昔所植柳树已十分高大，不禁慨叹"木犹如此，人何以堪"，泫然流泪。后庾信作《枯树赋》，写桓温永和十二年（356）自江陵北伐姚襄，而用太和四年事。清吴蘅照《莲子居词话》卷二已谓："白石《长亭怨慢》小引桓大司马云云，乃庾信《枯树赋》，非桓温语。" ② 是处：这里。 ③ 阅人：观察过很多人。这里是拟人用法，谓柳树见人多矣。 ④ 长亭：古代驿路上所设，供人休息及送别亲友。 ⑤ 韦郎两句：唐范摅《云溪友议》卷三载，韦皋游于江夏，寓居姜氏，姜氏有婢女玉箫与之有情，韦与相约，七年后来迎娶，并赠其玉环。七年后，韦爽约，玉箫绝食死。 ⑥ 并刀：古九州之一，地当山西北部，治所太原。并州制刀具著名，世称并刀。

史达祖

史达祖(1163?—1220),字邦卿,号梅溪,汴(今河南开封)人,寓居杭州。史达祖出身低微,没有科名。他中年时期曾在扬州及荆江一带任过幕职,嘉泰年间,他投奔韩侂胄,为韩所赏识,曾随贺金生辰使李壁使金,主张抗金北伐。开禧北伐失败后,韩侂胄被杀,史达祖亦受株连下狱,被黥面流放,晚年穷愁潦倒。史达祖与词人如姜夔、张镃等多有交往,为其奖誉。史达祖妙解音律,其词长于咏物,亦多抒发家国之恨与身世之感,辞情俱到,奇秀清逸,有《梅溪词》传世。

【集评】

(史达祖词)奇秀清逸,有李长吉之韵,盖能融情景于一家,会句意于两得。([宋]姜夔《梅溪词序》,黄昇《中兴以来绝妙词选》卷七引)

盖生(指史达祖)之作,辞情俱到,织绡泉底,去尘眼中,妥贴轻圆,特其余事。至于夺苕艳于春景,起悲音于商素,有瑰奇警迈,清新闲婉之长,而无诐荡污淫之失,端可以分镳清真,平睨方回,纷纷三变行辈几不足比数。([宋]张镃《梅溪词序》)

诗难于咏物,词为尤难。体认稍真,则拘而不畅;模写差远,则晦而不明,要须收纵联密,用事合题,一段意思,全在结句,斯为绝妙。如史邦卿《东风第一枝》咏春雪云(略)。《双双燕》咏燕云(略)。([宋]张炎《词源》)

命意贵远,用字贵便,造语贵新,炼字贵响。古人诗有翻案法,词亦然。词不用雕刻,刻则伤气,务在自然。周清真之典丽,姜白石之骚雅,史梅溪之句法,吴梦窗之字面,取四家之所长,去四家之所短,此翁之要诀。([元]陆辅《词旨》)

宋南渡后,梅溪、白石、竹屋、梦窗诸子极妍尽态,反有秦李未到者。虽神韵天然处或减,要自令人有观止之叹。正如唐绝句,至晚唐刘宾客、杜京兆,妙处反进青莲、龙标一尘。([清]王士禛《花草蒙拾》)

竹屋、梅溪并称,竹屋不及梅溪远矣。梅溪全祖清真,高者几于具体而微,论其骨韵,犹出梦窗之右。([清]陈廷焯《白雨斋词话》卷二)

余尝谓南宋惟史邦卿《梅溪词》为能炼铸精粹,上比清真,得其大雅,尝下方梦窗,不伤于涩。今能为梅溪词者,除况夔笙略似之外,厥惟啸麓。(夏敬观《忍古楼词话》)

双 双 燕

过春社了[①],度帘幕中间,去年尘冷。差池欲住[②],试入旧巢相并。还相雕梁

---

① 春社:春社为古人祈谷之祭,时间在春分前后。秋社是报赛,即谢神还愿,时在立秋后第五个戊日。相传燕子于春社时来,秋社时归。 ② 差池:燕子飞翔时尾翼舒张不齐的样子。《诗经·邶风·燕燕》:"燕燕于飞,差池其羽。"

藻井,又软语商量不定。飘然快拂花梢,翠尾分开红影。　　芳径,芹泥雨润。爱贴地争飞,竞夸轻俊。红楼归晚,看足柳昏花暝。应自栖香正稳,便忘了、天涯芳信①。愁损翠黛双蛾②,日日画栏独凭。

【汇评】

形容尽矣。姜尧章最赏其"柳昏花暝"之句。([宋]黄昇《中兴以来绝妙词选》卷七)

不写形而写神,不取事而取意,白描妙手。([明]卓人月《古今词统》)

清新俊逸兼有之矣。([清]许昂霄《词综偶评》)

咏物虽小题,然极难作,贵有不粘不脱之妙,此体南宋诸老尤擅长。(略)史梅溪《春燕》云:"还相雕梁藻井,又软语、商量不定。飘然快拂花梢,翠尾分开红影。"(略)数语刻画精妙,运用生动,所谓空前绝后矣。([清]吴衡照《莲子居词话》)

东坡《水龙吟》起云:"似花还似非花。"此句可作全词评语。盖不离不即也。时有举史梅溪《双双燕》咏燕、姜白石《齐天乐》赋蟋蟀令作评语者,亦曰"似花还似非花"。([清]刘熙载《艺概·词曲概》)

此首咏燕,神态逼真,灵妙非常。"过春社了"三句,记燕来之时。"差池"两句,言燕飞入巢。"还相"两句,摹写燕语。"欲"字、"试"字、"又"字,皆写足双燕之神。"飘然"两句,写燕飞去,俨然画境。换头承上,写飞燕之路。"爱贴地"两句,写飞燕之势。"红楼"两句,换笔写燕归。"看足柳昏花暝"一句,说尽双燕游乐之情。"应自"两句,换意写燕双栖,意义完毕。末结两句,推开,盖用燕归人未归之意。"独凭"与双栖映射,最为俊巧。(唐圭璋《唐宋词简释》)

【赏析】

这是一首著名的咏物词,但又与一般的咏物词不同。咏物的高境是不即不离,咏物而有寄托,然此词却并没有什么寄托。它的特点是用拟人的手法写出了燕子的形与神。上片写初归旧巢时的情景。用了一系列能愿动词:"度""欲""试"以及"软语商量"等,描绘其自南返北、初回燕巢、绕梁而飞的情状,可谓能得其神。而"飘然快拂花梢,翠微分开红影""爱贴地争飞,竞夸轻俊"等,则勾勒燕子飞翔姿态的轻灵、迅捷、技艺娴熟高超,又可谓惟妙惟肖,令人叹为观止。词起笔一句"过春社了","引起双燕归来,妙有远神,对题目来说,亦不粘不脱,恰到好处"。篇末"写美人独凭画栏,反结'双双燕'本意,亦犹冯延巳《蝶恋花》词'泪眼倚楼频独语,双燕来时,陌上相逢否'"(俞平伯《唐宋词选释》)。亦足见其构思精巧。全词通篇没有提及燕子,然刻画燕子形态特征却穷神尽相,无毫发遗憾,尤能见出词人观察事物、揣摩其精神之细致入微。这对我们今天的文学创作,是仍具有启发意义的。

(巩本栋)

---

① 芳信:江淹《杂体诗拟李陵》:"袖中有短书,愿寄双飞燕。"　② 愁损:愁煞。

水龙吟·登建康赏心亭　　　辛弃疾

楚天千里清秋，水随天去秋无际。遥岑远目，献愁供恨，玉簪螺髻。落日楼头，断鸿声里，江南游子，把吴钩看了，栏杆拍遍，无人会、登临意。

休说鲈鱼堪脍，尽西风、季鹰归未？求田问舍，怕应羞见，刘郎才气。可惜流年，忧愁风雨，树犹如此！倩何人唤取，红巾翠袖，揾英雄泪！

南乡子·登京口北固亭有怀　　　辛弃疾

何处望神州？满眼风光北固楼。千古兴亡多少事，悠悠，不尽长江滚滚流。　　年少万兜鍪，坐断东南战未休。天下英雄谁敌手？曹刘。生子当如孙仲谋。

祝英台近·晚春　　　辛弃疾

宝钗分，桃叶渡，烟柳暗南浦。怕上层楼，十日九风雨。断肠片片飞红，都无人管，更谁劝啼莺声住。　　鬓边觑。试把花卜归期，才簪又重数。罗帐灯昏，哽咽梦中语：是他春带愁来，春归何处，却不解带将愁去。

踏莎行　　　姜夔

自沔东来，丁未元日，至金陵，江上感梦而作。

燕燕轻盈，莺莺娇软。分明又向华胥见。夜长争得薄情知，春初早被相思染。　　别后书辞，别时针线。离魂暗逐郎行远。淮南皓月冷千山，冥冥归去无人管。

鹧鸪天·有客慨然谈功名，因追念少年时事，戏作　　　辛弃疾

壮岁旌旗拥万夫，锦襜突骑渡江初。燕兵夜娖银胡䩖，汉箭朝飞金仆姑。　　追往事，叹今吾，春风不染白髭须。却将万字平戎策，换得东家种树书！

丑奴儿·书博山道中壁　　　辛弃疾

少年不识愁滋味，爱上层楼，爱上层楼，为赋新词强说愁。　　而今识尽愁滋味，欲说还休，欲说还休，却道"天凉好个秋"。

贺新郎·别茂嘉十二弟　　　辛弃疾

绿树听鹈鴂，更那堪、鹧鸪声住，杜鹃声切。

啼到春归无寻处，苦恨芳菲都歇。算未抵人间离别。马上琵琶关塞黑，更长门、翠辇辞金阙。看燕燕，送归妾！　　将军百战声名裂，向河梁、回头万里，故人长绝！易水萧萧西风冷，满座衣冠如雪，正壮士悲歌未彻。啼鸟还知如许恨，料不啼、清泪长啼血。谁共我，醉明月！

水龙吟·过南剑双溪楼　　　辛弃疾

举头西北浮云，倚天万里须长剑。人言此地，夜深长见，斗牛光焰。我觉山高，潭空水冷，月明星淡。待燃犀下看，凭阑却怕，风雷怒，鱼龙惨。

峡束苍江对起、过危楼、欲飞还敛。元龙老矣！不妨高卧，冰壶凉簟。千古兴亡，百年悲笑，一时登览。问何人、又卸片帆沙岸，系斜阳缆？

附录三　王国维"三境界"说参考

蝶恋花　　　　　晏　殊

槛菊愁烟兰泣露。罗幕轻寒，燕子双飞去。明月不谙离恨苦，斜光到晓穿朱户。　　昨夜西风凋碧树。独上高楼，望尽天涯路。欲寄彩笺兼尺素，山长水阔知何处？

附录四　南宋其他爱国词

满江红·写怀　　　　　岳　飞

怒发冲冠，凭栏处、潇潇雨歇。抬望眼、仰天长啸，壮怀激烈。三十功名尘与土，八千里路云和月。莫等闲、白了少年头，空悲切。　　靖康耻，犹未雪。臣子恨，何时灭？驾长车踏破，贺兰山缺。壮志饥餐胡虏肉，笑谈渴饮匈奴血。待从头收拾旧山河，朝天阙。

水调歌头·送章德茂大卿使虏　　　　　陈　亮

不见南师久，谩说北群空。当场只手，毕竟还我万夫雄。自笑堂堂汉使，得似洋洋河水，依旧只流东。且复穹庐拜，会向藁街逢。　　尧之都，舜之壤，禹之封。于中应有，一个半个耻臣戎。万里腥膻如许，千古英灵安在？磅礴几时通？胡运何须问，赫日自当中。

玉楼春·戏呈林节推乡兄　　　　　刘克庄

年年跃马长安市，客舍似家家似寄。青钱换酒日无何，红烛呼卢宵不寐。　　易挑锦妇机中字，难得玉人心下事。男儿西北有神州，莫滴水西

凤栖梧　　　　　柳　永

伫倚危楼风细细。望极春愁，黯黯生天际。草色烟光残照里，无言谁会凭阑意。　　拟把疏狂图一醉。对酒当歌，强乐还无味。衣带渐宽终不悔，为伊消得人憔悴。

桥畔泪。

沁园春·题潮州双忠庙　　　　　文天祥

为子死孝，为臣死忠，死又何妨！自光岳气分，士无全节；君臣义缺，谁负刚肠？骂贼张巡，爱君许远，留得声名万古香。后来者，无二公之节，百炼之钢。　　人生翕欻云亡，好烈烈轰轰做一场。使当时卖国，甘心降虏，受人唾骂，安得流芳？古庙幽沉，仪容俨雅，枯木寒鸦几夕阳！邮亭下，有奸雄过此，仔细思量。

柳梢青·春感　　　　　刘辰翁

铁马蒙毡，银花洒泪，春入愁城。笛里番腔，街头戏鼓，不是歌声。　　那堪独坐青灯。想故国，高台月明。辇下风光，山中岁月，海上心情。

一剪梅·舟过吴江　　　　　蒋　捷

一片春愁待酒浇，江上舟摇，楼上帘招。秋娘渡与泰娘桥。风又飘飘，雨又萧萧。　　何日归家洗客袍？银字笙调，心字香烧。流光容易把人抛，红了樱桃，绿了芭蕉。

点绛唇·丁未冬过吴松作　　　姜　夔

燕雁无心,太湖西畔随云去。数峰清苦,商略黄昏雨。　　第四桥边,拟共天随住。今何许?凭阑怀古,残柳参差舞。

东风第一枝·立春　　　史达祖

草脚愁回,花心梦醒,鞭香拂散牛土。旧歌空忆珠帘,彩笔倦题绣户。粘鸡贴燕,想占断、东风来处。暗惹起、一掬相思,乱藏翠盘红缕。　　今夜觅、梦池秀句。明日动、探花芳绪。寄声沽酒人家,款约嬉游伴侣。怜他梅柳,怎忍后、天街酥雨。待过了一月灯期,日日醉扶归去。

八声甘州·陪庾幕诸公游灵岩　　　吴文英

渺空烟四远,是何年、青天坠长星。幻苍崖云树,名娃金屋,残霸宫城。箭径酸风射眼,腻水染花腥。时靸双鸳响,廊叶秋声。　　宫里吴王沉醉,倩五湖倦客,独钓醒醒。问苍天无语,华发奈山青。水涵空,阑干高处,送乱鸦斜日落渔汀。连呼酒、上琴台去,秋与云平。

高阳台·西湖春感　　　张　炎

接叶巢莺,平波卷絮,断桥斜日归船。能几番游,看花又是明年。东风且伴蔷薇住,到蔷薇春已堪怜。更凄然,万绿西泠,一抹荒烟。　　当年燕子知何处,但苔深韦曲,草暗斜川。见说新愁,如今也到鸥边。无心再续笙歌梦,掩重门浅醉闲眠。莫开帘,怕见飞花,怕听啼鹃。

小　松　　　[唐]杜荀鹤

自小刺头深草里,而今渐觉出蓬蒿。时人不识凌云木,直待凌云始道高。

蜂　　　[唐]罗　隐

不论平地与山尖,无限风光尽被占。采得百花成蜜后,为谁辛苦为谁甜。

房兵曹胡马　　　[唐]杜　甫

胡马大宛名,锋棱瘦骨成。竹批双耳峻,风入四蹄轻。所向无空阔,真堪托死生。骁腾有如此,万里可横行。

点绛唇·草　　　[宋]林　逋

金谷年年,乱生春色谁为主?余花落处,满池和烟雨。　　又是离歌,一阕长亭暮。王孙去,萋萋无数,南北东西路。

少　年　游　　　[宋]欧阳修

阑干十二独凭春,晴碧远连云。千里万里,二月三月,行色苦愁人。　　谢家池上,江淹浦畔,吟魄与离魂。那堪疏雨滴黄昏,更特地、忆王孙。

添字丑奴儿　　　[宋]李清照

窗前谁种芭蕉树,阴满中庭。阴满中庭。叶叶心心,舒卷有余情。　　伤心枕上三更雨,点滴霖霏。点滴霖霏。愁损北人,不惯起来听。

绮罗香·红叶　　　[宋]张　炎

万里飞霜,千林落木,寒艳不招春妒。枫冷吴江,独客又吟愁句。正船舣、流水孤村,似花绕、斜阳归路。甚荒沟、一片凄凉,载情不去载愁去。
　　长安谁问倦旅。羞见衰颜借酒,飘零如许。漫倚新妆,不入洛阳花谱。为回风、起舞尊前,尽化作、断霞千缕。记阴阴、绿遍江南,夜窗听暗雨。

临　江　仙　　　[宋]晁冲之

万里彤云密布,长空琼色交加。飞如柳絮落泥沙。前村归去路,舞袖拂梨花。　　此际堪描何处景,江湖小艇渔家。旋斟香酝过年华。披蓑乘远兴,顶笠过溪沙。

咏　雪　　　[元]吴　澄

腊转鸿钧岁已残,东风剪水下天坛。剩添吴楚千江水,压倒秦淮万里山。风竹婆娑银凤舞,云松偃蹇玉龙寒。不知天上谁横笛,吹落琼花满世间。

春　雁　　　[明]王　恭

春风一夜到衡阳,楚水燕山万里长。莫怪春来便归去,江南虽好是他乡。

惜黄花慢·孤雁　　　[清]贺双卿

碧尽遥天,但暮霞散绮,碎剪红鲜。听时愁近,望时怕远,孤鸿一个,去向谁边?素霜已冷芦花渚,更休倩、鸥鹭相怜。暗自眠,凤凰纵好,宁是姻缘?　　凄凉劝你无言,趁一沙半水,且度流年。稻粱初尽,网罗正苦,梦魂易警,几处寒烟!断肠可似婵娟意,寸心里、多少缠绵?夜未闲,倦飞误宿平田。

画　眉　鸟　　　[宋]欧阳修

百啭千声随意移,山花红紫树高低。始知锁向金笼听,不及林间自在啼。

长相思·雨　　　[宋]万俟咏

一声声,一更更。窗外芭蕉窗里灯,此时无限情。　　梦难成,恨难平。不道愁人不喜听,空阶滴到明。

病　牛　　　[宋]李　纲

耕犁千亩实千箱,力尽筋疲谁复伤?但得众生皆得饱,不辞羸病卧残阳。

雨　伞　　　[元]萨都刺

开如轮,合如束,剪纸调膏护秋竹。日中荷叶影亭亭,雨里芭蕉声簌簌。晴天却阴雨却晴,二天之说诚分明。但操大柄常在手,覆尽东西南北行。

桑　　　[明]于　谦

一年两度伐枝柯,万木丛中苦最多。为国为民皆是汝,却教桃李听笙歌。

竹　枝　词　　　[元]丁鹤年

水上摘莲青的的,泥中采藕白纤纤。却笑同根不同味,莲心清苦藕芽甜。

附录七　辛弃疾作品及其研究综述

辛弃疾(1140—1207)生活于宋金对峙、局势相对平稳的年代,南宋统治者庸懦无能,金人也多次内讧。这是一个十分需要英雄而又无法给英雄提供舞台的时代,是"报国欲死无战场"的时代。就在这一时期,产生了陆游、辛弃疾,他们的爱国诗词,对文恬武嬉的南宋朝廷是一种鞭笞。

辛弃疾的一生按其创作大致可分为六个阶段:

第一是创作的准备阶段(出生至1168年前,辛氏二十九岁通判建康之前)。这一时期他大半是生活于沦陷区,饱尝"亡国奴"的滋味,受到祖父辛赞不忘国耻的教诲,北上幽燕考察军事地形,参加耿京起义军,带少量兵马冲入金营活捉叛徒张安国均发生于这一时期。据记载,辛弃疾早年师事蔡松年,就有词的创作。其任建康通判时所作《水龙吟》(楚天千里清秋)已十分成熟,成为辛弃疾集中代表作,不能设想这是他的处女作。惜乎这一时期他的作品并未流传下来。

第二个阶段为其创作的"崭露头角时期"(1168—1175年,约当辛氏二十九岁至三十六岁)。这一阶段,他官位不高,豪气正盛,常以英雄自许和以英雄许人。这一时期,其词作"激昂之情远胜于抑郁之思",但作品不多,题材不广。词人还是积极进取、奋发向上的,其抗金复国的理想还未受过多的刺激。

第三个阶段是其在官场遭遇挫折时期(1176—1181,约当辛氏三十七岁至四十三岁)。这一时期辛弃疾一直在湖北、湖南、江西一带做官。官位较高,在湖南帅任还创建了"飞虎军",但在抗金复国方面却难以有所建树,他渐渐萌生退意,甚至已在带湖一带兴建别墅,又"怕君恩未许,此意徘徊"。

以上几个阶段,是辛弃疾南渡前及南渡后在官场升沉的时期,据邓广铭先生考订,写于这几个阶段的词作总共不过八十八首。但其中爱国之作所占比例较大,仍应引起足够的重视。

第四个阶段是隐居带湖时期(1182—1191,约当辛氏四十三岁至五十二岁),据邓广铭先生考证,作于这一时期的词作约二百二十八首。这时稼轩"博学深思,含英咀华,熔铸古今,歌词题材多所开拓,思想内容深沉,形式上各体俱备"。故这一时期是稼轩词"大家风范的确立期"(刘扬忠语)。

介于第四个阶段与第五个阶段之间,有一个两三年的过渡期,即辛氏任福建提点刑狱和福建安抚使期间,这一时期全部词作仅三十六首,而且除《水龙吟·过南剑双溪楼》以外,较少名篇杰作。似乎是辛氏创作的一个低潮时期。

第五个阶段是隐居瓢泉时期(1194—1202,即辛氏五十五岁至六十三岁),邓广铭先生编入这一时期的作品达二百二十五首。这一时期,词人年已渐老,"不知精力衰多少,唯觉新来懒上楼",而事业无成,抗金复国无望,渐近晚年,词人除偶尔想起年轻时的金戈铁马生活,尚不失当年豪壮之气外,更多的是沉郁苍凉、理想破灭的哀怨之作,其较著名者为:"追往事,叹今吾,春风不染白髭须。却将万字平戎策,换得东家种树书。"(《鹧鸪天》)"易水萧萧西风冷,满座衣冠似雪。正壮士,悲歌未彻。啼鸟还知如许恨,料不啼清泪长啼血。"(《贺新郎》)更多的是写农村生活及闲情逸致,甚至不乏游戏之作。然而许多作品却是无泪之泣,无声之歌,催人泪下。

第六个阶段是他一生的最后四年,即浙东、镇江及铅山时期(1203—1207,即作者六十四岁至六十八岁),这是作者任浙东安抚使、知镇江府及最终被解职回铅山时期。列入这一期间的词作仅二十四首,其中包括《南乡子》(何处望神州)和《永遇乐》(千古江山)等千古绝唱,慷慨悲歌,与当时朝廷中主战派抬头,正在酝酿开禧北伐的大背景相一致。然而,"文章憎命达",辛弃疾还是遭弹劾被罢官了。尽管朝廷在北伐受挫时也曾重新起用辛弃疾任兵部侍郎、枢密院都承旨,但词人已疾病缠身,无法赴任。这是他一生中挽救国家危亡,实现抗金复国理想的唯一的机遇,却因健康原因失之交臂。惜哉!痛哉!当时主政者为宋宁宗和太师韩侂胄,如军事主帅由辛弃疾担任,也许开禧北伐的结局会完全不同,南宋后期的历史也许是另一个样子。这不仅是辛弃疾个人的不幸,也是南宋政权的不幸。唯其如此,辛弃疾只能作为一个词人,而不是有建树的政治家、军事家而载入史册。这也是历代有政治才华而无用武之地的文学家的共同命运,诚如陆游《读杜诗》所云:"后世但作诗人看,使我抚几空嗟咨。"

辛弃疾词的内容十分广阔,除没有直接反映民生疾苦的作品外,他的词几乎"如诗如文",什么内容均能表现。首先是他的爱国之作,他在词中抒发抗金复国的理想与抱负,他以英雄许人和以英雄自许。他与陆游等其他多数爱国诗人词人不同,他有过"壮岁旌旗拥万夫"的战斗经历,加之他的家乡一直处于金人的统治之下,比之其他南宋爱国词人,他有更深的家国之恨;复国无望,他比其他人有更深的创痛。因而,前期的抒发抗金复国的理想,后期的壮志难酬的愤懑,便成为辛词的主旋律。

辛弃疾词中写农村田园生活的词数量之多是前无古人的,他晚年甚至以"稼轩"为号,并提出以"力田为先"的观念,虽然其思想不出儒家"重农"思想的范畴,却也与他在上饶、铅山的近二十年农村生活经历、与农民交往等有关,从而在他的词作中打上深深的烙印。他的"闲适"之作大都有一种不得志的牢骚。辛弃疾还写有少量爱情之作,其缠绵温柔,可与周、秦相媲美。

辛弃疾词在艺术上的最大贡献是继承发展了豪放词风。习惯上将豪放词的开宗立派之功归之苏轼,但早已有人指出,苏轼词中真正属于"豪放"的作品很少,更多作品应归入旷放一类。即便如此,苏轼的豪放词风在北宋影响甚微,甚至"苏门四学士"亦然,他们的诗文均深受苏轼影响,唯词不然,"四学士"中黄庭坚、晁补之词还多少受苏词影响,而秦观词更少受苏词影响,秦词

隽秀,苏词旷达,秦词最少这种旷达情怀,其词中有所谓"春去也,飞红万点愁如海"之句,何来旷达?

然而,苏轼的词风却影响了吴激,他是北宋宰相吴栻之子,又是大书法家米芾之婿,而米芾是苏轼的亲戚。吴激于靖康末出使金国,因知名被留,任翰林待制。吴激是金初词坛领袖,与蔡松年齐名。元好问《中州乐府》谓金"百年以来,乐府推伯坚(蔡松年)与吴彦高(吴激),号吴蔡体"。相传辛弃疾曾师事蔡松年,此事未必可靠,但他受过"吴蔡体"词风的影响则是无疑的。学界早有定论,南宋时期,"程学兴于南,苏学兴于北",把苏学带入金国的便是吴激、蔡松年等由宋入金的文学家、思想家。

当然,南宋爱国词派的形成也受到时代及一些南渡词人如李纲、赵鼎、叶梦得、张元幹等的影响,甚至不以诗词名家者如岳飞、胡铨等一些感天地泣鬼神的爱国词篇对辛弃疾也有着不可估量的影响。

笔者历来力主"词行诗道"之说,词从产生、发展到兴盛,基本上走的是诗的道路。爱国词派(辛派词)的兴盛也显然与南宋爱国诗派的兴起有着密不可分的关系,而陆游既是爱国诗人,又是爱国词人。词与诗之间无不可逾越的界限,词与诗的差异并不比古体诗和近体诗之间的差异大多少。唐代诗人常常古近体兼擅,到宋代直至晚清则一变而为诗词兼擅,诗词间的疆界被进一步打破。你中有我,我中有你了。

辛词的艺术成就首先表现在对虎虎有生气的爱国形象的塑造,其词大气磅礴、气吞山河,写景状物神采飞动,又善于想象。结构上起伏跌宕、跳跃变化,词的分片程序等常被打破,且善于见微知著,从日常生活中的小事,可折射爱国的大主题。辛弃疾词中善用典故,也善用比兴等修辞手段,他创造性地以文为词,以至将古人的散文句直接用入词中,因而使辛词的语言更加精练,无论是经语、史语、庄语、谐语、理语、廋语……都能"一经运用,便得风流"。

辛弃疾的诗文也有较高的成就,其七言绝句成就尤高,有一些堪与其词中名作媲美。辛弃疾的政论文充溢着爱国激情,言辞恳切,论证充分,然而显然对敌人的力量和朝廷中的内耗估计不足。

关于辛弃疾词的版本,赵万里曾指出:"自宋迄元,版本可考者得三本焉:一曰长沙坊刻一卷本,今已无传,见《直斋书录解题》。二曰信州刻十二卷本,《直斋书录解题》《宋史·艺文志》并著录,传世有元大德己亥广信书院刊本。此本流传最广,明嘉靖间大梁李濂重刻。毛本虽并为四卷,然其章次与信州本合,其沿误与李本同,盖即自李本出,非真见原本也。""天津图书馆藏吴文恪讷《四朝名贤词》(即《唐宋名贤百家词》本),以甲乙丙丁分卷,较信州本互有出入,盖即《通考》所云之四卷本。武进陶氏尝据影宋残本入丛书中,而缺其丁集,今吴本丁集独完,辛词四卷本殆以此为硕果。"邓广铭先生又指出:"四卷本中,凡稼轩晚年帅浙东、守京口时作品概未收录。"

《稼轩词》有邓广铭编年笺注本,由上海古籍出版社1963年出版,1993年又出版了修订本,全书分五卷,分别为江、淮、两湖之什卷,带湖之什卷,七闽之什卷,瓢泉之什卷,两浙、铅山之什卷。每首分校勘、笺注、编年三部分。邓先生是宋史专家,故作品系年考订较精审,作品的典故出处注释较详赡,作品异文的校勘也精到。此书代表了二十世纪辛弃疾研究的最高成果。

邓广铭先生还在清人法式善、辛启泰《稼轩集钞存》的基础上,去伪存真,又广搜博采,特别是从《永乐大典》残本、《诗渊》中辑得辛弃疾诗二十余首,编成《辛稼轩诗文笺注》(上海古籍出版社1995年版)。

辛弃疾文章,见于《四库全书》的有《美芹十论》一卷。《四库全书总目提要》谓:"是书皆论恢复之计。其《审势》《察情》《观衅》三论,所以明敌之可胜;其《自治》《守淮》《屯田》《致勇》《防微》《久任》《详战》七论,所以求己之能胜。卷末又载《上光宗疏》一篇,《论荆襄上流为东南重地疏》一篇,《论江淮疏》一篇,《议练兵守淮疏》一篇,则后人所附入也。"然而《四库全书总目提要》也指出:"史不言弃疾有此书。《江西通志》载临川黄兑,字悦道,绍兴进士,官至朝议大夫,尝献《美芹十策》《进取四论》,此或兑书,后人伪题弃疾欤?"而一般论者对此为辛弃疾作已深信不疑。

辛弃疾之文见之《四库全书·史部·杂史类存目》的还有《南渡录》二卷、《窃愤录》一卷。《四库全书总目提要》说:"此二书所载,语并相似,旧本或题无名氏,或并题为辛弃疾撰,盖本出一手所伪托,故所载全非事实。"《四库提要》还指出此书在年号、历史事实上有重大出入,并提出:"此必南北宋间乱臣贼子不得志于君父者造此以泄其愤怨,断断乎非实录也。"《四库提要》所云是客观存在的,而这两本书记载靖康之乱,详尽而生动,作史传小说来读未尝不可。至于何以会误题辛弃疾或是否与辛弃疾有关则难以确考。

对辛弃疾的其他研究集中于几个方面:一是作品的编集,其中人民文学出版社版朱德才选注本《辛弃疾词选》选篇合理,注释也详赡准确,同是这位朱德才先生,主持编著了《全宋词》的注释本,其中辛弃疾词注释由朱先生自己承担。这是继邓广铭注本之外又一个辛弃疾词的全注本。王步高、刘林辑校汇评的《辛弃疾全集》(2002年珠海出版社),是吸收近年辛词研究成果的资料性全集本,既包括辛弃疾的诗、文、词,也包括题名辛弃疾的《南渡录》《窃愤录》《阿计替传》,还收录了宋人与辛弃疾唱和的诗词作品,辛弃疾词集的历代序跋,并将历代文学家对辛弃疾词的总评及一些代表作的分评附录于书后,还将清人辛启泰、梁启超撰写的《辛弃疾年谱》附录于集中。该书的词集部分选用元大德广信书院本为底本,诗、文、词中均补入近年人们从《永乐大典》《诗渊》等书辑得的佚作。

二、辛弃疾研究的重要创获是辛稼轩年谱的编订。邓广铭先生在辛启泰、梁启超两种年谱的基础上编成的《辛稼轩年谱》,征引的资料翔实可靠，基本上理清了辛弃疾一生的经历。原先对辛弃疾任江阴签判至任建康通判之间三四年的经历叙述上曾有空缺，近年由《江郎祝氏家谱》的发现，填补了这一空白，认定其间辛弃疾曾任广德通判。此外，蔡义江、蔡国黄也曾著《辛弃疾年谱》（齐鲁书社版）。

三是对辛词内容、艺术的研究。程千帆先生的《辛词初论》指出："内容的扩大是辛词的主要特征之一。这是继苏词之后又一次的更彻底的扩大。在六百多篇作品当中，词人反映了政治，发抒了哲理，刻画了田园山水，描绘了幽怨闲情。总之，对于这位词人说来，凡是可以写进其他文学样式当中的生活，也都能够将其写进词里。我们说苏轼是以诗为词，我们同样可以说，辛弃疾是以文为词。词到了这位作家手里，才算是将一切樊笼都打破了。"严迪昌、邱俊鹏、刘乃昌等在《苏辛词风异同辨》一文中，更准确地区分苏辛词风的异同，见出辛弃疾对苏轼词风的继承与发展。对辛词的语言，古人早已指出他对经、史、子及唐诗语言的继承，比苏轼更进一步突破了前人的局限，当然也有人批评他有"掉书袋"的毛病。辛词的风格雄放杰出，然而也应看到他在词中有时却显得婉转缠绵，有时显得高远开朗，有时又空灵蕴藉，有时又沉郁幽深，这正说明辛弃疾的"大家风范"。因而，辛弃疾在中国词史上开辟了一个新时代。

张璋等先生发起成立了中国辛弃疾、李清照研究会，从而将辛弃疾的研究引向新阶段。近些年则趋向对其创作分期的研究，对其词心及创作文化层面的研究、对其分类及比较研究等，也取得了一定的创获。

（王步高）

网络链接

① 史达祖的人品是否应受指责？　② 吴文英是否姓吴？

参考书目

邓广铭《辛稼轩年谱》（增订本），上海古籍出版社 1997 年

邓广铭《稼轩词编年笺注》（增订本），上海古籍出版社 1993 年

邓广铭辑校审订、辛更儒笺注《辛稼轩诗文笺注》，上海古籍出版社 1995 年

朱德才《辛弃疾词选》，人民文学出版社 1988 年

《李清照辛弃疾研究论文集》，山东大学出版社 1997 年

王步高、刘林辑校汇评《辛弃疾全集》，珠海出版社 2002 年

夏承焘《姜白石词编年笺校》，上海古籍出版社 1981 年

杨荫浏《宋姜白石创作歌曲研究》，人民音乐出版社 1979 年

王步高《梅溪词校注》，天津人民出版社 1994 年

邓广铭、吴则虞校《山中白云词》，中华书局 1983 年

咏花诗词

思考与练习

1. 比较分析辛弃疾与苏东坡词风的异同。

2. 试比较本书附录的咏梅、咏花、咏物诗词，找出其共同的特点。

3. 试从已学过的词作，说说南宋词与北宋词有何异同。

二十二、南宋诗

【总论】

南宋初曾茶山、陈简斋(与义,字去非),诗名最著,刘会孟(辰翁,宋末元初人)以比东坡。嗣是周益公(必大)雅澹学香山,陈止斋(傅良)苍劲得少陵一体。而尤(袤)、萧(德藻)、范(成大,字致能,号石湖)、陆(游,字务观,号放翁,有《剑南集》)、杨(万里,字廷秀,号诚斋)为当时五大家。尤、萧集已不传,石湖诗学韦、储,多言山水田园之趣。诚斋诗数千首,学香山而参以半山、后山,自序亦略言之。放翁则无所不学,多至万首,熟而生巧矣。陆、杨绝句最多,合之刘后村(克庄,字潜夫),可谓尽绝句之能事矣。陆、杨诸家所共赏者,有姜白石(夔,字尧章),犹北宋之林和靖也。永嘉四灵,专工五言律,翁卷字灵舒,赵师秀,字紫芝,因号灵秀;徐照,字道晖,因号灵晖;皆永嘉人。徐玑,字文渊,因号灵渊,故曰四灵。玑亦由晋江迁永嘉也。宋末则戴石屏(复古,式之)、谢皋羽(翱,有《晞发集》)、郑所南(思肖)、真山民(无名字)为最著云。([清]陈衍《诗学概要》)

陆   游

【集评】

我昔学诗未有得,残余未免从人乞。力屠气馁心自知,妄取虚名有惭色。四十从戎驻南郑,酣宴军中夜连日。打球筑场一千步,阅马列厩三万匹。华灯纵博声满楼,宝钗艳舞光照席。琵琶弦急冰雹乱,羯鼓手匀风雨疾。诗家三昧忽见前,屈贾在眼元历历。天机云锦用在我,剪裁妙处非刀尺。世间才杰固不乏,秋毫未合天地隔。放翁老死何足论,《广陵散》绝还堪惜。([宋]陆游《九月一日夜读诗稿有感走笔作歌》)

我初学诗日,但欲工藻绘。中年始少悟,渐若窥宏大。怪奇亦间出,如石漱湍濑。数仞李杜墙,常恨欠领会。元白才倚门,温李真自郐。正令笔扛鼎,亦未造三昧。诗为六艺一,岂用资狡狯(晋人谓戏为狡狯,今闽语尚尔)。汝果欲学诗,工夫在诗外。([宋]陆游《示子遹》)

陆子家风有自来,胸中所患却多才。学如大令仓盛笔(寺本王子敬宅,有笔仓),文似若耶溪转雷。襟抱极知非世俗,簿书那解作氛埃。集贤旧体君拈出,诗卷从今盥手开。([宋]曾几《陆务观效孔方四舅氏体倒用二舅氏题云门草堂韵某亦依韵》)

集中观诗难为诗,犹群姝中观色难为色也。吾友陆务观,当今诗人之冠冕,数劝予哦苏黄门诗。退取《栾城集》观之,殊未识其旨趣。甲申闰月辛未,郊居无事,天寒踞炉,如饿鸥,刘友子澄忽自城中寄此卷相示。快读数过,温雅高妙,如佳人独立,姿态易见,然后知务观于此道真先觉也。([宋]周必大《跋苏子由和刘贡父省上示座客诗》)

吾友陆务观,得李杜之文章,居严、徐之侍从,子孙众多如王谢,寿考康宁如松乔。诗能穷人之谤,一洗万古而空之。([宋]周必大《跋陆务观送其子龙赴吉州司理诗》)

放翁之诗,读之爽然。近代唯见此人为有诗人风致。([宋]朱熹《答徐载叔赓》)

诗须是平易不费力,句法浑成。如唐人玉川子辈,句语虽险怪,意思亦自有浑成气象。因举陆务观诗"春寒催唤客尝酒,夜静卧听儿读书",不费力,好。(《朱子语类》卷一百四十)

茶山衣钵放翁诗,南渡百年无此奇。入妙文章本平澹,等闲言语变瑰琦。三春花柳天裁剪,历代兴衰世转移。李杜陈黄题不尽,先生模写一无遗。([宋]戴复古《读放翁先生剑南诗草》)

古人好对偶,被放翁用尽。([宋]刘克庄《后村诗话》前集卷二)

孝宗尝问周必大曰:"今诗人亦有如唐李白者乎?"必大以游对。人因呼为"小太白"。刘后村谓近岁诗人杂博者堆队仗,空疏者窘材料,出奇者费探索,缚律者少变化,惟放翁记问足以贯通,力量足以驱使,才思足以发越,气魄足以陵暴。南渡而下,故当为一大宗。吾谓岂惟南渡,虽全宋不多得也。宋诗大半从少陵分支,故山谷云:"天下几人学杜甫,谁得其皮与其骨。"若放翁者,不宁皮骨,盖得其心矣。所谓爱君忧国之诚见乎辞者,每饭不忘,故其诗浩瀚崒崔,自有神合。呜呼!此其所以为大宗也与。([清]吴之振《宋诗钞·剑南诗钞序》)

—— 关 山 月① ——

和戎诏下十五年②,将军不战空临边③。朱门沉沉按歌舞④,厩马肥死弓断弦。戍楼刁斗催落月⑤,三十从军今白发。笛里谁知壮士心⑥,沙头空照征人骨。中原干戈古亦闻,岂有逆胡传子孙⑦。遗民忍死望恢复⑧,几处今宵垂泪痕。

【汇评】

前四句押平声韵,中间四句换入声韵,后四句换平声韵。仅用十二句诗,高度概括地描绘出"隆兴和议"以来十多年间中国历史的基本面貌和不同人物的处境、心态,而作者忧国忧民的激情,洋溢于字里行间,感人肺腑。(霍松林《历代好诗诠评》)

【赏析】

《关山月》是乐府旧题,其创作主题,据《乐府解题》所说,是"伤离别也"。一般以乐府

---

① 关山月:乐府旧题,属汉乐府《横吹曲辞》,原为西域军乐。《乐府解题》曰:"《关山月》,伤离别也。" ② 和戎诏:宋孝宗隆兴元年(1163),张浚率军北伐,先小胜,后大败,孝宗不得不同意与金国议和。次年议成,宋金为叔侄之国,岁贡改岁币。和议自乾道元年(1165)生效,史称"乾道之盟"。自隆兴至诗人淳熙四年(1177)作此诗,前后十五年。 ③ 空临边:枉自成守边关。临:到。 ④ 朱门:指富家大族的府宅。沉沉:屋宇深邃的样子。按歌舞:依曲拍节奏歌舞。 ⑤ 刁斗:古代军中所用的铜器,形制似锅,白天可用作炊具,晚上可以用来打更。 ⑥ 笛里:唐王昌龄《从军行》:"更吹羌笛《关山月》。" ⑦ 逆胡:金自太祖阿骨打建国,其后灭北宋,至南宋孝宗时已传五世。逆胡,指金国女真族统治者。 ⑧ 遗民:指金占领区的汉族百姓。

旧题创作,多袭诗题本义,然自唐以来,用旧题而自创新意者渐多,如杜甫、白居易、元稹等,皆在其乐府诗的创作中注入了新的内容,从多方面反映了社会生活的现实,充分表达了自己的思想观念和情感。陆游的这首《关山月》也是如此,它深刻地反映了一位爱国的士人对南宋孝宗以后政局和宋、金关系的忧患感和责任感。陆游自幼即深受其父辈爱国主义思想的影响,以"上马击狂胡,下马草军书"为其志向,随着阅历的丰富和年龄的增长,他内心恢复中原的雄心大志,他对于人民愿望和现实政治之间矛盾的深刻体会,都使得他不能不产生一种悲愤的情绪和英雄迟暮之感。诗人写此诗时,自南郑宋、金前线回到成都,投置闲散已经五年,距宋金"乾道之盟"签订也已近十五年,在现实政治中,南宋朝廷和将军们不但没有丝毫要为收复中原做准备的迹象,而且政治和军事上日益懈怠。诗人徒有一腔报国热忱,却只能将生命暗暗地消磨在投置闲散的命运之中。中原既摆脱不了金国的统治,中原父老渴望恢复的愿望也就永无实现之可能。忧愤和无奈交织,在诗人对上述政治现实的毫不掩饰的叙述和议论中,我们看到了一位伟大的爱国主义诗人的形象。

(巩本栋)

长 歌 行①

人生不作安期生,醉入东海骑长鲸②;犹当出作李西平,手枭逆贼清旧京③。金印煌煌未入手,白发种种来无情④。成都古寺卧秋晚⑤,落日偏傍僧窗明。岂其马上破贼手,哦诗长作寒螀鸣⑥。兴来买尽市桥酒⑦,大车磊落堆长瓶。哀丝豪竹助剧饮⑧,如巨野受黄河倾⑨。平时一滴不入口,意气顿使千人惊。国仇未报壮士老,匣中宝剑夜有声⑩。何当凯还宴将士,三更雪压飞狐城⑪。

【汇评】

中有奇警语如跳跃而出。([清]沈德潜《宋金三家诗选·放翁诗选》卷上评语)

兴酣落笔撼五岳。([清]赵翼评语,见《宋金三家诗选·放翁诗选》卷上)

放翁《长歌行》最善,虽未知与李、杜如何,要已突过元、白。([清]马星翼《东泉诗话》卷二)

---

① 长歌行:乐府旧题,据《古今乐录》,属《相和歌辞》平调曲。 ② 安期生:传说中的古代仙人,曾与秦始皇交谈。见《史记·封禅书》等。 ③ 李西平:李晟,唐德宗时名将,封西平郡王,故称。建中四年(783),朱泚叛,据长安,兴元元年(784),李晟率兵收复长安,枭朱泚,悬首高竿。逆贼,此喻指金人。旧京,本指长安,此暗喻东京。 ④ 金印:古代文武大臣所佩黄金印信。煌煌:光彩闪耀。种种:头发短少的样子。 ⑤ 古寺:即成都多福院,诗人寓居寺中,时在淳熙元年(1174)九月,诗人离蜀州通判任,至城都。 ⑥ 寒螀:即寒蝉。螀,一种体形较小呈青红色的蝉。 ⑦ 兴来:高兴起来。市桥:在成都西南,汉代旧州市在桥南,故称,桥头有石犀。 ⑧ 哀丝豪竹:动听的管弦乐。哀犹言悲,豪犹言壮,古代论乐,以悲哀为美。杜甫《醉为马坠诸公携酒相看》:"初筵哀丝动豪竹。"剧饮:痛饮。 ⑨ "如巨野"句:据《史记·河渠书》载,汉武帝元光年间(前134—前129),黄河从瓠子决口,水向东南流注入巨野泽。这里是形容剧饮。 ⑩ "匣中"句:匣指剑鞘。传说宝剑可以通灵,能够自己发出声音来表示斗志或警戒。 ⑪ 飞狐:县名,即古飞狐口,今河北涞源县北,古代为河北平原与北方边郡相通的咽喉之地。

压卷。吴闿生评：所以压卷，亦以豪迈纵横也。（［清］方东树《昭昧詹言》卷十二）

【赏析】

陆游的诗，在南宋时人已多以李白诗相比况。如南宋孝宗曾问周必大："今诗人亦有如唐李白者乎？"周必大便以陆游为对。人因称陆游为"小太白"。个中原因，当然是陆游豪迈雄壮的性格以及诗中所表现出的浪漫主义激情与李白为近。但陆游所生活的时代是一个悲剧的时代，他收复中原的理想和愿望既不可能实现，而他又自始至终不肯放弃自己的政治理想和追求，直到他人生道路的最后时刻，仍在绝笔诗中写道："死去原知万事空，但悲不见九州同。王师北定中原日，家祭无忘告乃翁。"因此，在他的诗歌中，就不能不一方面要不断地抒发其满腔的爱国激情，另一方面又时时流露出一种对恢复无望、壮志难酬的牢骚和愤懑。"诗中的牢骚往往伴随着消沉。如果随同牢骚出现的不是消沉而是希望，就会给读者以鼓舞和教育了。陆游发了一辈子的牢骚，这种牢骚痛苦地折磨着诗人的心灵，但同时，希望的火焰也不停息地在他心中熊熊地燃烧着。这篇诗（当然还有其它许多篇）是很好的例证。它意态英伟，风格清壮，笔势顿挫转折有力，确是一篇杰作。"（程千帆、沈祖棻《古诗今选》）

（巩本栋）

书 愤

早岁那知世事艰，中原北望气如山①。楼船夜雪瓜洲渡②，铁马秋风大散关③。塞上长城空自许④，镜中衰鬓已先斑。《出师》一表真名世⑤，千载谁堪伯仲间⑥。

【汇评】

雄丽。是盛唐魄力。（［清］赵翼评语，见沈德潜《宋金三家诗选·放翁诗选》卷上）

志在立功，而有才不遇，奄忽就衰，故思之而有愤也。妙在三四句，兼写景象，声色动人，否则近于枯

---

① "早岁"二句：谓年轻时雄心勃勃，志在收复，北望中原，心潮激荡，气涌如山，哪里会考虑到政治斗争和民族斗争会如此激烈，人们收复中原的愿望竟一再受到阻挠和破坏。《三国志》卷四十七《吴书·吴主传》裴松之注引《江表传》载，孙权怒曰："朕年六十，世事难易靡所不尝，近为鼠子所前却，令人气涌如山。" ② "楼船"句：宋高宗绍兴三十一年（1161），金主完颜亮南侵，准备从瓜洲渡江。宋将刘锜、虞允文等在瓜洲、采石一带以水军击败了金兵。后来完颜亮也为部下所杀，金兵溃退。陆游隆兴元年（1163），适在镇江通判任，正是抗金前线。后入蜀，往返亦经过这一带。楼船，高大的战船。 ③ "铁马"句：大散关在今陕西宝鸡南，当时宋金的分界处。绍兴三十一年秋，金兵攻占了大散关，吴璘的部队与之激战，于次年收复这一重地。乾道八年（1172），陆游在南郑参加王炎的幕府，积极筹划进攻长安，曾强渡渭水，与金兵在大散关作战。然不久王炎被调回临安，反攻计划未能实现。 ④ "塞上"句：南朝宋文帝时，宋与北魏对峙，宋名将檀道济防守边境，魏不敢来犯。后檀被陷害处死，临死时说："乃坏汝万里长城。"唐太宗也曾以长城比其名将李勣。这里诗人以之自比。见《南史·檀道济传》。 ⑤ "出师"句：三国蜀汉后主刘禅建兴五年（227），诸葛亮率兵北伐，出发前上《出师表》给后主，说定要"奖率三军，北定中原"，"兴复汉室，还于旧都"。一直为后世传诵。 ⑥ "千载"句：伯仲，兄弟。伯仲间，即不相上下的意思。杜甫《咏怀古迹五首》其五："伯仲之间见伊吕。"此处是赞美诸葛亮，谓无人可与之相比。

竭。([清]方东树《昭昧詹言》卷二十)

【赏析】

这是陆游最脍炙人口的诗歌作品之一,作于宋孝宗淳熙十三年(1186)春,时陆游退居山阴家中已六年,他已是六十二岁的老人。直到作此诗时,陆游才以朝奉大夫、权知严州知州被起用。此时的诗人,虽又似重新点燃了报国的希望,然而多年的经历和所积累的经验教训,使他早已对现实政治有了清醒的认识,故一时涌上心头的更多的是对世事沧桑的无限感慨和忧愤。他感慨曾满怀收复热望的年轻的自己,既目睹过绍兴末年宋、金之间的那场富有转折意义的战争(即"采石之战",自此金兵已无南侵的能力),又不辞辛劳、跋涉数千里,进入四川宣抚使王炎的幕府中,直接参与进兵关中、收复中原的擘画,然而,岁月不居,二十余年过去,收复中原对诗人和南宋一切有志之士来说,都已成为一个遥远的梦;当年英姿勃发、气壮如山、意欲为国御侮雪耻的诗人,如今也已是鬓发斑白的六旬老人。更为可悲的是,朝政依旧,宋金隔淮而治的局面依旧,朝野上下安于现状的人比比皆是,而力主收复中原、兴复宋室的人物谁又见了?一念及此,我们的诗人又怎能不无限感慨、满腔悲愤?全诗感情沉郁,气韵深厚,中两联多以名词属对,整饬工稳,尤雄壮豪迈。千载传诵,激荡人心。

(巩本栋)

临安春雨初霁

世味年来薄似纱,谁令骑马客京华①。
小楼一夜听春雨,深巷明朝卖杏花②。
矮纸斜行闲作草③,晴窗细乳戏分茶④。
素衣莫起风尘叹,犹及清明可到家⑤。

---

① "世味"二句:人情世味已如轻纱似的浇薄,谁让自己又骑马到京华作客呢!令(lìng),使、教。京华,指南宋京都临安(今浙江杭州)。 ② "小楼"二句:抒写春回大地的喜悦。与南宋初陈与义《怀天经智老因访之》诗"客子光阴诗卷里,杏花消息雨声中",同时人王希夷《夜行船》词"小窗人静,春在卖花声里"之句有相同的意趣。 ③ "矮纸"句:矮纸,短纸。闲作草,休闲时写草书。据说草书大家张芝(东汉人)"下笔必为楷则,号'匆匆不暇草书'"。北宋也流行两句谚语说:"信速不及草书,家贫难为素食。"(见钱锺书《宋诗选注》)可见古人写草书比楷书要多费工夫,因此说"闲作草"。 ④ "晴窗"句:晴窗,点明"初霁"。细乳,宋人煮茶,先将茶饼碾为细末,再沸水冲煎,水面即浮起乳花白沫。分茶,宋代流行的一种茶艺,其法久已失传。宋初陶谷《清异录·茗荈门》有"茶百戏"条,云:"茶至唐始盛,近世有下汤运匕,别施妙诀,使汤纹水脉成物象者,禽兽虫鱼花草之属,纤巧如画,但须臾就散灭。此茶之变也,时人谓之茶百戏。"浩耕《宋代的分茶》一文认为:"陶谷记述的茶百戏便是后来称的分茶,玩法是一样的。宋代把茶制成茶饼,称为龙团、凤饼。冲泡时'碾茶为末,注之于汤,以笊击拂',此时,盏面上的汤纹水脉会幻变出各式图样来,若山水云雾,状花鸟虫鱼,却如一幅幅图画,称为水丹青。"(见程千帆《宋诗精选》转引)今人对旧时"分茶"说法不一,录此备考。 ⑤ "素衣"二句:不必慨叹自己久在京城,会被官场风习污染,还来得及清明节前返回家园。诗用陆机《为顾彦先赠妇》"京洛多风尘,素衣化为缁"语意。素衣,白衣;缁,黑色。"风尘",喻世俗污染。

【汇评】

陆放翁诗,以"小楼一夜听春雨,深巷明朝卖杏花"得名,其余七律名句辐辏大类此,而起讫多不相称。人以先生先得好句后足成之,情理或然。([清]李调元《雨村诗话》)

五、六凑泊,与前后不称。([清]查慎行《初白庵诗评》)

颔联团转,脱口而出,一涉凑泊,失此语妙。　　卢世㴶曰:三四有唐人风韵。([清]纪昀等《唐宋诗醇》卷四十五)

"小楼"二句批:有唐人风韵。([清]朱梓、冷昌言《宋元明诗三百首》)

冯舒评云:光景气韵,必少年作。　　纪批:格调殊卑,人以谐俗而诵之。([元]方回《瀛奎律髓》卷十七晴雨类)

【赏析】

宋孝宗淳熙十三年(1186)春天,陆游在退居山阴赋闲五年之后,被任命代理严州知州(严州,今浙江建德),赴任前奉诏入京,暂住临安等候朝廷召见。"客子光阴诗卷里",这位宦海沉浮、请缨无路的"京华倦客",实在感到客馆寥寂,长日无聊,于是因闲得静,以艺消闲,将书艺、茶艺融入了平生独擅的诗艺。

诗从一种落寞、无奈的心境说起,首联叙事,先写尝惯了淡薄世味、厌倦了仕宦生涯的自己,偏偏不由自主地走马京华,又一次与官场打交道。第二联与第三联,作为全诗的主要内容,写景述事,表述主人公在闲静中打发无聊的光阴,习字饮茶的生活情趣:分茶之"戏"、作草之"闲",融合着昨夜潇潇春雨之声和今朝枝枝杏花之色,晕染出杏花春雨江南的天然风光。这诗情画意,显示了艺术家细致熨帖、深切体物的精妙功夫,呈露了诗人清润婉丽、怊怅述情的秀逸笔触。"小楼""深巷"这一联,可以说将古代格律诗情景交融的对仗艺术发挥到了极致,已成脍炙人口的名句。而在清静悠闲的生活情趣背后,我们依然能觉察出诗人隐约流露的那种无所作为的深深失落、岁月消磨的郁郁沉哀。

诗篇结语,直接抒情,宽解自己不必为仕路宦情多虑,还是出淤泥而不染,趁早还乡吧。自我解嘲,欲说还休,保持了全诗一贯的含蓄深蕴、情韵工致的风格。

文 天 祥

文天祥(1236—1283),字宋瑞,一字履善,号文山,庐陵(今江西吉安)人。理宗宝祐四年(1256)进士第一。历任江西提刑等职。恭帝德祐元年(1275),元兵南侵,天祥应诏勤王,尽出家资募兵抗元,拜右丞相,辞相位,奉使元营被扣留,脱险南归,奉端宗于福州,封信国公。景炎二年(1277),进兵江西,不久败退广东,后被俘解送元大都(今北京)。囚禁三年,坚贞不屈,从容就义,遇害于柴市。有《文山先生全集》二十八卷,今存。

今观其文辞,矫乎如云鸿之出风尘,泛乎如渚鸥之忘机械,凛乎如匣剑之蕴锋芒。至于陈告敷宣,肝胆毕露,旁引广喻,曲尽事情,则又沛乎如长江大河,百折东下,莫有当其腾迅者。此岂一朝一夕之故偶得之者哉!([明]罗洪先《重刻文山先生文集序》)

自《指南录》以后,与初集格力,相去殊远,志益愤而气益壮,诗不琢而日工,此风雅正教也。至其集杜句成诗,裁割镕铸,巧合自然,尤千古擅场……去今几五百年,读其诗,其面如生,其事如在眼者,此岂求之声调字句间哉!([清]吴之振等《宋诗钞·文山诗钞》)

大节如信公,不待诗为重,信公能诗,则尤可重耳。尝有《云端》一诗:"半空夭矫起层台,传道刘安车马来。山上自晴山下雨,倚栏平立看风雷。"如此气魄,真有履险如夷之概。([清]贺裳《载酒园诗话》)

金 陵 驿

草合离宫转夕晖①,孤云飘泊复何依!
山河风景元无异,城郭人民半已非②。
满地芦花和我老,旧家燕子傍谁飞③?
从今别却江南路,化作啼鹃带血归④。

【汇评】

张应诏《图园集》:文信国公宋末竭力尽忠辅二王,何文烈公(腾蛟)明末竭力尽忠辅三王。险阻艰难,其时同,其势同,其志同……信国公《过金陵》诗曰:"从今离去江南路,化作啼鹃带血归。"公《自悼诗》曰:"尽瘁未能时已逝,年年鹃血染宗周。"其慷慨悲歌也,无乎不同。([清]陈田《明诗纪事》辛签卷九上)

【赏析】

南宋末帝赵昺祥兴二年(1279),文天祥被解送元大都,路过金陵期间作此诗。金陵驿,据《景定建康志》,地处宋建康府上元县长乐乡。如今在南京市东郊的原驿所遗址,已经兴建了文天祥诗碑亭,碑上刻写这首故国情深的不朽诗篇。

---

① 离宫:行宫。建炎三年(1129)五月,宋高宗曾进驻建康府(即金陵),在此修治行宫。 ② "山河"二句:景物依然而人事已非,指建康城被元兵占领后满目残破的境况,令人不堪回首。上句用过江诸人新亭对泣的典故,《世说新语·言语》载,东晋初,南渡的士大夫宴饮新亭(遗址在今南京市南),周𫖮在座中感叹说:"风景不殊,正自有河山之异",众皆相视流泪。下句用丁令威化鹤归来的传说,《搜神后记》载,汉道士丁令威成仙后,化鹤飞归辽东,于空中作人言云:"有鸟有鸟丁令威,去家千年今始归,城郭犹是人民非。"元,原来。 ③ "旧家"句:意谓旧时的大族人家,已难寻故迹。用刘禹锡《乌衣巷》"旧时王谢堂前燕,飞入寻常百姓家"语意。乌衣巷在今南京城南。 ④ "化作"句:意谓自己像啼血的杜鹃鸟那样不忘故国,纵然牺牲而魂魄永远系念宋室。啼鹃,用蜀王杜宇事。相传杜宇是古代蜀国的一位失位的君主,死后变为杜鹃鸟,鸣声悲苦,事见《蜀王本纪》《华阳国志·蜀志》等书。杜鹃鸣声凄恻,民间传说此鸟啼至血出乃止,故白居易有"杜鹃啼血猿哀鸣"(《琵琶行》)之句。

诗人面对沦亡后的建康城,触景生情,开篇便抒写黍离之悲,夕阳下,原来的离宫已长满荒草,自己如孤云飘泊无依。风景不殊而舆图变色,城郭摧残,生民涂炭。这种家国沧桑之感在第三联进一步深化,移情于景,通过芦花、燕子意象,将萧瑟苍凉的自然风物与劫后余生的百姓心态、路长日暮的孤臣情怀,融会交通,打成一片。最后,卒章显志,申明以身殉国的坚贞之念、永怀故土的挚爱之心。全诗是浸透血泪的心声的真实记录。写法上虚实相映,富于变化,孤云芦荻燕子啼鹃的不同意象,组合成完整谐调的画面;风格则刚柔相济,婉转深悲的心灵倾诉中,自有沉雄壮烈的气概。

(王步高)

附录一 备选课文

夜泊水村　　　陆游

腰间羽箭久凋零,太息燕然未勒铭。老子犹堪绝大漠,诸君何至泣新亭。一身报国有万死,双鬓向人无再青。记取江湖泊船处,卧闻新雁落寒汀。

识　愧　　　陆游

几年羸疾卧家山,牧竖樵夫日往还。至论本求编简上,忠言乃在里闾间。私忧骄虏心常折,念报明时涕每潸。寸禄不沾能及此,细听只益厚吾颜。

观　雨　　　陈与义

山客龙钟不解耕,开轩危坐看阴晴。前江后岭通云气,万壑千林送雨声。海压竹枝低复举,风吹山角晦还明。不嫌屋漏无干处,正要群龙洗甲兵。

落　梅　　　刘克庄

一片能教一断肠,可堪平砌更堆墙。飘如迁客来过岭,坠似骚人去赴湘。乱点莓苔多莫数,偶粘衣袖久犹香。东风谬掌花权柄,却忌孤高不主张。

附录二 宋代其他爱国诗

夜读范至能《揽辔录》,言中原父老见使者多挥涕,感其事作绝句　　　陆游

公卿有党排宗泽,帷幄无人用岳飞。遗老不应知此恨,亦逢汉节解沾衣。

病起书怀　　　陆游

病骨支离纱帽宽,孤臣万里客江干。位卑未敢忘忧国,事定犹须待阖棺。天地神灵扶庙社,京

华父老望和銮。出师一表通今古,夜半挑灯更细看。

州　桥　　　范成大

州桥南北是天街,父老年年等驾回。忍泪失声询使者:"几时真有六军来!"

夜思中原　　　刘过

中原邈邈路何长,文物衣冠天一方。独有孤

臣流血泪,更无奇杰叫天阍。关河夜月冰霜重,宫殿春风草木荒。犹耿孤忠思报主,插天剑气夜光芒。

初入淮河四绝句(其一)　　　杨万里

船离洪泽岸头沙,人到淮河意不佳。何必桑乾方是远,中流以北即天涯。

盱眙北望　　　戴复古

北望茫茫渺渺间,鸟飞不尽又飞还。难禁满目中原泪,莫上都梁第一山。

湖州歌(九十八首选一)　　　汪元量

北望燕云不尽头,大江东去水悠悠。夕阳一片寒鸦外,目断东南四百州。

初到建宁赋诗一首　　　谢枋得

雪中松柏愈青青,扶植纲常在此行。天下久无龚胜洁,人间何独伯夷清。义高便觉生堪舍,礼重方知死其轻。南八男儿终不屈,皇天上帝眼分明。

附录三　陆游《书愤》的同题之作

书　愤

山河自古有乖分,京洛腥膻实未闻。
剧盗曾从宗父命,遗民犹望岳家军。
上天悔祸终平虏,公道何人肯散群?
白首自知疏报国,尚凭精意祝炉熏。

书　愤

清汴逶迤贯旧京,宫墙春草几番生。
剖心莫写孤臣愤,抉眼终看此虏平。
天地固将容小丑,犬羊自惯渎齐盟。
蓬窗老抱横行路,未敢随人说弭兵。

书　愤

白发萧萧卧泽中,只凭天地鉴孤忠。
厄穷苏武餐毡久,忧愤张巡嚼齿空。
细雨春芜上林苑,颓垣夜月洛阳宫。
壮心未与年俱老,死去犹能作鬼雄。

书　愤

镜里流年两鬓残,寸心自许尚如丹。
衰迟罢试戎衣窄,悲愤犹争宝剑寒。
远戍十年临的博,壮图万里战皋兰。
关河自古无穷事,谁料如今袖手看!

附录四　南宋诗选

六月二十四日夜分,梦范致能李知几尤延之同集江亭,诸公请予赋诗记江湖之乐,诗成而觉,忘数字而已　　　陆游

露箬霜筠织短篷,飘然来往淡烟中。偶经菱市寻溪友,却拣蘋汀下钓筒。白菡苕香初过雨,红蜻蜓弱不禁风。吴中近事君知否?团扇家家画放翁。

村居初夏　　　陆游

天遣为农老故乡,小园三亩镜湖傍。嫩莎经雨如秧绿,小蝶穿花似茧黄。斗酒只鸡人笑乐,十风五雨岁丰穰。相逢但喜桑麻长,欲话穷通已

两忘。

东　关　　　　陆　游

烟水苍茫西复东,扁舟又系柳阴中。三更酒醒残灯在,卧听萧萧雨打篷。

剑门道中遇微雨　　　　陆　游

衣上征尘杂酒痕,远游无处不销魂。此身合是诗人未? 细雨骑驴入剑门。

闲居初夏午睡起二绝句(选一)　　　　杨万里

梅子留酸软齿牙,芭蕉分绿与窗纱。日长睡起无情思,闲看儿童捉柳花。

过松源,晨炊漆公店　　　　杨万里

莫言下岭便无难,赚得行人错喜欢。正入万山圈子里,一山放出一山拦。

鄂 州 南 楼　　　　范成大

谁将玉笛弄中秋? 黄鹤飞来识旧游。汉树有情横北渚,蜀江无语抱南楼。烛天灯火三更市,摇月旌旗万里舟。却笑鲈乡垂钓手,武昌鱼好便淹留。

催 租 行　　　　范成大

输租得钞官更催,踉跄里正敲门来。手持文书杂嗔喜:"我亦来营醉归尔!"床头悭囊大如拳,扑破正有三百钱:"不堪与君成一醉,聊复偿君草鞋费。"

秋前风雨顿凉　　　　范成大

秋期如约不须催,雨脚风声两快哉! 但得暑光如寇退,不辞老境似潮来。酒杯触拨诗情动,书卷招邀病眼开。明日更凉吾已卜,暮云浑作乱峰堆。

江 村　　　　黄 庚

极目江天一望赊,寒烟漠漠日西斜。十分秋色无人管,半属芦花半蓼花。

乡村四月　　　　翁 卷

绿遍山原白满川,子规声里雨如烟。乡村四月闲人少,才了蚕桑又插田。

约 客　　　　赵师秀

黄梅时节家家雨,青草池塘处处蛙。有约不来过夜半,闲敲棋子落灯花。

夜 坐　　　　文天祥

淡烟枫叶路,细雨蓼花时。宿雁半江画,寒蛩四壁诗。少年成老大,吾道付逶迤。终有剑心在,闻鸡坐欲驰。

附录五　陆游与南宋诗综论

"南共北,正分裂。"(稼轩句)中原沦陷,宋室南迁,在风雨飘摇、山河变色的年代里,生活的剧变与时代精神的感召,使得优秀的知识分子比较广泛地接触现实,在他们的笔下表达出救亡复国的万众呼声,爱国主义成为诗坛的主要倾向。江西诗派原本是宋代最有影响的诗派,南宋诗人的创作,起初往往也多由学江西入手,以后逐渐对那种一味向书本讨生活的诗法产生了怀疑,最终又大都冲破成法的束缚,找到适合自己的、贴近生活实际提炼诗材的途径。南宋中期,诗坛上出现了陆游、杨万里、范成大、尤袤四位名家,号称"中兴四大诗人"。其中,以陆游的成就最高,诗名最著,民族感情的表现最为激越深沉。尤袤留存的诗不多,质量平平。此后继起的有"永嘉四灵"、江湖诗派,他们的成员大多也是以摆脱江西樊篱另辟町畦的姿态出现,但整体上来看并未取得突出成绩。最后,南宋诗坛在文天祥、汪元量、谢枋得等一批爱国作家悲壮的合唱声中落下帷幕。

在宋代诗史上,陆游堪称创作力最旺盛的诗家,在古代诗人中也是留存作品最多的一位。"六十年间万首诗"(《小饮梅花下作》),今存诗九千三百余首,不包括经他自己删汰的作品在内。这些诗反映的生活内容极其广阔,涉及当时社会现实的各个方面。诗中最吸引人的,是陆游从戎万里恢复失地的坚毅心愿和请缨无路岁月蹉跎的悲愤感情。贯穿在整部《剑南诗稿》里的那种对祖国山河的深沉的热爱、为同胞命运的激切的呼吁,炽烈感人的程度在同时代诗人中无可比拟。梁启超《读陆放翁集》云:"诗界千年靡靡风,兵魂销尽国魂空。集中什九从军乐,亘古男儿一放翁。"可以说明他的爱国精神对后世的深刻影响。

陆游所着意歌咏的,首先是抗敌雪国耻、灭虏收河山的主题。从早年的"平生万里心,执戈王前驱。战死士所有,耻复守妻孥"(《夜读兵书》),中年的"逆胡未灭心未平,孤剑床头铿有声"(《三月十七日夜醉中作》),直到八十二岁高龄所咏的"一闻战鼓意气生,犹能为国平燕赵"(《老马行》),诗篇中始终执着地表现这种还我河山的爱国热忱与气吞强虏的英雄气概。晚年闲居荒村,雨掠寒窗之夜,浮想联翩,挥笔写下《十一月四日风雨大作》:"僵卧孤村不自哀,尚思为国戍轮台。夜阑卧听风吹雨,铁马冰河入梦来。"拳拳报国之念,堂

堂忠烈之怀,读后确可使人发扬矜奋,起痿兴痺,鼓舞斗志。

然而尽管诗人抱有万死不辞以身许国的壮心,却始终找不到用武之地,因此,抒写"报国欲死无战场"(《陇头水》)的悲愤,就成为陆游诗中爱国主题的另一种表现方式。报国热情愈是高扬,他对艰难时世的愤慨也愈激越。在诗人高昂的战歌中,经常伴随着悲怆的旋律。《书愤》一诗,最深沉地咏写了陆游内心的这种悲愤:"早岁那知世事艰,中原北望气如山。楼船夜雪瓜洲渡,铁马秋风大散关。塞上长城空自许,镜中衰鬓已先斑。出师一表真名世,千载谁堪伯仲间。"

由于长期遭受压抑,现实无从寻觅施展抱负的机会,借梦境以寄托热情实现理想,又成为陆游题咏中的一大特色。他梦见过"腥臊窟穴一洗空,太行北岳原无恙"(《九月十六日夜梦驻军河外,遣使招降诸城》);梦见过"凉州女儿满高楼,梳头已学京都样"(《五月十一日夜且半,梦从大驾亲征,尽复汉唐故地》)。失地回归,万家欢庆,高楼上的西北凉州少女已梳起了京城发型,多么绮丽动人的梦想! 色调浪漫的纪梦诗章,陆游集中多达百首。

《剑南诗稿》里尚有大量表现日常闲逸生活和农村自然风物的作品,写来清新自然,别具情韵。例如《游山西村》生动描绘出幽美的山村野景及淳朴的民俗风情,充满天然意趣。"山重水复疑无路,柳暗花明又一村",咏乡间寻路的情境,状难写之景,含不尽之意,超越了前人曾经描述过的同类题材诗句(如"远山初见疑无路,曲径徐行别有村"等等),成为境界深永、哲理丰富的传诵隽语。又如《初夏行平水道中》"市桥压担纯丝滑,村店堆盘豆荚肥"一类的诗行,无不生活气息可感,读来情趣盎然。

陆游诗的基本倾向是现实主义的,但他采用的写实笔法主要不是对现实生活进行具体铺叙描绘,而是高度概括了复杂丰富的现实场景,用简练的语句凝聚自己对生活事件的独特认识,一语胜人千百。《关山月》所表现的概括性与抒情性,

可以代表陆游笔法上的这一重要特点。另外,陆游诗也明显具有浪漫主义成分,反映在运笔奔放挥洒,布局转折变幻,想象丰富,夸张奇妙,用梦境示现理想,以豪情鼓动气势。在当时诗坛上,陆游有"小李白"之称。他的浪漫诗笔的特色,在七言古体中表现得尤为鲜明。

陆游诗的艺术风格,宋末方回评为"豪荡丰腴",这主要指他宏丽悲壮的主导风格。同时,陆诗又有细腻隽永、圆润妥贴的方面。前一类壮美雄奇的诗行令人感奋不止,后一类优美闲适的佳章使人回味无穷。陆游诗的语言简淡秀逸,晓畅自然,具有浅中见深、平中见奇的长处。还应当提到的,是陆游近体诗的对仗艺术。沈德潜《说诗晬语》谓:"放翁七言律,对仗工整,使事熨贴,当时无与比埒。"下面摘引几副佳联,以见一斑:"小楼一夜听春雨,深巷明朝卖杏花"(《临安春雨初霁》);"白发无情侵老境,青灯有味似儿时"(《秋夜读书每以二鼓尽为节》);"放尽樽前千里目,洗空衣上十年尘"(《登拟岘台》);"花如解笑还多事,石不能言最可人"(《闲居自述》);"不辞疾步登重阁,聊欲今生识伟人"(《谒凌云大像》,按:即乐山大佛);"老子犹堪绝大漠,诸君何至泣新亭"(《夜泊水村》)。实际上陆游五律的对仗技巧亦不逊于七律。如:"客途南北雁,世事雨晴鸠"(《书悔》);"雨昏鸡共懒,米尽鼠同饥"(《村居》)。警语妙笔,篇中极富。不过诗集的对句亦有重复雷同处,是其美中不足。

杨万里(1127—1206),字廷秀,号诚斋,吉水(今属江西)人。诗作今存四千余首,在宋诗人中,数量仅次于陆游。他又是南宋诗风转变的关键人物,创造了一种新鲜泼辣的写法,衬得陆游和范成大的风格都显得保守或者稳健(见钱锺书《宋诗选注》)。这种饶有特色的"诚斋体",当时影响颇大。它多以自然景物为诗材,大量使用自然活泼浅俗生新的语言,表现幽默风趣的笔意与丰富灵颖的想象,读来轻松明快而有奇趣。如"碧酒时倾一两杯,船门才闭又重开。好山万皱无人见,都被斜阳拈出来。"(《舟过谢潭》)"好山万皱""被斜阳拈出",说明只有在适当的时机与场合,事物特征方能得到充分揭示。富有生机,饱含理趣,表述新巧,正是诚斋体的优长之处。

范成大(1126—1193),字致能,号石湖居士,吴郡(今江苏苏州)人。孝宗乾道年间,曾奉命出使金国,"全节而归",留存日记《揽辔录》,并写下七十二首纪行绝句。这一组诗章,描写故国山川,凭吊历史英杰,记录金人占领区的遗民的生活和感情,强烈反映了爱国思想。特别动人的如《州桥》:"州桥南北是天街,父老年年等驾回。忍泪失声询使者:几时真有六军来?"范成大的《四时田园杂兴》组诗六十首,发展了陶渊明的田园诗,将咏写劳动场景、农民境遇与歌唱村野优美风光结合起来,散发出泥土芳香与生活气息。如"海雨江风浪作堆,时新鱼菜逐春回。荻芽抽笋河豚上,楝子花开石首来","采菱辛苦废犁锄,血指流丹鬼质枯。无力买田聊种水,近来湖面亦收租"。前者清新,后者沉痛,都是给古代田园诗注入新鲜血液的佳作。

南宋后期诗坛上的"永嘉四灵",包括徐照(字灵晖)、徐玑(号灵渊)、翁卷(字灵舒)、赵师秀(号灵秀),皆为浙江永嘉人。所作大多辞清意浅,取径狭窄。"四灵"之后,又有"江湖派",因书商陈起编印《江湖集》而得名,这是一批主要以文字干谒公卿、游食四方的落拓才士,成员流品不齐,诗作水平不一,其中以戴复古、刘克庄较有成就。

宋末爱国诗人以文天祥为代表。他的作品志愤气壮,不琢自工。"臣心一片磁针石,不指南方不肯休"(《扬子江》)的慷慨歌声,留下了宋诗的苍凉余响。

参考书目

钱仲联《剑南诗稿校注》,上海古籍出版社 1985 年

于北山《陆游年谱》(增订本),上海古籍出版社 1985 年

孔凡礼、齐治平《古典文学研究资料汇编·陆游卷》，中华书局 1962 年

王步高主编《爱国诗词鉴赏辞典》，南京大学出版社 1992 年

黄世中《钗头凤与沈园本事考略》，广西师范大学出版社 1998 年

游国恩、李改之《陆游诗选》，人民文学出版社 1963 年

周汝昌选注《杨万里选集》，上海古籍出版社 1979 年

周汝昌选注《范成大诗选》，人民文学出版社 1984 年

思考与练习

1. 宋代爱国诗词在内容与表现形式上各有何特点？

2. 联系你学过的陆游诗，说说陆游不同题材的诗艺术风格上有何不同。

3. 背诵本单元所选的这几篇课文。

慕课资源

【总论】

自来论文章者,多侈谭(谈)汉、魏、唐、宋,而罕及明代!独会稽李慈铭极言明人诗文,超绝宋、元恒蹊,而未有勘发。自我观之:中国文学之有明,其如欧洲中世纪之有文艺复兴乎?明太祖开基江淮,以逐胡元,还我河山,用夏变夷,右文稽古,士大夫争自濯磨。而文则奥博排奡,力追秦汉,以矫欧、苏、曾、王之平熟;而宋濂、刘基,骈骊开道,以著何、李、王、李之先鞭。诗则雄迈高亮,出入汉、魏、盛唐,以救宋诗之粗硬,革元风之纤浓;而高启、李东阳后先继轨,以为何、李、王、李开山。……至八股文,则利禄之途,俗称时文者也。然唐顺之、归有光,纵横轶荡,则以古文为时文,力求返虚入浑,积健为雄;虽与诗古文体气不同,而反本修古一也。然则明文学者,实宋元文学之极王而厌,而汉、魏、盛唐之拔戟复振,弹古调以洗俗响,厌庸肤而求奥衍,体制尽别,归趣无殊。此则仆师心自得,而《明史》序《文苑传》者之所未及知也。顾论文者,则狃桐城家言之绪论,而亟称归氏,妄庸七子。不知明有何、李之复古,以矫唐宋八家之平熟;犹唐有韩、柳之复古,以救汉、魏、六朝之缛靡;有往必复,亦气运之自然。明有唐顺之、归有光辈,振八家之坠绪,以与七子相撑拄;不过如唐之有裴度、段文昌等,与韩、柳为异,以扬六朝之颓波耳。而一代文章之正宗,固别有在也。又论者以钱谦益文为秽为杂。此亦拾桐城家之唾余,而不免求全之毁。钱氏以明代文章巨公,而冠逊清《贰臣传》之首,人品自是可议;至于极推欧阳修,以为真得太史公血脉,而下开归氏;又翘归氏以追配唐宋大家,因校刻《震川集》而序之,以发其指。然后知桐城家言之治古文,由归氏以踵欧阳而窥太史公;姚鼐遂以归氏上继唐宋八家,而为《古文辞类纂》一书,胥出钱氏之绪论,有以启其途辙也。特其为文,盛气缛语,错综奇偶,七子之习,湔洗不尽,自与桐城之清真雅澹,而得归氏之洁适者异趣。然以视湘乡曾国藩之为文,从姚鼐入手,而益探源扬、马,复字单词,杂厕其间,务为厚集其气,使声采炳焕,而夏焉有声者,何必不与钱氏后先同符?钱氏从王、李入而不从王、李出,湘乡从姚氏入而不从姚氏出,自出变化,以不妹暖于一先生之言,亦何必此之为是而彼之为非?然世论不敢薄湘乡,而务集谤于钱氏,多见其不知类也。(钱基博《明代文学·自序》)

近代以还,文儒辈出:望溪、姬传,文祖韩、欧,阐明义理,趋步宋儒,此儒家之支派也。慎修、辅之,综核礼制,章疑别微,若膺、伯申,考订六书,正名辨物,皆名家之支派也。叔子、昆绳,洞明兵法,推论古今之成败,叠陈九土之险夷,落笔千言,纵横奔肆,此兵家之支派也。子居之文,取法半山,安吴之文,洞陈时弊,兵农刑政,酌古准今,不讳功利之谈,爰立后王之法,此法家之支派也。朝宗之文,词源横溢,简斋之作,逞博矜奇,若决江河,一泻千里,此纵横家之支派也。雍斋、于庭之文,杂糅谶纬,靡丽瑰奇,此阴阳家之支派也。大绅、台山之文,妙善玄言,析理精微,此道家之支派也。维崧、瓯北之文,体杂俳优,涉笔成趣,此小说家之支派也。旨归既别,夫岂强同?即古人所谓文章流别也。(刘师培《论文杂记》)

方孝孺

方孝孺(1357—1402),字希直,一字希古,别号逊志,人称正学先生。明浙江宁海人。幼时好学;及长,师宋濂,常以明王道、致太平为己任。洪武二十五年,除汉中府学教授,蜀王聘为世子师。惠帝即位,召为翰林侍讲,次年迁侍讲学士,后改文学博士,为《太祖实录》《类要》诸书总裁。燕王朱棣发动"靖难之役",他多次为建文帝谋克燕对策。后朱棣引兵攻入京师,授笔起草登极诏书,方不从,掷笔于地,且哭且骂,遂被杀,凡灭十族(含朋友门生一族),死者八百七十三人。他主张为文"道明而辞达"。其文醇深雄迈,每一篇出,时人争诵。著有《逊志斋集》。

【集评】

孝孺工文章,醇深雄迈。每一篇出,海内争相传诵。永乐中,藏孝孺文者罪至死。门人王稌潜录为《侯城集》,故后得行于世。(《明史》卷一百四十一)

宁海方孝孺,字希直,一字希古,从宋濂学;濂门下知名士皆出其下。先辈胡翰、苏伯衡亦自谓弗如!孝孺顾末视文艺,恒以明王道,致太平为己任;欲以驾轶汉唐,锐复三代;而毅然自命之气,发扬蹈厉,时露于笔墨之间;其文章纵横豪放,颇出入南北宋苏轼、陈亮之间;与濂同其赡肆,而不同其枝碎。濂宏博而不免缓散,所病在取径太阔大,遣词太繁缛,未能浑灏流转;故不如孝孺之直抒欲言,纵笔所之,疏快成片段也!(钱基博《明代文学·文·方孝孺》)

深 虑 论

虑天下者,常图其所难而忽其所易,备其所可畏而遗其所不疑。然而,祸常发于所忽之中,而乱常起于不足疑之事。岂其虑之未周欤?盖虑之所能及者,人事之宜然,而出于智力之所不及者,天道也①。

当秦之世,而灭六诸侯,一天下。而其心以为周之亡在乎诸侯之强耳,变封建而为郡县②。方以为兵革可不复用,天子之位可以世守,而不知汉帝起陇亩之匹夫③,而卒亡秦之社稷④。汉惩秦之孤立,于是大建庶孽而为诸侯⑤,以为同姓之

---

① 天道:上天的意旨。 ② 封建:指自周以来的分封制。郡县:秦统一中国后,实行中央集权制,分全国为三十六郡,郡下设县,郡县长官,均由中央任免。 ③ 汉帝:汉高祖。陇亩:田垄,草野。 ④ 社稷:社为土神,稷为谷神,亦以"社稷"代指国家。 ⑤ 惩:以前失为鉴戒。建:设置。庶孽:妃妾所生之子,指汉高祖即位后大封同姓诸侯王。

亲，可以相继而无变，而七国萌篡弑之谋①。武、宣以后，稍剖析之而分其势，以为无事矣，而王莽卒移汉祚②。光武之惩哀、平③，魏之惩汉，晋之惩魏，各惩其所由亡而为之备。而其亡也，皆出其所备之外。唐太宗闻武氏之杀其子孙，求人于疑似之际而除之④，而武氏日侍其左右而不悟⑤。宋太祖见五代方镇之足以制其君⑥，尽释其兵权，使力弱而易制，而不知子孙卒困于强寇。此其人皆有出人之智，负盖世之才，其于治乱存亡之几，思之详而备之审矣⑦。虑切于此而祸兴于彼，终至于乱亡者，何哉？盖智可以谋人，而不可以谋天⑧。良医之子，多死于病；良巫之子，多死于鬼。彼岂工于活人，而拙于活己之子哉？乃工于谋人，而拙于谋天也。

　　古之圣人，知天下后世之变，非智虑之所能周，非法术之所能制，不敢肆其私谋诡计，而唯积至诚，用大德以结乎天心，使天眷其德，若慈母之保赤子而不忍释⑨。故其子孙，虽有至愚不肖者足以亡国，而天亦不忍遽亡之⑩。此虑之远者也。夫苟不能自结于天，而欲以区区之智笼络当世之务，而必后世之无危亡，此理之所必无者也，而岂天道哉⑪！

【汇评】

　　从古无不弊之法。以周公、太公之明圣，于其子报政时，虽逆知后世之弊，犹不能补救，况其下此且出于意计所不及料者乎？篇中历叙处，胸有全史。末归本于至诚大德以结天心，虽出于智虑穷竭无可如何之说，亦千古治天下者不易正理，舍是徒劳更无益也。正学先生之文，正大罕治此，尤其醇乎醇者。（[清]林云铭《古文析义》卷十六）

　　天道为智力之所不及，然尽人事以合天心，即天亦有可谋处。此文归到"积至诚用大德"，正是祈天永命工夫。古今之论天道、人事者多，得此乃见透快。（[清]吴楚材、吴调侯《古文观止》卷十二）

　　通篇虽以人事陪说，而实重于天道。看起结可见章法，则首段虚冒，中间历引古及医巫，喻波浪壮阔，后方发正意，末乃反掉结，极有结构。（[清]李扶九原编、黄仁黼重订《古文笔记百篇》卷三）

　　《书》曰："天难谌，命靡常，常厥德，保厥位。厥德匪常，九有以亡。"呜呼！有天下者，可不深长虑哉！方子孝孺，以一代之儒宗，著千秋之龟鉴，其平日祈天永命，亦大可思。无如建文新立，首削宗藩，始则发谋于卓敬，继则属事于齐、黄，未几五王递废，湘柏自焚，君臣固谋，以图燕棣，不及数年，酿成巨祸。先生深知人事已乖，天怒难回，故不惜博采遐征，以冀朝廷之一悟。而执迷未启靖难兵临，九有之亡，岂细故哉！而先生卒以草诏不屈，族及友生，竟使天下读书种子，一旦顿绝。倘非昊天之不惠建文，而罹此鞠

---

① 七国：指汉高祖所封吴、楚、赵、胶东、胶西、济南、淄川七个同姓王，在吴王刘濞领导下，以诛晁错为名，举兵叛乱。　② 武、宣：汉武帝、汉宣帝。剖析：划分，削减。王莽（前45—23），字巨君，汉元帝皇后侄，后毒死平帝，于初始元年（公元8年）称帝，国号"新"。汉祚：汉帝位。　③ 光武：东汉光武帝刘秀。哀、平：西汉末之哀帝刘欣、平帝刘衎。　④ 闻武氏之杀其子孙：相传贞观二十二年，民间流传《秘记》云："唐三世之后，女主武氏代有天下。"太宗问太史令李淳风，答曰："臣仰观天象，俯察历数，其人已在陛下宫中，不过三十年，当王天下，杀唐子孙殆尽。"唐太宗要把怀疑对象全杀掉，被李淳风劝止。　⑤ 武氏：武则天，她十四岁被唐太宗选入宫中为才人。高宗时立为皇后，参预朝政。中宗即位，临朝称制，后又废中宗，立睿宗，再废睿宗自立，称圣神皇帝，改国号为周。执政十余年，屡兴大狱，冤杀甚多。　⑥ 宋太祖：赵匡胤。五代方镇：指五代之后梁朱全忠、后唐李存勖、后晋石敬瑭、后汉刘知远、后周郭威均为拥有重兵之藩镇长官。　⑦ 几（jī）：事物变化的前兆、迹象。审：周全细致。　⑧ 谋天：揣测天意。　⑨ 赤子：婴儿。　⑩ 遽：立即，马上。　⑪ 天道：古人以为天道是支配人类命运的天意。

凶,胡遽若是耶?《诗》曰:"天子方难,无然宪宪;天之方蹶,无然泄泄。"有天下者,可不深长虑哉!(同上)

【赏析】

此文题曰"深虑"是颇有深意的,似有谏阻建文帝急于削藩之意。方孝孺以一代儒宗,对历史的经验有深刻的认识。建文帝新立,首削宗藩,"始则发谋于卓敬,继则属事于齐、黄,未几五王递废,湘柏自焚,君臣固谋,以图燕棣,不及数年,酿成巨祸"。此文欲防患于未然,终未能就。

文章推出论点自然而不突兀,论证以时间线索为脉络,总结历史的经验教训,论证十分有力。其末又反驳"不能自结于天,而欲以区区之智笼络当世之务,而必后世之无危亡"之观点,文章以反问煞尾,耐人回味。

此文颇有哲理,人们注意到一种主要倾向时,往往忽视被掩盖着的另一种倾向,往往顾此而失彼,最终依旧一败涂地。国家如此,一家一人亦如此。当深谋远虑,防患未然,方能立于不败之地。

方孝孺之人品气节,亦令历代知识分子钦敬。祸未作,预言其生,欲图消弭;祸作时,挺身而出,身死不惜,古之忠臣,无出其右矣。

(张梦新)

顾 炎 武

顾炎武(1613—1682),初名绛,字宁人。明亡后志存复明,更名炎武。江苏昆山亭林镇人,人称亭林先生。明末清初杰出的思想家、学者、文学家。早年参加"复社",清兵南下时,他参加抗清起义,失败后十谒明陵,只身北上,曾致力边防与中原、西北地理的研究。学问渊博,于经史百家、音韵训诂、典制掌故等皆有很深造诣。提倡学问当经世致用,明道救世,开清代朴学之风。康熙时诏举博学宏词科,荐修《明史》,皆被严词拒绝。著作宏富,主要有《日知录》《天下郡国利病书》《亭林诗文集》等。

【集评】

运以深心,行以大力,振以高格,出以简裁,有王介甫之老健而去其横,有苏子瞻之畅达而无其荡。([清]李祖陶《亭林文稿文录引》)

亭林顾先生间代通儒,有扶世立教之志,而生逢革命,无所发抒,孤忠磊磊,至老不渝。其所为文,至于家国存亡之际,慷慨伤怀,或扬声哀号,或幽忧饮泣,以视屈原、贾生诸公时遇不同,同一天性激发而已矣。([清]彭绍升《亭林先生余集序》)

廉　耻①

《五代史·冯道传》论曰②："礼义廉耻,国之四维;四维不张,国乃灭亡③。"善乎管生之能言也④。礼义治人之大法,廉耻立人之大节。盖不廉则无所不取,不耻则无所不为,人而如此,则祸败乱亡亦无所不至。况为大臣,而无所不取,无所不为,则天下其有不乱,国家其有不亡者乎⑤!"然而四者之中,耻尤为要。故夫子之论士曰:"行己有耻。⑥"孟子曰:"人不可以无耻,无耻之耻,无耻矣⑦!"又曰:"耻之于人大矣!为机变之巧者,无所用耻焉⑧!"所以然者,人之不廉,而至于悖礼犯义,其原皆生于无耻也。故士大夫之无耻,是谓国耻⑨。

吾观三代以下⑩,世衰道微,弃礼义,捐廉耻,非一朝一夕之故。然而松柏后凋于岁寒⑪,鸡鸣不已于风雨⑫,彼昏之日,固未尝无独醒之人也⑬。顷读《颜氏家训》⑭,有云:"齐朝一士夫⑮,尝谓吾曰:'我有一儿,年已十七,颇晓书疏⑯,教其鲜卑语⑰,及弹琵琶,稍欲通解,以此伏事公卿,无不宠爱。'吾时俯而不答。异哉此人之教子也!若由此业,自致卿相,亦不愿汝曹为之⑱!"嗟乎!之推不得已而仕于乱世,犹为此言,尚有《小宛》诗人之意⑲,彼阉然媚于世者⑳,能无愧哉㉑!

【赏析】

礼义廉耻,是中华民族可贵的道德传统。这篇短文分为两大段。第一段开篇即以《五代史·冯道传》所引管仲名言为全文张本,开宗明义,直接揭示中心论点。作者认为,礼义乃治人之大法,廉耻乃立人之大节,若不廉无耻,则祸败乱亡会无所不至。而国家大臣若不讲廉耻,则将导致亡国。继而指出:礼义廉耻四者之中,"耻尤为要",并用孔子"行己有耻"及孟子"人不可以无耻"的名言为例证,推断出"士大夫之无耻,是谓国耻"的结论。顾炎武目睹明亡后,士大夫们纷纷屈节仕清,所谓"蓟门朝士多狐鼠,旧日须眉化儿

---

① 本文节选自《日知录》卷十三《廉耻》。　② 《五代史》:此指《新五代史》,宋欧阳修撰,共七十四卷。《冯道传》列入该书第五十四卷杂传第四十二中。冯道(882-954),五代景城人(今河北交河)人,字可道,历事唐、晋、汉、周四朝,官皆将相,自号长乐老。　③ "礼义廉耻"四句:语见《管子·牧民》。维,系物之绳。管仲以礼义廉耻四者比喻维系国家之纲。　④ 管生:管仲,春秋时齐国杰出的政治家,辅佐齐桓公实施政治改革,使齐称霸于诸侯。　⑤ 其:同"岂"。　⑥ 夫子:即孔子。《论语·子路》云:"子贡问曰:'何如斯可谓之士矣?'子曰:'行己有耻。使于四方,不辱君命,可谓士矣!'"行己有耻,指为士者处世行事能知耻而有所不为。　⑦ 三句语见《孟子·尽心上》。言人不可以没有羞耻,不知羞耻的那种羞耻,真是不知羞耻。　⑧ 三句语见《孟子·尽心上》。机变,巧伪变诈。无所用耻,即不把羞耻放在心上。　⑨ 国耻:国家蒙受的耻辱。　⑩ 三代:指夏、商、周。　⑪《论语·子罕》曰:"岁寒,然后知松柏之后凋也。"　⑫《诗经·郑风·风雨》曰:"风雨如晦,鸡鸣不已。"已,止。　⑬ 独醒:喻不同于流俗。屈原《渔父》曰:"举世皆浊我独清,众人皆醉我独醒。"　⑭《颜氏家训》:颜之推著,共七卷,分二十篇。主要叙述立身治家之法,文笔朴实平易。颜之推(531-595),字介,琅琊临沂(今山东临沂)人,南北朝时文学家。　⑮ 齐朝:此指北齐。　⑯ 疏:为注文作注释称疏。　⑰ 鲜卑:我国古代的少数民族,居住在今东北、内蒙古一带。　⑱ 以上见《颜氏家训·教子》。　⑲《小宛》:《诗经·小雅》篇名。朱熹《诗集传》认为是大夫遭时之乱,兄弟相戒以免祸的诗。　⑳ 阉然:昏暗闭塞貌。　㉑ 愧:同"愧"。

女。生女须教出塞装,生男要学鲜卑语"(顾炎武《蓟门送子德归关中》)。对这种不讲廉耻、士风败坏之丑行深恶痛绝,称之为"国耻"。

第二段中,顾炎武以《颜氏家训》为例,赞扬了颜之推遭时之乱而保持气节的义行,鞭挞了北齐士大夫丧失气节、奴颜婢膝、卖身求荣的无耻行径,并由此对明清易代之际那些"阉然媚于世"的大臣们,表示了愤怒的谴责,强调要做"独醒之人"。

顾炎武忠于明朝,反清复明之志至死不渝,故对士大夫们的仕清之举谴责鞭挞,这在今天看来,无疑有其时代与民族的局限。但他提倡"行己有耻"绝对是正确的。"知耻"已成为中华民族的一种优良道德传统,成为爱国主义的重要心理基础。那些卖国投敌、认贼作父、伤天害理、奴颜婢膝者,自当为国人所不齿。在改革开放的今天,《廉耻》一文,仍有现实意义,它将激励我们自觉加强道德修养,成为"行己有耻"的人。

(张梦新)

方 苞

方苞(1668—1749),字凤九,号灵皋,晚号望溪,生于江苏六合(今南京市六合区),祖籍安徽桐城。康熙进士。曾因戴名世《南山集》案牵连入狱,后得赦。官至礼部侍郎。方苞是清代著名散文家,桐城派的创始人。论文主张"义法",即"言有物"和"言有序",追求内容纯正和文辞雅洁。其文多为经说及书、序、碑、传之类,选材精当,以凝练雅洁见长。著有《望溪集》。

【集评】

韩文懿公(讳菼)曰:(方苞文)义理则取荟六籍,气格则方驾韩欧。(《评时文》)

蔡文勤公(讳世远)曰:其说皆前古所未有,而按以经义,揆以事理,无一不合于人,心之同然,此之谓言立。(《评周官辨伪》)

陈恪勤公(讳鹏年)曰:望溪可负天下之重,观其读《周官》《仪礼》《孟子》《管子》,可知所见闳廓深远。此等文可征其平易详慎,不能平易详慎则闳廓深远非真,而用之必窒矣。(《评书李习之平赋书后》)

朱文端公(讳轼)曰:方子行身方严,出语朴直,众多见谓迂阔,余独知谓郑公孙侨、赵乐毅一流人。每与之言,心终不忘;观此等文,有志者宜深求其底蕴。(《评说管子》)

张彝叹进士(名自超)曰:探孔孟程朱之心,撷左马韩欧之韵,天生神物,非一代之珍玩也。(《评时文》)

王或庵孝廉(名源)曰:宋以后无此清深峻洁之文心,唐以前无此淳实精渊理路。(《评读仪礼》)

雷翠庭副宪(名铉)曰:先生之文,非阐道翼教,有关人伦风化不苟作。(《神道碑》)

彭允初进士(名绍升)曰:少读望溪方先生文,服其笃于伦理,有中心惨怛之诚,以为非他文士所能

317

及。(《逸稿叙》)

姚惜抱先生(讳鼐)曰:望溪先生之古文为我朝百余年文章之冠,天下论文者无异说也。鼐为先生邑弟子,诵其文盖尤慕之。(《集外又序》)(以上摘自《四部丛刊》初编本《方望溪先生全集》附录)

其古文则以法度为主。尝谓周秦以前,文之义法无一不备,唐宋以后步趋绳尺,而犹不能无过差。是以所作,上规《史》《汉》,下仿韩、欧,不肯少轶于规矩之外。虽大体雅洁,而变化太少,终不能绝去町畦,自辟门户。然其所论古人矩度与为文之道,颇能沉潜反复,而得其用意之所以然。故虽蹊径未除,而源流极正。近时为八家之文者,以苞为不失旧轨焉。([清]纪昀《四库全书总目》卷一百七十三)

左忠毅公逸事①

先君子尝言②:乡先辈左忠毅公视学京畿③,一日,风雪严寒,从数骑出,微行入古寺④,庑下一生伏案卧⑤,文方成草。公阅毕,即解貂覆生,为掩户。叩之寺僧,则史公可法也⑥。及试,吏呼名至史公,公瞿然注视⑦;呈卷,即面署第一⑧。召入,使拜夫人,曰:"吾诸儿碌碌,他日继吾志事,惟此生耳。"

及左公下厂狱⑨,史朝夕狱门外。逆阉防伺甚严⑩,虽家仆不得近。久之,闻左公被炮烙⑪,旦夕且死,持五十金,涕泣谋于禁卒,卒感焉。一日,使史更敝衣、草屦⑫,背筐,手长镵⑬,为除不洁者⑭。引入,微指左公处,则席地倚墙而坐,面额焦烂不可辨,左膝以下筋骨尽脱矣。史前跪,抱公膝而呜咽。公辨其声,而目不可开,乃奋臂以指拨眦⑮,目光如炬,怒曰:"庸奴!此何地也?而汝来前!国家之事糜烂至此,老夫已矣,汝复轻身而昧大义,天下事谁可支拄者?不速去,无俟奸人构陷⑯,吾今即扑杀汝!"因摸地上刑械,作投击势。史噤不敢发声,趋而出。后常流涕述其事,以语人曰:"吾师肺肝,皆铁石所铸造也。"

崇祯末,流贼张献忠出没蕲、黄、潜、桐间⑰,史公以凤庐道奉檄守御⑱。每有警,辄数月不就寝,使将士更休,而自坐幄幕外。择健卒十人,令二人蹲踞而背倚

---

① 左忠毅公:左光斗(1575—1625),字遗直,号浮丘,桐城(今安徽桐城)人。明万历进士,官至左金都御史。天启四年(1624),因与杨涟参劾魏忠贤,被魏罗织罪名下狱,受酷刑死于狱中。南京弘光帝时追谥"忠毅"。 ② 先君子:对已故父亲的尊称。此处指方苞的父亲方仲舒,清代著名学者。 ③ 视学京畿:主持京城及周边地区的学政。京畿,国都及附近地区。 ④ 微行:官员为隐藏身份,穿着平民的衣服出行。 ⑤ 庑(wǔ)下:厢房里。 ⑥ 史公可法:即史可法(1601—1645),字宪之,号道邻,祥符(今河南开封)人。崇祯进士,官至南京兵部尚书。李自成灭明后,在南京拥立福王,成立南明政府。清军南下时,史可法督师扬州,兵败不屈被杀。 ⑦ 瞿(jù)然:瞪眼惊视的样子。 ⑧ 面署:当面签署意见。 ⑨ 厂狱:明代特务机关东厂设立的监狱。 ⑩ 逆阉:大逆不道的太监,指魏忠贤及其党羽。 ⑪ 炮烙:古代的一种酷刑,以炭火烧烤铜柱,使犯人行走于其上。 ⑫ 更敝衣、草屦(jù):换上破旧的衣服和草鞋。 ⑬ 手长镵(chán):拿着长铲子。手:名词用作动词,拿着。镵:一种铁制的掘土工具。 ⑭ 为除不洁者:装作打扫垃圾的人。 ⑮ 眦(zì):眼眶。 ⑯ 无俟(sì):不用等到。构陷:陷害,设计陷人以罪。 ⑰ 张献忠:字秉吾,号敬轩,延安(今陕西定边)人,明末混迹于农民起义中的恶棍。 ⑱ 奉檄:奉上级的命令。檄,古代官府用以征召、晓谕或声讨的公文。

之,漏鼓移则番代①。每寒夜起立,振衣裳,甲上冰霜迸落,铿然有声。或劝以少休,公曰:"吾上恐负朝廷,下恐愧吾师也。"

史公治兵,往来桐城,必躬造左公第②,候太公、太母起居③,拜夫人于堂上。

余宗老涂山④,左公甥也,与先君子善⑤,谓狱中语乃亲得之于史公云。

【汇评】

书诸公逸事,阴阳消长所系,不惟足传懿节而已。([清]马钧衡《望溪先生集外文跋》)

【赏析】

全文将左公与史公的事迹交叉叙写,重在写左光斗。史可法寒寺苦读,突出了左光斗善识英才的特点;史可法乔装探狱,衬托了左光斗威武不屈的崇高品质;史可法在左光斗死后恪尽职守,体现了左光斗的言传身教的精神力量。

这种明暗线双线贯穿始终的布局,使本易流于散乱的"逸事"条理清晰,详略有致。

此外,本文的细节描写极其生动传神。写左公,从"解貂""掩户",到"拨眦""投击";写史公,从"抱公膝而呜咽""流涕述其事",到"令二人蹲踞而背倚之""甲上冰霜迸落,铿然有声",皆以寥寥数语写尽形貌声情,可见其行文之简切雅洁。

内容醇正,剪裁得当,文辞雅洁,本文可谓桐城派文章之范本,亦属古代叙事散文之珍品。

(李素娟)

附录一 备选课文

送天台陈庭学序　　[明]宋　濂

西南山水,惟川蜀最奇,然去中州万里,陆有剑阁栈道之险,水有瞿塘、滟滪之虞。跨马行,则竹间山高者,累旬日不见其巅际;临上而俯视,绝壑万仞,杳莫测其所穷,肝胆为之悼栗。水行则江石悍利,波恶涡诡,舟一失势尺寸,辄糜碎土沉,下饱鱼鳖。其难至如此!故非仕有力者,不可以游;非材有文者,纵游无所得;非壮强者,多老死于其地;嗜奇之士恨焉!

天台陈君庭学,能为诗,由中书左司掾屡从大将北征,有劳,擢四川都指挥司照磨,由水道至成都。成都,川蜀之要地。扬子云、司马相如、诸葛武侯之所居,英雄俊杰战攻驻守之迹,诗人文士游眺饮射、赋咏歌呼之所,庭学无不历览。既览必发为诗,以纪其景物时世之变,于是其诗益工。越三年,以例自免归会予于京师;其气愈充,其语愈壮,其志意愈高;盖得于山水之助者侈矣。

予甚自愧:方予少时,尝有志于出游天下,顾以学未成而不暇;及年壮可出,而四方兵起,无所投足;逮今圣主兴而宇内定,极海之际,合为一家,而予齿益加耄矣!欲如庭学之游,尚可得乎?

然吾闻古之贤士,若颜回、原宪,皆坐守陋室,蓬蒿没户,而志意常充然,有若囊括于天地者,此其故何也?得无有出于山水之外者乎?庭学其试

---

①漏:古代计时器。鼓:更鼓。番代:轮番替代。　②躬造:亲自登门。造,至,到。　③太公、太母:指左光斗的父母。　④宗老:同宗族的长辈。涂山:方苞之族祖方文,字尔止,号涂山,有《涂山集》。　⑤善:友好,亲爱。

归而求焉。苟有所得，则以告予，予将不一愧而已也！

与丘长孺书　　[明]袁宏道

闻长孺病甚，念念。若长孺死，东南风雅尽矣，能无念邪？弟作令，备极丑态，不可名状，大约遇上官则奴，候过客则妓，治钱谷则仓老人，谕百姓则保山婆，一日之间，百暖百寒，乍阴乍阳，人间恶趣，令一身尝尽矣，苦哉！毒哉！家弟秋间欲过吴，虽过吴，亦只好冷坐衙斋看诗读书，不得如往时携侯子登虎丘山故事也。

近日游兴发否？茂苑主人虽无钱可赠客子，然尚有酒可醉，茶可饮，太湖一勺水可游，洞庭一块石可登，不大落莫也。如何？

桑维翰论　　[清]王夫之

谋国而贻天下之大患，斯为天下之罪人，而有差等焉。祸在一时之天下，则一时之罪人，卢杞是也；祸及一代，则一代之罪人，李林甫是也；祸及万世，则万世之罪人，自生民以来，唯桑维翰当之。

刘知远决策以劝石敬瑭之反，倚河山之险，恃士马之强，而知李从珂浅软，无难摧拉，其计定矣。而维翰急请屈节以事契丹。敬瑭智劣胆虚，遂从其策，称臣割地，授予夺之权于夷狄，知远争之而不胜。于是而生民之肝脑，五帝三王之衣冠礼乐，驱以入于狂流。契丹弱，而女直乘之；女直入，而蒙古乘之，贻祸无穷，人胥为夷。非敬瑭之始念也，维翰尸之也。

夫维翰起家文墨，为敬瑭书记，固唐教养之士人也，何仇于李氏，而必欲灭之？何德于敬瑭，而必欲戴之为天子？敬瑭而死于从珂之手，维翰自有余地以居。敬瑭之篡已成，已抑不能为知远

而相因而起。其为喜祸之奸人，姑不足责；即使必欲石氏之成乎，抑可委之刘知远辈，而徐收必得之功。乃力拒群言，决意以戴犬羊为君父也，吾不知其何心？终始重贵之廷，唯以曲媚契丹为一定不迁之策，使重贵糜天下以奉契丹。民财竭，民心解，帝昺厓山之祸，势所固然。毁夷夏之大防，为万世患；不仅重贵缧系，客死穹庐而已也。论者乃以亡国之罪归景延广，不亦诬乎？延广之不胜，特不幸耳，即其智小谋强，可用为咎，亦仅倾枭掾鸡侥幸之宗社，非有损于尧封禹甸之中原也。义问已昭，虽败犹荣。石氏之存亡，恶足论哉！

正名义于中夏者，延广也；事虽逆而名正者，安重荣也；存中国以授予宋者，刘知远也。于当日之俦辈而有取焉，则此三人可录也。自有生民以来，覆载不容之罪，维翰当之。胡文定传《春秋》而亟称其功，殆为秦桧之嚆矢与？

醉乡记　　[清]戴名世

昔余尝至一乡陬，颓然靡然，昏昏冥冥。天地为之易位，日月为之失明，目为之眩，心为之荒惑，体为之败乱。问之人："是何乡也？"曰："酣适大方，甘旨之尝，以徜以徉，是为醉乡。"

呜呼！是为醉乡也欤？古之人不余欺也。吾尝闻夫刘伶、阮籍之徒矣。当是时，神州陆沉，中原鼎沸，而天下之人，放纵恣肆，淋漓颠倒，相率入醉乡不已。而以吾所见，其间未尝有可乐者。或以为可以解忧云耳。夫忧之可以解者，非真忧也；夫果有其忧焉，抑亦不必解也。况醉乡实不能解其忧也，然则入醉乡者，皆无有忧也。

呜呼！自刘、阮以来，醉乡遍天下；醉乡有人，天下无人矣。昏昏然，冥冥然，颓堕委靡，入而不知出焉。其不入而迷者，岂无其人者欤？而荒惑败乱者，率指以为笑，则真醉乡之徒也已。

卖柑者言　　　　　[明]刘 基

杭有卖果者,善藏柑,涉寒暑不溃。出之烨然,玉质而金色。置于市,贾十倍,人争鬻之。予贸得其一,剖之如有烟扑口鼻,视其中则干若败絮。予怪而问之曰:"若所市于人者,将以实笾豆,奉祭祀,供宾客乎? 将衒外以惑愚瞽也? 甚矣哉,为期也!"

卖者笑曰:"吾业是有年矣,吾赖是以食吾躯。吾售之,人取之,未尝有言,而独不足子所乎? 世之为期者不寡矣,而独我也乎? 吾子未之思也。今夫佩虎符,坐皋比者,洸洸乎干城之具也,果能授孙吴之略耶? 峨大冠,拖长绅者,昂昂乎庙堂之器也,果能建伊皋之业耶? 盗起而不知御,民困而不知救,吏奸而不知禁,法斁而不知理,坐糜廪粟而不知耻。观其坐高堂,骑大马,醉醇醲而饫肥鲜者,孰不巍巍乎可畏,赫赫乎可象也? 又何往而不金玉其外,败絮其中也哉! 今子是之不察,而以察吾柑!"

予默然无以应。退而思其言,类东方生滑稽之流。岂其愤世嫉邪者耶? 而托于柑以讽耶?

拙 效 传　　　　　[明]袁宏道

石公曰:"天下之狡于趋避者,兔也,而猎者得之。乌贼鱼吐墨以自蔽,乃为杀身之梯,巧何用哉? 夫藏身之计,雀不如燕;谋生之术,鹊不如鸠,古记之矣,作《拙效传》。"

家有四钝仆:一名冬,一名东,一名戚,一名奎。冬即余仆也。掀鼻削面,蓝睛虬须,色若锈铁。尝从余武昌,偶令过邻生处,归失道,往返数十回,见他仆过者,亦不问。时年已四十余。余偶出,见其凄凉四顾,如欲哭者,呼之,大喜上望。性嗜酒,一日家方煮醪,冬乞得一盏,适有他役,即忘之案上,为一婢子窃饮尽。煮酒者怜之,与酒如前。冬伛偻突间,为薪焰所着,一烘而过,须眉几

火。家人大笑,仍与他酒一瓶,冬喜,挈瓶沸汤中,俟暖即饮,偶为汤所溅,失手堕瓶,竟不得一口,瞠目而出。尝令开门,门枢稍紧,极力一推,身随门辟,头颅触地,足过顶上,举家大笑。今年随至燕邸,与诸门隶嬉游半载,问其姓名,一无所知。

东貌亦古,然稍有诙气。少役于伯修。伯修聘继室时,令至城市饼。家去城百里,吉期已迫,约以三日归。日晡不至,家严同伯修门外望。至夕,见一荷担从柳堤来者,东也。家严大喜,急引至舍,释担视之,仅得蜜一瓮。问饼何在? 东曰:"昨至城,偶见蜜价贱,遂市之;饼价贵,未可市也。"时约以明纳礼,竟不得行。

戚、奎皆三弟仆。戚尝刈薪,跪而缚之,力过绳断,拳及其胸,闷绝仆地,半日始苏。奎貌若野獐,年三十,尚未冠,发后攒作一纽,如大绳状。弟与钱市帽,奎忘其纽,及归,束发加帽,眼鼻俱入帽中,骇叹竟日。一日至比舍,犬逐之,即张空拳相角,如与人交艺者,竟啮其指。其痴绝皆此类。

然余家狡狯之仆,往往得过,独四拙颇能守法。其狡狯者,相继逐去,资身无策,多不过一二年,不免冻馁。而四拙以无过,坐而衣食,主者谅其无他,计口而受之粟,唯恐其失所也。噫! 亦足以见拙者之效矣。

陶庵梦忆序　　　　　[明]张 岱

陶庵国破家亡,无所归止,披发入山,骎骎为野人。故旧见之,如毒蛇猛兽,愕窒不敢与接。作自挽诗,每欲引决,因《石匮书》未成,尚视息人世。然瓶粟屡罄,不能举火,始知首阳二老,直头饿死,不食周粟,还是后人妆点语也。

饥饿之余,好弄笔墨。因思昔人生长王、谢,颇事豪华,今日罹此果报:以笠报颅,以篑报踵,仇簪履也;以衲报裘,以苎报絺,仇轻暖也;以藿报肉,以粝报粻,仇甘旨也;以荐报床,以石报枕,仇温柔也;以绳报枢,以瓮报牖,仇爽垲也;以烟报目,以粪报鼻,仇香艳也;以途报足,以囊报肩,仇

輿从也。种种罪案，从种种果报中见之。

鸡鸣枕上，夜气方回，因想余生平，繁华靡丽，过眼皆空，五十年来，总成一梦。今当黍熟黄粱，车旋蚁穴，当作如何消受！遥思往事，忆即书之，持向佛前，一一忏悔。不次岁月，异年谱也；不分门类，别《志林》也。偶拈一则，如游旧径，如见故人，城郭人民，翻用自喜，真所谓痴人前不得说梦矣。

昔有西陵脚夫，为人担酒，失足破其瓮，念无以偿，痴坐伫想，曰："得是梦便好！"一寒士乡试中式，方赴鹿鸣宴，恍然犹意非真，自啮其臂曰："莫是梦否？"一梦耳，惟恐其非梦，又惟恐其是梦。其为痴则一也。

余今大梦将寤，犹事雕虫，又是一番梦呓。因叹慧业文人，名心难化，政如邯郸梦断，漏尽钟鸣，卢生遗表，犹思摹拓二王，以流传后世。则其名根一点，坚固如佛家舍利，劫火猛烈，犹烧之不失也。

芙蕖　[清]李渔

芙蕖与草本诸花似觉稍异，然有根无树，一岁一生，其性同也。谱云："产于水者曰草芙蓉，产于陆者曰旱莲。"则谓非草本不得矣。予夏季倚此为命者，非故效颦于茂叔而袭成说于前人也，以芙蕖之可人，其事不一而足，请备述之。

群葩当令时，只在花开之数日，前此后此皆属过而不问之秋矣。芙蕖则不然：自荷钱出水之日，便为点缀绿波；及其茎叶既生，则又日高日上，日上日妍。有风既作飘飖之态，无风亦呈袅娜之姿，是我于花之未开，先享无穷逸致矣。迨至菡萏成花，娇姿欲滴，后先相继，自夏徂秋，此则在花为分内之事，在人为应得之资者也。及花之既谢，亦可告无罪于主人矣；乃复蒂下生蓬，蓬中结实，亭亭独立，犹似未开之花，与翠叶并擎，不至白露为霜而能事不已。此皆言其可目者也。

可鼻，则有荷叶之清香，荷花之异馥；避暑而暑为之退，纳凉而凉逐之生。至其可人之口者，则莲实与藕皆并列盘餐而互芬齿颊者也。只有霜

中败叶，零落难堪，似成弃物矣；乃摘而藏之，又备经年裹物之用。

是芙蕖也者，无一时一刻不适耳目之观，无一物一丝不备家常之用者也。有五谷之实而不有其名，兼百花之长而各去其短，种植之利有大于此者乎？

予四命之中，此命为最。无如酷好一生，竟不得半亩方塘为安身立命之地。仅凿斗大一池，植数茎以塞责，又时病其漏，望天乞水以救之，殆所谓不善养生而草菅其命者哉。

范县署中寄舍弟墨第四书　[清]郑燮

十月二十六日得家书，知新置田获秋稼五百斛，甚喜。而今而后，堪为农夫以没世矣。要须制碓制磨，制筛罗簸箕，制大小扫帚，制升斗斛。家中妇女，率诸婢妾，皆令习春揄蹂簸之事，便是一种靠田园长子孙气象。天寒冰冻时，穷亲戚朋友到门，先泡一大碗炒米送手中，佐以酱姜一小碟，最是暖老温贫之具。暇日咽碎米饼，煮糊涂粥，双手捧碗，缩颈而啜之，霜晨雪早，得此周身俱暖。嗟乎！嗟乎！吾其长为农夫以没世乎！

我想天地间第一等人，只有农夫，而士为四民之末。农夫上者种地百亩，其次七八十亩，其次五六十亩，皆苦其身，勤其力，耕种收获，以养天下之人。使天下无农夫，举世皆饿死矣。我辈读书人，入则孝，出则弟，守先待后，得志泽加于民，不得志修身见于世，所以又高于农夫一等。今则不然，一捧书本，便想中举中进士做官，如何攫取金钱，造大房屋，置多田产。起手便错走了路头，后来越做越坏，总没有个好结果。其不能发达者，乡里作恶，小头锐面，更不可当。夫束修自好者，岂无其人；经济自期，抗怀千古者，亦所在多有。而好人为坏人所累，遂令我辈开不得口；一开口，人便笑曰："汝辈书生，总是会说；他日居官，便不如此说了。"所以忍气吞声，只得捱人笑骂。工人制器利用，贾人搬有运无，皆有便民之处。而士独于民大不便，无怪乎居四民之末也！且求居四民之末，而

亦不可得也。

愚兄平生最重农夫，新招佃地人，必须待之以礼。彼称我为主人，我称彼为客户，主客原是对待之义，我何贵而彼何贱乎？要体貌他，要怜悯他；有所借贷，要周全他；不能偿还，要宽让他。尝笑唐人《七夕》诗，咏牛郎织女，皆作会别可怜之语，殊失命名本旨。织女，衣之源也；牵牛，食之本也。在天星为最贵，天顾重之，而人反不重乎？其务本勤民，呈象昭昭可鉴矣。吾邑妇人，不能织绸织布，然而主中馈，习针线，犹不失为勤谨。近日颇有听鼓儿词，以斗叶为戏者，风俗荡轶，亟宜戒之。

吾家业地虽有三百亩，总是典产，不可久恃。将来须买田二百亩，予兄弟二人，各得百亩足矣，亦古者一夫受田百亩之义也。若再求多，便是占人产业，莫大罪过。天下无田无业者多矣，我独何人，贪求无厌，穷民将何所措足乎？或曰："世上连阡越陌，数百顷有余者，子将奈何？"应之曰："他自做他家事，我自做我家事，世道盛则一德遵王，风俗偷则不同为恶，亦板桥之家法也。"哥哥字。

登泰山记   [清]姚 鼐

泰山之阳，汶水西流；其阴，济水东流。阳谷皆入汶，阴谷皆入济。当其南北分者，古长城也。最高日观峰，在长城南十五里。

余以乾隆三十九年十二月，自京师乘风雪，历齐河、长清，穿泰山西北谷，越长城之限，至于泰安。是月丁未，与知府朱孝纯子颍由南麓登。四十五里，道皆砌石为磴，其级七千有余。泰山正南面有三谷，中谷绕泰安城下，郦道元所谓环水也。余始循以入，道少半，越中岭，复循西谷，遂至其巅。古时登山，循东谷入，道有天门。东谷者，古谓之天门溪水，余所不至也。今所经中岭及山巅崖限当道者，世皆谓之天门云。道中迷雾冰滑，磴几不可登。及既上，苍山负雪，明烛天南，望晚日照城郭，汶水、徂徕如画，而半山居雾若带然。

戊申晦，五鼓，与子颍坐日观亭，待日出。大风扬积雪击面。亭东自足下皆云漫，稍见云中白若樗蒱数十立者，山也。极天云一线异色，须臾成五采。日上，正赤如丹，下有红光，动摇承之。或曰：此东海也。回视日观以西峰，或得日，或否，绛皓驳色，而皆若偻。

亭西有岱祠，又有碧霞元君祠。皇帝行宫在碧霞元君祠东。是日，观道中石刻，自唐显庆以来，其远古刻尽漫失；僻不当道者，皆不及往。

山多石，少土。石苍黑色，多平方，少圆。少杂树，多松，生石罅，皆平顶。冰雪，无瀑水。无鸟兽音迹。至日观峰数里内无树，而雪与人膝齐。

桐城姚鼐记。

附录三　明清散文及其研究综述

明清时期在散文创作方面虽未出现像唐宋时韩、柳、欧、苏那样的文宗巨匠，但这时期散文流派众多，名家迭出，产生了许多传世佳作，为我国散文史增添了引人瞩目的新篇章。

明代散文的发展大体可分为三个阶段。

前期。明初宋濂、刘基、高启、方孝孺等人，都经历了元末的社会大动乱，丰富的生活阅历和深厚的文字功底，使他们的文章古朴深厚，风流标映，蔚然称盛。其中，宋濂用笔细致精练的传记文（如《王冕传》《秦士录》），刘基哲理深刻的寓言体散文（如《卖柑者言》），方孝孺醇深雄迈的政论文（如《读陈同甫上宋孝宗四书》）等，均内容充实，思想深刻，颇有生气。但至永乐年间，杨士奇、杨荣、杨溥等宰辅权臣倡导的"台阁体"主盟文坛，文章多半内容贫乏、文气冗弱。

中叶。为反对"台阁体"歌功颂德、点缀升平、粉饰现实的柔靡文风，弘治时以李梦阳、何景明为首的"前七子"，嘉靖时以李攀龙、王世贞为首的"后七子"，举起"复古"的大旗，提倡"文必秦汉，诗必盛唐"，以求诗文风气的革新。但是他们盲目尊古、刻意拟古，走上了食古不化的形式主义歧途，除宗臣的《报刘一丈书》等少数作品外，前后七子的散文鲜有佳作。

针对前后七子的拟古弊病，以王慎中、唐顺之、茅坤、归有光等为代表的"唐宋派"作家，提倡学习唐宋文章的法度，推崇韩、柳、欧、苏、曾、王等唐宋大家，主张应直抒胸臆，写出"真精神"，形成自己的面目。该派因茅坤所编《唐宋八大家文钞》而得名，而其中成就最高者为归有光。归有光把生活琐事引入古文，密切了古文与现实生活的联系。其文长于即事抒情，善用清新自然、细腻朴实的笔调记叙日常生活琐事，又善于细节描写，文章纡徐平淡，真切感人，不露情词而深情自显，不事雕饰而韵味自致。如《项脊轩志》《先妣事略》等，均体现了素材平常、语言淡朴、感情深挚的特点。

后期。这时期在思想界、文化界出现了许多新变革，涌现出了否定封建正统观念的批判思潮。徐渭、汤显祖的散文，已颇具晚明风格。至李贽，更是公开以"异端"自居，猛烈抨击程朱理学和一切伪道学。在文学上，李贽提倡"童心说"，认为"夫童心者，真心也"。只有表现"童心"，即与假隔绝，具有真情实感的文学才是真文学。李贽主要著作《焚书》《续焚书》《藏书》《续藏书》等，其中的许多作品，特别是议论文，思想解放，见解大胆深刻，闪耀批判锋芒；而在形式上，则大多短小精悍，尖锐泼辣。

李贽的思想与文风，给其后的"公安派"以深远的影响。袁宏道与其兄宗道、弟中道为公安（今属湖北）人，故被称为"公安派"。其中袁宏道的文学成就最高。他曾师从李贽，受其影响也最深。公安派反对拟古，提倡"性灵说"，主张诗文应当"独抒性灵，不拘格套"，强调作者真情实感的自然流露，即所谓"独抒己见，信心而言，寄口于腕"；强调做"真人"，写"真文"。他们的散文真情畅达，张扬个性，不拘格套，自然清新。特别是小品散文，无论是传状、书简还是序跋、游记等，大都清新俊逸，富有情趣，宛如朵朵奇花异葩，使明代小品文呈现出五彩缤纷之盛。公安派的"性灵说"及其创作，对于把文学从宋明理学禁锢下解放出来，抒

写喜怒哀乐等真情实感，提高散文的文学性与增强创作个性化，有着振衰起绝之功。袁宏道的《徐文长传》《与丘长孺书》等，均是抒写性灵的佳作。但是"性灵说"忽视社会实践对于创作的重要作用，把"性灵"神秘化，且从总体看题材较狭窄，内容欠深厚，文笔不免失于轻易。

晚明以竟陵（今属湖北）人钟惺、谭元春为代表的"竟陵派"，继承了"公安派"反"拟古主义"的传统，强调抒写性灵，但又欲以"幽情单绪""深幽孤峭"救其"俚俗"之弊，追求"奇趣别理"一类意境。但事与愿违，造成了更严重的形式主义弊端。

晚明时小品文大盛，这与当时文人的审美情趣发生变化有着重要的联系。著名的小品文作家有陈继儒、王思任、祁彪佳等，而小品文之集大成者，当推张岱。他的散文吸收唐宋散文之神髓，兼有魏晋笔记文的隽永和谐趣，既有公安派之清新，又有竟陵派之冷峭，寄寓深远，情味悠长。所著散文小品集《陶庵梦忆》和《西湖梦寻》，善于通过追记昔日的繁华胜景，描绘明代丰富多彩的风土人情和民俗，寄托家国兴亡的悲凉凄恻之感。各式技艺、名胜古刹、亭园楼台等，略经点染，便成至文；写人叙事无不生动传神。而尤可贵者，是张岱在描述岁时习俗、风土人情中时有批判现实的锋芒，熔写景、抒情、议论于一炉。鲁迅先生评价明末的小品"并非全是吟风弄月，其中有不平、有讽刺、有攻击，有破坏"（《南腔北调集·小品文的危机》），张岱无疑是最具代表性的作家。

明末以张溥、张采为首的"复社"在明末反宦官斗争中和以陈子龙为首的"几社"作家，在抗清复明的斗争中都写就不少慷慨激昂之作；夏完淳、张煌言等也留下了一些弘扬民族气节的名篇。

1644年清军入关，史可法、张煌言等抗清英雄的英勇事迹，激励了全国民众的抗清斗争。众多具有民族气节的知识分子，或投笔从戎，浴血抗战，或长歌当哭，挥笔著述。在这种天崩地解和激烈地反抗民族压迫的历史条件下，清初文坛一拉开序幕，便奏响了高亢激昂的爱国乐章。

顾炎武、黄宗羲、王夫之既是著名的思想家和

大学者,又是杰出的文学家。他们的散文,表彰忠义,提倡民族气节,抨击黑暗时弊,呼吁变革,文风朴实,是清初"学人之文"的代表。顾炎武以"文须有益于天下"为创作信条,其代表作《日知录》《天下郡国利病书》即以"明道""救世"为宗旨。黄宗羲的《明儒学案》,为中国重要的学术史著作,开浙东史学之先河;所著《明夷待访录》,对封建制度进行了系统的批判,堪称一部反封建的启蒙主义纲领性著作,其中如《原君》《原臣》诸篇,识见卓著,鞭辟入里,读之振聋发聩。王夫之著述宏富,《船山遗书》多达 358 卷。其散文表彰忠烈,抒写亡国之痛,纵横捭阖,气势雄肆。

侯方域、魏禧、汪琬的散文,则是清初"文人之文"的代表,《清史稿·文苑传》称他们为"国初三家"。侯方域的散文以传记见长,善于通过典型事例刻画人物性格,如《李姬传》《马伶传》等均广为流传。魏禧主张为文之道"在于积理而练识",即要注重生活的实践和积累,从中提炼主题,其散文《大铁椎传》,凌厉雄杰,寄托了怀才不遇的感慨。汪琬为文疏通畅达,明于辞义,其《周忠介公遗事》,揭露明末魏忠贤阉党残害忠良,迫害周顺昌、颜佩韦等人的丑行;而《江天一传》则歌颂了江天一抗清杀敌的英勇壮举,读之令人动容。

安徽桐城人方苞首创,中经刘大櫆的继承发展,到姚鼐而极盛的"桐城派",是清代最大的散文流派。二百多年间,桐城派作家逐步建立了一套较为完整的散文理论体系。方苞首创"义法"说,认为"义以为经而法纬之,然后为成体之文"。刘大櫆提出"神气"说,认为"行文之道,神为主,气辅之"。姚鼐则是桐城派文论的集大成者。他继承发展了"义法"说,主张应以"考据""辞章"为手段,阐扬儒家的"义理",强调"义理""考据""辞章"三者的统一;又发展了刘大櫆的"神气"说,提出"神理气味"与"格律声色"相统一的理论;还提出散文风格当"阴阳刚柔并行而不容偏废"的美学观。在创作上,桐城派作家未能取得与其散文理论相应的成就,但也有不少内容充实、文笔雅洁的作品。如方苞的《左忠毅公逸事》《狱中杂记》,姚鼐的《登泰山记》等,都是传世名篇。

乾隆后期,恽敬、张惠言等师承桐城派,但又对桐城古文的清规戒律不满,主张作文除取法儒家经典外,当兼参诸子百家与六朝文之长,以健其气势,救桐城空疏之弊。因恽敬、张惠言均是江苏阳湖(今武进)人,故世称"阳湖派"。

嘉庆、道光后,姚鼐的弟子管同、方东树、姚莹、梅曾亮等继承了桐城余绪,也有一些雅洁可读的散文。但桐城散文深受封建道统和程朱理学的严重束缚,艺术上也显得保守,故而日趋没落。

与桐城古文同时,清代的骈文也一直流行,从清初陈维崧到乾嘉之际的胡天游、汪中、洪亮吉、李兆洛等,都坚持骈文创作。其中汪中成就较高,他的《哀盐船文》《广陵对》《经旧苑吊马守真文》等,均广为传诵。

廖燕、郑燮、袁枚等人的散文,则在反对拟古主义,勇于突破形式主义文风的束缚上,显示了鲜明的个性特色。廖燕继承发扬了李贽的叛逆精神,其散文思想解放,标新立异,雄肆奔放。郑板桥反对"玩其词华颇赫烁,寻其义味无毫芒"的小儒之文和"胸罗万卷杂霸王,用之未必得实效"的名士之文,认为"千古好文章,只是即景即情,得事得理,固不必引经断律,称为辣手也"。所以其文大都言之有物,富于现实主义精神。其中家书、题画和序跋、碑记等,率真自然,情趣盎然,颇可一读。袁枚吸收明代公安派的"性灵说"并加以发挥,其散文于朴实平淡中饱含深情,如《祭妹文》《女弟素文传》等。

其他如沈复的自传体散文《浮生六记》,文笔淳朴,多用白描,但感情深挚,读来真切感人。清代散文在思想内容与题材的深度、广度上也不断有所开拓,如洪亮吉的《治平篇》,就是一篇具有远见卓识的论述人口问题的重要文章。

鸦片战争前夕,阶级矛盾日益尖锐,民族危机空前严重,中国从闭关自守的封建社会向半封建半殖民地社会转变。龚自珍、魏源等人奋起批判黑暗的社会现实,发出了改革图强的呼喊,他们充满爱国主义与启蒙思想的文章,开近代散文之新风。

近年来,我国对于明清散文的研究,呈现出前所未有的新景象。

首先,表现在对明清散文的总体和宏观研究上有新的突破。由季羡林先生任总编的十卷十二本《二十世纪中国文学研究》(北京出版社,2001年),收有明、清文学研究各一卷。钱仲联教授主编的《明清八大家文选丛书》(苏州大学出版社,2001年),则选录了刘基、归有光、王世贞、顾炎武、姚鼐、张惠言、龚自珍、曾国藩等八位明清大家,每人出一散文选本,八册共计200余万字,丛书涵盖了明清主要散文流派的各体创作,也展现了明清散文的多元风格。郭预衡教授的《中国散文史》(上海古籍出版社,2000年),是新中国成立以来篇幅最大(157万字),个人独立编著的中国散文史。

其次,表现在研究内容的丰富性与研究角度的多样性方面。就作家个体的研究而言,不光是宋濂、刘基、归有光、袁宏道、方苞、姚鼐等大家得到了进一步的研究,方孝孺、茅坤、张岱、黄宗羲、郑燮、袁枚、沈复等众多作家的散文也备受关注。就作家群体研究而言,散文流派、文学社团、地域文化和作家群、家族文学作家群等,均在研究者的视野之内,而尤以散文流派的研究成果最为突出,如复古派、公安派、桐城派等著名流派,都有大量的研究成果出现。就研究方法而言,以庸俗社会学的观点研究文学的方法已被扬弃,就文学论文学的方法也已不再有吸引力,而文学与社会、政治、宗教、哲学、艺术、民俗等的关系的研究已越来越受到重视。近几年的研究,已越来越关注历史—文化的整体发展趋向,注意研究作家的心理和艺术心态、作家的文学与生存环境、群体的交往、文学思潮的兴衰、艺术风格的嬗变,以及与当代社会的关系等。

参考书目

刘大杰编选《明人小品选》,上海古籍出版社1995年

《明人小品十家丛书》(徐渭、汤显祖、陈继儒、袁宗道、袁宏道、袁中道、钟惺、王思任、谭元春、张岱),文化艺术出版社1996年

夏咸淳编《明六十家小品精品》,上海社会科学院出版社1995年

欧明俊主编《明清名家小品精华》,安徽文艺出版社1996年

《明清性灵文学珍品》(六种五册),作家出版社1996年

[明]叶绍袁编《午梦堂集》,中华书局1998年

郭预衡《明清散文精选》,江苏古籍出版社1992年

王文濡《续古文观止》(清文选),百花洲文艺出版社1995年

情感道德·廉耻、廉洁

思考与练习

1. 明清是中国散文史上又一个辉煌时期,请概略说说其总的成就如何。

2. 就附录的《拙效传》写一篇400—600字的读后感。

二十四、古代戏曲

【总论】

元杂剧之为一代之绝作,元人未之知也。明之文人始激赏之,至有以关汉卿比司马子长者。三百年来,学者文人,大抵屏元剧不观。其见元剧者,无不加以倾倒。如焦里堂《易余籥录》之说,可谓具眼矣。焦氏谓一代有一代之所胜,欲自楚骚以下,撰为一集,汉则专取其赋,魏晋六朝至隋,则专录其五言诗,唐则专录其律诗,宋专录其词,元专录其曲。余谓律诗与词,固盛于唐宋,然此二者果为二代文学中最佳之作否,尚属疑问。若元之文学,则固未有尚于其曲者也。

元曲之佳处何在?一言以蔽之曰:自然而已矣。古今之大文学,无不以自然胜,而莫著于元曲。盖元剧之作者,其人均非有名位学问也;其作剧也,非有藏之名山,传之其人之意也。彼以意兴之所至为之,以自娱娱人。关目之拙劣,所不问也;思想之卑陋,所不讳也;人物之矛盾,所不顾也;彼但摹写其胸中之感想,与时代之情状,而真挚之理,与秀杰之气,时流露于其间。故谓元曲为中国最自然之文学,无不可也。若其文字之自然,则又为其必然之结果,抑其次也。

元剧最佳之处,不在其思想结构,而在其文章。其文章之妙,亦一言以蔽之曰:有意境而已矣。何以谓之有意境?曰:写情则沁人心脾,写景则在人耳目,述事则如其口出是也。古诗词之佳者,无不如是,元曲亦然。明以后其思想结构,尽有胜于前人者,唯意境则为元人所独擅。(王国维《宋元戏曲史·元剧之文章》)

戏剧方面的收获也相当的丰盛。明前期的杂剧与传奇,大体上是金元杂剧与宋元南戏的继续。到明后期就在内容与体裁上有新的变化,而传奇尤其有突出的进展,产生了汤显祖、李玉等重要作家。清继明后,还有洪昇、孔尚任诸大家,可与汤李并称。传奇发展的高潮,到清中叶始见低落。这时兴起了地方戏,成为一支生力军,它在鸦片战争以后还日渐壮大。(陆侃如、冯沅君《中国文学史简编》)

清代的戏曲,继明之后,又取得了辉煌的成就。这首先表现为清代涌现了一大批剧作家和作品,在明清两代总共大约四千四百多种戏曲作品中,清代作品多达二千四百种以上,而且传奇与杂剧并重;其次,表现为高质量的名作的问世,洪昇的《长生殿》和孔尚任的《桃花扇》,就是在明代汤显祖《牡丹亭》之后中国戏剧史上成就最高的作品。另外,从中国古代戏曲发展史来看,清代戏曲,正是从元明以来的兴盛繁荣走向衰落的重要转折阶段。(郭预衡《中国文学史》第八编第三章)

关汉卿

关汉卿,号已斋叟。元大都人。约生于蒙古灭金(1234)以前,卒于元成宗大德年间(1297—1307)。曾任太医院尹。不乐仕进,后专事杂剧创作与演出,为我国元杂剧的奠基人。元成宗元贞、大德年间,与杂剧作家白朴、赵子祥等组织玉京书会,并和杂剧作家杨显之、费君祥及散曲作家王和卿、女艺人珠帘秀等交好。一生创作杂剧约67种,现存18种,题材广泛,包括历史人物、民间传说、社会问题,尤擅长表现下层妇女的悲惨境遇及其斗争精神。《窦娥冤》《救风尘》《单刀会》为其代表作。其散曲作品现存小令40余首,套曲10余套。王国维曾评他:"一空依傍,自铸伟词,而其言曲尽人情,字字本色,故当为元人第一。"(《宋元戏曲史》)

【集评】

元以曲取士,设十有二科,而关汉卿辈争挟长技自见。至躬践排场,面傅粉墨,以为我家生活,偶倡优而不辞者,或西晋竹林诸贤托杯酒自放之意,予不敢知。([明]臧懋循《元曲选·自序二》)

而诸君如贯酸斋、马东篱、王实甫、关汉卿、张可久、乔梦符、郑德辉、宫大用、白仁甫辈,咸富有才情,兼喜声律,以故遂擅一代之长。([明]王世贞《曲藻·自序》)

单刀会·第四折

(鲁肃上,云)欢来不似今朝,喜来那逢今日。小官鲁子敬是也。我使黄文去请关公,欣喜许今日赴会。荆襄地合归还俺江东。英雄甲士已暗藏壁衣之后。今江上相候,见舡到便来报我知道。

(正末关公引周仓上,云)周仓,将到那里也?(周云)来到大江中流也。(正云)看了这大江,是好一派江水也呵!(唱)

【双调新水令】①大江东去浪千叠,引着这数十人,驾着这小舟一叶,又不比九重龙凤阙,可正是千丈虎狼穴。大丈夫心别,我觑这单刀会似赛村社。

(云)好一派江景也呵!(唱)

【驻马听】水涌山叠,年少周郎何处也?不觉的灰飞烟灭!可怜黄盖转伤嗟,破曹的樯橹一时绝,鏖兵的江水由然热,好叫我情惨切!(云)这也不是江水,(唱)二十年流不尽的英雄血!

---

① 〔双调新水令〕:此为宫调名加曲牌名。元杂剧三、四折惯用双调,且〔新水令〕后多紧接〔驻马听〕。

（云）却早来到也，报伏去。（卒报科，做相见科）（鲁云）江下小会，酒非洞里之长春，乐乃尘中之菲艺①，猥劳君侯屈高就下②，降尊临卑，实乃鲁肃之万幸也！（正云）量某有何德能，着大夫置酒张宴？既请必至。（鲁云）黄文，将酒来。二公子满饮一杯。（正云）大夫饮此杯。（把盏科）（正云）想古今，咱这人过日月好疾也呵！（鲁云）过日月是好疾也。光阴似骏马加鞭，浮世似落花流水。（正唱）

【胡十八】想古今立勋业，那里也舜五人，汉三杰③，两朝相隔数年别。不付能见者④，却又早老也！开怀的饮数杯。（云）将酒来，（唱）尽心儿待醉一夜。

（把盏科）（正云）你知以德报德，以直报怨么⑤？（鲁云）既然将军言以德报德，以直报怨，借物不还者为之怨。想君侯文武全才，通练兵书，习《春秋》《左传》，济拔颠危，匡扶社稷，可不谓之仁乎？待玄德如骨肉，觑曹操若仇雠，可不谓之义乎？辞曹归汉，弃印封金，可不谓之礼乎？坐服于禁，水淹七军，可不谓之智乎？且将军仁义礼智俱足，惜乎止少个信字，欠缺未完。再若全个信字，无出军侯之右也。（正云）我怎生失信？（鲁云）非将军失信，皆因令兄玄德公失信。（正云）我哥哥怎生失信来？（鲁云）想昔日玄德公败于当阳之上，身无所归，因鲁肃之故，屯军三江夏口；鲁肃又与孔明同见我主公，即日兴师拜将，破曹兵于赤壁之间。江东所费巨万，又折了首将黄盖。因将军贤昆玉无尺寸地⑥，暂借荆州，以为养军之资。数年不还，今日鲁肃低情曲意，暂取荆州，以为救民之急；待仓廪丰盈，然后再献于将军掌领。鲁肃不敢自专，君侯台鉴不错。（正云）你请我吃筵席来，那是索荆州来？（鲁云）没、没、没，我则这般道；孙刘结亲，以为唇齿，两国正好和谐。（正唱）

【庆东原】你把我真心儿待，将筵席设，你这般攀今揽古，分甚枝叶？我跟前使不着你之乎者也、诗云子曰，早该豁口截舌⑦！有意说孙、刘，你休目下翻成吴、越⑧。

（鲁云）将军原来傲物轻信。（正云）我怎么傲物轻信？（鲁云）当日孔明亲言，破曹之后，荆州即还江东。鲁肃亲为代保。不思旧日之恩，今日恩变为仇，犹自说以德报德，以直报怨。圣人道："信近于义，言可复也。"⑨去食去兵，不可去信⑩"大车无辁，小车无軏，⑪其何以行之哉？"今将军全无仁义之心，枉作英雄之辈。荆州久借不还，却不道"人无信不立"！（正云）鲁子敬，你听的这剑界么？⑫（鲁云）剑界怎么？（正云）我这剑界，头一遭诛了文丑，第二遭斩了蔡阳。鲁肃呵，莫不第三遭到你也？（鲁云）没、没，我则这般道来。（正云）这荆州是谁的？（鲁云）这荆州是俺的。（正云）你不知，听我说。（唱）

【沉醉东风】想着俺汉高皇图王霸业，汉光武秉正除邪，汉献帝将董卓诛，汉皇叔把温侯灭；俺哥哥合情受汉家基业。则你这东吴国的孙权，和俺刘家却是甚枝叶？请你个不克己的先生自说。

---

① "酒非"二句：长春，传说中仙酒名。菲艺，低俗的技艺。二句意为我这里没有好酒，也没有出色的歌舞技艺。 ② 猥：卑下意。此表谦恭。 ③ "舜五人"句：舜五人，指舜的五个贤臣：禹、弃、契、皋陶、垂。汉三杰，指汉的张良、韩信、萧何。 ④ 不付能：好不容易的意思。 ⑤ "以德"句：语出《论语·宪问》，意为用恩德报答别人的好处，用公正对待别人的怨恨。 ⑥ 贤昆玉：昆玉指兄弟，此指刘关张三人。 ⑦ 豁口截舌：应当豁开口，割掉舌，表示怪他多嘴。 ⑧ 吴越：春秋时吴国和越国，意为敌对的国家。 ⑨ "信近"句：语出《论语·学而》。指守信用与义接近，他的话可以用行动来印证。 ⑩ "去食"句：语出《论语·颜渊》。意为可以没有军粮没有武器，不可没有信用。 ⑪ "大车"句：语出《论语·为政》。大车指牛车，小车指马车，车前均有驾车的横木，木上有活塞，大车上的叫辁，小车上的叫軏，若缺此器件车就不能出行。 ⑫ 剑界：即剑戒。指宝剑发出警诫声。

（鲁云）那里甚么响？（正云）这剑界二次也。（鲁云）却怎么说？（正云）这剑按天地之灵，金火之精，阴阳之气，日月之形；藏之则鬼神遁迹，出之则魑魅潜踪；喜则恋鞘沉沉而不动，怒则跃匣铮铮而有声。今朝席上，倘有争锋，恐君不信，拔剑施呈。吾当摄剑，鲁肃休惊。这剑，果有神威不可当，庙堂之器岂寻常；今朝索取荆州事，一剑先教鲁肃亡！（唱）

【雁儿落】只为你三寸不烂舌，恼犯我三尺无情铁。这剑，饥餐上将头，渴饮仇人血。

【得胜令】则是条龙向鞘中蛰①，虎在坐间踅。今日故友每才相见，休着俺弟兄每相间别②。鲁子敬听者：你心内休乔怯③；畅好是随邪④，吾当酒醉也。

（鲁云）臧官动乐。（臧官上，云）天有五星，地攒五岳⑤，人有五德，乐按五音。五星者：金、木、水、火、土。五岳者：常、恒、泰、华、嵩。五德者：温、良、恭、俭、让。五音者：宫、商、角、徵、羽⑥。（甲士拥上科）（鲁云）埋伏了者！（正击案，怒云）有埋伏也无埋伏？（鲁云）并无埋伏。（正云）若有埋伏，一剑挥之两断。（做击案科）（鲁云）你击碎菱花。（正云）我特来破镜。（唱）

【搅筝琶】却怎生闹炒炒军兵列，休把我拦当者。（云）当着我的，呵呵！（唱）我着他剑下身亡，目前流血。便有那张仪口、蒯通舌⑦，休那里躲闪藏遮。好生的送我到船上者，我和你慢慢的相别。

（鲁云）你去了，倒是一场伶俐。（黄文云）将军，有埋伏里！（鲁云）迟了我的也。（关平领众将上，云）请父亲上舡，孩儿每来迎接里。（正云）鲁肃，休惜殿后。（唱）

【离亭宴带歇拍煞】我则见紫袍银带公人列，晚天凉风冷芦花谢。我心中喜悦。昏惨惨晚霞收，冷飕飕江风起，急飐飐帆招惹。承管待，承管待。多承谢，多承谢。唤梢公慢者，缆解开岸边龙，舡分开波中浪，棹搅碎江心月。正欢娱有甚进退，且谈笑不分明夜。说与你两件事，先生记者：百忙里趁不了老兄心，急且里倒不了俺汉家节。

【汇评】

《吴志·鲁肃传》：先主使关羽争三郡，肃住益阳，与羽相拒。肃邀羽相见，各驻兵马百步上，但诸将军单刀俱会。肃因责数羽曰："国家区区本以土地借卿家者，卿家军败远来，无以为资故也。今已得益州，即无奉还之意，但求三郡，又不从命。"语未究竟，坐有一人曰："夫土地者惟德所在耳，何常之有！"肃厉声呵之，辞色甚切。羽操刀起，谓曰："皆国家事，是人何知。"目使之去。按，今元人所撰《单刀会》杂剧本此，盖肃传本实录，而司马氏《通鉴》据《吴书》修辑，以肃欲与羽会语，诸将疑有变，肃不从而往，而所记羽语殊俚陋，不类云长。盖《吴书》乃自尊其国，非实录也。本肃邀羽相见，故羽操刀起，岂得云肃欲往，疑羽有变乎？裴松之辩驳最明，独此注引《吴书》而略无是正，亦大愦愦。司马据之，尤为疏也。

赤壁破曹，玄德功最大。考《昭烈传》："与曹公战于赤壁，大破之。"《操传》："公至赤壁，与备战不

---

① 蛰：动物冬眠状态，比喻藏匿不出。　② 间别：离间，断绝。　③ 乔怯：假装害怕。　④ 随邪：歪斜，不正经。
⑤ 攒：积聚。　⑥ 羽：此为关羽名讳。臧官念"五音"念到羽字，意含双关，不避关羽名讳，对关羽不敬，实为暗号，所以甲士拥上。下文关羽说"我特来破镜"（鲁肃字子敬）以为对等还击。　⑦ 张仪、蒯通：均为著名辩士。张仪，战国魏人，曾游说六国以连横事秦。蒯通，韩信曾用其计平定齐地。

大学语文（全编本）DA XUE YU WEN QUAN BIAN BEN

利。"而不言周瑜及鲁肃。传俱言与备并力；陈寿书《诸葛传》后亦言权遣兵三万助备，备得用与曹公交战，大破其军。则当日战功可见。今率归重周瑜，与陈寿志不甚合。余别详之。

　　元词人关汉卿撰《单刀会》杂剧，虽幻妄，然《鲁肃传》实有单刀俱会之文，犹实于明烛也。（〔明〕胡应麟《少室山房笔丛》卷四一）

【赏析】

　　《单刀会》，全名《关大王独赴单刀会》，是关汉卿作品中一出著名的历史剧。在《三国演义》成书前，当时的书场和戏剧舞台上演绎着许多三国故事，此剧即为其中的佼佼者，至今仍为京剧红生戏的著名剧目。

　　戏中描写鲁肃为索取荆州，约请关羽过江赴会，并想在席间暗害关羽。事前他曾与司马徽、乔国老商议，遭到他们的反对。但鲁肃不听劝告，一意孤行。第四折即从此处展开，表现关羽单刀过江赴会的情景，是全剧的高潮。

　　从结构上看，全折共组织了九支曲牌，使用双调，元杂剧中用此宫调者第一支曲常用〔新水令〕，第二支紧接〔驻马听〕。本曲最后用〔歇拍煞〕，在用曲牌数量上和用法上均符合惯例。剧中只有男主角关羽唱，是典型的末本戏。

　　从节奏上看，曲中表现的气势前紧后松，情绪呈现高、低、高的马鞍形变化。尤其前两支曲，〔双调新水令〕〔驻马听〕气势非凡，大气磅礴，历来为人称赏。若与苏轼的《念奴娇·赤壁怀古》参读，更觉此曲声情激越，显示出关羽对以往英雄的凭吊叹惋、"自古知兵非好战"的正义感以及敢闯龙潭虎穴的大无畏英雄气概。

　　从人物塑造上看，关汉卿虽为本色派作家，但也尽情地驱词遣句，塑造了一个真实、伟大的英雄。以关羽诛文丑、斩蔡阳的胆略和武功，单刀赴会自是无所畏惧，但面对长年征战不绝、与东吴即将决裂的局面，面对大江东去滔滔滚滚的场景，关羽不禁感慨万千，既有英雄相惜的"惨切"，又有为蜀中事业前赴后继的气魄。在对白和唱词中，关羽一方面表现出珍惜蜀吴长期以来的良好关系、与鲁肃的多年友谊，另一方面也表现出全力维护西蜀利益和荣誉的决心。关羽首先在气势上用以往威名压倒对方；其次，在西蜀正统问题上当仁不让；再次，在语言交锋中你有来言我有去语，毫不退缩，终于压住鲁肃使其不敢擅动伏兵。其中运用有理、有利、有节的策略，堪为外交典范。在戏的最后，关羽以大勇大智冲破埋伏，胜利踏上归程，内心无比喜悦，"昏惨惨晚霞收、冷飕飕江风起"掩不住欢快之情，所以在唱词中不但有排比句，而且有重唱，并辅以短句，形成顺畅欢快、一吐胸中郁闷的感觉。结尾更以对鲁肃的调侃突出关羽的英雄形象。

（徐子方）

汤显祖

汤显祖(1550—1616),字义仍,号若士、海若、海若士,晚年号茧翁,自署清远道人。江西临川(今江西抚州)人。明代中叶著名戏曲作家、文学家。出生于书香世家,十三岁起先后受学于乡人徐良溥和罗汝芳,二十一岁中举,并以善写时文而名传天下,被称为当代举业八大家之一。但因拒绝权相张居正的延揽,先后四次应试皆未第,直到三十四岁,即张居正去世后第二年,才考中进士,先后任南京太常寺博士、詹事府主簿、南京礼部祠祭司主事。万历十九年(1591)因上疏抨击朝政,触怒皇帝与权贵,被贬为广东徐闻典史,两年后调任浙江遂昌知县。万历二十六年(1598)弃官回到临川。汤显祖在思想上接受了泰州学派的学说,崇尚真性情,反对程朱理学对人性的束缚。在戏曲创作上,主张以意趣神色为主,反对死守曲律。一生作有《紫箫记》《紫钗记》《牡丹亭》《南柯记》《邯郸记》等五种传奇,《紫钗记》是在《紫箫记》的基础上修改而成的,故实为四种,合称《临川四梦》或《玉茗堂四梦》。诗文有《玉茗堂全集》。

【集评】

吾朝杨用修长于论词,而不娴于造曲;徐天池《四声猿》能排突元人,长于北而又不长于南;独汤临川最称当行本色。以《花间》《兰畹》之余彩,创为《牡丹亭》,则翻空转换极矣。(〔明〕陈继儒《晚香堂小品》卷二二《牡丹亭题词》)

汤海若初作《紫钗》,尚多痕迹;及作《还魂》,灵奇高妙,已到极处。《蚁梦》《邯郸》,比之前剧,更能脱化一番,学问较前更进,而词学较前反为削色。盖《紫钗》则不及,而"二梦"则太过,过犹不及,故总于《还魂》逊美也。(〔明〕张岱《琅嬛文集》卷三《答袁箨庵》)

《还魂》如莺惜春残,雁哀月冷,《离骚》之遗绪也。(〔清〕陆次云《北墅绪言》)

愚谷老人云:"汤若士先生作《四梦》,最后作《牡丹亭》,称今古绝唱。然于字句间,其增减处未谐于谱,时伶难之,遂有起而删改之者,临川乃兴'不是王维旧《雪图》'之叹。"(〔清〕姚燮《今乐考证》著录六)

牡丹亭·游园①

【商调引子】【绕地游】②(旦上)③梦回莺啭,乱煞年光遍④。人立小庭深院。(贴)⑤

---

① 《牡丹亭·游园》:《牡丹亭》,又名《还魂记》,写南宋时南安太守杜宝之女杜丽娘因情入梦,梦遇书生柳梦梅,又因梦而死,死而复生,后终与柳梦梅结为夫妇。全剧共五十五出,《游园》是第十出《惊梦》中的前半出,杜丽娘在春香的陪伴下,背着父母,来到后花园游玩赏春。 ②〔商调引子〕〔绕地游〕:商调,戏曲宫调名,相当于西洋音乐中的D调。引子:南曲曲调分为引子、过曲、尾声三大类,引子为散板曲,〔绕地游〕即为引子。凡生、旦等角色上场,一般先唱引子。 ③旦:戏曲角色名,扮演剧中的女主角。 ④乱煞年光遍:到处是撩乱人心的春光。 ⑤贴:戏曲角色名,贴旦的省称,剧中次要的女性角色。

炷尽沉烟①,抛残绣线,恁今春关情似去年?②

〔乌夜啼〕③(旦)晓来望断梅关,宿妆残④。(贴)你侧着宜春髻子恰凭栏⑤。(旦)"剪不断,理还乱"⑥,闷无端。(贴)已吩咐催花莺燕借春看。(旦)春香,可曾叫人扫除花径?(贴)吩咐了。(旦)取镜台衣服来。(贴取镜台衣服上)"云髻罢梳还对镜,罗衣欲换更添香"⑦。镜台衣服在此。

【步步娇】(旦)袅晴丝吹来闲庭院,摇漾春如线⑧。停半晌⑨,整花钿⑩,没揣菱花,偷人半面,迤逗的彩云偏⑪。(行介)步香闺怎便把全身现!

(贴)今日穿插的好。

【醉扶归】(旦)你道翠生生出落的裙衫儿茜,艳晶晶花簪八宝填,可知我常一生儿爱好是天然⑫。恰三春好处无人见⑬,不提防沉鱼落雁鸟惊喧⑭,则怕的羞花闭月花愁颤⑮。

(贴)早茶时了,请行。(行介⑯)你看:画廊金粉半零星,池馆苍苔一片青。踏草怕泥新绣袜,惜花疼煞小金铃⑰。(旦)不到园林,怎知春色如许!

【皂罗袍】原来姹紫嫣红开遍⑱,似这般都付与断井颓垣⑲。良辰美景奈何天,赏心乐事谁家院⑳!恁般景致㉑,我老爷和奶奶再不提起。(合)朝飞暮卷,云霞翠轩;雨丝风片,烟波画船㉒。锦屏人忒看的这韶光贱㉓!

(贴)是花都放了㉔,那牡丹还早。

【好姐姐】(旦)遍青山啼红了杜鹃㉕,荼蘼外烟丝醉软㉖。春香呵,牡丹虽好,他春归怎占的先!(贴)成对儿莺燕呵!(合)闲凝眄㉗,生生燕语明如剪,呖呖莺歌溜的圆㉘。

(旦)去罢。(贴)这园子,委是观之不足也。(旦)提他怎的?(行介)

---

①炷尽沉烟:炷(zhù),焚烧。沉烟,香料名,亦称沉香、沉水香。 ②"恁今春"句:意谓为何今年对春光的关切之情胜过去年。 ③〔乌夜啼〕:词牌名,传奇中的词牌属宾白,用于念诵。 ④"晓来"二句:望断,望尽,远望。梅关,在今江西大庾岭上。宿妆,隔夜的装束。残,零乱。 ⑤宜春髻子:旧俗立春日,妇女剪彩绸作燕子状,戴在发髻上,上写"宜春"二字,见《荆楚岁时记》。 ⑥"剪不断"二句:语见南唐后主李煜《乌夜啼》词。 ⑦"云髻"二句:语见唐薛逢《宫词》诗。 ⑧"袅晴丝"二句:袅晴丝,昆虫吐出的丝缕在晴空中飘荡。袅,飘忽摇曳。摇漾,摇动荡漾。 ⑨半晌(shǎng):好半天,好大一会儿。 ⑩花钿(diàn,又读tián):古时妇女的首饰,即花钗。 ⑪"没揣"三句:没揣(chuǎi),"没揣的"省文,没在意,突然。菱花,古时铜镜背面铸有菱花以为饰,称菱花镜,也以菱花代称镜子。偷人半面,意谓在镜子中照见了自己的半个面容。迤(原读tuō,今读yǐ)逗(dòu),挑逗,引诱。彩云,对女子头发的美称。 ⑫"你道"三句:翠生生,色彩鲜艳貌。出落,显现,衬托。茜(qiàn),红色。艳晶晶,光彩明亮的样子。花簪八宝填,用多种宝石镶嵌的簪子。八宝,多种宝石。填,镶嵌。天然,不加修饰的自然美。 ⑬三春好处:比喻自己的青春美貌和情思。 ⑭沉鱼落雁典出《庄子·齐物论》,本谓鱼与鸟不辨美丑,唯知见人惊避。后世用以形容女子貌美。 ⑮羞花闭月:形容女子貌美,意谓花儿、月亮见了自愧不如而不敢开放或躲进云中。 ⑯介:戏曲术语,指动作或舞台效果。 ⑰"惜花"句:唐明皇之兄宁王爱花,春天时用红丝绳将金铃系在花枝上,有鸟雀飞来,便牵动金铃惊散鸟雀。见《开元天宝遗事》。 ⑱姹(chà)紫嫣(yān)红:形容鲜花盛开,万紫千红。 ⑲断井颓垣:枯竭的废井,倒塌的院墙。 ⑳"良辰"二句:化用谢灵运《拟魏太子邺中集诗序》"天下良辰美景,赏心乐事,四者难并"之语,意谓大好春光,美丽景色,无人欣赏,有负苍天;能使人赏心悦目,快意当前的,又在哪一家呢? ㉑恁般:如此,这样。 ㉒"朝飞"四句:朝飞暮卷,化用唐代王勃《滕王阁》诗"画栋朝飞南浦云,珠帘暮卷西山雨"之意。翠轩,装饰华丽的亭台楼阁。雨丝风片,微风细雨。 ㉓"锦屏人"句:锦屏人,深闺中的女子。忒,太。韶光,春光。 ㉔是:所有的。 ㉕啼红了杜鹃:开遍了红色的杜鹃花。民间传说杜鹃鸟为古蜀帝杜宇所化,每到春天,昼夜悲鸣不止,直至口中流血。见晋常璩《华阳国志·蜀志》。 ㉖荼蘼(tú mí):一种落叶灌木,晚春开花,花白色。 ㉗凝眄(miǎn):注视。 ㉘"生生"二句:生生,形容燕子清脆的鸣叫声。明,明快。剪,形容清脆。呖呖,形容黄莺柔美的叫声。溜的圆,鸣叫声圆润婉转。

【隔尾】观之不足由他缱①，便赏遍了十二亭台是枉然，倒不如兴尽回家闲过遣②。

（作到介）（贴）开我西阁门，展我东阁床③。瓶插映山紫④，炉添沉水香。

小姐，你歇息片时，俺瞧老夫人去也。（下）

【汇评】

若士自谓一生"四梦"，得意处惟在《牡丹》，情深一叙，读未三行，人已魂销肌栗，而安顿出字，亦自确妙不易。其款置数人，笑者真笑，笑即有声；啼者真啼，啼即有泪；叹者真叹，叹即有气。杜丽娘之妖也，柳梦梅之痴也，老夫人之软也，杜安抚之古执也，陈最良之雾也，春香之贼牢也，无不从筋节窍髓，以探其七情生动之微也。（〔明〕王思任《批点玉茗堂〈牡丹亭〉词叙》）

汤义仍《牡丹亭梦》一出，家传户诵，几令《西厢》减价。奈不谐曲谱，用韵多任意处，乃才情自足不朽也。（〔明〕沈德符《万历野获编》卷二十五《词曲》）

汤若士《还魂》一剧，世以配飨元人，宜也。问其精华所在，则以《惊梦》《寻梦》二折对。余谓二折虽佳，犹是今曲，非元曲也。《惊梦》首句云："袅晴丝飞来闲庭院，摇漾春如线。"以游丝一缕，逗起情丝，发端一语，则费如许深心，可谓惨淡经营矣。然听歌《牡丹亭》者，百人之中，有一二人解出此意否？若谓制曲初心，并不在此，不过因所见以起兴，则瞥见游丝，不妨直说，何须曲而又曲，由晴丝而说及春，由春与晴丝而悟其如线也？若云作此原有深心，则恐索解人不易得矣。索解人既不易得，又何必奏之歌筵，俾雅人俗子同闻而共见乎？其余"停半晌，整花钿，没揣菱花，偷人半面"，及"良辰美景奈何天，赏心乐事谁家院"，"遍青山啼红了杜鹃"等语，字字俱费经营，字字皆欠明爽。此等妙语，止可作文字观，不得作传奇观。（〔清〕李渔《闲情偶寄·词曲部·词采第二》）

【赏析】

《牡丹亭》表现了"情"与"理"的矛盾冲突，描写了"情"对"理"的反抗。杜丽娘是"情"的化身，游园则是杜丽娘对封建势力的反抗。当她在春香的引逗下，来到了后花园，大自然的美丽景色，唤醒了她的青春活力，产生了要求摆脱封建礼教束缚的强烈愿望。〔绕地游〕〔步步娇〕〔醉扶归〕三曲描写了杜丽娘游园前的心情，既写了她对美好春光的向往与对青春的热爱，同时也形象地表现了她初出深闺所产生的彷徨与娇羞。黄莺的鸣声唤醒了杜丽娘的春情，春天的晴丝勾起了她内心的"情"丝，面对缭乱的春光，她已不满足于被父母禁锢在"小庭深院"中，要背着父母，去后花园游玩赏春。然而由于长期受到父母的管教和封建礼教的束缚，此时心里还有所顾忌，作者通过她在打扮时的几个典型动作："停半晌，整花钿，没揣菱花，偷人半面，迤逗的彩云偏"，十分细腻形象地刻画了她欲行又止、彷徨犹豫的心理状态。内心经过一番斗争后，"情"终于战胜了"理"，走出深闺，来到了后花园。〔皂罗袍〕〔好姐姐〕〔隔尾〕三曲是杜丽娘游园时所唱，既描写了明媚烂漫的春色，也表现了杜丽娘内心的感伤之情以及对封建礼教束缚的强烈不满。满园都是"姹紫嫣红"，然而这么美好的春光，却"都付与断井颓垣"。触景生情，杜丽娘由此想到了自己

---

① 缱（qiǎn）：缠绵，留恋。　② 过遣：打发时光。　③ "开我"二句：语本《木兰辞》："开我东阁门，坐我西阁床。"
④ 映山紫：亦称映山红，杜鹃花的一种。

的不幸遭遇,虽年已及笄,但父母的严厉管教和封建礼教的束缚,使她不能"早成佳配,诚为虚度青春"。因此,在她看来,良辰美景虚设,"锦屏人忒看的这韶光贱!"即使是赏遍了所有的亭台楼阁,也终是枉然,只能给自己带来无穷的愁闷与感伤。游园本是为了消愁解闷,不料这春光引发了她内心的春情,激化了与封建礼教的矛盾。因此,越游愁越重,内心的感伤和怨恨已经到了无法排解的程度,这也就为下半出的"惊梦"做了铺垫。作者采用寓情于景、以景衬情的表现手法,明写春景,暗寓春情,情景交融,并且通过特定的细节描写来刻画人物的心理活动,生动地展现了杜丽娘内心对美好爱情的向往和对封建礼教的强烈怨恨。语言华丽优美,化用前人成句,贴切自然,具有剧诗的特色。

(俞为民)

附录一 金元散曲选

双调·小圣乐·骤雨打新荷
[金]元好问

绿叶阴浓,遍池亭水阁,偏趁凉多。海榴初绽,朵朵蹙红罗。老燕携雏弄语,对高柳鸣蝉相和。骤雨过,似琼珠乱撒,打遍新荷。　人生百年有几？念良辰美景,休放虚过。穷通前定,何用苦张罗。命友邀宾玩赏,对芳樽浅酌低歌。且酩酊,任他两轮日月,来往如梭。

双调·蟾宫曲·咏西湖
[元]奥敦周卿

西湖烟水茫茫,百顷风潭,十里荷香。宜雨宜晴,宜西施淡抹浓妆。尾尾相衔画舫,尽欢声无日不笙簧。春暖花香,岁稔时康。真乃"上有天堂,下有苏杭。"

越调·凭栏人·寄征衣 [元]姚燧

欲寄征衣君不还,不寄征衣君又寒。寄与不寄间,妾身千万难。

双调·水仙子·夜雨 [元]徐再思

一声梧叶一声秋,一点芭蕉一点愁,三更归梦三更后。落灯花棋未收,叹新丰孤馆人留。枕上十年事,江南二老忧,都到心头。

* 此首一作明施绍莘作。

黄钟·人月圆·山中书事 [元]张可久

兴亡千古繁华梦,诗眼倦天涯。孔林乔木,吴宫蔓草,楚庙寒鸦。　数间茅舍,藏书万卷,投老村家。山中何事？松花酿酒,春水煎茶。

双调·蟾宫曲·自嗟 [元]周德清

倚蓬窗无语嗟呀,七件儿全无,做什么人家！柴似灵芝,油如甘露,米若丹砂;酱瓮儿恰才梦撒,盐瓶儿又告消乏;茶也无多,醋也无多。七件事尚且艰难,怎生教我折柳攀花！

双调·雁儿落带得胜令·退隐
[元]张养浩

云来山更佳,云去山如画。山因云晦明,云共山高下。倚仗立云沙,回首看山家。野鹿眠山草,山猿戏野花。云霞,我爱山无价。看时行踏,云山也看咱。

中吕·山坡羊·道情　［明］宋方壶

青山相待,白云相爱,梦不到紫罗袍共黄金带。一茅斋,野花开。管甚谁家兴废谁成败,陌巷箪瓢亦乐哉。贫,气不改;达,志不改。

南双调·锁南枝·傻俊角　［明］无名氏

傻俊角,我的哥,和块黄泥捏咱两个。捏一个儿你,捏一个儿我。捏的来一似活托,捏的来同床上歇卧。将泥人儿摔碎,着水儿重和过。再捏一个你,再捏一个我。哥哥身上也有妹妹,妹妹身上也有哥哥。

北中吕·一半儿·金山　［清］朱彝尊

城头残角戍楼开,天际征鸿丁字排,携手试登山上台。暮潮来,一半儿江声一半儿海。

道情·时文叹　［清］徐大椿

读书人,最不济;烂时文,烂如泥。国家本为求才计,谁知道变作了欺人计。三句承题,两句破题,摆尾摇头,便是圣门高弟。可知道三通四史是何等文章,汉祖唐宗是那朝皇帝?案头放高头讲章,店里买新科利器。读得来肩背高低,口角嘘唏。甘蔗渣儿嚼了又嚼有何滋味?辜负光阴,白白昏迷一世。就教他骗得高官,也是百姓朝廷的晦气。

附录三　元代杂剧、散曲综述

元代杂剧和散曲统称为元曲,在音乐史上亦称元代北曲。在历史上,元曲与唐诗、宋词一道被视作"一代之文学"(王国维语),亦即元代文学的代表。

元杂剧源出于金代的院本和诸宫调,公元13世纪中叶在蒙古统治的北中国地区开始形成。平阳、汴京(开封)、大都,先后作为杂剧创作和演出的集散地。大都后来作为元王朝的首都,在杂剧艺术的发展中占有独特的地位,被公认为是元前期杂剧的中心。忽必烈灭南宋统一全国后,大批原来活跃在北方的一流杂剧作家纷纷南下游历或定居,杂剧创作和演出的中心因而南移至原南宋都城临安(今杭州),成为风行全国的文艺形式,然就此也由于种种原因开始由繁盛走向了衰落。

元杂剧的音乐体制采用曲牌联套形式,每本四折,借用近代戏剧语言,即四幕戏,分别演唱四套不同宫调的曲子,必要时另加序幕或过场戏,旧称楔子,亦即传统上所说的四折一楔子体制。当然亦有变格,如少数的五折、六折、二楔子等等,更有如《西厢记》的多本多折戏。其角色分为末、旦、净、杂诸类。每本由一位演员主唱,正末(男主角)主唱者称为末本,正旦(女主角)主唱者称为旦本。动作提示称"科",小道具称"砌末"。处处显示了早期戏曲的特点,与今天戏曲舞台体制有明显的差异。

元散曲是元代最活跃的新诗体,也是当时文人学士和世俗大众雅俗共赏、喜闻乐见的一种通俗艺术形式。由于都使用北曲,音乐体制与杂剧相同,故合称元曲。不同仅在于一为代言体戏剧,一为演唱体歌诗。

就形式而言,散曲分为小令、套数、带过曲三种类型。小令为单个的只曲,如〔越调·天净沙〕《秋思》;套数指由同一宫调的若干支曲调按照既定的规律顺序连缀而成的组曲,如〔般涉调·哨遍〕《高祖还乡》;至于带过曲,则介于小令和套数之间,由二至三支同宫调而音律衔接的曲牌连接而成。带过曲必须一韵到底,最多不超过三调,通常如〔雁儿落过得胜令〕〔骂玉郎过感皇恩采茶歌〕等等。

由于和音乐关系密切,元杂剧和元散曲都曾被称为乐府。但和历史上宫廷音乐官署采风观俗的乐府诗歌不同,元曲并没有得到封建统治者的重视,其地位也不能同唐诗、宋词等雅文学相比,故历来散佚很多。杂剧见于记载者计737种,今尚存仅218种,散曲存小令3800多首,套数450多套,散佚者更不知多少。至于作家,今知杂剧领域有100余人,散曲领域200余人,其中相当一部分是兼擅杂剧和散曲创作的,而以关汉卿、马致远、白朴、郑光祖最为有名,人称"元曲四大家"。此外,王实甫、纪君祥、高文秀、乔吉、张可久等人或在杂剧,或在散曲创作方面取得了很高的成就。但他们的生平大都没有详尽的资料流传下来,因而研究起来较为困难。

就反映的社会生活面而言,元杂剧比较广阔而深刻。主要可以分为以下五类:一、爱情剧。代表作除《西厢记》外,另有白朴的《墙头马上》、郑光祖的《倩女离魂》等等,它们的共同倾向是通过青年男女对自由爱情的追求体现反封建精神。二、公案剧。代表作有关汉卿《窦娥冤》《鲁斋郎》及无名氏的《朱砂担》《陈州粜米》等等,主要通过刑事案件的审判,揭露贪官污吏和整个社会制度的不合理。三、水浒戏。代表作有康进之的《李逵负荆》、无名氏的《黄花峪》等,正面歌颂敢于"犯上作乱"的造反者。四、世情剧。代表作如关汉卿的《救风尘》《望江亭》、郑廷玉的《看钱奴》等,它们的共同倾向便是揭露和讽刺了社会上形形色色的丑恶现象,赞美了被压迫社会阶层尤其是妇女的智慧和斗争精神。五、历史剧。代表作有关汉卿的《单刀会》、马致远的《汉宫秋》、纪君祥的《赵氏孤儿》等,主要是写历史上的政治、军事斗争,表达作者及同时代人民的政治、道德观念。元杂剧的成功宣告了戏剧文学开始成为中国文学的主流之一。由于杂剧作家多为社会地位低下的文人、演员等,观众更是遍及各个阶层,作品必然在各方面产生共鸣,构成了以郁勃和反抗为特征的时代精神。

相比较而言,散曲所反映的社会生活面及其深度均略逊色一些。叹世和隐逸成为散曲领域反复咏叹的主题。前者多慨叹社会的是非不分,贤愚莫辨,如马致远的〔双调·夜行船〕《秋思》、张鸣善〔水仙子〕《讥时》等;后者则更多表现作家不满现实、逃避现实、希望及时行乐的态度,如乔吉的〔南吕·玉交枝〕《恬退》、卢挚的〔沉醉东风〕《闲居》等。当然,散曲中为数众多的写景和咏史作品也自有其不可忽视的价值,典型的如马致远的〔天净沙〕《秋思》和张养浩的〔山坡羊〕《潼关怀古》等。关汉卿的〔南吕一枝花〕《不伏老》套曲更以桀骜不驯的反传统精神和面向世俗大众的生活态度显示了元曲特有的郁勃和反抗精神。

元曲在中国古代文学发展史上的独特地位,虽然为历代统治者及正统文人所不屑,但一直为有识之士所重视。元人罗宗信在《中原音韵序》中即明言:"世之共称唐诗、宋词、大元乐府,诚哉!"最早将元曲与雅文学唐诗宋词并提。明以后不仅有胡应麟、陈眉公、茅一相、焦循等人继续发挥这种看法,更有韩邦奇为亡弟作传将关汉卿与正统史家司马迁相提并论。至清末民初王国维则更以正统文人的身份作《宋元戏曲史》,系统提出"一代有一代之文学"的观点,奠定了元曲特别是杂剧在中国文学史上的地位。《宋元戏曲史》和明人臧晋叔编的《元曲选》一样,成为元曲传播史上的里程碑。

正是在元明清曲家学者已做了大量工作的基础上,20世纪人们对元曲的研究与认识达到了新的高度。首先,元曲繁盛和衰微的原因成了研究的重点,传统上认为元代"以曲取士"导致杂剧、散曲繁盛的说法渐被否定。自现代学者邵曾祺、张寿林、谭正璧、周妙中、徐扶明等人开始,即注意从元代社会历史和文化背景角度去探讨元曲盛衰的缘由,从而将元曲研究与历史文化考察结合起来。

元曲的分期是历来元曲研究中又一个集中的论题。王国维《宋元戏曲史》中根据元人钟嗣成《录鬼簿》把元曲创作分为三期的惯例,将元杂剧分为"蒙古时代""一统时代"和"至正时代"三个发展时期,对后人影响很大。直到20世纪60年代初期由中国科学院文学研究所以及游国恩等分别编写的《中国文学史》教科书问世，才正式提出了以公元13世纪和14世纪的世纪之交为标志将元杂剧分为前后两个时期的观点。从此，"两分法"和"三分法"一道作为元杂剧分期的代表观点，由于都能从各自角度说明元杂剧发展的某些认识问题，因而为多数学者所接受。但也因此未能就这个问题取得一致意见。

关汉卿研究是元曲作家研究中的一个热点。历史上关被作为"元曲四大家"之首，人称"驱梨园领袖，总编修师首，捻杂剧班头"，20世纪初王国维更称其"曲尽人情，字字本色，故当为元人第一"。特别是在1958年，当时的世界和平理事会将关汉卿列入世界文化名人的行列，受到全世界进步文化界的纪念，国内开展了规模宏大的纪念关汉卿创作700周年的学术及演出活动，陈毅等党和国家领导人对关汉卿及其创作予以高度评价，这些皆为元曲传播和研究史上前所未有的大事，极大地推动了有关专题的深入研究与发展。据不完全统计，到目前为止，参与研究的老、中、青各个年龄段的学者即达400余人，发表论文近千篇。人们对关氏生平、创作总论、作品分析及考订等各方面问题均进行了认真而详尽的探讨，有关作家资料及作品整理、学术专著、专题论文集不断涌现。一门专门学科——关汉卿研究（关学）正在逐步形成。

在元曲代表作品研究中，《西厢记》是最为学术界关注的专题之一。历史上，"《西厢记》，天下夺魁"，并被认为与儒家经典《春秋》并列，称为"崔氏春秋"。明代即有无名氏辑《西厢记考》面世。

20世纪以来有关专著论文更是层出不穷，至今已有八百余篇论文、数十种专著问世。论题主要集中在三方面：一是关于《西厢记》版本问题的探讨。弘治岳刻本和凌濛初刻本先后面世以来，存在《西厢记》原貌是接近北杂剧正统体制还是接近南戏体制的问题，由此更引起人们对《西厢记》各种版本的搜集考订。二是关于《西厢记》作者问题的讨论。传统上一般依从钟嗣成《录鬼簿》和朱权《太和正音谱》将其归在王实甫名下，故论者对王实甫的生平创作亦下了不少功夫来研究。历史上存在着王实甫作、关汉卿作、关作王续、王作关续四种说法，显示了关汉卿与《西厢记》杂剧创作之间亦有密不可分的关系，这在学术界的争论中，至今尚难形成定论。三是关于《西厢记》的题材内容和艺术形式问题。前者集中表现为剧中主人公勇敢追求自由爱情的反封建主题，后者则涉及作品性质（喜剧还是悲喜剧）以及人物刻画、语言风格等等。一般认为《西厢记》为元杂剧文采派乃至整个元曲的代表作品之一。

总之，整体发展、作家个案、作品专题作为元曲研究的三部分内容，作为过去也是未来元曲研究者集中全力解决的三大课题，必将继续为人们所关注。一些传统上较为薄弱的研究和认识环节，如元散曲问题，二三流作家作品问题，元曲音乐和演出体制问题，有关历史文化问题等等，20世纪90年代以来已经逐渐为学者所重视，成为新开辟的研究领域，21世纪亦必将继续作为研究的热点。一句话，由于元曲事实上涉及文学和艺术两个领域，对其认识和研究有着广阔的前途，可谓任重而道远。

附录四　明清戏曲概论

明清戏曲的发展大致经历了三个阶段：

第一阶段：明代前期。统治者为了巩固自己的统治地位，一方面严厉禁止创作和演出那些有损于帝王后妃形象、有害于封建统治的戏曲；另一方面又鼓励和提倡剧作家写那些颂扬义夫节妇、孝子顺孙以及神仙道化的戏曲。因此，在这一时期的曲坛上出现了许多宣扬封建传统道德的戏曲作品，如丘濬的《五伦全备记》和邵灿的《香囊记》便是这类作品的代表。这些剧作不仅内容上充满着封建说教味，而且缺乏舞台艺术性，多为案头读物。

第二阶段：明代中后期至明亡前后。这是明

清戏曲发展的黄金时期。在这一时期里,戏曲创作出现了三个高潮。第一个高潮是在嘉靖至隆庆年间,魏良辅对昆山腔加以改革后,使昆山腔具有了流丽婉折的音乐风格,为文人学士所欣赏。梁辰鱼作《浣纱记》传奇首次将昆山腔搬上舞台后,许多文人学士也都纷纷编写传奇,一时作家和剧作大量涌现。这一时期,明王朝的统治开始出现危机,内忧外患,连续不断。有些戏曲作家对这样的社会现实进行了反映。如李开先的《宝剑记》、相传为王世贞门人所作的《鸣凤记》,或借古喻今,揭露社会黑暗,抨击朝政腐败;或直接反映当时的政治斗争。当时曲坛上出现的这种现实主义创作倾向,不仅对当时戏曲的繁荣起了很大的推动作用,并且对以后的戏曲创作也产生了积极的影响。第二个高潮是万历年间以汤显祖的《临川四梦》为标志的戏曲创作潮流。万历年间,城市经济有了较大的发展,东南沿海一些城市已出现了资本主义生产关系的萌芽,城市经济的发展给戏曲的繁荣提供了雄厚的物质条件和大量的观众。同时由于资本主义生产关系萌芽的出现,在封建社会上层建筑领域里出现了以泰州学派为代表的新思潮,给戏曲创作提供了新的内容。因此,这一时期的戏曲创作出现了这样几个特点:一是戏曲作家和戏曲作品大量涌现。明吕天成《曲品》云:"博观传奇,近时为盛。大江左右,骚雅沸腾;吴浙之间,风流掩映。"二是出现了许多具有反封建内容的剧作。汤显祖的《牡丹亭》便是这类作品的杰出代表。它通过杜丽娘因情而梦,因梦而死,死而复生的故事,揭露了封建礼教对人精神上的摧残,传达出青年男女要求冲破束缚,争取个性解放、婚姻自主的美好愿望。再如高濂的《玉簪记》、王骥德的《题红记》等,都具有这种新的思想内容。三是戏曲批评获得了较大的发展,一些戏曲理论家开始注重对戏曲创作的艺术规律加以探讨和总结,出现了许多戏曲论著,

如王骥德的《曲律》、吕天成的《曲品》及沈璟的《唱曲当知》《正吴编》等。而且,戏曲家们还围绕着戏曲创作中的有关理论问题展开了争论,如汤显祖和沈璟之间就重戏曲的内容还是重戏曲格律、重文采还是重本色等问题展开了争论。四是在当时的戏曲作家中间,形成了具有不同艺术风格的戏曲流派,如以汤显祖为首的临川派和以沈璟为首的吴江派。第三个高潮即明末清初以李玉为首的苏州派戏曲家的出现。明清鼎革时期是一个动乱的年代,戏曲作家们大都经历了国亡家破的动乱生活,这就使得他们能够面对社会现实,在戏剧中进行较真实的反映。尤其是以李玉为首的苏州派戏曲家,他们生活在市民运动十分活跃的苏州,社会地位低下,在明代末年,他们同情和支持苏州市民反抗封建暴政的斗争,明亡后,他们又都采取了与清朝统治者不合作的态度,同情和参与市民群众的反清斗争。这样的社会经历和政治态度,使他们能够真实反映和热情歌颂市民群众的斗争,如李玉的《万民安》传奇,描写了以织工葛贤为首的市民群众反抗税监孙隆的斗争,《清忠谱》传奇歌颂了明末东林党人与市民群众反抗封建暴政的斗争。另外如朱佐朝的《渔家乐》、叶雉斐的《琥珀匙》等传奇,也都反映了当时的社会现实。

第三阶段:清代康熙后期至清中叶以后。这是我国古代戏曲史上重要的转折时期。以昆山腔为主要唱腔的雅部(即传奇),一方面,因其旋律细腻,节奏缓慢,再加上剧作多出自文人学士之手,语言典雅难懂,日益脱离广大下层观众;另一方面,原来活跃在乡村及偏远地区的花部诸腔戏却得到了较大的发展,逐步取代了雅部在曲坛的霸主地位。自此以后,我国的戏曲进入了以花部为主的"乱弹"时期。然而雅部在走向衰落的过程中,也出现了两部杰作,即洪昇的《长生殿》和孔尚任的《桃花扇》。

网络链接

① 中国戏剧起源于何时?　② 元杂剧兴盛的原因何在?　③ 关汉卿乡关何处?　④《西厢记》

的著作权归谁？ ⑤ "元曲四大家"指些什么人？

参考书目

王起编《中国戏曲选》，人民文学出版社 1986 年

顾肇仓选注《元人杂剧选》，人民文学出版社 1957 年

袁世硕主编《元曲百科辞典》，山东教育出版社 1989 年

齐森华编《中国曲学大词典》，浙江教育出版社 1997 年

王国维《宋元戏曲史》，百花文艺出版社 2002 年

王季思主编《中国十大古典喜剧集》，上海文艺出版社 1982 年

王季思主编《中国十大古典悲剧集》，上海文艺出版社 1985 年

赵景深、胡忌选注《明清传奇选》，中国青年出版社 1957 年

钱南扬校点《汤显祖戏曲集》，上海古籍出版社 1978 年

俞为民《〈牡丹亭〉导读》，黄山书社 2001 年

徐朔方《汤显祖评传》，南京大学出版社 1993 年

萧善因选注《清代戏曲选注》，上海古籍出版社 1985 年

毛效同编《汤显祖研究资料汇编》，上海古籍出版社 1986 年

思考与练习

1. 浅析《单刀会》中表现关羽英雄形象的手法。

2. 课外阅读汤显祖《牡丹亭》全剧，写一篇分析杜丽娘人物形象的小论文，约 600 字。

慕课资源

【总论】

金代诗人,惟一元遗山(好问,字裕之)可称大家,精思健笔,有悲壮之音。　元代诗,多学二李(太白、长吉)。其最著者,赵子昂(孟頫,号松雪)及虞(集,字伯生,号道园)、杨(载,字仲弘)、范(椁,字德机)、揭(傒斯,字曼硕)四家。元末则萨天锡(都剌)、杨铁崖(维桢,字廉夫)二人为最著。([清]陈衍《诗学概要》)

宋诗深,却去唐远;元诗浅,去唐却近。顾元不可为法,所谓"取法乎中,仅得其下"耳。极元之选,惟刘静修、虞伯生二人,皆能名家,莫可轩轾。([明]李东阳《麓堂诗话》)

元五言古,率祖唐人。　元七言律深监苏、黄,一时制作,务为华整。所乏特苍然之骨,浩然之气耳。较大中则格调有余,拟大历则神情不足,要非五代、晚宋伦语可及也。　宋五言律胜元,元七言律胜宋。歌行绝句,皆元人胜。至五言古,俱不足言矣。　唐人诗如初发芙蓉,自然可爱。宋人诗如披沙拣金,力多功少。元人诗如缕金错彩,雕缋满前。([明]胡应麟《诗薮·外编》卷六)

宋诗近腐,元诗近纤,明诗其复古也。而二百七十余年中,又有升降盛衰之别。尝取有明一代诗论之:洪武之初,刘伯温之高格,并以高季迪、袁景文诸人,各逞才情,连镳并轸,然犹存元纪之余风,未极隆时之正轨。永乐以还,体崇台阁,骫骳不振。弘、正之间,献吉、仲默,力追雅音,庭实、昌穀,左右骖靳,古风未坠。余如杨用修之才华,薛君采之雅正,高子业之冲淡,俱称斐然。于鳞、元美,益以茂秦,接踵囊哲。虽其间规格有余,未能变化,识者咎其鲜自得之趣焉;然取其菁英,彬彬乎大雅之章也。自是而后,正声渐远,繁响竞作,公安袁氏,竟陵钟氏、谭氏,比之自邻无讥,盖诗教衰而国祚亦为之移矣。此升降盛衰之大略也。([清]沈德潜《明诗别裁集序》)

元 好 问

元好问(1190—1257),字裕之,号遗山,忻州秀容(今山西省忻州市)人。系出拓跋氏。生父元德明,隐居不仕。遗山生七月,过继其叔元格为子。七岁能诗,称"神童"。十四岁拜陵川郝天挺为师,肆意经传,贯穿百家,且日日课诗,诗艺因之大进。以蒙古入侵,贞祐四年奉母避地河南福昌县之三乡,嗣后买田登封。兴定五年及进士第,不就选。正大元年(1224)再中宏词,授国史院编修。历镇平、内乡、南阳县令。正大八年(1231)入都,任尚书省掾、左司都事。天兴二年(1233)春汴京陷,遗山及众官被俘,羁管聊城,移冠氏,后归太原,以遗民自居,筑野史亭,致力于金代文化的保存。撰《壬辰杂编》(又名《金源君臣言行录》)百余万言(已佚),编《中州集》《中州乐府》《唐诗鼓吹》等著作。元宪宗七年(1257)九月,终于获鹿寓所,享年六十八岁。

【集评】

先生雅言之高古,杂言之豪宕,足以继坡谷;古文之有体,金石之有例,足以肩蔡党;乐章之雅丽,情致之幽婉,足以追稼轩。其笼罩宇宙之气,撼摇天地之笔,囚锁造化之才,穴洞古今之学,则又不可胜言。人得其偏,先生得其全。([元]郝经《祭遗山先生文》)

窃尝评金百年以来,得文派之正而主盟一时者,大定、明昌则承旨党公,贞祐、正大则礼部赵公,北渡则遗山先生一人而已。 遗山诗祖李杜,律切精深,而有豪放迈往之气。文宗韩欧,正大明达,而无奇纤晦涩之语。乐府则清雄顿挫、闲婉浏亮、体制最备,又能用俗为雅,变故作新,得前辈不传之妙,东坡稼轩而下不论也。([元]中统本《元遗山诗集》徐世隆序)

予读其金亡以后之文辞,悲歌慷慨,有诗人伤周、骚人哀郢之遗意,亦可见其志也已。([明]弘治本《元遗山诗集》储巏后序)

为文有绳尺,备众体。其诗奇崛而绝雕刿,巧缛而谢绮丽;五言高古沉郁;七言乐府不用古题,特出新意;歌谣慷慨挟幽并之气。其长短句,揄扬新声,以写恩怨者又数百篇。(《金史》卷一二六《元好问传》)

元遗山在金末,亲见国家残破,诗多感怆。如云"高原水出山河改,战地风来草木腥","花啼杜宇归来血,树挂苍龙蜕后鳞","白骨又多兵死鬼,青山元有地行仙","燕南赵北无全土,王后卢前总故人",皆寓悲怆之意。至云"神功圣德三千牍,大定明昌五十年",不忘前朝之盛,亦可念也。([明]瞿佑《归田诗话》卷中)

身阅兴亡浩劫空,两朝文献一衰翁。无官未害餐周粟,有史深愁失楚弓。行殿幽兰悲夜火,故都乔木泣秋风。国家不幸诗家幸,赋到沧桑句便工。([清]赵翼《题遗山诗》)

横波亭为青口帅赋①

孤亭突兀插横流, 气压元龙百尺楼②。
万里风涛接瀛海③, 千年豪杰壮山丘。
疏星淡月鱼龙夜④, 老木清霜鸿雁秋。
倚剑长歌一杯酒, 浮云西北是神州。

---

① 横波亭:在江苏省连云港市赣榆区南。青口:地名,在赣榆区东南。小沙河在此入海,商贾往来,为水陆冲要。金将移剌粘合曾在此驻防。 ② 元龙:陈登之字。登东汉名士。许汜来访,登卧大床之上,使汜卧于床下。汜怨之,诉于刘备。刘备说:"君有国士之名,今天下大乱,帝主失所,望君忧国忘家,有救世之意,而君求田问舍,言无可采。是元龙所讳也,何缘当与君语!如备欲卧百尺楼上,卧君于地,何但上下床之间邪?"则百尺楼实为刘备语。 ③ 瀛海:大海。 ④ 鱼龙夜:《乐动声仪》:"风雨感鱼龙,仁义动君子。"杜甫《秦州》诗:"水落鱼龙夜。"

【汇评】

全诗以屹立中流的横波亭作比喻,激励青口帅移刺瑗抵御外敌,倚剑长驱,收复被蒙古军占领的失地。诗风豪迈苍劲,对偶工整,颈联尤为精炼清劲。时人李治称其诗"律切精深,有豪放迈往之气"。此诗可配此赞语。(罗斯宁《辽金元诗三百首》)

【赏析】

此诗借咏山亭四围山川形势,勉励当地的屯驻将军,在蒙古入侵、国亡家破之际,要忧心天下,奋发有为。首二句叙写山亭所在位置,是处于高耸突兀、拔地独立的山巅之上,亭外千丈悬崖壁立江岸,使亭中之人有渺在云汉之感。山下正当大江入海之处,乱流横地,狂浪掀天,而孤亭挺立,岿然傲然,巍巍不动,其刚勇劲拔,使人望之而生勃郁之气。诗人即从这一地理态势引申发挥,联想当年刘备、许汜的一番谈话。刘备当汉末动乱时,胸怀远志,不屑求田问舍,千载之下,令人敬仰。"千年豪杰",即指刘备而言。"疏星"二句说,夜深则神龙腾跃,霜落则鸿雁远翔,如今连年战乱,涂血膏野,民不聊生,正是君子豪杰大有为之时。青口屯驻将军不可效许汜之平庸狭隘,而应学刘备风采,救国于危亡之际,挽狂澜于既倒。末二句为全诗结穴,揭出一篇宗旨。该诗情由景生,景中见情,情景会通,是元好问诗歌代表作之一。

(王庆生)

高　启

高启(1336—1374),字季迪,号槎轩。长洲(今江苏苏州)人。元末明初最杰出的诗人。少有才名,博学工诗。元末隐居于吴淞青丘,自号青丘子。早年与杨基、张羽、徐贲并称"吴中四杰"。明洪武初,召修元史,授翰林院国史编修,擢户部右侍郎,他坚决推辞。放归后,以教读为生。后因曾为苏州府知府魏观作上梁文,连坐被腰斩,年仅39岁。其诗兼取众长,开合变化,不拘一格,善用各种不同的体裁和风格表现不同内容,尤长于七言歌行。有明诗之冠的称号。有《高太史大全集》,一名《高青丘集》。

【集评】

高季迪如射雕胡儿,伉健急利,往往命中,又如燕姬靓妆,巧笑便辟。([明]王世贞《艺苑卮言》卷五)

高侍郎季迪,始变元季之体,首倡明初之音。发端沉郁,入趣幽远,得风人激刺微旨。故高、杨、张、徐,虽并称豪华,惟季迪为最。其古体咀嚼刘桢,近体厌饫李顾。([明]顾起纶《国雅品》)

七言律不易得,元和以还,仅见高侍郎一家,何其寥寥也。(同上)

王子充曰:"季迪之诗,隽逸而清丽,如秋空飞隼,盘旋百折,招之不肯下;又如碧水芙渠,不假雕饰,翛然尘外。"谢徽曰:"季迪之诗,缘情随事,因物赋形,横从百出,开合变化。其体制雅醇,则冠裳委蛇,佩玉而长裾也。其思致清远,则秋空素鹤,回翔欲下,而轻云霁月之连娟也。其文采缛丽,如春花翘英,蜀锦新濯。其才气俊逸,如泰华秋隼之孤骞,昆仑八骏追风蹑电而驰也。"李东阳曰:"国初称高、杨、张、徐。高才力声调,过三人远甚。百余年来,亦未见卓然有过之者。"([清]钱谦益《列朝诗集小传》甲集)

侍郎诗,上自汉魏盛唐,下至宋元诸家,靡不出入其间,一时推大作手。特才调有余,蹊径未化,故一变元风,未能直追大雅。([清]沈德潜《明诗别裁集》卷一)

高青丘才气超迈,音节响亮,宗派唐人,而自出新意,一涉笔即有博大昌明气象,亦关有明一代文运。论者推为开国诗人第一,信不虚也。 李青莲诗,从未有能学之者,唯青丘与之相上下,不惟形似,而且神似。……惜乎年仅三十九,遽遭摧殒,遂未能纵横变化,自成一大家。然有明一代诗人,终莫有能及之者。([清]赵翼《瓯北诗话》卷八)

高得曰:太史辞气春容,音律浑雅,而光彩自著,如清风徐来于修篁古松之间,锵然成韵,略无矫饰。([清]汪端《明三十家诗选》高启诗选卷中引)

袁枚曰:诗有音节清脆,如雪竹冰丝,自然动听者,此皆由天分,非学力可到也,在明唯高青丘一人而已。(同上)

登金陵雨花台望大江

大江来从万山中,山势尽与江流东。钟山如龙独西上,欲破巨浪乘长风①。江山相雄不相让②,形胜争夸天下壮。秦皇空此瘗黄金③,佳气葱葱至今王④。我怀郁塞何由开?酒酣走上城南台⑤。坐觉苍茫万古意,远自荒烟落日之中来。石头城下涛声怒⑥,武骑千群谁敢渡?黄旗入洛竟何祥⑦?铁锁横江未为固⑧。前三

---

① "钟山"二句:钟山一名紫金山,在今南京市东北部,靠近长江。山势走向由东向西,似乎与向西的江流相对相抗。破巨浪乘长风:用《南史·宗悫传》中"愿乘长风破万里浪"句。 ② 相雄:互相争胜。 ③ "秦皇"句:秦始皇徒然在此埋下黄金(以镇压帝王之气)。《太平御览》卷170引《金陵图》云:"昔楚威王见此有王气,因埋金以镇之,故曰金陵。秦并天下,望气者言江东有天子气,凿地断连冈,因改金陵为秣陵。"《丹阳记》曰:"秦始皇埋金玉杂宝以压天子气,故曰金陵。"二说不同,高启似合用二说,以事归秦始皇。瘗(yì),掩埋,埋葬。 ④ "佳气"句:至今金陵依然佳气葱茏,王气旺盛。《后汉书·光武帝纪论》说:"后望气者苏伯阿为王莽使,至南阳,遥望见舂陵郡,喈(jiē)曰:'气佳哉!郁郁葱葱然!'"东汉开国皇帝刘秀起于南阳舂陵,故言此地有天子气。此句与上句相接,意谓金陵自古是形胜之地,当年秦始皇虽然想用埋黄金、破地脉之法镇压此地的帝王之气,但金陵龙蟠虎踞,至今依然佳气葱茏,王气盛旺,是天子宜居之地。因明代在此建都,高启故有此说。王(wàng),旺盛。 ⑤ 城南台:指雨花台,在今南京市南之聚宝山上。相传梁武帝时云光法师在此讲经,天雨花如雪片纷落,故名。此台在山冈最高处,可遥望大江,俯瞰市区。走:跑。 ⑥ 石头城:故址在今南京市清凉山下,今存残迹。本为楚之金陵城,下临秦淮河。三国时吴国孙权重筑,改名石头城,后改名建业。六朝时,长江迫近山麓,故高启说能在此听到江"涛声怒"。 ⑦ "黄旗入洛"句:指吴主孙权之子孙皓听信谶(chèn)言,云入洛(阳)可得天下,即带全家北上,结果中途无功而返。《三国志·吴书·孙皓传》裴松之注引《江表传》曰:吴国丹阳人刁玄出使蜀国,听人谈气运历数之事,归来增饰其言,欺骗国人说:"黄旗紫盖,见于东南,终有天下者,荆扬之君乎?"当时又传来寿春之地的童谣,曰:"吴天子当上。"皓闻之,喜曰:'此天命也。'既载其母、妻子及后宫数千人,从牛渚陆道西上,云:青盖入洛阳,以顺天命。行遇大雪,道途陷队,兵士被甲持仗,百人共引一车,寒冻殆死,兵人不堪,皆曰:'若遇敌,便当倒戈耳。'皓闻之,乃还。"竟何祥,哪里有什么吉祥! ⑧ "铁锁横江"句:指吴国以铁链拦江抵御北方晋军之举无效。《晋书·王濬传》记晋国益州刺史王濬,率水师舰船从成都出发,顺长江东下攻金陵。吴国在湖北西塞山用大铁链横拦江面,又作数十铁锥长丈余,暗置江中,以阻挡敌船。王濬探知情状,派人先用大木筏数十,顺流冲撞铁锥,用以拔去铁锥,又作大火炬在船前点燃,烧断了铁链。晋军攻破石头城,孙皓投降。

国,后六朝①,草生宫阙何萧萧！英雄乘时务割据,几度战血流寒潮。我生幸逢圣人起南国②,祸乱初平事休息。从今四海永为家③,不用长江限南北④。

【汇评】

起势雄杰,一结尤颂扬得体。([清]王文濡《宋元明诗评注读本》卷二)

诗用长短句体裁写成,《高青丘集》中专列"长短句"一卷。全诗每四句一转韵,诗境以雄浑涵茫振起,中间插入感慨,这样才于抑扬之中显得深厚。(金性尧《明诗三百首》)

【赏析】

高启的这首七言歌行,是一首登临怀古之作,所抒发的并非单纯的思古幽情,而是借怀古表达对战乱结束、天下统一的喜悦,希望人民永远安乐。

此诗可分三段。首段八句写景,以奔放的笔调极力描写古都金陵的雄伟形势,为中段的反跌奠下基础。中段十二句怀古。诗人登台观览,心中"苍茫万古意"油然而生:金陵虽是江山险固之地,但回顾前史竟没有一个国祚长久的;江山诚然险要,但地形之险实不足恃。诗人举出东吴亡国之君孙皓的两件事(黄旗入洛,铁锁横江),笑他既不能统一天下,也不能保住孙氏祖业。由此概括六朝帝王据半壁江山、相继覆亡之事,用眼前荒烟落日、宫草萧萧之象,将上一段渲染的葱茏王气一笔抹倒,直说从前金陵不过是"英雄"们争夺"割据",造成战血流淌之地。末段四句寄意。由怀古反生出新意,既表示对天下重新统一的喜悦,也期望新朝的统治者接受历史的教训,以仁德治国,彻底消除战乱,让人民休养生息,使金陵这一古都王气永远兴旺,全国永远统一。

这首诗感情激越,起伏跌宕,层层转折。二十四句诗,四句一换韵,音调铿锵流畅;七言为主,间用短句,颇具歌行本色。清代诗论家赵翼说:"高青丘才气超迈,音节响亮,宗派唐人,而自出新意,一涉笔即有博大昌明气象,亦关有明一代文运。论者推为开国诗人第一,信不虚也。""李青莲诗,从未有能学之者,唯青丘与之相上下,不惟形似,而且神似。"(《瓯北诗话》卷八)这一段评论用来评《登金陵雨花台望大江》也是合适的。

---

① 三国:此处专指吴国。六朝:吴、东晋、宋、齐、梁、陈,均建都于金陵,史称六朝。高启历数建都于金陵的前朝历史,故言三国、六朝。 ② 圣人:封建时代尊称皇帝为圣人,也指道德智能极高的人。此指明朝开国皇帝朱元璋。起南国:朱元璋是钟离(今安徽凤阳县东)人,从郭子兴起兵于濠州,故云"起南国"。 ③ 四海为家:《史记·高祖本纪》:"天子以四海为家。"从今四海为家,即谓全国统一,归一个朝廷统治。此用唐代刘禹锡《西塞山怀古》诗"从今四海为家日"句。 ④ 限:阻隔。

吴 伟 业

吴伟业(1609—1672),字骏公,号梅村,太仓(今江苏太仓)人。崇祯四年进士,会试第一,殿试第二,任翰林编修,官至左庶子。南明弘光朝任少詹事。入清后,一度隐居家乡,以复社名宿主持东南文社活动。顺治十年(1653),迫于征召而仕清,为秘书院侍讲,迁国子监祭酒。三年后奔母丧南归,从此不复出仕。其诗感怀身世,反映现实。早期风格绮丽,明亡后多激荡苍凉之音。以七言歌行著称,效法唐人"元白",记叙明清易代重大事件,自成"梅村体",影响深远。他是明清之际著名诗人。有《吴梅村全集》。

【集评】

平心而论,梅村诗有不可及者二:一则神韵悉本唐人,不落宋以后腔调,而指事类情,又宛转如意,非如学唐者之徒袭其貌也;一则庀材多用正史,不取小说家故实,而选声作色,又华艳动人,非如食古者之物而不化也。盖其生平,于宋以后诗本未寓目,全濡染于唐人,而己之才情书卷,又自能澜翻不穷。故以唐人格调,写目前近事,宗派既正,词藻又丰,不得不推为近代中之大家。([清]赵翼《瓯北诗话》卷九)

梅村七言古,专仿元、白,世传诵之。然时有嫩句、累句。五七言近体,声华格律不减唐人,一时无与为俪,特表而出之。梅村故国之思,时时流露。《遣闷》云:"故人往日燔妻子,我因亲在何敢死,不意而今至于此。"又《病中词》曰:"故人慷慨多奇节,为当年沉吟不断,草间偷活。""脱屣妻孥非易事,竟一钱不值何须说。"读者每哀其志。([清]沈德潜《清诗别裁集》卷一)

梅村长歌,古今独绝,制兼赋体,法合史裁,诚风雅之嫡传,非声韵之变调。([清]李慈铭《越缦堂读书记》集部)

吴梅村祭酒诗,入手不过一艳才耳,迨国变后诸作,缠绵悱恻,凄丽苍凉,可泣可歌,哀感顽艳。以身际沧桑陵谷之变,其题多纪时事,关系兴亡,成就先生千秋之业,亦不幸之大幸也。七古最有名于世,大半以《琵琶》《长恨》之体裁,兼温、李之词藻风韵,故述词比事,浓艳哀婉,沁入肝脾。如《永和宫词》《圆圆曲》诸篇,虽情文兼至,姿态横生,未免肉多于骨,词胜于意,少沉郁顿挫、鱼龙变化之巨观。([清]朱庭珍《筱园诗话》卷二)

其少作大抵才华艳发,吐纳风流,有藻思绮合,清丽芊眠之致。及乎遭逢丧乱,阅历兴亡,激楚苍凉,风骨弥为遒上,暮年萧瑟,论者以庾信方之。其中歌行一体,尤为擅长。格律本乎四杰,而情韵为深;叙述类乎香山,而风华为胜。韵协宫商,感均顽艳,一时尤称绝调。其流播词林,仰邀睿赏,非偶然也。([清]纪昀《四库全书总目》卷一七三)

圆 圆 曲①

　　鼎湖当日弃人间,破敌收京下玉关②。恸哭六军俱缟素③,冲冠一怒为红颜。红颜流落非吾恋,逆贼天亡自荒宴④。电扫黄巾定黑山,哭罢君亲再相见⑤。

　　相见初经田窦家,侯门歌舞出如花⑥。许将戚里箜篌伎,等取将军油壁车⑦。家本姑苏浣花里,圆圆小字娇罗绮⑧。梦向夫差苑里游,宫娥拥入君王起⑨。前身合是采莲人,门前一片横塘水⑩。横塘双桨去如飞,何处豪家强载归⑪。此际岂知非薄命,此时只有泪沾衣⑫。薰天意气连宫掖,明眸皓齿无人惜⑬。夺归永巷闭良家,教就新声倾座客⑭。座客飞觞红日暮,一曲哀弦向谁诉。白皙通侯最少年,拣取花枝屡回顾⑮。早携娇鸟出樊笼,待得银河几时渡。恨杀军书抵死催,苦留后约将人误⑯。相约恩深相见难,一朝蚁贼满长安⑰。可怜思妇楼头柳,认作天边粉絮看。遍索绿珠围内第,强呼绛树出雕栏⑱。若非壮士全师胜,争得蛾眉匹马还⑲?蛾眉马上传呼进,云鬟不整惊魂定⑳。蜡炬迎来在战场,啼妆满面残红印。专征箫

---

　　① 圆圆:姓陈,名沅,小字圆圆,明末苏州名妓。后归吴三桂。晚年出家为道士。　② 鼎湖:《史记·封禅书》载,相传黄帝在荆山铸鼎,鼎成,有龙垂须下迎黄帝,帝乃乘龙升天。后人用为皇帝死去的代称。明明宗崇祯皇帝1644年自缢于煤山(景山)。敌:指李自成起义军。吴三桂引清兵入关,攻陷北京。玉关:原指玉门关,此处似指“榆关”,即山海关。　③ 恸哭六军俱缟素:官兵六军恸哭,都穿着白色丧服,哀悼崇祯皇帝。　④ 红颜流落:《清史稿》载,吴三桂“闻其妾陈为自成将刘宗敏掠取”,怒,还击破自成所遣守关将”。逆贼:指李自成义军。天亡:天意使之灭亡。荒宴:饮酒荒淫。　⑤ 黄巾、黑山:汉末农民起义军黄巾军和黑山军。亲:吴三桂亲属。起义军令吴父襄劝降三桂,遭吴三桂拒绝,遂杀吴襄一家三十余口。　⑥ 田、窦:西汉外戚武安侯田蚡、魏其侯窦婴。据钮琇《觚剩》,此外戚是周后家的周奎。参以冒襄《影梅庵忆语》所述,作周奎为是。另,根据陆次云《圆圆传》,指崇祯宠妃田氏之父左都督田宏遇,先于吴三桂得到陈圆圆,次年献入宫中,旋被崇祯皇帝放还田氏。田宏遇见明将亡,采纳陈圆圆的建议,投靠山海关总兵吴三桂,作为保护田氏一家安全的交换条件,陈氏于是归吴。　⑦ 戚里:皇亲国戚的住所。将军:指吴三桂。油壁车:车壁上蒙着青油布的车子。古乐府《苏小小歌》:“妾乘油壁车,郎乘青骢马。”后多以指美人所乘。　⑧ 姑苏:今苏州。浣花里:唐代名妓薛涛居住浣花溪(在今四川成都)。　⑨ 夫差:春秋战国之交吴国亡国之君。他在打败越王勾践后,沉湎声色,中勾践美人计,专宠西施,荒疏政事,终被勾践击败亡国。　⑩ 采莲人:相传西施入吴宫之前,曾在浙江绍兴若耶溪采莲浣纱。苏州有采香径。横塘:在苏州市西南。　⑪ “何处”句:据钮琇《觚剩》,周奎因营葬返苏,重金买得圆圆,载归京师。当在崇祯十五年(1642)。　⑫ “此际”二句:有说圆圆本来思嫁才子冒襄,而不愿入京。　⑬ 宫掖:后宫。掖,掖庭,宫中的旁舍,妃嫔居所。无人惜:陈圆圆被送入宫中,但崇祯对她无心顾惜。　⑭ 永巷:宫中的深巷,宫女所居。崇祯未召见圆圆,不久将她外放为永巷宫人。田宏遇设法夺得圆圆。　⑮ 通侯:汉代爵位名。后来用作武官的美称。此指吴三桂。　⑯ 当时清兵逼近,形势紧张,崇祯令留恋陈圆圆的吴三桂火速返回山海关,吴三桂来不及迎娶,只得相约而别。　⑰ 蚁贼:指起义军。　⑱ 绿珠:《晋书·石崇传》载:“崇有妓曰绿珠,美而且艳,善吹笛。孙秀使人求之,崇不许;秀怒,因潜于赵王伦,矫诏收崇。介士到门,崇谓绿珠曰:‘我今为尔得罪。’绿珠泣曰:‘当效死于君前。’因自投于楼下而死。”绛树:三国时著名舞妓,魏文帝曹丕宠姬。曹丕《与繁钦书》:“今之妙舞,莫过于绛树。”这两句写李自成部下刘宗敏搜得圆圆。　⑲ 全师胜:吴三桂引清兵入关,大败李自成。　⑳ 马上传呼:吴三桂追击李自成至山西,尚不知圆圆存亡。吴部将在京都搜得圆圆,飞骑传送。吴三桂盛结彩楼,列锦旗和箫鼓三十里,亲往迎接。

鼓向秦川,金牛道上车千乘①。斜谷云深起画楼,散关月落开妆镜②。

传来消息满江乡,乌桕红经十度霜③。教曲妓师怜尚在,浣纱女伴忆同行④。旧巢共是衔泥燕,飞上枝头变凤凰。长向尊前悲老大,有人夫婿擅侯王⑤。当时只受声名累,贵戚名豪竞延致⑥。一斛珠连万斛愁,关山飘泊腰支细⑦。错怨狂风飐落花,无边春色来天地。

尝闻倾国与倾城,翻使周郎受重名⑧。妻子岂应关大计,英雄无奈是多情。全家白骨成灰土,一代红妆照汗青。君不见,馆娃初起鸳鸯宿,越女如花看不足⑨。香径尘生鸟自啼,屟廊人去苔空绿⑩。换羽移宫万里愁,珠歌翠舞古梁州⑪。为君别唱吴宫曲,汉水东南日夜流⑫。

【本事典实】

姑苏女子圆圆,字畹芬,良家女子也。色艺擅一时。如皋冒先生常言:妇人以姿制为主,色次之,碌碌双鬟,难其选也,蕙心兰质,澹秀天然,生平所觏,则独有圆圆耳。崇祯末年,戚畹武安侯劫置别室中。侯武人也。圆圆若有不自得者。李自成之乱,为贼帅刘宗敏所掠。我兵入燕京,圆圆归某王宫中为次妃。([清]陈维崧《妇人集》)

伟业为诗有盛名,尝赋《圆圆曲》,有云:"恸哭六军同缟素,冲冠一怒为红颜。"又云:"不为君亲来故国,却因女子下雄关。"吴三桂病之,贻三千金请改其语,伟业不肯。([清]李克敬《儒林琐记》)

诗盖作于三桂尚未入滇以前,故通首不及入滇后事。又九年四川巡按御史郝浴劾三桂纵兵剽掠,包藏异心,又密陈三桂跋扈状,故此歌后段用吴宫之盛衰,汉水之东逝,隐有所讽刺,固不待入滇后也。(钱仲联《梦苕庵诗话》)

【汇评】

世称杜少陵为诗史,学杜者不须袭其貌,正须识此意耳。吴梅村歌行,大抵发于感怆,可歌可泣。余尤服膺《圆圆曲》前幅云:"恸哭六军皆缟素,冲冠一怒为红颜。"后幅云:"全家白骨成灰土,一代红妆照汗青。"使吴逆无地自容。体则元、白,可为史则已如杜也。([清]杨际昌《国朝诗话》)

---

① 专征:军事上执掌征伐大权。秦川:陕西关中一带。金牛道:川陕栈道之一。阚骃《十三州记》载,战国时,秦惠王欲伐蜀,山道险阻又不识路径,便制五头石牛,在牛臀下置金子,诈言是能便金的金牛。蜀王信以为真,命五丁开道,将石牛拉到成都。秦军尾随其后,得以灭蜀。 ② 斜谷:褒斜谷,在陕西眉县西南。散关:大散关,在陕西宝鸡西南大散岭上。通褒斜谷,为秦岭咽喉,扼川陕交通孔道。 ③ 江乡:水乡,指苏州。乌桕:树名,落叶乔木,叶子秋天变红。 ④ 教曲妓师:教圆圆学曲的师父。浣纱女伴:乡里同伴。 ⑤ 尊:通"樽",酒杯。 ⑥ 延致:延请。 ⑦ 斛:量器。古代以十斗为一斛。南宋末年改为五斗一斛,两斛为一石。后世又改为两斗五升一斛,四斛为石。一斛珠:典出自《梅妃传》,唐明皇于花萼楼思梅妃,当时,夷使贡珠。唐明皇命封一斛赐之。梅妃谢诗,明皇以新声度曲,名《一斛珠》。腰支:腰肢。 ⑧ 倾国与倾城:"北方有佳人,绝世而独立。一顾倾人城,再顾倾人国。宁不知倾城与倾国,佳人难再得!"(李延年《李夫人歌》)周郎受重名:三国时吴国名将周瑜,娶绝世佳人小乔,使得周瑜更加出名。 ⑨ 馆娃:吴王夫差为西施筑馆娃宫于灵岩山。越女:西施。 ⑩ 香径:采香径,今名箭径,在苏州西南香山上,相传吴王种花处。屟(xiè)廊:"响屟廊,在灵岩山,相传吴王建廊,而虚其下,令西施与宫人步屟,绕之则响,故名。"(《姑苏志》) ⑪ 羽、宫:古代音乐有五音,宫、商、角、徵、羽。古梁州:指陕西汉中。吴三桂于顺治五年移驻汉中。一说云南古属梁州,吴三桂最后镇守云南,并于云南叛清。 ⑫ 汉水:发源于汉中,长江支流。李白《江上吟》:"功名富贵如长在,汉水亦应西北流。"

【赏析】

这是"梅村体"的代表作,也是吴伟业著名的长篇歌行。这首史诗般的叙事诗,以陈圆圆与吴三桂悲欢离合的故事,反映了明清易代的历史风云,讽刺了吴三桂"冲冠一怒为红颜"重色卖国的可耻行径。全诗时而顺叙倒叙,打破时空,时而夹叙夹议,倍增精警。言情隽永,叙事精巧;用典频繁而贴切,引人联想,耐人寻味;丽藻铺陈,蝉联转韵。诚如胡薇元《梦痕馆诗话》卷四所说:"此诗用春秋笔法,作金石刻画,千古妙文。长庆诸老(元稹、白居易等),无此深微高妙。一字千金,情韵俱胜。"《元明清诗鉴赏辞典》评价此诗是"继白居易《长恨歌》以后最值得注意的歌行体长诗之一"。

(徐同林)

附录一 备选课文

岐 阳 [金]元好问

百二关河草不横,十年戎马暗秦京。岐阳西望无来信,陇水东流闻哭声。野蔓有情萦战骨,残阳何意照空城。从谁细向苍苍问,争遣蚩尤作五兵。

至正改元辛巳寒食日示弟及诸子侄
[元]虞 集

江山信美非吾土,飘泊栖迟近百年。山舍墓田同水曲,不堪梦觉听啼鹃。

秋 望 [明]李梦阳

黄河水绕汉边墙,河上秋风雁几行。客子过壕追野马,将军韬箭射天狼。黄尘古渡迷飞輓,白月横空冷战场。闻道朔方多勇略,只今谁是郭汾阳?

赴戍登程口占示家人 [清]林则徐

力微任重久神疲,再竭衰庸定不支。苟利国家生死以,岂因祸福避趋之?谪居正是君恩厚,养拙刚于戍卒宜。戏与山妻谈故事,试吟断送老头皮。

附录二 金元明清诗选

送沈左司从汪参政分省陕西,汪由御史中丞出
[明]高 启

重臣分陕去台端,宾从威仪尽汉官。四塞河山归版籍,百年父老见衣冠。函关月落听鸡度,华岳云开立马看。知尔西行定回首,如今江左是长安。

九 日 渡 江 [明]李东阳

秋风江口听鸣榔,远客归心正渺茫。万里乾坤此江水,百年风日几重阳?烟中树色浮瓜步,城上山形绕建康。直过真州更东下,夜深灯影宿维扬。

夏口夜泊别友人　　　[明]李梦阳

黄鹤楼前日欲低,汉阳城树乱乌啼。孤舟夜泊东游客,恨杀长江不向西。

送韩汝度还关中　　　[明]何景明

华岳云台万里情,高秋落日眺秦城。黄河一线通沧海,身在仙人掌上行。

在 武 昌 作　　　[明]徐祯卿

洞庭叶未下,潇湘秋欲生。高斋今夜雨,独卧武昌城。重以桑梓念,凄其江汉情。不知天外雁,何事乐长征。

浩 气 吟　　　[明]瞿式耜

藉草为茵枕块眠,更长寂寂夜如年。苏卿绛节唯思汉,信国丹心只告天。九死如饴遑惜苦,千秋公论只随缘。残灯一室群魔绕,宁识孤臣梦坦然。

梅 村　　　[清]吴伟业

枳篱茅舍掩苍苔,乞竹分花手自栽。不好诣人贪客过,惯迟作答爱书来。闲窗听雨摊诗卷,独

附录三　明清爱国诗作

旅 舍 书 事　　　[明]瞿佑

过却春光独掩门,浇愁漫有酒盈樽。孤灯听雨心多感,一剑横空气尚存。射虎何年随李广,闻鸡中夜舞刘琨。平生家国萦怀抱,湿尽青衫总

树看云上啸台。桑落酒香卢橘美,钓船斜系草堂开。

壬戌清明作　　　[清]屈大均

朝作轻云暮作阴,愁中不觉已春深。落花有泪因风雨,啼鸟无情自古今。故国江山徒梦寐,中华人物又销沉。龙蛇四海归无所,寒食年年怆客心。

读洪昉思《稗畦行卷》
感赠一首兼寄赵秋谷赞善
　　　[清]曹　寅

惆怅江关白发生,断云零雁各凄清。称心岁月荒唐过,垂老文章恐惧成。礼法谁尝轻阮籍,穷愁天欲厚虞卿。纵横捭阖人间世,只此能消万古情。

闻 鹧 鸪　　　[清]尤侗

鹧鸪声里夕阳西,陌上征人首尽低。遍地关山"行不得",为谁辛苦尽情啼?

寄 调 筝 人　　　[清]苏曼殊

禅心一任蛾眉妒,佛说原来怨是亲。雨笠烟蓑归去也,与人无爱亦无嗔。

泪痕。

燕子矶口占　　　[明]史可法

来家不面母,咫尺犹千里。矶头洒清泪,滴滴沉江底。

海　上（四首选二）　　[清]顾炎武

日入空山海气侵，秋光千里自登临。十年天地干戈老，四海苍生吊哭深。水涌神山来白鸟，云浮仙阙见黄金。此中何处无人世，只恐难酬烈士心。　　满地关河一望哀，彻天烽火照胥台。名王白马江东去，故国降幡海上来。秦望云空阳鸟散，冶山天远朔风回。楼船见说军容盛，左次犹虚授钺才。

过明太祖故宫　　[清]孔尚任

匆忙又散一盘棋，骑马来看旧殿基。夕照偏逢鸦点点，秋风只少黍离离。门通大内红墙短，桥对中街玉柱欹。最是居民无感慨，蜗庐僭用瓦琉璃。

附录四　近代诗选

秦淮灯船引　　魏　源

万古不死秦淮月，千年不竭骊龙血。谁幻江城作蜃楼，谁化暑宵成贝阙。直把苍茫万斛愁，浣作江天五更雪。泉落鲛宫万游戏，汉佩湘珠千出没。风软潮平夜将半，回舟更逐星光乱。却喜无月灯愈灿，倒翻水底成星汉。毕竟繁华似太平，谁言箫管殊清晏。荡桨吴侬说向余：今岁灯船廿载无。廿载以来江涨高，年年夏汛水平桥，阑干浸在波涛底，画船那得出游遨。夷船骤至连天涨，夷船退后江不浪。始知水气兆兵气，翻以悲余得欢赏。圩田熟收船价低，惊魂甫定歌喉怆。压惊齐上秦淮航，犒旧重寻花月舫。有客紫裘腰笛来，穿云裂石河楼上；有客虬髯醉咽呜，击碎唾壶小酒唱。君不见，去年今夕秦淮岸，鹊桥待渡银河半。炮雷江口震天来，惊得灯船如雨散。圌山已失京口破，火轮撇掠黄天过。燕子矶头峙獌猰，朱雀航外横鲸

题屈翁山诗札、石涛石谿八大山人山水小幅、并白丁墨兰共一卷
　　[清]郑　燮

国破家亡鬓总幡，一囊诗画作头陀。横涂竖抹千千幅，墨点无多泪点多。

寰海后十首（选一）　　[清]魏　源

小挫兵家胜负常，但须整旅补亡羊。麇军周处黑当道，倡走荀林马乱行。白面军中谁羽扇？华灯盾鼻又封章！重颁赤帜骄夷帜，更使江防驱海防。

出　塞　　[清]徐锡麟

军歌应唱大刀环，誓灭胡奴出玉关。只解沙场为国死，何须马革裹尸还。

鳄。生长承平听画筝，几闻铁马兵戈声。游船变作逃船贵，十千未肯出关行。旌旗猎猎古城坳，不见游舸见海舶，海舶飘忽如霆电，谁敢声炮向江皋。二百余年桃叶渡，七万里外红毛刀，十丈长人龙伯国，翻天覆地喷波涛。肯信围城忽尊俎，一夕干戈变干羽，百万金缯万虏欢，十年牛酒千夫举。倾得蛟宫宝藏完，保障半壁东南土。莱国惟须纵博壶，蕲王那用提金鼓。但看封豕离大江，依然画鹢出横塘。玉树重开花月夜，羯鼓宁惊霓羽裳。鲸波化作桃花浪，兵气销为明月光。阿芙蓉风十里香，销金锅里黄粱场。衣香鬓影天未霜，酒龙诗虎争传觞。今夕何夕银河苍，万岁千秋乐未央。惜哉不令英夷望，应叹江南佳丽胜西洋！

九月二十四夜，至马关，泊船二日，即李相国议和立约遇刺地也，有指相国驻节处者，伤怀久之
　　康有为

碧海沉沉岛屿环，万家灯火夹青山。有人遥

指旌旗处,千古伤心过马关。

春　愁　　　　　　　丘逢甲

春愁难遣强看山,往事惊心泪欲潸。四百万人同一哭,去年今日割台湾。

晓抵九江作　　　　　陈三立

藏舟夜半负之去,摇兀江湖便可怜。合眼风涛移枕上,抚膺家国逼灯前。鼾声邻榻添雷吼,曙色孤篷漏日妍。咫尺琵琶亭畔客,起看啼雁万峰巅。

黄海舟中日人索句并见日俄战争地图
秋　瑾

万里乘风去复来,只身东海挟春雷。忍看图画移颜色?肯使江山付劫灰!浊酒不销忧国泪,救时应仗出群才。拼将十万头颅血,须把乾坤力挽回。

辑《陆沉丛书》初集竟题首　　陈去病

胡马嘶风蹀躞来,江花江草尽堪哀。寒潮欲上凄还咽,残月孤明冷似灰。誓死肯从穷发国?舍身齐上断头台。如今挥泪搜遗迹,野史零星土一抔。

题张苍水集(四首选一)　　柳亚子

北望中原涕泪多,胡尘惨淡汉山河。盲风晦雨凄其夜,起读先生正气歌。

感 怀 四 首(选一)　　　宁调元

十年前是一重囚,也逐欧风唱自由。复九世仇盟玉帛,提三尺剑奠金瓯。丈夫有志当如是,竖子诚难足与谋。愿播热血高万丈,雨飞不住注神州。

附录五　明清诗概说

明清(1368—1644—1911)两代历时540余年,诗歌之成就虽无法迈唐越宋,却亦名家辈出、流派众多。也许是因为距今时代较近,散佚较少,而国土广大人口数倍于前朝,流传至今的明清诗作,其数量数倍于唐宋,作家人数亦数倍于唐宋。

明诗是明代文学中较有成就的部分。明初吴中(苏州、杭州一带)文人荟萃,刘基、吴中四杰(高启等)领袖诗坛。刘基乃开国元勋,高启才高八斗,他们大多由元入明,诗作或雄浑,或豪俊,较之元末杨维桢、王冕有较大创新。如高启《登金陵雨花台望大江》,有一种磅礴天地间的新气象。朱元璋父子的暴政使明代初年有成就的诗人无一幸免。刘基死得不明不白;汪广洋官至丞相,被贬海南,中途赐死;高启中年被腰斩;杨基死于贬所;凌云翰贬死蛮荒之地;张羽坐事贬岭南,半道诏

还,自知不免,投江而死;徐贲下狱瘐死;解缙先谪广西后下狱瘐死;瞿佑也以诗祸下狱,谪戍保安……政治上的高压导致诗歌创作的凋零。

永乐年间,文坛上出现台阁体,代表人物杨士奇、杨荣、杨溥为台阁重臣,以诗文粉饰太平。此后李东阳等茶陵派始有所创新。钱谦益论李东阳云:“国家休明之运,萃于成、弘,公以金钟玉衡之质,振朱弦清庙之音,含咀宫商,吐纳和雅,渢渢乎,洋洋乎,长离之和鸣,共命之交响也。”林鸿、高棅、张以宁等闽派诗人倡导唐音,秉承严羽“格调说”,但创作成就不高。

明成化至正德年间,李梦阳、何景明力反台阁体,提出“文必秦汉,诗必盛唐”,倡导复古,力洗平庸滑俗之风。陈田《明诗纪事》云:“明代中叶有李、何,犹唐有李、杜,宋有苏、黄。”李、何敢于与大

官僚、大宦官做斗争，其诗敢于面对现实，故是明代中叶最重要的诗人。当时又有一批大画家兼为诗人，如沈周、文征明、唐寅、祝允明等，写诗不事雕饰，任性挥洒，在破台阁体诗风方面也有补于时。明嘉靖、隆庆间，前七子之模拟之风已遭人厌，出现了杨慎、高叔嗣、薛蕙等人，杨慎尤为其中翘楚。稍后出现的李攀龙、王世贞、谢榛、宗臣、吴国伦、梁有誉、徐中行，这后七子使复古主义再度统治诗坛。其中王世贞倡导"学古而化"，其晚年诗风渐趋自然。

明代后期的万历、天启年间，模仿七子者已渐成"剽窃成风，万口一响"之势，此时出现的以袁宏道三兄弟为代表的"公安派"，倡导"独抒性灵，不拘格套"，后又不免流于轻率浅露；此后以钟惺、谭元春为代表的"竟陵派"欲以"深幽孤峭"纠公安之弊，却远离现实。明末崇祯及南明时期，复社、几社的一些作家，以陈子龙、夏完淳为代表，力矫公安、竟陵之弊，在明亡前后，与张煌言、瞿式耜一起，写出了慷慨激昂的时代强音。

明代专制政治较此前各代尤酷：朱元璋、朱棣、朱祁镇之暴政，东厂、西厂等特务组织，刘瑾、魏忠贤等宦官，长期横行，对小说、戏剧以外的文学产生了致命的打击。

清代是诗坛的复兴时期，其成就远远超过元、明两朝。《晚晴簃诗汇》收诗人六千一百余家，诗二万七千余首，但只是一选本；《清诗纪事》收诗人六千四百七十余家，数量均远胜唐诗。清诗发展大致分为四个时期：

顺康时期：其前期代表作家为由明入清的遗民诗人，如黄宗羲、归庄、顾炎武、王夫之、阎尔梅、方以智、屈大均等。这些人入清后坚持不与新政权合作，甚至坚持抗清复明，决不做清朝的官。顾炎武、王夫之、归庄的诗沉郁苍凉，写易代之痛；钱澄之以描写田园生活著称；吴嘉纪写人民的疾苦，尤其是盐民的疾苦；屈大均与陈恭尹、梁佩兰合称"岭南三大家"，屈氏出生虽稍晚，抗清复明思想于其诗作中却表现甚烈。由明入仕清廷的钱

谦益、吴伟业、龚鼎孳，称"江左三大家"。钱氏影响甚大，其才藻富赡，入清后哀思明室，寄托甚深，为"虞山诗派"领袖；吴伟业以七言歌行著称，《四库全书总目提要》称其"格律本乎四杰，而情韵为深。叙述类乎香山，而风华为胜"。他虽曾被迫做过短期清廷的史官、学官，却一直以此为耻，仍眷恋故国，在艺术上有很大创新，称"梅村体"，为"娄东诗派"领袖。此后最重要的诗人为王士禛、施闰章、宋琬、朱彝尊、赵执信、查慎行。施闰章、宋琬被称为"南施北宋"，王士禛说："康熙以来诗人，无出南施北宋之右。盖琬雅工吟咏，有大名于清初，故论者常举闰章相比况。至于学问识议，则琬固不逮闰章也。"康熙诗坛最重要的诗人为王士禛。他提倡"神韵说"，左右诗坛数十年，擅长七言近体，涵情绵邈而神韵悠然，受王、孟、韦、柳影响较深。查慎行为学宋诗派代表，擅长白描，当时与吴伟业并称；他的诗"雍容揄扬，适合当时统治者的需要，所以被清帝看中，无形中戴上了桂冠"（钱仲联《清诗三百首·前言》）。王士禛和与之齐名的朱彝尊，号称"南朱北王"。

乾嘉时期：主要代表人物有沈德潜、厉鹗、袁枚、蒋士铨、赵翼、翁方纲、郑燮、黄景仁、张问陶、黎简等。此时"诗坛上出现了不少流派与作家，前后相继，相互影响，艺术上争奇斗巧，而思想性是比较平常的。清初诗歌的战斗锋芒，早已无存。正如龚自珍所说：'避席畏闻文字狱，著书都为稻粱谋。'"（钱仲联《清诗三百首·前言》）乾隆朝重臣沈德潜首倡"格调说"，他的选诗及评论影响很大。厉鹗对宋诗钻研颇深，工于炼字，长于五古，为"浙派"后期领袖。袁枚倡"性灵说"，与赵翼、蒋士铨合称"乾隆三大家"。

道、同时期：主要代表诗人为龚自珍、魏源、林则徐、何绍基、姚燮、郑珍、金和等。这是一些生活于鸦片战争前后的诗人，他们打破清中叶以来模山范水的格局，以诗写改革社会的愿望，写民族危亡之感。龚自珍诗对封建专制制度进行了深刻揭露，体现改革的愿望。

清末光宣时期：主要代表人物有黄遵宪、樊

增祥、陈三立、文廷式、李慈铭、丘逢甲、谭嗣同、康有为、梁启超等人。黄遵宪倡导诗体革新,写新派诗,"上感国变,中伤种族,下哀民生",以古文家伸缩离合之法入诗。题材开阔,艺术上也有较高的成就。

清诗的思想内容非常广泛,清初有一些反对民族压迫的诗,如顾炎武、归庄的诗;清诗中有一些抗英、抗法、抗日的诗篇,反帝爱国的呼声很高;清代出现正面歌颂农民起义和农民暴动的诗;晚清近代更有宣传资产阶级改良主义和民主革命思想的诗。诗人的视野也从中国拓展到世界各国,工业、科技也进入清诗的领域。

清代多有组诗,钱谦益写《后秋兴》124首,龚自珍作《己亥杂诗》多达315首,黄遵宪的《己亥杂诗》亦多达86首,贝青乔的《咄咄吟》有120首。

由于研究不够,也由于人们受"贵远贱近"的传统看法影响,历来对清诗的评价并不高。如梁启超评论清诗说:"以言夫诗,真可谓衰落已极。吴伟业之靡曼,王士禛之脆薄,号为开国宗臣。乾隆全盛时,所谓袁(枚)、蒋(士铨)、赵(翼)三大家者,臭腐不可向迩。诸经师及诸古文家,集中多亦有诗,则极拙劣之砌韵文耳。嘉、道间,龚自珍、王昙、舒位号称新体,则粗犷浅薄。咸、同后,竞宗宋诗,只益生硬,更无余味。其稍可观者,反在生长僻壤之黎简、郑珍之辈,而中原更无闻焉。直至末叶,始有金和、黄遵宪、康有为,元气淋漓,卓然称大家。"(《清代学术概论》)此乃偏激之见,未可令人信服。实际上,清代诗人多、作品多、诗话多,均是前无古人的,所缺者是如李白、杜甫那样超一流的大家,像《蜀道难》那样超一流的作品。

网络链接

陈圆圆魂归何处?

参考书目

〔清〕顾嗣立辑《元诗选》,中华书局1985年

陈友琴主编《元明清诗选注》,北京出版社1980年

〔清〕施国祁《元遗山诗集笺注》,人民文学出版社1958年

金性尧选注《明诗三百首》,上海古籍出版社1995年

钱仲联、章培恒等撰《元明清诗鉴赏辞典》,上海辞书出版社1994年

钱仲联编选《明清诗精选》,江苏古籍出版社1992年

思考与练习

1. 高启《登金陵雨花台望大江》一诗表明作者在入明初期对新政权持怎样的态度?

2. 元好问与萨都剌、纳兰性德均是我国古代杰出的少数民族作家,试回忆我们过去还学过哪些少数民族作家的作品。

3. 我们课本中选有许多英雄之作,辛弃疾、文天祥、林则徐皆然。试说明其共同的特点。

慕课资源

【总论】

余雅不喜元词,以为倚声衰于元也。所爱者唯赵松雪、虞伯生、张仲举三家。([清]陈廷焯《词坛丛话》)

盖明初词人,犹沿虞伯生、张仲举之旧,不乖于风雅。及永乐以后,南宋诸名家词皆不显于世,惟《花间》《草堂》诸集盛行。至杨用修、王元美诸公,小令、中调颇有可取,而长调则均杂于俚俗矣。然一代之词,亦有不可尽废者。故《御选历代诗余》撷取者一百六十余家。([清]王昶《明词综序》)

词至国朝,直追两宋,而等而上之。作者如林,要以竹垞、其年为冠。朱、陈外,首推太鸿。譬之唐诗,朱、陈犹李、杜,太鸿犹昌黎。作者虽多,无出三家之右。([清]陈廷焯《词坛丛话》)

萨都剌

萨都剌(1272—1355),字天锡,号直斋。回族人,自祖父辈定居雁门(山西代县)。早年家境贫寒,曾远涉吴楚,经商谋生。泰定四年(1327)中进士,任翰林院应奉文字。天历二年(1329)出为镇江录事司达鲁花赤,历任南台掾史、燕南肃政廉访司照磨等职。后弃官归隐于安庆司空山,卒年不详。所著《雁门集》已佚,今所传《雁门集》十四卷乃其后裔萨龙光所编校,有上海古籍出版社殷孟伦标点本。

【集评】

虞集作《傅若金诗序》,称进士萨天锡最长于情,流丽清婉,今读其集,信然。([清]纪昀等《四库全书总目》卷一六七)

虞伯生、萨天锡两家词,皆兼擅苏、秦之胜。([清]刘熙载《艺概·词曲概》)

前人评韩、柳文者曰"韩如静女,柳如名姝",殊觉未称。独元虞伯生、萨雁门二家词,则极相类。虞词幽茜,萨词繁丽,殆有别耳。([清]张德瀛《词征》卷六)

天锡词不多作,而长调有苏、辛遗响。大抵元词之始,实受遗山之感化。子昂以故国王孙留意词翰,涵养既深,英才辈出。云石、海涯以绮丽清新之派,振起于前,而天锡继之,元词以此时为盛矣。(吴梅《词学通论》)

百字令·登石头城^①

　　石头城上,望天低吴楚,眼空无物。指点六朝形胜地^②,唯有青山如壁。蔽日旌旗,连云樯橹,白骨纷如雪。一江南北,消磨多少豪杰。　　寂寞避暑离宫,东风辇路,芳草年年发。落日无人松径里,鬼火高低明灭。歌舞樽前,繁华镜里,暗换青青发。伤心千古,秦淮一片明月^③。

【汇评】

　　天锡《小阑干》词,笔情何减宋人;其石头城怀古词,尤多感慨。([清]王奕清等《历代诗余》卷一百十九引《梅苑》)

　　天锡最长于吊古,古诗亦然,不独工倚声也。语意凄恻。([清]陈廷焯《词则·放歌集》卷三)

　　此词全用苏轼赤壁怀古词《念奴娇》原韵,千载之下,和苏词者极众但能如此者寥寥。此词虽和韵却不受束缚,反而因难见巧,思笔俱畅,论古道今,纵横驰骋,千载兴亡,历朝往事,驱策于腕下;眼前景物,胸中慨叹,交汇于笔端。深沉豪迈,凄凉悲慨兼而有之,味之令人动情,读之叹为观止。(王步高《金元明清词鉴赏辞典》)

【赏析】

　　这是一篇登临怀古词,不专咏一朝一代之兴衰,而是以六朝遗址石头城为着眼点,抒发千古沧桑和人生无常的感慨。发端二句从眼前之景落笔:登上石头城,但见天高地迥,吴楚尽收眼底,境界开阔而又壮观。但从"眼空无物"四字,却知词人登临,乃别有情怀。怀古之意,由此摇曳而出。"指点"两句紧承意脉,思接千载,走入历史:南京龙盘虎踞,襟带长江,自古为形胜之地,六朝在此建都,曾经有过朱甍碧瓦、云旗霓旌的热闹和繁华。如今事往境迁,昔日笙歌已渺然难寻了。"蔽日"以下数句,词人思绪沿着历史长河飞腾:他想到了赤壁之战,曹公水寨,旌旗蔽日,樯橹如云,竟在周瑜火攻中化为轻烟,孙吴割据,金陵为都即始于此。他又想到了西晋八王之乱,司马氏扬旌南渡,也想到了韩擒虎以五百兵入朱雀门,陈叔宝系颈归降,又联想到李煜错杀了潘佑、李平,自己身为北虏。这里曾有诸葛的羽扇纶巾,周瑜的豪迈儒雅,谢安的东山风流。更有甚者,英雄逐鹿,此消彼长,无数百姓转死沟壑,千万将士暴骨沙场,这一切都令人追忆叹惋,嗟伤感慨。下阕再就石头城发论:城中帝王的离宫别馆,如今却已荒草萋萋,一片寂寞,夜晚林中鬼火飘没,高低明灭,显得阴森可怖。词人面对这一切,心中不能不有极大的感慨:谷替陵迁,人事无常,而山河依旧,宇宙永恒。"歌舞"三句,即由叹惋历史转到对于人生易逝的感伤。

---

　　① 石头城:在今南京城中。汉末建安十七年,孙权治秣陵,始筑此城。宋张舜民云:"石头城天生城壁,有如城然。"　② 形胜:谓地势优越壮美。　③ 刘禹锡《石头城》诗:"淮水东边旧时月,夜深还过女墙来。"

王朝尚且如此,何况人生百年。末二句:"伤心千古,秦淮一片明月"绾合全文,把对宇宙长存、人生有限的感慨打并到对陵谷沧桑的深沉浩叹之中。此词步东坡《念奴娇·大江东去》韵,是千年而下众多苏词和作中少见的佼佼者。

(王庆生)

杨 慎

杨慎(1488—1559),字用修,号升庵,四川新都人。正德六年(1511)进士第一,曾任翰林修撰,经筵讲官。嘉靖三年(1524),因"大礼议"廷杖削籍,贬戍云南,三十五年后,卒于贬所。天启朝追谥"文宪"。升庵博闻广识,《明史》本传称其著述之富,明代第一。后人辑有《升庵集》。另有《丹铅录》《升庵诗话》《词林万选》等,于学术、诗文、词曲诸方面均有建树。词有《杨慎词曲集》(王文才辑校,四川人民出版社1984),其词藻丽其外,凄咽于内,对明代词风的转变有一定影响。

【集评】

太史公谪居滇南,托兴于酒边,陶情于词曲,传咏于滇云,而溢流于夷徼。昔人云:吃井水处皆唱柳词;今也不吃井水处亦唱杨词矣。([明]杨南金《升庵长短句序》)

成都杨慎作长短句,有沐兰浴芳,吐云含雪之妙,其流丽辉映,足雄一代,较于《花间》《草堂》,可谓俱撮其长矣。([清]毛先舒《诗辩坻》卷四)

明人词,以杨用修升庵为第一。([清]胡薇元《岁寒居词话》)

用修词,清新雅秀,长调不免俚俗,小令之妙,允堪接武伯温。([清]陈廷焯《云韶集》卷一二)

临 江 仙①

滚滚长江东逝水,浪花淘尽英雄。是非成败转头空②。青山依旧在,几度夕阳红。 白发渔樵江渚上③,惯看秋月春风。一壶浊酒喜相逢。古今多少事,都付笑谈中。

---

① 临江仙:此词是明代著名学者杨慎的晚年作品,选自他的《廿一史弹词》第三段说秦汉开场词。清初毛纶、毛宗岗父子将它置于小说《三国演义》卷首,当代电视连续剧《三国演义》将它作为片头曲的歌词,因而流传甚广。② 转头:犹言转脸、转眼,喻时间极短。 ③ 渔樵:捕鱼、砍柴。古代诗文中渔翁、樵夫多指隐士。渚(zhǔ):江中的小洲。

这首题为秦汉开场词。上片只写古来多少英雄成败,只如大浪淘沙转眼成空。下片写江上渔樵闲话,清谈快论,娓娓动听。全篇并未提出秦汉以来任何具体英雄故事,而给人以丰富的想象,此以扫为生法也。前人丁绍仪《听秋声馆词话》以"清空"二字评之,诚然。(夏承焘、张璋《金元明清词选》)

【赏析】

这首词以短短的篇幅,高度概括了一位历经沧桑者的人生感悟,深刻地渗透着某种人生哲理。此词反思历史,纵览古今,指出千万人孜孜追求的功名事业、斤斤算计的是非成败,到头来转眼成空,由此唤醒许多沉迷不悟的人。

本词并未抽象地讲说道理,而是把永恒的宇宙与短暂的人生做对比,自然地显示出哲理:滚滚长江水虽然不断向东流逝,但江水永远奔流不息;千古英雄豪杰随水过尽,均一去不回。青山巍巍,依旧存在,秋月春风,无限循环;人生虽然美好,但十分短促,只有"几度夕阳红"而已。与永恒的宇宙、历史长河相比,一时的是非成败转眼间已成空虚。诗人从历史的经验和个人的经历中看透了人生,逐渐摆脱了荣辱得失的羁绊,以渔父樵夫自居,与秋月春风为伴,寄情诗酒,笑谈古今,抒发了超然物外的旷达之情。

顾 贞 观

顾贞观(1637—1714),初名华文,字华峰,号梁汾,江苏无锡人。康熙五年举人,官秘书院典籍。在京时,曾馆于大学士明珠家,与明珠子纳兰性德交契,共同谋划营救吴兆骞之事,终成,时人钦其风义。后返乡读书终老。工诗文,尤以词名。有《弹指词》及《积书岩集》。

【集评】

先生幼禀异姿,多读书诗古文,皆有心得。而词更奄有众长,自成机轴。先生尝曰:"吾词独不落宋人圈襟。"可信必传。尝见谢康乐春草池塘梦中句,曰:"吾于词曾至此境。"昔弥勒弹指,楼阁门开,善才即见百千万亿弥勒化身。先生以斯名集,殆亦示其苦心孤诣,超神入化处。([清]诸洛《〈弹指词〉序》)

"夫《弹指》与竹垞、迦陵埒名。"又:"若《弹指》则极情之至,出入南北两宋,而奄有众长,词之集大成者也。" ([清]杜诏《〈弹指词〉序》)

顾梁汾短调隽永,长调委婉尽致,得周、柳精处。([清]谢章铤《赌棋山庄词话》卷七)

顾华峰词,全以情胜,是高人一著处。至其用笔,亦甚圆朗。然不悟沉郁之妙,终非上乘。([清]陈廷焯《白雨斋词话》卷三)

贞观之词,不事修饰,然工力未深,时见草率。……但知发挥情性,不顾斟酌于声律字句间。 (《续修四库全书·〈弹指词〉提要》)

金缕曲(其一)

寄吴汉槎宁古塔①,以词代书,丙辰冬寓京师千佛寺冰雪中作②。

季子平安否③?便归来、平生万事④,那堪回首!行路悠悠谁慰藉?母老家贫子幼。记不起、从前杯酒。魑魅搏人应见惯⑤,总输他覆雨翻云手⑥。冰与雪,周旋久⑦。　　泪痕莫滴牛衣透⑧。数天涯、依然骨肉⑨,几家能够?比似红颜多命薄,更不如今还有⑩。只绝塞,苦寒难受。廿载包胥承一诺⑪,盼乌头马角终相救⑫。置此札,君怀袖。

【本事典实】

二词容若见之,为泣下数行。曰:'河梁生别之诗,山阳死友之传,得此而三。此事三千六百日中,弟当以身任之,不俟兄再嘱也。'余曰:'人寿几何?请以五载为期。'恳之太傅,亦蒙见许。而汉槎果以辛酉入关矣。附书志感,兼志痛云。(顾贞观《金缕曲》跋语)

自我昔年,邂逅梁溪。子有死友,非此而谁?《金缕》一章,声与泣随。我誓返子,实由此词。([清]纳兰性德《祭吴汉槎文》)

松陵吴兆骞,字汉槎,以事戍宁古塔,得生入关,顾梁汾中翰力也。汉槎既还,以为事由东海,以小故,颇与梁汾参商,中翰初不自明也。一日,相国明珠招汉槎饮,饮毕,复延入书室,见粉壁大书云:"顾梁汾为吴汉槎屈膝处",汉槎惭恧,汗流浃背。([清]黄卬《锡金识小录》卷六)

【汇评】

黄唐堂云:"顾梁汾寄吴汉槎宁古塔以词代书《金缕曲》二阕,激昂悲壮。即置之稼轩集中,亦称高

① 吴汉槎(chá):清初著名边塞词人吴兆骞,字汉槎,与词人顾贞观交厚。吴于顺治十四年(1657)中举,旋因江南乡试作弊案受牵连,被仇人诬告,于顺治十六年(1659)遣戍宁古塔(今黑龙江宁安市),历尽艰苦磨难。顾贞观对他的不幸遭遇极为同情,于康熙十五年(1676)求助于当朝大学士、太子太傅纳兰明珠之子纳兰性德,未获成功。此年冬,顾贞观寓居北京千佛寺,环顾四周冰雪,不禁想起远在塞北的友人吴汉槎,于是"以词代书",表达对他的深切思念、同情、慰藉,并表示营救他返归的承诺和决心。后来顾贞观再次努力,终于使他获救,于康熙二十年(1681)从塞外归来。 ② 丙辰:指康熙十五年(1676)。 ③ 季子:吴兆骞排行居三,故称季子。 ④ 便:即便,即使。 ⑤ 魑魅:传说山林里能害人的妖怪。比喻陷害好人的卑鄙小人。 ⑥ 输他:输给他。覆雨翻云:翻手为云,覆手为雨。喻小人惯于玩弄手段。 ⑦ 冰与雪,周旋久:指吴兆骞在塞外与冰雪严寒为伴已有17年之久。 ⑧ 牛衣:用草编成给牛御寒的蓑衣。典出《汉书·王章传》。此处比喻粗劣的衣服。 ⑨ 依然骨肉:依然能够骨肉团聚。此指吴兆骞之妻葛采真于康熙二年(1663)自愿赴宁古塔与丈夫相伴,后在该地生二女。 ⑩ 更不如今还有:此系宽慰语。意谓吴妻虽然红颜薄命,但比起其他江南乡试作弊案中被诛灭全族的人家的女子,还算不幸中的大幸,毕竟她们不如你们家如今还能保全。 ⑪ 包胥:申包胥,春秋时楚国大夫。伍子胥(伍员)因父兄被楚王冤杀,立誓灭楚复仇。他逃往吴国时对申包胥说:"我必覆楚!"申包胥不满他灭国以报私怨,答曰:"我必存之!"后来伍子胥助吴破楚,鞭楚王尸泄恨。申包胥到秦国求救,立于秦廷痛哭七昼夜,水米不入口,终于感动秦王发兵救楚。事见《史记·伍子胥列传》。承一诺:顾贞观以申包胥自喻,向友人吴兆骞承诺,一定要救他返回家乡。 ⑫ 乌头马角:战国时燕太子丹被秦国留作人质,备受凌辱,丹求归国,秦王曰:"乌头白,马生角,乃许耳。"太子丹仰天悲叹,感动了上天,乌鸦果然白了头,马头果然生了角。太子丹于是得归。语见《史记·刺客列传》。此为传说。词人借此表示自己精诚所至,最终一定会获得成功。

唱。"（[清]冯金伯《词苑萃编》卷八）

华峰《贺新郎·寄吴汉槎宁古塔以词代书》两阕，只如家常说话，而痛快淋漓，宛转反复。两人心迹，一一如见。虽非正声，亦千秋绝调也。　　二词纯以性情结撰而成，悲之深，悯之至，丁宁告戒，无一字不从肺腑流出，可以泣鬼神矣。（[清]陈廷焯《白雨斋词话》卷三）

寄吴汉槎《金缕曲》二阕，虽非词之正派，然金石肝胆，长歌当哭，亦古今少见之作。词名闻于朝鲜，有来由也。（《续修四库全书·〈弹指词〉提要》）

梁汾《金缕曲》二章统（通）首浑成，只"记不起从前杯酒"凑韵。此调第六句必须托上，今此句与上二句无涉，是为勉强凑韵。又"更不如今还有"，"今"疑作"君"，恐原刻本已误作"今"，吴语二字同音。亦峰评此词"可以泣鬼神矣"，然而犹曰"非正声"，不知何者为"正声"？大约非乡愿掩饰之遁词游词，不足以当足下之"正声"矣。（吴世昌《词林新话》）

【赏析】

这首《金缕曲》作于康熙十五年（1676），是顾贞观以词的形式写给难中友人的一封信（上篇），信中贯注着深厚的友情。对友人既有问候，又有同情、宽慰和劝谕，更有援救友人的承诺和决心。字里行间，深情婉转流注，由平缓趋向起伏跌宕，最后推向激昂。发出的誓言掷地可作金石声，令人感叹友情的真挚与可贵。

上片起句平平，问候友人，亲切如话。次三句代友人抱屈不平：即使归来，这十七年的委屈磨难也无法补偿，何况现在尚未放归！以下四句述说友人的种种不幸：戍途遥远，孤独流离；家中母老子幼，贫苦无助；从前曾有杯酒之欢的友人，早已把他忘记。"魑魅"两句从反面宽慰友人：小人横行无忌，善用鬼蜮伎俩，善良之人总难逃其陷害，我等已见惯，故不必过于悲恨。"冰与雪"二句折回头再为友人鸣不平：世道虽如此，塞外十七年常受酷寒，毕竟苦不堪言。下片委婉劝谕友人，不要过于伤怀，与同案遭受屠戮的人家相比，你们尚能夫妻骨肉在天涯相聚相依，也属不幸中之大幸。接着又一转，再次对友人苦寒的处境深表同情。继而连用两个典故，向友人庄严承诺，一定要以回天之力援救其于苦难之中。最后两句看似平常，实则向友人保证，自己言必信，行必果，决不食言。

此词如与友人晤谈，字字发自肺腑，披肝沥胆，天日可鉴。抒情千回百转，亲切动人。黄唐堂评此词曰："激昂悲壮，即置之稼轩集中，亦称高唱。"（《词苑萃编》）

纳兰性德

纳兰性德（1655—1685），原名成德，避讳改，字容若，号楞伽山人。满洲正黄旗人，父明珠，官大学士、太子太傅，母爱新觉罗氏。康熙十五年（1676）进士，官一等侍卫。《清史稿》有传。有《通志堂集》，附词四卷，后人汇辑成《纳兰词》，今存词348首。词风真挚自然而多凄恻哀艳，悼亡之作尤称绝调。向有满洲词人第一之誉，为清词大家。

【集评】

（君）精工乐府，时谓远轶秦柳。所刻《饮水》《侧帽》词，传写遍于村校邮壁，海内文士，竞所摹仿，然君不以为意。（[清]徐乾学《通议大夫一等侍卫进士纳兰君神道碑文》）

字追米、蔡，词抗苏、黄，诗则拾遗、王、孟之间，罔不各臻其妙。（[清]董讷《进士纳兰君诔词》）

至于乐府小词，以为近骚人之遗，尤尝好为之。故当其合作，飘忽要眇，虽列之《花间》《草堂》，左清真而右屯田，亦足以自名其家矣。（[清]严绳孙《成容若遗稿序》）

《饮水词》三卷，凄婉娴丽，于小令最工，或谓李煜转身，殆以词品相类也。（[清]王煜《饮水词钞》）

《饮水词》含情绵邈，言有尽而意无穷。（[清]陈廷焯《云韶集》卷一五）

纳兰容若以自然之眼观物，以自然之舌言情。此由初入中原，未染汉人风气，故能真切如此。北宋以来，一人而已。（王国维《人间词话》）

金缕曲·亡妇忌日有感①

此恨何时已②？滴空阶、寒更雨歇，葬花天气③。三载悠悠魂梦杳，是梦久应醒矣④！料也觉、人间无味！不及夜台尘土隔，冷清清、一片埋愁地⑤。钗钿约，竟抛弃⑥！　重泉若有双鱼寄⑦。好知他、年来苦乐，与谁相倚？我自终宵成转侧，忍听湘弦重理⑧？待结个、他生知己。还怕两人俱薄命，再缘悭、剩月零风里⑨。清泪尽，纸灰起⑩。

【汇评】

这首词，是纳兰性德词风转捩时期的作品，顾贞观曰："容若词一种凄惋处，令人不能卒读。"陈维崧曰："饮水词哀感顽艳，得南唐二主之遗。"前贤认为，卢氏之死，是性德词风转变的关键，从这首词也可见一斑。此词的风格特点正在于哀感顽艳。词从空阶雨滴、淫雨葬花写来，这自然界的景物既令人产生伤春之感，也令词人勾起悼亡之思；以夜台幽远，书信难达，以至来生难期，感情层层递进，最后万念俱灰。其感情之真挚，悼念之沉痛，均以艺术的力量表达出来。全词虚实相间，有实景，有虚拟，看到的和想到的糅合为一，真实的往事及对幽冥生活的设想密合无间，而联系这一切的是夫妇深沉的爱情。全词语言，多是感情的真实流露，较少雕琢，虽质朴自然，却不够洗练，不够含蓄，故全词有篇而无句。（王步高

---

① 金缕曲：词牌名，本为贺新郎，亦称乳燕飞、金缕歌、金缕词、风敲竹、贺新凉、貂裘换酒等。亡妇：纳兰性德原配妻子卢氏，是两广总督、兵部尚书、都察院右副都御史卢兴祖之女。18岁于归，伉俪情深，惜三载而逝，时康熙十六年五月三十日，性德23岁。　② "此恨"句：李之仪《卜算子》词："我住长江头，君住长江尾。日日思君不见君，共饮长江水。此水几时休？此恨何时已？只愿君心似我心，定不负相思意！"　③ 滴空阶、寒更雨歇：温庭筠《更漏子》："梧桐树，三更雨。……一叶叶，一声声，空阶滴到明。"　④ 三载：词当作于康熙十九年，卢氏逝去三周年忌日。　⑤ 夜台：坟墓，阴间。　⑥ 钗钿约：古代男女常以钗钿作为定情物。　⑦ 重泉：泉下，地下。双鱼：传说鱼可寄信传情，亦为书信代称。　⑧ 湘弦：湘妃之琴瑟。此与舜之二妃死于湘江，湘灵鼓瑟等事有关。　⑨ 悭：吝啬，缺憾。　⑩ 纸灰起：纸钱烧祭后成灰被风吹起。

《金元明清词鉴赏辞典》

【赏析】

这首词是作者为数不少的悼亡词中的代表作。性德妻卢氏十八岁于归,伉俪情深,惜三载而逝。"抗情尘表,则视若浮云;抚操闺中,则志存流水。于其殁也,悼亡之吟不少,知己之恨尤多。"(周笃文、冯统《纳兰成德妻卢氏墓志考略》,《词学》第四辑)纳兰性德悼亡词有四十首之多,皆血泪交溢,语痴入骨。此词尤称绝唱。词从空阶滴雨、仲夏葬花写来,引起伤春之感和悼亡之思;又以夜台幽远,音讯不通,以至来生难期,感情层层递进,最后万念俱灰。全词虚实相间,实景与虚拟,所见与所思,糅合为一,历历往事与冥冥玄想密合无间,而联系这一切的是痛觉"人间无味"的"知己"夫妇的真挚情怀,确能穿越死生,跨越时空。

(徐同林)

附录一 备选课文

迈陂塘·雁丘 [金]元好问

乙丑岁赴试并州,道逢捕雁者云:"今旦获一雁,杀之矣。其脱网者悲鸣不能去,竟自投于地而死。"予因买得之,葬之汾水之上,累石为识,号曰"雁丘"。时同行者多为赋诗,予亦有《雁丘辞》,旧所作无宫商,今改定之。

问世间、情是何物?直教生死相许。天南地北双飞客,老翅几回寒暑?欢乐趣,离别苦。就中更有痴儿女。君应有语。渺万里层云,千山暮雪,只影向谁去? 横汾路、寂寞当年箫鼓,荒烟依旧平楚。招魂楚些何嗟及,山鬼暗啼风雨。天也妒。未信与、莺儿燕子俱黄土。千秋万古。为留待骚人,狂歌痛饮,来访雁丘处。

满江红·题宋思陵与岳武穆手敕墨本
[明]文征明

拂拭残碑,敕飞字、依稀堪读。慨当初倚飞何重,后来何酷!岂是功成身合死,可怜事去言难赎。最无辜,堪恨又堪悲,风波狱。 岂不念,封疆蹙?岂不念,徽、钦辱?但徽、钦既返,此身何属?千古休谈南渡错,当时自怕中原复。笑区区一桧亦何能,逢其欲!

金缕曲(其二) [清]顾贞观

我亦飘零久。十年来、深恩负尽,死生师友。宿昔齐名非忝窃,只看杜陵消瘦。曾不减、夜郎僝僽。薄命长辞知己别,问人生、到此凄凉否?千万恨,为兄剖。 兄生辛未吾丁丑。共些时、冰霜摧折,早衰蒲柳。词赋从今须少作,留取心魂相守。但愿得、河清人寿。归日急翻行戍稿,把空名、料理传身后。言不尽,观顿首。

水调歌头·春日赋示杨生子掞
[清]张惠言

百年复几许?慷慨一何多!子为我击筑,我当为子高歌。招手海边鸥鸟,看我胸中云梦,蒂芥近如何?楚越等闲耳,肝胆有风波。 生平事,天付与,且婆娑。几人尘外相视,一笑醉颜酡。看到浮云过了,又恐堂堂岁月,一掷去如梭。劝子且秉烛,为驻好春过。

附录二 和苏轼念奴娇赤壁怀古词

念奴娇·赤壁怀古　　[宋]苏 轼

大江东去,浪淘尽、千古风流人物。故垒西边人道是,三国周郎赤壁。乱石穿空,惊涛拍岸,卷起千堆雪。江山如画,一时多少豪杰。　　遥想公瑾当年,小乔初嫁了,雄姿英发。羽扇纶巾,谈笑间、樯橹灰飞烟灭。故国神游,多情应笑我,早生华发。人生如梦,一尊还酹江月。

前调·次东坡韵　　[宋]叶梦得

云峰横起,障吴关三面,真成尤物。倒卷回潮目尽处,秋水黏天无壁。绿鬓人归,如今虽在,空有千茎雪。追寻如梦,谩馀诗句犹杰。　　闻道尊酒登临,孙郎终古恨,长歌时发。万里云屯瓜步晚,落日旌旗明灭。鼓吹风高,画船遥想,一笑吞穷发。当时曾照,更谁重问山月。

前调·次东坡韵　　[宋]辛弃疾

倪来轩冕,问还是今古,人间何物。旧日重城愁万里,风月而今坚壁。药笼功名,酒垆身世,可惜蒙头雪。浩歌一曲,坐中人物三杰。　　休叹黄菊凋零,孤标应也有,梅花争发。醉里重揩西望眼,惟有孤鸿明灭。万事从教,浮云来去,枉了冲冠发。故人何在,长庚应伴残月。

前　调　　[宋]文天祥

庐山依旧,凄凉处、无限江南风物。空翠晴岚浮汗漫,还障天东半壁。雁过孤峰,猿归危嶂,风急波翻雪。乾坤未老,地灵尚有人杰。　　堪嗟漂泊孤舟,河倾斗落,客梦催明发。南浦闲云连草树,回首旌旗明灭。三十年来,十年一过,空有星星发。夜深愁听,鸣笳吹彻寒月。

前调·和东坡韵赋梅　　[宋]张 炎

苔痕抱石,透阳春挺挺,林间英物。隔水笛声那得到,斜日空明绝壁。半树篱边,一枝竹外,冷艳凌苍雪。淡然相对,万花无此清杰。　　还念庾岭幽情,江南聊折,赠行人应发。寂寂西窗闲弄影,深夜寒灯明灭。且看芳壶,休簪短帽,照见萧萧发。几时归去,朗吟湖上香月。

前调·次东坡韵　　[金]蔡松年

离骚痛饮,问人生佳处,能消何物。江左诸人成底事,空想岩岩青壁。五亩苍烟,一丘寒玉,岁晚忧风雪。西州扶病,至今悲感前杰。　　我梦卜筑萧闲,觉来岩桂,十里幽香发。魂磊胸中冰与炭,一酹春风都灭。胜日神交,悠然得意,离恨无毫发。古今同致,永和徒记年月。

前调·次东坡韵　　[金]赵秉文

秋光一片,问苍苍桂影,其中何物。一叶扁舟波万顷,四顾黏天无壁。叩枻长歌,姮娥欲下,万里挥冰雪。京尘千丈,可能容此人杰。　　回首赤壁矶边,骑鲸人去,几度山花发。淡淡长空今古梦,只有归鸿明灭。我欲从公,乘风归去,散此麒麟发。三山安在,玉箫吹断明月。

前调·次东坡韵　　[元]李孝光

江南春暮,看麦枯蚕老,故乡风物。缟袂青裙桑下路,笑动斜阳邨壁。鹅鸭比邻,牛羊日夕,父老头如雪。桑麻旧语,宁论汉庭人杰。　　谁办草草杯盘,朱樱绿笋,逸兴尊前发。冉冉年华行过也,目送孤云明灭。拾穗行歌,摘瓜抱蔓,此事真毫发。逢君裘饮,与吾唤取明月。

前调·次韵柬钟石　　[明]周用

栽花蓻柳,闲情绪料理,一般文物。几许麝煤和兔颖,光照词垣四壁。锦濯三江,珠倾百斛,玉

附录三　金元明清词选

人月圆·宴北人张侍御家有感
　　　　　　　　　　　　[金]吴激

南朝千古伤心事,犹唱后庭花。旧时王谢,堂前燕子,飞向谁家?　　恍然一梦,仙肌胜雪,宫髻堆鸦。江州司马,青衫泪湿,同是天涯。

望海潮(之二)　[金]折元礼

地雄河岳,疆分韩晋,潼关高压秦头。山倚断霞,江吞绝壁,野烟萦带沧州。虎旅拥貔貅。看阵云截岸,霜气横秋。千雉严城,五更残角月如钩。
西风晓入貂裘,恨儒冠误我,却羡兜鍪。六郡少年,三明老将,贺兰烽火新收。天外岳莲楼。想断云横晓,谁识归舟?剩着黄金换酒,羯鼓醉凉州。

水调歌头·赋三门津　[金]元好问

黄河九天上,人鬼瞰重关。长风怒卷高浪,飞洒日光寒。峻似吕梁千仞,壮似钱塘八月,直下洗尘寰。万象入横溃,依旧一峰闲。　　仰危巢,双鹄过,杳难攀。人间此险何用,万古秘神奸。不用燃犀下照,未必伏飞强射,有力障狂澜。唤取骑鲸客,挝鼓过银山。

木兰花慢·彭城怀古　[元]萨都剌

古徐州形胜,消磨尽,几英雄。想铁甲重瞳,

并千峰雪。王杨卢骆,漫说旧时四杰。　　又见咏月题封,西来黄鹤,六翮凌风发。铁画摩挲双老眼,不放银灯吹灭。丛菊黄残,小梅白瘦,敢妒青青发。品题桃李,看取明年三月。

乌骓汗血,玉帐连空。楚歌八千兵散,料梦魂,应不到江东。空有黄河如带,乱山回合云龙。汉家陵阙起秋风,禾黍满关中。更戏马台荒,画眉人远,燕子楼空。人生百年寄耳,且开怀,一饮尽千钟。回首荒城斜日,倚栏目送飞鸿。

大江东去·滕王阁　[金]高永

闲登高阁,叹兴亡、满目风烟尘土。画栋珠帘当日事,不见朝云暮雨。秋水长天,落霞孤鹜,千载名如故。长空澹澹,去鸿嘹唳谁数?　　遥忆才子当年,如椽健笔,坐上题佳句。物换星移知几度?遗恨西山南浦。往事无凭,昔人安在?何处寻歌舞?长江东注,为谁流尽今古?

南乡子　[元]张著

野唱自凄凉,一曲鸿雁欲断肠。恰似《竹枝》哀怨处,潇湘,月冷云昏觅断行。　　离思楚天长。风闪青灯雨打窗。惊起小红楼上梦,悠扬,只在佳人锦瑟旁。

人月圆　[元]倪瓒

伤心莫问前朝事,重上越王台。鹧鸪啼处,东风草绿,残照花开。　　怅然孤啸,青山故国,乔木苍苔。当时明月,依依素影,何处飞来?

临江仙·戍云南江陵别内(之一)
　　　　　　　　　　　　[明]杨慎

楚塞巴山横渡口,行人莫上江楼。征骖去棹

364
大学语文(全编本)DA XUE YU WEN QUAN BIAN BEN

两悠悠。相看临远水,独自上孤舟。 却羡多情沙上鸟,双飞双宿河洲。今宵明月为谁留?团团清影好,偏照别离愁。

山花子·春恨(之二) [明]陈子龙

杨柳迷离晓雾中,杏花零落五更钟。寂寂景阳宫外月,照残红。 蝶化彩衣金缕尽,虫衔画粉玉楼空。惟有无情双燕子,舞东风。

即 事(选一)(之三) [明]夏完淳

战苦难酬国,仇深敢忆家。一身存汉腊,满目尽胡沙。落月翻旗影,清霜冷剑花。六军浑散尽,半夜起悲笳。

临江仙·过嘉定,感怀侯研德
[清]吴伟业

苦竹编篱茅覆瓦,海田久废重耕。相逢犹说廿年兵。寒潮冲战骨,野火起空城。 门户凋残宾客在,凄凉诗酒侯生。西风又起不胜情。一篇《思旧赋》,故国与浮名。

贺新郎·秋夜呈芝麓先生 [清]陈维崧

掷帽悲歌发。正倚幌、孤秋独眺,凤城双阙。一片玉河桥下水,宛转玲珑如雪。其上有、秦时明月。我在京华沦落久,恨吴盐、只点离人发。家何在?在天末。 凭高对景心俱折。关情处,燕昭乐毅,一时人物。白雁横天如箭叫,叫尽古今豪杰。都只被、江山磨灭。明到无终山下去,拓弓弦、渴饮黄獐血。长杨赋,竟何益?

采 桑 子 [清]纳兰性德

谁翻乐府凄凉曲,风也萧萧,雨也萧萧,瘦尽灯花又一宵。 不知何事萦怀抱,醒也无聊,醉也无聊,梦也何曾到谢桥。

蝶恋花·出塞 [清]纳兰性德

今古河山无定据,画角声中,牧马频来去。满目荒凉谁可语?西风吹老丹枫树。 从前幽怨应无数,铁马金戈,青冢黄昏路。一往情深深几许?深山夕照深秋雨。

念奴娇·家信至有感 [清]吴兆骞

牧羝沙碛。待风鬟、唤作雨工行雨。不是垂虹亭子上,休盼绿杨烟缕。白苇烧残,黄榆吹落,也算相思树。空题裂帛,迢迢南北无路。 消受水驿山程,灯昏被冷,梦里偏叨絮。儿女心肠英雄泪,抵死偏萦离绪。锦字闺中,琼枝海上,辛苦随穷戍。柴车冰雪,七香金犊何处?

卖花声·雨花台 [清]朱彝尊

衰柳白门湾,潮打城还。小长干接大长干。歌板酒旗零落尽,剩有渔竿。 秋草六朝寒,花雨空坛。更无人处一凭栏。燕子斜阳来又去,如此江山!

水调歌头·舟次感成 [清]蒋士铨

偶为共命鸟,都是可怜虫。泪与秋河相似,点点注天东。十载楼中新妇,九载天涯夫婿,首已似飞蓬。年光愁病里,心绪别离中。 咏春蚕,疑夏雁,泣秋蛩。几见珠围翠绕,含笑坐东风?闻道十分消瘦,为我两番磨折,辛苦念梁鸿。谁知千里夜,各对一灯红。

水调歌头·西台吊谢皋羽（之一）

［清］丁子复

手执竹如意,晞发向沧州。钓竿寂寞千古,云物自悠悠。忽尔歌声变徵,涌起一江寒濑,惊醒老羊裘。山鬼作人语,凄断暮猿愁。　　西台泪,柴市血,恨同流。望中关水天黑,魂去不禁秋。剩有倚天长剑,分付平生知己,未便死前休。酹我一尊酒,孤月照山头。

南楼会·秋怀次韵（之二）

［清］夏孙桐

残叶下寒阶,秋风震旅怀。话莼鲈、空自低回。莽莽神州兵气亘,听不得、泽鸿哀。　　夕照淡金台,消沉几霸才。对霜天、尊酒悲来。丛菊漫淹词客泪,偏多傍、战场开。

附录四　近代词选

鹊踏枝·过人家废园作　　［清］龚自珍

漠漠春芜春不住,藤刺牵衣,碍却行人路。偏是无情偏解舞,蒙蒙扑面皆飞絮。　　绣院深沉谁是主?一朵孤花,墙角明如许!莫怨无人来折取,花开不合阳春暮。

浪淘沙　　［清］黄燮清

秋意入芭蕉,不雨潇潇,闲庭如此好良宵。月自缠绵花自媚,人自无聊。　　别恨几时销?认取红绡。风筝音苦雁书遥。醒着欲眠眠着醒,灯也心焦。

蝶恋花　　［清］谭　献

庭院深深人悄悄,埋怨鹦哥,错报韦郎到。压鬓钗梁金凤小,低头只是闲烦恼。　　花发江南年正少,红烛高楼,争抵还乡好?遮断行人西去道,轻躯愿化车前草。

水龙吟·秋声　　［清］项廷纪

西风已是难听,如何又着芭蕉雨?泠泠暗起,渐渐渐紧,萧萧忽住。候馆疏砧,高城断鼓,和成凄楚。想亭皋木落,洞庭波远、浑不见、愁来处。　　此际频惊倦旅,夜初长、归程梦阻。砌蛩自叹,边鸿自唳,剪灯谁语?莫更伤心,可怜秋到,无声更苦。满寒江剩有,黄芦万顷,卷离魂去。

水调歌头　　梁启超

拍碎双玉斗,慷慨一何多!满腔都是血泪,无处著悲歌。三百年来王气,满目山河依旧,人事竟如何?百户尚牛酒,四塞已干戈。　　千金剑,万言策,两蹉跎。醉中呵壁自语,醒后一滂沱。不恨年华去也,只恐少年心事,强半为销磨。愿替众生病,稽首礼维摩。

减字浣溪沙·听歌有感（之一）　　况周颐

惜起残红泪满衣,它生莫作有情痴,人天无地着相思。　　花若再开非故树,云能暂驻亦哀丝,不成消遣只成悲。

蝶恋花　　王国维

窗外绿阴添几许?剩有朱樱,尚系残春住。老尽莺雏无一语,飞来衔得樱桃去。　　坐看画梁双燕乳。燕语呢喃,似惜人迟暮。自是思量渠不与,人间总被思量误。

附录五 悼亡诗词

悼亡诗三首（选一）　　[晋]潘　岳

荏苒冬春谢，寒暑忽流易。之子归重泉，重壤
永幽隔。私怀谁克从？淹留亦何益？僶俛恭朝
命，回心反初役。望庐思其人，入室想所历。帏屏
无仿佛，翰墨有余迹。流芳未及歇，遗挂犹在壁。
怅恍如或存，回遑忡惊惕。如彼翰林鸟，双栖一朝
只。如彼游川鱼，比目中路析。春风缘隙来，晨溜
承檐滴。寝息何时忘？沉忧日盈积。庶几有时
衰，庄缶犹可击。

离思五首（选一）　　[唐]元　稹

曾经沧海难为水，除却巫山不是云。取次花
丛懒回顾，半缘修道半缘君。

悼亡三首（选一）　　[宋]梅尧臣

结发为夫妻，于今十七年。相看犹不足，何况
是长捐。我鬓多已白，此身宁久全。终当与同穴，
未死泪涟涟。

忆瑶姬·骑省之悼也　　[宋]史达祖

娇月笼烟，下楚岭，香分两朵湘云。花房时渐
密，弄杏笺初会，歌里殷勤。沈沈夜久西窗，屡隔
兰灯幔影昏。自彩鸾，飞入芳巢，绣屏罗荐粉光
新。　　十年未始轻分。念此飞花，可怜柔脆销
春。空余双泪眼，到旧家时节漫染愁巾。神仙说
到凌虚，一夜相思玉样人。但起来，梅发窗前，哽
咽疑是君。

悼　　亡　　[金]秦　略

自古生离足感伤，争教死别便相忘。荒陂何
处坟三尺，老眼他乡泪数行。多事春风吹梦散，无
情寒月照更长。还家恰是新寒节，忍见堂空纸挂墙。

浣　溪　沙　　[清]纳兰性德

谁念西风独自凉？萧萧黄叶闭疏窗，沉思往
事立残阳。　　被酒莫惊春睡重，赌书消得泼茶
香，当时只道是寻常。

参考书目

[元]萨都剌《雁门集》，上海古籍出版社 1982 年
夏承焘、张璋编《金元明清词选》，人民文学出版社 1983 年
王步高主编《金元明清词鉴赏辞典》，南京大学出版社 1989 年
王文才辑校《杨慎词曲集》，四川人民出版社 1984 年
龙榆生编选《近三百年名家词选》，上海古籍出版社 1979 年
张仲谋《明词史》，人民文学出版社 2002 年
严迪昌《清词史》，江苏古籍出版社 1990 年

思考与练习

1. 隋灭陈以后将建康（今江苏南京）城平毁，只留下少量建筑为一县城，故唐宋元诸朝诗词中关于
它的怀古诗词特多，而且其主题均为"今不如昔"，试结合萨都剌词，再举若干首说明之。

2. 杨慎《临江仙》词被毛纶、毛宗岗父子置于《三国演义》一书开头，试说说这有什么意义。

3. 顾贞观《金缕曲》系千古绝唱，吴世昌先生对之评价甚高，但也提出其中有"勉强凑韵"的缺点，而
且言之成理。从中我们是否可以得到一些有益的启示？

慕课资源

【总论】

　　唐三百年，文章鼎盛，独诗律与小说，称绝代之奇，何也？盖诗多赋事，唐人于歌律以兴以情，在有意无意之间。文多征实，唐人于小说摛词布景，有翻空造微之趣。至纤若锦机，怪同鬼斧，即李杜之跌宕，韩柳之尔雅，有时不得与孟东野、陆鲁望、沈亚之、段成式辈争奇竞爽，犹耆卿、易安之于词，汉卿、东篱之于曲，所谓厥体当行，别成奇致，良有以也。（〔明〕桃源居士《唐人小说序》）

　　（小说）迹其流别，凡有三派：其一叙述杂事，其一记录异闻，其一缀缉琐语也。唐宋而后，作者弥繁，中间诬谩失真，妖妄荧听者，固为不少，然寓劝戒，广见闻，资考证者，亦错出其中，班固称"小说家流盖出于稗官"，如淳注谓"王者欲知闾巷风俗，故立稗官，使称说之"。然则博采旁搜，是亦古制，固不必以冗杂废矣。（〔清〕纪昀《四库全书总目》卷一百四十）

　　唐人小说，不可不熟。小小情事，凄惋欲绝，洵有神遇而不自知者，与诗律可称一代之奇。（〔宋〕洪迈《唐人说荟》凡例）

蒋　防

　　蒋防（792？—？），生活于唐宪宗、穆宗与文宗时代。义兴（今江苏宜兴）人。少年时才华横溢、诗文并茂。18岁作《秋河赋》，"援笔立就"，知名于时。官右拾遗，受李绅推荐，自右补阙充翰林学士，进司封员外郎，又以司封郎中知制诰，后受李绅案牵连，贬为汀州刺史，改连州刺史。调袁州刺史，卒于大和五年至九年之间。

── 霍 小 玉 传 ──

　　大历中①，陇西李生名益②，年二十，以进士擢第。其明年，拔萃③，俟试于天

──────────

　　① 大历：唐代宗年号，为公元766—779年。　② 陇西：现在的甘肃省一带。生：过去对年轻士子的称呼。　③ 拔萃：唐代考选制度，科举出身的人，需经吏部复试合格，才能做官，这种复试叫作拔萃。

官①。夏六月，至长安，舍于新昌里。生门族清华②，少有才思，丽词嘉句，时谓无双。先达丈人③，翕然推伏。每自矜风调④，思得佳偶，博求名妓，久而未谐⑤。长安有媒鲍十一娘者，故薛驸马家青衣也⑥；折券从良⑦，十余年矣。性便辟⑧，巧言语，豪家戚里，无不经过，追风挟策⑨，推为渠帅⑩。当受生诚托厚赂，意颇德之⑪。经数月，李方闲居舍之南亭。申未间⑫，忽闻扣门甚急，云是鲍十一娘至。摄衣从之，迎问曰："鲍卿今日何故忽然而来？"鲍笑曰："苏姑子作好梦也未？有一仙人，谪在下界，不邀财货⑬，但慕风流。如此色目⑭，共十郎相当矣。"生闻之惊跃，神飞体轻，引鲍手且拜且谢曰："一生作奴，死亦不惮⑮。"因问其名居。鲍具说曰："故霍王小女⑯，字小玉，王甚爱之。母曰净持。——净持，即王之宠婢也。王之初薨⑰，诸弟兄以其出自贱庶，不甚收录⑱。因分与资财，遣居于外，易姓为郑氏，人亦不知其王女。姿质秾艳，一生未见；高情逸态，事事过人；音乐诗书，无不通解。昨遣某求一好儿郎格调相称者。某具说十郎。他亦知有李十郎名字，非常欢惬。住在胜业坊古寺曲⑲，甫上车门宅是也。已与他作期约，明日午时，但至曲头觅桂子，即得矣。"

　　鲍既去，生便备行计。遂令家僮秋鸿，于从兄京兆参军尚公处假青骊驹⑳，黄金勒㉑。其夕，生浣衣沐浴，修饰容仪，喜跃交并，通夕不寐。迟明㉒，巾帻，引镜自照，惟惧不谐也。徘徊之间，至于亭午㉓。遂命驾疾驱，直抵胜业。至约之所，果见青衣立候，迎问曰："莫是李十郎否？"即下马，令牵入屋底，急急锁门。见鲍果从内出来，遥笑曰："何等儿郎，造次入此？"生调诮未毕，引入中门。庭间有四樱桃树；西北悬一鹦鹉笼，见生入来，即语曰："有人入来，急下帘者！"生本性雅淡，心犹疑惧，忽见鸟语，愕然不敢进。逡巡，鲍引净持下阶相迎，延入对坐。年可四十余，绰约多姿㉔，谈笑甚媚。因谓生曰："素闻十郎才调风流，今又见仪容雅秀，名下固无虚士㉕。某有一女子，虽拙教训㉖，颜色不至丑陋，得配君子，颇为相宜。频见鲍十一娘说意旨，今亦便令永奉箕帚㉗。"生谢曰："鄙拙庸愚，不意顾盼㉘，倘垂采录，生死为荣。"遂命酒馔，即令小玉自堂东阁子中而出㉙。生即拜迎。但觉一室之中，若琼林玉树，互相照曜，转盼精彩射人。既而遂坐母侧。母谓曰："汝尝爱念'开帘风

---

① 俟(sì)：等待。　② 门族清华：指世家贵族出身。　③ 先达：前辈。丈人：指年长有威望的人。　④ 自矜：自夸，这里是自我欣赏的意思。风调：仪容，风度。　⑤ 谐：和谐，合于自己心愿。　⑥ 青衣：指丫鬟。　⑦ 折券：赎回了卖身契。券，卖身的契约。从良：这里指十一娘不再做奴婢，获得了人身自由，可以嫁人了。　⑧ 便(pián)辟：曲意博取别人的欢心。　⑨ 追风：指追求女人。挟策：有主意、有办法。　⑩ 渠帅：魁首。泛指行业中的出头人物。这里是指鲍十一娘为替男女说媒牵合的最有本领的人。　⑪ 德：用作动词，感恩戴德。　⑫ 申未：申时未时，即下午。　⑬ 邀：博取。　⑭ 色目：品貌、类型。　⑮ 惮(dàn)：惧、怕。　⑯ 霍王：唐高祖的儿子，姓李名元轨。　⑰ 薨(hōng)：封建社会称诸侯或有封爵者去世为薨。　⑱ 收录：容纳。　⑲ 坊：街。曲：小巷。　⑳ 从兄：堂兄。参军：唐代行政、军事机构中的属官。　㉑ 勒：马笼头。　㉒ 迟明：黎明。　㉓ 亭午：正中午。　㉔ 绰约：形容姿态轻柔娇美。　㉕ 虚士：与盛名不相符的人。　㉖ 拙教训：教育子女不得法，不严格。　㉗ 奉箕帚：供事洒扫。指充当妻妾。　㉘ 不意：没想到。　㉙ 阁(gé)子：不是正房的小室。

动竹,疑是故人来。'即此十郎诗也。尔终日吟想,何如一见。"玉乃低鬟微笑,细语曰:"见面不如闻名。才子岂能无貌?"生遂连起拜曰:"小娘子爱才,鄙夫重色。两好相映,才貌相兼。"母女相顾而笑,遂举酒数巡①。生起,请玉唱歌。初不肯,母固强之。发声清亮,曲度精奇。

酒阑,及暝,鲍引生就西院憩息。闲庭邃宇,帘幕甚华。鲍令侍儿桂子、浣沙与生脱靴解带。须臾,玉至,言叙温和,辞气宛媚。解罗衣之际,态有余妍②,低帏昵枕,极其欢爱。生自以为巫山、洛浦不过也③。中宵之夜④,玉忽流涕视生曰:"妾本倡家,自知非匹。今以色爱,托其仁贤。但虑一旦色衰,恩移情替,使女萝无托⑤,秋扇见捐⑥。极欢之际,不觉悲至。"生闻之,不胜感叹。乃引臂替枕,徐谓玉曰:"平生志愿,今日获从,粉骨碎身,誓不相舍。夫人何发此言!请以素缣⑦,著之盟约。"玉因收泪,命侍儿樱桃褰幄执烛⑧,授生笔研。玉管弦之暇,雅好诗书⑨,筐箱笔研,皆王家之旧物。遂取绣囊,出越姬乌丝栏素缣三尺以授生⑩。生素多才思,援笔成章,引谕山河,指诚日月,句句恳切,闻之动人。染毕⑪,命藏于宝箧之内。自尔婉娈相得⑫,若翡翠之在云路也⑬。如此二岁,日夜相从。

其后年春,生以书判拔萃登科,授郑县主簿⑭。至四月,将之官,便拜庆于东洛⑮。长安亲戚,多就筵饯⑯。时春物尚余,夏景初丽,酒阑宾散,离思萦怀。玉谓生曰:"以君才地名声,人多景慕,愿结婚媾,固亦众矣。况堂有严亲,室无冢妇⑰,君之此去,必就佳姻。盟约之言,徒虚语耳。然妾有短愿⑱,欲辄指陈⑲。永委君心⑳,复能听否?"生惊怪曰:"有何罪过,忽发此辞?试说所言,必当敬奉。"玉曰:"妾年始十八,君才二十有二,迨君壮室之秋㉑,犹有八岁。一生欢爱,愿毕此期。然后妙选高门㉒,以谐秦晋㉓,亦未为晚。妾便舍弃人事,剪发披缁㉔。夙昔之愿,于此足矣。"生且愧且感,不觉流涕。因谓玉曰:"皎日之誓㉕,死生以之㉖。与卿偕老,犹恐未惬素志㉗,岂敢辄有二三㉘。固请不疑,但端居相待㉙。至八月,必当却到华州㉚,寻使奉迎,相见非远。"更数日,生遂诀别东去。

到任旬日,求假往东都觐亲。未至家日,太夫人已与商量表妹卢氏,言约已

---

① 数巡:几遍。 ② 余妍:其美貌难以描述。 ③ 巫山、洛浦:指古代两个关于恋爱的神话故事。巫山指楚襄王曾在巫山梦见来和他欢会的神女;洛浦是指曹植经过洛水时,梦见洛神,各自叙说爱慕之情事。 ④ 中宵:半夜。 ⑤ 女萝:藤状的植物,缠在树上生长。过去认为妇女依靠男人生活,因而用"女萝"比喻女人。 ⑥ 秋扇见捐:秋凉后,扇子被丢弃一边。 ⑦ 素缣(jiān):供书画用的白色细绢。 ⑧ 褰(qiān):揭起。幄(wò):幔帐。 ⑨ 雅:平素。 ⑩ 乌丝栏:丝织的有黑格的卷轴或画笺。 ⑪ 染毕:这里指用墨写完字。 ⑫ 自尔:从此以后。婉娈(luán):缠绵相爱之态。 ⑬ 翡翠:这里指绿色。云路:云间。 ⑭ 郑县:今河南省郑州市。主簿:典领文书,办理事务之官。 ⑮ 拜庆:就是"拜家庆",即回家探望父母。东洛:唐朝以洛阳为东都,所以叫"东洛"。 ⑯ 筵饯:设宴送行。 ⑰ 冢妇:正妻。 ⑱ 短愿:小小的心愿。 ⑲ 指陈:陈述。 ⑳ 委:存放。 ㉑ 迨(dài):及,到。壮室之秋:指娶妻的时候。古代认为三十岁娶妻正适当。室,妻。秋,时。 ㉒ 妙选:挑选好的佳偶。谐秦晋:结为婚姻。谐,合。春秋时,秦晋两国世代互相结亲,因此后世称结婚为"秦晋之好"。 ㉔ 缁(zī):缁衣,僧尼穿的黑色袈裟。缁,黑。 ㉕ 皎(jiǎo)日:白日,这里是对着太阳的意思。 ㉖ 死生以之:不管死活,都要履行誓言。 ㉗ 惬(qiè):满足。 ㉘ 二三:意思是三心二意。 ㉙ 端居:闲居。 ㉚ 却到:回到。

定。太夫人素严毅，生逡巡不敢辞让①，遂就礼谢，便有近期②。卢亦甲族也③，嫁女于他门，聘财必以百万为约，不满此数，义在不行。生家素贫，事须求贷，便托假故，远投亲知，涉历江、淮，自秋及夏。生自以孤负盟约④，大愆回期⑤，寂不知闻，欲断其望，遥托亲故，不遗漏言。

玉自生逾期，数访音信。虚词诡说，日日不同。博求师巫，遍询卜筮，怀忧抱恨，周岁有余。赢卧空阁，遂成沉疾。虽生之书题竟绝，而玉之想望不移，赂遗亲知，使通消息。寻求既切，资用屡空，往往私令侍婢潜卖箧中服玩之物，多托于西市寄附铺侯景先家货卖⑥。曾令侍婢浣沙将紫玉钗一只，诣景先家货之。路逢内作老玉工⑦，见浣沙所执，前来认之曰：“此钗，吾所作也。昔岁霍王小女将欲上鬟⑧，令我作此，酬我万钱。我尝不忘。汝是何人，从何而得？”浣沙曰：“我小娘子，即霍王女也。家事破散，失身于人。夫婿昨向东都，更无消息。悒怏成疾⑨，今欲二年。令我卖此，赂遗于人，使求音信。”玉工凄然下泣曰：“贵人男女，失机落节⑩，一至于此！我残年向尽⑪，见此盛衰，不胜伤感。”遂引至延光公主宅⑫，具言前事。公主亦为之悲叹良久，给钱十二万焉。

时生所定卢氏女在长安，生既毕于聘财，还归郑县。其年腊月，又请假入城就亲。潜卜静居⑬，不令人知。有明经崔允明者⑭，生之中表弟也。性甚长厚，昔岁常与生同饮于郑氏之室，杯盘笑语，曾不相间。每得生信，必诚告于玉。玉常以薪刍衣服⑮，资给于崔。崔颇感之。生既至，崔具以诚告玉。玉恨叹曰：“天下岂有是事乎！”遍请亲朋，多方召致。生自以愆期负约，又知玉疾候沉绵⑯，惭耻忍割⑰，终不肯往。晨出暮归，欲以回避。玉日夜涕泣，都忘寝食，期一相见，竟无因由。冤愤益深，委顿床枕⑱。自是长安中稍有知者。风流之士，共感玉之多情；豪侠之伦，皆怒生之薄行。

时已三月，人多春游。生与同辈五六人诣崇敬寺玩牡丹花⑲，步于西廊，递吟诗句。有京兆韦夏卿者，生之密友，时亦同行。谓生曰：“风光甚丽，草木荣华。伤哉郑卿，衔冤空室！足下终能弃置，实是忍人。丈夫之心，不宜如此。足下宜为思之！”叹让之际⑳，忽有一豪士，衣轻黄纻衫㉑，挟弓弹，丰神隽美，衣服轻华，唯有一剪头胡雏从后㉒，潜行而听之。俄而前揖生曰：“公非李十郎者乎？某族本山东，姻

---

① 逡(qūn)巡：犹豫而不进不退的样子。　② 近期：在短期内成婚。　③ 甲族：世家大族。　④ 孤负：辜负。　⑤ 愆(qiān)：失误，错过。　⑥ 寄附铺：替人保管和出售贵重物品的店铺。即后来所说的寄售商店。　⑦ 内作：皇家的工匠。　⑧ 上鬟：古时女子年满十五岁把头发梳上去，插上簪子（笄），表示成年，这时要举行一种仪式，称为“上鬟”。　⑨ 悒怏(yì yàng)：心情郁闷。　⑩ 失机落节：丧失良机，穷困落魄。　⑪ 向尽：生命快要结束了。　⑫ 延光公主：唐肃宗的女儿。　⑬ 潜卜：暗中租赁房屋。　⑭ 明经：唐代科举考试，分为秀才、明经、进士。由经义考中的叫“明经”。　⑮ 薪刍(chú)：柴草，这里泛指日常费用。　⑯ 疾候沉绵：病情严重。　⑰ 割：割舍。　⑱ 委顿：病得无力支身。　⑲ 崇敬寺：唐代长安的一座佛寺，离胜业坊很近。　⑳ 让：指责。　㉑ 黄纻(zhù)衫：黄麻衫。纻，苎麻织成的布料。　㉒ 胡雏：指卖身为奴的幼年胡人。

连外戚①。虽乏文藻,心尝乐贤②。仰公声华,常思觏止③。今日幸会,得睹清扬④。某之敝居,去此不远,亦有声乐,足以娱情。妖姬八九人⑤,骏马十数匹,唯公所欲。但愿一过。"生之侪辈⑥,共聆斯语,更相叹美。因与豪士策马同行,疾转数坊,遂至胜业。生以近郑之所止,意不欲过,便托事故,欲回马首。豪士曰:"敝居咫尺,忍相弃乎?"乃挽挟其马,牵引而行。迁延之间,已及郑曲。生神情恍惚,鞭马欲回。豪士遽命奴仆数人,抱持而进。疾走推入车门,便令锁却,报云:"李十郎至也!"一家惊喜,声闻于外。

先此一夕,玉梦黄衫丈夫抱生来,至席,使玉脱鞋。惊寤而告母。因自解曰:"'鞋'者,'谐'也。夫妇再合。'脱'者,'解'也。既合而解,亦当永诀。由此征之⑦,必遂相见,相见之后,当死矣。"凌晨,请母妆梳。母以其久病,心意惑乱,不甚信之。黾勉之间⑧,强为妆梳。妆梳才毕,而生果至。玉沉绵日久,转侧须人⑨;忽闻生来,欻然自起,更衣而出,恍若有神。遂与生相见,含怒凝视,不复有言,羸质妖姿,如不胜致,时复掩袂,返顾李生。感物伤人,坐皆欷歔。顷之,有酒肴数十盘,自外而来。一座惊视,遽问其故,悉是豪士之所致也。因遂陈设,相就而坐。玉乃侧身转面,斜视生良久,遂举杯酒酬地曰⑩:"我为女子,薄命如斯!君是丈夫,负心若此!韶颜稚齿⑪,饮恨而终。慈母在堂,不能供养。绮罗弦管,从此永休。征痛黄泉⑫,皆君所致。李君李君,今当永诀!我死之后,必为厉鬼,使君妻妾,终日不安!"乃引左手握生臂,掷杯于地,长恸号哭数声而绝。母乃举尸,置于生怀⑬,令唤之,遂不复苏矣。生为之缟素⑭,旦夕哭泣甚哀。

将葬之夕,生忽见玉缞帷之中⑮,容貌妍丽,宛若平生。著石榴裙⑯,紫褥裆⑰,红绿帔子⑱。斜身倚帷,手引绣带,顾谓生曰:"愧君相送,尚有余情。幽冥之中,能不感叹。"言毕,遂不复见。明日,葬于长安御宿原⑲。生至墓所,尽哀而返。

后月余,就礼于卢氏。伤情感物,郁郁不乐。夏五月,与卢氏偕行,归于郑县。至县旬日,生方与卢氏寝,忽帐外叱叱作声。生惊视之,则见一男子,年可二十余,姿状温美,藏身映幔,连招卢氏。生惶遽走起,绕幔数匝,倏然不见。生自此心怀疑恶,猜忌万端,夫妻之间,无聊生矣⑳。或有亲情,曲相劝喻㉑。生意稍解。后旬日,生复自外归,卢氏方鼓琴于床,忽见自门抛一斑犀钿花合子㉒,方圆一寸余,中有轻绢,作同心结,坠于卢氏怀中。生开而视之,见相思子二㉓、叩头虫一、发杀觜

---

① 外戚:帝王母亲和妻子方面的亲戚。 ② 乐贤:喜欢和贤士交往。 ③ 觏(gòu)止:相见。止,语助词。 ④ 清扬:眉清目秀,仪态非凡。 ⑤ 妖姬:美女。 ⑥ 侪(chái)辈:同辈。 ⑦ 征:征兆。 ⑧ 黾(mǐn)勉:尽力,努力。勉力为之。 ⑨ 转侧须人:意思是身体病弱,翻身侧转需要人扶持。 ⑩ 酬:把酒倒在地上。 ⑪ 韶颜:美貌。韶,美好。稚齿:年轻。 ⑫ 征痛:遭受痛苦。 ⑬ 置:放。 ⑭ 缟(gǎo)素:白衣服,即丧服。这里作动词用,穿丧服的意思。 ⑮ 缞帷:灵帐。 ⑯ 石榴裙:即像石榴花一样红的衣裙。 ⑰ 褥(kè)裆:唐代妇女穿的一种外袍。 ⑱ 帔(pèi)子:纱巾。 ⑲ 御宿原:在长安城南的公共墓地。 ⑳ 无聊:夫妻之间的关系疏远一点情趣也没有。 ㉑ 曲:婉转。 ㉒ 斑犀钿(diàn)花合子:用杂色犀牛角雕制,又镶嵌金、银花饰的盒子。 ㉓ 相思子:即红豆。是古代人寄托爱情的信物。

一、驴驹媚少许①。生当时愤怒叫吼，声如豺虎，引琴撞击其妻，诘令实告。卢氏亦终不自明。尔后往往暴加捶楚②，备诸毒虐，竟讼于公庭而遣之③。卢氏既出④，生或侍婢媵妾之属⑤，暂同枕席，便加妒忌。或有因而杀之者。生尝游广陵，得名姬曰营十一娘者，容态润媚，生甚悦之。每相对坐，尝谓营曰："我尝于某处得某姬，犯某事，我以某法杀之。"日日陈说，欲令惧己，以肃清闺门。出则以浴斛覆营于床⑥，周回封署⑦，归必详视，然后乃开。又畜一短剑，甚利，顾谓侍婢曰："此信州葛溪铁⑧，唯断作罪过头！"大凡生所见妇人，辄加猜忌，至于三娶，率皆如初焉⑨。

【汇评】

按此汤临川《紫钗记》之本事也。胡应麟曰："唐人小说纪闺阁事，绰有情致。此篇尤为唐人最精采动人之传奇，故传诵弗衰。"《太平广记》四百八十七杂传记类，收入此篇，而下题蒋防撰，不载出自何书，当属单篇别行。惟宋吴曾《能改斋漫录》卷八称《异闻集·霍小玉传》云云，则《异闻集》固尝收入。然《异闻集》本为类说之体，与自为之书不同。且《广记》既列入杂传，则单篇别出久矣。李益，字君虞。系出陇西，姑臧人。肃宗朝，宰相李揆之族子。长于诗歌。贞元末，与宗人贺相埒。每一篇成，乐工争以赂求取之，被声歌，供奉天子。至《征人》《早行》等篇，天下皆施之图绘。累迁右散骑常侍。大和初，以礼部尚书致仕。见《唐书·李华传》(二百三)。其友韦夏卿，字云客，京兆万年人。《两唐书》并有传(旧书一百六十五，新书一百六十二)。惟同时有两李益，而同出于姑臧。《因话录》云："李尚书益，与宗人庶子李益同名，俱出于姑臧。时人谓尚书为文章李益；庶子为门户李益。"本《传》李十郎，当为君虞。李肇《国史补》卷中云："散骑常侍李益少有疑病。"《唐书》亦云："益少痴而忌克，防闲妻妾苛严，世谓妒痴为李益疾。"据此，则是本传所称，猜忌万端，夫妇之间无聊生者，或为当日流传之事实。小说多喜附会，复举薄幸之事以实之，而十郎薄行之名，永垂千古矣。(汪辟疆校录《唐人小说》)

【赏析】

《霍小玉传》为唐传奇的上乘之作，它的艺术成就有两点，一是成功地塑造了霍小玉这一多情女子的形象，二是情节结构的巧妙安排突出了故事的悲剧性。霍小玉虽是一妓女，但并非是一个只知卖弄色艺以博取钱财的风尘女子。由于她出身贵族，自幼受过良好教育与得到华胄之家家风的熏陶，"高情逸态，事事过人；音乐诗书，无不通解"，她希望交接的男子，能与己"格调相称"。她对诗人文士由衷地钦慕，常念诵士子李益"开帘风动竹，疑是故人来"等诗句。小说进行这样的叙述，是为霍小玉之后的行为做厚实的铺垫。一个清新脱俗、吟诗作文的女子，生活态度必然是积极向上的，她对爱情执着追求的精神由她的教养所致。

霍小玉对李益的爱是热烈的，初会之夜，"低帏昵枕，极其欢爱"，让李益觉得"巫山、洛浦不过也"。小说通过鲍十一娘之口，说霍小玉"不邀财货，但慕风流"，因此，小玉对李

---

①叩头虫、发杀箐(zī)、驴驹媚：可能都是当时用来调情的东西。　②捶楚：鞭打。　③遣：休掉妻子。　④出：弃逐。　⑤媵(yìng)妾：古时陪嫁的婢妾。　⑥浴斛：洗澡用的器物。　⑦封署：加封并签字。署，签署。　⑧信州葛溪：唐代的上饶县。现在江西省上饶市。唐代时，这里出产的铁，以精细著称。　⑨率：通常，都。

益的热情并非是妓女惯用的手段,而是出于倾心之爱。她多么希望这种如胶似漆的关系能永远地保持下去啊,但她是清醒的,她认识到自己卑贱的妓女身份是阻碍他们白头偕老的鸿沟。交欢之时,她就将自己的这种忧虑说了出来,"妾本倡家,自知非匹。今以色爱,托其仁贤。但虑一旦色衰,恩移情替,使女萝无托,秋扇见捐"。当李益以书判拔萃而做官后,她更预感到两人关系的危机,为了延续这一爱情的欢乐,她竟向李益提出了一个可怜的请求:再和她共同生活八年,然后任由李益妙选高门,婚媾秀女,她则"舍弃人事,剪发披缁"。如果不是出于一种浃骨入髓的真爱,她怎么会做出这样的选择? 小玉此时十八岁,八年之后,方才二十六岁。她准备用大半生青灯黄卷的枯寂岁月来换取八年的幸福。只要这八年中有心爱的人在自己的身旁,即使未来的大半生是寂寞无聊的,生命也因此有了价值。

最为感人的是李益负约之后,小玉的那种日思夜盼之情。她"博求师巫,遍询卜筮,怀忧抱恨,周岁有余。羸卧空阁,遂成沉疾"。她为了得到李益的消息,往往私令婢女暗地里出售服玩,最后甚至将心爱的紫玉钗也拿出售人。她的痴情为世人所罕见,连李益的表弟崔允明、密友韦夏卿也站到了小玉这一边,或为小玉通消息,或指责李益的薄情。侠士黄衫客,更为其精神感动,主动地用计挟持李益,送至小玉处,以满足小玉"期一相见"之愿望。

小玉临终前的面责李益之语,充满了怨恨之情,但从另一个角度看,也是一种至爱的表白。她恨李益未能履行诺言,不但结姻他人,连招请也不肯前来,以至她沉疴难治,饮恨而终,未能实现相爱八年的愿望。如果她此时对李益完全没有了丝毫的爱意,有的只是对他薄情的仇恨与鄙视,她未必会用如此激烈的言语去斥责李益,更不会仍"引左手握生臂"。小玉这样做,表明她爱意未绝,所谓恨深爱亦深也。她烈火一样的声讨,其实是烈火一样爱的表白。

小说就是这样通过霍小玉一见倾心、忧虑爱情不能长久、寻访心上人与遗恨诀别几个场景,生动地刻画了一个以生命为代价来追寻爱情的女子形象。她的志趣是那样的高雅,她的住处是那样的温馨,她的举止言语是那样的柔婉多情,她的芳心又是那样的纯洁浪漫。这样一个多情而纯真的女子,竟遭受到遗弃的命运,岂不令人痛惜!

霍小玉悲剧的社会原因在于唐代的门阀婚姻观念。唐人重视门第,婚姻要门当户对。李益出身于陇西赫赫有名的高门望族李氏,又是新科进士,以书判拔萃而授官,可谓是前程似锦的贵族子弟。他的家族以及周围的环境决不允许他娶烟花女子为妻。在这样的礼制观念的压力与未来的富贵前程的诱惑下,李益只能舍弃小玉而就范于父母之命。小说多次写李益对小玉的态度,初会之时,他感谢小玉的以身相托,表示"粉骨碎身,誓不相舍";当小玉请求八年的婚姻之期时,李益发誓道:"皎日之誓,死生以之。"小玉死后,"生为之缟素,旦夕哭泣甚哀"。这些言语行为,绝不是伪装的,而是出自内心的真诚态度。李益爱小玉是真诚的,但是在社会的门阀观念与家长的权威面前,他表现出了懦弱自私的性格,以至于做出了绝情寡义、负盟背约的举动。因此,造成霍小玉爱情悲剧的主要原因在于社会。当然,李益也推脱不了因缺乏勇气和至爱之心而造成悲剧的责任。

蒲 松 龄

蒲松龄(1640—1715),山东淄川(今淄博市)蒲家庄人。字留仙,号柳泉。世称聊斋先生,自称异史氏。蒲松龄19岁,应童子试,在县、府、道三级考试中,皆名列第一。但之后困顿场屋五十二年,直至71岁时,才成为贡生。他大半生从事于坐馆教学工作,业余搜集传说逸闻,进行小说创作。一生著述甚丰,除《聊斋志异》外,尚有诗词千首以上,文五百多篇,《日用俗字》《农桑经》等杂著两种,戏曲《钟妹庆寿》《闹馆》《闹窖》三种,《通俗俚曲》十三种。1998年盛伟编校《蒲松龄全集》是迄今最完备的本子。

【集评】

署清令阳湖张安溪曰:《聊斋》一书,善读之令人胆壮,不善读之令人入魔。予谓泥其事则魔,领其气则壮,识其文章之妙,窥其用意之微,得其性情之正,服其议论之公,此变化气质、淘成心术第一书也。多言鬼狐,款款多情;间及孝悌,俱见血性,较之《水浒》《西厢》,体大思精,文奇义正,为当世不易见之笔墨,深足宝贵。

《聊斋》非独文笔之佳,独有千古,第一议论醇正,准理酌情,毫无可驳。如名儒讲学,如老僧谈禅,如乡曲长者读诵劝世文,观之实有益于身心,警戒愚顽。至说到忠孝节义,令人雪涕,令人猛省,更为有关世教之书。

纪晓岚曰:《聊斋》盛行一时,然才子之笔,非著书者之笔也。

远村曰:《聊斋》以传记体叙小说之事,仿《史》《汉》遗法,一书兼二体,弊实有之,然非此精神不出,所以通人爱之,俗人亦爱之,竟传矣。虽有乖体例可也。纪公《阅微草堂四种》,颇无二者之病,然文字力量精神,别是一种,其生趣不逮矣。([清]冯镇峦(远村)《读聊斋杂说》)

其事多涉于神怪,其体仿历代志传,其论赞或触时感事,而以劝以惩;其文往往刻镂物情,曲尽世态,冥会幽探,思入风云;其义足以动天地、泣鬼神,俾畸人滞魄,山魈野魅,各出其情状而无所遁隐。此《山经》《博物》之遗,《远游》《天问》之意,非第如干宝《搜神》已也。([清]孙立惠《聊斋志异遗稿》跋三)

聊斋志异·小翠

王太常,越人,总角时,昼卧榻上。忽阴晦,巨霆暴作[1],一物大于猫,来伏身下,展转不离。移时晴霁,物即径出。视之,非猫,始怖,隔房呼兄。兄闻,喜曰:

---

[1] 巨霆:响雷。

"弟必大贵，此狐来避雷霆劫也。"后果少年登进士，以县令入为侍御①。生一子，名元丰，绝痴，十六岁不能知牝牡②，因而乡党无与为婚。王忧之。适有妇人率少女登门，自请为妇。视其女，嫣然展笑，真仙品也。喜问姓名。自言："虞氏，女小翠，年二八矣。"与议聘金。曰："是从我糠核不得饱，一旦置身广厦，役婢仆，厌膏粱，彼意适，我愿慰矣，岂卖菜也而索直乎③！"夫人大悦，优厚之。妇即命女拜王及夫人，嘱曰："此尔翁姑，奉侍宜谨。我大忙，且去，三数日当复来。"王命仆马送之。妇言："里巷不远，无烦多事。"遂出门去。小翠殊不悲恋，便即奁中翻取花样。夫人亦爱乐之。数日，妇不至。以居里问女，女亦憨然不能言其道路。遂治别院，使夫妇成礼。诸戚闻拾得贫家儿作新妇，共笑姗之④；见女皆惊，群议始息。女又甚慧，能窥翁姑喜怒。王公夫妇，宠惜过于常情，然惕惕焉惟恐其憎子痴；而女殊欢笑，不为嫌。第善谑，剪布作圆，蹋蹴为笑。着小皮靴，蹴去数十步，给公子奔拾之，公子及婢恒流汗相属。一日，王偶过，圆硠然来，直中面目。女与婢俱敛迹去，公子犹踊跃奔逐之。王怒，投之以石，始伏而啼。王以告夫人；夫人往责女，女俯首微笑，以手刌床。既退，憨跳如故，以脂粉涂公子作花面如鬼。夫人见之，怒甚，呼女诟骂。女倚几弄带，不惧，亦不言。夫人无奈之，因杖其子。元丰大号，女始色变，屈膝乞宥。夫人怒顿解，释杖去。女笑拉公子入室，代扑衣上尘，拭眼泪，摩挲杖痕，饵以枣栗。公子乃收涕以忻。女阖庭户，复装公子作霸王，作沙漠人⑤；已乃艳服，束细腰，婆娑作帐下舞；或髻插雉尾，拨琵琶，丁丁缕缕然，喧笑一室，日以为常。王公以子痴，不忍过责妇；即微闻焉，亦若置之。同巷有王给谏者，相隔十余户，然素不相能；时值三年大计吏，忌公握河南道篆⑥，思中伤之。公知其谋，忧虑无所为计。一夕，早寝，女冠带，饰冢宰状⑦，剪素丝作浓髭，又以青衣饰两婢为虞候，窃跨厩马而出，戏云："将谒王先生。"驰至给谏之门，即又鞭挝从人，大言曰："我谒侍御王，宁谒给谏王耶！"回辔而归。比至家门，门者误以为真，奔白王公。公急起承迎，方知为子妇之戏。怒甚，谓夫人曰："人方蹈我之瑕，反以闺阁之丑登门而告之，余祸不远矣！"夫人怒，奔女室，诟让之。女惟憨笑，并不一置词。挞之，不忍，出之，则无家；夫妻懊怨，终夜不寝。时冢宰某公赫甚，其仪采服从，与女伪装无少殊别，王给谏亦误为真。屡侦公门，中夜而客未出，疑冢宰与公有阴谋。次日早朝，见而问曰："夜相公至君家耶？"公疑其相讥，惭言唯唯，不甚响答。给谏愈疑，谋遂寝，由此益交欢公。公探知其情，窃喜，而阴嘱夫人，劝女改行；女笑应之。逾岁，首相免，适有以私函致公者，误投给谏。给谏大喜，先托善公者往假万金，公

① 侍御：官名，"侍御史"的简称。周有柱下史，秦改称侍御史。明清为监察御史，行监察等职。 ② 不能知牝牡：分辨不出男女。 ③ 索值：讨要一个好价钱。 ④ 共笑姗之：大家都嘲笑他。姗(shān)，讥笑。 ⑤ 作沙漠人：扮成我国生活于沙漠地区装束的少数民族。 ⑥ 河南道篆：河南道的官印。印章多为篆文，故官印也称篆。 ⑦ 冢宰：周代官名。为六卿之首，一称大宰。这里指首相。

拒之。给谏自诣公所。公觅巾袍，并不可得；给谏伺久，怒公慢，愤将行。忽见公子衮衣旒冕①，有女子自门内推之以出，大骇；已而笑抚之，脱其服冕而去。公急出，则客去远。闻其故，惊颜如土，大哭曰："此祸水也！指日赤吾族矣！"与夫人操杖往。女已知之，阖扉任其诟厉。公怒，斧其门。女在内含笑而告之曰："翁无烦怒。有新妇在，刀锯斧钺，妇自受之，必不令贻害双亲。翁若此，是欲杀妇以灭口耶？"公乃止。给谏归，果抗疏揭王不轨，衮冕作据。上惊验之，其旒冕乃梁秸心所制②，袍则败布黄袱也。上怒其诬。又召元丰至，见其憨状可掬，笑曰："此可以作天子耶？"乃下之法司。给谏又讼公家有妖人，法司严诘臧获，并言无他，惟颠妇痴儿，日事戏笑；邻里亦无异词。案乃定，以给谏充云南军。王由是奇女。又以母久不至，意其非人。使夫人探诘之，女但笑不言。再复穷问，则掩口曰："儿玉皇女，母不知耶？"无何，公擢京卿。五十余，每患无孙。女居三年，夜夜与公子异寝，似未尝有所私。夫人异榻去，嘱公子与妇同寝。过数日，公子告母曰："借榻去，悍不还！小翠夜夜以足股加腹上，喘气不得；又惯掐人股里。"婢妪无不粲然。夫人呵拍令去。一日，女浴于室，公子见之，欲与偕；女笑止之，谕使姑待。既出，乃更泻热汤于瓮，解其袍裤，与婢扶之入。公子觉蒸闷，大呼欲出。女不听，以衾蒙之。少时，无声，启视，已绝。女坦笑不惊，曳置床上，拭体干洁，加复被焉。夫人闻之，哭而入，骂曰："狂婢何杀吾儿！"女辗然曰③："如此痴儿，不如勿有。"夫人益恚，以首触女；婢辈争曳劝之。方纷嘈间，一婢告曰："公子呻矣！"辍涕抚之，则气息休休，而大汗浸淫，沾浃裀褥。食顷，汗已，忽开目四顾，遍视家人，似不相识，曰："我今回忆往昔，都如梦寐，何也？"夫人以其言语不痴，大异之。携参其父，屡试之，果不痴。大喜，如获异宝。至晚，还榻故处，更设衾枕以觇之。公子入室，尽遣婢去。早窥之，则榻虚设。自此痴颠皆不复作，而琴瑟静好，如形影焉。年余，公为给谏之党奏劾免官，小有罣误。旧有广西中丞所赠玉瓶，价累千金，将出以贿当路。女爱而把玩之，失手堕碎，惭而自投。公夫妇方以免官不快，闻之，怒，交口呵骂。女奋而出，谓公子曰："我在汝家，所保全者不止一瓶，何遂不少存面目？实与君言：我非人也。以母遭雷霆之劫，深受而翁庇翼；又以我两人有五年夙分，故我来报曩恩、了夙愿耳。身受唾骂，擢发不足以数，所以不即行者，五年之爱未盈。今何可以暂止乎！"盛气而出，追之已杳。公爽然自失，而悔无及矣。公子入室，睹其剩粉遗钩，恸哭欲死；寝食不甘，日就羸瘁。公大忧，急为胶续以解之，而公子不乐。惟求良工画小翠像，日夜浇祷其下，几二年。偶以故自他里归，明月已皎，村外有公家亭园，骑马墙外过，闻笑语声，停辔，使厮卒捉鞚；登鞍一望，则二女郎游戏其中。云月昏蒙，不甚可辨，但闻一翠衣者曰："婢子当逐出门！"一红衣者曰："汝在吾家

① 衮衣旒冕：皇帝的服饰。　② 梁秸(jiē)心：高粱秆的心子。　③ 辗(chǎn)然：笑的样子。

园亭,反逐阿谁?"翠衣人曰:"婢子不羞! 不能作妇,被人驱遣,犹冒认物产也?"红衣者曰:"索胜老大婢无主顾者!"听其音,酷类小翠,疾呼之。翠衣人去曰:"姑不与若争,汝汉子来矣。"既而红衣人来,果小翠。喜极。女令登垣承接而下之,曰:"二年不见,骨瘦一把矣!"公子握手泣下,具道相思。女言:"妾亦知之,但无颜复见家人。今与大姊游戏,又相邂逅,足知前因不可逃也。"请与同归,不可;请止园中,许之。公子遣仆奔白夫人。夫人惊起,驾肩舆而往,启钥入亭。女即趋下迎拜;夫人捉臂流涕,力白前过,几不自容,曰:"若不少记榛梗①,请偕归,慰我迟暮。"女峻辞不可。夫人虑野亭荒寂,谋以多人服役。女曰:"我诸人悉不愿见,惟前两婢朝夕相从,不能无眷注耳;外惟一老仆应门,余都无所复须。"夫人悉如其言。托公子养疴园中,日供食用而已。女每劝公子别婚,公子不从。后年余,女眉目音声,渐与囊异,出像质之,迥若两人。大怪之。女曰:"视妾今日,何如畴昔美?"公子曰:"今日美则美,然较昔则似不如。"女曰:"意妾老矣!"公子曰:"二十余岁人,何得速老!"女笑而焚图,救之已烬。一日,谓公子曰:"昔在家时,阿翁谓妾抵死不作茧。今亲老君孤,妾实不能产,恐误君宗嗣。请娶妇于家,旦晚侍奉公姑,君往来于两间,亦无所不便。"公子然之,纳币于钟太史之家。吉期将近,女为新人制衣履,赍送母所。及新人入门,则言貌举止,与小翠无毫发之异。大奇之。往至园亭,则女亦不知所在。问婢,婢出红巾曰:"娘子暂归宁,留此贻公子。"展巾,则结玉一枚,心知其不返,遂携婢俱归。虽顷刻不忘小翠,幸而对新人如觌旧好焉。始悟钟氏之姻,女预知之,故先化其貌,以慰他日之思云。

异史氏曰:"一狐也,以无心之德,而犹思所报;而身受再造之福者,顾失声于破甑,何其鄙哉! 月缺重圆,从容而去,始知仙人之情,亦更深于流俗也!"

【赏析】

作者写作此故事的目的,在文末"异史氏"的评论中说得很清楚,即拿狐仙与人相比,狐仙能报人的无心之德,而人虽受狐再造之福,却以狭隘自私之心不思图报,反而恶语相加。人与狐比,人不如狐,由此批评浇薄的人情世态。但是,读者阅读之后的美感,并非来自这一主题,而是来自小翠的生动形象。

小翠是由狐幻化的年轻女子,她的形象中有狐的狡黠,有仙的灵明,也有青年人的活泼顽皮和女性的温柔多情。她不是人,更不是受过礼教约束的大家闺秀,因此,她的身上没有封建社会中多数女子所有的拘谨、矜持。她想笑就笑,想做什么事就做什么事。她将痴呆的丈夫当作玩伴,相与取乐;她多次触怒公婆,却不稍作收敛,反而抗言辩解;她为消除公公的祸端,设巧计让王给谏上当,直至使朝廷将王给谏充军云南;她以异类的本

---

① 榛梗:隔阂、过节、矛盾。

领,治愈了丈夫的痴病,使王家后继有人。更令人喜爱的是小翠心地善良,具有女性的柔情。她见公婆杖责丈夫,立即变色,屈膝乞宥;她见到久别的丈夫,为他"骨瘦一把"而伤怀,并且忆念曾朝夕相从的两婢;她虽然眷恋丈夫与尘世生活,但因自己不能产子,怕误了王家宗嗣,便劝丈夫再娶,自己则悄然隐退。多么好的一个女子啊!快乐,活泼,聪慧,善良,大度,蒲松龄以巧妙的构思,让人物做出了世俗女子不可能有的一系列的举动,完成了一个亦狐亦仙亦人的少妇形象的塑造,并在这个形象中注入了作者自己对理想女性的看法。

附录　文言小说综述

"文言小说",这一概念是相对于"白话小说"而言的。文言小说中的许多作品在起始时,是口耳相传的民间传说或小故事,其原生形态应该也是通俗的文学形式,只不过是后来文人用文言的形式将它们进行记录、加工,成了文言的小说作品而已。因此,文言小说似乎可以这样定义:它是由文人用文言的形式记录和加工街谈巷语中的民间故事,或凭空虚构具有一定的故事情节的文学作品。

"文言小说"的发轫可以追溯到神话传说、寓言与史书中的历史故事。神话传说是远古时代人民群众的口头创作,内容极为丰富,有盘古开天辟地系列、女娲造人补天系列、太阳神系列、黄帝大战蚩尤系列、尧舜大禹系列等等。

先秦寓言多散见于先秦诸子的著作及《战国策》所记纵横家言辞之中。据统计,仅《孟子》《庄子》《列子》《韩非子》《吕氏春秋》等五部著作中的寓言就有近千则。寓言有其虚构性与故事性的特点,所表现的思想极其鲜明,我们熟知的有《自相矛盾》《守株待兔》《郑人买履》《买椟还珠》《揠苗助长》《刻舟求剑》等等。先秦寓言是最早的叙事文学形式之一,开创了虚构故事的先河,在叙事、写人、拟人、状物、夸张等方面的艺术经验,广为小说家所汲取。

由于古代没有严格的文体界限,许多史官或思想家在著述历史或论著时,往往用文学的手法来表现。他们叙述的故事绵延曲折,所写的人物性格突出,他们特别善于选择典型的事例来表现人物,而这些手法技巧的运用无疑使史书或论著中的许多内容接近小说作品,如《左传·晋公子重耳出亡》《战国策·苏秦始将连横》。

神话传说、寓言故事或历史人物的描写,虽然不能视为小说,不能与小说等同起来,但应该将它们作为小说的胚胎来看待。小说作为独立文体,脱离母腹,成为文学的一个门类,是从魏晋时期产生的志人志怪小说开始的。志人小说是东汉末年之后,清流人物"清谈"的产物。志人小说所记的多是现实生活中的故事,反映了士大夫的生活面貌和情态,即所谓"魏晋风度""名士风流",如讲门阀,重标榜,以浮华为荣,以清谈为务,流连山水,纵酒放诞等等。志人小说的语言极富于表现力,虽然篇幅都不长,但能通过记述人物的片言只语或一二行为,生动地表现人物的性格特征。志人小说的代表作品是刘义庆的《世说新语》,该书共分德行,言语等三十六门,主要记载汉、魏以来,尤其是东晋一代士族阶层的逸闻轶事。其中的《俭啬》《忿狷》《汰侈》《任诞》等广为人知。志人小说除了《世说新语》外,还有邯郸淳的《笑林》、侯白的《启颜录》、裴启的《语林》、郭澄之的《郭子》、沈约的《俗说》、殷芸的《小说》等。

志怪小说是在东传佛教与本土道教鼓煽鬼神观念、使人们相信幽冥世界实有的背景下产生的。对此,鲁迅曾进行过这样精辟的分析,"中国本信巫,秦汉以来神仙之说盛行,汉末又大畅巫风,而鬼道愈炽;会小乘佛教亦传入中土,渐见流传。凡此,皆张皇鬼神,称道灵异,故自晋迄隋,特多鬼神志怪之书"(《中国小说史略》第五篇)。志怪小说或描写服药求仙、丹鼎符箓、肉体飞升的故事，或讲述灵魂不灭、轮回报应、地狱天堂的情状。作者讲述故事时重视技巧的运用，他们一般都能营造出让读者不得不信的故事生存的环境，注意细节的描写，交代故事的结局和对当事人的影响，尤其是许多志怪故事中的人物是生活中真实的人。总之，志怪虽然讲神说鬼，但让读者有如临其境的感觉。志怪小说的代表作为干宝的《搜神记》，此外，还有曹丕的《列异传》、佚名的《神异传》《外国图》《稽神异苑》《续异记》《录异传》《神鬼传》《穷怪录》、王浮的《神异记》、张华《博物志》、郭璞《玄中记》、葛洪《神仙传》、王嘉《拾遗记》、孔约《志怪》、祖台之《志怪》、荀氏《灵魂志》、戴祚《甄异传》、陶潜《搜神后记》、刘义庆《幽明录》和《宣验记》、刘敬叔《异苑》、郭季产《集异记》、东阳无疑《齐谐记》、祖冲之《述异记》、任昉《述异记》、王琰《冥祥记》、吴均《续齐谐记》、萧绎《金楼子志怪篇》、侯白《旌异记》、颜之推《冤魂志》等三十余部。

文言小说的成熟以唐传奇的产生为标志。唐传奇的特点是有意识地创作小说，多以现实生活中的事件为故事的蓝本，并进行虚构、加工等艺术化的处理，使小说能反映社会生活的面貌，并具有一定的思想深度。小说的故事情节曲折复杂而富于变化，能激发读者的阅读热情。文辞华艳，绚丽多彩，而又生动流畅。有些小说中的人物形象鲜明，个性突出，成了中国文学史中较为成功的典型人物。唐人传奇的发展经历过三个阶段，第一个阶段为初、盛唐时期，是由志人、志怪小说过渡到传奇的阶段，有志怪的明显痕迹，代表作为王度的《古镜记》、无名氏的《补江总白猿传》、张鷟的《游仙窟》。第二个阶段是中唐时期，此时期作家蔚起，名作如林，其思想性与艺术性都达到了前所未有与后人很难企及的高度。第三个阶段为晚唐时期，表现了藩镇割据，豪侠行义的社会生活，也反映了知识分子找不到生活出路的苦闷。中晚唐小说的代表作为蒋防的《霍小玉传》、白行简的《李娃传》、元稹的《莺莺传》、温庭筠的《华州参军》、李朝威的《柳毅传》、沈既济的

《枕中记》、李公佐的《南柯太守传》、杜光庭的《虬髯客传》等等。

宋代的文言小说大体为三种形式：一是因袭着唐人的笔法，作传奇体小说；二是笔记体，这是模仿魏晋志人小说的样式；三是志怪体，几同于魏晋志怪小说。宋代的文言小说就思想性与艺术性而言，和唐传奇有天壤之别。鲁迅在《中国小说的历史变迁》第四讲中进行了这样的分析："传奇小说，到唐亡时就绝了。至宋朝，虽然也有作传奇的，但就大不相同。因为唐人大抵描写时事；而宋人则多讲故事。唐人小说少教训，而宋则多教训。大概唐时讲话自由些，虽写时事，不至于得祸，而宋时则忌讳渐多，所以文人便设法回避，去讲古事。加之宋时理学极盛一时，因之把小说也多理学化了。"这一见解无疑是正确而深刻的。宋朝文言小说的代表作品传奇体的有《大业拾遗记》《绿珠传》《杨太真外传》《赵飞燕传》《李师师外传》；笔记体的有孙光宪的《北梦琐言》、欧阳修的《归田录》、司马光的《涑水记闻》、沈括的《梦溪笔谈》、苏轼的《志林》、王谠的《唐语林》、周辉的《清波杂志》等。志怪体的有洪迈的《夷坚志》、徐铉的《稽神录拾遗》、吴淑的《江淮异人录》、张君房的《乘异记》、张师正的《括异志》等等。

金元时期，通俗文艺兴盛，可能是人们欣赏的注意力都被吸引到说唱、戏曲、说话、讲史等文艺形式中去了，故而，文言小说呈衰惫之态。明初至嘉靖年间，是通俗文艺受到严重压制的时期，小说、戏曲等在一百五十多年间都没有出现能传世的经典作品。于是，文言小说集，如瞿佑的《剪灯新话》、李昌祺的《剪灯余话》、邵景詹的《觅灯因话》以及收录着传奇小说的文集如宋懋澄的《九籥集》、蔡羽的《林屋南馆二集》、沈德符的《万历野获编》、陆容的《菽园杂记》、叶子奇的《草木子》、郎瑛的《七修类稿》、朱国祯的《涌幢小品》等等，反而兴盛起来。受通俗文艺的影响，许多文言小说篇幅较长，情节曲折，在一定程度上反映了社会生活的面貌，部分作品因其内容精彩，被通俗文艺的作家改编为白话小说，如《九籥集》中的《负情侬传》被改写成大家熟知的《杜十娘怒沉百宝箱》。

清代是文学的集大成的时代,诗、词、曲、赋、小说等文学体裁都取得了显著的成就,就连骈俪文体也出现了许多佳作。在此背景下,文言小说创作亦进入了繁盛期,而且产生了具有世界影响的《聊斋志异》,形成了小说史上文言短篇小说的新的高峰。除《聊斋志异》外,文学成就较高的文言小说的代表作还有袁枚的《子不语》、曾衍东的《小豆棚》、纪昀的《阅微草堂笔记》、王韬的《淞隐漫录》、宣鼎的《夜雨秋灯录》等。

文言短篇小说是中国小说的重要组成部分。在唐代变文繁盛之前,它是中国小说的主体,对中国小说发展史有筚路蓝缕之功,哺育了通俗小说。由于封建社会士大夫以及上流阶层的喜爱,它始终拥有一个较大的读者群体,即使在宋元明清通俗文艺蓬勃发展的时代,仍然顽强地发展着。毫无疑问,它是中国文学宝库中的一个重要的部分。

网络链接

① 唐代士子用传奇"行卷"吗? ② 唐代武侠小说为什么会兴盛? ③ 何谓变文? ④ 蒲松龄有没有摆茶摊搜集素材? ⑤《聊斋志异》的写作起于何时?

参考书目

鲁迅《中国小说史略》,上海古籍出版社 1998 年

李宗为《唐人传奇》,中华书局 1985 年

刘开荣《唐人小说研究》,商务印书馆 1956 年

薛洪绩《传奇小说史》,浙江古籍出版社 1998 年

李剑国《唐前志怪小说史》,南开大学出版社 1984 年

李剑国《唐五代志怪传奇叙录》,南开大学出版社 1993 年

李剑国《宋代志怪传奇叙录》,南开大学出版社 1997 年

陈文新《中国文言小说流派研究》,武汉大学出版社 1993 年

吴志达《中国文言小说史》,齐鲁书社 1994 年

汪辟疆校录《唐人小说》,上海古籍出版社 1978 年

程毅中《宋元小说研究》,江苏古籍出版社 1998 年

刘叶秋《历代笔记概述》,中华书局 1980 年

陈文新《文言小说审美发展史》,武汉大学出版社 2002 年

侯忠义《中国文言小说参考资料》,北京大学出版社 1985 年

宁稼雨《中国志人小说史》,辽宁人民出版社 1991 年

卞孝萱《唐传奇新探》,江苏教育出版社 2001 年

情感道德·仁义

思考与练习

1. 有人说《山海经》及古代神话故事已是最早的文言小说,《搜神记》《世说新语》更是如此,也有人认为唐传奇才是最早的文言小说,因为后者才具备记叙文的六要素,你以为如何?

2. 以现代文改写这两篇文言小说中的一篇。

二十八、古代白话小说

慕课资源

曹雪芹

曹雪芹,名霑,字梦阮,号雪芹,又号芹溪、芹圃。先祖原是汉人,后编入"正白旗",为内务府的"包衣"。上祖曹振彦是跟随清朝皇帝入关的功臣,属多尔衮部。曾祖曹玺做过江宁府的织造,曾祖母做过康熙皇帝的乳母。祖父曹寅做过康熙的伴读,又继曹玺任苏州织造、江宁织造、两淮盐运使等职。康熙六次南巡,有四次曾住在江宁织造府。曹寅病故,其子曹颙又继任江宁织造,曹颙去世后,康熙命寅弟曹荃将其子曹𬱟过继给曹寅,并继江宁织造任。曹雪芹即曹𬱟(或谓曹颙)之子,生于康熙五十四年(1717)(一说雍正二年1724),卒于乾隆癸未(1763)除夕或甲申(1764)初春。幼时曾在江宁织造任所十四年(一说四年),以后迁至北京。雍正五年(1727),曹家失宠遭抄,很快败落。至乾隆间,似又一次被查抄,于是一蹶不振。大约乾隆十六七年时,曹雪芹迁居西郊,已穷到"举家食粥酒常赊"的地步。据说,《红楼梦》便是他在西郊的黄叶村写的。

【集评】

今夫《红楼梦》之书,立意以贾氏为主,甄姓为宾,明矣,真少而假多也。假多即幻,幻即是梦。书之奚究其真假,惟取乎事之近理,词无妄诞,说梦岂无荒诞,乃幻中有情,情中有幻是也。贾宝玉之顽石异生,应知琢磨成器,无乃溺于闺阁,幸耳《关雎》之风尚在;林黛玉之仙草临胎,逆料良缘会合,岂意摧残兰蕙,惜乎《摽梅》之叹犹存。似而不似,恍然若梦,斯情幻之变互矣。([清]梦觉主人《红楼梦序》)

阅《红楼梦》者,既要通今,又要博古,既贵心细,尤贵眼明。当以何义门评十七史法评之。若但以金圣叹评"四大奇书"法评之,浅矣。([清]周春《红楼梦评例》)

《红楼梦》一书,全部最要关键,是真假二字。读者须知真即是假,假即是真;真中有假,假中有真;真不是真,假不是假。明此数意,则甄宝玉、贾宝玉,是一是二,便心目了然,不为作者齿冷,亦知作者匠心。

《红楼梦》虽是说贾府盛衰情事,其实专为宝玉、黛玉、宝钗三人而作。若就贾、薛两家而论,贾府为主,薛家为宾。若就宁、荣两府而论,荣府为主,宁府为宾。若就荣国一府而论,宝玉、黛玉、宝钗三人为主,余者皆宾。若就宝玉、黛玉、宝钗三人而论,宝玉为主,钗、黛为宾。若就钗、黛两人而论,则黛玉却是主中主,宝钗却是主中宾。至副册之香菱,是宾中宾,又副册之袭人等,不能入席矣。读者须分别清楚。

《红楼梦》一书,有正笔,有反笔,有衬笔,有借笔,有明笔,有暗笔,有先伏笔,有照应笔,有著色笔,有淡描笔:各样笔法,无所不备。([清]王希廉《红楼梦总评》)

"世事洞明皆学问,人情练达即文章。"是此书到处警省处。故其铺叙人情世事,如燃犀烛,较诸小说,后来居上。

是书钗、黛为比肩,袭人、晴雯乃二人影子也。凡写宝玉同黛玉事迹,接写者必是宝钗;写宝玉同宝钗事迹,接写者必是黛玉。否则用袭人代钗,用晴雯代黛。间有接以他人者,而仍不脱本处。乃是一丝不走,牢不可破,通体大章法。

写黛玉处处口舌伤人,是极不善处世、极不自爱之一人,致蹈杀机而不觉;写宝钗处处以财帛笼络人,是极有城府、极圆熟之一人,究竟亦是枉了。这两种人,都做不得。

有谓此书止八十回,其余四十回,乃出另手,吾不能知。但观其通体结构,如常山蛇首尾相应,安根伏线,有牵一发全身动之妙,且词句笔气,前后全无差别。则所增之四十回,从中后增入耶?抑参差夹杂增入耶?觉其难有甚于作书百倍者。虽重以父兄命,万金赏,使闲人增半回不能也。何以耳为目,随声附和者之多!([清]张新之《红楼梦读法》)

《红楼梦》与一切喜剧相反,彻头彻尾之悲剧也。

兹就宝玉、黛玉之事言之:贾母爱宝钗之婉嫕,而惩黛玉之孤僻,又信金玉之邪说而思压宝玉之病,王夫人固亲于薛氏,凤姐以持家之故,忌黛玉之才而虞其不便于己也;袭人惩尤二姐、香菱之事,闻黛玉"不是东风压西风,就是西风压东风"之语,惧祸之及,而自同于凤姐,亦自然之势也。宝玉之于黛玉,信誓旦旦,而不能言之于最爱之之祖母,则普通之道德使然,况黛玉一女子哉。由此种种原因,而金玉之合,木石之离,又岂有蛇蝎之人物、非常之变故行于其间哉?不过通常之道德、通常之人情、通常之境遇为之而已。由此观之,《红楼梦》者,可谓悲剧中之悲剧也。由此之故,此书中壮美之部分较多于优美之部分,而眩惑之原质殆绝焉。(王国维《红楼梦评论》)

《红楼梦》是一部隐去真事的自叙;里面的甄贾两宝玉即是曹雪芹自己的化身,甄贾两府即是当日曹家的影子。

《红楼梦》只是老老实实的描写这一个坐吃山空,树倒猢狲散的自然趋势。所以《红楼梦》是一部自然主义的杰作……《红楼梦》的真正价值正在这平淡无奇的自然主义上面。(胡适《〈红楼梦〉考证》)

至于说到《红楼梦》的价值,可是在中国底小说中实在是不可多得的。其要点在敢于如实描写,并无讳饰,和从前的小说叙好人完全是好,坏人完全是坏的,大不相同,所以其中所叙的人物,都是真的人物。总之自有《红楼梦》出来以后,传统的思想和写法都打破了。(鲁迅《中国小说的历史的变迁》)

红楼梦·痴情女情重愈斟情

且说宝玉因见林黛玉又病了,心里放不下,饭也懒去吃,不时来问。林黛玉又怕他有个好歹,因说道:"你只管看你的戏去,在家里作什么?"宝玉因昨日张道士提亲,心中大不受用,今听见林黛玉如此说,心里因想道:"别人不知道我的心还可想,连他也奚落起我来。"因此心中更比往日的烦恼加了百倍。若是别人跟前,断不能动这肝火，只是林黛玉说了这话，倒比往日别人说这话不同，由不得立刻沉下脸来，说道："我白认得了你。罢了，罢了！"林黛玉听说，便冷笑了两声道："我也知道白认得了我，那里象人家有什么配的上呢。"宝玉听了，便向前来直问到脸上："你这么说，是安心咒我天诛地灭？"林黛玉一时解不过这个话来。宝玉又道："昨儿还为这个赌了几回咒，今儿你到底又准我一句。我便天诛地灭，你又有什么益处？"林黛玉一闻此言，方想起上日的话来。今日原是自己说错了，又是着急，又是羞愧，便颤颤兢兢的说道："我要安心咒你，我也天诛地灭。何苦来！我知道，昨日张道士说亲，你怕阻了你的好姻缘，你心里生气，来拿我煞性子。"

原来那宝玉自幼生成有一种下流痴病，况从幼时和黛玉耳鬓厮磨，心情相对；及如今稍明时事，又看了那些邪书僻传，凡远亲近友之家所见的那些闺英闺秀，皆未有稍及林黛玉者，所以早存了一段心事，只不好说出来，故每每或喜或怒，变尽法子暗中试探。那林黛玉偏生也是个有些痴病的，也每用假情试探。因你也将真心真意瞒了起来，只用假意，我也将真心真意瞒了起来，只用假意，如此两假相逢，终有一真。其间琐琐碎碎，难保不有口角之争。即如此刻，宝玉的心内想的是："别人不知我的心，还有可恕，难道你就不想我的心里眼里只有你！你不能为我烦恼，反来以这话奚落堵我。可见我心里一时一刻白有你，你竟心里没我。"心里这意思，只是口里说不出来。那林黛玉心里想着："你心里自然有我，虽有'金玉相对'之说，你岂是重这邪说不重我的。我便时常提这'金玉'，你只管了然自若无闻的，方见得是待我重，而毫无此心了。如何我只一提'金玉'的事，你就着急，可知你心里时时有'金玉'，见我一提，你又怕我多心，故意着急，安心哄我。"

看来两个人原本是一个心，但都多生了枝叶，反弄成两个心了。那宝玉心中又想着："我不管怎么样都好，只要你随意，我便立刻因你死了也情愿。你知也罢，不知也罢，只由我的心，可见你方和我近，不和我远。"那林黛玉心里又想着："你只管你，你好我自好，你何必为我而自失。殊不知你失我自失。可见是你不叫我近你，有意叫我远你了。"如此看来，却都是求近之心，反弄成疏远之意。如此之话，皆他二人素习所存私心，也难备述。

如今只述他们外面的形容。那宝玉又听见他说"好姻缘"三个字，越发逆了己意，心里干噎，口里说不出话来，便赌气向颈上抓下通灵宝玉，咬牙恨命往地下一摔，道："什么捞什骨子，我砸了你完事！"偏生那玉坚硬非常，摔了一下，竟文风没动。宝玉见没摔碎，便回身找东西来砸。林黛玉见他如此，早已哭起来，说道："何苦来，你摔砸那哑巴物件。有砸他的，不如来砸我。"二人闹着，紫鹃雪雁等忙来解劝。后来见宝玉下死力砸玉，忙上来夺，又夺不下来，见比往日闹的大了，少不得去叫袭人。袭人忙赶了来，才夺了下来。宝玉冷笑道："我砸我的东西，与你们什么相干!"

袭人见他脸都气黄了,眼眉都变了,从来没气的这样,便拉着他的手,笑道:"你同妹妹拌嘴,不犯着砸他;倘或砸坏了,叫他心里脸上怎么过的去?"林黛玉一行哭着,一行听了这话说到自己心坎儿上来,可见宝玉连袭人不如,越发伤心大哭起来。心里一烦恼,方才吃的香薷饮解暑汤便承受不住①,"哇"的一声都吐了出来。紫鹃忙上来用手帕子接住,登时一口一口的把一块手帕吐湿。雪雁忙上来捶。紫鹃道:"虽然生气,姑娘到底也该保重着些。才吃了药好些,这会子因和宝二爷拌嘴,又吐出来。倘或犯了病,宝二爷怎么过的去呢?"宝玉听了这话说到自己心坎儿上来,可见黛玉不如一紫鹃。又见林黛玉脸红头胀,一行啼哭,一行气凑,一行是泪,一行是汗,不胜怯弱。宝玉见了这般,又自己后悔方才不该同他较证②,这会子他这样光景,我又替不了他。心里想着,也由不的滴下泪来了。袭人见他两个哭,由不得守着宝玉也心酸起来,又摸着宝玉的手冰凉,待要劝宝玉不哭罢,一则又恐宝玉有什么委曲闷在心里,二则又恐薄了林黛玉。不如大家一哭,就丢开手了,因此也流下泪来。紫鹃一面收拾了吐的药,一面拿扇子替林黛玉轻轻的扇着,见三个人都鸦雀无声,各人哭各人的,也由不得伤心起来,也拿手帕子擦泪。四个人都无言对泣。

一时,袭人勉强笑向宝玉道:"你不看别的,你看看这玉上穿的穗子,也不该同林姑娘拌嘴。"林黛玉听了,也不顾病,赶来夺过去,顺手抓起一把剪子来要剪。袭人紫鹃刚要夺,已经剪了几段。林黛玉哭道:"我也是白效力。他也不希罕,自有别人替他再穿好的去。"袭人忙接了玉道:"何苦来,这是我才多嘴的不是了。"宝玉向林黛玉道:"你只管剪,我横竖不带他,也没什么。"

只顾里头闹,谁知那些老婆子们见林黛玉大哭大吐,宝玉又砸玉,不知道要闹到什么田地,倘或连累了他们,便一齐往前头回贾母王夫人知道,好不干连了他们。那贾母王夫人见他们忙忙的作一件正经事来告诉,也都不知有了什么大祸,便一齐进园来瞧他兄妹。急的袭人抱怨紫鹃为什么惊动了老太太、太太;紫鹃又只当是袭人去告诉的,也抱怨袭人。那贾母、王夫人进来,见宝玉也无言,林黛玉也无话,问起来又没为什么事,便将这祸移到袭人紫鹃两个人身上,说"为什么你们不小心服侍,这会子闹起来都不管了!"因此将他二人连骂带说教训了一顿。二人都没话,只得听着。还是贾母带出宝玉去了,方才平服。

过了一日,至初三日,乃是薛蟠生日,家里摆酒唱戏,来请贾府诸人。宝玉因得罪了林黛玉,二人总未见面,心中正自后悔,无精打采的,那里还有心肠去看戏,

---

① 香薷(rú)饮:香薷,植物名。叶茎可入药。香薷饮:是由香薷、厚朴、扁豆制成的一种药剂。治伤暑感冒。
② 较证:辩驳是非。

因而推病不去。林黛玉不过前日中了些暑溽之气，本无甚大病，听见他不去，心里想："他是好吃酒看戏的，今日反不去，自然是因为昨儿气着了。再不然，他见我不去，他也没心肠去。只是昨儿千不该万不该剪了那玉上的穗子。管定他再不带了，还得我穿了他才带。"因而心中十分后悔。

那贾母见他两个都生了气，只说趁今儿那边看戏，他两个见了也就完了，不想又都不去。老人家急的抱怨说："我这老冤家是那世里的孽障，偏生遇见了这么两个不省事的小冤家，没有一天不叫我操心。真是俗语说的，'不是冤家不聚头'。几时我闭了这眼，断了这口气，凭着这两个冤家闹上天去，我眼不见心不烦，也就罢了。偏又不咽这口气。"自己抱怨着也哭了。这话传入宝林二人耳内。原来他二人竟是从未听见过"不是冤家不聚头"的这句俗语，如今忽然得了这句话，好似参禅的一般，都低头细嚼此话的滋味，都不觉潸然泪下。虽不曾会面，然一个在潇湘馆临风洒泪，一个在怡红院对月长吁，却不是人居两地，情发一心！

袭人因劝宝玉道："千万不是，都是你的不是。往日家里小厮们和他们的姊妹拌嘴，或是两口子分争，你听见了，你还骂小厮们蠢，不能体贴女孩儿们的心。今儿你也这么着了。明儿初五，大节下，你们两个再这么仇人似的，老太太越发要生气，一定弄的大家不安生。依我劝，你正经下个气，陪个不是，大家还是照常一样，这么也好，那么也好。"那宝玉听见了不知依与不依，要知端详，且听下回分解。

话说林黛玉自与宝玉角口后，也自后悔，但又无去就他之理，因此日夜闷闷，如有所失。紫鹃度其意，乃劝道："若论前日之事，竟是姑娘太浮躁了些。别人不知宝玉那脾气，难道咱们也不知道的。为那玉也不是闹了一遭两遭了。"黛玉啐道："你倒来替人派我的不是。我怎么浮躁了？"紫鹃笑道："好好的，为什么又剪了那穗子？岂不是宝玉只有三分不是，姑娘倒有七分不是。我看他素日在姑娘身上就好，皆因姑娘小性儿，常要歪派他①，才这么样。"

林黛玉正欲答话，只听院外叫门。紫鹃听了一听，笑道："这是宝玉的声音，想必是来赔不是来了。"林黛玉听了道："不许开门！"紫鹃道："姑娘又不是了。这么热天毒日头地下，晒坏了他如何使得呢！"口里说着，便出去开门，果然是宝玉。一面让他进来，一面笑道："我只当是宝二爷再不上我们这门了，谁知这会子又来了。"宝玉笑道："你们把极小的事倒说大了。好好的，为什么不来？我便死了，魂也要一日来一百遭。妹妹可大好了？"紫鹃道："身上病好了，只是心里气不大好。"宝玉笑道："我晓得有什么气。"一面说着，一面进来，只见林黛玉又在床上哭。

那林黛玉本不曾哭，听见宝玉来，由不得伤了心，止不住滚下泪来。宝玉笑着

---

① 歪派：无理指责，故意找碴编派别人的意思。

走近床来,道:"妹妹身上可大好了?"林黛玉只顾拭泪,并不答应。宝玉因便挨在床沿上坐了,一面笑道:"我知道妹妹不恼我。但只是我不来,叫旁人看着,倒像是咱们又拌了嘴的似的。若等他们来劝咱们,那时节岂不咱们倒觉生分了?不如这会子,你要打要骂,凭着你怎么样,千万别不理我。"说着,又把"好妹妹"叫了几万声。林黛玉心里原是再不理宝玉的,这会子见宝玉说别叫人知道他们拌了嘴就生分了似的这一句话,又可见得比人原亲近,因又撑不住哭道:"你也不用哄我。从今以后,我也不敢亲近二爷,二爷也全当我去了。"宝玉听了笑道:"你往那去呢?"林黛玉道:"我回家去。"宝玉笑道:"我跟了你去。"林黛玉道:"我死了。"宝玉道:"你死了,我做和尚!"林黛玉一闻此言,登时将脸放下来,问道:"想是你要死了,胡说的是什么!你家倒有几个亲姐姐亲妹妹呢,明儿都死了,你几个身子去作和尚?明儿我倒把这话告诉别人去评评。"

宝玉自知这话说的造次了,后悔不来,登时脸上红胀起来,低着头不敢则一声。幸而屋里没人。林黛玉直瞪瞪的瞅了他半天,气的一声儿也说不出来。见宝玉憋的脸上紫胀,便咬着牙用指头狠命的在他额颅上戳了一下,哼了一声,咬牙说道:"你这——"刚说了两个字,便又叹了一口气,仍拿起手帕子来擦眼泪。宝玉心里原有无限的心事,又兼说错了话,正自后悔;又见黛玉戳他一下,要说又说不出来,自叹自泣,因此自己也有所感,不觉滚下泪来。要用帕子揩拭,不想又忘了带来,便用衫袖去擦。林黛玉虽然哭着,却一眼看见了,见他穿着簇新藕合纱衫,竟去拭泪,便一面自己拭着泪,一面回身将枕边搭的一方绡帕子拿起来,向宝玉怀里一摔,一语不发,仍掩面自泣。宝玉见他摔了帕子来,忙接住拭了泪,又挨近前些,伸手拉了林黛玉一只手,笑道:"我的五脏都碎了,你还只是哭。走罢,我同你往老太太跟前去。"林黛玉将手一摔道:"谁同你拉拉扯扯的。一天大似一天的,还这么涎皮赖脸的,连个道理也不知道。"

一句没说完,只听喊道:"好了!"宝林二人不防,都唬了一跳,回头看时,只见凤姐儿跳了进来,笑道:"老太太在那里抱怨天抱怨地,只叫我来瞧瞧你们好了没有。我说不用瞧,过不了三天,他们自己就好了。老太太骂我,说我懒。我来了,果然应了我的话了。也没见你们两个人有些什么可拌的,三日好了,两日恼了,越大越成了孩子了!有这会子拉着手哭的,昨儿为什么又成了乌眼鸡呢①!还不跟我走,到老太太跟前,叫老人家也放些心。"说着拉了林黛玉就走。林黛玉回头叫丫头们,一个也没有。凤姐道:"又叫他们作什么,有我服侍你呢。"一面说,一面拉了就走。宝玉在后面跟着出了园门。到了贾母跟前,凤姐笑道:"我说他们不用人费心,自己就会好的。老祖宗不信,一定叫我去说合。我及至到那里要说合,谁知

---

① 乌眼鸡:乌眼鸡好斗,形容人吵架,怒目而视。

两个人倒在一处对赔不是了。对哭对诉，倒像'黄鹰抓住了鹞子的脚'，两个都扣了环了，那里还要人去说合。"说的满屋里都笑起来。

此时宝钗正在这里。那林黛玉只一言不发，挨着贾母坐下。宝玉没甚说的，便向宝钗笑道："大哥哥好日子，偏生我又不好了，没别的礼送，连个头也不得磕去。大哥哥不知我病，倒像我懒，推故不去的。倘或明儿恼了，姐姐替我分辨分辨。"宝钗笑道："这也多事。你便要去也不敢惊动，何况身上不好。弟兄们日日一处，要存这个心倒生分了。"宝玉又笑道："姐姐知道体谅我就好了。"又道："姐姐怎么不看戏去？"宝钗道："我怕热，看了两出，热的很。要走，客又不散。我少不得推身上不好，就来了。"宝玉听说，自己由不得脸上没意思，只得又搭讪笑道："怪不得他们拿姐姐比杨妃，原来也体丰怯热。"宝钗听说，不由的大怒，待要怎样，又不好怎样。回思了一回，脸红起来，便冷笑了两声，说道："我倒像杨妃，只是没一个好哥哥好兄弟可以作得杨国忠的！"二人正说着，可巧小丫头靛儿因不见了扇子，和宝钗笑道："必是宝姑娘藏了我的。好姑娘，赏我罢。"宝钗指他道："你要仔细！我和你顽过，你再疑我。和你素日嘻皮笑脸的那些姑娘们跟前，你该问他们去。"说的个靛儿跑了。宝玉自知又把话说造次了，当着许多人，更比才在林黛玉跟前更不好意思，便急回身又同别人搭讪去了。

林黛玉听见宝玉奚落宝钗，心中着实得意，才要搭言也趁势儿取个笑，不想靛儿因找扇子，宝钗又发了两句话，他便改口笑道："宝姐姐，你听了两出什么戏？"宝钗因见林黛玉面上有得意之态，一定是听了宝玉方才奚落之言，遂了他的心愿，忽又见问他这话，便笑道："我看的是李逵骂了宋江，后来又赔不是。"宝玉便笑道："姐姐通今博古，色色都知道，怎么连这一出戏的名字也不知道，就说了这么一串子。这叫《负荆请罪》。"宝钗笑道："原来这叫作《负荆请罪》！你们通今博古，才知道'负荆请罪'，我不知道什么是'负荆请罪'！"一句话还未说完，宝玉林黛玉二人心里有病，听了这话早把脸羞红了。凤姐于这些上虽不通达，但只见他三人形景，便知其意，便也笑着问人道："你们大暑天，谁还吃生姜呢？"众人不解其意，便说道："没有吃生姜。"凤姐故意用手摸着腮，诧异道："既没人吃生姜，怎么这么辣辣的？"宝玉黛玉二人听见这话，越发不好过了。宝钗再要说话，见宝玉十分讨愧，形景改变，也就不好再说，只得一笑收住。别人总未解得他四个人的言语，因此付之流水。

一时宝钗凤姐去了，林黛玉笑向宝玉道："你也试着比我利害的人了。谁都像我心拙口笨的，由着人说呢。"宝玉正因宝钗多了心，自己没趣，又见林黛玉来问着他，越发没好气起来。待要说两句，又恐林黛玉多心，说不得忍着气，无精打采一直出来。

【汇评】

宝玉砸玉,黛玉吐药,宝、黛等四人无言对泣,描写吵闹情形,既真切又有孩子气。 玉可砸,则穗亦当剪,宝、黛姻缘中断,已兆于此。 宝玉向黛玉说"你死了我做和尚",是以谶语作伏笔。 黛玉一面哭一面又将手帕摔给宝玉拭泪,描画妒愈深而情更深。([清]王希廉《红楼梦回评》)

此回已交壬子年五月初间事。 宝钗对宝玉说"倒生分了"一语,在宝钗虽是无心,在宝玉却是有心,不相期而适相值,致有杨贵妃之诮。([清]姚燮《红楼梦回评》)

二人本是同心,却难剖心相示。黛玉之心,宝玉已深知之;而宝玉之心,黛玉尚未能深知。总之因有金玉之说,而黛玉之忧疑起,亦因黛玉口中有金玉之说,而宝玉之烦恼生。夫以宝玉之天真烂漫,而欲其恝置宝钗,势所不能也。在宝玉意中,以为但论姐妹,则黛玉固好,宝钗亦未尝不好。若论婚姻,则既有黛玉,我自然不再想宝钗,然正为心中只有黛玉却不肯昧其爱姐妹之本心。只要黛玉看得透,识得真,与我一心一意,知我心必无游移,而坦然以处于众姐妹之中,凭我形迹之间,亲厚他人,绝不介意,方谓之真知我耳。殊不知黛玉此时,何能信到如此地位,故越说真心话,越增其疑抱也。直至后来宝玉说到你皆因不放心之故,终弄了一身的病云云,黛玉方得彻底明白。从此任宝玉与宝钗如何亲厚,总深信其不为金玉之说所惑矣。故越到宝钗定姻,人人皆知而黛玉独不疑也。知心之难如此。其奈无人能知两人之心何哉。

大闹之后,各人回心转意,方得体贴出真心实意来,古人言得一知己,死不可恨。必如此,方值得为之死耳。 你死了,我做和尚。在此时不过是充类至义之尽之言,而不意后来竟实有其事也。([清]陈其泰《红楼梦回评》)

【赏析】

这一部分节选自《红楼梦》第二十九回后半部分、第三十回前半部分,就小说情节而言没有什么大起大落,但就宝玉、黛玉的爱情发展故事来说,则是至关重要的部分。

由于张道士要给宝玉提亲,惹出一系列纠纷来。提亲首先引起宝玉反感,黛玉不快。因此第二十九回写宝玉去看黛玉,这本是求近的举动,但由于不能直接交流思想感情,双方都把真心藏了,用假言试探,结果吵了一架。

从旁观者看来,这种吵架简直不可理喻,但是若真恋爱过,就会发现,有时就在爱到极处时,往往会出现这种难以解释的吵法。曹雪芹不仅把情侣间的争吵处理得又逼真又细腻,而且在处理过程中表现了人物的个性与情感。

节选的这段文字描绘了宝玉与黛玉两人在爱情历程中的表现,且看概述性的描述:宝玉"凡远亲近友之家所见的那些闺英闱秀,皆未有稍及林黛玉者,所以早存了一段心事,只不好说出来,故每每或喜或怒,变尽法子暗中试探。""那林黛玉偏生也是个有些痴病的,也每每用假情试探。""因你也将真心真意瞒了起来,只用假意;我也将真心真意瞒了起来,只用假意,如此两假相逢,终有一真。其间琐琐碎碎,难保不有口角之争。"看完整部《红楼梦》,才能更为深切地体会贾母的那句"不是冤家不聚头"。两人的矛盾一次比一次大,中间多少误会不和。可是,他们爱得还是那样深,以至于一提到黛玉要走,宝玉便着急心痛得不省人事;黛玉一提到死,宝玉便脱口而出"你死了,我做和尚"。他们每次的争吵，实际上都是他们爱情的点缀和见证；这样写他们的不合，才足以反映他们在对方心中的位置；正是在一次又一次的争吵中，他们才最终明白对方的心，并成为彼此的知己。可见，宝黛两人吵是假，和才是真，以不和写和，才能真正显出二人在爱情道路上的艰难。

不可否认，宝玉对宝钗也是有情的，他会看着宝钗的"雪白一段酥臂"而"动了羡慕之心"，他也深爱宝钗"比林黛玉另具一种妩媚风流"。但是这仅仅是宝玉性格中"多情"的一面，在这种感情中包含更多的是一种遥不可及的距离。

宝玉与宝钗，从表面上看他们处得非常和气，但是在内心、在本质上，其实存在着互相对立的方面。宝玉会"不管人脸上过得去过不去"，只要听到宝钗提"经济学问的混帐话"，"咳一声，拿起脚来就走了"。甚至在梦中，他也会喊出"什么是金玉姻缘，我偏说是木石姻缘"。可见，宝玉真正心仪的，不是看起来和谐融洽的宝钗，而是总存在摩擦的黛玉。两人的不和背后是两人的相知相思。

宝黛的不和，与两人最终的爱情悲剧有很大的关联。从一开始，两人都背负着"金玉姻缘"的压力，在爱情道路上的磕磕碰碰，其实也是两人在这种沉重压力下情绪的一种释放。黛玉一出场，就以非凡的气质和妩媚引起宝玉心头的震动；宝玉是"登时发作起痴狂病来"狠命摔玉，原因就是神仙似的妹妹也无这个"劳什子"。

第二十九回的宝玉砸玉，是想将"金玉"的说法彻底粉碎；黛玉哭闹，也只是想一再证明自己在宝玉心中的位置，宝玉心中并无"金玉"之说。

从全书的艺术结构上看，作者的确是有意识地把"金玉良缘"与"木石前盟"的对立放在中心地位。宝钗与黛玉是壁垒分明的对立形象，而宝玉则是二者矛盾斗争的焦点。这场争执误会正表明宝黛爱情关系的基本上确定并且有了明显的外露。作者始终是把宝、黛、钗三人的关系交织在一起写的。

《红楼梦》所描绘的贾宝玉和林黛玉的两心契合是中国古典爱情小说中的最高境界。他们从小为一个宠爱他们的祖母所庇护，得以生活在朝夕与共的环境中，这在一个难得与异性接触的社会中是少有的条件，这就足以造成这两个青年男女的互相爱悦了。何况他们又在共同的文化教养中长大，相互影响渗透，形成相近的气质、爱好乃至一致的人生观。在大观园中，一切美好的女性都唤起了宝玉的眷爱之心，然而他情有独钟地认为与他取得心灵契合的只有黛玉。他告诉黛玉，他知道她为了他而有一身病，而他也为了她弄了一身病，只有相互说出心事，"死也甘心"。而梦中的他要把自己的心掏出来："不信，你看，我的心。"读者都为黛玉葬花这段卓绝的描绘所感动，它细致入微地写出了少女从落花而感到自己不幸的命运的哀怨，正是这时，宝玉也兜了一衣襟花瓣要来葬花，而听到黛玉的哀辞，不禁发出同声的呜咽，这对恋人因意识到美的陨落、青春的消逝、现实的无常、自身的无属而共同感到的心碎肠断，正体现了他们对美的事物的一样眷恋和热爱。

曹雪芹的艺术构思是无与伦比的。他用深邃的笔触挖掘到黛玉的内心，也用深邃的笔触描述出宝钗的表象。曹雪芹几乎从不触及宝钗的内心。也许因为她正是一个为外部世界活着的人,然而她又如此深藏不露,似乎连曹雪芹也没有参透。他要读者自己像认识生活中的人那样去认识她,以致红学家们为这个人物兴讼不已。

(韩希明)

网络链接

①《水浒传》的作者是不是施耐庵?　②吴承恩是不是《西游记》的作者?　③《红楼梦》几问。

参考书目

韩南《中国白话小说史》,浙江古籍出版社 1989 年

鲁迅《中国小说史略》,上海书店 1979 年

朱一玄等编《水浒传资料汇编》,百花文艺出版社 1981 年

马蹄疾编《水浒资料汇编》,中华书局 1980 年

江苏社科院文学所《中国通俗小说总目提要》,中国文联出版社 1990

《古典文学研究资料汇编·红楼梦卷》,中华书局 1963 年

朱一玄编《红楼梦资料汇编》,南开大学出版社 2001 年

思考与练习

1. 对照课文前的【集评】,回忆中学已读关于《红楼梦》的课文,进一步加深理解。

2. 对照本篇课文内容以及【集评】选择宝玉、黛玉、宝钗、袭人或紫鹃写一篇人物短评,不得少于600 字。

3. 与《水浒传》《三国演义》《西游记》比起来,《红楼梦》的故事性差得多,尽写生活琐事,而《红楼梦》的艺术成就远非前者可比,为什么? 请联系中学所学《红楼梦》课文谈一谈。如不同意此观点,也可以谈谈相反的意见。

二十九、现代小说（上）

【总论】

说到"为什么"做小说罢，我仍抱着十多年前的"启蒙主义"，以为必须是"为人生"，而且要改良这人生。我深恶先前的称小说为"闲书"，而且将"为艺术的艺术"，看作不过是"消闲"的新式的别号。所以我的取材，多采自病态社会的不幸的人们中，意思是在揭出病苦，引起疗救的注意。（鲁迅《我怎么做起小说来》）

我们要在现代小说中指出何者是新，何者是旧，唯一的方法就是去看作者对于文学所抱的态度：旧派把文学看作消遣品，看作游戏之事，看作载道之器，或竟看作牟利的商品；新派以为文学是表现人生的，诉通人与人间的情感，扩大人们的同情。凡抱了这种严正的观念而作出来的小说，我以为无论好歹，总比那些以游戏消闲为目的的作品要正派得多。（茅盾《自然主义与中国现代小说》）

文字经济依然不是这个作品成功的唯一条件。　　在使用文字的量与质上，就容许不必怕数量的浪费，也不必对于辞藻过分吝啬。故事内容发展呢，无所谓"真"，也无所谓"伪"，要的只是恰当。全篇分配要恰当，描写分析要恰当，甚至于一句话一个字，也要它在可能情形下用得不多不少，妥帖恰当。文字作品上的真美善条件，便完全从这种恰当产生。（沈从文《小说作者和读者》）

鲁　迅

鲁迅(1881—1936)，中国现代文学的奠基人。原名周树人，字豫才。浙江绍兴人。1898年到南京求学。1902年留学日本。1906年在东京开始文学活动。1909年回国。1918年参加《新青年》编辑工作，同年5月发表中国现代文学史上第一篇白话小说《狂人日记》，不久发表《阿Q正传》《孤独者》等优秀作品，后曾在北京、厦门、广州等地任教。1927年后，在上海从事文学活动。1936年10月19日病逝。主要作品有短篇小说集《呐喊》《彷徨》《故事新编》，散文诗集《野草》，散文集《朝花夕拾》，杂文集《坟》《热风》《华盖集》等。在旧体诗创作上也有较高成就。有18卷本《鲁迅全集》行世。

【集评】

他与本世纪的所有的世界杰出的思想家与文学家一样，在关注本民族的发展的同时，也在关注与思考人类共同面临的问题,并做出了自己的独特贡献。

　　……对于他的时代与民族,鲁迅又是超前的。他因此无论生前与身后,都不能避免寂寞的命运。我们民族有幸拥有了鲁迅,但要真正理解与消化他留给我们的丰富的思想文化(文学)遗产,还需要时间。

(钱理群等《中国现代文学三十年》)

在酒楼上

　　我从北地向东南旅行,绕道访了我的家乡,就到 S 城。这城离我的故乡不过三十里,坐了小船,小半天可到,我曾在这里的学校里当过一年的教员。深冬雪后,风景凄清,懒散和怀旧的心绪联结起来,我竟暂寓在 S 城的洛思旅馆里了;这旅馆是先前所没有的。城圈本不大,寻访了几个以为可以会见的旧同事,一个也不在,早不知散到那里去了;经过学校的门口,也改换了名称和模样,于我很生疏。不到两个时辰,我的意兴早已索然,颇悔此来为多事了。

　　我所住的旅馆是租房不卖饭的,饭菜必须另外叫来,但又无味,入口如嚼泥土。窗外只有渍痕斑驳的墙壁,帖着枯死的莓苔;上面是铅色的天,白皑皑的绝无精采,而且微雪又飞舞起来了。我午餐本没有饱,又没有可以消遣的事情,便很自然的想到先前有一家很熟识的小酒楼,叫一石居的,算来离旅馆并不远。我于是立即锁了房门,出街向那酒楼去。其实也无非想姑且逃避客中的无聊,并不专为买醉。一石居是在的,狭小阴湿的店面和破旧的招牌都依旧;但从掌柜以至堂倌却已没有一个熟人,我在这一石居中也完全成了生客。然而我终于跨上那走熟的屋角的扶梯去了,由此径到小楼上。上面也依然是五张小板桌;独有原是木棂的后窗却换嵌了玻璃。

　　"一斤绍酒。——菜?十个油豆腐,辣酱要多!"

　　我一面说给跟我上来的堂倌听,一面向后窗走,就在靠窗的一张桌旁坐下了。楼上"空空如也",任我拣得最好的坐位:可以眺望楼下的废园。这园大概是不属于酒家的,我先前也曾眺望过许多回,有时也在雪天里。但现在从惯于北方的眼睛看来,却很值得惊异了:几株老梅竟斗雪开着满树的繁花,仿佛毫不以深冬为意;倒塌的亭子边还有一株山茶树,从暗绿的密叶里显出十几朵红花来,赫赫的在雪中明得如火,愤怒而且傲慢,如蔑视游人的甘心于远行。我这时又忽地想到这里积雪的滋润,著物不去,晶莹有光,不比朔雪的粉一般干,大风一吹,便飞得满空如烟雾。……

　　"客人,酒。……"

393

堂倌懒懒的说着，放下杯，筷，酒壶和碗碟，酒到了。我转脸向了板桌，排好器具，斟出酒来。觉得北方固不是我的旧乡，但南来又只能算一个客子，无论那边的干雪怎样纷飞，这里的柔雪又怎样的依恋，于我都没有什么关系了。我略带些哀愁，然而很舒服的呷一口酒。酒味很纯正；油豆腐也煮得十分好；可惜辣酱太淡薄，本来 S 城人是不懂得吃辣的。

大概是因为正在下午的缘故罢，这虽说是酒楼，却毫无酒楼气，我已经喝下三杯酒去了，而我以外还是四张空板桌。我看着废园，渐渐的感到孤独，但又不愿有别的酒客上来。偶然听得楼梯上脚步响，便不由的有些懊恼，待到看见是堂倌，才又安心了，这样的又喝了两杯酒。

我想，这回定是酒客了，因为听到那脚步声比堂倌的要缓得多。约略料他走完了楼梯的时候，我便害怕似的抬头去看这无干的同伴，同时也就吃惊的站起来。我竟不料在这里意外的遇见朋友了，——假如他现在还许我称他为朋友。那上来的分明是我的旧同窗，也是做教员时代的旧同事，面貌虽然颇有些改变，但一见也就认识，独有行动却变得格外迂缓，很不像当年敏捷精悍的吕纬甫了。

"阿，——纬甫，是你么？我万想不到会在这里遇见你。"

"阿阿，是你？我也万想不到……"

我就邀他同坐，但他似乎略略踌蹰之后，方才坐下来。我起先很以为奇，接着便有些悲伤，而且不快了。细看他相貌，也还是乱蓬蓬的须发；苍白的长方脸，然而衰瘦了。精神很沉静，或者却是颓唐；又浓又黑的眉毛底下的眼睛也失了精采，但当他缓缓的四顾的时候，却对废园忽地闪出我在学校时代常常看见的射人的光来。

"我们，"我高兴的，然而颇不自然的说，"我们这一别，怕有十年了罢。我早知道你在济南，可是实在懒得太难，终于没有写一封信……"

"彼此都一样。可是现在我在太原了，已经两年多，和我的母亲。我回来接她的时候，知道你早搬走了，搬得很干净。"

"你在太原做什么呢？"我问。

"教书，在一个同乡的家里。"

"这以前呢？"

"这以前么？"他从衣袋里掏出一支烟卷来，点了火衔在嘴里，看着喷出的烟雾，沉思似的说，"无非做了些无聊的事情，等于什么也没有做。"

他也问我别后的景况；我一面告诉他一个大概，一面叫堂倌先取杯筷来，使他先喝着我的酒，然后再去添二斤。其间还点菜，我们先前原是毫不客气的，但此刻却推让起来了，终于说不清那一样是谁点的，就从堂倌的口头报告上指定了四样菜:茴香豆,冻肉,油豆腐,青鱼干。

"我一回来,就想到我可笑。"他一手擎着烟卷,一只手扶着酒杯,似笑非笑的向我说。"我在少年时,看见蜂子或蝇子停在一个地方,给什么来一吓,即刻飞去了,但是飞了一个小圈子,便又回来停在原地点,便以为这实在很可笑,也可怜。可不料现在我自己也飞回来了,不过绕了一点小圈子。又不料你也回来了。你不能飞得更远些么?"

"这难说,大约也不外乎绕点小圈子罢。"我也似笑非笑的说,"但是你为什么飞回来的呢?"

"也还是为了无聊的事。"他一口喝干了一杯酒,吸几口烟,眼睛略为张大了。"无聊的。——但是我们就谈谈罢。"

堂倌搬上新添的酒菜来,排满了一桌,楼上又添了烟气和油豆腐的热气,仿佛热闹起来了;楼外的雪也越加纷纷的下。

"你也许本来知道,"他接着说,"我曾经有一个小兄弟,是三岁上死掉的,就葬在这乡下。我连他的模样都记不清楚了,但听母亲说,是一个很可爱念的孩子,和我也很相投,到今她提起来还似乎要下泪。今年春天,一个堂兄就来了一封信,说他的坟边已经渐渐的浸了水,不久怕要陷入河里去了,须得赶紧去设法。母亲一知道就很着急,几乎几夜睡不着,——她又自己能看信的,然而我能有什么法子呢? 没有钱,没有工夫:当时什么法也没有。

"一直挨到现在,趁着年假的闲空,我才得回南给他来迁葬。"他又喝干一杯酒,看着窗外,说,"这在那边那里能如此呢? 积雪里会有花,雪地下会不冻。就在前天,我在城里买了一口小棺材,——因为我豫料那地下的应该早已朽烂了,——带着棉絮和被褥,雇了四个土工,下乡迁葬去。我当时忽而很高兴,愿意掘一回坟,愿意一见我那曾经和我很亲睦的小兄弟的骨殖:这些事我生平都没有经历过。到得坟地,果然,河水只是咬进来,离坟已不到二尺远。可怜的坟,两年没有培土,也平下去了。我站在雪中,决然的指着他对土工说,'掘开来!'我实在是一个庸人,我这时觉得我的声音有些希奇,这命令也是一个在我一生中最为伟大的命令。但土工们却毫不骇怪,就动手掘下去了。待到掘着圹穴,我便过去看,果然,棺木已经快要烂尽了,只剩下一堆木丝和小木片。我的心颤动着,自去拨开这些,很小心的,要看一看我的小兄弟。然而出乎意外! 被褥,衣服,骨骼,什么也没有。我想,这些都消尽了,向来听说最难烂的是头发,也许还有罢。我便伏下去,在该是枕头所在的泥土里仔仔细细的看,也没有。踪影全无!"

我忽而看见他眼圈微红了,但立即知道是有了酒意。他总不很吃菜,单是把酒不停的喝,早喝了一斤多,神情和举动都活泼起来,渐近于先前所见的吕纬甫了。我叫堂倌再添二斤酒，然后回转身，也拿着酒杯，正对面默默的听着。

"其实，这本已可以不必再迁，只要平了土，卖掉棺材，就此完事了的。我去卖棺材虽然有些离奇，但只要价钱极便宜，原铺子就许要，至少总可以捞回几文酒钱来。但我不这样，我仍然铺好被褥，用棉花裹了些他先前身体所在的地方的泥土，包起来，装在新棺材里，运到我父亲埋着的坟地上，在他坟旁埋掉了。因为外面用砖墩，昨天又忙了我大半天：监工。但这样总算完结了一件事，足够去骗骗我的母亲，使她安心些。——阿阿，你这样的看我，你怪我何以和先前太不相同了么？是的，我也还记得我们同到城隍庙里去拔掉神像的胡子的时候，连日议论些改革中国的方法以至于打起来的时候。但我现在就是这样了，敷敷衍衍，模模胡胡。我有时自己也想到，倘若先前的朋友看见我，怕会不认我做朋友了——然而我现在就是这样。"

他又掏出一支烟卷来，衔在嘴里，点了火。

"看你的神情，你似乎还有些期望我，——我现在自然麻木得多了，但是有些事也还看得出。这使我很感激，然而也使我很不安：怕我终于辜负了至今还对我怀着好意的老朋友。……"他忽而停住了，吸几口烟，才又慢慢的说，"正在今天，刚在我到这一石居来之前，也就做了一件无聊事，然而也是我自己愿意做的。我先前的东边的邻居叫长富，是一个船户。他有一个女儿叫阿顺，你那时到我家里来，也许见过的，但你一定没有留心，因为那时她还小。后来她也长得并不好看，不过是平常的瘦瘦的瓜子脸，黄脸皮；独有眼睛非常大，睫毛也很长，眼白又青得如夜的晴天，而且是北方的无风的晴天，这里的就没有那么明净了。她很能干，十多岁没了母亲，招呼两个小弟妹都靠她；又得服侍父亲，事事都周到；也经济，家计倒渐渐的稳当起来了。邻居几乎没有一个不夸奖她，连长富也时常说些感激的话。这一次我动身回来的时候，我的母亲又记得她了，老年人记性真长久。她说她曾经知道顺姑因为看见谁的头上戴着红的剪绒花，自己也想有一朵，弄不到，哭了，哭了小半夜，就挨了他父亲的一顿打，后来眼眶还红肿了两三天。这种剪绒花是外省的东西，S城里尚且买不出，她那里想得到手呢？趁我这一次回南的便，便叫我买两朵去送她。

"我对于这差使倒并不以为烦厌，反而很喜欢；为阿顺，我实在还有些愿意出力的意思的。前年，我回来接我母亲的时候，有一天，长富正在家，不知怎的我和他闲谈起来了。他便要请我吃点心，荞麦粉，并且告诉我所加的是白糖。你想，家里能有白糖的船户，可见决不是一个穷船户了，所以他也吃得很阔绰。我被劝不过，答应了，但要求只要用小碗。他也很识世故，便嘱咐阿顺说，'他们文人，是不会吃东西的。你就用小碗，多加糖！'然而等到调好端来的时候，仍然使我吃一吓，是一大碗，足够我吃一天。但是和长富吃的一碗比起来，我的也确乎算小碗。我生平没有吃过荞麦粉，这回一尝，实在不可口，却是非常甜。我漫然的吃了几口，就想不吃了，然而无意中，忽然间看见阿顺远远的站在屋角里，就使我立刻消失了放下碗筷的勇气。我看她的神情，是害怕而且希望，大约怕自己调得不好，愿我们吃得有味。我知道如果剩下大半碗来，一定要使她很失望，而且很抱歉。我于是同时决心，放开喉咙灌下去了，几乎吃得和长富一样快。我由此才知道硬吃的苦痛，我只记得还做孩子时候的吃尽一碗拌着驱除蛔虫药粉的沙糖才有这样难。然而我毫不抱怨，因为她过来收拾空碗时候的忍着的得意的笑容，已尽够赔偿我的苦痛而有余了。所以我这一夜里虽然饱胀得睡不稳，又做了一大串噩梦，也还是祝赞她一生幸福，愿世界为她变好。然而这些意思也不过是我的那些旧日的梦的痕迹，即刻就自笑，接着也就忘却了。

"我先前并不知道她曾经为了一朵剪绒花挨打，但因为母亲一说起，便也记得了荞麦粉的事，意外的勤快起来。我先在太原城里搜求了一遍，都没有；一直到济南……"

窗外沙沙的一阵声响，许多积雪从被他压弯了的一枝山茶树上滑下去了，树枝笔挺的伸直，更显出乌油油的肥叶和血红的花来。天空的铅色来得更浓；小鸟雀啾唧的叫着，大概黄昏将近，地面又全罩了雪，寻不出什么食粮，都赶早回巢来休息了。

"一直到了济南，"他向窗外看了一回，转身喝干一杯酒，又吸几口烟，接着说。"我才买到剪绒花。我也不知道使她挨打的是不是这一种，总之是绒做的罢了。我也不知道她喜欢深色还是浅色，就买了一朵大红的，一朵粉红的，都带到这里来。

"就是今天午后，我一吃完饭，便去看长富。我为此特地耽搁了一天。他的家倒还在，只是看去很有些晦气色了，但这恐怕不过是我自己的感觉。他的儿子和第二个女儿——阿昭，都站在门口，大了。阿昭长得全不像她姊姊，简直像一个鬼，但是看见我走向她家，便飞奔的逃进屋里去。我就问那小子，知道长富不在家。'你的大姊呢？'他立刻瞪起眼睛，连声问我寻她什么事，而且恶狠狠的似乎就要扑过来，咬我。我支吾着退走了，我现在是敷敷衍衍……

"你不知道，我可是比先前更怕去访人了。因为我已经深知道自己之讨厌，连自己也讨厌，又何必明知故犯的去使人暗暗地不快呢？然而这回的差使是不能不办妥的，所以想了一想，终于回到就在斜对门的柴店里，店主的母亲，老发奶奶，倒也还在，而且也还认识我，居然将我邀进店里坐去了。我们寒暄几句之后，我就说明了回到S城和寻长富的缘故。不料她叹息说：

"'可惜顺姑没有福气戴这剪绒花了。'

"她于是详细的告诉我,说是'大约从去年春天以来,她就见得黄瘦,后来忽而常常下泪了,问她缘故又不说;有时还整夜的哭,哭得长富也忍不住生气,骂她年纪大了,发了疯。可是一到秋初,起先不过小伤风,终于躺倒了,从此就起不来。直到咽气的前几天,才肯对长富说,她早就像她母亲一样,不时的吐红和流夜汗。但是瞒着,怕他因此要担心。有一夜,她的伯伯长庚又来硬借钱,——这是常有的事,——她不给,长庚就冷笑着说:你不要骄气,你的男人比我还不如!她从此就发了愁,又怕羞,不好问,只好哭。长富赶紧将她的男人怎样的挣气的话说给她听,那里还来得及?况且她也不信,反而说:好在我已经这样,什么也不要紧了。'

"她还说,'如果她的男人真比长庚不如,那就真可怕呵!比不上一个偷鸡贼,那是什么东西呢?然而他来送殓的时候,我是亲眼看见他的,衣服很干净,人也体面;还眼泪汪汪的说,自己撑了半世小船,苦熬苦省的积起钱来聘了一个女人,偏偏又死掉了。可见他实在是一个好人,长庚说的全是诳。只可惜顺姑竟会相信那样的贼骨头的诳话,白送了性命。——但这也不能去怪谁,只能怪顺姑自己没有这一份好福气。'

"那倒也罢,我的事情又完了。但是带在身边的两朵剪绒花怎么办呢?好,我就托她送了阿昭。这阿昭一见我就飞跑,大约将我当作一只狼或是什么,我实在不愿意去送她。——但是我也就送她了,对母亲只要说阿顺见了喜欢的了不得就是。这些无聊的事算什么?只要模模胡胡。模模胡胡的过了新年,仍旧教我的'子曰诗云'去。"

"你教的是'子曰诗云'么?"我觉得奇异,便问。

"自然。你还以为教的是 ABCD 么?我先是两个学生,一个读《诗经》,一个读《孟子》。新近又添了一个,女的,读《女儿经》。连算学也不教,不是我不教,他们不要教。"

"我实在料不到你倒去教这类的书……"

"他们的老子要他们读这些;我是别人,无乎不可的。这些无聊的事算什么?只要随随便便……"

他满脸已经通红,似乎很有些醉,但眼光却又消沉下去了。我微微的叹息,一时没有话可说。楼梯上一阵乱响,拥上几个酒客来:当头的是矮子,臃肿的圆脸;第二个是长的,在脸上很惹眼的显出一个红鼻子;此后还有人,一叠连的走得小楼都发抖。我转眼去看吕纬甫,他也正转眼来看我,我就叫堂倌算酒帐。

"你借此还可以支持生活么?"我一面准备走,一面问。

"是的。——我每月有二十元,也不大能够敷衍。"

"那么,你以后豫备怎么办呢?"

　　"以后?——我不知道。你看我们那时豫想的事可有一件如意?我现在什么也不知道,连明天怎样也不知道,连后一分……"

　　堂倌送上帐来,交给我;他也不像初到时候的谦虚了,只向我看一眼,便吸烟,听凭我付了帐。

　　我们一同走出店门,他所住的旅馆和我的方向正相反,就在门口分别了。我独自向着自己的旅馆走,寒风和雪片扑在脸上,倒觉得很爽快。见天色已是黄昏,和屋宇和街道都织在密雪的纯白而不定的罗网里。

一九二四年二月一六日

【汇评】

　　既然小说中的主要情节都是鲁迅自己的经历,那么,鲁迅自己是吕纬甫的主要模特儿,吕纬甫是鲁迅"事实的自叙传",也就没有什么可以疑问的了。(胡尹强《破毁铁屋子的希望》)

　　鲁迅一直在探索主体渗入小说的形式。《在酒楼上》与《孤独者》中,他又做了这样的尝试:小说中的叙述者"我"与小说人物(吕纬甫与魏连殳)是"自我"的两个不同侧面或内心矛盾的两个侧面的外化,于是,全篇小说便具有了自我灵魂的对话与相互驳难的性质。(钱理群等《中国现代文学三十年》)

　　小说写到,"当他缓缓的四顾的时候,却对废园忽地闪出我在学校时代常常看见的射人的光来"。从这一闪的眼光里,作者把吕纬甫同方玄绰区分开了,他并没有失去一切是非界限;从这一闪的眼光里,作者把吕纬甫同魏连殳区分开了,他并没有投向反动派的怀抱。他一再地宣称自己是敷敷衍衍,模模糊糊,但正由于他一再这样点破,说明他还有所不安,是不甘于此而又无可奈何的心理。(杨义《鲁迅作品纵论》)

　　《在酒楼上》不是鲁迅最有名的小说,但却是鲁迅最好的小说。

　　在酒楼上,吕纬甫向小说的叙述者说了两个让人伤感的小故事,一是为烂得只剩下一堆木丝和小木片的小弟弟的骨殖迁坟,一是给为一句没来由的话把命送掉的顺姑送剪绒花。这两个充满人情味的故事和吕纬甫的故事相辅相成,共同构成一个更完整的大故事。

　　为什么都没剩下的小弟弟迁坟,为已死去的顺姑送剪绒花,这显然是一桩丝毫没有意义的事。然而小说艺术的重要特征之一,就是能在似乎没有意义的事情中间,发现不同寻常的意义。从表面看,吕纬甫所做的,都好像是为了别人,为了弟弟,为了顺姑,为了安慰母亲,可是细细一想,为别人实际上仍然是为了自己。为别人和为自己融为一体,别人很快也消逝了,于是只剩下了为自己。吕纬甫正是通过这两件事来抚慰自己深深受到创伤的心灵。

　　吕纬甫的故事是一个人的走投无路。走投无路是现代人的普遍处境。现代人陷入了走投无路的绝境,而艺术是人类不肯屈服的标志。(叶兆言《好的小说》)

【赏析】

　　"五四"时期西方文化大潮汹涌澎湃而来,裹挟着西方文化的金沙和珍珠,也伴随着西方文化的泥沙与瓦砾。中国现代知识者在迫切需要打碎一个旧的文化世界过程中,对中国的传统文化采取了矫枉过正的几乎全盘的否定,而对西方文化采取了在中国大地上全盘跑马式地演绎一番的策略。这种做法固然是那个激情的时代所必须体现出的激切与峻急使然,但因为那个时期对传统文化中许多优秀因子的否定,而后世的中国几十年来又没有学者重新整理传统文化的优秀部分并使之融入当下中国的文化中去,致使当下的现代文学研究一直存在着一个否定传统就意味着进步的误区。而《在酒楼上》这篇小说恰恰展现的就是"五四"大潮退却之后鲁迅先生对当时文化现状和知识者的生存状态的深刻而独到的思索。

小说中的"我"与吕纬甫都带有鲁迅的影子。我们既可以将其看成是鲁迅两个不同的思索层面,又可以将其看成当时两种知识者的生存状态。

"我"在"五四"大潮退却之后似乎有着无所依着的漂泊感,于是我外出旅行,回到了家乡,到了 S 城。之所以在 S 城洛思旅馆暂住,不仅要拜会几个旧同事,更是因为我要寻找自己内心的故园、心中的梦。"洛思"的命名似乎有着希望为痛苦的思索落下帷幕之意。可是,寻友不值,物是人非的"一石居"酒楼空空如也,于是,"我"在这似乎有着"一世居所"意味的地方呈现出一种凄清、寥落和孤独。废园中老梅斗雪开着满树的繁花,茶花亦在雪中赫赫如火。此时此地的"我"如果没有"花近高楼伤客心,万方多难此登临"的强烈反差的心灵伤痛,也一定有微雪、梅花、茶花再美亦不过是废园中一角的哀愁与无奈。于是觉得"北方固不是我的旧乡,但南来又只能算一个客子,无论那边的干雪怎样纷飞,这里的柔雪又怎样的依恋,于我都没有什么关系了"。为什么"我"总是在任何一地与之关系都是"在"而"不属于"呢? 这种感觉根本上从何而来呢? 实际上,这就涉及"我"在"五四"退潮后的心灵感觉。退潮之后,在故乡却没有故乡的感觉,这是何等的孤独与无奈啊?"我"漂泊但也希望能寻到同道中人,这同道中人是与"我"同样有着西方文化与精神气质的现代知识者,这样似乎才可以扬起梦的风帆。

由是观之,"我"是一个文化与精神上的漂泊者,想要飞得远一些,梦寻得美一些,但"我"似乎已经失去了生存之根,"我"在故乡却有"客子"的感觉似乎也指向了这个"漂泊者"对西方文化激切而又执着的选择。

吕纬甫也曾经是西方文化东渐的弄潮儿,他是一个"五四"大潮退却之后在文化上回归传统但又不愿回归传统的现代知识者。他曾经和同志挚友们连日议论些改革中国的方法以至于打起来,而且还有更直接更激切的行为。但"五四"退潮之后,他评论自己像蜂子或蝇子停在一个地方,飞了一个小圈子,便又回来停在原地点。随后他给"我"讲了两个故事:

第一个故事是为他自己的小兄弟迁坟的故事。首先,这个故事很感人。无论对死去的小兄弟,还是对母亲,都有一种善或浓浓的亲情。母亲得知孩子的坟要浸水了,几夜睡不着,吕纬甫则奉母命去迁坟,他很愿意一见那曾经很亲睦的小兄弟的骨殖。但小兄弟的骨殖全无,他为了让母亲安心,用布包了泥土完成了完全可以不再迁坟的"骗"母亲的事宜。其次,在这个充满亲情味的故事背后,似乎还隐藏着更深的意蕴。为什么说"掘开来!""这是我一生中最伟大的命令"呢? 掘开之后,作者又一再强调"什么也没有""消尽"

"没有""踪影全无",这在现实中简直是不可能发生的。无疑,小兄弟的"坟"是有所隐喻的。对于吕纬甫,这次掘坟的行动,是对一个已经逝去的血缘手足生命的"爱"的追踪,所以在他的感觉中这是"一生中最伟大的命令";如果追踪到了,似乎也就意味着回到生命原点的意义与价值的追到。而最后开掘的结果,却是一个"无"。这正如蜂子或蝇子所飞成的一个圆圈或零一样,对吕纬甫来说是毫无意义。

第二个故事是再次奉母命为船户的大女儿阿顺送剪绒花。然而孝顺且爱美的阿顺已经咯血而逝了,他只能将剪绒花送给了令人讨厌的船户的二女儿阿昭,母命事实上也没有真的完成。但同样为了让母亲安心,便说把剪绒花已经送给了阿顺,而阿顺见了喜欢得了不得。这是对乡邻中一个外形不美的传统生命的"美"的追踪,这追踪本身又有着"成人之美"的传统文化意义,而它同样以"无"为终结,进一步诠释了那一个回到原点的圆圈或零。

两度颇具隐喻意义的追踪故事之后,是吕纬甫慨叹自己又教起了子曰诗云,向"我"展示了一下他回到原点的敷敷衍衍与模模糊糊的生存状态。

无疑,"我"是一个故乡中国的漂泊者,是一个中国传统文化的异乡者,在吕纬甫对"我"期望飞得更远一些的话语中,我们感到了"我"的寻梦与持续漂泊式的飞翔,也感到"我"前面的不可预知的茫然之路。吕纬甫则是一个传统文化的回归者。虽然回归但也很无奈。两度具备传统文化意义的"爱"与"美"的生命追踪,虽然充满浓浓的人情味,对现世人心也有些许的慰藉,但在他看来没有找到生命根本的意义与价值,只是无聊或毫无意义的圆圈或零。而在小说的最后,"我"与吕纬甫走出店门,两人背道而驰,"我"独自向着自己的旅馆走去,似乎亦预示着两种不同的文化道路、两种不同的状态与命运。但"屋宇和街道都织在密雪的纯白而不定的罗网里"的景色也告诉我们,这是一种中西文化永远纠结交织矛盾的状态,它将持续对中国以及中国的现代知识者产生深远而不确定的影响。

在"我"与吕纬甫的身上我们看到了鲁迅对中西文化矛盾、复杂的心态与独到的思索。作为现实的存在与选择,鲁迅无疑是一个"漂泊者",他也为自己的无所归宿而苦苦思索,因此,他在心灵深处是怀有对传统文化"回归者"的向往的,但他又警惕着这样的"回归"可能产生的新的精神危机,这是一个鲁迅式的往返质疑。因此,小说中的"我"与吕纬甫确乎都有着鲁迅的影子,但他自己又站在"我"与吕纬甫之外,以一个冷静思想者的姿态观照着这两个人物。只可惜此时的鲁迅不是彻悟的智者,否则他就不仅会带给我们矛盾复杂纠结的心态与独到的现世思索,还会带给我们一种心灵豁然开朗的澄明境界。

(侯 睿)

郁达夫

郁达夫(1896—1945),著名作家。名文,字达夫。浙江富阳人。自幼受到中国古典诗文的熏陶。1913年赴日留学,先后就读于东京第一高等学校和东京帝国大学。1921年参与发起组织创造社,是创造社的重要作家。同年出版第一本小说集《沉沦》,产生很大影响。1922年回国,主要从事文学创作和刊物编辑工作。抗战中,积极参加抗日救亡工作。1938年冬天后到香港和东南亚从事文艺和抗日活动。1945年8月29日在印尼苏门答腊失踪。郁达夫是现代文学开创时期的重要作家,在中短篇小说、散文和旧体诗创作上都取得了很高成就,并具有独特的艺术特色。主要作品集有《沉沦》《蔦萝集》《达夫游记》等,现有十二卷本《郁达夫文集》行世。

【集评】

这篇小说描写一对为贫穷所困的男女,主要表达的是人道主义的意味,也写出人遇到纯洁的人,欲念会化除。(夏志清《中国现代小说史》)

郁达夫小说是以真情实感胜人的,从抒写私人的真切感受出发,把这种感受扩展为具有社会意义的情感力量,这是他的一些优秀小说的重要的思想特征和艺术特征。(杨义《中国现代小说史》)

郁达夫通过他的细腻的艺术描写告诉人们,就在那寒夜般的社会里,却有一股真诚的、相互关心、相互爱护的友谊的温情,流动在受苦人之间,它会带给人们一些暖意,一些慰安。(曾华鹏、范伯群《郁达夫评传》)

宛如……着墨不多的朴实逼真的素描,轮廓上,线条洗练,传神处,笔触细致。……形象的现实主义意义,足以同鲁迅、叶绍钧笔下的人物相媲美。……同写实的简练线条形成对照,作品里的抒情段落,却浓墨重彩,渲染铺陈,不仅占据主要的画面,而且控制着小说的节奏,制约着气氛的起伏。(许子东《郁达夫新论》)

不瞒真情,昨天晚上读完了《春风沉醉的晚上》一篇,我的热泪是忍不住突破了眼眶而流了的。虽说我是容易受作品的感动,可是因此而证明它们表现的成功,这是不能否认的。(贺玉波《郁达夫论》)

《春风沉醉的晚上》……多少也带一点社会主义的色彩。(郁达夫《忏余独白》)

春风沉醉的晚上

一

在沪上闲居了半年,因为失业的结果,我的寓所迁移了三处。最初我住在静安寺路南的一间同鸟笼似的永也没有太阳晒着的自由的监房里。这些自由的监房的住民，除了几个同强盗小窃一样的凶恶裁缝之外，都是些可怜的无名文士，我当时所以送了那地方一个 Yellow Grub Street① 的称号。在这 Grub Street 里住了一个月，房租忽涨了价，我就不得不拖了几本破书，搬上跑马厅附近一家相识的栈房里去。后来在这栈房里又受了种种逼迫，不得不搬，我便在外白渡桥北岸的邓脱路中间，日新里对面的贫民窟里，寻了一间小小的房间，迁移了过去。

邓脱路的这几排房子，从地上量到屋顶，只有一丈几尺高。我住的楼上的那间房间，更是矮小得不堪。若站在楼板上伸一伸懒腰，两只手就要把灰黑的屋顶穿通的。从前面的弄里踱进了那房子的门，便是房主的住房。在破布，洋铁罐，玻璃瓶，旧铁器堆满的中间，侧着身子走进两步，就有一张中间有几根横档跌落的梯子靠墙摆在那里。用了这张梯子往上面的黑黝黝的一个二尺宽的洞里一接，即能走上楼去。黑沉沉的这层楼上，本来只有猫额那样大，房主人却把它隔成了两间小房。外面一间是一个 N 烟公司的女工住在那里，我所租的是梯子口头的那间小房，因为外间的住者要从我的房里出入，所以我的每月的房租要比外间的便宜几角小洋。

我的房主，是一个五十来岁的弯腰老人。他的脸上的青黄色里，映射着一层暗黑的油光。两只眼睛是一只大一只小，颧骨很高，额上颊上的几条皱纹里满砌着煤灰，好像每天早晨洗也洗不掉的样子。他每日于八九点钟的时候起来，咳嗽一阵，便挑了一双竹篮出去，到午后的三四点钟总仍旧是挑了一双空篮回来的。有时挑了满担回来的时候，他的竹篮里便是那些破布、破铁器、玻璃瓶之类。像这样的晚上，他必要去买些酒来喝喝，一个人坐在床沿上瞎骂出许多不可捉摸的话来。

我与间壁的同寓者的第一次相遇，是在搬来的那天午后。春天的急景已经快晚了的五点钟的时候，我点了一枝蜡烛，在那里安放几本刚从栈房里搬过来的破书。先把它们叠成了两方堆，一堆小些，一堆大些，然后把两个二尺长的装画的画架覆在大一点的那堆书上。因为我的器具都卖完了，这一堆书和画架白天要当写字台，晚上可当床睡的。摆好了画架的板，我就朝着了这张由书叠成的桌子，坐在小一点的那堆书上吸烟，我的背系朝着梯子的接口的。我一边吸烟，一边在那里呆看放在桌上的蜡烛火，忽而听见梯子口上起了响动。回头一看，我只见了一个自家的扩大的投射影子，此外什么也辨不出来，但我的听觉分明告诉我说："有人上来了。"我向暗中凝视了几秒钟，一个圆形灰白的面貌，半截纤细的女人的身体，方才映到我的眼帘上来。一见了她的容貌，我就知道她是我的间壁的同居者了。

---

① Yellow Grub Street：黄种人的寒士街。寒士街是伦敦以往的一条街名。

因为我来找房子的时候,那房主的老人便告诉我说,这屋里除了他一个人外,楼上只住着一个女工。我一则喜欢房价的便宜,二则喜欢这屋里没有别的女人小孩,所以立刻就租定了的。等她走上了梯子,我才站起来对她点了点头说:

"对不起,我是今朝才搬来的。以后要请你照应。"

她听了我这话,也并不回答,放了一双漆黑的大眼,对我深深的看了一眼,就走上她的门口去开了锁,进房去了。我与她不过这样的见了一面,不晓是什么原因,我只觉得她是一个可怜的女子。她的高高的鼻梁,灰白长圆的面貌,清瘦不高的身体,好像都是表明她是可怜的特征。但是当时正为了生活问题在那里操心的我,也无暇去怜惜这还未曾失业的女工。过了几分钟我又动也不动的坐在那一小堆书上看蜡烛光了。

在这贫民窟里过了一个多礼拜,她每天早晨七点钟去上工和午后六点多钟下工回来,总只见我呆呆的对着了蜡烛或油灯坐在那堆书上。大约她的好奇心被我那痴不痴呆不呆的态度挑动了罢,有一天她下了工走上楼来的时候,我依旧和第一天一样的站起来让她过去。她走到了我的身边,忽而停住了脚,看了我一眼,吞吞吐吐好像怕什么似的问我说:

"你天天在这里看的是什么书?"

(她操的是柔和的苏州音,听了这一种声音以后的感觉,是怎么也写不出来的,所以我只能把她的言语译成普通的白话。)

我听了她的话,反而脸上涨红了。因为我天天呆坐在那里,面前虽则有几本外国书摊着,其实我的脑筋昏乱得很,就是一行一句也看不进去。有时候我只用了想象在书的上一行与下一行中间的空白里,填些奇异的模型进去。有时候我只把书里边的插画翻开来看看,就了那些插画演绎些不近人情的幻想出来。我那时候的身体因为失眠与营养不良的结果,实际上已经成了病的状态了。况且又因为我的唯一的财产的一件棉袍子已经破得不堪,白天不能走出外面去散步和房里全没有光线进来,不论白天晚上,都要点着油灯或蜡烛的缘故,非但我的健康不如常人,就是我的眼睛和脚力,也局部的非常萎缩了。在这样状态下的我,听了她这一问,如何能够不红起脸来呢?所以我只是含含糊糊的回答说:

"我并不在看书,不过什么也不做呆坐在这里,样子一定不好看,所以把这几本书摊放着的。"

她听了这话,又深深的看了我一眼,作了一种不了解的形容,依旧的走到她的房里去了。

那几天里,若说我完全什么事情也不去找,什么事情也不曾干,却是假的。有时候,我的脑筋稍微清醒一点下来,也曾译过几首英法的小诗,和几篇不满四千字的德国的短篇小说，于晚上大家睡熟的时候，不声不响的出去投邮，寄投给各新开的书局。因为当时我的各方面就职的希望，早已经完全断绝了，只有这一方面，还能靠了我的枯燥的脑筋，想想法子看。万一中了他们编辑先生的意，把我译的东西登了出来，也不难得着几块钱的酬报。所以我自迁移到邓脱路以后，当她第一次同我讲话的时候，这样的译稿已经发出了三四次了。

<h1 style="text-align:center">二</h1>

在乱昏昏的上海租界里住着，四季的变迁和日子的过去是不容易觉得的。我搬到了邓脱路的贫民窟之后，只觉得身上穿在那里的那件破棉袍子一天一天的重了起来，热了起来，所以我心里想：

"大约春光也已经老透了罢！"

但是囊中很羞涩的我，也不能上什么地方去旅行一次，日夜只是在那暗室的灯光下呆坐。有一天，大约是午后了，我也是这样的坐在那里，间壁的同住者忽而手里拿了两包用纸包好的物件走了上来。我站起来让她走的时候，她把手里的纸包放了一包在我的书桌上说：

"这一包是葡萄浆的面包，请你收藏着，明天好吃的。另外我还有一包香蕉买在这里，请你到我房里来一道吃罢！"

我替她拿住了纸包，她就开了门邀我进她的房里去。共住了这十几天，她好像已经信用我是一个忠厚的人的样子。我见她初见我的时候脸上流露出来的那一种疑惧的形容完全没有了。我进了她的房里，才知道天还未暗，因为她的房里有一扇朝南的窗，太阳反射的光线从这窗里投射进来，照见了小小的一间房，由二条板铺成的一张床，一张黑漆的半桌，一只板箱，和一只圆凳。床上虽则没有帐子，但堆着有二条洁净的青布被褥。半桌上有一只小洋铁箱摆在那里，大约是她的梳头器具，洋铁箱上已经有许多油污的点子了。她一边把堆在圆凳上的几件半旧的洋布棉袄，粗布裤等收在床上，一边就让我坐下。我看了她那殷勤待我的样子，心里倒不好意思起来，所以就对她说：

"我们本来住在一处，何必这样的客气。"

"我并不客气，但是你每天当我回来的时候，总站起来让我，我却觉得对不起得很。"

这样的说着，她就把一包香蕉打开来让我吃。她自家也拿了一只，在床上坐下，一边吃一边问我说：

"你何以只住在家里，不出去找点事情做做？"

"我原是这样的想，但是找来找去总找不着事情。"

"你有朋友么？"

"朋友是有的，但是到了这样的时候，他们都不和我来往了。"

"你进过学堂么？"

"我在外国的学堂里曾经念过几年书。"

"你家在什么地方？何以不回家去？"

她问到了这里，我忽而感觉到我自己的现状了。因为自去年以来，我只是一日一日的萎靡下去，差不多把"我是什么人"，"我现在所处的是怎么一种境遇"，"我的心里还是悲还是喜"这些观念都忘掉了。经她这一问，我重新把半年来困苦的情形一层一层的想了出来。所以听她的问话以后，我只是呆呆的看她，半晌说不出话来。她看了我这个样子，以为我也是一个无家可归的流浪人，脸上就立时起了一种孤寂的表情，微微的叹着说：

"唉！你也是同我一样的么？"

微微的叹了这一声之后，她就不说话了。我看她的眼圈上有些潮红起来，所以就想了一个另外的问题问她说：

"你在工厂里做的是什么工作？"

"是包纸烟的。"

"一天做几个钟头工？"

"早晨七点钟起，晚上六点钟止，中午休息一个钟头，每天一共要做十个钟头的工。少做一点钟就要扣钱的。"

"扣多少钱？"

"每月九块钱，所以是三块钱十天，三分大洋一个钟头。"

"饭钱多少？"

"四块钱一月。"

"这样算起来，每月一个钟头也不休息，除了饭钱，可省下五块钱来。够你付房钱买衣服的么？"

"哪里够呢！并且那管班人又……啊啊！……我……我所以非常恨工厂的。你吸烟的么？"

"吸的。"

"我劝你顶好还是不吸。就吸也不要去吸我们工厂的烟。我真恨死它在这里。"

我看看她那一种切齿怨恨的样子，就不愿意再说下去。把手里捏着的半个吃剩的香蕉咬了几口，向四边一看，觉得她的房里也有些灰黑了，我站起来道了谢，就走回到我自己的房里。她大约是作工倦了的缘故,每天回来大概是马上就入睡的,只有这一晚上,她在房里好像是直到半夜还没有就寝。从这一回之后,她每天回来,总和我说几句话。我从她自家的口里听得,知道她姓陈,名叫二妹,是苏州东乡人,从小系在上海乡下长大的,她父亲也是纸烟工厂的工人,但是去年秋天死了。她本来和她父亲同住在那间房里,每天同上工厂去的,现在只剩了她一个人了。她父亲死后的一个多月,她早晨上工厂去也一路哭了去,晚上回来也一路哭了回来的。她今年十七岁,也无兄弟姊妹,也无近亲的亲戚。她父亲死后的葬殓等事,是他于未死之前把十五块钱交给楼下的老人,托这老人包办的。她说:

"楼下的老人倒是一个好人,对我从来没有起过坏心,所以我得同父亲在日一样的去作工。不过工厂的一个姓李的管理人却坏得很,知道我父亲死了,就天天的想戏弄我。"

她自家和她父亲的身世,我差不多全知道了,但她母亲是如何的一个人,死了呢还是活在哪里,假使还活着,住在什么地方,等等,她却从来还没有说及过。

三

天气好像变了。几日来我那独有的世界,黑暗的小房里的腐浊的空气,同蒸笼里的蒸气一样,蒸得人头昏欲晕。我每年在春夏之交要发的神经衰弱的重症,遇了这样的气候,就要使我变成半狂。所以我这几天来到了晚上,等马路上人静之后,也常常走出去散步去。一个人在马路上从狭隘的深蓝天空里看看群星,慢慢的向前行走,一边作些漫无涯涘的空想,倒是于我的身体很有利益。当这样的无可奈何,春风沉醉的晚上,我每要在各处乱走,走到天将明的时候才回家里。我这样的走倦了回去就睡,一睡直可睡到第二天的日中,有几次竟要睡到二妹下工回来的前后方才起来。睡眠一足,我的健康状态也渐渐的回复起来了。平时只能消化半磅面包的我的胃部,自从我的深夜游行的练习开始之后,进步得几乎能容纳面包一磅了。这事在经济上虽则是一个大打击,但我的脑筋,受了这些滋养,似乎比从前稍能统一,我于游行回来之后,就睡之前,却做成了几篇 Allan Poe[①] 式的短篇小说,自家看看,也不很坏。我改了几次,抄了几次,一一投邮寄出之后,心里虽然起了些微细的希望,但是想想前几回的译稿的绝无消息,过了几天,也便把它们忘了。

邻住者的二妹,这几天来,当她早晨出去上工的时候,我总在那里酣睡,只有午后下工回来的时候,有几次有见面的机会。但是不晓是什么原因,我觉得她对

---

① Allan Poe:即爱伦·坡(1809—1849),美国小说家。

我的态度,又回到从前初见面的时候的疑惧状态去了。有时候她深深的看我一眼,她的黑晶晶,水汪汪的眼睛里,似乎是满含着责备我规劝我的意思。

我搬到这贫民窟里住后,约莫已经有二十多天的样子。一天午后我正点上蜡烛,在那里看一本从旧书铺里买来的小说的时候,二妹却急急忙忙的走上楼来对我说:

"楼下有一个送信的在那里,要你拿了印子去拿信。"

她对我讲这话的时候,她的疑惧我的态度更表示得明显,她好像在那里说:"呵呵! 你的事件是发觉了啊!"我对她这种态度,心里非常痛恨,所以就气急了一点,回答她说:

"我有什么信? 不是我的!"

她听了我这气愤愤的回答,更好像是得了胜利似的,脸上忽涌出了一种冷笑,说:

"你自家去看罢! 你的事情,只有你自家知道的!"

同时我听见楼底下门口果真有一个邮差似的人在催着说:

"挂号信!"

我把信取来一看,心里就突突的跳了几跳,原来我前回寄去的一篇德文短篇的译稿,已经在某杂志上发表了,信中寄来的是五元钱的一张汇票。我囊里正是将空的时候,有了这五元钱,非但月底要预付的来月的房金可以无忧,并且付过房金以后,还可以维持几天食料。当时这五元钱对我的效用的广大,是谁也不能推想得出来的。

第二天午后,我上邮局去取了钱,在太阳晒着的大街上走了一会,忽而觉得身上就淋出了许多汗来。我向我前后左右的行人一看,复向我自家的身上一看,就不知不觉的把头低俯了下去。我颈上头上的汗珠,更同盛雨似的,一颗一颗的钻出来了。因为当我在深夜游行的时候,天上并没有太阳,并且料峭的春寒,于东方微白的残夜,老在静寂的街巷中留着,所以我穿的那件破棉袍子,还觉得不十分与季节违异。如今到了阳和的春日晒着的这日中,我还不能自觉,依旧穿了这件夜游的敝袍,在大街上阔步,与前后左右的和节季同时进行的我的同类一比,我哪得不自惭形秽呢? 我一时竟忘了几日后不得不付的房金,忘了囊中本来将尽的些微的积聚,便慢慢的走上了闸路的估衣铺去。好久不在天日之下行走的我,看看街上来往的汽车人力车,车中坐着的华美的少年男女,和马路两边的绸缎铺金银铺窗里的丰丽的陈设,听听四面的同蜂衙似的嘈杂的人声,脚步声,车铃声,一时倒也觉得是身到了大罗天上的样子。我忘记了我自家的存在,也想和我的同胞一样的欢歌欣舞起来,我的嘴里便不知不觉的唱起几句久忘了的京调来了。这一时的涅槃幻境,当我想横越过马路,转入闸路去的时候,忽而被一阵铃声惊破了。我抬起头来一看,我的面前正冲来了一乘无轨电车,车头上站着的那肥胖的机器手,伏出了半身,怒目的大声骂我说:

"猪头三!侬(你)艾(眼)睛勿散(生)咯!跌杀时,叫旺(黄)够(狗)来抵侬(你)命噢!"

我呆呆的站住了脚,目送那无轨电车尾后卷起了一道灰尘,向北过去之后,不知是从何处发出来的感情,忽而竟禁不住哈哈哈哈的笑了几声。等得四面的人注视我的时候,我才红了脸慢慢的走向闸路里去。

我在几家估衣铺里,问了些夹衫的价钱,还了他们一个我所能出的数目。几个估衣铺的店员,好像是一个师傅教出来的样子,都摆下了脸面,嘲弄着说:

"侬(你)寻萨咯(什么)凯(开)心!马(买)勿起好勿要马(买)咯!"

一直问到五马路边上的一家小铺子里,我看看夹衫是怎么也买不成了,才买定了一件竹布单衫,马上就把它换上。手里拿了一包换下的棉袍子,默默的走回家来。一边我心里却在打算:

"横竖是不够用了,我索性来痛快的用它一下罢。"同时我又想起了那天二妹送我的面包香蕉等物。不等第二次的回想,我就寻着了一家卖糖食的店,进去买了一块钱巧格力香蕉糖鸡蛋糕等杂食。站在那店里,等店员在那里替我包好来的时候,我忽而想起我有一月多不洗澡了,今天不如顺便也去洗一个澡罢。

洗好了澡,拿了一包棉袍子和一包糖食,回到邓脱路的时候,马路两旁的店家,已经上电灯了。街上来往的行人也很稀少,一阵从黄浦江上吹来的日暮的凉风,吹得我打了几个冷痉。我回到了我的房里,把蜡烛点上,向二妹的房门一照,知道她还没有回来。那时候我腹中虽则饥饿得很,但我刚买来的那包糖食怎么也不愿意打开来,因为我想等二妹回来同她一道吃。我一边拿出书来看,一边口里尽在咽唾液下去。等了许多时候,二妹终不回来,我的疲倦不知什么时候出来战胜了我,就靠在书堆上睡着了。

四

二妹回来的响动把我惊醒的时候,我见我面前的一枝十二盎司一包的洋蜡烛已经点去了二寸的样子,我问她是什么时候了?她说:

"十点的汽笛刚刚放过。"

"你何以今天回来得这样迟?"

"厂里因为销路大了,要我们作夜工。"

"工钱也增加的么?"

"工钱是增加的,不过人太累了。"

"那你可以不去做的。"

"但是工人不够,不做是不行的。"

她讲到这里,忽而滚了两粒眼泪出来。我以为她是作工作得倦了,故而动了伤感,一边心里虽在可怜她,但一边看了她这同小孩似的脾气,却也感着些儿快乐。把糖食包打开,请她吃了几个之后,我就劝她说:

"初作夜工的时候不惯,所以觉得困倦,作惯了以后,也没有什么的。"

她默默的坐在我的半高的由书叠成的桌上,吃了几个巧格力,对我看了几眼,好像是有话说不出来的样子。我就催她说:

"你有什么话说?"

她又沉默了一会,便断断续续的问我说:

"我……我……早想问你了,这几天晚上,你每晚在外边,可在与坏人作伙友么?"

我听了她这话,倒吃了一惊,她好像在疑我天天晚上在外面与小窃恶棍混在一块。她看我呆了不答,便以为我的行为真的被她看破了,所以就柔柔和和的连续着说:

"你何苦要吃这样好的东西,要穿这样好的衣服? 你可知道这事情是靠不住的。万一被人家捉了去,你还有什么面目做人。过去的事情不必去说它,以后我请你改过了罢。……"

我尽是张大了眼睛张大了嘴,呆呆的在看她,因为她的思想太奇突了,使我无从辩解起。她沉默了数秒钟,又接着说:

"就以你吸的烟而论,每天若戒绝了不吸,岂不可省几个铜子。我早就劝你不要吸烟,尤其是不要吸我那所痛恨的 N 工厂的烟,你总是不听。"

她讲到了这里,又忽而落了几滴眼泪。我知道这是她为怨恨 N 工厂而滴的眼泪,但我的心里,怎么也不许我这样的想,我总要把它们当作因规劝我而洒的。我静静儿的想了一会,等她的神经镇静下去之后,就把昨天的那封挂号信的来由说给她听,又把今天的取钱买物的事情说了一遍,最后更将我的神经衰弱症和每晚何以必要出去散步的原因说了。她听了我这一番辩解,就信用了我,等我说完之后,她颊上忽而起了两点红晕,把眼睛低下去看着桌上,好像是怕羞似的说:

"噢,我错怪你了,我错怪你了。请你不要多心,我本来是没有歹意的。因为你的行为太奇怪了,所以我想到了邪路里去。你若能好好儿的用功,岂不是很好么? 你刚才说的那——叫什么的——东西,能够卖五块钱,要是每天能做一个,多么好呢?"

我看了她这种单纯的态度,心里忽而起了一种不可思议的感情,我想把两只手伸出去拥抱她一回,但是我的理性却命令我说:

"你莫再作孽了!你可知道你现在处的是什么境遇!你想把这纯洁的处女毒杀了么?恶魔,恶魔,你现在是没有爱人的资格的呀!"

我当那种感情起来的时候,曾把眼睛闭上了几秒钟,等听了理性的命令以后,我的眼睛又开了开来,我觉得我的周围,忽而比前几秒钟更光明了。对她微微的笑了一笑,我就催她说:

"夜也深了,你该去睡了罢!明天你还要上工去的呢!我从今天起,就答应你把纸烟戒下来罢!"

她听了我这话,就站了起来,很喜欢的回到她的房里去睡了。

她去之后,我又换上了一枝洋蜡烛,静静儿的想了许多事情:

我的劳动的结果,第一次得来的这五块钱已经用去了三块了。连我原有的一块多钱合起来,付房钱之后,只能省下二三角小洋来,如何是好呢?

就把这破棉袍子去当罢!但是当铺里恐怕不要。

这女孩子真是可怜,但我现在的境遇,可是还赶她不上,她是不想做工而工作要强迫她做,我是想找一点工作,终于找不到。就去作筋肉的劳动罢!啊啊,但是我这一双弱腕,怕吃不下一部黄包车的重力。

自杀!我有勇气,早就干了。现在还能想到这两个字,足证我的志气还没有完全消磨尽哩!

哈哈哈哈!今天的那无轨电车的机器手!他骂我什么来?黄狗,黄狗倒是一个好名词,……"

"……"

我想了许多零乱断续的思想,终究没有一个好法子,可以救我出目下的穷状来。听见工厂的汽笛好像在报十二点钟了,我就站了起来,换上了白天脱下的那件破棉袍子,仍复吹熄了蜡烛,走出外面去散步。

贫民窟里的人已经睡眠静了。对面日新里的一排临邓脱路的洋楼里,还有几家点着了红绿的电灯,在那里弹罢拉拉衣加。一声二声清脆的歌音,带着哀调,从静寂的深夜的冷空气里传到我的耳膜上来,这大约是俄国的飘泊的少女,在那里卖钱的歌唱。天上罩满了灰白的薄云,同腐烂的尸体似的沉沉的盖在那里。云层破处也能看得出一点两点星来,但星的近处,黝黝看得出来的天色,好像有无限的哀愁蕴藏着的样子。

一九二三年七月十五日

(原载 1924 年 2 月 28 日《创造季刊》第 2 卷第 2 期)

【汇评】

郁达夫还有一类小说,表现了一种更为高尚、美好的精神与情感,这类作品以《春风沉醉的晚上》和《薄奠》为代表。在这类作品中,作者沟通了痛苦生存的知识者与苦难生存的下层劳动者之间的隔膜,使其中作为知识者的"我"在与那些具有善良心性和美好情感的劳动者在生存遭际中发生关联,让劳动者的无私的精神和情感照亮这些知识者痛苦心灵中的黑暗。应该说,这类作品尽管似乎是与前类作品在视角和精神特征上拉开了一些距离,但正是它们,与前类作品(如《沉沦》等),构筑了郁达夫小说的完整世界,并有助于我们完整地把握作为小说家的郁达夫。(孔范今《郁达夫选集·前言》)

【赏析】

在郁达夫的创作史上,《春风沉醉的晚上》是一篇过渡性的作品。从主题上它由早期的表现"性的苦闷"转向表现"生的苦闷",从题材上由单一的知识分子领域扩展到劳苦大众乃至整个社会,从艺术风格上,也开始由感伤式的自剖逐步转向对现实生活的客观再现。

作品在叙述方法上,依然保持着作者所习用的"自叙传"方式,以第一人称口吻叙述了一位青年知识分子("我")与一名青年女工(陈二妹)间的交往故事。作品的主题也通过"我"和陈二妹各自的生活以及相互间的关系而表现出来。

从"我"的角度来说,社会的黑暗不公,是导致"我"贫穷没落以至愤世嫉俗的根本原因。通过"我"的命运,作品表现出一定的社会批判主题。同时,作品更借之表现了知识分子丰富的内心世界:他既自伤于知识分子面对社会黑暗的无能为力,又充满着对于纯洁感情、善良人性的珍惜和向往。

陈二妹的命运更加强了作品的社会批判主题。善良、真诚却弱小无助的她,有辛酸的过去,更有充满艰险的现在。她被始终压在社会的底层,承受着苦难和欺凌。她对于剥削压迫和企图欺凌她的资本家及其走狗十分痛恨,对于与她一样的受苦人深为关切和同情。她的情感和价值取向,既凸显了她心灵的美好,也客观上反映了社会矛盾的剧烈。通过这一形象,作者表达了对于社会中"被欺凌与被侮辱者"的深刻同情,也严正地控诉了极度不公平的社会。

二人的相互关系又进一步深化了作品主题。陈二妹对"我"的关心和爱护,"我"对陈二妹的感怀和珍惜,既歌颂了青年男女之间纯真的感情,又表达了"曾是天涯沦落人,相逢何必曾相识"的精神意蕴,是对于人间真情的一首颂歌。

在艺术上,《春风沉醉的晚上》既继承了郁达夫早期的感伤和抒情小说特点,又有新的发展:它不再是完全的情感的倾泻,而是更为含蓄深沉,将强烈情感寓于客观描写中。作品中,"我"的主观情感抒发,"我"和陈二妹的命运及二人间情感关系的客观描写,相互映衬,又各为整体,很难说孰主孰次,共同构筑起作品的艺术世界。作品的人物形象和思想感情,正是在这种主观与客观相结合的艺术氛围中得到充分的表现,而作品独特的艺术特点和深远的艺术感染力,也由此而生。

作品以第一人称进行叙述,人物形象和故事在"我"的视野中展开。作者既借之融入了强烈的感情,增添了作品的抒情色彩,又为故事情节的起伏跌宕铺垫了基础。故事从"我"而出,"我"所见者、所感者可充分展示;而不为"我"所见、所感者则留给读者去思索、去回味。所以,作品中人物的心潮固然是波澜起伏,故事情节也颇具曲折和幽婉,艺术结构安排得非常巧妙。

此外,作品还巧妙地运用了对比的艺术手法。首先是女主人公居住的外部环境的肮脏和丑陋,同女主人公美好、纯朴的内心世界形成了比照,凸显了她"出污泥而不染"的高尚品格,并以之形成对黑暗社会环境的控诉。其次是男女主人公初遇时的审慎、戒备,与后来两人的相互关心、相互依恋形成对比,既自然流畅,符合生活真实,又很好地制造了悬念,为故事发展的波澜起伏奠定了基础。

(贺仲明)

参考书目

《鲁迅选集》,人民文学出版社 1983 年

《郁达夫文集》,花城出版社 1982 年

《巴金选集》,四川人民出版社 1982 年

《茅盾作品集》,敦煌文艺出版社 1998 年

《郁达夫选集》,人民文学出版社 1982 年

杨义《鲁迅小说综论》,陕西人民出版社 1984 年

思考与练习

1.《在酒楼上》鲁迅对主体渗入小说形式做了怎样的探索?

2. 在"五四"大潮退却之后,"我"与吕纬甫的生存状态与文化选择有何不同? 这体现了鲁迅在中西文化对撞后怎样的心态与思索?

3.《春风沉醉的晚上》作者是如何将强烈的情感寓于客观的描写之中的?

慕课资源

老 舍

老舍（1899—1966），原名舒庆春，字舍予。满族正红旗。北京市人。出身贫寒。1918年毕业于北京师范学校，曾任小学校长。1922年发表处女作《她的失败》。1924年赴英国任伦敦大学东方学院汉语讲师，并从事《二马》等长篇小说创作。1930年回国，历任齐鲁大学、山东大学教授。抗战时期，在武汉、重庆任中华全国文艺界抗敌协会理事兼总务部主任，是这个团体实际上的主要负责人。1946年应邀赴美讲学，1949年回国。曾任中国文联副主席、中国作协副主席、中国民间文学研究会副理事长、北京市文联主席等职。曾荣获北京市人民政府授予的"人民艺术家"称号。1966年8月被迫害致死。

老舍是一位多产作家。新中国成立前，他以小说创作为主；新中国成立后以戏剧创作为主。他的作品大多取材于市民生活，善于描绘城市贫民的生活和命运，同时又表现出鲜明的反帝爱国的题旨，深刻揭露旧社会的黑暗，歌颂社会主义的新中国。作品具有鲜明的民族风格和浓郁的"京味"，语言传神，极富表现力，艺术成就很高。主要代表作是长篇小说《骆驼祥子》《四世同堂》，中篇小说《月牙儿》，短篇小说《断魂枪》，话剧《龙须沟》《茶馆》等。

断 魂 枪

沙子龙的镖局已改成客栈。

东方的大梦没法子不醒了。炮声压下去马来与印度野林中的虎啸。半醒的人们，揉着眼，祷告着祖先与神灵；不大会儿，失去了国土、自由与主权。门外立着不同面色的人，枪口还热着。他们的长矛毒弩，花蛇斑彩的厚盾，都有什么用呢；连祖先与祖先所信的神明全不灵了啊！龙旗的中国也不再神秘，有了火车呀，穿坟过墓破坏着风水。枣红色多穗的镖旗，绿鲨皮鞘的钢刀，响着串铃的口马，江湖上的智慧与黑话,义气与声名,连沙子龙,他的武艺、事业,都梦似的变成昨夜的。今天是火车、快枪、通商与恐怖。听说,有人还要杀下皇帝的头呢!

这是走镖已没有饭吃,而国术还没被革命党与教育家提倡起来的时候。

谁不晓得沙子龙是短瘦、利落、硬棒,两眼明得像霜夜的大星?可是,现在他身上放了肉。镖局改了客栈,他自己的后小院占着三间北房,大枪立在墙角,院子里有几只楼鸽。只是在夜间,他把小院的门关好,熟习熟习他的"五虎断魂枪"。这条枪与这套枪,二十年的工夫,在西北一带,给他创出来:"神枪沙子龙"五个字,没遇见过敌手。现在,这条枪与这套枪不会再替他增光显胜了;只是摸摸这凉、滑、硬而发颤的杆子,使他心中少难过一些而已。只有在夜间独自拿起枪来,才能相信自己还是"神枪沙"。在白天,他不大谈武艺与往事;他的世界已被狂风吹了走。

在他手下创练起来的少年们还时常来找他。他们大多数是没落子弟,都有点武艺,可是没地方去用。有的在庙会上去卖艺:踢两趟腿,练套家伙,翻几个跟头,附带着卖点大力丸,混个三吊两吊的。有的实在闲不起了,去弄筐果子,或挑些毛豆角,赶早儿在街上论斤吆喝出去。那时候,米贱肉贱,肯卖膀子力气本来可以混个肚子圆;他们可是不成:肚量既大,而且得吃口管事儿的;干饽饽辣饼子咽不下去。况且他们还时常去走会:五虎棍,开路,太狮少狮……虽然算不了什么——比起走镖来——可是到底有个机会活动活动,露露脸。是的,走会捧场是买脸的事,他们打扮的得像个样儿,至少得有条青洋绉裤子,新漂白细市布的小褂,和一双鱼鳞洒鞋——顶好是青缎子抓地虎靴子。他们是神枪沙子龙的徒弟——虽然沙子龙并不承认——得到处露脸,走会得赔上俩钱,说不定还得打场架。没钱,上沙老师那里去求。沙老师不含糊,多少不拘,不让他们空着手儿走。可是,为打架或献技去讨教一个招数,或是请给说个"对子"——什么空手夺刀,或虎头钩进枪——沙老师有时说句笑话,马虎过去:"教什么?拿开水浇吧!"有时直接把他们赶出去。他们不大明白沙老师是怎么了,心中也有点不乐意。

可是,他们到处为沙老师吹腾,一来是愿意使人知道他们的武艺有真传授,受过高人的指教;二来是为激动沙老师:万一有人不服气而找上老师来,老师难道还不露一两手真的么?所以,沙老师一拳就砸倒了个牛!沙老师一脚把人踢到房上去,并没使多大的劲!他们谁也没见过这种事,但是说着说着,他们相信这是真的了,有年月,有地方,千真万确,敢起誓!

王三胜——沙子龙的大伙计——在土地庙拉开了场子,摆好了家伙,抹了一鼻子茶叶末色的鼻烟,他抡了几下竹节钢鞭,把场子打大一些。放下鞭,没向四周作揖,叉着腰念了两句:"脚踢天下好汉,拳打五路英雄!"向四围扫了一眼:"乡亲们，王三胜不是卖艺的；玩艺儿会几套，西北路上走过镖，会过绿林中的朋友。现在闲着没事，拉个场子陪诸位玩玩。有爱练的尽管下来，王三胜以武会友，有赏脸的，我陪着。神枪沙子龙是我的师傅；玩艺地道！诸位，有愿下来的没有？"他看着，准知道没人敢下来，他的话硬，可是那条钢鞭更硬，十八斤重。

王三胜，大个子，一脸横肉，努着对大黑眼珠，看着四围。大家不出声。他脱了小褂，紧了紧深月白色的"腰里硬"，把肚子杀进去。给手心一口唾沫，抄起大刀来：

"诸位，王三胜先练趟瞧瞧。不白练，练完了，带着的扔几个；没钱，给喊个好，助助威。这儿没生意口。好，上眼！"

大刀靠了身，眼珠努出多高，脸上绷紧，胸脯子鼓出，像两块老桦木根子。一跺脚，刀横起，大红缨子在肩前摆动。削砍劈拨，蹲越闪转，手起风生，忽忽直响。忽然刀在右手心上旋转，身弯下去，四围鸦雀无声，只有缨铃轻叫。刀顺过来，猛的一个"跺泥"，身子直挺，比众人高着一头，黑塔似的。收了势："诸位！"一手持刀，一手叉腰，看着四围。稀稀地扔下几个铜钱，他点点头。"诸位！"他等着，等着，地上依旧是那几个亮而削薄的铜钱，外层的人偷偷散去，他咽了口气："没人懂！"他低声的说，可是大家全听见了。

"有功夫！"西北角上一个黄胡子老头儿答了话。

"啊？"王三胜好似没听明白。

"我说：你——有——功——夫！"老头子的语气很不得人心。

放下大刀，王三胜随着大家的头往西北看。谁也没看重这个老人：小干巴个儿，披着件粗蓝布大衫，脸上窝窝瘪瘪，眼陷进去很深，嘴上几根细黄胡，肩上扛着条小黄草辫子，有筷子那么细，而绝对不像筷子那么直顺。王三胜可是看出这老家伙有功夫，脑门亮，眼睛亮——眼眶虽深，眼珠可黑得像两口小井，深深的闪着黑光。王三胜不怕：他看得出别人有功夫没有，可更相信自己的本事，他是沙子龙手下的大将。

"下来玩玩，大叔！"王三胜说得很得体。

点点头，老头儿往里走。这一走，四外全笑了。他的胳臂不大动；左脚往前迈，右脚随着拉上来，一步步的往前拉扯，身子整着，像是患过瘫痪病。蹭到场中，把大衫扔在地上，一点没理会四围怎样笑他。

"神枪沙子龙的徒弟，你说？好，让你使枪吧；我呢？"老头子非常的干脆，很像久想动手。

人们全回来了，邻场耍狗熊的无论怎么敲锣也不中用了。

"三截棍进枪吧？"王三胜要看老头子一手，三截棍不是随便就拿得起来的家伙。

老头子又点点头,拾起家伙来。

王三胜努着眼,抖着枪,脸上十分难看。

老头子的黑眼珠更深更小了,像两个香火头,随着面前的枪尖儿转,王三胜忽然觉得不舒服,那俩黑眼珠似乎要把枪尖吸进去! 四外已围得风雨不透,大家都觉出老头子确是有威。为躲那对眼睛,王三胜耍了个枪花。老头子的黄胡子一动:"请!"王三胜一扣枪,向前躬步,枪尖奔了老头子的喉头去,枪缨打了一个红旋。老人的身子忽然活展了,将身微偏,让过枪尖,前把一挂,后把撩王三胜的手。拍,拍,两响,王三胜的枪撒了手。场外叫了好。王三胜连脸带胸口全紫了,抄起枪来;一个花子,连枪带人滚了过来,枪尖奔了老人的中部。老头子的眼亮得发着黑光,腿轻轻一屈,下把掩裆,上把打着刚要抽回的枪杆;拍,枪又落在地上。

场外又是一片彩声。王三胜流了汗,不再去拾枪,努着眼,木在那里。老头子扔下家伙,拾起大衫,还是拉扯着腿,可是走得很快了。大衫搭在臂上,他过来拍了王三胜一下:

"还得练哪,伙计!"

"别走!"王三胜擦着汗:"你不离,姓王的服了! 可有一样,你敢会会沙老师?"

"就是为会他才来的!"老头子的干巴脸上皱起点来,似乎是笑呢。"走,收了吧,晚饭我请!"

王三胜把兵器拢在一处,寄放在变戏法的二麻子那里,陪着老头子往庙外走。后面跟着不少人,他把他们骂散了。

"你老贵姓?"他问。

"姓孙哪,"老头子的话与人一样,都那么干巴。"爱练;久想会会沙子龙。"

沙子龙不把你打扁了! 王三胜心里说。他脚底下加了劲,可是没把孙老头落下。他看出来,老头子的腿是老走着查拳门中的连跳步,交起手来,必定很快。但是,无论他怎么快,沙子龙是没对手的。准知道孙老头要吃亏,他心中痛快了些,放慢了些脚步。

"孙大叔贵处?"

"河间的,小地方。"孙老者也和气了些:"月棍年刀一辈子枪,不容易见功夫! 说真的,你那两手就不坏!"

王三胜头上的汗又回来了,没言语。

到了客栈,他心中直跳,唯恐沙老师不在家,他急于报仇。他知道老师不爱管这种事,师弟们已碰过不少回钉子,可是他相信这回必定行,他是大伙计,不比那些毛孩子;再说,人家在庙会上点名叫阵,沙老师还能丢这个脸么?

"三胜，"沙子龙正在床上看着本《封神榜》，"有事吗？"

三胜的脸又紫了，嘴唇动着，说不出话来。

沙子龙坐起来，"怎么了，三胜？"

"栽了跟头！"

只打了个不甚长的哈欠，沙老师没别的表示。

王三胜心中不平，但是不敢发作，他得激动老师："姓孙的一个老头儿，门外等着老师呢；把我的枪，枪，打掉了两次！"他知道"枪"字在老师心中有多大分量。没等吩咐，他慌忙跑出去。

客人进来，沙子龙在外间屋等着呢。彼此拱手坐下，他叫三胜去泡茶。三胜希望两个老人立刻交了手，可是不能不沏茶去。孙老者没话讲，用深藏着的眼睛打量沙子龙。沙很客气："要是三胜得罪了你，不用理他，年纪还轻。"

孙老者有些失望，可也看出沙子龙的精明。他不知怎样好了，不能拿一个人的精明断定他的武艺。"我来领教领教枪法！"他不由地说出来。

沙子龙没接碴儿。王三胜提着茶壶走进来——急于看二人动手，他没管水开了没有，就沏在壶中。

"三胜，"沙子龙拿起个茶碗来，"去找小顺们去，天汇见，陪孙老者吃饭。"

"什么？"王三胜的眼珠几乎掉出来。看了看沙老师的脸，他敢怒而不敢言地说了声"是啦！"走出去，噘着大嘴。

"教徒弟不易！"孙老者说。

"我没收过徒弟。走吧，这个水不开！茶馆去喝，喝饿了就吃。"沙子龙从桌子上拿起缎子褡裢，一头装着鼻烟壶，一头装着点钱，挂在腰带上。

"不，我还不饿！"孙老者很坚决，两个"不"字把小辫从肩上抢到后边去。

"说会子话儿。"

"我来为领教领教枪法。"

"功夫早搁下了，"沙子龙指着身上，"已经放了肉！"

"这么办也行，"孙老者深深的看了沙老师一眼："不比武，教给我那趟五虎断魂枪。"

"五虎断魂枪？"沙子龙笑了："早忘干净了！早忘干净了！告诉你，在我这儿住几天，咱们各处逛逛，临走，多少送点盘缠。"

"我不逛，也用不着钱，我来学艺！"孙老者立起来，"我练趟给你看看，看够得上学艺不够！"一屈腰已到了院中，把楼鸽都吓飞起去。拉开架子，他打了趟查拳：腿快，手飘洒，一个飞脚起去，小辫儿飘在空中，像从天上落下来一个风筝；快之中，每个架子都摆得稳、准、利落；来回六趟，把满院子都打到，走得圆，接得紧，身子在一处,而精神贯串到四面八方。抱拳收势,身儿缩紧,好似满院乱飞的燕子忽然归了巢。

"好!好!"沙子龙在台阶上点着头喊。

"教给我那趟枪!"孙老者抱了抱拳。

沙子龙下了台阶,也抱着拳:"孙老者,说真的吧,那条枪和那套枪都跟我入棺材,一齐入棺材!"

"不传?"

"不传!"

孙老者的胡子嘴动了半天,没说出什么来,到屋里抄起蓝布大衫,拉扯着腿:"打搅了,再会!"

"吃过饭走!"沙子龙说。

孙老者没言语。

沙子龙把客人送到小门,然后回到屋中,对着墙角立着的大枪点了点头。

他独自上了天汇,怕是王三胜们在那里等着。他们都没有去。

王三胜和小顺们都不敢再到土地庙去卖艺,大家谁也不再为沙子龙吹腾;反之,他们说沙子龙栽了跟头,不敢和个老头儿动手;那个老头子一脚能踢死个牛。不要说王三胜输给他,沙子龙也不是他的对手。不过呢,王三胜到底和老头子见了个高低,而沙子龙连句硬话也没敢说。"神枪沙子龙"慢慢似乎被人们忘了。

夜静人稀,沙子龙关好了小门,一气把六十四枪刺下来;而后,挂着枪,望着天上的群星,想起当年在野店荒林的威风。叹一口气,用手指慢慢摸着凉滑的枪身,又微微一笑,"不传!不传!"

【汇评】

(沙子龙)把现实失落的痛苦幻化为光荣胜利的快感,以取得心理补偿,恢复自我平衡。因此断魂枪成为他光荣胜利的象征,人生价值的化身,精神世界的寄托,生命意义的所在。他与枪已融为一体,枪就是他的灵魂精魄,所以他不追逐身外的功名利禄,宁肯毁弃名声,损失钱财,也要保住断魂枪的秘密,使它跟自己"一起入棺材",坚决不传。从这条枪中,映出的是老拳师以枪为魂,却生不逢时,英雄末路的孤寂与苦涩。(孙老者)与沙子龙虽外部行状不同,但文化心理内涵血脉相通,有着共同的价值取向,都以枪为魂,可受时代的限定,不能成为同道知己,其内心的悲凉亦可想而知。毋庸置疑,作者并不着眼于描写拳师的没落,而是透过其生活的剪影,寄寓对蜕变时代的人生的思考和感叹。(王晓琴《中外文学名著精品赏析·中国现当代文学卷》)

【赏析】

老舍擅写长篇小说,但短篇也写得精致,《断魂枪》无疑可以进入现代短篇小说的精品行列。《断魂枪》说的是三个拳师的故事,重点写沙子龙在近代社会急剧变化中的复杂心态。老舍善于把个人命运的小故事和时代变迁的历史大背景结合起来,在短小的篇幅里营造出了大格局。"沙子龙的镖局已改成客栈",这本来可以是平淡无奇的叙述,但放在西方列强的枪炮惊破"东方大梦"的大背景下,内涵和寓意就大不同了。沙子龙的职业更换,他震动江湖的武艺和名声,他行走于荒林野店里的豪放事业,之所以如梦幻般一去不返,与西方列强东侵后引发的中国社会变动密切相关,是历史大变局的反映。

沙子龙显然不是和时代变动正面对抗的人物,他似乎颇识时务,能够与时俱进。既然祖先信奉的神灵都不再灵验,既然"走镖已没有饭吃",他也就不再留恋保镖的旧业,他不仅及时把镖局改成了客栈,连他的武艺,包括他自创的绝技"五虎断魂枪",也弃之一旁,甚至旧日镖局里的徒弟前来求教,他也不肯指点传授。

《断魂枪》的核心情节,是号称沙子龙大徒弟的王三胜卖艺场上受辱而沙子龙无动于衷。打败王三胜的孙老者随后登门向沙子龙讨教绝技,沙子龙却绝口不提武艺和枪法。从此,昔日神枪沙子龙的威名一落千丈,连以他为荣耀的徒弟们也不再理睬他,但他无半点愠怒。其实他的内心如灼热岩浆。小说两次写到沙子龙在夜深人静时面对天上的群星一气刺出六十四枪的场面,第一次是简要叙述,是铺垫性的,第二次则进行了有声有色的描写,且放置在结尾,把沙子龙的无奈和悲愤表现得淋漓尽致,也使小说的结构产生了一种张力,可谓是画龙点睛的一笔。

如果《断魂枪》仅仅写沙子龙这一条情节线索,这篇小说最终难免成为一曲为中国传统的技艺和精神哀悼的挽歌。但《断魂枪》里还出现了一位孙长者。就他在卖艺场上显露的身手,以及他给沙子龙的表演,明显是位武林名家。他那深藏不露的性格和沙子龙颇为接近。但他和沙子龙大为不同,他乐观、坚韧,为学习传统的武林绝技而风尘仆仆地奔走江湖。在老舍的艺术构思中,孙老者也许只是作为沙子龙的一个陪衬或推动小说情节发展的一个因素,但孙老者的出现,却在《断魂枪》悲伤的氛围里增添了悲壮的情绪,使沙子龙的形象得到补充,受到诘问,也使这篇小说由"单声部"叙述变成了"复调"叙述。这种叙事特征,应该不是老舍有意经营的,而是从他的心灵中自然生长出来的。

小说在塑造人物形象时,运用烘托和对照的手法。王三胜的鲁莽气盛与沙子龙的深藏不露相对比;孙老者的刚直锐进又与沙子龙的保守愚顽相映照。在对同一个人物的描绘中,或用反差极强的对比,或用先扬后抑等手法去刻画其性格特点。对于人物的复杂心理活动,作品并不多用对话和直接的心理剖析,而是通过人物的外形和动作的精确描绘来披露。

(王中忱)

沈从文

沈从文(1902—1988),原名沈岳焕,早期曾用笔名休芸芸,湖南凤凰县人。出生于军旅家庭,小学毕业后曾入伍,五年间辗转于湘、川、黔、鄂四省边界地区,对那里的风俗人情留下了深刻的印象。1922年夏受"五四"余波影响来到北京。自1924年起,在《晨报副刊》《现代评论》《京报·民众文艺》上发表文章。1929年与丁玲、胡也频合作创刊了《红黑》,出现了创作上的第一个高峰。1930年起,先后在武汉大学、青岛大学任教。1933年返回北京,9月接编《大公报·文艺副刊》,并于1934年写成《边城》,成为京派小说的柱石。抗日战争爆发后,任西南联大教授,抗战胜利后任北京大学教授。1949年以后,在中国历史博物馆和中国社会科学院历史研究所从事出土文物和中国古代服饰研究。《沈从文全集》已出版。

萧　萧

乡下人吹唢呐接媳妇,到了十二月是成天会有的事情。

唢呐后面一顶花轿,四个伕子平平稳稳的抬着。轿中人被铜锁锁在里面,虽穿了平时不上过身的体面红绿衣裳,也仍然得荷荷大哭。在这些小女人心中,做新娘子,从母亲身边离开,且准备作他人的母亲,从此将有许多新事情等待发生。像做梦一样,将同一个陌生男子汉在一个床上睡觉,做着承宗接祖的事情,这些事想起来,当然有些害怕,所以照例觉得要哭哭,于是就哭了。

也有做媳妇不哭的人。萧萧做媳妇就不哭。这小女子没有母亲,从小寄养到伯父种田的庄子上,出嫁只是从这家转到那家。因此到那一天这小女人还只是笑。她又不害羞,又不怕,她是什么事也不知道,就做了人家的媳妇了。

萧萧做媳妇时年纪十二岁,有一个小丈夫,年纪还不到三岁。丈夫比她年少九岁,断奶还不多久。地方规矩如此,过了门,她喊他做弟弟。她每天应作的事是抱弟弟到村前柳树下去玩,到溪边去玩,饿了,喂东西吃,哭了,就哄他,摘南瓜花或狗尾草戴到小丈夫头上,或者亲嘴,一面说,"弟弟,哪,再来。"在那肮脏的小脸上亲了又亲,孩子于是便笑了。孩子一欢喜兴奋,行动粗野起来,会用短短的小手乱抓萧萧的头发。那是平时不大能收拾蓬蓬松松在头上的黄发。有时候,垂到脑后那条小辫儿被拉得太久,把红绒线结也弄松了,生气了,就挞那弟弟,弟弟自然哇的哭出声来,萧萧便也装成要哭的样子,用手指着弟弟的哭脸,说,"哪,人不讲理,可不行!"

天晴落雨日子混下去,每日抱抱丈夫,也帮家中作点杂事,能动手的就动手。又时常到溪沟里去洗衣,搓尿片,一面还捡拾有花纹的田螺给坐到身边的丈夫玩。到了夜里睡觉,便常常做这种年龄人所做的梦,梦到后门角落或别的什么地方捡得大把大把铜钱,吃好东西,爬树,自己变成鱼到水中各处溜。或一时仿佛身子很小很轻,飞到天上众星中,没有一个人,只是一片白,一片金光,于是大喊"妈!"人就吓醒了。醒来心还只是跳。吵了隔壁的人,不免骂着,"疯子,你想什么! 白天疯玩,晚上就做梦!"萧萧听着却不作声,只是咕咕的笑。也有很好很爽快的梦,为丈夫哭醒的事。那丈夫本来晚上在自己母亲身边睡,有时吃多了,或因另外情形,半夜大哭,起来放水拉稀是常有的事。丈夫哭到婆婆无可奈何,于是萧萧轻脚轻手爬起床来,睡眼矇眬走到床边,把人抱起,给他看月亮,看星光。或者互相觑着,孩子气的"嗨嗨,看猫呵,"那样喊着哄着,于是丈夫笑了,玩了一会,慢慢合上眼。人睡了,放上床,站在床边看着,听远处一递一声的鸡叫,知道天快到什么时候了,于是仍然蜷到小床上睡去。天亮了,虽不做梦,却可以无意中闭眼开眼,看一阵在面前空中变幻无端的黄边紫心葵花,那是一种真正的享受。

萧萧嫁过了门,做了拳头大丈夫的小媳妇,一切并不比先前受苦,这只看她半年来身体发育就可明白。风里雨里过日子,像一株长在园角落不为人注意的蓖麻,大叶大枝,日增茂盛。这小女人简直是全不为丈夫设想那么似的,一天比一天长大起来了。

夏夜光景说来如做梦。大家饭后坐到院中心歇凉,挥摇蒲扇,看天上的星同屋角的萤,听南瓜棚上纺织娘子咯咯咯拖长声音纺车,远近声音繁密如落雨,禾花风悠悠吹到脸上,正是让人在各种方便中说笑话的时候。

萧萧好高,一个人常常爬到草料堆上去,抱了已经熟睡的丈夫在怀里,轻轻的轻轻的随意唱着那自编的山歌,唱来唱去却把自己也催眠起来,快要睡去了。

在院坝中,公公婆婆,祖父祖母,另外还有帮工汉子两个,散乱的坐在小板凳上,摆龙门阵学古,轮流下去打发上半夜。

祖父身边有个烟包,在黑暗中放光。这用艾蒿作成的烟包,是驱逐长脚蚊的得力东西,蜷在祖父脚边,就如一条乌梢蛇。间或又拿起来晃那么几下。

想起白天场上的事,那祖父开口说话:

"听三金说,前天又有女学生过身。"

大家就哄然笑了。

这笑的意义何在? 只因为大家印象中,都知道女学生没有辫子,留下个鹌鹑尾巴,像个尼姑,又不完全像。穿的衣服像洋人又不像洋人,吃的,用的……总而言之事事不同,一想起来就觉得怪可笑!

萧萧不大明白,她不笑。所以老祖父又说话了。他说:

"萧萧,你长大了,将来也会做女学生!"

大家于是更哄然大笑起来。

萧萧为人并不愚蠢,觉得这一定是不利于己的一件事情,所以接口便说:

"爷爷,我不做女学生!"

"你像个女学生,不做可不行。"

"我不做。"

众人有意取笑,异口同声说:"萧萧,爷爷说得对,你非做女学生不行!"

萧萧急得无可奈何,"做就做,我不怕。"其实做女学生有什么不好,萧萧全不知道。

女学生这东西,在本乡的确永远是奇闻。每年一到六月天,据说放"水假"日子一到,照例便有三三五五女学生,由一个荒谬不经的热闹地方来,到另一个远地方去,取道从本地过身。从乡下人眼中看来,这些人都近于另一世界中活下的人,装扮奇奇怪怪,行为更不可思议。这种女学生过身时,使一村人都可以说一整天的笑话。

祖父是当地一个人物,因为想起所知道的女学生在大城中的生活情形,所以说笑话要萧萧也去作女学生。一面听到这话就感觉一种打哈哈趣味,一面还有那被说的萧萧感觉一种惶恐,说这话的不为无意义了。

女学生由祖父方面所知道的是这样一种人:她们穿衣服不管天气冷热,吃东西不问饥饱,晚上交到子时才睡觉,白天正经事全不作,只知唱歌打球,读洋书。她们都会花钱,一年用的钱可以买十六只水牛。她们在省里京里想往什么地方去时,不必走路,只要钻进一个大匣子中,那匣子就可以带她到地。她们在学校,男女一处上课,人熟了,就随意同那男子睡觉,也不要媒人,也不要财礼,名叫"自由"。她们也做州县官,带家眷上任,男子仍然喊作老爷,小孩子叫少爷。她们自己不喂牛,却吃牛奶羊奶,如小牛小羊;买那奶时是用铁罐子盛的。她们无事时到一个唱戏地方去,那地方完全象个大庙,从衣袋中取出一块洋钱来(那洋钱在乡下可买五只母鸡),买了一小方纸片儿,拿了那纸片到里面去,就可以坐下看洋人扮演影子戏。她们被冤了,不赌咒,不哭。她们年纪有老到二十四岁还不肯嫁人的,有老到三十四十还好意思嫁人的。她们不怕男人,男子不能使她们受委屈,一受委屈就上衙门打官司,要官罚男子的款,这笔钱她有时独占自己花用,有时同官平分。她们不洗衣煮饭,也不养猪喂鸡;有了小孩子也只花五块钱、十块钱一月,雇人专管小孩,自己仍然整天看戏打牌,读那些没有用处的闲书……

总而言之,说来事事都希奇古怪,和庄稼人不同,有的简直可以说岂有此理。这时经祖父一为说明,听过这话的萧萧,心中却忽然有了一种模模糊糊的愿望,以为倘若她也是个女学生,她是不是照祖父说的女学生一个样子去做那些事?不管好歹,做女学生并不可怕,因此一来却已为这乡下姑娘体念到了。

　　因为听祖父说起女学生是怎样的人物,到后萧萧独自笑得特别久。笑够了时,她说:

　　"爷爷,明天有女学生过路,你喊我,我要看看。"

　　"你看,她们捉你去作丫头。"

　　"我不怕她们。"

　　"她们读洋书念经你也不怕?"

　　"念观音菩萨消灾经,念紧箍咒,我都不怕。"

　　"她们咬人,和做官的一样,专吃乡下人,吃人骨头渣渣也不吐,你不怕?"

　　萧萧肯定的回答说:"也不怕。"

　　可是这时节萧萧手上所抱的丈夫,不知为什么,在睡梦中哭了,媳妇于是用作母亲的声势,半哄半吓说,

　　"弟弟,弟弟,不许哭,不许哭,女学生咬人来了。"

　　丈夫还仍然哭着,得抱起各处走走。萧萧抱着丈夫离开了祖父,祖父同人说另外一样古话去了。

　　萧萧从此以后心中有个"女学生"。做梦也便常常梦到女学生,且梦到同这些人并排走路。仿佛也坐过那种自己会走路的匣子,她又觉得这匣子并不比自己跑路更快。在梦中那匣子的形体同谷仓差不多,里面有小小灰色老鼠,眼珠子红红的,各处乱跑,有时钻到门缝里去,把个小尾巴露在外边。

　　因为有这样一段经过,祖父从此喊萧萧不喊"小丫头",不喊"萧萧",却唤作"女学生"。在不经意中萧萧答应得很好。

　　乡下的日子也如世界上一般日子,时时不同。世界上人把日子糟蹋,和萧萧一类人家把日子吝惜是同样的,各有所得,各属分定。许多城市中文明人,把一个夏天全消磨到软绸衣服、精美饮料以及种种好事情上面。萧萧的一家,因为一个夏天的劳作,却得了十多斤细麻,二三十担瓜。

　　作小媳妇的萧萧,一个夏天中,一面照料丈夫,一面还绩了细麻四斤。到秋八月工人摘瓜,在瓜间玩,看硕大如盆上面满是灰粉的大南瓜,成排成堆摆到地上,很有趣味。时间到摘瓜,秋天真的已来了,院子中各处有从屋后林子里树上吹来的大红大黄木叶。萧萧在瓜旁站定,手拿木叶一束,为丈夫编小笠帽玩。

工人中有个名叫花狗，年纪二十三岁，抱了萧萧的丈夫到枣树下去打枣子。小小竹竿打在枣树上，落枣满地。

"花狗大①，莫打了，太多了吃不完。"

虽听这样喊，还不停手。到后，仿佛完全因为丈夫要枣子，花狗才不听话。萧萧于是又喊他那小丈夫：

"弟弟，弟弟，来，不许捡了。吃多了生东西肚子痛！"

丈夫听话，兜了一堆枣子向萧萧身边走来，请萧萧吃枣子。

"姐姐吃，这是大的。"

"我不吃。"

"要吃一颗！"

她两手哪里有空！木叶帽正在制边，工夫要紧，还正要个人帮忙！

"弟弟，把枣子喂我口里。"

丈夫照她的命令作事，作完了觉得有趣，哈哈大笑。

她要他放下枣子帮忙捏紧帽边，便于添加新木叶。

丈夫照她吩咐作事，但老是顽皮的摇动，口中唱歌。这孩子原来像一只猫，欢喜时就得捣乱。

"弟弟，你唱的是什么？"

"我唱花狗大告我的山歌。"

"好好的唱一个给我听。"

丈夫于是就唱下去，照所记到的歌唱：

> 天上起云云起花，
> 包谷林里种豆荚，
> 豆荚缠坏包谷树，
> 娇妹缠坏后生家。

> 天上起云云重云，
> 地下埋坟坟重坟，
> 娇妹洗碗碗重碗，
> 娇妹床上人重人。

歌中意义丈夫全不明白，唱完了就问好不好。萧萧说好，并且问跟谁学来的。

---

① "大"即"大哥"简称。

她知道是花狗教的，却故意盘问他。

"花狗大告我，他说还有好歌，长大了再教我唱。"

听说花狗会唱歌，萧萧说：

"花狗大，花狗大，您唱一个好听的歌我听听。"

那花狗，面如其心，生长得不很正气，知道萧萧要听歌，人也快到听歌的年龄了，就给她唱"十岁娘子一岁夫"。那故事说的是妻年大，可以随便到外面作一点不规矩事情，夫年小，只知道吃奶，让他吃奶。这歌丈夫完全不懂，懂到一点儿的是萧萧。把歌听过后，萧萧装成"我全明白"那种神气，她用生气的样子，对花狗说：

"花狗大，这个不行，这是骂人的歌！"

花狗分辩说："不是骂人的歌。"

"我明白，是骂人的歌。"

花狗难得说多话，歌已经唱过了，错了陪礼，只有不再唱。他看她已经有点懂事了，怕她回头告祖父，会挨一顿臭骂，就把话支开，扯到"女学生"上头去。他问萧萧，看没看过女学生习体操唱洋歌的事情。

若不是花狗提起，萧萧几乎已忘却了这事情。这时又提到女学生，她问花狗近来有没有女学生过路，她想看看。

花狗一面把南瓜从棚架边抱到墙角去，告她女学生唱歌的事，这些事的来源还是萧萧的那个祖父。他在萧萧面前说了点大话，说他曾经到官路上见到四个女学生，她们都拿得有旗子，走长路流汗喘气之中仍然唱歌，同军人所唱的一模一样。不消说，这自然完全是胡诌的笑话。可是那故事把萧萧可乐坏了。因为花狗说这个就叫做"自由"。

花狗是"起眼动眉毛，一打两头翘"会说会笑的一个人。听萧萧带着歆羡口气说，"花狗大，你膀子真大。"他就说，"我不止膀子大。"

"你身个子也大。"

"我全身无处不大。"

到萧萧抱了她的丈夫走去以后，同花狗在一起摘瓜，取名字叫哑巴的，开了平时不常开的口，他说：

"花狗，你少坏点。人家是十三岁黄花女，还要等十年才圆房！"

花狗不做声，打了那伙计一掌，走到枣树下捡落地枣去了。

到摘瓜的秋天，日子计算起来，萧萧过丈夫家有一年了。

几次降霜落雪，几次清明谷雨，一家人都说萧萧是大人了。天保佑，喝冷水，吃粗砺饭，四季无疾病，倒发育得这样快。婆婆虽生来像一把剪子，把凡是给萧萧暴长的机会都剪去了，但乡下的日头同空气都帮助人长大，却不是折磨可以阻拦得住。

萧萧十五岁时高如成人，心却还是一颗糊糊涂涂的心。

人大了一点，家中做的事也多了一点。绩麻、纺车、洗衣、照料丈夫以外，打猪草推磨一些事情也要作，还有浆纱织布。凡事都学，学学就会了。乡下习惯，凡是行有余力的都可从劳作中攒点私房，两三年来仅仅萧萧个人分上所聚集的粗细麻和纺就的棉纱，已够萧萧坐到土机上抛三个月的梭子了。

丈夫早断了奶。婆婆有了新儿了，这五岁儿子就像归萧萧独有了。不论做什么，走到什么地方去，丈夫总跟到身边。丈夫有些方面很怕她，当她如母亲，不敢多事。他们俩"感情不坏"。

地方稍稍进步，祖父的笑话转到"萧萧你也把辫子剪去好自由"那一类事上去了。听着这话的萧萧，某个夏天也看过一次女学生，虽不把祖父笑话认真，可是每一次在祖父说过这笑话以后，她到水边去，必用手捏着辫子梢梢，设想没有辫子的人那种神气，那点趣味。

因为打猪草，带丈夫上螺蛳山的山阴是常有的事。

小孩子不知事，听别人唱歌也唱歌。一唱歌，就把花狗引来了。

花狗对萧萧生了另外一种心，萧萧有点明白了，常常觉得惶恐不安。但花狗是男子，凡是男子的美德恶德都不缺少，劳动力强，手脚勤快，又会玩会说，所以一面使萧萧的丈夫非常欢喜同他玩，一面一有机会即缠在萧萧身边，且总是想方设法把萧萧那点惶恐减去。

山大人小，到处树木蒙茸，平时不知道萧萧所在，花狗就站在高处唱歌逗萧萧身边的丈夫；丈夫小口一开，花狗穿山越岭就来到萧萧面前了。

见了花狗，小孩子只有欢喜，不知其他。他原要花狗为他编草虫玩，做竹箫哨子玩，花狗想方法支使他到一个远处去找材料，便坐到萧萧身边来，要萧萧听他唱那使人开心红脸的歌。她有时觉得害怕，不许丈夫走开；有时又像有了花狗在身边，打发丈夫走去反倒好一点。终于有一天，萧萧就这样给花狗把心窍子唱开，变成个妇人了。

那时节，丈夫走到山下采刺莓去了，花狗唱了许多歌，到后却向萧萧唱：

娇家门前一重坡，

别人走少郎走多，

铁打草鞋穿烂了，

不是为你为哪个？

末了却向萧萧说："我为你睡不着觉"。他又说他赌咒不把这事情告给人。听了这些话仍然不懂什么的萧萧，眼睛只注意到他那一对粗粗的手膀子，耳朵只注意到他最后一句话。末了花狗大便又唱歌给她听。她心里乱了。她要他当真对天赌咒，赌过了咒，一切好像有了保障，她就一切尽他了。到丈夫返身时，手被毛毛虫螫伤，肿了一片，走到萧萧身边。萧萧捏紧这一只小手，且用口去呵它，呪它，想起刚才的糊涂，才仿佛明白自己作了一点不大好的糊涂事。

花狗诱她做坏事情是麦黄四月，到六月，李子熟了，她欢喜吃生李子。她觉得身体有点特别，在山上碰到花狗，就将这事情告给他，问他怎么办。

讨论了多久，花狗全无主意。虽以前自己当天赌得有咒，也仍然无主意。这家伙个子大，胆量小。个子大容易做错事，胆量小做了错事就想不出办法。

到后，萧萧捏着自己那条乌梢蛇似的大辫子，想起城里了，她说：

"花狗大，我们到城里去自由，帮帮人过日子，不好么？"

"那怎么行？到城里去做什么？"

"我肚子大了。"

"我们找药去。场上有郎中卖药。"

"你赶快找药来，我想……"

"你想逃到城里去自由，不成的。人生面不熟，讨饭也有规矩，不能随便！"

"你这没有良心的，你害了我，我想死！"

"我赌咒不辜负你。"

"负不负我有什么用？帮我个忙，赶快拿去肚子里这块肉罢。我害怕！"

花狗不再做声，过了一会，便走开了。不久丈夫从他处回来，见萧萧一个人坐在草地上哭，眼睛红红的。丈夫心中纳罕，看了一会，问萧萧：

"姐姐，为什么哭？"

"不为什么，灰尘落到眼睛里，痛。"

"我吹吹吧。"

"不要吹。"

"你瞧我，得这些这些。"

他把从溪中捡来的小蚌小石头陈列在萧萧面前，萧萧泪眼婆娑的看了一会，勉强笑着说，"弟弟，我们要好，我哭你莫告家中。告我可要生气。"到后这事情家中当真就无人知道。

过了半个月，花狗不辞而行，把自己所有的衣裤都拿去了。祖父问同住的哑巴,知不知道他为什么走路,走哪儿去。哑巴只是摇头,说花狗还欠了他两百钱,临走时话都不留一句,为人少良心。哑巴说他自己的话,并没有把花狗走的理由说明。因此这一家希奇一整天,谈论一整天。不过这工人既不偷走物件,又不拐带别的,这事过后不久,自然也就把他忘掉了。

萧萧仍然是往日的萧萧。她能够忘记花狗就好了。但是肚子真有些不同了,肚中东西总在动,使她常常一个人干着急,尽做怪梦。

她脾气坏了一点,这坏处只有丈夫知道,因为她对丈夫似乎严厉苛刻了好些。

仍然每天同丈夫在一处,她的心,想到的事自己也不十分明白。她常想,我现在死了,什么都好了。可是为什么要死?她还很高兴活下去,愿意活下去。

家中人不拘谁在无意中提起关于丈夫弟弟的话,提起小孩子,提起花狗,都像使这话如拳头,在萧萧胸口上重重一击。

到八月,她担心人知道更多了,引丈夫庙里去玩,就私自许愿,吃了一大把香灰。吃香灰被她丈夫见到了,丈夫问这是做什么,萧萧就说肚子痛,应当吃这个。虽说求菩萨许愿,菩萨当然没有如她的希望,肚子中长大的东西仍在慢慢地长大。

她又常常往溪里去喝冷水,给丈夫见到了,丈夫问她她就说口渴。

一切她所想到的方法都没有能够使她与自己不欢喜的东西分开。大肚子只有丈夫一人知道,他却不敢告这件事给父母晓得。因为时间长久,年龄不同,丈夫有些时候对于萧萧的怕同爱,比对于父母还深切。

她还记得花狗赌咒那一天里的事情,如同记着其他事情一样。到秋天,屋前屋后毛毛虫都结茧,成了各种好看的蝶蛾,丈夫像故意折磨她一样,常常提起几个月前被毛毛虫所螫的旧话,使萧萧心里难过。她因此极恨毛毛虫,见了那小虫就想用脚去踹。

有一天,又听人说有好些女学生过路,听过这话的萧萧,睁了眼做过一阵梦,愣愣的对日头出处痴了半天。

萧萧步花狗后尘,也想逃走,收拾一点东西预备跟了女学生走的那条路上城。但没有动身,就被家里人发觉了。

家中追究这逃走的根源,才明白这个十年后预备给小丈夫生儿子继香火的萧萧肚子,已被别人抢先下了种。这真是了不得的一件大事。一家人的平静生活,为这一件事全弄乱了。生气的生气,流泪的流泪,骂人的骂人,各按本分乱下去。悬梁,投水,吃毒药,被禁困的萧萧,诸事漫无边际的全想到了,究竟年纪太小,舍不得死,却不曾做。于是祖父从现实出发,想出了个聪明主意,把萧萧关在房里,派人好好看守着,请萧萧本族的人来说话,看是"沉潭"还是"发卖"?萧萧家中人要面子,就沉潭淹死她,舍不得就发卖。萧萧只有一个伯父,在近处庄子里为人种田,去请他时先还以为是吃酒,到了才知道是这样丢脸事情,弄得这老实忠厚家长手足无措。

大肚子作证,什么也没有可说。伯父不忍把萧萧沉潭,萧萧当然应当嫁人作"二路亲"了。

这处罚,好像也极其自然,照习惯受损失的是丈夫家里,然而却可以在改嫁上收回一笔钱,当作损失赔偿。那伯父把这事告给了萧萧,就要走路。萧萧拉着伯父衣角不放,只是幽幽地哭。伯父摇了一会头,一句话不说,仍然走了。

一时没有相当的人家来要萧萧,因此暂时就仍然在丈夫家中住下。这件事情既经说明白,照乡下规矩倒又像不什么要紧,只等待处分,大家反而释然了。先是小丈夫不能再同萧萧在一处,到后又仍然如月前情形,姊弟一般有说有笑的过日子了。

丈夫知道了萧萧肚子中有儿子的事情,又知道因为这样萧萧才应当嫁到远处去。但是丈夫并不愿意萧萧去,萧萧自己也不愿意去,大家全莫名其妙,只是照规矩像逼到要这样做,不得不做。

在等候主顾来看人,等到十二月,还没有人来,萧萧只好在这人家过年。

萧萧次年二月间,十月满足坐草生了一个儿子,团头大眼,声响洪壮,大家把母子二人照料得好好的,照规矩吃蒸鸡同江米酒补血,烧纸谢神。一家人都欢喜那儿子。

生下的既是儿子,萧萧不嫁别处了。

到萧萧正式同丈夫拜堂圆房时,儿子已经年纪十岁,能看牛割草,成为家中生产者一员了。平时喊萧萧丈夫做大叔,大叔也答应,从不生气。

这儿子名叫牛儿。牛儿十二岁时也接了亲,媳妇年长六岁。媳妇年纪大,才能诸事作帮手,对家中有帮助。唢呐吹到门前时,新娘在轿中呜呜的哭着,忙坏了那个祖父曾祖父。

这一天,萧萧抱了自己新生的月毛毛,却在屋前榆蜡树篱笆看热闹,同十年前抱丈夫一个样子。

一九二九年冬作

【汇评】

它与一般于婆媳姑嫂的戏剧性关系中展示童养媳命运的作品不同,把大量笔墨用于风俗描绘,形成一幅以社会风俗为浓厚背景的人物画。而在人物命运和风俗场景之间进行精细的结构处理,笔锋往返穿梭,跌宕有致,灵便活泼。(杨义《中国现代小说史》)

在对乡下人生存方式的价值重估中,较有深度的是《萧萧》。主人公萧萧始终处在被动的人生状态。……作品结尾处,饶有深意地写到萧萧的大儿子又在迎娶年长六岁的媳妇。生命的悲剧在不断轮回,根因就在于乡下人理性的蒙昧；作品中祖父对女学生的嘲弄、奚落正说明了这些乡下人与现代文明的隔绝以及导致的理性缺失。(朱栋霖、丁帆、朱晓进主编《中国现代文学史》)

【赏析】

在嘹亮的唢呐声中，沈从文笔下的萧萧渐渐地走近了我们。站在社会的、道德的、人性的这样一些较高的角度来看，萧萧无疑是位不幸的女子。童养媳制下女性的血泪史可谓罄竹难书。对她们来讲，人性的最大压抑来自一种不可言说的苦寂，那便是一颗春意盎然的心面对幼小无知的小丈夫时感受到的无限落寞；当她们熬到丈夫终于长成男人时，自己却落花流水春已逝，在父权社会里两性的不相悦导致的总是女人的被弃。这样一种对女性极为不公正的做法实际上是以女性的"非人化"作为依据的。对童养媳制能予以认同的社会伦理观是建立在封建道德体系之上的，对它的顺从意味着女性的不觉醒。萧萧从做童养媳的那天起就注定了要以一生的时间饮吞作为女人的不幸。然而，萧萧没有像一般女子那样哭着做新娘，天真的她却还只是笑。这并非因为勇敢，只是源于一种无知。这些女性的觉醒和解放，如若缺少强大外力的推动几乎是不可能的。单单揭示出这一点，萧萧身上的悲剧性便已呈现了出来。

然而，闭塞的山野民风亦有很纯朴的一面，对憨直的社会民俗的描写，其间飘荡的缠绵情歌冲淡了故事的悲剧意味。萧萧并没有受到什么虐待，她倒比出嫁前发育迅猛了许多。她周围的人在劳作之余便是传扬着一些关于女学生的奇闻，说着大大小小的笑话，有时还无恶意地拿萧萧打打趣，萧萧也仿佛因此多了一点幻想的材料。小"弟弟"是萧萧一手带大的，要论姐弟情谊，两人真是"感情不坏"。就是失身，也是萧萧自自然然顺从情欲的结果。萧萧的结局倒还是"大团圆"式的，她在等待主顾的过程中生下一个儿子，逗得全家人开心，对萧萧网开一面，不将其嫁于别处了。

萧萧虽说做了人家的媳妇，但毕竟年纪很小，她从心底深处向往着在母亲膝下撒欢，这构成了她的一种潜意识，这种潜意识通过梦境释放出来；对"女学生"的幻想同样是出于对祖父所描述的"女学生"那种自由生活的渴望。梦境和幻想在一定程度上消解了萧萧内心的焦虑。由于她的懵懂无知，她不可能从这些梦幻中发现自己内心世界中隐蔽的另一层面，而那恰恰是一个更为真实的"自我"。遗憾的是萧萧缺少发现本质上的"自我"的能力，于是她做做梦也就算了，日子还是照常过下去。这样一个能促使自我意识苏醒，进而激发人追问"自由""幸福"等重大人生命题的绝好契机就被萧萧在糊里糊涂中轻易放过了。这也注定了她难以成就一个"新我"，只能是无数童养媳中平凡的一个，这不能不说也是萧萧的可悲可叹之处。然而，从生存层次来讲，萧萧的无知倒使她回避了对痛苦的感受，使她能满足于温饱生活，在当下生活的细节中获取快乐。一如祖父他们，生活在闭塞的乡下，恪守着传统的习俗，他们从不追问为何终年的劳作并没有使他们过上美好的生活，更不烦心于生存的意义这样一些抽象的问题。对这些问题的追究在他们看来简直是件令人发笑的事情，就像他们会嘲笑"女学生"一样。他们身上充分反映出中国传统文化执着于生命的安乐与长久而轻视对生命的超越这一重要特色。它造就了中国人"知足常乐""难得糊涂"的精神状态,养成了中国人思维的惰性。这与西方文化倡导的要敢于不惜生命去追求知识与真理的信念是大不相同的。当然人在追求真理的道路上必会伴随着痛苦,这是中国传统的文化心态所排斥的。"五四"的文化精英们旨在汲取并传播西方文化的精神,以改变中华民族沉睡不醒的现状,以期中国人能谋取积极向上的新生活。在此过程中,"五四"知识分子遭遇了众多的阻碍,其中最让他们难受的便是和民间难以沟通。萧萧的祖父对"五四"文化的曲解与嘲笑在当时并非个别情况。

在面对东西方两种文化心态的矛盾时,沈从文是有些犹豫的,就像鲁迅先生在唤醒铁屋中沉睡的民众时的心情一样,这显现出他们对下层民众深深爱恋的人道主义情怀。于是在《萧萧》中,沈从文较为宽容地任由祖父等乡亲们笑话"女学生",并不在文字上刻薄他们,风俗画的描绘也偏重于祥和、舒缓的一面,叙事基调缺少与事件本身相一致的悲怨。但细读文本,我们发现萧萧人生中灾难的避免都有赖于一些巧合。她恰好有一位老实忠厚的伯父,有和她投缘的小"弟弟",又偏偏没能等来主顾,更主要的她还恰好生下一个大胖小子惹得全家喜欢,否则萧萧是断不能避免严厉惩罚的。而在现实生活中有多少女子能幸运地遭遇这一连串的巧合?沈从文在弦外之音中又暗示了萧萧这样的女子悲剧命运的必然性。那么如何引领这些女子放弃眼前不牢靠的安乐去争取长久的幸福?这是沈从文留给读者思考的。

(王文胜)

参考书目

《沈从文全集》,北岳文艺出版社 2002 年

沈从文《湘行散记》,北岳文艺出版社 2003 年

沈从文《自传集》,岳麓书社 2002 年

《老舍小说全集》,长江文艺出版社 1993 年

思考与练习

1.《断魂枪》中的沙子龙、孙老者对传统武艺的不同态度反映了他们什么样的心态?有何典型意义?老舍小说的语言有何特色?

2. 从萧萧命运的悲喜剧看沈从文的现代性思考。

慕课资源

【总论】

20世纪50年代初期的中国文学,带有浓重的"共和国情结"。对此,我们可以从"文学应具有独立品行"的角度而进行深度反思,但就中国的历史与现实而言,在当时,却又是自然而然的。

稍后,对于这番废墟上的激情,并非没有人表示疑惑。然而,这不谐之音所得到的回应只能是被冷落和排斥。人们非但没有从激情状态中尽早地冷静下来面对严酷的现实(一穷二白),却更大幅度地陷入了激情的旋转。那些产生了疑惑的作家,在受到批评之后,反省了自己对新生活、新时代的态度,也都自觉地认同了这种"轻浮",而一起加入了旋转。这种旋转所产生的效应是越来越失去控制,而越来越失去控制的结果则又是越来越快速地旋转。

历史的现实的原因错综复杂地交织在一起,使中国文学在其后相当漫长的时间中,受挟于权力政治以及与权力政治相关的意识形态。它逐步丧失了文学应有的独立性与特定的表达方式,直至最终丧失本性——文学变为非文学,小说成为非小说。一些所谓的小说创作,实际上已并非是文学创作,而只是一些与文学创作风马牛不相及的文字活动。"文革"则将这种进入50年代就已初露端倪的现象,推至极致。(林斤澜、曹文轩《中国当代文化书系·小说卷·序言》)

若以较为宽容的目光来看,在"十七年"中,有一些作品还是可以被认可的。它们由于与意识形态没有过于亲密、鲜明的关系,更由于这些作家尊重了真实的个人经验,加之不同程度地注意与保持了文学性,今天仍可被作为"文学作品"来进行阅读。又有一些作品,尽管濡染了较浓重的政治色彩,并含有说教意味,但它们或是因为对某些人物的深刻揭示,或是因为对一段历史的单纯而朴素的理解,或是因为在语言、细节等方面所体现出一定的"艺术性",也都程度不同地显示了它们的生命力。(同上)

"70年代末以来的中国文学,其基调是悲剧性的。"对这一时期的文学稍有浏览与接触的人,当无法拒绝这一印象……文学告别了空幻的实际上并不存在的大幸福与大欢乐,从虚妄的灵肉满足与迷醉所带来的彻头彻尾的快感之中,跌回到严酷的现实之中。忧愁、悲痛、沉郁、哀伤、苦闷、压抑……种种悲剧性情绪,割不断扯不尽地将文学牢牢地缠定……至今,悲剧色彩仍笼罩着中国文学。(同上)

70年代末,在经过观念的对峙、化解、再对峙再化解这样一个反反复复、但每有所进的过程之后,文学开始由写伤痕、冤狱而重新亲近悲剧精神。过去的二十年,是中国历史上很值得让人留恋的二十年。因为这二十年允许并给予了中国人许多宝贵意识,而其中之一就是悲剧意识。

新时期的小说,在寻找与揭示悲剧原因时,经历了一个从表面到深层,从显象到潜在,从可感到不可感的过程:(1) 个人与团体;(2) 社会;(3) 民族文化;(4) 人(人类)自身;(5) 超自然。这个过程如同一条线索,倘若顺着它走过去,实际上,我们就能走完中国文学近二十年来的美学历程。一些作品分别在不同的侧重点上代表了中国当代悲剧作品的成熟……一些具有思考能力的作家,已达成共识:悲剧是文学的最高形式;没有悲剧感的民族是浅薄的民族……民族的苦难,将决定中国文学在以后相当长的时间内沉浸在悲剧感中。(同上)

这五十年的小说,经历了一个由集体叙事向个人叙事的转变过程。

50年代初至70年代末,中国文学在权力政治的规范下,相当多的时候,是一种格式化的统一运作。小说创作被寥寥无几、屈指可数的几种观念所牵引和霸持。一样的思维模式,一样的主题思想,一样的情调,使得"千人一面,千部一腔"的雷同化尴尬,几乎无法避免。

进入80年代以后,"自我""个性""独特""独语""个人经验""私人经验"等单词与短句纷纷进入中国作家的意识并进入各自的艺术构思过程。经过十多年的反思与实践,小说已从无差别的集体叙事之框架中挣脱出来。

中国当下的文学仅仅是在西方文化(文学)的影响之下而"繁荣"的。这种吃"偏食"的文学,自然也还是中国的——在中国的情景之下,又是利用中国的素材,它就很难不是中国的。但它毕竟不怎么太像是中国的。它个性不足,容易与世界文学混同,这是显而易见的事实。

中国传统文化(文学)自然有许多糟糕的东西,今天的中国要迎头赶上世界,对它加以怀疑、反省,自然也是有必要的。但一个具有几千年历史的传统,能够延续下来,若无生命力与存在的合理性,大概也是不可能的。它完全有可能成为当下中国文学的资源。中国文学若闭眼不看这些处于黑暗的历史隧道中的资源,每天都是从零开始,或是每天都是邯郸学步、步人家之后尘,是愚不可及的。中国文化(文学)中,其实有着好多好看并且是别人所没有的东西:空灵、雅兴、中和、意境、智慧、虚静、通感、天人合一……这些东西都可以经过现代化的处理,成为中国文学向世界显示风采的资本。(同上)

白先勇

白先勇(1937—),台湾地区当代著名作家。国民党高级将领白崇禧之子。祖籍江苏南京,生于广西桂林。童年在重庆生活,后随父母迁居南京、香港、台湾,台北建国中学毕业后入台南成功大学,一年后进台湾大学外文系。1958年发表第一篇小说《金大奶奶》。1960年与同学陈若曦、欧阳子等人创办《现代文学》杂志,发表了《月梦》《玉卿嫂》《毕业》等小说多篇。1961年大学毕业。1963年赴美国,入爱荷华大学作家创作班,1965年获硕士学位后旅居美国,任教于加州大学,讲授中国文学课程。出版有短篇小说集《寂寞的十七岁》《台北人》《纽约客》,散文集《蓦然回首》,长篇小说《孽子》等。白先勇和他的代表作《台北人》在港澳和海外华人世界拥有很高的声誉。近年热衷于中国传统戏剧的改编,成绩斐然。

【集评】

白先勇的创作艺术水准极高,是与鲁迅、吴组缃相似的精雕细刻派作家,其地位与成就在海外文坛上重要而突出……白先勇小说中的"悲剧倾向"透露出强烈的历史兴衰感与人世的沧桑感。(袁良骏《白先勇论》)

在始发期的作品中,以人性和人道主义为思想基础,显示的是矛盾、死亡和隐隐的怀旧,有明显的悲剧意识。过渡期,写尽了台湾赴美青年的众生相的同时,使死与怀旧等等主题得到进一步深化,出现了理性色彩,表现了"无根的一代"……在成熟期的代表性作品中,刻划出了一个个鲜明而复杂的人物性格,反映了作者对人和人生理解益深益广。(徐国伦 王春荣《二十世纪中国两岸关系文学史续编》)

那片血一般红的杜鹃花

他们是在基隆附近,一个荒凉的海滩上,找到王雄的。他的尸体被潮水冲到了岩石缝中,夹在那里,始终没有漂走。舅妈叫我去认尸的时候,王雄的尸体已经让海水泡了好几天了。王雄全身都是乌青的,肚子肿起,把衣衫都撑裂了;他的头脸给鱼群叮得稀烂,红的红,黑的黑,尽是一个一个的小洞,眉毛眼睛都吃掉了。几丈外,一阵腐尸的恶臭,熏得人直要作呕,要不是他那双大得出奇的手掌,十个指头圆秃秃的,仍旧没有变形的话,我简直不能想象,躺在地上那个庞大的怪物,竟会是舅妈家的男工王雄。

王雄之死,引起了舅妈家中一阵骚动。舅妈当晚便在花园里烧了一大叠钱纸,一边烧,一边蹲在地上念念喃喃讲了一大堆安魂的话。她说像王雄那般凶死,家中难保干净。我告诉舅妈,王雄的尸首已经烂得发了臭,下女喜妹在旁边听得极恐怖地尖叫了起来,无论舅妈怎么挽留,她都不肯稍停,当场打点行李,便逃回她宜兰家中去了。只有表妹丽儿,我们瞒住了她,始终没有让她知道,因为怕她害怕。舅妈和我到王雄房中去收捡他的遗物,她对我赌咒,捱过这次教训,她一辈子再也不会雇用男工人了。

我第一次见到王雄,是两年前的一个春天里。我在金门岛上服大专兵役,刚调回台北,在联勤司令部当行政官。我家住在台中,台北的亲戚,只有舅妈一家,一报完到,我便到舅妈家去探望他们。舅舅生前是做大生意的,过世得早,只生下表妹丽儿一个人。舅舅留下了一笔很可观的产业,因此舅妈和表妹一向都过着十分富裕的生活。那时舅妈刚搬家,住在仁爱路四段,一幢三百多坪的大花园洋房里。我到舅妈家的那天,她正在客厅里打牌,心不在焉地问了我几句话,便叫我到花园里去找表妹丽儿去了。我母亲告诉过我,丽儿是舅妈含在嘴里长大的,六岁大,舅妈还要亲自喂她的奶,惯得丽儿上六年级了,连鞋带都不肯自己系。可是丽儿的模样儿却长得实在逗人疼怜,我从来没有见过哪家的孩子生得像她那样雪白滚圆的:圆圆的脸,圆圆的眼睛,连鼻子嘴巴都圆得那般有趣;尤其是当她甩动着一头短发,咯咯一笑的时候,她那一份特有的女婴的憨态,最能教人动心,活像一个玉娃娃一般。然而她那一种娇纵任性的脾气,也是别家孩子少有的,半点不遂她的意，什么值钱东西，拿到了手里便是一摔，然后往地上一坐，搓着一双浑圆的腿子，哭破了喉咙也不肯稍歇，无论什么人，连舅妈在内，也扭她不过来。

舅妈家的花园十分宽敞，新植的草木花树都打点得非常整齐，中间是一块绿茸茸的朝鲜草坪，四周的花圃里却种满了清一色艳红的杜鹃花，许多株已经开始打苞了。我一进到园内，便听到丽儿一连串清脆滑溜的笑声。当我绕过那丛芭蕉树的时候，赫然看见丽儿正骑在一个大男人的身上，那个男人手脚匍匐在草坪上，学着兽行，丽儿却正跨在他的背上，她白胖的小手执着一根杜鹃花的枝子，当着马鞭子一般，在空中乱挥，丽儿穿了一身大红的灯心绒裙子，两条雪白滚圆的腿子露在外面不停的踢蹬，一头的短发都甩动了，乐不可支的尖笑着。

"表哥，看我骑马嘟嘟——"丽儿发觉我时，丢掉了手上的树枝，两手朝我乱招一顿，叫道，然后她跨过那个男人的头跳了下来，跑到我跟前来。那个男人赶忙爬了起来，向我笑着嗫嚅的叫了一声：

"表少爷——"

我发觉原来他竟高大得出奇，恐怕总有六尺以上，一颗偌大的头颅，头皮剃得青亮，黑头黑脸，全身都黑得乌铜一般发出了亮光来，他朝我咧着嘴，龇着一口的白牙齿，有点羞赧似的，一直搓着他那双巨掌，他的十个指头却秃得有点滑稽。他穿着一条洗得发了白的军裤，膝盖上沾满了泥草。

"表哥，"丽儿指着那个男人对我说道，"王雄说，他可以那样爬着走好几里路呢。"

"那是从前打仗的时候啊——"王雄连忙分辩道，他的口音带着浓浊的湖南土腔。

"胡说！"丽儿皱起眉头打断他的话道，"你那天明明说过：你可以让我骑着上学校去呢。"

王雄讪讪的瞅着丽儿，说不出话来，浑黑的脸上竟泛起红晕来了，好像丽儿把他和她两人之间的什么秘密泄漏了一般。

"表哥，我带你去看，王雄替我捉来了好多蝈蝈儿。"丽儿说着便跑在我前头，引着我向屋内走去，跑了几步，她好像又突然记起了什么似的，停下来，转过身，向王雄伸出了她那只雪白滚圆的手臂叫道：

"王雄，来。"

王雄踌躇了一下，终于走上了前去，丽儿一把便捞住了他那粗黑的膀子，和他手牵手，径自蹦着跳着，往屋内跑去，王雄拖着他那庞大的身躯也跟着丽儿迟笨地奔跑起来。

到了晚间，舅妈打完牌，和我闲聊起来，才告诉我，原来王雄就是她新雇的男工。本来是行伍出身的，刚退了下来。人是再老实不过了，舅妈颇为赞许道，整天一声不响，就会闷着头做事，而且，看不出他那么个粗人，打理起花木来，却别有一番心思呢。舅妈说，园子里那成百株杜鹃花，一棵棵都是王雄亲手栽的。为什么要种那么些杜鹃花呢？舅妈叹了一口气解说道，还不是为了丽儿。就是因为那个小魔星喜欢杜鹃花的缘故。

"我从来也没见过，"舅妈突然笑得用手掩起了嘴来，"一个四十岁的大汉子，竟让个女娃娃牵着鼻子走，什么都依全了她。"

最后舅妈摇着头赞叹道：难得他们两个人有缘！

丽儿和王雄确实有缘。每次我到舅妈家去，总看见他们两人在一块儿玩耍。每天早上，王雄踏着三轮车送丽儿去上学，下午便去接她回来。王雄把他踏的那辆三轮车经常擦得亮亮的，而且在车头上插满了一些五颜六色的绒球儿，花纸铰的凤凰儿，小风车轮子，装饰得像凤辇宫车一般。每次出去接送丽儿，王雄总把自己收拾得头干脸净的，即使是大热天，也穿戴得体体面面。当丽儿从外头走进大门来时，扬起脸，甩动着她那一头短发，高傲得像个小公主一般，王雄跟在她身后，替她提着书包，挺着腰，满面严肃，像是丽儿的护驾卫士。一回到家里，丽儿便拉着王雄到花园中嬉游去了。王雄总是想出百般的花样，来讨丽儿的欢心。有一次，我看见王雄独个儿坐在屋檐下，脚旁边地上摆着一大堆红红绿绿的玻璃珠子，他手里拈着根金线，聚精会神的串着那些珠儿，当他伸出他那双黑秃秃的巨掌，满地去捕捉那些滑溜乱滚的玻璃珠子时，显得十分的笨拙有趣。那天丽儿回家后，王雄在花园里，便替她戴满了一身玻璃珠子串成的手钏儿和项链子。丽儿头上戴了两圈，两只膀子上，一边箍了五六个，她把鞋子也踢掉了，打了一双赤足，撩起了裙子。露出她雪白的腿子来，她的足踝上，也套了好几个五彩玻璃脚圈子。丽儿嘴里伊呀唔呀的唱着笑着，手里擎着两球鲜红的杜鹃花，挥动着她那白胖的小膀子，在那片绿茸茸的草地上，跳起她学校里教的山地舞来。王雄也围着丽儿，连蹦带跳，不停的拍着他那双大手掌。他那张大黑脸涨得鲜红鲜红的，嘴巴咧得老大，露出一口雪白的牙齿来。他们两个人，一大一小，一黑一白，蹦着跳着，在那片红红的花海里，载歌载舞起来。

在联勤总司令部服役那段时期，一个礼拜，总有两三天，我在舅妈家留宿，舅妈要我替丽儿补习功课，因为夏天她就要考中学了。在舅妈家出入惯了，我和王雄也渐渐混熟了，偶尔他也和我聊起他的身世来。他告诉我说，他原是湖南乡下种田的，打日本人抽壮丁给抽了出来。他说他那时才十八岁，有一天挑了两担谷子上城去卖，一出村子，便让人截走了。

"我以为过几天仍旧回去的呢，"他笑了一笑说道，"哪晓得出来一混便是这么些年，总也没能回过家。"

"表少爷，你在金门岛上看得到大陆吗？"有一次王雄若有所思的问我道。我告诉他，"从望远镜里可以看得到那边的人在走动。"

"隔得那样近吗？"他吃惊的望着我，不肯置信的样子。

"怎么不呢？"我答道。……

我在金门的时候，营里也有几个老士兵，他们在军队里总有十来年的历史了，可是我总觉得他们一径还保持着一种赤子的天真，他们的喜怒哀乐，就好像金门岛上的烈日海风一般，那么原始，那么直接。有时候，我看见他们一大伙赤着身子在海水里打水仗的当儿，他们那一张张苍纹满布的脸上，突地都绽开了童稚般的笑容来，那种笑容在别的成人脸上是找不到的。有一天晚上巡夜，我在营房外面海滨的岩石上，发觉有一个老士兵在那儿独个儿坐着拉二胡。那天晚上，月色清亮，没有什么海风，不知是他那垂首深思的姿态，还是那十分幽怨的胡琴声，突然使我联想到，他那份怀乡的哀愁，一定也跟古时候戍边的那些士卒那样深，那样远。

"王雄，你家里还有些什么人？"有一晚，我和王雄在园子里乘凉，王雄和我谈起他湖南湘阴乡下的老家时，我问他道。

"有个老娘，不晓得还在不在，"王雄说道，"还有——"

突然间，他变得有点忸怩起来了，结结巴巴的告诉我，原来他没有出来以前，老早便定下亲了。是他老娘从隔壁村庄买来的一个小妹仔。

"那时她才十岁，只有这么高——"王雄说着用手比了一下。

他那个小妹仔好吃懒做，他老娘时常拿扫把打她的屁股，一打她，她就躲到他的身后去。

"小妹仔长得白白胖胖，是个很傻气的丫头。"王雄说道，他咧着嘴笑了起来。

"给你一挂鱿鱼吃。"下女喜妹突然走到王雄身后伸过手来，把一挂烤鱿鱼拎到王雄的脸上。她刚洗完头，也到园子里来乘凉。喜妹是个极肥壮的女人，偏偏喜欢穿紧身衣服，全身总是箍得肉颤颤的，脸上一径涂得油白油白，画着一双浓浓的假眉毛，看人的时候，也斜着一对小眼睛，很不驯的嘴巴一撇，自以为很有风情的样子。舅妈说，王雄和喜妹的八字一定犯了冲，王雄一来便和她成了死对头，王雄每次一看见她就避得远远的，但是喜妹偏偏却又喜欢去撩拨他，每逢她逗得他红头赤脸的当儿,她就大乐起来。

王雄很鲁莽地把喜妹的手一拨,闷吼了两下,扭过头去,皱起了眉头,便不肯出声了。喜妹噗哧地笑了起来,她仰起头,把那挂烤鱿鱼往嘴巴里一送,摇着一头湿淋淋的长发,便走到那丛芭蕉树下一张藤靠椅上,躺了下去。园子里一轮黄黄的大月亮刚爬过墙头来,照得那些肥大的芭蕉树叶都发亮了。喜妹一面摇着一柄大蒲扇,拍嗒拍嗒的打着她的大腿在赶蚊子,一面却用着十分尖细的声音哼起台湾的哭调《闹五更》来。王雄霍然立起身来,头也不回,拖着他那庞大的身体,便向屋内走了进去。

丽儿到底是一个十分聪敏的孩子,暑假中,我只替她补习了几个礼拜,她很轻巧的便考上了省立二女中。舅妈笑得合不拢嘴来,一放了榜,便带着丽儿出去缝制服,买书包文具。开学的那天,一屋人都忙得团团转,舅妈亲自替丽儿理书包,烫制服,当丽儿穿着她那一身笔挺的童军制服,挂得一身的佩件,很俏皮的歪戴着一顶童军帽,提着一只黑皮新书包,摇摇摆摆,神气十足的走出大门口时,顷刻间,她好像长大了许多似的,俨然是一副中学生的派头了。王雄老早便推着三轮车在门口候着了,丽儿一走出去,王雄好像猛吃了一惊似的,呆望着丽儿,半晌都说不出话来。丽儿把书包往三轮车上一扔,很轻快的便跳上了车去,朝着我们挥了一挥手,然后把王雄猛推了一把叫道:

"走啊,王雄。"

丽儿对她的中学生活十分着迷,头几天,放学回来,制服也不肯脱,在镜子面前看了又看,照了又照。一有空,便捧起一本远东英语读本,得意洋洋的大声念起英文来。有一天,她立在通到花园的石阶上,手里擎着她那本英语读本,王雄站在石阶下面,仰着头,聚精会神的望着丽儿在听她念英文。

"I am a girl."丽儿指了一指自己的胸膛念道,然后又指了一指王雄。

"You are a boy."王雄微张着嘴,脸上充满了崇敬的神情。

"I am a student."丽儿又念了一句,她瞥了王雄一眼,然后突然指着他大声叫道:

"You are a dog!"

丽儿咯咯地笑了起来,笑得前俯后仰,一头的短发都甩动了。王雄迷惘的眨了几下眼睛,有点不知所措的样子,旋即他也跟着丽儿咧开了嘴,开心的笑了起来。

开了学的三个礼拜后,一个星期六的中午,丽儿从学校回来,我们都在客厅里等着她吃午饭。丽儿进来时,把客厅门一摔开,满面怒容,王雄跟在她身后,手里替她提着书包。

"下礼拜起,我不要王雄送我上学了。"丽儿一坐下来便对舅妈说道。我们都感到十分意外,舅妈赶忙询问丽儿为了什么缘故。

"人家都在笑我了。"丽儿猛抬起头,一脸通红。

"这有什么可笑的呢?"舅妈走过去,用手绢替丽儿揩拭她额上的汗,柔声的安慰她道,"坐三轮车上学人的也有的是啊。"

丽儿一把推开舅妈的手,突然指向王雄道:

"同学们都在说——他像一头大猩猩!"

丽儿斜睨住王雄,脸上登时显出了鄙夷的神色来。舅妈打量了王雄一下,撑不住笑了。喜妹却捞起了裙角,笑得弯了腰。王雄捏着丽儿的书包,站在那儿,十分羞惭似的,黧黑的面孔一下子都紫涨了起来,他偷偷瞅了丽儿一眼,嘴唇一直抖动着,好像要向她赔一个笑脸,却笑不出来。

自从丽儿改骑脚踏车上学后,她便很少跟王雄在一块儿了。她在学校里十分活跃,经常带领一大伙同学回到家中来玩。有一个星期日的下午,丽儿又带了七八个同学——全是十二三岁的小女孩,到家中的花园里来踢毽子。丽儿是个踢毽子的能手,一口气能踢上百来个。我正站在石阶上望着那群小女孩儿,个个捞起裙子,兴高采烈地踢着毽子,忽然看见王雄从那丛芭蕉树后闪了出来,朝着丽儿直招手,悄悄地叫道:

"丽儿——"

"你来干什么?"丽儿走了过来,有点不耐烦地问道。

"你看,我给你找了什么东西来?"王雄从一个牛皮纸袋里,拿出了一个精致的玻璃水缸来,里面有两条金鱼在游动着。我从前买过一缸金鱼送给丽儿,丽儿非常喜爱,挂在她的窗台上,天天叫王雄喂红虫给鱼吃,后来让隔壁一只猫跑来捣翻吃掉了。丽儿哭得十分伤心,我哄着她答应替她再买一缸,后来竟把这件事情忘掉了。

"谁还要玩那个玩意儿?"丽儿把面一扬,很不屑地说道。

"我找了好久才找到这两条呢。"王雄急切地说道。

"我踢毽子去了。"丽儿一扭头便想跑开。

"这是两条凤尾的——"王雄一把抓住了丽儿一只膀子,把那缸金鱼擎到丽儿脸上让她看。

"放开我的手。"丽儿叫道。

"你看一看嘛,丽儿——"王雄乞求道,他紧紧地捏住丽儿,不肯放开她。丽儿挣了两下,没有挣脱,她突然举起另外一只手把那只玻璃水缸猛一拍,那只金鱼缸便哐啷一声拍落到地上,砸得粉碎。丽儿摔开了王雄的手,头也没回便跑掉了。缸里的水溅得一地,那两条艳红的金鱼便在地上拼命地跳跃起来。王雄惊叫了一声,蹲下身去,两手握住拳头,对着那两条挣扎的金鱼,不知该怎么去救它们才好。那两条娇艳的金鱼最后奋身猛跳了几下,便跌落在地上不能动弹了。王雄佝着头,呆呆地望着那两条垂死的金鱼,半晌,他才用手拈起了那两条金鱼的尾巴,把鱼搁在他的手掌上,捧着,走出了花园。

自从那次以后,王雄变得格外的沉默起来。一有空他便避到园子里浇花。每一天,他都要把那百来株杜鹃花浇个几遍,清晨傍晚,总看到他那个庞大的身躯,在那片花丛中,孤独地徘徊着。他垂着头,微微弯着腰,手里执着一根长竹竿水瓢,一下又一下,哗啦哗啦,十分迟缓的,十分用心的,在灌溉着他亲手栽的那些杜鹃花。无论什么人跟他说话,他一概不理睬。有时舅妈叫急了,他才嘎哑着嗓子应着一声:"是,太太。"旋即他又闷声不响,躲到花园里去。直到出事的前一天,喜妹在园子里的水龙头接水洗被单,王雄老早便在龙头上挂着一只水桶,盛水浇花了。喜妹把王雄那只装得半满的水桶取了下来,将自己的洗衣盆搁到龙头下面去。王雄突然走了过来,也不作声,一脚便把水盆踢翻了,盆里的水溅得喜妹一身。喜妹登时恼怒得满面绯红,她把长发往后一挽,一闪身便站到了王雄面前,用身子挡住水龙头,对王雄喝道:

"今天谁也别想用水!"

喜妹扬着面,叉着腰,胸脯挺得高高的,她满面挂着水珠子,裙角也在淅淅沥沥地滴着水,她把木屐踢掉了,赤了一双脚,很不逊地和王雄对峙着。王雄闭着嘴,定定地望着她。喜妹打量了王雄一下,突然间,她放纵地浪笑了起来,笑得全身都颤抖了,一边笑,一边尖叫着:

"大猩猩——大猩猩——"

喜妹的话还没有落音,王雄一把便伸出了他那双巨手抓住了喜妹肥胖的膀子,拼命地前后摇撼起来,一边摇着,他的喉头不住发出呜咽咆哮的声音来,好像一头受了重伤的野兽,在发着悲愤的吼声一般。喜妹痛得一脸扭曲起来,大概惊呆了,一下子喊不出声音。正当我赶过去阻止王雄的时候,喜妹才尖叫了一声,王雄一松手,喜妹赶忙捞起裙子便跑开了。一面跑一面揉着她的膀子,跑到老远她才回过头来,朝着王雄吐了一泡口沫骂道:

"考背!"

王雄仍旧站在那里,一动也不动,他重重地喘着息,额头上的汗珠子,大颗大颗的滚下来,一双眼睛红得要喷火了似的。我突然发觉,原来王雄的样子竟走了形。他满脸的胡子茬,头发长出了寸把来也没有剃,全头一根根倒竖着,好像个刺猬一般,他的眼塘子整个都坑了下去,乌黑乌黑的,好像多少夜没睡过觉似的。我没有料到才是几天的工夫,王雄竟变得这般憔悴,这般暴戾起来。

出了事,好几天,舅妈都不肯相信。她说她做梦也没有想到,像王雄那么个老实人,竟会干出那种事情。

"那个死鬼——"喜妹一提到王雄就捞起裙子掩面痛哭,一面抚着她的颈子,犹带余悸似的。

那天早上,我们发现喜妹的时候,以为她真的死了。她躺在园子里,昏迷在一丛杜鹃花的下面,她的衣裙撕得粉碎,上体全露了出来,两只乳房上,斑斑累累,掐得一块一块的瘀青,她颈子上一转都是指甲印。同一天,王雄便失了踪。他遗留下来的那些衣物,舅妈都叫我拿去分给了我们连上那些老士兵。在他箱子里,翻出了一大包五颜六色的玻璃珠子来,是那次他替丽儿串手钏子用剩的。

退役后,我便回台中家里去了。直到第二年春天,我到台北来找事,才又到舅妈家去。舅妈病了很久,一直躺在床上,她显得非常苍白无神。舅妈说,自从她家发生过那桩不吉利的事情以后,她的身体就没有好过,夜夜失眠。她挣扎着起来,紧紧地执着我的手,悄悄说道:

"天天夜里,我都听见有人在园子里浇水的声音。"

母亲说过,舅妈是个神经极衰弱的女人,一辈子专爱讲鬼话。当我走到园子里的时候,却赫然看见那百多株杜鹃花,一球堆着一球,一片卷起一片,全部爆放开了。好像一腔按捺不住的鲜血,猛地喷了出来,洒得一园子斑斑点点都是血红血红的,我从来没有看见杜鹃花开得那样放肆,那样愤怒过。丽儿正和一群女孩子在园子里捉迷藏,她们在那片血一般红的杜鹃花丛中穿来穿去。女孩子们尖锐清脆的嬉笑声,在春日的晴空里,一阵紧似一阵地荡漾着。

【汇评】

熟悉中国古典文学的人都知道杜鹃啼血的故事,都知道"血泪洒,杜鹃红"的名句,这篇小说所以要紧紧扣住"血一般红的杜鹃花",所以要一再突出这一意象,正因为它十分切合于主题思想的表达,更好地展现了主人公王雄的人生悲剧……(袁良骏《白先勇论》)

台湾下层人的国恋乡愁通过描写王雄……底层人物的悲剧,得到了鲜明的表现……他把全部心血倾注在对年纪和他的童养媳相仿的东家小姐的服侍上,借以寄托他对童养媳的深情,用幻想来填补现实的空虚。当那位小姐因同学笑他"像一头大猩猩"而疏远他,再也不要他服侍时,他的幻想便破灭了……然后投海自尽。以求得……团圆。(徐国伦、王春荣《二十世纪中国两岸关系文学史续编》)

闰土也是我极喜爱的人物,不知道为什么,我觉得王雄与他有相似之处,可能两人都属于木讷的乡下人,他们身上负荷着的悲剧,他们两人也无法诉诸语言。(白先勇1990年元月28日致笔者的信)

【赏析】

《那片血一般红的杜鹃花》是白先勇小说集《台北人》中的一篇。所谓"台北人",实质是沦落台北的大陆人,他们虽然离开了大陆,身居台北,成了台北人,可是他们眷恋大陆、怀念故土,因此他们苦恼自己成了台北人而不愿做一个纯粹意义上的台北人。

《那片血一般红的杜鹃花》是以表少爷"我"的第一人称来叙述,这样的独特视角叙述,若即若离,既有一定的客观性,同时在需要感情介入的时候又能够有足够充沛的情感,易于达到有效的观察、感受、刻画人物和表现复杂的情感的要求。而王雄和丽儿、家乡的小妹仔、喜妹这几个人物的塑造设计本身似乎就颇具象征意味。在这几个人物身上,又确乎交织着主人公王雄流浪与乡愁、漂泊与渴望归宿、过去与当下、现实与期待几组复杂的情感!

首先,从流浪与乡愁、漂泊与渴望归宿这两组情感层面来看,王雄原是湖南乡下农民,被抓壮丁入伍,后随军到台湾,退役后在台北"我"舅妈家当仆人。作为一个流浪到台北的漂泊者,台北是异地,大陆是故土,他眷恋故土、怀念大陆,也思念家乡的童养媳和亲娘,所以他会问表少爷"在金门岛上看得到大陆吗",还会提到他的老娘和童养媳小妹仔,他的这些话促使表少爷想到了在金门岛服役时所听到老兵幽怨的胡琴声,这声音里有着怀乡的哀愁。这些叙述故事的出现,都是我们的漂泊者盼望回归真正的家园——大陆故土的归宿使然。

其次,从过去的怀旧心理和当下的心理寄托层面来看,王雄处于社会的底层,在舅妈和丽儿面前,他是一个仆人;加上对丽儿有所寄托,而且他还希望能保留住这唯一怀旧的寄托、中介与通道。致使这个 40 岁的大汉子让一个女娃牵着鼻子走,什么都依着她。他甚至甘愿做她的坐骑,学着兽行,任她用树枝子鞭打。而在舅妈看来是"难得他们两个人有缘!"而他又确乎缺乏深度的思考和反省的能力,他似乎也不知道如何协调和平衡自己的内心世界,他只用当下的丽儿来作为家乡小妹仔的替代与心中的寄托来过活,而小妹仔已成为逝去的过去,作为中介物与替代物的丽儿也不可能永远被王雄拥有。丽儿,离去!终有一天丽儿也从王雄的当下成了过去,而王雄最终也成为一个无所归依的孤独存在者。

再次,从丑陋现实与对美好理想期待情感层面来看,喜妹无疑作为王雄的一种丑陋的现实而存在,"喜妹"对王雄确乎有喜欢暧昧之意,而王雄心中一直拒斥这种丑陋的现实,期待着对丑陋现实的超越。因此,在舅妈看来,"王雄和喜妹的八字一定犯了冲,王雄一来便和她成了死对头,王雄一看见她就避得远远的"。小妹仔不仅存在于他的怀旧世界中,也出现在他美好期待的未来世界中,而这种期待究竟象征了什么呢?

从形而上意义上来看,小妹仔与王雄之间的关系仅仅映射着未来夫妻性爱关系似乎并不确切,因为,小妹仔在当时王雄离开她时还只是一个孩子,才 10 岁。由此分析,我们似乎可以得出这样的结论,他和小妹仔之间似乎从根本上蕴蓄着海峡两岸的兄弟手足之情,一种特殊意蕴的手足之情,其次才有怀旧之情、对未来的美好期待之情、故土母子之情和聚散离合意义上的夫妻之情等等。既然小妹仔的倩影定格于 10 岁,丽儿与她年龄相仿佛,长相又都是白白胖胖的。因此丽儿可以作为美好期待小妹仔的现实替代物和中介物而出现,但她终究不是王雄心中那种美好期待本身,必将有背叛他的一天。而那一天的到来就意味着王雄心中那一点微茫的期待亮光被淹没时刻的到来。无人关爱,人们以之为"大猩猩",促使王雄对丑陋现实与可能带来的未来期待世界有了双重的绝望,所以他颓丧、愤怒,并对丑陋现实和无望的未来做了一次最后挣扎式的反抗,他强暴喜妹后放弃遥不可及的期待,以投海自杀而告终。

此外,需要关注的是,既然《那片血一般红的杜鹃花》是一篇颇具象征意味的意象小说,那么就应该有相应的一系列"物"的意象出现。在笔者看来,特别值得关注的是小说中如是三个意象:第一个是王雄为丽儿穿手镯、脚镯和项链的红红绿绿的玻璃珠子;第二个是王雄辛辛苦苦为丽儿找到的两条金鱼的栖息之地——金鱼缸;第三个是王雄专为丽儿所栽种的成百株的后来开得血红和极为放肆的杜鹃花。这三个意象不但本身具备一定意蕴,而连缀起来似乎还构成了王雄心理状态的三个阶段。

第一个"玻璃珠子"在中国传统文化符号里面确乎与戒指的意义相近,其意义在于套住所爱或所寄寓的人使之不致变心,所以,王雄用这玻璃珠子为丽儿穿了手镯、脚镯和项链,并几乎套满了她的全身。在王雄死后,人们检点他的遗物,发现还有为丽儿穿剩的玻璃珠子。可见,这是一个有意蕴的意象之物,它暗示了王雄想较久拥有又怕失去丽儿这个唯一情感寄托的心理状态。第二个"金鱼缸"的意蕴确乎是在丽儿疏远王雄,以之为大猩猩之后,王雄端了里面有两条金鱼的金鱼缸出现。王雄似乎已经知道丽儿已经远离他了,舅妈所说的两人之缘似乎已尽,王雄希望这个缘分能够延续下去,而金鱼缸中的两条鱼也确乎在暗示王雄心中所想,而丽儿将其打破,在丽儿看来,那是必须冲破的限制与束缚。第三个就是在王雄死后开得"血一般红的杜鹃花",杜鹃花在"我"的眼中是全部爆放开了,以至于"我"感到从来没有见过开得这样放肆和愤怒的杜鹃花,这象征了王雄执着的追求和对命运抗争不可遏止的愤怒。而丽儿和同学肆意玩笑时,围绕她们的正是那血一般红而愤怒的成百株杜鹃花,这杜鹃花犹如操干戚以舞、顽强不屈的刑天,给人以深沉的悲壮之感。

(侯　睿)

参考书目

《白先勇小说选》,广西人民出版社 1980 年

《白先勇文集》(五册),花城出版社 2000 年

情感道德·善恶

思考与练习

1. "血一般红的杜鹃花"有何象征意味?除此之外,还有哪些意象有象征意味?

2. 分析王雄悲剧产生的原因,它表现了怎样的主旨?以表少爷作为视点来叙述有何作用?

慕课资源

李叔同

李叔同,名文涛,字叔同,别名息霜,浙江平湖人。1880年生于天津。少年时期即多才多艺,诗书画俱佳。1898年携眷旅居上海,与友人结"城南文社",颇有诗名。1905年留学日本,入东京上野美术学校习油画兼水彩画,后又进东京音乐学校学钢琴、提琴和作曲,创作歌曲多种。在东京组织春柳剧社,主演《茶花女》等新剧。1910年回国后,加入南社,主编《文美杂志》,任《太平洋报》主笔兼编辑。先后受聘于浙江两级师范和南京高等师范学校(今东南大学和南京大学)艺术系任讲师,是南京高等师范学校校歌的曲作者。这期间佛缘渐深,1918年在杭州虎跑定慧寺正式舍俗出家。同年受戒于灵隐寺。法名演音,号弘一,别号甚多。往来于嘉兴、上虞、温州、厦门、泉州等地,似孤云野鹤,弘扬佛法。1931年在上虞白马湖横塘法界寺前发愿专修南山律学,成为我国近代德高望重的律宗高僧。1942年于福建泉州圆寂。有《清凉歌集》《晚晴山房书简》《南闽十年之梦影》《惠安弘法日记》《李庐印谱》等著述,编著有律学典籍文献《南山律苑丛书》等。

送 别

长亭外,古道边,芳草碧连天。
晚风拂柳笛声残,夕阳山外山。

天之涯,地之角,知交半零落。
一壶浊酒尽余欢,今宵别梦寒。

长亭外,古道边,芳草碧连天。

晚风拂柳笛声残,夕阳山外山。

【汇评】

应使文艺以人传,不可人以文艺传。(李叔同语,引自《弘一法师年谱》)

曲上的歌,主要的是李叔同先生——即现在杭州大慈山僧弘一法师——所作或配的。我们选歌曲的标准,对于曲要求其旋律的正大与美丽;对于歌要求诗歌与音乐的融合。西洋名曲之传诵于全世界者,都有那样好的旋律;李先生有深大的心灵,又兼备文才与乐才,据我们所知,中国作曲作歌的只有李先生一人。(丰子恺《〈中文名歌五十曲〉序》)

在李叔同这一时期的歌曲中,《送别》一首无疑是最有代表性的了。其影响也最大,故事也特别多。长期以来,《送别》几乎成了李叔同的代名词,而大陆电影《早春二月》《城南旧事》的插曲或主题歌采用《送别》后,这首歌更是家喻户晓。

然而,对于《送别》,却有一个不太引人注意的宣传失误。由于人们对此歌宣传得多,研究得少,所以大多数人以为此歌的词与曲皆为李叔同所作。其实《送别》的曲子原是美国通俗歌曲作者 J. P. 奥德威 (John P. Ordway 1824—1880)所作,歌曲的名字叫《梦见了家和母亲》。由于此曲十分优美,日本歌词作家犬童球溪(1884—1905)便采用它的旋律填写了《旅愁》。《旅愁》刊于犬童球溪逝世后的 1907 年。此时正值李叔同在日本留学且又研究音乐,他对《旅愁》当有较深的印象。

《送别》采用了《梦见了家和母亲》的旋律,但歌词显然受了《旅愁》的影响。《旅愁》的歌词是:

西风起,秋渐深,秋容动客心。独自惆怅叹飘零,寒光照孤影。

忆故土,思故人,高堂念双亲。乡路迢迢何处寻?觉来归梦新。

由此可见,《旅愁》《送别》两首歌不仅旋律相同,歌词意境亦相近。

李叔同写《送别》歌是在 1914 年。此歌一经问世,流传得特别广泛。仅是收在独唱和钢琴伴奏的歌曲集里的就有《中文名歌五十曲》《仁声歌集》《中学音乐教材》《万叶歌曲集》《中学歌曲选》《李叔同歌曲集》等。(陈星《芳草碧连天——弘一法师传》)

【赏析】

抒写亲友惜别的离绪愁情是古典诗词中很重要的一类题材,古人达到了极高的水平,写出了许多优秀作品。在新诗的草创期,李叔同用文言写出的《送别》,如果放到这一类古诗经典中去做比较,也是毫不逊色的。

开头写长亭古道、芳草碧天的自然景致,把全诗背景置于古诗词长亭送别的传统意境中。画面中的三个意象都与送别相关:长亭,置酒话别之处;古道,把朋友带向远方之路;芳草碧连天,朋友所向的远方。三个意象由近而远,展开了一幅绵延纵深、逐渐辽阔的画面。随着视线展开的是想象的展开,想象着朋友转身离去,越行越远,慢慢消失在芳草碧连天的尽头。随着想象展开的是离绪愁情的展开,开始犹如长亭般的一点,渐渐绵延成古道似的一条线,慢慢洇濡弥散开,像青草一样铺满大地、充塞苍穹。第二句又从视觉引入听觉,从形象和声音两方面来强化离情的抒发。"晚风拂柳笛声残,夕阳山外山",晚风拂柳,暗示折柳相送的典故。笛声残,一"残"字写出笛声如泣如诉的落寞惆怅,为送别添了几分悲凉气氛。紧接着"夕阳山外山"一句,虽则五字,却将笛声悲残的情绪,渲染上一层更浓重的色彩,凄迷的残阳,夕阳照着连绵远山,空蒙落寞,无边无际,又使离绪愁情更深广地扩展开来。"天之涯,地之角,知交半零落",这是诗人感慨送别之后,即将感到的孤寂和伤感。用天、地两个极端间的间隔,并且是天之涯,地之角,两个极端空阔中的极端疏离,来表示朋友一别之后的极端阻隔。知交半零落,语蕴沉痛,几多哀伤,自然地引发下句感慨"一壶浊酒尽余欢,今宵别梦寒",离别的伤悲在朋友的温情前有所舒缓,感伤中有振作,沉痛中有宽慰,隐隐体现出哀而不伤的传统审美观。第三节重复第一节,仿佛《诗经》中的连章复沓,一唱三叹,更凸现古道送别的场景。

本诗多处化用古典,但是"羚羊挂角,无迹可求",没有一丝的雕琢和生硬感。比如,"芳草碧连天"让我们联想到"离恨恰如春草,更行更远还生"(李煜),"夕阳山外山"让我们联想到"春水渡傍渡,夕阳山外山"([宋]戴复古《世事》)。整首诗的意境更如《西厢记》第四本第三折。所以,这首诗最大的特点是新形式旧内容。诗歌形式虽说是新的,但整体的情绪、意象、意境还是古典的,散发着浓浓的古典诗歌的味道。这是李叔同所处时代的局限性的表现,但也展现出了作者的创造力。

刘半农

刘半农(1891—1934),名复,字半农(又作半侬),江苏江阴人。早年在上海从事新闻出版工作,《新青年》创刊伊始,即为之撰稿,作为新文化运动和文学革命的倡导者和先驱之一,建树良多。除擅白话散文外,又多写白话新诗,且自成一家。代表作有《半农杂文》《扬鞭集》和《瓦釜集》等。又编有《初期白话诗稿》。

教我如何不想她

天上飘着些微云,
地上吹着些微风。
啊!
微风吹动了我头发,
教我如何不想她?

月光恋爱着海洋,

海洋恋爱着月光。
啊!
这般蜜也似的银夜,
教我如何不想她?

水面落花慢慢流,
水底鱼儿慢慢游。

啊！

燕子你说些什么话？

教我如何不想她？

枯树在冷风里摇，

野火在暮色中烧。

啊！

西天还有些儿残霞，

教我如何不想她？

一九二〇年九月四日，伦敦。

【汇评】

这首诗从内容到形式似乎都带有浓郁的"情歌"色彩。它通过一位远在天涯海角的青年男子的口吻，触景生情地抒发了对自己深深眷恋着的少女的缠绵不绝的思念之情。但实际上是把少女比作祖国，诗中的情爱意象都带有象征意义，因此全诗思想内容的主旨，乃是吟唱诗人热爱祖国、怀念祖国的真挚而深切的情感。

作为中国早期白话新诗的代表作之一，这首诗有着多方面的精美的艺术特色，尤以音乐美的营造最为人称道，当年赵元任看中此诗为之谱曲的主要原因之一，可能正在这里。（朱文华、许道明《新编中国现代文学作品选》）

【赏析】

1920年春，刘半农赴欧洲留学，此诗就写于他赴欧后的当年九月。该诗发表时题为《情歌》，后改为《教我如何不想她》。据当年和作者同在欧洲留学并为此诗谱曲的赵元任说，诗中的"她"代表的是远方游子日夜思念的祖国。如此看来，此诗并非一首普通的情诗。

刘半农是现代新诗开创初期的重要诗人，在创作与理论两方面都有杰出贡献。他倡导以"创造"和"输入"的主张进行具体尝试。本诗就体现出借鉴传统、学习民歌、有所继承的"输入"的主张，同时又是运用白话、口语"创造"出面目一新的自由体新诗。

该诗写法上采用传统歌谣的"比兴"手法。每节开头两句都是对某种景致的描绘，借景传达出诗人的心意，并共同渲染、烘托出"教我如何不想她"的深沉的情思。作者成功之处在于，诗情在四节中的展开，不是单调地通过复沓咏唱来强化，而是把一个由弱渐强，从甜蜜，到忧愁，再到热情燃烧的情感变化过程生动地呈现出来了。

第一节中以微云、微风起兴，是诗情的初步启动，作者的情思宛如微风中的头发，与天际的微云一起轻拂飘动起来，无形的情思被形象地呈现出来。同时，思恋乍起，隐约浮现心头，这种淡淡的思乡之情，如丝如缕，正切合着"飘着些微云""吹着些微风"的缥缈意态。接着，淡淡的情丝，迅速发展为浓烈的情怀，"月光恋爱着海洋，海洋恋爱着月光"，诗人通过月光与海洋契合无间、依恋难分的意象，拟人化地描绘出生死相依、缠绵不舍的"蜜也似的"甜蜜意境。这正是诗人内心对祖国无限依恋，强烈思念的热恋之意境。但是，这种内心幻想的热恋的甜蜜很快就被现实所击碎。飘零海外，关山难越，作者对祖国的满腔怀恋，又向何人说？所以，感情在第三节急转直下，从甜蜜转向烦忧。作者以水上落花,水底游鱼来象征当时的境遇和感受。落花和游鱼,有一种四处飘零,飘忽不定的特征,正象征着作者当时远离家国,无处依靠的心境。同时,以"慢慢""慢慢"来表现水面落花的流淌,水底鱼儿的游动,这又恰好与作者思国怀家的急切感、紧迫感构成了一种强烈的对比和反衬。这种对比,微妙地使我们联想到了"落花有意水无情",热烈的倾诉遭到的只是漠然的回应,一种倾诉与理解上的矛盾随即油然而生。所以,诗人只能转而去寻求理解,"啊! 燕子你说些什么话?",作者是多么希望能从远方飞来的燕子口中听到故国的消息,可是他又怎能听懂? 思念急切与思念不成、企求倾诉与漠然回应、试图理解与无法理解之间的种种矛盾,将诗人无可奈何的失落和惆怅表露无遗,思恋的情感由此转入低谷。

但是,这腔不可遏抑的热情又很快从低谷跃上了峰巅。没有过渡,不用铺垫,一下子像蓬蓬勃勃的野火般熊熊烧起来。"枯树在冷风里摇,野火在暮色中烧",一反前面三个小节,起兴句所营造的意境的和谐、优美,而表现出冲突和对比的力量。一冷寂、一热烈,正好是诗人思念之情的两极世界:思恋不得的凄苦里涌动着遏抑不住的激情,两者相辅相成,互为衬托。冷风里的枯树是诗人现实处境,暮色中的野火是诗人心中情怀,现实愈是凄冷,内心愈是热烈。整首诗的意境氛围由淡而浓,感情色彩由弱而强,主旨表达也由浅入深。

这首诗语言上通俗简洁,却绘景传神,形象生动,意境优美,这既是由于语言的表现力,也有赖其对诗歌音乐性的精心组织,音韵节奏自然流畅,整齐却富于变化,听觉形象的优美强化了整体诗歌意境的优美。

戴望舒

戴望舒(1905—1950),原名戴丞,祖籍南京,1905 年 11 月生于杭州,1950 年 2 月病逝于北京。早年曾用笔名梦鸥,从事新文学著译后,改名望舒。著有《雨巷》《我的记忆》《我用残损的手掌》等九十余首诗篇,有"雨巷诗人"之称。前期风格清丽幽婉,后期变得沉郁激切。他将西方象征主义的诗歌理论与中国诗歌的古典传统有机地结合起来,使中国现代新诗的发展提升到一个新的高度,是中国新诗史上的重要诗人。除了诗歌创作,还有译作、散文传世。他在新诗的译介和创作两方面都做出了重要贡献。

【集评】

圣陶先生……称许……《雨巷》替新诗底音节开了一个新的纪元。(杜衡《〈望舒草〉序》)

《雨巷》时期,主要受魏尔仑的影响,追求诗的音乐美和形象的流动性、主题的朦胧性。(阙国虬《试论戴望舒诗歌的外来影响与独创性》)

戴望舒……有很高的中国古典文学的修养……这种修养可能作为一种艺术素质成为他的审美理想的重要成分；它甚至更可能作为一种潜在的艺术直觉，在不知不觉中影响着诗人的创作。（同上）

我 的 记 忆

我的记忆是忠实于我的，
忠实得甚于我最好的友人。

它存在在燃着的烟卷上，
它存在在绘着百合花的笔杆上，
它存在在破旧的粉盒上，
它存在在颓垣的木莓上，
它存在在喝了一半的酒瓶上，
在撕碎的往日的诗稿上，在压干的花片上，
在凄暗的灯上，在平静的水上，
在一切有灵魂没有灵魂的东西上，
它在到处生存着，像我在这世界一样。

它是胆小的，它怕着人们的喧嚣，
但在寂寥时，它便对我来作密切的拜访。
它的声音是低微的，
但是它的话是很长，很长，
很长，很琐碎，而且永远不肯休；
它的话是古旧的，老是讲着同样的故事，
它的音调是和谐的，老是唱着同样的曲子，
有时它还模仿着爱娇的少女的声音，
它的声音是没有气力的，
而且还夹着眼泪，夹着太息。

它的拜访是没有一定的，
在任何时间，在任何地点，
时常当我已上床，朦胧地想睡了……

或者是选一个大清早，
人们会说它没有礼貌，
但是我们是老朋友。

它是琐琐地永远不肯休止的，
除非我凄凄地哭了，或是沉沉地睡了……
但是我是永远不讨厌它，
因为它是忠实于我的。

【赏析】

面对现实，充满失落，躲进记忆成为我们无可奈何的选择。

"我的记忆是忠实于我的，忠实甚于我最好的友人"，"但是我永远不讨厌它，因为它是忠实于我的"，从这首诗首尾两节的反复呼告中，我们不难体会到如此的意图。虽然，诗中没有一句涉及现实，但是我们可以感到诗人对自我在现实中遭到离弃、背叛的失落、彷徨和哀伤。诗人试图构筑一个记忆的世界来与现实保持一种"距离"，并从中对现实作狐疑的观望。

但是，记忆的世界又是如何呢？第二小节以一连串的意象展现了诗人的记忆世界：燃着的烟卷，破旧的粉盒，颓垣上的木莓，喝了一半的酒瓶，撕碎的手稿，压干的花片，凄暗的灯……一切都是苍白、灰暗、没有分量、缺乏热情的，它远非所谓理想中的美好。所以，这一切是"有灵魂没有灵魂的东西"。对这并非美好的记忆，我却"不讨厌它"的时时"拜访"，相反成为"老朋友"。这只能解释为，现实与记忆相比较是更令人失望，甚至厌恶。所以，"记忆"便对我来做密切的拜访了。"它的拜访是没有一定的，在任何时间，在任何地点"，"琐琐地永不肯休止的，除非我凄凄地哭了，或者沉沉地睡了"，这表明记忆已成为作者抵御现实的日常性的"精神堡垒"，他要用这些记忆堆积成一道屏障，抵制外来的骚扰和烦忧。

但是这个"精神堡垒"却又是如此脆弱：它胆小，怕喧嚣，它的声音是"低微的"，"没有力气的"，甚至"还挟着眼泪，夹着太息"，从现实退居到记忆世界，终于发现记忆世界同样是充满冲突和不安。诗人忧郁、感伤的情绪和种种记忆的意象是切合的，呼应的，在诗句的形象层面得到了影射。但是，更为深刻的是诗人在诗意的内涵层面上，展现出他从现实退守到记忆，再在记忆中发现无路可退的悲凉，这种情绪在层层渲染与铺垫中不断地强化。

本诗和戴望舒的代表作《雨巷》不同，不再追求外在格律、节奏的完美统一，而是大胆探求内在诗情和内在节奏的一致，变格律美为旋律美，创造了具有散文美特征的自由诗体。

戴望舒说："诗是由真实经过想象而出来的，不单是真实，亦不单是想象"，"诗的韵律不在字的抑扬顿挫上,而在诗的情绪的抑扬顿挫上,即在诗情的程度上"。本诗的意象营造和情感传达就体现了这种创作观念。诗中每一个意象都传达着作者细微、复杂的情绪,都是内在情绪与外在物象在想象中的自然遇合的产物。作者提炼出来,顺应着内心情感的变化和节奏,自然而然地组织成诗。诗人不再强调刻意地通过诗歌形式上的旋律与音韵来传达情感,而是注重在情感的自然流动中展现出诗的形式。

徐志摩

徐志摩(1896—1931),中国现代文学史上"新月派"重要诗人。生于浙江海宁一个富商之家,1917年入北京大学学习,次年赴美、英等国留学,获经济学硕士学位。1922年回国,任东南大学教授,曾主编《晨报·副刊》《新月》月刊和《诗刊》等。主要作品有诗集《志摩的诗》《翡冷翠的一夜》《猛虎集》《云游》,散文集《落叶》《巴黎的鳞爪》及书信集《爱眉小札》等。

【集评】

徐志摩是贯穿新月派前后期的重镇。他热烈追求"爱""自由"与"美",追求"人"与"自然"的和谐,与他那活泼好动、潇洒空灵的个性及不受羁绊的才华和谐地统一,形成了徐志摩特有的飞动飘逸的艺术风格。(钱理群等《中国现代文学三十年》)

他为新诗"创格"功效卓著。他把闻一多关于格律诗的理论主张以诸多广泛的艺术实践具体化了。他创造了规整一路的诗风,并且纠正了自由体诗因过于散漫而流于平淡肤浅的弊端。他开创了中国新诗格律化的新格局。(谢冕《徐志摩名作欣赏·序二》)

偶　　然

我是天空里的一片云,　　　　　你我相逢在黑夜的海上,
偶尔投影在你的波心——　　　　你有你的,我有我的,方向;
　　你不必讶异,　　　　　　　　　你记得也好,
　　更无须欢喜——　　　　　　　　最好你忘掉
在转瞬间消灭了踪影。　　　　　在这交会时互放的光亮!

【赏析】

新月派提出新诗的"三美",其中尤以"音乐美"被视为诗美之核心。在具体实践中,徐志摩诗歌"音乐美"成就卓著,远超同期诸家。徐志摩诗歌语言不离地道的口语,却又

经过艺术锤炼,呈现一种自然流丽、匀称流动的韵律和节奏之美。

新诗的句子长短不定,没有固化的格律形式规则。这一方面带来了创作自由,另一方面这自由也使新诗"音乐美"的难度比之旧体诗有过之而无不及。徐志摩在《诗刊放假》中提出音乐是诗歌的血脉,主要是内含的音节的匀称与流动;诗感、诗意是诗歌的心脏,音乐基于"真纯的诗感"。这其实是说新诗的音乐美应该是意义的自然区分和文法的自然区分两方面的协调统一。一首诗是先有了内在精神的调和(诗感),后呈现为韵律和节奏的谐美。诗歌韵律形式的谐美是内在精神调和的自然而然的结果。

从这首诗来看,内容上是把"偶然"这个抽象的词,用两个具体的情境具体化、形象化。云投影在水的波心,黑夜海上两船交会,作者从这些现实中最寻常的"偶然"现象,敏锐地感受到人生珍贵的东西会随因缘际会偶然而来,却又骤然消而逝的无奈,并由此生发出莫名的惆怅与失落感。

胡适概括徐志摩诗的主题:"只为三个大字,一个是爱、一个是自由,一个是美。"虽然这首诗简洁单纯,但"爱""美""自由"这三个大字的主题都隐含其中。"天空里的一片云","投影在你的波心",这是两者因缘相会生成的美。"你我相逢在黑夜的海上","在这交会时互放的光亮",这是两者因缘相会生成的爱的联系。但是这种美"转瞬间消灭了踪影",这种爱因为"你有你的,我有我的方向",所以"最好你忘掉"。这里的"美"和"爱"之所以成为偶然——偶然地来又骤然而逝,正是因为自由。它们在无心、无意的偶然际会中生成,在自由的感受中生成。"爱"和"美"的生成必须是在两者关系中才可能,而自由却只存在于个体之中。一旦不愿放弃这种因偶然而形成的"爱"和"美",那么这种无心、无意的偶然际会中生成的"美"或"爱"就会因执着而妨碍个体的自由。并且,自由的妨碍最终又会导致对"美"或"爱"的伤害。

所以,作者珍惜这种偶然因缘相会生成的"爱"和"美",但是也理性而节制地维护着自由。所以,这个象征性的结构中,充满了徐志摩对"爱""美"和"自由"的情趣哲理。

正因为不是放纵情感,而是对情趣哲理的反思,所以本诗的情感是节制的,情态是潇洒。情感整体上呈现出一种典雅的美。这种情感的典雅美,就成为外在音乐形式之美的内核和基础。

形式上看,全诗两节,上下节格律对称。每一节的第一、二、五句都是用三个音步组成,第三、四句,是两个音步,较长的音步与较短的音步相间,读起来纡徐从容、委婉顿挫而朗朗上口。音步的安排处理上严谨中不乏洒脱,形成旋律简明、格式谨严之感。这种文字的音节形式,一方面表达出"爱"和"美"消逝的失落感,另一方面又突出一种漫不经意的语调,而这种不经意当中,偏又隐藏着对自由的珍惜。正是"爱""美"和"自由"三者的平衡协调,才导致了诗歌形式的和谐平衡、音节的匀称与流动。徐志摩认为诗意、诗感是诗歌的心脏,音乐是基于"真纯的诗感",这个主张在此是得到体现的。

有人说这首诗表达了作者对美好事物的渴求与期待。准确地说,它不仅表达渴求与期待,也在表达如何对待这种渴求与期待。它表达出作者对美好事物的态度。陈梦家

《纪念徐志摩》说志摩"用整齐柔丽的清爽的诗句来写出那些微妙的灵魂的秘密"。他是理解徐志摩的,这个灵魂的秘密确是深刻、幽隐而又微妙的。

(何　平)

附录　现代新诗名作选

死　水

闻一多

这是一沟绝望的死水,
清风吹不起半点漪沦。
不如多扔些破铜烂铁,
爽性泼你的剩菜残羹。

也许铜的要绿成翡翠,
铁罐上锈出几瓣桃花;
再让油腻织一层罗绮,
霉菌给他蒸出些云霞。

让死水酵成一沟绿酒,
飘满了珍珠似的白沫;

小珠们笑声变成大珠,
又被偷酒的花蚊咬破。

那么一沟绝望的死水,
也就夸得上几分鲜明。
如果青蛙耐不住寂寞,
又算死水叫出了歌声。

这是一沟绝望的死水,
这里断不是美的所在,
不如让给丑恶来开垦,
看它造出个什么世界。

赞　美

穆　旦

走不尽的山峦的起伏,河流和草原,
数不尽的密密的村庄,鸡鸣和狗吠,
接连在原是荒凉的亚洲的土地上,
在野草的茫茫中呼啸着干燥的风,
在低压的暗云下唱着单调的东流的水,
在忧郁的森林里有无数埋藏的年代。
它们静静的和我拥抱:
说不尽的故事是说不尽的灾难,沉默的
是爱情,是在天空飞翔的鹰群,
是干枯的眼睛期待着泉涌的热泪,
当不移的灰色的行列在遥远的天际爬行;
我有太多的话语,太悠久的感情,
我要以荒凉的沙漠,坎坷的小路,骡子车,
我要以槽子船,漫山的野花,阴雨的天气,

我要以一切拥抱你,你,
我到处看见的人民呵,
在耻辱里生活的人民,佝偻的人民,
我要以带血的手和你们一一拥抱。
因为一个民族已经起来。

一个农夫,他粗糙的身躯移动在田野中,
他是一个女人的孩子,许多孩子的父亲,
多少朝代在他的身边升起又降落了
而把希望和失望压在他身上,
而他永远无言地跟在犁后旋转,
翻起同样的泥土溶解过他祖先的,
是同样的受难的形象凝固在路旁。
在大路上多少次愉快的歌声流过去了,

多少次跟来的是临到他的忧患；
在大路上人们演说，叫嚣，欢快，
然而他没有，他只放下了古代的锄头，
再一次相信名词，溶进了大众的爱，
坚定的，他看着自己溶进死亡里，
而这样的路是无限的悠长的
而他是不能够流泪的，
他没有流泪，因为一个民族已经起来。

在群山的包围里，在蔚蓝的天空下，
在春天和秋天经过他家园的时候，
在幽深的谷里隐着最含蓄的悲哀：
一个老妇期待着孩子，许多孩子期待着
饥饿，而又在饥饿里忍耐，
在路旁仍是那聚集着黑暗的茅屋，
一样的是不可知的恐惧，一样的是
大自然中那侵蚀着生活的泥土，
而他走去了从不回头诅咒。
为了他我要拥抱每一个人，

为了他我失去了拥抱的安慰，
因为他，我们是不能给以幸福的，
痛哭吧，让我们在他的身上痛哭吧，
因为一个民族已经起来。

一样的是这悠久的年代的风，
一样的是从这倾圮的屋檐下散开的
无尽的呻吟和寒冷，
它歌唱在一片枯槁的树顶上，
它吹过了荒芜的沼泽，芦苇和虫鸣，
一样的是这飞过的乌鸦的声音。
当我走过，站在路上踯躅，
我踯躅着为了多年耻辱的历史
仍在这广大的山河中等待，
等待着，我们无言的痛苦是太多了，
然而一个民族已经起来，
然而一个民族已经起来。

一九四一年十二月

网络链接

李叔同为何剃度为僧？

参考书目

《卞之琳选集》，香港文学研究社 1982 年

王文彬等《戴望舒全集·诗歌卷》，中国青年出版社 1999 年

谢冕《徐志摩名作欣赏》，中国和平出版社 1993 年

孙立为《戴望舒名作欣赏》，中国和平出版社 1993 年

郑择魁、王文彬《戴望舒评传》，百花出版社 1987 年

思考与练习

1. 为什么说《送别》散发着浓浓的古典诗歌的味道？

2.《教我如何不想她》中诗人的思念之情是如何步步深入强化的？

3.《我的记忆》中诗人的"记忆"究竟是什么样的世界？ 为什么诗人将"记忆"视为"最好的友人"和"老朋友"？

4. 具体分析《偶然》微妙而独特的张力结构。

慕课资源

【总论】

古老的、传统的或浪漫主义的诗歌观念,到二十世纪来了个转弯,诗歌的概念已经改变,诗不再是表达激情,而是反映人生经验。(蓝棣之《九叶派诗选·前言》)

诗的大敌是习惯——习惯于一种机械的接受方式。习惯于一种"合法"的思维言式,习惯于一种公认的表现方式,习惯是感觉的厚茧,使冷和热都趋于麻木;习惯是感情的面具,使欢乐和痛基都无从表达;习惯是语言的套轴,使那几个单调而圆滑的词汇循环不已,习惯是精神的狱墙,隔绝了横贯世界的信风,隔绝了爱、理解、信任,隔绝了心海的潮汐。习惯就是停滞,就是沼泽,就是衰老,习惯的终点就是死亡……当诗人用崭新的诗篇,崭新的审美意识粉碎了习惯之后,他和读者将获得再生——重新感知自己和世界。(顾城《学诗札记二》)

中国现代诗的进程,早在本世纪 30 年代后期就开始受挫。进入五十年代,在中国大陆发生了歧变。中国幅员的广大,加上特殊年代造成的交往的隔绝,都正好弥补了这歧变造成的裂隙。……当我们广袤的国土上感到了某种贫乏,海峡彼岸却以丰富作了补偿。(谢冕《中国新诗萃(台港澳卷)·序一》)

罗 庸

罗庸(1900—1950),字膺中,号习坎,古典文学研究家。自称江苏江都人,是清初扬州八怪之一两峰山人罗聘的后人。1917 年考入北京大学,后在教育部任职,与鲁迅共事,同时兼任北大讲师,女师大、北师大教授。1927 年应鲁迅邀赴广州任中山大学中文系教授兼系主任。是鲁迅《两地书》和《鲁迅日记》都曾提及的知名学者。后任浙江大学、北京大学、西南联大教授,主讲唐代文学研究等课程。主要著作有《中国文学史》等。

满江红·西南联合大学校歌

　　万里长征,辞却了五朝宫阙①。暂驻足衡山湘水②,又成离别。绝徼移栽桢干质③,九州遍洒黎元血④。尽笳吹、弦诵在山城⑤,情弥切⑥。　　　千秋耻,终当雪;中兴业,须人杰。便一成三户⑦,壮怀难折。多难殷忧新国运⑧,动心忍性希前哲⑨。待驱除仇寇复神京,还燕碣⑩。

【赏析】

　　诚如周武《从西南联大校歌看民国时期的大学精神》一文所说:"校歌之于它的学校,就如同国歌之于它的国家,它可以说是校园生活的现代图腾。对大学而言,校歌不只是一串音符,一簇象征性的符号,更是一种灵魂,是大学精神的集中体现,并代表该校的特点。它是由各校的历史传统和办学风格凝聚而成的,它的旋律萦绕、弥散着每一位学子心中的憧憬和梦想。"

　　卢沟桥事变后,北平国立北京大学、国立清华大学和天津私立南开大学合并,在长沙组建临时大学,一学期后,再迁昆明,始称国立西南联合大学。1938 年 7 月,教育部令各校进呈校歌、校训,联大常委会于 10 月 6 日决定成立校歌校训委员会,由冯友兰为主席,朱自清、罗常培、罗庸、闻一多为委员。不久罗庸便写了此校歌歌词,后由张清常谱曲,于 1939 年 7 月 11 日由常委会定为《西南联大校歌》。

　　此歌词用《满江红》词调写成。《满江红》例用入声韵,词调本身声情激越,宜用于抒发豪壮情感与恢张襟抱。本校歌上阕写联大建校的经历。从北平到昆明,相隔万里,故开头便言"万里长征",辞却五朝故都,又历经长沙临时大学的短暂一学期。当此九州生灵涂炭之际,来此边远之地办学,培养祖国的栋梁之材。西南联大集中了三校的著名教授,如陈寅恪、吴有训、华罗庚、陈省身等,学生中也出了许多著名的人才,如杨振宁、李政道、朱光亚等。落后便会挨打,要奋发图强便得发展教育,当此国难当头之际,"尽笳吹、弦诵在山城",反而"情弥切"。词之下片仿岳飞《满江红》,变"靖康耻,犹未雪"为"千秋

---

　　① 五朝宫阙:指北平(今北京),辽、金、元、明、清五个朝代曾以这里为都城。阙:宫门两边的望楼。　② 衡山:即南岳,这里指湖南衡阳;湘水:湘江,这里指长沙。西南联大迁至昆明前曾暂驻足长沙、衡阳,名长沙临时大学。　③ 绝徼(jiǎo):极远的边地,边疆。桢干:筑墙所用之木柱,竖于两端者为桢,竖于两旁者为干,引申为骨干、栋梁之材。　④ 九州:《尚书·禹贡》称冀、兖、青、徐、扬、荆、豫、梁、雍为九州("九州"所含有多种说法),指中国。黎元:黎民百姓。　⑤ 笳吹:指古乐器胡笳。此喻军乐,指敌人发动的侵略战争。弦诵:弦歌,喻指学校的正常教学活动。山城:此指昆明,昆明位于云贵高原,市中心海拔 1891 米,且多山,又名"春城"。　⑥ 弥:更。　⑦ 一成三户:很少的土地人口。喻指即使地狭力微,只要奋起抗争,终能克敌制胜,光复旧国。成:古时田土区划名称。《左传·哀公元年》:"(夏之少康)有田一成,有众一旅,能布其德,而兆其谋,……遂灭过、戈,复禹之绩,祀夏配天,不失旧物。"注:"方十里为成,五百人为旅。"三户:古民谣:"楚虽三户,亡秦必楚。"　⑧ 多难:取"多难兴邦"义。殷忧:深忧。新:更新(用作动词)。　⑨ 动心忍性:振奋精神控制情绪。希:仰慕。哲:哲人、贤哲,才能见识超越常人之人。　⑩ 神京:指北平。燕碣:燕山(今北京城北面),碣山(靠秦皇岛,位于天津北),指平津地区。

耻,终当雪",两句住字都相同,看出二者的继承关系。"中兴业,须人杰"道出为雪国耻发愤读书的真谛,"一成三户"句中"三"字语涉双关,既是活用"楚虽三户,亡秦必楚"之典,又因西南联大由三校合成,此亦败亡日本强盗之"三户"也。"多难殷忧""动心忍性"二句颇有深意,"多难兴邦",唤起国民及吾学人之信心,"动心忍性"与抗战八年的艰苦卓绝相一致,表述足够的心理准备。"待驱除仇寇复神京,还燕碣"二句充满自信与期待。联想此词作于抗战爆发的次年,难能可贵。后结二句受岳飞词的影响十分明显,"待"字的用法处所相同,立意也相似。可以想象,在环境动荡的战时高校师生中,这首校歌能起多么巨大的鼓舞士气、凝聚人心的作用。

此词虽匆忙草创,却是笔墨畅达,充满血性,大气凛然,爱国情、爱校情凝于93字之中。词除韵脚用入声,词中也多有入声字,如上阕之"却""足""绝""质",下阕之"业""一",作者是深于词道者,全词严守平仄,基调显得拗峭急迫,与当时悲愤激烈的情愫是一致的。《西南联大校歌》便因此在近现代中国校歌中显得异常突出。

"五四"以后,以白话文写作的欧化诗盛行,而佳作并不多;旧体诗词虽备受冷落,但在校歌领域,几乎所有名校的校歌均以文言写成,凝练整饬,韵律优美,耐反复咏唱,听而不厌,生命力久远,可见文言文、文言诗词在现代社会仍有其用武之地,在某些领域,甚至较白话文有更大的优越性。

（王步高）

公　刘

公刘(1927—2003),原名刘仁勇、刘耿直。江西南昌人。1939年开始写诗。1946年半工半读于中正大学法学院,并投身学生运动,1948年初流亡上海,旋赴香港参加中国共产党领导的全国学生联合会宣传部工作。广州解放后,参加人民解放军,随部队进军大西南。西南边疆的生活体验给了他创作的灵感。1954年出版了他的第一部诗集《边地短歌》;1955年,《人民文学》连续发表了他表现边疆战士生活的三个组诗:《佧佤山组诗》《西双版纳组诗》《西盟的早晨》,这些作品,使他成为西南边疆诗人中最早获得较高评价的诗人。同时,他参加了民间长诗《阿诗玛》的收集、整理;又以民间传说和歌谣为基础,写作了长诗《望夫云》。此后他又出版了《神圣的岗位》(1955)、《黎明的城》(1956)。1956年到原解放军总政治部任职,1957年被打成"右派"。1978年回归诗坛以后,出版的诗集有《尹灵芝》《白花·红花》《离离原上草》《仙人掌》《母亲——长江》《骆驼》《大上海》《南船北马》等。

哎，大森林！

——刻在烈士饮恨的洼地上

哎，大森林！我爱你！绿色的海！
为何你喧嚣的波浪总是将沉默的止水覆盖？
总是不停地不停地洗刷！
总是匆忙地匆忙地掩埋！
难道这就是海？！这就是我之所爱？！
哺育希望的摇篮哟，封闭记忆的棺材！

分明是富有弹性的枝条呀，
分明是饱含养分的叶脉！
一旦竟也会竟也会枯朽？
一旦竟也会竟也会腐败？
我痛苦，因为我渴望了解；
我痛苦，因为我终于明白——

海底有声音说：这儿明天肯定要化作尘埃，
假如，啄木鸟今天还拒绝飞来。

1979 年 8 月 12 日沈阳

【赏析】

此诗写于 1979 年 8 月 12 日，是诗人在沈阳大洼凭吊张志新烈士殉难地归来后，激愤中落笔所成。但诗作的主旨，已从单一的对"文革"中为追求真理、捍卫理想而献身的烈士政治节操和坚贞品格的赞美，或是单一的对"文革"极左暴政的批判中升华：凭着中国诗人的良知与责任，凭着诗人思想学养的成熟与敏锐，公刘执着地拷问了这一段沉痛的历史，而又不囿于这一具体的历史事件和具体的人物形象；"既然历史在这里沉思，/我怎能不沉思这段历史？"（公刘《沉思》）显而易见，《哎，大森林！》一诗，正是这种拷问和沉思的情感结晶。

因为是"刻在烈士饮恨的洼地上"，诗中所抒发的便是一种直接的、强烈的爱痛倾诉。用"我爱你""我痛苦"等感情色彩强烈而直白的词句，传达的正是诗人书写此诗时的那种激愤难安而又痛苦不已的心情。

又因为诗人心中已对此有着严肃的思考,诗中便寓"大森林"的形象更多的象征意韵。这片"大森林",可以理解为我们的国家,我们的民族。全诗贴切地、层层递进地运用了一组组强烈对比的、矛盾的诗歌意象:"喧嚣的波浪"与"沉默的止水","哺育希望的摇篮"与"封闭记忆的棺材","富有弹性的枝条"与枯朽,"饱含养分的叶脉"与"腐败","不停地不停地""匆忙地匆忙地""分明是分明是""竟也会竟也会"……短短的诗句中,正是这样一系列恰切的意象叠加和辞意对撞,提升了诗歌的艺术品质,加大了诗歌的美学张力,深邃了诗歌的思想蕴含。

诗中所表现的满腔激愤和深刻忧虑,所表现的强烈的感情对撞与冲突,其实质正是一个经历了大灾难的民族重新奋起前行时,必须记取而又想刻意忘却之间的必然矛盾。而任何一个国家、任何一个民族的灾后奋起、发展,都只有在也必须是在清醒地进行严肃的反思反省之后,找到病症,对症救疗,才有可能勃发出新的生机。缘于此,诗人有意将诗句果因倒置,以"海底有声音说:这儿明天肯定要化作尘埃,/假如,啄木鸟今天还拒绝飞来"作全诗的结句。这种警句式的收尾,使全诗更强化了振聋发聩、策人警醒的思想和情感力度。

众所周知,公刘曾被"右派"的炼狱之火焚烧、锻打了22年,历经22年流沙的肆虐掩埋以及大焦灼大饥渴,有幸的是,"流沙终不过是流沙,流沙覆盖着的下层依旧有沃土膏壤"。1979年公刘先生复出后,他曾在《离离原上草·自序》中,对此有过饱蘸血泪的形象的述说:"歌声多情,歌声有义,歌声并未弃我而去,只是由于缺乏活命的水,连它都变成火了。"

我们解读公刘复出后的代表作之一《哎,大森林!》一诗,亦能准确地读出诗人诗风的嬗变,早年那朵"奇异的云"已经喷薄成燃烧着思想之灵焰的"精神之火"。这样一柱柱由人心由地心里强烈而炽热地喷发而出的思想情感之火,正是诗人这一阶段作品的一个显著特色。

(刘　粹)

北　岛

北岛(1949—),男,原名赵振开,另有笔名石默、艾珊等。原籍浙江,生于北京。1969年进北京一家建筑公司,当过混凝土工、铁匠等。1970年末开始写诗。1972年开始写小说。1976年创作了《回答》。1978年与芒克等文学同人创刊《今天》,担任主编。其现代主义色彩的新诗歌形式受到青年读者的欢迎,被称为"朦胧诗"的代表诗人。1980年进《新观察》杂志社当编辑,1981年在《中国报道》社的文学部门当编辑,后辞职。发表过小说《波动》和《稿纸上的月亮》等,《波动》因其存在主义的倾向受到批判。1986年被《星星》评为"我最喜欢的中青年诗人"之一。《北岛诗选》获中国作协全国第三届新诗诗集奖。在美国、瑞典分别出版诗集《太阳城札记》《北岛顾城诗集》。另著有小说集《归来的陌生人》。90年代后居欧洲、美国。

在北岛早期的诗作中,美学的叛逆性同纯粹的元历史(metahistory)的投射混合在一起,成为70年代末80年代初时代精神的表征。毋庸置疑,像"从星星般的弹孔中/流出了血红的黎明"(《宣告》)这样令人颤栗的诗句中潜藏的理想主义是"文革"劫难之后凄厉的希望之声,但似乎也是既与的、启蒙主义历史模式的一次变奏。启蒙主义的历史模式正是我所说的元历史(马克思主义历史秩序当然也是其类型之一),它规定了从苦难到幸福的社会历史或者从罪性到神性的精神历史。在上引的诗句里,"弹孔"这样的词语作为否定的、代价性的意象显现,由介词"从"表明了中介的意味,通过"血红"一词把残酷同时转换为美,从而引导出黎明的理想景色。(杨小滨《今天的"今天派"诗歌》)

一直以来人们对朦胧诗与意识形态的联系过于密切的指责多少有些不公正,对于北岛他们那一代而言,这种政治情结、对抗性情结早已是他们生命的一部分了,而这种情结其实与艺术并不相悖,更构不成伤害。(岑浪《北岛批判:丧魂落魄在异乡》)

回　答

卑鄙是卑鄙者的通行证,
高尚是高尚者的墓志铭。
看吧,在那镀金的天空中,
飘满了死者弯曲的倒影。

冰川纪过去了,
为什么到处都是冰凌?
好望角发现了,
为什么死海里千帆相竞?

我来到这个世界上,
只带着纸、绳索和身影,
为了在审判之前
宣读那些被判决的声音:

告诉你吧,世界,
我——不——相——信!

纵使你脚下有一千名挑战者,
那就把我算作第一千零一名。

我不相信天是蓝的;
我不相信雷的回声;
我不相信梦是假的;
我不相信死无报应。

如果海洋注定要决堤,
就让所有的苦水都注入我心中;
如果陆地注定要上升,
就让人类重新选择生存的峰顶。

新的转机和闪闪的星斗,
正在缀满没有遮拦的天空。
那是五千年的象形文字,
那是未来人们凝视的眼睛。

【汇评】

作为一代人成熟的标志,倒不仅仅是他们已知道审时度势和懂得事物要害,更重要的是他们已然拥有了自己的原则和信条,那就是"怀疑",是说出"我不相信!"的勇气和能力。北岛的这些带有"怀疑主义"倾向的诗歌,事实上标志着一个新的启蒙时代的到来。它的伟大的精神光芒照亮了我们这个时代的昏暗的天空……因而,"我不相信!"这样的语句,首先是喊给自己听的,它提醒一代人注意到自己应有的独立自主的"自我意识"。同时(也是更主要的)是喊给城楼上的父辈听的,它宣告了新的一代人的成熟,并表明了自己的反叛性态度。这是一次蓄意的、大胆的挑战。(张闳《北岛,或一代人的"成长小说"》)

"北岛则从一开始就自觉地承担起了重整乾坤的伟大使命,他总是感到历史的目光在注视。"(同上)

【赏析】

《回答》作于1976年清明前后,后发表于朦胧诗主要阵地的民间油印刊物《今天》的第一期。

全诗共七节。第一、二节,是对人类生存世界的黑暗体验并由此产生的质疑。在诗中所描绘的世界里,卑鄙者以卑鄙的手段可以在世上畅行,高尚者的高尚品行却使其自身走向墓地。"镀金的天空"寓示着以辉煌的表象掩盖了一个时代真正的黑暗,到处是歌功颂德,到处是粉饰太平,人性被扭曲成"弯曲的倒影"四处凋落。诗人在世界的混乱与无序中,保持着清醒的痛感,对置身其中的世界提出了疑问:"冰川纪过去了""好望角发现了",这个世界明明已经经历过巨大的变革、阵痛和去旧图新,一个旧时代曾被庄严地宣告死亡,为什么"到处是冰凌"和"千帆相竞"的"死海"的现实,依然显示着诡异和不公正。

从第三节开始,"我"作为抒情主体,出现在一片死寂、冰凉、规则混乱和缺乏公正的世界,以一种理性的声音,开始对世俗世界审判、否定和挑战,对一切习以为常的规则表示质疑:"我——不——相——信"。在五、六节中,这个傲岸的"我"在对这个不义的世界与历史宣战之后,毅然表达了愿以个体的自我来承担属于全部人的一切,特别是人的苦难,此时的"我"是一代人中最清醒和坚定的灵魂:如果一个民族的历史,真的能重新开始,就让所有的苦难只存留在"我"的心中;如果一个民族的再生,需要一代人的伤痛作为代价,这一切就由我们来承担吧。这里,"海洋的决堤""陆地的上升",都是以自然界恢宏阔大的沧桑变迁,喻示人类历史的涅槃和新生。最后一节,对人类与世界的未来新的转机充满信心和期望:"闪闪的星斗"缀满星空,"五千年的象形文字",是一个民族悠久和坚实的力量。

《回答》是对历史和现实的反思与诘难,是在"文革"的摧残之后的历史感与现实感的重生,是一代人甚至一个民族走向清醒的开端与标志,是对历史与伤痛的诘问与回答。它典型地体现了朦胧诗中的理性批判精神和对于人性和人道主义的呼唤,以及对人的价值和尊严等被践踏时的愤慨与反抗。在艺术上,运用意象的拼贴与组合,追求陌生化和距离感,从而产生"朦胧"的诗意和充满弹性与张力的结构。

此外,作为北岛的代表作,诗作在抒情结构和意象的选用上,具有"北岛特色":"审视——怀疑——否定——挑战"的抒情结构,和"天空""海洋""陆地的上升"和"让所有的苦水都注入我心中"等意象和表述,都充满阳刚之气。这一充满理性和具有穿透力的声音,与同为朦胧诗人的舒婷诗作中对于"星星""风铃草""鸢尾花"等意象的选用和诗意表达上的婉转、抒情和感伤相比,显得冷峻、势不两立和剑拔弩张。

"文革"结束后,文坛上先"伤痕"继而"反思"的写作,竞相展示苦难和控诉历史,在对历史的鞭挞中把现实指认为"新生"。而写于"文革"结束之前和之后的北岛的《回答》等诗作,却是以清醒的眼光审视过去,愤怒而又不失理性,拒绝承认全部现实的新生性,以一种批判的立场,为了重新确立人类的基本价值而不惜牺牲一切的庄严宣告。

(李 玫)

余光中

余光中(1928—),祖籍福建永春,生于江苏南京。1947年起先后在金陵大学(今南京大学)、厦门大学、台湾大学等高校就读。1953年,与覃子豪、钟鼎文等共创"蓝星"诗社。后赴美进修,获爱荷华大学艺术硕士学位。先后任教于台湾东吴大学、台湾师范大学、台湾大学、台湾政治大学。一生从事诗歌、散文创作及评论与翻译工作。现已出版诗集、散文集、评论集、翻译集等共40余种。同时作为资深编辑家,曾主编《蓝星》《文星》《现代文学》等重要诗文刊物。并以"总编辑"名义主编台湾1970—1989《中华现代文学大系》共15册。著有诗集《舟子的悲歌》《蓝色的羽毛》《钟乳石》《万圣节》《白玉苦瓜》等十余种。其诗风多变,变化轨迹基本上可以说是台湾整个诗坛三十多年来的一个缩影,早年受西方现代派影响较大,后意识到自己民族居住的地方对创作的重要性,写了许多动情的乡愁诗,显示了由西方回归东方的明显轨迹。

【集评】

进入五十年代以后,中国诗在大陆的强烈意识形态化,从诗的内涵言,是滋长了一种虚幻的欢乐感……当中国一部分诗被迫地强颜"欢乐"的时刻,海峡的那一端却回荡着强大的悲哀的旋风。一曲短短的《乡愁》传达了长长的悲哀,写出了余光中的才情,也是时代悲歌的聚焦。(谢冕《中国新诗萃(台港澳卷)·序一》)

他的诗歌题材丰沛,形式灵活,风格多样。从现代、古典到民歌,从政治抒情诗、新古典诗、咏史诗到乡愁诗,余光中不断开拓创新,在现代和传统、中国和西方之间走出一条富有独创性的艺术道路。他广泛吸收艺术营养,熔古今于一炉,形成既古朴典雅又恬淡清新,既沉郁顿挫又明快热烈的诗歌风格。(朱栋霖、丁帆、朱晓进主编《中国现代文学史:1917—1997(下)》)

余光中的乡愁诗是很流传的,浅显然而有丰富的诗味。《乡愁》用了四个意象巧妙地联结愁绪的两端,清新隽永。《乡愁四韵》就更有意味了:醉酒的滋味是乡愁的滋味,沸血的烧痛是乡愁的烧痛,家信的等待是乡愁的等待,母亲的芬芳,是乡土的芬芳。余光中之所以能写出动人的乡愁诗,是他有好几年时间在香港教书,近乡之情,供给他不少新题材、新感受,尤其初去香港时,魄挂魂牵,日思梦想,莫不尽在

大陆,尽在从香港"北望中的那十万万和五千年"。(蓝棣之《余光中作品鉴赏》)

乡 愁

小时候　　　　　　　　母亲在里头
乡愁是一枚小小的邮票

我在这头　　　　　　　而现在
母亲在那头　　　　　　乡愁是一湾浅浅的海峡
　　　　　　　　　　　我在这头

长大后　　　　　　　　大陆在那头
乡愁是一张窄窄的船票
我在这头　　　　　　　　　　　　　　　　1972.1.21
新娘在那头
　　　　　　　　　　　未来啊
　　　　　　　　　　　乡愁是一道长长的桥梁
后来啊　　　　　　　　我来这头
乡愁是一方矮矮的坟墓　你去那头
我在外头　　　　　　　　　　　　　　　　2007.6.16

【汇评】

这些乡愁诗的抒情主体,既是在思念亲人和家乡,又是在思念大陆和祖国。屈原式的乡愁和国爱,谱写出余光中诗歌的宏大交响乐曲的和旋律。他的名篇《乡愁》……便是把乡愁主题所包含的亲情、爱情、乡情和祖国情融合为一,语言虽然浅白,内涵却极为厚重。加之在形式上采用了由《诗经》作品确立的具有"原型"意味的复沓章法,更使这首诗易于流传。(杨景龙《蓝墨水的上游:余光中与屈赋李词姜词》)

【赏析】

《乡愁》是余光中诗集《白玉苦瓜》中的一首,和《民歌》《乡愁四韵》《罗二娃子》等,同是以民歌风抒发乡愁的经典之作。

余光中被称为"以乡愁之诗撼动亿万华裔"的诗人,"乡愁"是其众多诗作中念念不忘的主题。《乡愁》对一个抽象的、很难进行描绘却被大量描绘所覆盖的主题做出了新的诠释。在意象上,选用了"邮票""船票""坟墓""海峡"四个生活中的物象,赋予其丰富的内涵,使原本不相干的四个物象,在乡愁这一特定情感的维系之下,反复咏叹。余光中本人曾说,这首诗是"蛮写实的":小时候上寄宿学校,要与妈妈通信;婚后赴美读书,坐轮船返台;后来母亲去世,永失母爱。诗的前三句思念的都是女性,到最后一句想到祖国大陆这样的"大母亲",于是意境和思路便豁然开朗,就有了"乡愁是一湾浅浅的海峡"一句。

内容上，按时间顺序，从"幼子恋母"到"青年相思"，到成年后的"生死之隔"，再到对祖国大陆的感情，不断发展的情感，逐渐上升，凝聚了诗人自幼及老的整个人生历程中的沧桑体验。不同阶段的乡愁，凝聚两端的分别是：我—母亲；我—新娘；我（生）—母亲（死）；我（游子）—大陆（祖国）。乡愁的对象，由具体的"乡"，到抽象的民族的"乡"，从地域之乡，到历史之乡和文化之乡，使"乡愁"逐渐沉淀出丰富的内涵和表现力。

诗形上，四段文字在字数、句式上基本一致："……（时间状语），乡愁是……（作为意象的具象化的'乡愁'的载体），我在这头，……（具体的'乡愁'的对象）在那头"。一气呵成，回环往复，似乎是情感的一唱三叹，余音缭绕，历久弥笃。

诗歌在语言上纯净、清淡，浅白真率而又意味隽永。"小小""窄窄""矮矮""浅浅"等叠音的形容词，用来修饰中心意象，增强了语言的生动性。

诗人余光中在艺术风格上，先后经历从现代到古典再到民歌时期。诗集《白玉苦瓜》出版于1974年，它和分别出版于1979、1983和1986年的诗集《与永恒拔河》《隔水观音》《此荆赋》一起标志着诗人的感情进入历经沉淀之后的新阶段，一反早年"现代时期"那种刻意锤字炼句、苦心经营意象和矛盾语法、追求陌生化效果以作惊人之语，在晦涩中求深奥的特点，转而追求恬淡、圆融的美学风格。以简代繁，以淡取胜，也算是绚烂之极，归于平淡吧。

（李　玫）

附录一

西南联大校歌（未入选稿）　　　冯友兰

西山苍苍，滇水茫茫。这已不是渤海太行，这已不是衡岳潇湘。同学们，莫忘记失掉的家乡。

莫辜负伟大的时代，莫耽误宝贵的辰光。赶紧学习，赶紧准备，抗战建国都要我们担当，都要我们担当。同学们，要利用宝贵的时光，要创造伟大的时代，要恢复失掉的家乡。

附录二　最受欢迎的十大校歌

（教育部新闻办公室2014年4月公布）

浙江大学校歌

作词：马一浮　作曲：应尚能

大不自多 海纳江河
惟学无际 际于天地
形上谓道兮 形下谓器
礼主别异兮 乐主和同
知其不二兮 尔听斯聪
国有成均 在浙之滨

昔言求是 实启尔求真
习坎示教 始见经纶
无曰已是 无曰遂真
靡革匪因 靡故匪新
何以新之 开物前民
嗟尔髦士 尚其有闻
念哉典学 思睿观通
有文有质 有农有工
兼总条贯 知至知终
成章乃达 若金之在熔
尚亨于野 无吝于宗

树我邦国 天下来同

复旦大学校歌

刘大白 词 丰子恺 曲

复旦复旦旦复旦,巍巍学府文章焕,
学术独立思想自由,政罗教网无羁绊,
无羁绊前程远,向前、向前、向前进展。
复旦复旦旦复旦,日月光华同灿烂。
复旦复旦旦复旦,师生一德精神贯,
巩固学校维护国家,先忧后乐交相勉,
交相勉前程远,向前、向前、向前进展。
复旦复旦旦复旦,日月光华同灿烂。
复旦复旦旦复旦,沪滨屹立东南冠,
作育国士恢廓学风,震欧铄美声名满,
声名满前程远,向前、向前、向前进展。
复旦复旦旦复旦,日月光华同灿烂。

中国传媒大学校歌——年轻的白杨

作词:叶延滨 作曲:刘天礼

校园里大路两旁
有一排年轻的白杨
早晨你披着彩霞
傍晚你吻着夕阳
啊……
年轻的白杨
汲取着大地的营养
汲取着大地的营养
啊……
年轻的白杨
树叶莎莎响
年轻的白杨
你好象对我讲
要珍惜春光
珍惜春光
珍惜春光……

我们是年轻的白杨
我们是未来的栋梁
枝条捧出朝阳
绿叶伴着星光
啊……
我们在成长
汲取着知识的营养
汲取着知识的营养
啊……年轻的白杨
树叶莎莎响
年轻的白杨
你好象对我讲
要珍惜春光
珍惜春光
珍惜春光……

东南大学校歌(调寄《临江仙》)

作词:王步高 作曲:印青

东揽钟山紫气,
北拥扬子银涛。
六朝松下听箫韶。
齐梁遗韵在,
太学令名标。

百载文枢江左,
东南辈出英豪。
海涵地负展宏韬。
日新臻化境,
四海领风骚。

西南大学校歌

曹廷华等 词 刘青 曲

缙云苍苍,嘉陵泱泱。山高水长,养育栋梁。
岁月悠悠,学海茫茫。大成博雅,养育栋梁。
代代薪火承传。处处桃李芬芳,处处桃李
芬芳。

466
大学语文(全编本)DA XUE YU WEN QUAN BIAN BEN

志在五湖四海。铁肩炼而担当,铁肩炼而担当。

西南大学,我的摇篮我的殿堂,崇德尚善,创我荣光!

西南大学,我的青春我的起航,求实追梦,成就辉煌!

创我荣光!

成就辉煌!

山东大学新校歌(2011)

作词:成仿吾(集体修改)　作曲:郑律成

东临黄海,南望泰山,
这里是我们追求真理的乐园。
天行健,君子以自强不息;
薪火传,学子要与前贤比肩。
为天下储人才,放眼五洲;
为国家图富强,求索万年。
志向远大,气养浩然;
学无止境,不畏登攀。
奋斗啊,奋斗啊,为了中华民族崛起;
奋斗啊,奋斗啊,为了人类美好明天。
我们是崇实与求新的朝气勃发的青年!

武汉大学现校歌

珞宣作词　陈国权谱曲

东湖之滨,珞珈山上,
这是我们亲爱的学堂。
百年沧桑,弘毅自强,
根深叶茂育桃李,满园芬芳。
啊,美丽的珞珈山,
多少雄鹰竞翱翔。
扬帆长江,奔向海洋,
这是我们成长的地方。
德业并进,求是拓新,
大同寰宇向未来,我创辉煌。
啊,心中的珞珈山,

今朝多磨砺,明日作栋梁。

天津大学校歌

萧友梅　词　廖辅叔　曲

花堤蔼蔼,北运滔滔,
巍巍学府北洋高,
悠长称历史,建设为同胞,
不从纸上逞空谈,要实地把中华改造。

穷学理,振科工,
重实验,薄雕虫,
望前驱之英华卓荦,应后起之努力追踪,
念过去之艰难缔造,愿一心一德共扬校誉于无穷。

华东师范大学校歌:丽娃河旁

集体作词　奚其明谱曲

怀着灿烂的希望,我们来到丽娃河旁,
带着青春的豪情,我们漫步华夏路上。
春风拂岸柳,夏雨催鸣蝉,秋水映丽虹,冬雾迎霞光。
美丽的校园滋养着我们,百花齐放,百花齐放,百花齐放。
未来的园丁,努力学习,茁壮成长,茁壮成长,茁壮成长。
滋养着我们,百花齐放,努力学习,茁壮成长。

怀着灿烂的希望,我们走进科学殿堂,
带着青春的豪情,我们遨游知识海洋。
求实创造,为人师表,一代新人,桃李芬芳。
民族的重任让我们生命壮丽辉煌,壮丽辉煌,壮丽辉煌。
祖国的未来指引我们奔向前方,奔向前方,奔向前方,
让我们生命壮丽辉煌,指引我们奔向前方。

西南交通大学校歌

吴稚晖作词　曲作者待考

　　翳唐山，灵秀钟；我学院，声誉隆。灌输文化尚交通。

　　习矿冶，土木工，窥学术，贯西中，相期同造最高峰。

　　璀兮如金在熔，璀兮如玉相攻。桃秾李郁，广座被春风。

　　宜诚笃，宜勤朴，基础坚，事功崇。文轨车书郅大同。

　　璀兮如金在熔，璀兮如玉相攻。桃浓李郁，广座被春风。

　　宜诚笃，宜勤朴，基础坚，事功崇。文轨车书郅大同。

北京交通大学校歌

王立平　词曲

　　北京交大，北京交大，百年辉煌，桃李天下。
　　北京交大，北京交大，巍巍学府，温馨我家。
　　红果园中，承前启后，思源楼里，意气风发。
　　团结勤奋，严谨求实，开拓创新，坚韧不拔。
　　交融世界，通达鼓劲，造福社会，奉献国家。
　　母校恩泽，如何回报？优良传统，发扬光大。
　　世纪呼唤，怎样应答？肩负使命，振兴中华。
　　肩负使命，振兴中华。

附录三

乡愁四韵

给我一瓢长江水啊长江水
酒一样的长江水
醉酒的滋味
是乡愁的滋味
给我一瓢长江水啊长江水

给我一张海棠红啊海棠红
血一样的海棠红
沸血的烧痛
是乡愁的烧痛
给我一张海棠红啊海棠红

给我一片雪花白啊雪花白
信一样的雪花白
信的等待
是乡愁的等待
给我一片雪花白啊雪花白

给我一朵腊梅香啊腊梅香
母亲一样的腊梅香
母亲的芬芳
是乡土的芬芳
给我一朵腊梅香啊腊梅香

附录四　研究性学习专题

我国新体诗与母语关系的论辩

前提：
20 世纪汉语诗歌发生了重大变化。世纪初白话新诗的开拓者们以无比的勇气和魄力打破几千年的传统诗歌的体制，力求摆脱旧诗的藩篱，经过探索，不仅形成了一套比较完整的诗歌观念，而且还进行了大量的试验，创造了与旧诗完全不同的新诗传统。毫无疑问，几十年来，新诗在表达现代人的情感以及对生命深层的体验与追问方面已取得了长足的进步。然而,令人困惑的是,有着几千年诗史的汉语诗歌在 20 世纪并未取得令世人瞩目的成就,没有产生世界级的大作品、大诗人,这不能不引起很多有识之士的思考。作为一个新诗的创作者和理论家,郑敏在《世纪末的回顾:汉语变革与中国新诗创作》一文中以索绪尔的语言学、德里达的解构思维和拉康的心理分析理论为立足点,从现代语言学角度对这一问题进行了阐释。当然,此文涉及的不仅仅是有关诗歌创作的问题,而是从语言学的角度对"五四"以来中国文化发展的方向进行了反思,提出了一系列重要问题,由此引发了 20 世纪有关中西文化发展方向的最后一次大辩论。

郑敏所要论证的中心意思是:古典文言和白话同属于汉语母语,古典文言、诗词的内涵与隐性信息比白话更为丰富,因此"五四"白话文运动中,胡适、陈独秀等人所主张的推倒古典文言、只宗现代白话的二元对立的主张是错误的,给新诗的创作带来很大负面影响。概括起来说,她是从以下几方面来说明的。

(一)20 世纪初英美诗歌的现代主义的兴起是从汉字的象形特点与中国古典诗词的丰富意象的启发下找到灵感,提炼成意象派的新诗艺术理论。

(二)从拉康的语言心理分析论出发进行论证。从而说明陈独秀、胡适将语言表层的浅白(用字通俗和语法通顺)看成改革目标的错误。

(三)用德里达的解构主义观点来论证。我们现在所使用的每个汉字都沾满了几千年使用的"踪迹痕","胡、陈"另一个理论盲点是不理解……文言文即使被废除作为通用的语言,但古典文字中每个字词都可能在出现于白话文中时渗透入它的古典所指,而起着对文本的意义、情感外加的影响,也即所谓的"文本间的效果"。

(四)用索绪尔的现代语言学理论进行阐述。"五四"时期胡适、陈独秀等废除传统文字中的全部文言文(占多数),只取元以下的白话文(只占少

部分),更有走向极端消除汉字改用拼音的决定是对汉语母语本质的绝对否定,与索绪尔"在变中旧的本质的不变是主要的"之原则背道而驰。

范钦林则认为中国古代本来就存在着文言、白话两个并列的语言系统。文言的语言系统已失去生命力,而胡适、陈独秀的白话文运动只是在于终止了这个失去生命力的语言系统而完善一个充满活力的语言系统。

宋元之后,白话文开始打破文言文独占的书面语地位,到了清代古代白话书面语已趋成熟,而文言则从其鼎盛走向衰微,到"五四"时期已变成一种完全脱离时代、阻碍科学文化传播的僵死工具。因而,现代白话书面语的建构就具有其必然性。他甚至认为由于拼音的简便,易掌握,作为一种表情达意的工具,汉字让位给拼音是中国文字未来发展的必然结果。

张颐武的《重估"现代性"与汉语书面语论争》一文力图对文言/白话的二元对立的双重继承和双重超越。它不是对白话的抛弃和反抗,又不是文言的复兴和再生,而是辩证地将之纳入同一个平面之中。在吸收文言的精练有力的表现手段之外,也不断地吸收口语及西方语言的一切有价值之处,在多重的交流中寻找新的可能性。这两大策略对于中华文化的建设以及汉语文学的发展无疑具有重大的启示意义。而这个意义也正凸显了这场争论的现实意义。

进入 90 年代后,人们开始关注语言的自主性。"自 1992 年以来,在中国文化界开展了一次重大的文化反思,这就是对汉语的优越性和汉字的诗性的重新评价和研讨。虽说这是与 21 世纪中华文化的发展有着血肉相连的问题的探讨,不幸却并没有像一些其他似乎更涉及当前争论的讨论那样引起文化界和学术界的重视和介入。因此从 1992 年至今四年中讨论汉字特点及它所面临的命运的文章寥寥无几。这种不正常的学界冷漠发人深省。"

编者按:

不是从政治意识形态的概念,而是从语言、文

字、文化的领域探索"五四"新文化运动的千秋功过是一个历史的进步。近百年来,新体欧化诗的实践造就了徐志摩、戴望舒到余光中等名诗人,但总体上新诗的成就距离人们的期望值差距甚远,甚至也未必比得上同时期的文言诗词。是百年的实践,时间太短,还是倡导者理论、方向有误,值得深入探讨。我校近四万大学生,没有人背不出 20 首古诗词的,同样也找不出一个能背 20 首新诗的(不含新文言诗词)。一般小孩刚牙牙学语便会背"床前明月光""处处闻啼鸟",这就可见文言诗歌的生命力。如果中国的文字变为拼音化(实际是西化),中国文化早就如许多老殖民地国家一样消亡了(亚非拉各大洲差不多都有一些这样的例子),中国也早成了西方大国的附庸。人们不能不庆幸胡适、陈独秀、钱玄同诸公未成为

决定国家"语改"方针大计之人,否则,几千年中华文明可能早已亡于一旦。民族文化的消亡,是比亡党亡国更可怕的事。

方法:

① 参阅《二十世纪中国学术论辩书系·二十世纪中国文学的中西之争》(谭桂林等著)和上书的《关于中国本位文化的讨论》(宋小庆、梁丽萍著),百花洲文艺出版社 2006 年(2004 年)12月版。

② 检索中国知网,研读相关论文。

③ 以"百度"等搜索方式查阅有关论述。

④ 上"大学语文·中国"网(www.dxyw.cn)查网络课程的相关链接。

参考书目

北岛《北岛诗选》,新世纪出版社,1986 年

北岛《北岛诗歌集》,南海出版公司,2003 年

刘登翰、陈圣生选编《余光中诗选》,海峡文艺出版社 1988 年

王尧《余光中:诗意尽在乡愁中》,大象出版社,2003 年

蓝棣之选编《九叶派诗选》,人民文学出版社,1992 年

谢冕、杨匡汉主编《中国新诗萃(台港澳卷)》,人民文学出版社,2001 年

辛笛《九叶集》,江苏人民出版社,1981 年

思考与练习

1.《回答》中是如何体现北岛及朦胧诗人的理想主义精神特质的?

2. 从网上搜索更多的高校校歌,对照你对这些高校的了解,说说校歌对一所学校办学精神及校园文化建设的作用,写一篇 600—800 字的短文。

3. 参照阅读余光中《乡愁四韵》等诗作,分析《乡愁》等同类诗歌表达乡愁的特点。

三十四、现代散文(上)

【总论】

鲁迅对"五四"时期的现代文学创作有过一个重要判断,认为"散文小品的成功,几乎在小说戏曲和诗歌之上"(鲁迅:《小品文的危机》)。"五四"时期散文创作数量之大,文体品种之丰,风格之绚烂多彩,名家之多,确实异常瞩目。……

现代散文在"五四"时期的成功,首先是因为其文体的自由,正适应思想启蒙、文化普及与个性化表达的需要。不可忽视的是,不同于现代新诗和现代话剧完全由国外引进,现代散文有着更深厚的传统散文的根基。这造成了现代散文创造的特殊困难,因此如鲁迅所说,"五四"时期许多人都热衷于现代散文的创作,就是"为了对于旧文学的示威,在表示旧文学之自以为特长者,白话文学也并非做不到"(鲁迅:《小品文的危机》);但它也确实为现代散文的"中国化"提供了丰富的资源。可以说,现代文学创造所面临的既突破又继承传统的双重任务,在现代散文这里得到了更为突出的显现。(钱理群《中国现代文学新讲》)

当三十年代杂文占据散文创作主流的时候,"文化批评"与"社会批评"又成为该文体的重要标志。此后随着社会形势与文化思潮的日益复杂,散文的审美追求不断分化,趋于多元,其文体范围也不断扩大。在解放区,记实性的通讯、报告占有重要位置……1949年后,人们对散文概念的理解及使用、该文体下属门类的更替等又发生了新的变化,表现出不同于以往的新的文体精神与发展轨迹。"十七年"的散文创作,可以1957年为界分为两个阶段。第一阶段以报告文学及其他记实性散文创作为主,对题材的推崇与追逐成为创作的重心。第二阶段以"诗意"为最高境界,注重技巧层面的艺术经营,报告文学类创作加强了艺术性的含量,表现出某种程度的"小说化"倾向。值得注意的是,在两个阶段的最后两年又各出现了一次散文的创作"高潮"。第一次创作高潮发生在1956—1957年,即人们常说的"百花时代"。此期出现了散文"复兴"运动,试图回归"五四"散文随笔的审美个性意识,而"干预生活"的特写类创作也在一定程度上继承了现代散文的批判性传统。第二次创作高潮发生在1961—1962年,可称为"调整时期"。当时文学界调整的中心是改善文学与政治的关系,在题材主题、艺术风格上倡导有限度的多样性和个性化。抒情散文及杂文创作都取得了较大的丰收,以至于1961年被人们称作"散文年"。尤为重要的是,在这一时期,1949年后一直对散文不置一词的理论界围绕着散文的艺术建设掀起了一场大讨论:讨论了散文文体的"涵义"、特征、重要性、诗意、风格和传统等。所谓散文是"文学的轻骑队",以及"形散神不散"的审美观念等都是在这一时期被广泛接受并在艺术实践中定型的。(刘俊、傅元峰等《中国现当代文学》)

70年代末,中国的政治社会在大框架内发生了显著的变动。闸门适度拉开了。西方现代思潮通过各种渠道,逐渐渗透和漫溢进来。在市场自由经济赶赴化装舞会的同时,文学带着掩盖不住的伤痕亮相;接着,阴暗的现实生活,也随同记忆一起进入读者的视野。回忆录和报告文学,率先恢复了散文的诚实品格,但是精神仍然是卑屈的、萎顿的,未及得到自由的伸张。90年代以后,经历过一场震荡,散文作家队伍除了相当部分留在原地之外,有两个部分分别向不同方向移动,而且距离愈来愈远。其中一部分在原野间逆风前行,人数甚少,挣扎,抵抗,进击,体态很不一致;另一部分进入无风的低地,一律作闲适状。"五四"时期著名的"周氏兄弟"的分野,代表着两大类分别的作家群。在现今作家中,从邵燕祥到张承志,从汪曾祺到贾平凹,都各各显示出这样两种不同的思想和美学追求。但是,必须看到,精神现象是复杂的。对他们来说,从思想本质到艺术成就,彼此间仍然有着很大的差异。还有一些作者,绝大多数被称为"自由撰稿人",则在体制之外作着独立的表达。王小波对于科学的阐发,以及"假正经"文风;苇岸对"大地道德"的坚守;一平对人类文明的关注;筱敏对革命、民主和知识分子问题的诗性叙述;还有刘亮程的"乡土哲学"等等,他们以创造性的个人化写作,重现富于时代特点的集体的苦难记忆,拓展了中国现代散文的主题和风格类型。然而,同样在90年代,充满旧京派文人情调的随笔,以及娱乐性小品,比较上述富于思想的作家作品,毕竟占有压倒优势。可以认为,这是一种斗争。所谓个人性,其实并不包含价值观在内,而自由也并不能理解为对有限的公共资源的滥用。作家为何写作? 如何写作? 这个问题将一再逼使作家从头思考;对于中国作家的良知,对于中国文学的整体品质,它将构成为恒久的考验。(林贤治《中国当代文化书系·散文卷·序言》)

1990年以降,文学逐渐进入了常态阶段。……就在那时,中国当代文学经历了第一次冲击;不是多么的猛烈,但来得有些使文坛意外——便是港台散文潮的翩然而至。在前十年,散文非是文学成果主体,主体一向是小说。忽然,港台散文潮来了。不要说与"新时期文学"中主题大抵沉重忧伤的小说相比,就是与内地散文相比,港台散文的总貌也显得特别清新,温情脉脉。并且,带来了一种内地读者以前少见的文质彬彬、娓娓道来、恬然沉静的文风。不曾中断过的传统文化的营养在修辞方面的体现,与港台两地的校园歌曲、乡愁歌曲的歌风同出一源。(梁晓声《文艺的距离)

朱自清

朱自清(1898—1948),字佩弦,号秋实,江苏东海人(后随父居扬州,亦自称扬州人),著名的现代诗人、散文家、学者和民主战士。1920年于北京大学哲学系毕业后,曾在江苏、浙江等地中学教书。1925年到清华大学中文系任教直至去世。早在大学读书期间,朱自清就开始了新诗创作,长诗《毁灭》是他的代表作。1922年转向了散文,主要结集有《踪迹》《背影》《欧游杂记》《你我》《伦敦杂记》等,是"五四"以来最有影响的散文家之一,其名作《背影》《荷塘月色》长期以来被认为是散文创作的典范。20世纪40年代末期,他的思想逐渐倾向进步,成为一个坚定的民主主义战士。

【集评】

目前我们的散文界已不乏专力雕琢辞藻的好手,沉醉在买椟的境界中,是以回头读朱自清的作品,也不禁会有"腴厚从平淡出来"的感觉。(郑明娳《现代散文欣赏》)

朱自清描山画水的散文,举世盛称其美……他写这类山水文学最擅长重彩工笔,真所谓"漱涤万

物,牢笼百态”,淋漓尽致地再现了“人化的自然”之美的神髓,给人以舒坦的美感享受。(时萌《闻一多朱自清论》)

朱自清的写景抒情散文,善于刻画对象,捕捉景物中自己的发现,描摹比拟,着笔细腻。……他二十年代、三十年代的游记,都保持着这种写景的特色。有些文章或坦露内心活动,或联系历史风习,诱发读者设身处地,萌动怀古之情。(俞元桂等《中国现代散文十六家综论》)

读朱自清的散文,处处可见其诚挚、美好之襟怀,严谨、认真之作风,以及由于执着人生而产生的“沉痛隐忧”。他不论是抒情,是叙事,是写景,或是说理,都使人感到是那么实在、平易、纯正、透彻,而没有丝毫的虚、浮、躁、厉之气,颇有一些“温柔敦厚”之风。(佘树森《中国现当代散文研究》)

桨声灯影里的秦淮河

一九二三年八月的一晚,我和平伯同游秦淮河;平伯是初泛,我是重来了。我们雇了一只“七板子”,在夕阳已去,皎月方来的时候,便下了船。于是桨声汩——汩,我们开始领略那晃荡着蔷薇色的历史的秦淮河的滋味了。

秦淮河里的船,比北京万牲园、颐和园的船好,比西湖的船好,比扬州瘦西湖的船也好。这几处的船不是觉着笨,就是觉着简陋、局促;都不能引起乘客们的情韵,如秦淮河的船一样。秦淮河的船约略可分为两种:一是大船;一是小船,就是所谓“七板子”。大船舱口阔大,可容二三十人。里面陈设着字画和光洁的红木家具,桌上一律嵌着冰凉的大理石面。窗格雕镂颇细,使人起柔腻之感。窗格里映着红色蓝色的玻璃;玻璃上有精致的花纹,也颇悦人目。“七板子”规模虽不及大船,但那淡蓝色的栏杆,空敞的舱,也足系人情思。而最出色处却在它的舱前。舱前是甲板上的一部,上面有弧形的顶,两边用疏疏的栏杆支着。里面通常放着两张藤的躺椅。躺下,可以谈天,可以望远,可以顾盼两岸的河房。大船上也有这个,但在小船上更觉清隽罢了。舱前的顶下,一律悬着灯彩;灯的多少,明暗,彩苏的精粗,艳晦,是不一的,但好歹总还你一个灯彩。这灯彩实在是最能勾人的东西。夜幕垂垂地下来时,大小船上都点起灯火。从两重玻璃里映出那辐射着的黄黄的散光,反晕出一片朦胧的烟霭;透过这烟霭,在黯黯的水波里,又逗起缕缕的明漪。在这薄霭和微漪里,听着那悠然的间歇的桨声,谁能不被引入他的美梦去呢? 只愁梦太多了,这些大小船儿如何载得起呀? 我们这时模模糊糊的谈着明末的秦淮河的艳迹,如《桃花扇》及《板桥杂记》里所载的。我们真神往了。我们仿佛亲见那时华灯映水,画舫凌波的光景了。于是我们的船便成了历史的重载了。我们终于恍然秦淮河的船所以雅丽过于他处,而又有奇异的吸引力的,实在是许多历史的影像使然了。

473

秦淮河的水是碧阴阴的;看起来厚而不腻,或者是六朝金粉所凝么? 我们初上船的时候,天色还未断黑,那漾漾的柔波是这样恬静,委婉,使我们一面有水阔天空之想,一面又憧憬着纸醉金迷之境了。等到灯火明时,阴阴的变为沉沉了:黯淡的水光,像梦一般;那偶然闪烁着的光芒,就是梦的眼睛了。我们坐在舱前,因了那隆起的顶棚,仿佛总是昂着首向前走着似的;于是飘飘然如御风而行的我们,看着那些自在的湾泊着的船,船里走马灯般的人物,便象是下界一般,迢迢的远了,又像在雾里看花,尽朦朦胧胧的。这时我们已过了利涉桥,望见东关头了。沿路听见断续的歌声:有从沿河的妓楼飘来的,有从河上船里度来的。我们明知那些歌声,只是些因袭的言词,从生涩的歌喉里机械的发出来的;但它们经了夏夜的微风的吹漾和水波的摇拂,袅娜着到我们耳边的时候,已经不单是她们的歌声,而混着微风和河水的密语了。于是我们不得不被牵惹着,震撼着,相与浮沉于这歌声里了。从东关头转湾,不久就到大中桥。大中桥共有三个桥拱,都很阔大,俨然是三座门儿;使我们觉得我们的船和船里的我们,在桥下过去时,真是太无颜色了。桥砖是深褐色,表明它的历史的长久;但都完好无缺,令人太息于古昔工程的坚美。桥上两旁都是木壁的房子,中间应该有街路? 这些房子都破旧了,多年烟熏的迹,遮没了当年的美丽。我想象秦淮河的极盛时,在这样宏阔的桥上,特地盖了房子,必然是髹漆得富富丽丽的;晚间必然是灯火通明的,现在却只剩下一片黑沉沉! 但是桥上造着房子,毕竟使我们多少可以想见往日的繁华;这也慰情聊胜无了。过了大中桥,便到了灯月交辉,笙歌彻夜的秦淮河,这才是秦淮河的真面目哩。

　　大中桥外,顿然空阔,和桥内两岸排着密密的人家的景象大异了。一眼望去,疏疏的林,淡淡的月,衬着蔚蓝的天,颇象荒江野渡光景;那边呢,郁丛丛的,阴森森的,又似乎藏着无边的黑暗:令人几乎不信那是繁华的秦淮河了。但是河中眩晕着的灯光,纵横着的画舫,悠扬着的笛韵,夹着那吱吱的胡琴声,终于使我们认识绿如茵陈酒的秦淮水了。此地天裸露着的多些,故觉夜来的独迟些;从清清的水影里,我们感到的只是薄薄的夜——这正是秦淮河的夜。大中桥外,本来还有一座复成桥,是船夫口中的我们的游踪尽处,或也是秦淮河繁华的尽处了。我的脚曾踏过复成桥的脊,在十三四岁的时候。但是两次游秦淮河,却都不曾见着复成桥的面;明知总在前途的,却常觉得有些虚无缥缈似的。我想,不见倒也好。这时正是盛夏。我们下船后,借着新生的晚凉和河上的微风,暑气已渐渐销散;到了此地,豁然开朗,身子顿然轻了——习习的清风荏苒在面上,手上,衣上,这便又感到了一缕新凉了。南京的日光,大概没有杭州猛烈;西湖的夏夜老是热蓬蓬的,水像沸着一般,秦淮河的水却尽是这样冷冷地绿着。任你人影的憧憧,歌声的扰扰,总像隔着一层薄薄的绿纱面幂似的；它尽是这样静静的，冷冷的绿着。我们出了大中桥，走不上半里路，船夫便将船划到一旁，停了桨由它宕着。他以为那里正是繁华的极点，再过去就是荒凉了；所以让我们多多赏鉴一会儿。他自己却静静的蹲着。他是看惯这光景的了，大约只是一个无可无不可。这无可无不可，无论是升的沉的，总之，都比我们高了。

那时河里闹热极了；船大半泊着，小半在水上穿梭似的来往。停泊着的都在近市的那一边，我们的船自然也夹在其中。因为这边略略的挤，便觉得那边十分的疏了。在每一只船从那边过去时，我们能画出它的轻轻的影和曲曲的波，在我们的心上；这显着是空，且显着是静了。那时处处都是歌声和凄厉的胡琴声，圆润的喉咙，确乎是很少的。但那生涩的，尖脆的调子能使人有少年的，粗率不拘的感觉，也正可快我们的意。况且多少隔开些儿听着，因为想象与渴慕的做美，总觉更有滋味；而竞发的喧嚣，抑扬的不齐，远近的杂沓，和乐器的嘈嘈切切，合成另一意味的谐音，也使我们无所适从，如随着大风而走。这实在因为我们的心枯涩久了，变为脆弱；故偶然润泽一下，便疯狂似的不能自主了。但秦淮河确也腻人。即如船里的人面，无论是和我们一堆儿泊着的，无论是从我们眼前过去的，总是模模糊糊的，甚至渺渺茫茫的；任你张圆了眼睛，揩净了眦垢，也是枉然。这真够人想呢。在我们停泊的地方，灯光原是纷然的；不过这些灯光都是黄而有晕的。黄已经不能明了，再加上了晕，便更不成了。灯愈多，晕就愈甚；在繁星般的黄的交错里，秦淮河仿佛笼上了一团光雾。光芒与雾气腾腾的晕着，什么都只剩了轮廓了；所以人面的详细的曲线，便消失于我们的眼底了。但灯光究竟夺不了那边的月色；灯光是浑的，月色是清的。在浑沌的灯光里，渗入一派清辉，却真是奇迹！那晚月儿已瘦削了两三分。她晚妆才罢，盈盈的上了柳梢头。天是蓝得可爱，仿佛一汪水似的；月儿便更出落得精神了。岸上原有三株两株的垂杨树，淡淡的影子，在水里摇曳着。它们那柔细的枝条浴着月光，就像一支支美人的臂膊，交互的缠着，挽着；又像是月儿披着的发。而月儿偶尔也从它们的交叉处偷偷窥看我们，大有小姑娘怕羞的样子。岸上另有几株不知名的老树，光光的立着；在月光里照起来，却又俨然是精神矍铄的老人。远处——快到天际线了，才有一两片白云，亮得现出异彩，像是美丽的贝壳一般。白云下便是黑黑的一带轮廓；是一条随意画的不规则的曲线。这一段光景，和河中的风味大异了。但灯与月竟能并存着，交融着，使月成了缠绵的月，灯射着渺渺的灵辉，这正是天之所以厚秦淮河，也正是天之所以厚我们了。

这时却遇着了难解的纠纷。秦淮河上原有一种歌妓，是以歌为业的。从前都在茶舫上，唱些大曲之类。每日午后一时起，什么时候止，却忘记了。晚上照样也有一回，也在黄晕的灯光里。我从前过南京时，曾随着朋友去听过两次。因为茶舫里的人脸太多了，觉得不大适意，终于听不出所以然。前年听说歌妓被取缔了，不知怎的，颇涉想了几次——却想不出什么。这次到南京，先到茶舫上去看看，觉得颇是寂寥，令我无端的怅怅了。不料她们却仍在秦淮河里挣扎着，不料她们竟会纠缠到我们，我于是很张皇了，她们也乘着"七板子"，她们总是坐在舱前的。舱前点着石油汽灯，光亮眩人眼目：坐在下面的，自然是纤毫毕见了——引诱客人们的力量，也便在此了。舱里躲着乐工等人，映着汽灯的余辉蠕动着；他们是永远不被注意的。每船的歌妓大约都是二人；天色一黑，她们的船就在大中桥外往来不息的兜生意。无论行着的船，泊着的船，都要来兜揽的。这都是我后来推想出来的。那晚不知怎样，忽然轮着我们的船了。我们的船好好的停着，一只歌舫划向我们来了；渐渐和我们的船并着了。烁烁的灯光逼得我们皱起了眉头；我们的风尘色全给它托出来了，这使我踧踖不安了。那时一个伙计跨过船来，拿着摊开的歌折，就近塞向我的手里，说："点几出吧！"他跨过来的时候，我们船上似乎有许多眼光跟着。同时相近的别的船上也似乎有许多眼睛炯炯的向我们船上看着。我真窘了！我也装出大方的样子，向歌妓们瞥了一眼，但究竟是不成的！我勉强将那歌折翻了一翻，却不曾看清了几个字；便赶紧递还那伙计，一面不好意思地说："不要。我们……不要。"他便塞给平伯。平伯掉转头去，摇手说："不要！"那人还腻着不走。平伯又回过脸来，摇着头道，"不要！"于是那人重到我处，我窘着再拒绝了他。他这才有所不屑似的走了。我的心立刻放下，如释了重负一般。我们就开始自白了。

我说我受了道德律的压迫，拒绝了她们；心里似乎很抱歉的。这所谓抱歉，一面对于她们，一面对于我自己。她们于我们虽然没有很奢的希望；但总有些希望的。我们拒绝了她们，无论理由如何充足，却使她们的希望受了伤；这总有几分不做美了。这是我觉得很怅怅的。至于我自己，更有一种不足之感。我这时被四面的歌声诱惑了，降服了；但是远远的，远远的歌声总仿佛隔着重衣搔痒似的，越搔越搔不着痒处。我于是憧憬着贴耳的妙音了。在歌舫划来时，我的憧憬，变为盼望；我固执的盼望着，有如饥渴。虽然从浅薄的经验里，也能够推知，那贴耳的歌声，将剥去了一切的美妙；但一个平常的人象我的，谁愿凭了理性之力去丑化未来呢？我宁愿自己骗着了。不过我的社会感性是很敏锐的；我的思力能拆穿道德律的西洋镜，而我的感情却终于被它压服着。我于是有所顾忌了，尤其是在众目昭彰的时候。道德律的力，本来是民众赋予的；在民众的面前，自然更显出它的威严了。我这时一面盼望，一面却感到了两重的禁制：一，在通俗的意义上，接近妓者总算一种不正当的行为；二，妓是一种不健全的职业，我们对于她们，应有哀矜勿喜之心，不应赏玩的去听她们的歌。在众目睽睽之下，这两种思想在我心里最为旺盛。她们暂时压倒了我的听歌的盼望，这便成就了我的灰色的拒绝。那时的心实在异常状态中，觉得颇是昏乱。歌舫去了，暂时宁静之后，我的思绪又如潮涌了。两个相反的意思在我心头往复：卖歌和卖淫不同，听歌和狎妓不同，又干道德甚事？——但是，但是，她们既被逼得以歌为业，她们的歌必无艺术味的；况她们的身世，我们究竟该同情的。所以拒绝倒也是正办。但这些意思终于不曾撇开我的听歌的盼望。它力量异常坚强；它总想将别的思绪踏在脚下。从这重重的争斗里，我感到了浓厚的不足之感。这不足之感使我的心盘旋不安，起坐都不安宁了。唉！我承认我是一个自私的人！平伯呢，却与我不同。他引周启明先生的诗，"因为我有妻子，所以我爱一切的女人，因为我有子女，所以我爱一切的孩子①。"他的意思可以见了。他因为推及的同情，爱着那些歌妓，并且尊重着她们，所以拒绝了她们。在这种情形下，他自然以为听歌是对于她们的一种侮辱。但他也是想听歌的，虽然不和我一样。所以在他的心中，当然也有一番小小的争斗；争斗的结果，是同情胜了。至于道德律，在他是没有什么的；因为他很有蔑视一切的倾向，民众的力量在他是不大觉着的。这时他的心意的活动比较简单，又比较松弱，故事后还怡然自若；我却不能了。这里平伯又比我高了。

在我们谈话中间，又来了两只歌舫。伙计照前一样的请我们点戏，我们照前一样的拒绝了。我受了三次窘，心里的不安更甚了。清艳的夜景也为之减色。船夫大约因为要赶第二趟生意，催着我们回去；我们无可无不可的答应了。我们渐渐和那些晕黄的灯光远了，只有些月色冷清清的随着我们的归舟。我们的船竟没个伴儿，秦淮河的夜正长哩！到大中桥近处，才遇着一只来船。这是一只载妓的板船，黑漆漆的没有一点光。船头上坐着一个妓女；暗里看出，白地小花的衫子，黑的下衣。她手里拉着胡琴，口里唱着青衫的调子。她唱得响亮而圆转；当她的船箭一般驶过去时，余音还袅袅的在我们耳际，使我们倾听而向往。想不到在弩末的游踪里，还能领略到这样的清歌！这时船过大中桥了，森森的水影，如黑暗张着巨口，要将我们的船吞了下去。我们回顾那渺渺的黄光，不胜依恋之情；我们感到了寂寞了！这一段地方夜色甚浓，又有两头的灯火招邀着；桥外的灯火不用说了，过了桥另有东关头疏疏的灯火。我们忽然仰头看见依人的素月，不觉深悔归来之早了！走过东关头，有一两只大船湾泊着，又有几只船向我们来着。嚣嚣的一阵歌声人语，仿佛笑我们无伴的孤舟哩。东关头转湾，河上的夜色更浓了；临水的妓楼上，时时从帘缝里射出一线一线的灯光；仿佛黑暗从酣睡里眨了一眨眼。我们默然的对着，静听那汩——汩的桨声，几乎要入睡了；朦胧里却温寻着适才的

---

① 原诗是"我为了自己的儿女才爱小孩子，为了自己的妻才爱女人"（见《雪潮》四八页）。

繁华的余味。我那不安的心在静里愈显活跃了！这时我们都有了不足之感，而我的更其浓厚。我们却又不愿回去，于是只能由懊悔而怅惘了。船里便满载着怅惘了。直到利涉桥下，微微嘈杂的人声，才使我豁然一惊；那光景却又不同。右岸的河房里，都大开了窗户，里面亮着晃晃的电灯，电灯的光射到水上，蜿蜒曲折，闪闪不息，正如跳舞着的仙女的臂膊。我们的船已在她的臂膊里了；如睡在摇篮里一样，倦了的我们便又入梦了。那电灯下的人物，只觉得象蚂蚁一般，更不去萦念。这是最后的梦；可惜的是最短的梦！黑暗重复落在我们面前，我们看见傍岸的空船上一星两星的，枯燥无力又摇摇不定的灯光。我们的梦醒了，我们知道就要上岸了，我们心里充满了幻灭的情思。

一九二三年十月十一日作完，于温州。

【赏析】

1923 年夏天的某个晚上，朱自清与俞平伯同游秦淮河，并共同写出了同题散文《桨声灯影里的秦淮河》(俞平伯之作见其集《杂拌儿》，开明书店 1930 年版)，在中国现代文学史上留下了一段佳话，同时也为中国现当代散文领域内的"同题写作"开了先河。

朱自清在写作《桨声灯影里的秦淮河》时，在文学观念上正奉行"刹那主义"。他说："我第一要使生活的各个过程都有它独立之意义和价值——每一刹那有每一刹那的意义和价值"，"我们只须'鸟瞰'地认明每一刹那自己的价值，即这一刹那里充分的发展，便是有趣味的事，便是安定的生活"(见 1922 年朱自清致俞平伯信，载《我们的七月》)。对于作家艺术上的这一"刹那观"，与之相知较深的俞平伯曾经做过这样的解释与评价：朱自清"是把颓废主义与实际主义合拢来，形成一种有积极意味的刹那主义"，"他所持的这种刹那观，虽然根底上不免有些颓废气息，而在行为上却始终是积极的，肯定的，呐喊着的，挣扎着的。他决不甘心无条件屈服于悲哀底侵袭之下，约言之，他要拿这种刹那观做自己底防御线，不是拿来饮鸩止渴的。他看人生原只是一种没来由的盲动，但却积极的肯定它，顺它的猝发的要求，求个段落的满足，这便是他底唯一的道路"(《读〈毁灭〉》)。明确了这一点，再来看本文，则可发现，作者并没有表达什么深刻的、沉重的思想，仅仅是抒发了自己夜游秦淮的一系列"刹那"间的感觉、感触与感受，其中既有对"明末的秦淮河的艳迹"的"神往"，亦有对浮现着"许多历史的影象"的秦淮河本身魅力的欣赏，有对不幸沦落风尘的女子的哀怜、同情，亦有面对女性的诱惑时深受"道德律的压迫"而引起内心的困扰与冲突，亦不乏一个现代知识分子朴素而真诚的人道主义意识以及健康而稳固的传统理性。

本文最值得称道的主要在于其艺术上所取得的成功。"五四"运动之后，围绕着文言文与白话文的优劣，复古派与革新派曾经爆发过一系列理论上的论争，其结果当然以主张白话文写作的革新派取得了胜利，然而理论上的胜利还有待于实践的检验与证明，而朱自清的这篇散文以其淡雅而优美的魅力，可算是从一个侧面显示了"新文学"的实绩，从而被誉为"白话美文的模范"。用鲁迅的话说,"这是为了对于旧文学的示威,在表示旧文学之自以为特长者,白话文学也并非做不到"(《论小品文的危机》)。

在艺术表现上,本文值得借鉴的地方是很多的。诸如,在整个画面的组合、安排上,作家充分注意了艺术空间的虚实相间,"桨声灯影"在他的笔下忽隐忽显,忽近忽远,从而充分展示了一种雾里看花、"朦朦胧胧"的美学效果;在作品内在的情绪节奏的把握上,作家凭借着那一短短的游程,将之处理得张弛起伏、跌宕生姿:忽而恬淡,忽而窘迫,忽而怡然自得,忽而又充满了"幻灭的情思";在语言、修辞上,作家调动了各种富有色彩的词语,动用重叠、对仗、通感等手法,全面而细腻地复现了彼时彼刻的秦淮河的光色声影与氛围。

(沈义贞)

何 其 芳

何其芳(1912—1977),原名何永芳,生于重庆万州,现代诗人、散文家、文学评论家,中国科学院哲学社会科学学部委员。1935年于北京大学哲学系毕业,"汉园三诗人"之一。散文集《画梦录》获得文学界的一致好评。1938年到延安鲁迅艺术学院任教,为革命文艺做了大量拓荒工作。同年发表作品《生活是多么广阔》《我为少男少女们歌唱》。曾历任中国文学艺术界联合会委员,中国作家协会理事和书记处书记,中国社会科学院文学研究所所长等职。

雨 前

最后的鸽群带着低弱的笛声在微风里画一个圈子后,也消失了。也许是误认这灰暗的凄冷的天空为夜色的来袭,或是也预感到风雨的将至,遂过早地飞回它们温暖的木舍。

几天阳光在柳条上撒下的一抹嫩绿,被尘土埋掩得有憔悴色了,是需要着一次洗涤。还有干裂的大地与树根也早已期待着雨。雨却迟疑着。

我怀想着故乡的雷声和雨声。那隆隆的有力的搏击,从山谷返响到山谷,仿佛春之芽就从冻土里震动,惊醒,而怒茁出来。细草样柔的雨声又以膏脂和温存之手抚摩它,使它簇生油绿的枝叶而开出红色的花。这些怀想如乡愁一样萦绕得使我忧郁了。我心里的气候也和这北方大陆一样缺少雨量,一滴温柔的泪在我枯涩的眼里,如迟疑在这阴沉的天空里的雨点,久不落下。

白色的鸭也似有一点烦躁了,有不洁色的都市的河沟里传出它们焦急的叫声。有的还未厌倦那船一样的徐徐的划行,有的却倒插它们的长颈在水里,红色的蹼趾伸在尾巴后,不停地扑击着水以支持身体的平衡。不知是在寻找沟底的细微的食物,抑是贪那深深的水里的寒冷。

有几个已上岸了。在柳树下来回地作它们绅士的散步,舒息划行的疲劳。然后参差地站着,用嘴细细地梳理它们遍体白色的羽毛,间或又摇动身子或扑展着阔翅,使那缀在羽毛间的水珠坠落。一个已修饰完毕的,弯曲它的颈到背上,长长的红嘴藏没在翅膀里,静静合上它白色的茸毛间的小黑睛,仿佛准备睡眠。可怜的小动物,你就是这样做着你的梦吗?

我想起故乡放雏鸭的人了。一大群鹅黄色的雏鸭游牧在溪流间。清浅的水,两岸青青的草,一根长长的竿在牧人的手里。他的小队伍是多么欢欣地发出啾啁声,又多么驯服地随着他的竿头越过一个田野又一个山坡。夜来了,帐幕似的竹篷撑在地上,就是他的家。但这是怎样辽远的想象啊!在这多尘土的国土里,我仅只希望听一点树叶上的雨声。一点雨声的幽凉滴到我憔悴的梦,也许会长成一树圆圆的绿阴来覆荫我自己。

我仰起头。天空低垂如灰色的雾幕,落下一些寒冷的碎屑到我脸上。一只远来的鹰隼仿佛带着怒愤,对这沉重的天色的怒愤,平张的双翅不动地从天空斜插下,几乎触到河沟对岸的土阜,而又鼓扑着双翅,作出猛烈的声响腾上了。那样巨大的翅使我惊异,我看见了它两肋间斑白的羽毛。

接着听见了它有力的鸣声,如同一个巨大的心的呼号,或是在黑暗里寻找伴侣的叫唤。

然而雨还是没有来。

【汇评】

《雨前》是一篇美文。用词准确洗练,选用富于色彩的词藻,写景状物,精细传神,构成鲜明生动的动态画面;对故乡的怀想,写得似诗如画,情思缕缕。在优美的形式中含着深刻的意蕴,显示出一种清新隽永的韵味。(钱谷融、吴宏聪《中国现代文学作品选读》)

《雨前》写于 1933 年,是《画梦录》最精美的篇章,多次被收入各种散文选集和辞典。这篇美文的契机在于:精选"最后的鸽群""凄冷的天空""白色的鸭""远来的鹰隼"等别具特色的物象,通过冷灰与暖绿两种色调的反衬,构成雨前的幽深意境,制造出一种渴求雨的来临而雨偏偏迟迟不来的悒郁、迟疑的情调。(张梦阳《何其芳散文欣赏》)

【赏析】

　　《雨前》收录于何其芳著名的散文集《画梦录》,写作于 1933 年,何其芳正在北京大学上二年级。《画梦录》于 1936 年 7 月由文化生活出版社出版,收录了何其芳 1933 到 1935年从北大学生到天津南开中学教师两个时期的作品。《画梦录》是获得"《大公报》文艺奖金"的三部作品之一,颁奖词认为《画梦录》"是一部独立的艺术制作,有它超达深渊的情趣"。聂绀弩更将其和鲁迅的《野草》并列,认为它们"珠玉在前,无可伦比"。

　　《雨前》的写作具有现代派的象征主义风格。20 世纪 20 年代,中国产生了象征主义思潮,何其芳本人也是中国现代派诗歌的重要代表。何其芳将西方的现代派艺术进行了本土化尝试。《雨后》就是这样一篇诗化的散文,通过生活化的意象、古典蕴藉的词语选择、中国特色的意境营构,象征性地表达了自己的内心世界。作者身处久旱的北方,思念着故乡酣畅淋漓的雷声和雨声。《雨前》和鲁迅的《野草》中的《雪》有类似之处,都是用象征主义手法表达对于昂然奋进的战斗精神的呼唤,都运用了南方和北方的对比,不同的是,鲁迅呼唤的是"朔方的雪",何其芳期待的是"南方的雨",但同样的是,他们都渴望战斗的淋漓和有力的搏击。

　　《雨前》可谓诗化的散文,其语言艺术值得学习。首先,《雨前》善用象征手法。带着微弱笛声的鸽群,有点憔悴之色的柳条,烦躁的白色的鸭子,充满进攻性的鹰隼,这些自然界之物象都是作者内心焦郁、企盼、苦闷、渴望的象征。《雨前》通篇运用了对比手法,作者所在的北方是干枯压抑的,形成鲜明对比的是作者思念的故乡。那里有隆隆的有力的雷鸣,有温柔的雨声,有蓬勃的花草,有鹅黄的雏鸭,正是作者对于充满活力与希望的理想世界的描摹。其次,《雨前》将比喻、拟人、通感等融合运用。把鹰隼有力的鸣声,比喻为"一个巨大的心的呼号"。把"雨"欲下不下的状态拟人为"迟疑",柳条干渴的状态拟人为"憔悴"。"一点雨声的幽凉滴到我憔悴的梦"则是将对雨声的听觉感受转化为"幽凉"的触觉,用"憔悴"来形容抽象的梦境,既具有陌生化的美感,又有移情的作用,传神地写出了作者等雨而雨不至的荒凉哀戚之感。"也许会长成一树圆圆的绿阴来覆荫我自己"又从触觉转化为视觉,富有动感和美感,形成了诗一般的画面。司马长风在《中国新文学史》中讲到:"何其芳的散文,在文字技巧上登峰造极。"可以说,何其芳散文的语言艺术奇崛幽美,虚实相生,情景交融,细腻绵密,闪耀着独特的艺术光辉。

　　何其芳在现代散文的形制建构和美学追求上做出了重要贡献。他在《〈还乡杂记〉代序》中表示"我愿意以微薄的努力来证明每篇散文应该是一种纯粹的独立的创作""我的工作是在为抒情的散文发现一个新的园地"。何其芳的散文写作借鉴西方现代派诗歌的表现手法,擅用暗示与象征,精于意象的塑造和意境的营构。何其芳是现代主义本土化的一个重要代表,他的写作融汇了晚唐温庭筠、李商隐的含蓄蕴藉,闻一多、徐志摩对现代汉语的语言锤炼,融汇古今,走出了中国现代散文的创新之路。

（张　娟）

参考书目

《鲁迅散文全集》,浙江文艺出版社 1991 年

何其芳《何其芳文集》,人民文学出版社 1982 年

朱自清《背影》,河北教育出版社 1994 年

情感道德·勤俭

思考与练习

1. 朱自清的《桨声灯影里的秦淮河》是如何发挥"桨声灯影"的美学效果的？请比较此文与俞平伯同题散文的异同。

2. 从《雨前》谈谈何其芳对现代抒情散文的创造。

三十五、现代散文（下）

慕课资源

巴　金

巴金（1904—2005），原名李尧棠，字芾甘，四川成都人。1921 年于成都外语专门学校肄业。曾就读于东南大学附中。1927 年至 1929 年赴法国留学。1935 年至 1950 年任上海文化生活出版社、平明出版社总编辑。1950 年后历任《文艺月报》《收获》《上海文学》主编，上海市文联副主席、主席、名誉主席，上海市作家协会主席、名誉主席，上海市政协副主席，中国作家协会副主席、主席，中国文联副主席、荣誉委员。全国人大代表、常委委员，全国政协委员、全国政协副主席。

1922 年开始文学创作，著有《灭亡》《新生》、"激流三部曲"（《家》《春》《秋》）、"爱情三部曲"（《雾》《雨》《电》）、《火》《憩园》《寒夜》《第四病室》《爝火集》《随想录》《再思录》等中、长篇小说以及短篇小说、散文等。出版了《巴金全集》（26 卷）、《巴金译文全集》（10 卷）。

2003 年 11 月，国务院授予巴金"人民作家"荣誉称号。

【集评】

巴金作品中那用痛苦的心泉酿成的悲剧素质所构成的悲剧美，由于总是和崇高、真诚、美好、理想、抗争相联系，所以它们并不使人陷入悲观厌世和绝望消沉之中，相反却能激起人们对现存社会制度永世长存的怀疑和对未来光明的渴望。（刘慧贞《巴金代表作·序言》）

他在创作中，真挚、强烈地抒发了自己的真情实感，自觉地以这种感情为中介，使广大读者从他的作品中获得艺术与美的享受，以及战斗的启示。（陈思和、李辉《巴金研究论稿》）

怀念萧珊[①]

巴　金

一

今天是萧珊逝世的六周年纪念日。六年前的光景还非常鲜明地出现在我的眼前。那一天我从火葬场回到家中，一切都是乱糟糟的，过了两三天我渐渐地安静下来了，一个人坐在书桌前，想写一篇纪念她的文章。在五十年前我就有了这样一种习惯：有感情无处倾吐时我经常求助于纸笔。可是一九七二年八月里那几天，我每天坐三四个小时望着面前摊开的稿纸，却写不出一句话。我痛苦地想，难道给关了几年的"牛棚"，真的就变成"牛"了？头上仿佛压了一块大石头，思想好像冻结了一样。我索性放下笔，什么也不写了。

六年过去了。林彪、"四人帮"及其爪牙们的确把我搞得很"狼狈"，但我还是活下来了，而且偏偏活得比较健康，脑子也并不糊涂，有时还可以写一两篇文章。最近我经常去火葬场，参加老朋友们的骨灰安放仪式。在大厅里，我想起许多事情。同样地奏着哀乐，我的思想却从挤满了人的大厅转到只有二三十个人的中厅里去了，我们正在用哭声向萧珊的遗体告别。我记起了《家》里面觉新说过的一句话："好像珏死了，也是一个不祥的鬼。"四十七年前我写这句话的时候，怎么想得到我是在写自己！我没有流眼泪，可是我觉得有无数锋利的指甲在搔我的心。我站在死者遗体旁边，望着那张惨白色的脸，那两片咽下千言万语的嘴唇，我咬紧牙齿，在心里唤着死者的名字。我想，我比她大十三岁，为什么不让我先死？我想，这是多不公平！她究竟犯了什么罪？她也给关进"牛棚"，挂上"牛鬼蛇神"的小纸牌，还扫过马路。究竟为什么？理由很简单，她是我的妻子。她患了病，得不到治疗，也因为她是我的妻子。想尽办法一直到逝世前三个星期，靠开后门她才住进医院。但是癌细胞已经扩散，肠癌变成了肝癌。

她不想死，她要活，她愿意改造思想，她愿意看到社会主义建成。这个愿望总不能说是痴心妄想吧。她本来可以活下去，倘使她不是"黑老 K"的"臭婆娘"。一句话，是我连累了她，是我害了她。

---

① 本篇选自巴金的散文《随想录》，写于 1978 年 8 月至 1979 年 1 月，是一篇悼亡之作。作者虽然写的是个人的遭遇，但又时时把这场遭遇与整个国家民族的劫难过程联系在一起，使散文中所写的日常生活场景都超出了个人的意义。

在我靠边的几年中间，我所受到的精神折磨她也同样受到。但是我并未挨过打，她却挨了"北京来的红卫兵"的铜头皮带，留在她左眼上的黑圈好几天以后才退尽。她挨打只是为了保护我，她看见那些年轻人深夜闯进来，害怕他们把我揪走，便溜出大门，到对面派出所去，请民警同志出来干预。那里只有一个人值班，不敢管。当着民警的面，她被他们用铜头皮带狠狠抽了一下，给押了回来，同我一起关在马桶间里。

她不仅分担了我的痛苦，还给我不少的安慰和鼓励。在"四害"横行的时候，我在原单位（中国作家协会上海分会）给人当作"罪人"和"贱民"看待，日子十分难过，有时到晚上九十点钟才能回家。我进了门看到她的面容，满脑子的乌云都消散了。我有什么委屈、牢骚，都可以向她尽情倾吐。有一个时期我和她每晚临睡前要服两粒眠尔通才能够闭眼，可是天刚刚发白就都醒了。我唤她，她也唤我。我诉苦般地说："日子难过啊！"她也用同样的声音回答："日子难过啊！"但是她马上加一句："要坚持下去。"或者再加一句："坚持就是胜利。"我说"日子难过"，因为在那一段时间里，我每天在"牛棚"里面劳动、学习、写交代、写检查、写思想汇报。任何人都可以责骂我、教训我、指挥我。从外地到"作协分会"来串联的人可以随意点名叫我出去"示众"，还要自报罪行。上下班不限时间，由管理"牛棚"的"监督组"随意决定。任何人都可以闯进我家里来，高兴拿什么就拿走什么。这个时候大规模的群众性批斗和电视批斗大会还没有开始，但已经越来越逼近了。

她说"日子难过"，因为她给两次揪到机关，靠边劳动，后来也常常参加陪斗。在淮海中路"大批判专栏"上张贴着批判我的罪行的大字报，我一家人的名字都给写出来"示众"，不用说"臭婆娘"的大名占着显著的地位。这些文字像虫子一样咬痛她的心。她让上海戏剧学院"狂妄派"学生突然袭击、揪到"作协分会"去的时候，在我家大门上还贴了一张揭露她的所谓罪行的大字报。幸好当天夜里我儿子把它撕毁。否则这一张大字报就会要了她的命！

人们的白眼，人们的冷嘲热骂蚕蚀着她的身心。我看出来她的健康逐渐遭到损害。表面上的平静是虚假的。内心的痛苦像一锅煮沸的水，她怎么能遮盖住！怎样能使它平静！她不断地给我安慰，对我表示信任，替我感到不平。然而她看到我的问题一天天地变得严重，上面对我的压力一天天地增加，她又非常担心。有时同我一起上班或者下班，走进巨鹿路口，快到"作协分会"，或者走进南湖路口，快到我们家，她总是抬不起头。我理解她，同情她，也非常担心她经受不起沉重的打击。我记得有一天到了平常下班的时间，我们没有受到留难，回到家里她比较高兴，到厨房去烧菜。我翻看当天的报纸，在第三版上看到当时做了"作协分会"的"头头"的两个工人作家写的文章《彻底揭露巴金的反革命真面》。真是当头一棒！我看了两三行，连忙把报纸藏起来，我害怕让她看见。她端着烧好的菜出来，脸上还带笑容，吃饭时她有说有笑。饭后她要看报，我企图把她的注意力引到别处。但是没有用，她找到了报纸。她的笑容一下子完全消失。这一夜她再没有讲话，早早地进了房间。我后来发现她躺在床上小声哭着。一个安静的夜晚给破坏了。今天回想当时的情景，她那张满是泪痕的脸还在我的眼前。我多么愿意让她的泪痕消失，笑容在她那憔悴的脸上重现，即使减少我几年的生命来换取我们家庭生活中一个宁静的夜晚，我也心甘情愿！

二

我听周信芳同志的媳妇说，周的夫人在逝世前经常被打手们拉出去当作皮球推来推去，打得遍体鳞伤。有人劝她躲开，她说："我躲开，他们就要这样对付周先生了。"萧珊并未受到这种新式体罚。可是她在精神上给别人当皮球打来打去。她也有这样的想法：她多受一点精神折磨，可以减轻对我的压力。其实这是她一片痴心，结果只苦了她自己。我看见她一天天地憔悴下去，我看见她的生命之火逐渐熄灭，我多么痛心。我劝她，安慰她，我想拉住她，一点也没有用。

她常常问我："你的问题什么时候才解决呢？"我苦笑地说："总有一天会解决的。"她叹口气说："我恐怕等不到那个时候了。"后来她病倒了，有人劝她打电话找我回家，她不知从哪里得来的消息，她说："他在写检查，不要打岔他。他的问题大概可以解决了。"等到我从五七干校回家休假，她已经不能起床。她还问我检查写得怎样，问题是否可以解决。我当时的确在写检查，而且已经写了好几次了。他们要我写，只是为了消耗我的生命。但她怎么能理解呢？

这时离她逝世不过两个多月，癌细胞已经扩散，可是我们不知道，想找医生给她认真检查一次，也毫无办法。平日去医院挂号看门诊，等了许久才见到医生或者实习医生，随便给开个药方就算解决问题。只有在发烧到摄氏三十九度才有资格挂急诊号，或者还可以在病人拥挤的观察室里待上一天半天。当时去医院看病找交通工具也很困难，常常是我女婿借了自行车来，让她坐在车上，他慢慢地推着走。有一次她雇到小三轮车去看病，看好门诊回家雇不到车了，只好同陪她看病的朋友一起慢慢地走回来，走走停停，走到街口，她快要倒下了，只得请求行人到我们家通知，她一个表侄正好来探病，就由他去把她背了回家。她希望拍一张 X 光片子查一查肠子有什么病，但是办不到。后来靠了她一位亲戚帮忙开后门两次拍片，才查出她患肠癌。以后又靠朋友设法开后门住进了医院。她自己还很高兴，以为得救了。只有她一个人不知真实的病情，她在医院里只活了三个星期。

我休假回家，假期满了，我又请过两次假，留在家里照料病人。最多也不到一个月。我看见她病情日趋严重，实在不愿意把她丢开不管，我要求延长假期的时候，我们那个单位的一个"工宣队"头头逼着我第二天就回干校去。我回到家里，她问起来，我无法隐瞒。她叹了一口气，说"你放心去吧。"她把脸掉过去，不让我看见她。我女儿、女婿看到这种情景，自告奋勇跑到巨鹿路向那位"工宣队"头头解释，希望同意我在市区多留些日子照料病人。可是那个头头"执法如山"，还说：他不是医生，留在家里，有什么用！"留在家里对他改造不利！"他们气愤地回到家中，只说机关不同意，后来才对我传达了这句"名言"。我还能讲什么呢？明天回干校去！

　　整个晚上她睡不好，我更睡不好。出乎意外，第二天一早我那个插队落户的儿子在我们房间里出现了，他是昨天半夜里到的。他得了家信，请假回家看母亲，却没有想到母亲病成这样。我见了他一面，把他母亲交给他，就回干校去了。

　　在车上我的情绪很不好。我实在想不通为什么会有这样的事情。我在干校待了五天，无法同家里通消息。我已经猜到她的病不轻了。可是人们不让我过问她的事情。这五天是多么难熬的日子！到第五天晚上在干校的造反派头头通知我们全体第二天一早回市区开会。这样我才又回到了家，见到我的爱人。靠了朋友帮忙，她可以住进中山医院肝癌病房，一切都准备好，她第二天就要住院了。她多么希望住院前见我一面，我终于回来了。连我也没有想到她的病情发展得这么快。我们见了面，我一句话也讲不出来。她说了一句："我到底住院了。"我答说："你安心治疗吧。"她父亲也来看她，老人家双目失明，去医院探病有困难，可能是来同他的女儿告别的。

　　我吃过中饭，就去参加给别人戴上反革命帽子的大会，受批判、戴帽子的人不止一个，其中有一个我的熟人王若望同志，他过去也是作家，不过比我年轻。我们一起在"牛棚"里关过一个时期，他的罪名是"摘帽右派"。他不服，不听话，他贴出大字报，声明"自己解放自己"，因此罪名越搞越大，给捉去关了一个时期不算，还戴上了反革命的帽子监督劳动。在会场里我一直像在做怪梦。开完会回家，见到萧珊我感到格外亲切，仿佛重回人间。可是她不舒服，不想讲话，偶尔讲一句半句。我还记得她讲了两次："我看不到了。"我连声问她看不到什么？她后来才说："看不到你解放了。"我还能再讲什么呢？

　　我儿子在旁边，垂头丧气，精神不好，晚饭只吃了半碗，像是患感冒。她忽然指着他小声说："他怎么办呢？"他当时在安徽山区农村已经待了三年半，政治上没有人管，生活上不能养活自己，而且因为是我的儿子，给剥夺了好些公民权利。他先学会沉默，后来又学会抽烟。我怀着内疚的心情看看他。我后悔当初不该写小说,更不该生儿育女。我还记得前两年在痛苦难熬的时候她对我说:"孩子们说爸爸做了坏事,害了我们大家。"这好像用刀子在割我身上的肉。我没有出声,我把泪水全吞在肚里。她睡了一觉醒过来忽然问我:"你明天不去了?"我说:"不去了。"就是那个"工宣队"头头今天通知我不用再去干校就留在市区。他还问我:"你知道萧珊是什么病?"我答说:"知道。"其实家里瞒住我,不给我知道真相,我还是从他这句问话里猜到的。

三

第二天早晨她动身去医院,一个朋友和我女儿、女婿陪她去。她穿好衣服等候车来。她显得急躁,又有些留恋,东张张西望望,她也许在想是不是能再看到这里的一切。我送走她,心上反而加了一块大石头。

将近二十天里,我每天去医院陪伴她大半天。我照料她,我坐在病床前守着她,同她短短地谈几句话。她的病情恶化,一天天衰弱下去,肚子却一天天大起来,行动越来越不方便。当时病房里没有人照料,生活方面除饭食外一切都必须自理。后来听同病房的人称赞她"坚强",说她每天早晚都默默地挣扎着下了床,走到厕所。医生对我们谈起,病人的身体经不住手术,最怕的是她的肠子堵塞,要是不堵塞,还可以拖延一个时期。她住院后的半个月是一九六六年八月以来我既感痛苦又感到幸福的一段时间,是我和她在一起渡过的最后的平静的时刻,我今天还不能将它忘记。但是半个月以后,她的病情又有了发展,一天吃中饭的时候,医生通知我儿子找我去谈话。他告诉我:病人的肠子给堵住了,必须开刀。开刀不一定有把握,也许中途出毛病。但是不开刀,后果更不堪设想。他要我决定,并且要我劝她同意。我做了决定,就去病房对她解释。我讲完话,她只说了一句:"看来,我们要分别了。"她望着我,眼睛里全是泪水。我说:"不会的……"我的声音哑了。接着护士长来安慰她,对她说:"我陪你,不要紧的。"她回答:"你陪我就好。"时间很紧迫,医生、护士们很快做好了准备,她给送进手术室去了,是她的表侄把她推到手术室门口的。我们就在外面廊上等了好几个小时,等到她平安地给送出来,由儿子把她推回到病房去。儿子还在她的身边守过一个夜晚。过两天他也病倒了,查出来他患肝炎,是从安徽农村带回来的。本来我们想瞒住他的母亲,可是无意间让他母亲知道了。她不断地问:"儿子怎么样?"我自己也不知道儿子怎么样,我怎么能使她放心呢? 晚上回到家,走进空空的、静静的房间,我几乎要叫出声来:"一切都朝我的头打下来吧,让所有的灾祸都来吧。我受得住!"

我应当感谢那位热心而又善良的护士长,她同情我的处境,要我把儿子的事情完全交给她办。她做好安排,陪他看病、检查,让他很快住进别处的隔离病房,得到及时的治疗和护理。他在隔离病房里苦苦地等候着母亲病情的好转。母亲躺在病床上,只能有气无力地说几句短短的话,她经常问:"棠棠怎么样?"从她那双含泪的眼睛里我明白她多么想看见她最爱的儿子。但是她已经没有精力多想了。

　　她每天给输血,打盐水针。她看见我去就断断续续地问我:"输多少西西的血? 该怎么办?"我安慰她:"你只管放心。没有问题,治病要紧。"她不止一次地说:"你辛苦了。"我有什么苦呢? 我能够为我最亲爱的人做事情,哪怕做一件小事,我也高兴! 后来她的身体更不行了。医生给她输氧气,鼻子里整天插着管子。她几次要求拿开,这说明她感到难受,但是听了我们的劝告,她终于忍受下去了。开刀以后她只活了五天。谁也想不到她会去得这么快! 五天中间我整天守在病床前,默默地望着她在受苦(我是设身处地感觉到这样的),可是她除了两三次要求搬开床前巨大的氧气筒,三四次表示担心输血较多付不出医药费之外,并没有抱怨过什么。见到熟人她常有这样一种表情:请原谅我麻烦了你们。她非常安静,但并未昏睡,始终睁大两只眼睛。眼睛很大,很美,很亮。我望着,望着,好像在望快要燃尽的烛火。我多么想让这对眼睛永远亮下去! 我多么害怕她离开我! 我甚至愿意为我那十四卷"邪书"受到千刀万剐,只求她能安静地活下去。

　　不久前我重读梅林写的《马克思传》,书中引用了马克思给女儿的信里的一段话,讲到马克思夫人的死。信上说:"她很快就咽了气。……这个病具有一种逐渐虚脱的性质,就像由于衰老所致一样。甚至在最后几小时也没有临终的挣扎,而是慢慢地沉入睡乡。她的眼睛比任何时候都更大、更美、更亮!"这段话我记得很清楚。马克思夫人也死于癌症。我默默地望着萧珊那对很大、很美、很亮的眼睛,我想起这段话,稍微得到一点安慰。听说她的确也"没有临终的挣扎",也是"慢慢地沉入睡乡"。我这样说,因为她离开这个世界的时候,我不在她的身边。那天是星期天,卫生防疫站因为我们家发现了肝炎病人,派人上午来做消毒工作。她的表妹有空愿意到医院去照料她,讲好我们吃过中饭就去接替。没有想到我们刚刚端起饭碗,就得到传呼电话,通知我女儿去医院,说是她妈妈"不行"了。真是晴天霹雳! 我和我女儿、女婿赶到医院。她那张病床上连床垫也给拿走了。别人告诉我她在太平间。我们又下了楼赶到那里,在门口遇见表妹。还是她找人帮忙把"咽了气"的病人抬进来的。死者还不曾给放进铁匣子里送进冷库,她躺在担架上,但已经给白布床单包得紧紧的,看不到面容了。我只看到她的名字。我弯下身子,把地上那个还有点人形的白布包拍了好几下,一面哭唤着她的名字。不过几分钟的时间,这算是什么告别呢?

　　据表妹说,她逝世的时刻,表妹也不知道。她曾经对表妹说:"找医生来。"医生来过,并没有什么。后来她就渐渐地"沉入睡乡"。表妹还以为她在睡眠。一个护士来打针,才发觉她的心脏已经停止跳动了。我没有能同她诀别,我有许多话没有能向她倾吐,她不能没有留下一句遗言就离开我!我后来常常想,她对表妹说:"找医生来",很可能不是"找医生"。是"找李先生"(她平日这样称呼我)。为什么那天上午偏偏我不在病房呢?家里人都不在她身边,她死得这样凄凉!

我女婿马上打电话给我们仅有的几个亲戚。她的弟媳赶到医院,马上晕了过去。三天以后在龙华火葬场举行告别仪式。她的朋友一个也没有来,因为一则我们没有通知,二则我是一个审查了将近七年的对象。没有悼词没有吊客,只有一片伤心的哭声。我衷心感谢前来参加仪式的少数亲友和特地来帮忙的我女儿的两三个同学,最后,我跟她的遗体告别,女儿望着遗容哀哭,儿子在隔离病房还不知道把他当作命根子的妈妈已经死亡。值得提说的是她当作自己儿子照顾了好些年的一位亡友的男孩从北京赶来,只为了看见她最后一面。这个整天同钢铁打交道的技术员,他的心倒不像钢铁那样。他得到电报以后,他爱人对他说:"你去吧,你不去一趟,你的心永远安定不了。"我在变了形的她的遗体旁边站了一会。别人给我和她照了相。我痛苦地想:这是最后一次了,即使给我们留下来很难看的形象,我也要珍视这个镜头。

一切都结束了。过了几天我和女儿、女婿到火葬场,领到了她的骨灰盒。在存放室寄存了三年之后,我按期把骨灰盒接回家里。有人劝我把她的骨灰安葬,我宁愿让骨灰盒放在我的寝室里,我感到她仍然和我在一起。

四

梦魇一般的日子终于过去了。六年仿佛一瞬间似的远远地落在后面了。其实哪里是一瞬间!这段时间里有多少流着血和泪的日子啊。不仅是六年,从我开始写这篇短文到现在又过去了半年,半年中我经常在火葬场的大厅里默哀,行礼,为了纪念给"四人帮"迫害致死的朋友。想到他们不能把个人的智慧和才华献给社会主义祖国,我万分惋惜。每次戴上黑纱插上纸花的同时,我也想起我自己最亲爱的朋友,一个普通的文艺爱好者,一个成绩不大的翻译工作者,一个心地善良的人。她是我生命的一部分,她的骨灰里有我的泪和血。

她是我的一个读者。一九三六年我在上海第一次同她见面。一九三八年和一九四一年我们两次在桂林像朋友似的住在一起。一九四四年我们在贵阳结婚。我认识她的时候,她还不到二十,对她的成长我应当负很大的责任。她读了我的小说,给我写信,后来见到了我,对我发生了感情。她在中学念书,看见我以前,因为参加学生运动被学校开除，回到家乡住了一个短时期，又出来进另一所学校。倘使不是为了我，她一九三七、三八年一定去了延安。她同我谈了八年的恋爱，后来到贵阳旅行结婚，只印发了一个通知，没有摆过一桌酒席。从贵阳我和她先后到了重庆，住在民国路文化生活出版社门市部楼梯下七八个平方米的小屋里。她托人买了四只玻璃杯开始组织我们的小家庭。她陪着我经历了各种艰苦生活。在抗日战争紧张的时期，我们一起在日军进城以前十多个小时逃离广州，我们从广东到广西，从昆明到桂林，从金华到温州，我们分散了，又重见，相见后又别离。在我那两册《旅途通讯》中就有一部分这种生活的记录。四十年前有一位朋友批评我："这算什么文章！"我的《文集》出版后，另一位朋友认为我不应当把它们也收进去。他们都有道理。两年来我对朋友、对读者讲过不止一次，我决定不让《文集》重版。但是为我自己，我要经常翻看那两小册《通讯》。在那些年代，每当我落在困苦的境地里、朋友们各奔前程的时候，她总是亲切地在我耳边说："不要难过，我不会离开你，我在你的身边。"的确，只有在她最后一次进手术室之前她才说过这样一句："我们要分别了。"

我同她一起生活了三十多年。但是我并没有好好地帮助过她。她比我有才华，却缺乏刻苦钻研的精神。我很喜欢她翻译的普希金和屠格涅夫的小说。虽然译文并不恰当，也不是普希金和屠格涅夫的风格，它们却是有创造性的文学作品，阅读它们对我是一种享受。她想改变自己的生活，不愿做家庭妇女，却又缺少吃苦耐劳的勇气。她听一个朋友的劝告，得到后来也是给"四人帮"迫害致死的叶以群同志的同意，到《上海文学》"义务劳动"，也做了一点点工作，然而在运动中却受到批判，说她专门向老作家组稿，又说她是我派去的"坐探"。她为了改造思想，想走捷径，要求参加"四清"运动，找人推荐到某铜厂的工作组工作，工作相当忙碌、紧张，她却精神愉快。但是到我快要靠边的时候，她也被叫回"作协分会"参加运动。她第一次参加这种急风暴雨的斗争，而且是以反动权威家属的身份参加，她不知道该怎么办才好。她张皇失措，坐立不安，替我担心，又为儿女的前途忧虑。她盼望什么人向她伸出援助的手，可是朋友们离开了她，"同事们"拿她当作箭靶，还有人想通过整她来整我。她不是"作协分会"或者刊物的正式工作人员，可是仍然被"勒令"靠边劳动、站队挂牌，放回家以后，又给揪到机关。过一个时期，她写了认罪的检查，第二次给放回家的时候，我们机关的造反派头头却通知里弄委员会罚她扫街。她怕给人看见，每天大清早起来，拿着扫帚出门，扫得精疲力尽，才回到家里，关上大门，吐了一口气。但有时她还碰到上学去的小孩，对她叫骂"巴金的臭婆娘"。我偶尔看见她拿着扫帚回来，不敢正眼看她，我感到负罪的心情，这是对她的一个致命的打击。不到两个月，她病倒了，以后就没有再出去扫街（我妹妹继续扫了一个时期），但是也没有完全恢复健康。尽管她还继续拖了四年，但一直到死她并不曾看到我恢复自由。这就是她的最后，然而绝不是她的结局。她的结局将和我的结局连在一起。

我绝不悲观。我要争取多活。我要为我们社会主义祖国工作到生命的最后一息。在我丧失工作能力的时候,我希望病榻上有萧珊翻译的那几本小说。等到我永远闭上眼睛,就让我的骨灰同她的搀和在一起。

一月十六日写完

【赏析】

巴金的《怀念萧珊》是其晚年散文集《随想录》中的一篇。《随想录》是巴金晚年创作的高峰,是一代知识分子的"文革"心路历程摄照。巴金从剖析自身入手,对"文革"的黑暗荒谬,尤其是知识分子由"奴在身者"发展成"奴在心者"的人格萎缩的精神痛史有沉痛犀利的批判,饱含着自我反省、自我忏悔、讲真话的勇气。《随想录》是巴金作为20世纪文学良心最好的体现,也是当代散文中的杰作。《怀念萧珊》是其中的名篇。

《怀念萧珊》是《随想录》怀人系列的一篇,也是随想录中篇幅最长的作品之一。文章的叙事不是直线的,而是有两次由近及远的情感之线,仿佛巴金本人的情感起伏,忽近忽远,纯出自然。在第一部分,"文革"结束之后,巴金参加大大小小的追悼会,由此燃起对爱妻萧珊的怀念。文章开始以追忆的形式开始对萧珊的点滴记录。首先作者想起的是告别萧珊的情景:"我没有流眼泪,可是我觉得有无数锋利的指甲在搔我的心。我站在死者遗体旁边,望着那张惨白色的脸,那两片咽下千言万语的嘴唇,我咬紧牙齿,在心里唤着死者的名字。"作者的思绪是从最黑暗的年代开始的,为什么萧珊死得如此凄惨?作者沉痛地点出:"理由很简单,她是我的妻子""她本来可以活下去""一句话,是我连累了她,是我害了她"。文章的叙事在此缓慢而深沉起来。作者列出了记忆中的充满温情的辛酸的场景:萧珊为了保护他,挨了红卫兵的铜头皮带,眼睛上的黑晕好几天才散去;在巴金被无穷尽地批斗的夜晚,萧珊所给予他的温情和鼓励:"要坚持下去";萧珊在看到报纸上批判丈夫的文章时绝望的哭泣……

第二部分和第三部分是讲述萧珊患病最后的日子。萧珊因为受巴金牵连不能得到及时医治,是家人想尽办法才在生命的最后三个星期住进了医院。萧珊一直念念不忘的还是巴金:"你的问题什么时候才解决呢?"在要进病房手术的时刻,萧珊表现出无尽的不舍:"看来,我们要分别了。""她望着我,眼睛里全是泪水。"全文的情感最高潮出现在萧珊的弥留之际:"她非常安静,但并未昏睡,始终睁大两只眼睛。眼睛很大,很美,很亮。我望着,望着,好像在望快要燃尽的烛火。我多么想让这对眼睛永远亮下去!我多么害怕她离开我!我甚至愿意为我那十四卷'邪书'受到千刀万剐,只求她能安静地活下去。"作者的笔触饱含深情,但又极其克制。在生死别离之际,他写到萧珊的眼睛,非常安静,始终睁着。眼睛很大,很美,很亮。字里行间流露出巴金对妻子的深情,她在生命的尽头,在他眼中始终是美好的。而这样美好的爱人很快就要永远地去了,因为他的拖累。作者的情感张力猛然爆发,一连串的排比句将巴金内心的爱情、愤怒、愧疚、不舍淋漓尽致地展现出来。

在第四部分,作者的情感又一次转向现在,梦魇般的日子结束了,巴金恢复了自由,又能重新拿起笔了,但斯人已去。作者的记忆又转向更遥远的过去,和萧珊初识的日子,他们几十年相濡以沫的岁月。在呼应开头的同时,他充满深情地评价自己亲密的爱人:"她是我生命的一部分,她的骨灰里有我的泪和血。"有了前段诸多铺垫,作者的情感显得如此深沉又如此真诚。在结尾处,他平静地写道:"她的结局将和我的结局连在一起。""等到我永远闭上眼睛,就让我的骨灰同她的搀和在一起。"在最后一段之前,巴金曾在修改时删去了这样一段:"人死犹如灯灭。我不相信有鬼。但是,我又多么希望有一个鬼的世界,倘使真有鬼的世界,那么我同萧珊见面的日子就不太远了。"文字虽然删去了,但这却是巴金内心最真实情感的流露,萧珊永远没有离开巴金。

巴金的这篇作品文字质朴,以情取胜,是当代散文史上的悼亡名篇,堪与朱自清的《悼亡妻》相媲美。但这又不是一篇纯粹的悼亡之作,全篇在情思婉转之中有沉痛的叩问,直指"文革"的荒谬与黑暗。《怀念萧珊》与《随想录》的其他怀人系列相比,虽然在自我批判上不是特别突出,但仍然可见作者的自省意识。他痛苦地看到自己为妻子和家人所带来的厄运,情感真挚沉痛,摈弃虚饰,以质朴的记录风格见长。这种无技巧写作,在很大程度上是巴金"讲真话"理念的凸显。巴金曾经提过,《随想录》是一部讲真话的书,"自己想什么就讲什么,自己怎么想就怎么说——这就是真话。"①《怀念萧珊》不仅是巴金对"文革"时期沉痛家事的回顾和知识分子心灵轨迹的自我摄照,而且独具返璞归真的文体价值,是当代散文史上不可多得的佳作。

(朱丽丽)

王 小 波

1952年生于北京,先后到云南、山东插队,1978年考入中国人民大学,1984年到美国留学,1988年回国,先后在北京大学、中国人民大学任教,1992年起,辞去公职,做自由撰稿人,1997年4月因急性心脏病发作去世。王小波是唯一一位两次荣获世界华语文学界的重要奖项——台湾联合报系文学奖中篇小说大奖(第13届和第16届)的大陆作家,他与人合作的电影剧本《东宫·西宫》获阿根廷国际电影节最佳剧本奖。王小波生前先后在大陆、台湾、香港出版著作8本,其代表作小说集《时代三部曲》、杂文选集《我的精神家园》于1997年出版。

【集评】

王小波的随笔以其所坚持的理性、自由的文化立场和活泼生动的文风,而在90年代颇受关注。他的短文更近于"杂文","问题意识"很强,往往针对具体的文化思想问题进行写作,并在戏谑笑骂之中表

---

① 巴金:《随想录·说真话集·说真话之四》,北京三联书店,1987年版。

现自己的态度。他的思路十分独特，往往通过一个故事或个人的有趣经历，进入到对于问题的讨论，并随时机敏而生动地插入对相关问题的评点与论述。王小波特别强调写作的"有趣"，其文章语句幽默，经常夹杂一些北京口语，而形成一种独特的叙述方式。（洪子诚《中国当代文学史》）

一只特立独行的猪

插队的时候，我喂过猪，也放过牛。假如没有人来管，这两种动物也完全知道该怎样生活。它们会自由自在地闲逛，饥则食渴则饮，春天来临时还要谈谈爱情；这样一来，它们的生活层次很低，完全乏善可陈。人来了以后，给它们的生活做出了安排；每一头牛和每一口猪的生活都有了主题。就它们中的大多数而言，这种生活主题是很悲惨的；前者的主题是干活，后者的主题是长肉。我不认为这有什么可抱怨的，因为我当时的生活也不见得丰富了多少，除了八个样板戏，也没有什么消遣。有极少数的猪和牛，它们的生活另有安排，以猪为例，种猪和母猪除了吃，还有别的事可干。就我所见，它们对这些安排也不大喜欢。种猪的任务是交配，换言之，我们的政策准许它当个花花公子。但是疲惫的种猪往往摆出一种肉猪（肉猪是阉过的）才有的正人君子架势。死活不肯跳到母猪背上去。母猪的任务是生崽儿，但有些母猪却要把猪崽儿吃掉。总的来说，人的安排使猪痛苦不堪。但它们还是接受了：猪总是猪啊。

对生活做种种设置是人特有的品性。不光是设置动物，也设置自己。我们知道，在古希腊有个斯巴达，那里的生活被设置得了无生趣，其目的就是要使男人成为亡命战士，使女人成为生育机器，前者像些斗鸡，后者像些母猪。这两类动物是很特别的，但我以为，它们肯定不喜欢自己的生活。但不喜欢又能怎么样？人也好，动物也罢，都很难改变自己的命运。

以下谈到的一只猪有些与众不同。我喂猪时，它已经四五岁了，从名分上说，它是肉猪，但长得又黑又瘦，两眼炯炯有光。这家伙像山羊一样敏捷，一米高的猪栏一跳就过；它还能跳上猪圈的房顶，这一点又像是猫——所以它总是到处游逛，根本就不在圈里待着。所有喂过猪的知青都把它当宠儿对待，它也是我的宠儿——因为它只对知青好，容许他们走到三米之内，要是别的人，它早就跑了。它是公的，原本该劁掉。不过你去试试看，哪怕你把劁猪刀藏在身后，它也能嗅出来，朝你瞪大眼睛，噢噢地吼起来。我总是用细米糠熬的粥喂它，等它吃够了以后，才把糠兑到野草里喂别的猪。其他猪看了嫉妒，一起嚷起来。这时候整个猪场一片鬼哭狼嚎，但我和它都不在乎。吃饱了以后，它就跳上房顶去晒太阳；或者模仿各种声音。它会学汽车响、拖拉机响,学得都很像;有时整天不见踪影,我估计它到附近的村寨里找母猪去了。我们这里也有母猪,都关在圈里,被过度的生育搞得走了形,又脏又臭,它对它们不感兴趣;村寨里的母猪好看一些。它有很多精彩的事迹,但我喂猪的时间短,知道得有限,索性就不写了。总而言之,所有喂过猪的知青都喜欢它,喜欢它特立独行的派头儿,还说它活得潇洒。但老乡们就不这么浪漫,他们说,这猪不正经。领导则痛恨它,这一点以后还要谈到。我对它则不止是喜欢——我尊敬它,常常不顾自己虚长十几岁这一现实,把它叫作"猪兄"。如前所述,这位猪兄会模仿各种声音。我想它也学过人说话,但没有学会——假如学会了,我们就可以做倾心之谈。但这不能怪它。人和猪的音色差得太远了。

后来,猪兄学会了汽笛叫,这个本领给它招来了麻烦。我们那里有座糖厂,中午要鸣一次笛,让工人换班。我们队下地干活时,听见这次汽笛响就收工回来。我的猪兄每天上午十点钟总要跳到房上学汽笛,地里的人听见它叫就回来——这可比糖厂鸣笛早了一个半小时。坦白地说,这不能全怪猪兄,它毕竟不是锅炉,叫起来和汽笛还有些区别,但老乡们硬说听不出来。领导们因此开了一个会,把它定成了破坏春耕的坏分子,要对它采取专政手段——会议的精神我已经知道了,但我不为它担忧——因为假如专政是指绳索和杀猪刀的话,那是一点门都没有的。以前的领导也不是没试过,一百人也逮不住它。狗也没用:猪兄跑起来像颗鱼雷,能把狗撞出一丈开外。谁知这回是动了真格的:指导员带了二十几个人,手拿五四式手枪;副指导员带了十几人,手持看青的火枪,分两路在猪场外的空地上兜捕它。这就使我陷入了内心的矛盾:按我和它的交情,我该舞起两把杀猪刀冲出去,和它并肩战斗。但我又觉得这样做太过惊世骇俗——它毕竟是只猪啊;还有一个理由,我不敢对抗领导,我怀疑这才是问题之所在。总之,我在一边看着。猪兄的镇定使我佩服之极:它很冷静地躲在手枪和火枪的连线之内,任凭人喊狗咬,不离那条线。这样,拿手枪的人开火就会把拿火枪的打死,反之亦然;两头同时开火,两头都会被打死。至于它,因为目标小,多半没事。就这样连兜了几个圈子,它找到了一个空子,一头撞出去了;跑得潇洒之极。以后我在甘蔗地里还见过它一次,它长出了獠牙,还认识我,但已不容我走近了。这种冷淡使我痛心,但我也赞成它对心怀叵测的人保持距离。

我已经四十岁了,除了这只猪,还没见过有谁敢于如此无视对生活的设置。相反,我倒见过很多想要设置别人生活的人,还有对被设置的生活安之若素的人。因为这个缘故,我一直怀念这只特立独行的猪。

【赏析】

王小波的作品是中国当代文学中的一种特殊存在,他与众不同的叙事方式,使思想的穿透性和文字的趣味性这两种很难融合的因素获得了优美的结合。仅从内容的角度来说，思想和精神的自由，不仅是王小波一直追求的境界，也是其作品的核心主题。他的杰出小说《黄金时代》《万寿寺》等以及散文《思维的乐趣》《沉默的大多数》等都以令人震撼的力度，揭示了"自由"的珍贵和美好。

王小波的很多作品都是以"文革"为背景的。"文革"在王小波的笔下，往往是一种"极端的精神世界"的象征。在这个世界里，由于政治上的钳制，人的精神处于极度压抑的状态，形成了普遍性的孤独、封闭、愚昧，但是也正是在这样的极端世界中，对环境的反抗，对自由的追求，反而造就了更加动人的力量。《一只特立独行的猪》就以一种黑色幽默的方式，表现了这一主题。

这篇杂文以作者"文革"时期下乡插队时的一个故事为叙述主体，故事的主角"猪"是中国散文中非常罕见的表现对象，这个对象的选择其实也说明了作品本身具有一种特立独行的因素。在作者看来，猪和人一样，也有追求自由的本性，"它们会自由自在地闲逛，饥则食渴则饮，春天来临时还要谈谈爱情"，无疑，猪所处的这种自然状态，正如人所追求的自由生活一样，是一种自然的要求和存在方式。但是这种自然的规则在人面前被打破了，人来了以后，给它们的生活做出了安排，每一头猪的生活都有了主题：长肉。种猪和母猪除此之外，还要承担交配和繁殖的工作，猪失去了自己的自然状态，吃、睡、长肉、交配、生育、被屠宰……它们所有的生活细节都进入了模式化和程序化之中。

对于这种生活，除了接受，猪似乎没有别的出路。但是，追求自由自在同样也是猪的本性，它总要通过各种各样的方式生长出来。在一般的印象中，猪应该是最温顺的动物之一，然而即使是这种最没有反抗性的动物，在外在环境无比恶劣的时候，依然会有一只特立独行的异类，以自己的方式来证明，追求自由的精神永远不会泯灭。这只"又黑又瘦，两眼炯炯有光"的猪，像山羊一样敏捷，总是到处游逛，根本就不在圈里待着，它会到村寨里去找没有被过度生育搞得身材变形的正常母猪。它还喜欢模仿各种各样的声音，它也因此被扣上破坏生产的罪名而遭到围剿，最终它却义无反顾地逃出了这种被设置的生活，成了一只野猪。在作者笔下，这只猪因为摆脱了猪的普遍命运，具有自然、野性的特征，成为反抗压制、追求自由的象征。

杂文巧妙地通过两组对比来表现主题，第一组是猪和人的对比，大多数人和大多数猪一样，生活处于被安排的境地中，对于这种安排他们处之泰然，这不仅是"文革"，也是任何时期都普遍存在的生活"常态"；但是在任何时候，也都存在着对于这种"常态"生活的坚韧反抗，这只特立独行的猪就以它的行为嘲笑并摆脱了人类的设置，对比之下，杂文中的"我"在猪被围剿时却只能因为"不敢对抗领导"而处于"内心的矛盾"之中，显示了人的反抗意志多么无力。

第二组对比在"对生活做种种设置"和"自由的生活和存在"之间，值得注意的是，作者指出了"对生活做种种设置是人特有的品性"这个残酷事实，在大多数时候，它的能量远远超出了人对于自由的追求，它无所不在，把人控制在一种生活和精神被奴役的状态，在这个张力场中,人要么参与设置别人的生活,要么对于生活被设置安之若素,剩下的唯一一种选择——反抗这种设置,回到个体的自由——是充满艰险的。在我们的生活中,前面两种选择实在太过平常,因为我们已经习惯于设置别人或者被别人设置,我们甚至已经忘记了去思索我们的这种存在是否合理,这也许是人的最大悲哀。

人处于不能自我把握的生活中而不自知,《一只特立独行的猪》启发的,正是我们的这种迷失。

(王　军)

参考书目

《巴金散文选》浙江人民出版社 1982 年

王小波《我的精神家园》,文化艺术出版社 1997 年

王小波《黄金时代》,花城出版社 1997 年

余秋雨《文化苦旅》,东方出版中心 1992 年

余秋雨《南冥秋水》,海天出版社 2002 年

汪曾祺《京华心影》,海天出版社 2002 年

张中行《桑榆琐话》,海天出版社 2002 年

《余光中散文选集》,长春时代文艺出版社 1997 年

《火中龙吟:余光中评传》,花城出版社 2002 年

思考与练习

1. 课后阅读《巴金散文选》及《随想录》等杂文,说说巴金散文的特点。

2.《一只特立独行的猪》表达了什么主题?

497

SAN SHI WU XIAN DAI SAN WEN XIA 三十五、现代散文(下)

三十六、现代戏剧

【总论】

戏剧的主要表现方式是用对话……自然,精练,代表性格,入情入理,这是对话的要点。一个人的话有一个人的特有词汇,口气,章法,这个人在某一特定境遇中只会讲这个人的性格所能容许他说的对话。恰如其分,恰如其人,过火的对话只准在争论激烈的时候,而我们中国老百姓还有一个和外国人不同的地方,就是很少在对话中讲出自己的哲学与理论。(夏衍《戏剧与人生》)

尤其是戏剧,它是把生活放在一个固定的空间和时间内来描写的。这一批人物在这空间与时间内并不是脱离生活而活动着的。不管你在戏剧里做什么,那总是一种生活。这一生活得有它的环境空气——一种氛围气。只有通过这氛围气的生活,才是真实的生活。否则,那一切活动只是脱离了生活的虚幻的灯影。(陈白尘《戏剧创作讲话》)

我认为如今我们称之为话剧的戏剧,不必把自己仅仅限死为说话的艺术。剧作家也不必把自己弄成为仅仅是一种文学样式的作者的地步。他固然得精通语言,把对话写得洋洋洒洒,他也还需要关照到他剧作中那种无声然而却分明可见的动作。……从这些认识出发,戏剧就不只是一种语言的艺术,原始宗教仪式中的面具、傩舞与民间说唱,耍嘴皮子的相声和拼气力的相扑,乃至于傀儡、影子,魔术与杂技,都可以入戏。(高行健《我的戏剧观》)

高行健

高行健,1940 年 1 月出生,江苏泰州市人,1962 年毕业于北京外国语学院法语系,曾任国际书店法语翻译,1981 年后调任北京人艺从事专业创作。高行健从 1987 年发表第一篇散文《巴金在巴黎》后,主要创作有话剧作品《绝对信号》《车站》《野人》《现代折子戏》《彼岸》等,出版有戏剧作品集《高行健戏剧集》等,另还有论著《现代小说技巧初探》《现代戏剧手段初探》《对一种现代戏剧的追求》,中篇小说《寒夜的星辰》《有只鸽子叫红唇儿》等。高行健在新时期话剧创作中,以探索戏剧而著称。后入法国籍,曾获诺贝尔文学奖。

蜜　　蜂　(点头,等车长走后,立刻低声地)真想不到,我高兴死了。

小　　号　我在路上碰上你弟弟,说你回来过,你怎么招呼也不打一个?

蜜　　蜂　(抿嘴笑)这不是见到了吗?

小　　号　蜜蜂,你可不怎么样啊!

蜜　　蜂　怎么不怎么样?

小　　号　太不够意思!

蜜　　蜂　哟,真对不起!(调皮地)可咱们在这儿见到了还不一样? 不是更有意思?(立刻收敛地)真的,见到你真高兴。

小　　号　真的?

蜜　　蜂　(转话题)真的,你的工作一定很有意思吧? 当车长啦?

小　　号　见习的。

蜜　　蜂　同我们到处流浪的,是不一样啊! 穿上一身制服,等胸前再挂上个车长的牌子,就该不认识咱们啦!

小　　号　算了吧,蜜蜂,别对我来这副腔调。

蜜　　蜂　别生气,我可没有挖苦你的意思呀!

小　　号　你看,还有谁在?

蜜　　蜂　(惊喜地)黑子!

黑　　子　(转过脸,抑制着自己失措的神情,尽量平淡地)你好!

蜜　　蜂　(声音更轻,像回声)你好!

小　　号　我们有半年没见面了。

蜜　　蜂　(摆出大姑娘矜持的样子)是的。秋天,冬天,又是春天。

黑　　子　(冷冷地)春天也是人家的。

小　　号　黑子,别煞风景了。

蜜　　蜂　黑子,你哪去呀?

黑　　子　找饭碗去!

小　　号　(依然热情地)养蜂队的姑娘们都好吗? 过得惯这种流浪生活?

蜜　　蜂　(情绪低落,心不在焉地)老爷子很高兴,有这群快活的姑娘整天围着他转。

小　　号　我问的是蜜蜂姑娘们,没有小伙子,你们不寂寞吗?

蜜　　蜂　我们有蜜蜂作伴。我们把蜜蜂叫流浪汉,我们就是流浪姐儿们,(止不住又恢复了热情的天性,兴奋地)喔,你们不知道春天有多美,我们在山谷里整整待了二十天,满山都是映山红,在阳光下,红得像胭脂,红得叫人心醉。喔,有花儿的地方就有蜜蜂;蜜蜂飞到的地方,就有我们蜂姐儿。我们姑娘们在一起可疯呢,真是疯姐儿,我们自己编歌儿,想到什么就唱什么,说话也唱,干活也唱。

小　　号　　唱一个吧。

蜜　　蜂　　别价。都是我们蜂姐儿们的歌儿,你们不知道,顶风吆喝就得唱,声音才送得出去,在山谷里有回声,啊,你们听见过回声吗?像是自己的声音,又不全像,你能听见自己的声音!喔,小号,你还吹号吗?给我们伴奏那才棒哪,不像你们家单元房,左邻右舍,前楼后楼,关着门窗人家也嫌吵,跟我们吹号去吧。

小　　号　　可惜你们不收,收我就去!

蜜　　蜂　　咱们容得下你这位车长吗!

小　　号　　又来了!

蜜　　蜂　　那是我们姑娘们的天地。

小　　号　　小伙子也不要?

蜜　　蜂　　不要,一个也不要!

小　　号　　只要老爷儿们?

蜜　　蜂　　就要老爷们。说真的,咱们带队的关大爷可真是个好老大爷,他还教我们念唐诗来着。

小　　号　　你们这又哪里去?

蜜　　蜂　　赶花期去呀!油菜花开了,金黄的一片,嗡嗡的蜜蜂声,在耳边转,真醉人,油菜花酿的蜜可香呢!

小　　号　　你们够浪漫的啊!

蜜　　蜂　　当然浪漫。这么广大的世界,都叫咱们碰到一起了,茫茫的夜色中,在一节守车的车厢里,(说给黑子听)您这位车长,捎带两个乘客,一位是打货票的流浪姐儿,一位兴许是不打票的流浪汉……

小　　号　　蜜蜂,你的嘴可真不饶人。

蜜　　蜂　　谁叫咱们是蜂姐儿呢?蜜蜂可是会蜇人的啊!

小　　号　　别忘了,蜂蜜是甜的。

蜜　　蜂　　别腻味了。

　　　　　　[迎面来车,列车交会时的轰响。

车　长　会车去！（对小号）守车上不是谈情说爱的地方！要说，赶明儿个到公园里去。

　　　　〔小号拿信号灯走到车门口，等着会车，列车交会时快速的节奏和巨大的轰响，蜜蜂凝视着黑子。一束白光照着蜜蜂的脸，列车交会的声音突然减弱，蜜蜂急速的心跳声越来越响。以下是他们俩的心声，演员在表演时应使注意力高度集中，同时用眼神说话，对话可以用气声，以区别这以前的表演。

蜜　蜂　（内心的话）黑子，你怎么啦？你不高兴见到我？

　　　　〔这束白光又移到黑子的脸上，黑子躲避蜜蜂的目光。黑子强劲的心跳声。

黑　子　（内心的话）你来的真不是时候，（立刻又柔情地）蜜蜂……

　　　　〔两人都在白色的光圈中，互相凝视，两颗心"怦怦"跳动的巨大的声音。

蜜　蜂　（内心的话）你为什么不说话？

黑　子　（内心的话）不要问！（爆发地）啊，蜜蜂，什么也别问，就这么看着我！

蜜　蜂　（内心的话，闭上眼睛）你想我吗？

黑　子　（内心的话，点头）想。

蜜　蜂　（内心的话，缓缓睁开眼睛）我也是，想极了，没有一天不想，每时每刻……

黑　子　（内心的话）真想拥抱你。

蜜　蜂　（内心的话）别这样，对我说点什么吧！

黑　子　（内心的话）真想你！

蜜　蜂　（内心的话）朝我笑一笑。

黑　子　（内心的话，转过脸）真捉弄人，这就是我的命。

蜜　蜂　（内心的话，祈求地）你笑一笑！

黑　子　（内心的话，望着她）我笑不起来。

蜜　蜂　（内心的话）你一丝笑容也没有……

黑　子　（内心的话）蜜蜂……（不自然地苦笑）

　　　　〔蜜蜂忍受不了，把头扭过去，白色的光圈跟着消逝。交会的列车驶过，心跳声也骤然消失，两人恢复常态，依然坐着，谁也不望着谁，列车行驶的节奏声比这之前行车节奏多了一个停顿，即半拍的休止。

车　长　姑娘，你是待业青年养蜂队的？

蜜　蜂　（心不在焉）噢，多谢您关照，我去给姑娘打饭，排了半天队，给漏了乘了。

车　　长　　你也是铁路职工子弟？

蜜　　蜂　　我父亲是跑客车的。

车　　长　　当个列车员，女孩子倒挺合适的，你怎么没顶替呢？

蜜　　蜂　　他今年才五十。

车　　长　　那是顶替不了。养蜂这活儿得长年在野外，可不是女孩子们干的活呀。

蜜　　蜂　　有人说马路上摆个摊子，做小买卖去，成天见人就吆喝，更寒碜。（望黑子一眼）咱不愿现这个眼。

车　　长　　一个姑娘家，长年在外，餐风宿露的，总不是事。你家里放心得下吗？

蜜　　蜂　　家里还有弟妹三个，我这么大的人了，总不能待在家里吃闲饭，您说呢？

车　　长　　倒也是。

蜜　　蜂　　人吃的是这份志气。

车　　长　　可话说回来了，一个姑娘家早晚总得成个家吧？

蜜　　蜂　　师傅，看样子您要给我说对象呢！（笑）

车　　长　　已经有了？

蜜　　蜂　　远在天边，近在眼前。（笑）您真逗！

车　　长　　要是看中了，就别逗着玩，得认认真真的。

蜜　　蜂　　是得认认真真的。先得看有没有个正经工作；再问问有没有房子——过日子总得有地方住呀；房里也不能空荡荡的，好歹说得过去，有那么几件家具。要不就那么点工资，过日子都凑合，往后怎么置得起？

车　　长　　是呀，现今娶个媳妇没个千儿八百的，还真娶不起。

蜜　　蜂　　您还说少了呢，还有手表、自行车、缝纫机、录音机、电视机呢。关键是有个好丈人。丈母娘得是洗尿片子，看孩子的。（笑）您看我这儿说相声呢！（正经地）不是所有的姑娘都这么贱气，千儿八百的就能买得来的。没有真正的感情是什么也白搭！师傅，您说是吗？

车　　长　　是这话，姑娘，像你这样的姑娘不多见啊！

蜜　　蜂　　那是，您并不了解我们。（说给黑子听）一个女孩子真要爱上了一个小伙子，就是住帐篷、喝白菜汤，也照样能过。您说是么？

车　　长　　干吗喝白菜汤呀？这么好的姑娘，准能找到个好小伙子，配得上你。（对小号）都听见啦？好好干，过不了一年就能当上个车长了。这可是正正经经的工作啊！进站了，回信号。

车　　匪　　我出去透透气！

车　　长　　在车上走道得留神。

[小号走上平台。车站上的灯光从瞭望窗口照在黑子脸上,黑子眯起眼。列车进岔道,摇晃着。令人烦躁的撞击声,行车的节奏仿佛破碎了。小号站在平台上,向站上回信号,列车出站,车厢里立刻变得昏暗了。黑子靠在椅子上,闭上眼睛,仿佛要入睡的样子,舞台上全黑。以下是黑子的回忆。舞台中央,蓝色的光圈中,黑子拥抱着蜜蜂,闭着眼睛。以下的表演,尤其是前面的一段,是有节制的,声音遥远,动作也较少,以便同现实相区别。

蜜　蜂　(推开黑子)你听,鱼跳水的声音。

黑　子　太静了! 我更喜欢海。

蜜　蜂　我们将来到海边上去玩吧!

黑　子　我们结婚的那天,向大海宣布我们的婚礼!

蜜　蜂　(偎依着他)黑子,你真好。

黑　子　(陶醉地抱住她)我要娶你。

蜜　蜂　唔。

黑　子　你不相信?

蜜　蜂　(点头)相信。

黑　子　将来我们也得有个家。

蜜　蜂　将来等你找到了工作,我想那时候我也会有工作的,咱们就可以结婚。

黑　子　可我不知道还要等多久,我已经等了三年多了。我太天真不应该让我姐姐顶替。

蜜　蜂　别这么说。这都已经过去了。

黑　子　我也得自私点,为什么就该着我牺牲?

蜜　蜂　我不愿意你怨恨你姐姐,她怪可怜的。

黑　子　谁可怜我们? 我倒是想不那么自私,可不自私谁管我呀!

蜜　蜂　你不是说你最讨厌人可怜你吗? 只要我们在一起,只要你爱我,我就幸福极了。

黑　子　傻丫头,我们得活下去呀! 我不该把工作让给她,她的朋友已经有工作了,他们可以过得下去!

蜜　蜂　我也可以挣钱去,合作摊贩不知道还要不要人? 你去不去?

黑　子　见人就吆喝,"卖了! 卖了!"寒碜,我不干那事儿。我到车站货场上去卖块儿,也比这强。我想象得出你父亲是一副什么脸色。

蜜　蜂　咱们俩的事,咱们自己做主。

黑　子　你父亲绝不会同意的,他已经说了,不让我再跨进你家门槛。

蜜　蜂	（立刻）他没这么说过……
黑　子	（打断她）他说了，他还叫人传话给我老子听：叫他们家黑子别再上我们家串门了。他娶得起我们家姑娘吗？我不能叫我们家姑娘喝西北风去！
蜜　蜂	我们俩的事，他管不着，这又不是他们那个时代！
黑　子	我真想弄把钱朝他砸过去。
蜜　蜂	（偎依着，轻声地）无论如何，我已经是你的人了。
黑　子	你不后悔吗？
蜜　蜂	不后悔。
黑　子	可我要找不到工作呢？
蜜　蜂	那我也等你一辈子。
黑　子	那不耽误了你一辈子，叫你太痛苦了……
蜜　蜂	你怎么说这样的话？你还不相信？
黑　子	老天对我太不公平了，为什么我就不能比别人生活得更好？
黑　子	（沉思地）我得弄到一笔钱，等我有了钱，我们就结婚，我们得像个样地结婚！也让你爸爸看看……
蜜　蜂	你别提他了。
黑　子	我不能委屈了你，让你跟着我受苦。
蜜　蜂	黑子，别这么说，我愿意。
黑　子	不！我不愿意。这之前，你不要把我们的关系告诉小号。
蜜　蜂	（闭上眼睛，撒娇地）我要让他明白，让他死了那份心。
黑　子	（急躁地）不要告诉他！
蜜　蜂	（也凝视着他）为什么？
黑　子	（和缓地）等我们结婚的时候再告诉他。你答应我。
蜜　蜂	（固执地摇头）我不！
黑　子	（抓住她的胳膊，摇着她）你答应我！你明白吗？
蜜　蜂	（猛烈地摇头）不明白！
黑　子	（迟疑地）小号对我说过……
蜜　蜂	（扬起眉头）说什么？
黑　子	说他爱你……
黑　子	（发狠地）你同他在一起会比跟我幸福的！
蜜　蜂	你不应该说这样的话！不应该说这样的话！（使劲挣脱他，呜咽着跑下）〔黑子呆望着她消失在黑暗中。车匪进入光圈，从背后一巴掌猛拍黑子的肩膀。

504

【汇评】

这个戏表面上看来确实是单调的,写的是人物情绪变化的过程,各自都互相观察、揣摩,从不安到内心的高度紧张,最后一爆发,戏也就完了,所谓欲扬先抑。为了把戏最后推向高潮,这种单调就非常必要了。而单调的背后是朴素,正是这个戏的风格……这其实是个很热情的戏,有助于人们清醒地认识自己和自己的生活道路。生活本身的铁的逻辑叫青年们认清了这一点,也包括黑子,三个青年最后都挺身而出,置性命于不顾,不是一种冲动,而是在现实的矛盾中冲突的结果。(高行健《关于〈绝对信号〉艺术构思的对话》)

《绝对信号》最为引人注目的创新,是把人物内心世界外化为舞台场面的表现手法。过去,人物的"内心的话"在舞台上一般都用"画外音"处理。这个戏里的"内心的话"都由角色自己说出。借用不同的灯光和音响效果,以及不同的面部表情和读词节奏,间隔出心理的与现实的两个空间层次,把实际上没有说出的人物"内心的话"和一般的台词对白区别开来。"内心的话"可以是人物独抒胸臆的内心独白,如小号的"号是我的第二生命"的独白;也可以是两个人物的内心交流或心理交锋,成为戏剧冲突的一环,如黑子和蜜蜂在守车里相逢时的内心交流,又如车长和车匪在最后亮牌之前的心理交锋,都有很强烈的戏剧效果。(童道明《探索戏剧集》)

【赏析】

本段是高行健戏剧《绝对信号》的节选。剧情围绕着主人公黑子被车匪胁迫登车作案,在车上遇见昔日的同学小号、恋人蜜蜂和忠于职守的老车长,由此逐步展开,产生出一系列复杂的矛盾冲突,由此展现了每个人的思想、观念与生活态度。最后在车匪铤而走险即将造成列车颠覆的生死关头,每个人都做出了自己的选择,承担了各自的责任,使列车避免了事故。作品启发人们去思考人与社会的依存关系,思考自己和自己生活的道路。这部戏是当代最早的实验性话剧之一,具有鲜明的探索性。整个戏剧空间就是按一节守车来进行设计,但在这个被假定的车厢里,又为人物的活动划分了若干小空间,轮到谁有戏就可通过灯光效果凸现出来,舞台空间不受场次的"场"的限制,因此作者称此剧为无场次话剧。同样,这出戏也不受时间的限制,即不受场次的"次"的限制,打破自然时序与时速的现实规定,过去、现在、未来、梦境,完全是根据人物的心理来截取和组织,传统戏曲的虚拟性特征和话剧的写实性风格成功地糅合在一起。

本文所选是蜜蜂刚上守车的一段。大致可以分成四个层次:(1)蜜蜂——小号间的对话,(2)蜜蜂——黑子间的内心对白,(3)蜜蜂——车长间的对话,(4)黑子内心的想象。一、三两个层次是现实场景下的现实时空,二、四两个层次是虚拟场景下的内心想象时空。现实时空的推进与内心情绪变动分别在写实与虚拟两种场景下相互推进,尤其是蜜蜂和黑子的情绪与心理活动通过现实性的虚拟手段,写实化地凸现了出来。

第一层蜜蜂——小号间的对话,我们可以感受到蜜蜂的性格是热情活泼,调皮可爱,她热爱生活,真诚而率性。她和小号的谈话是外热内冷,似近实疏,对小号话语中爱意的暗示,故作不解,巧妙回避。但是另一方面,蜜蜂又在和小号的对话中巧妙地暗示出对黑子的情意。"我们有蜜蜂作伴。我们把蜜蜂叫流浪汉,我们就是流浪姐儿们","您这位车长,捎带两个乘客,一位是打货票的流浪姐儿,一位兴许是不打票的流浪汉……"。

第二层的舞台场景并没有做任何调整,作者只是极简洁地通过列车交会时的灯光把人物从现实中抽离出来,蜜蜂和黑子便立即进入人物的心理时空,而现实的时空依然在观众的想象中行进着。戏虽然还是紧接着前面演下去,但是戏剧时空悄然之间发生了转换,从现实场景进入两个人的心理对话之中。蜜蜂——黑子间的内心对白,是一对恋人在特殊的情境、特殊的心境下爱的倾诉。外冷内热,抑制不住感情又不能言明真相,构成了他们特殊的心理状态。

第三层蜜蜂——车长间的对话,表现出蜜蜂坚守爱情,蔑视世俗功利的可贵品格。和第一层相同的是,在与车长的对话中,蜜蜂处处都是话里有话,表面对车长说,实际是对黑子说。"有人说马路上摆个摊子,做小买卖去,成天见人就吆喝,更寒碜。(望黑子一眼)咱不愿现这个眼。""(正经地)不是所有的姑娘都这么贱气,千儿八百的就能买得来的。没有真正的感情是什么也白搭!师傅,您说是吗?"现实中黑子和蜜蜂的爱情所遭遇的困境和矛盾,在守车这一特殊场景下的特定人物关系中集中体现出来了:真诚相爱,却无法自由表白,心中的爱是自由的,但是爱的实现却充满了限制与障碍。

第四层黑子内心的回忆、想象。同第二层一样,舞台场景没有任何变动,列车在继续行进,现实的时间在同时流逝。但是,舞台表演在追光下脱离了现实的时空,进入了黑子内心世界。回忆中,黑子和蜜蜂幸福地恋爱着,同时也展现出他们的爱情在现实中遭遇的困境。

高行健戏剧的时空观念非常自由、灵活。体现在这个戏中,就是心理时空、现实时空不停转换、交替着,用最简洁的手段在虚与实之间快速跳跃,但又始终保持戏的连贯性。他借鉴了戏曲舞台的时空变化,通过演员表演来演出环境的变化,环境随着人走,人在景也在,人无景也无。大胆地打破了传统话剧的"第四堵墙"的限制,在不打破现实时空背景的基础上,把人物内心活动表现得形象生动,具体入微,深刻地刻画出人物在特定情境下的最深刻的、最真实微妙的内心状态。既推动了剧情进展,又凸现了人物形象。

参考书目

《沫若剧作选》,人民文学出版社 1978 年

《洪深文集》,中国戏剧出版社 1957 年

《丁西林剧作全集》,中国戏剧出版社 1985 年

《于伶剧作集》,中国戏剧出版社 1984 年

《夏衍剧作集》,中国戏剧出版社 1986 年

《陈白尘选集》,四川文艺出版社 1988 年

《曹禺文集》,中国戏剧出版社 1990 年

《田汉文集》,中国戏剧出版社 1983—1987 年

《吴祖光选集》,河北人民出版社 1995 年

《老舍戏剧集》，人民文学出版社 1985 年

思考与练习

1. 本段剧中人"内心的话"的处理有何特点？

2. 从《西厢记》《窦娥冤》《单刀会》《牡丹亭》到现代京剧、地方戏到曹禺的《雷雨》、老舍的《茶馆》，再比较高行健的这一剧本，中国戏剧显然越来越向西方靠拢，你对此持什么看法？

修订后记

  大学语文教学的重要性,在今天也许是不用多说的了。早在20世纪80年代初,南京大学校长匡亚明教授在为全国统编《大学语文》教材撰写序言时就提出:"试问,连祖国语文这一基本武器都不能掌握,如何能正确地理解科学知识和完善地表达科研成果?"又指出,大学语文教学应该把"我国的优秀文化传统和民族精神传授给学生"。在匡老的大力倡导下,全国各高校先后开设起大学语文课,并编写了多种《大学语文》教材,对中国高等教育的发展,起了积极的推动作用。

  要掌握"祖国语文这一基本武器",其要求是很高的。汉语是中国传统思想文化的主要载体,千百年来,传承发展,生生不息。大学语文作为母语教育的课程,它应该是小学和中学语文教学的自然延续和提升。那种以为进入大学阶段便不用专门学习汉语的想法,显然是一种误解,而且也与社会实践的需要不相符合。许多优秀的科学家,都可以得心应手地驾驭祖国的语言,而"心识其所以然而不能然者,内外不一,心手不相应,不学之过也"。

  要把"我国的优秀文化传统和民族精神传授给学生",同样也是很高的要求。中国传统思想文化博大精深,极为丰富,如何从中选出那些最能反映中华民族精神和最具代表性的作品,使学生尝鼎一脔,既受到优秀传统思想文化的教育和熏陶,又能切实地提高自己对这些优秀作品的理解能力和写作水平,所谓"思古人而不得见,学古道则欲兼通其辞。通其辞者,本志乎古道者也",无疑是摆在大学语文教材编写和教学中的首要任务与职责。

  由王步高教授生前主编的这部《大学语文》教材,正是贯彻了上述的标准和要求的。它内容丰富,体例完备,系统性强。书中所选精读课文一百余篇,泛读课文六百多篇(这些作品多是中小学语文教材中所未及的),时间跨度从先秦直到当代,题材主题涵括家国、师友、爱情、咏史、怀古、山水、田园等,所涉文体则既有诗、词、曲、赋,也有散文、小说、戏曲等等,可谓应有尽有。书中所收作家作品,基本都有小传、注释、赏析、集评、汇评,而每单元又多有综论、研究专题、参考书目,甚至网络链接,并附录许多有关伦理道德和情感方面的箴言或故事,不仅全方位地展现了中国文学史的概貌,而且更由技而道,传达出中国优秀传统思想文化的精神。读者循此而进,语文水平和人文素质既可得以提高,藉此启发兴趣,登堂入室,进而探索传统思想文化的底蕴,也是不难的。

  在编写过程中,众多参与的专家学者都付出了很多辛劳,而主编王步高教授为此倾注心血尤多。从教材的编写宗旨、指导思想、总体架构、入选篇目，到不同历史时期文学发展的总论、入选作家作品的集评、汇评、许多章节后的研究综述、参考书目和思考与练习等，王步高教授无不亲力亲为，从而使整部教材更合理、更严密，也更贴近大学语文教学的实际，因而一问世就得到许多高校大学语文教师和同学们的欢迎，成了大学生们的良师益友。

这部《大学语文》教材，自出版以来，已重印过数十次，对此书的修订也进行过多次。这次修订又重新撰写和修改了部分作家的小传和作品的注释、集评、汇评、赏析等，校订了全书的文字，使得它的内容更趋完善，排印更精美，使用也更方便。

我们希望并相信它一定能继续得到读者的支持和欢迎。

巩本栋

2020 年 12 月